한국정치학의 뿌리를 찾아서 1

구한말의 서양정치학 수용 연구

유길준 · 안국선 · 이승만을 중심으로

구한말의 서양정치학 수용 연구: 유길준 · 안국선 · 이승만을 중심으로

펴낸곳 서울대학교출판문화원
펴낸이 오연천
지은이 김학준

초판 1쇄 발행 2000년 4월 30일
개정증보판 1쇄 발행 2012년 2월 15일
개정증보판 2쇄 발행 2013년 2월 25일
출판등록 제15-3호

주소 서울 관악구 관악로 1 우편번호 151-742
대표전화 02-880-5252 **팩스** 02-888-4148
마케팅팀(주문상담) 02-889-4424, 02-880-7995
이메일 snubook@snu.ac.kr
홈페이지 www.snupress.com
영문홈페이지 eng.snupress.com

ISBN 978-89-521-1284-2 93340

개정증보판

한국정치학의 뿌리를 찾아서 1

구한말의 서양정치학 수용 연구

유길준 · 안국선 · 이승만을 중심으로

김학준 지음

서울대학교출판문화원

개정증보에 붙여

이 책은 『한말의 서양정치학 수용 연구: 유길준·안국선·이승만을 중심으로』(서울: 서울대학교출판부, 2000년 4월 초판 제1쇄; 2003년 3월 초판 제4쇄)를 대폭 개정하고 증보한 것이다. 마지막 쇄가 출판된 때로부터 8년이 지난 시점에서 사실상의 전면개정판을 상재하는 까닭은 다음과 같다.

1 무엇보다 졸저에는 미흡함이 적잖았다. 그래서 곧 개정증보에 들어가려고 했으나 그렇게 할 시간의 여유를 갖지 못함에 따라 우선 졸저를 절판시키는 것이 바람직하다고 생각해 그렇게 했다.

이러구러 세월이 흘러 2011년 3월에 그동안 꼭 10년에 걸쳐 봉직했던 동아일보사를 떠나 한국과학기술원(KAIST) 문화과학대학에서 일할 수 있게 됐으며 자연히 독서와 집필의 시간을 그 이전에 비해 훨씬 더 많이 얻게 됐다. "밀린 숙제부터 해결하자"는 심정으로, 작업에 착수했다.

2 초판에서는 '한말'이라는 용어를 채택했었다. 그러나 이 개정증보판에서는 '한말'이라는 용어를 버리고 '구한말'이라는 용어를 채택했다. 오늘날의 대한민국을 '신한(新韓)'이라고 볼 때, 그것에 극명하게

대조시키기 위해서는 조선왕조를 '구한(舊韓)'으로 부르는 것이 적절하다고 판단했기 때문이다.

그러면 '구한말'은 어느 시기를 말하는가? 이 물음에 대한 답을 시도하는 것 자체가 하나의 학문적 토론을 유발하는 것이며 따라서 간단히 답하기 어렵다. 그러나 조선왕조가 개항을 시작한 1876년 이후의 시기이면서 동시에 개화를 추진하던 시기[개화기 : 開化期]가 '구한말'이라는 용어와 서로 바꿔 사용할 수 있다는 데 대해서는 대체로 합의할 수 있다. 물론 (1) 1897년에 대한제국의 성립이 선언된 때로부터 1910년에 일제에 국권을 빼앗긴 때까지의 13년을 '대한제국기(大韓帝國期)'로 특정할 수 있고, (2) 일제에 의해 이른바 보호조약이 강제됨으로써 을사늑약(乙巳勒約)이 발표된 1905년부터 1910년까지를 '실질적 일제강점기(日帝强占期)'로 특정할 수 있다. 이 구분을 숙지하면서도, 이 책은 조선왕조가 개항한 때로부터 국권을 빼앗긴 때까지의 34년을 '구한말'로 보았다.

③ 이 개정증보판을 준비하면서, 구한말 이전에 또는 개화기 이전에 한민족사에 등장했던 정치가들이나 사상가들 가운데 서양정치학의 내용에 유사한 발상을 지녔던 이들에 대해서는 물론이지만 광범위한 의미에서의 정치학적 발상을 지녔던 이들에 대해서도 소략하게나마 다루기로 결정했다. 이 책에 신설된 제2장과 제3장이 거기에 해당된다. 그들에 대해 설명하지 않은 채 구한말에 수용된 서양정치학에 대해서부터 설명하면, 독자들 가운데 혹시 "우리 민족사에서 정치학은 구한말에 서양정치학이 들어오면서 시작된 것"이라고 생각할 수 있음을 우려했기 때문이다.

그 생각이 전적으로 틀린 것은 아니다. 엄격한 의미에서 정치학은, 경제학·법학·사회학·인류학·심리학 등 여러 다른 사회과학들과 마찬가지로 근대에 하나의 학(學)으로 성립됐으며, 구한말에 일본을 거쳐 수용됐다. 그러나 비록 하나의 학(學)으로서의 정치학은 아니라고 해도 정치에 관련된 사상들과 이론들은 그 이전 시기에 우리나라에서도 다양한 형태로 존재했다. 그것들은 제한적으로 선교(仙教: 또는 도교[道教])에, 부분적으로 불교(佛教)에, 그러나 대체적으로 유교(儒教: 또는 유학)에 포함되어 있었다. 유학은 '치세(治世)의 학(學)'으로, '이국(理國)의 학(學)'으로, '흥치(興治)의 학(學)'으로, '경국(經國)의 학(學)'으로 불리는 가운데 오늘날의 표현으로는 정치와 행정 및 경제의 근본적 학문으로 간주됐던 것이다.

따라서 구한말 이전에 우리나라에 존재했던 정치에 관한 사상들과 이론들은 사실상 유학의 핵심적 부분을 형성하고 있었으며, 그러므로 구한말 이전에 우리나라에서 전개된 정치사상들과 정치이론들을 설명한다는 것은 결국 그 당시에 유학자들이 전개한 사상들과 이론들 가운데 특히 국가·군주·군주와 신하의 관계, 그리고 군주와 백성의 관계 등에 관한 사상들과 이론들을 설명하는 것과 마찬가지다. 따라서 제2장과 제3장은 사실상 삼국시대 이래 조선왕조 후기까지 한반도에서 전개된 유학의 역사를 설명하는 것에 가깝다.

유학은 중국의 북송(北宋)시대에는 주돈이(周敦頤)와 정호(程顥)·정이(程頤) 형제에 의해 성리학으로 체계화되고, 남송(南宋)시대에는 주희(朱熹)에 의해 주자학으로 체계화됐다. 그러한 까닭으로, 사람들은 성리학과 주자학을 정주학(程朱學)으로 불렀다. 이 학문이 고려왕조에 들어온 이후, 성리학·주자학·정주학 등으로 다양하게 불렀다. 특히 조선왕조시대에는 이 학문을 학자들에 따라 주자성리학·이학(理學)·성학(聖學)·정학(正學)·도학(道學)이라고도 불렀다. 한국의 어떤 학자들은 이 학문이 조선에 의해 더 심화되었다는 뜻에서 조선성리학이라고도 불렀다. 그러므로 매우 전문적인 학술서의 경우, 이 용어들을 엄밀하게 구분하면서 사용해야 할 것이다. 그러나 이 제2장과 제3장은 일반적인 서술이기 때문에 이 용어들을 엄밀하게 구별하지 않고 사실상 같은 것으로 취급해 사용하기로 한다.

조선시대를 전기·중기·후기로 나누는 경우 중기 이후에, 또는 조선시대를 전기와 후기로 나누는 경우 후기에 전개된 실학(實學)에 대해서도 마찬가지다. 실학이 정확히 무엇을 의미하는가에 대해, 조선시대에 실학이 하나의 학문으로 실존했던가에 대해, 실학의 전개과정을 그 기원으로부터 성행에 이르기까지 시대구분을 어떻게 설정해야 하는가에 대해, 그리고 누구누구를 실학자를 보아야 하는가에 대해, 우리나라 유학계와 철학계 및 국사학계는 참으로 깊은 토론을 벌여 왔다. 이것을 정확히 설명하기란 결코 쉽지 않다. 그렇기에 제2장과 제3장은 이것을 통설에 따라 간략하게 설명하기로 한다.

제2장과 제3장 가운데 제2장은 이 책의 주제와 직접적 연관성이 떨어진다. 그러나 이 책의 주제를 이해하기 위한 배경으로 읽는 것이 바람직하다. 이 책의 주제에 대해서만 관심을 가진 독자라면 이 장을 읽지 않고 제3장으로부터 시작해도 좋을 것이다. 따라서 그 양이 다른 장에 비해 훨씬 많지만 두 개의 장으로 나누지 않고 하나의 장으로 만들었다.

18세기에 들어서면서 조선 역시 서세동점(西勢東漸)의 영향을 직접적으로 받았다. 풀어 말해, 동아시아로 진출하면서 그 세력을 팽창시키던 서양세력은 바깥세상에 문을 닫고 살던 조선에 대해서도 탐사하거나 접근한 것이다. 다른 한편으로, 조선 안의 지식인들 가운데 일부는 서양에 대해 관심과 이해를 갖기 시작했다. 그렇다고 해서 그들이 곧바로 서양의 정치와 정치학에 대해 접했던 것은 아니다. 그렇지만 그들은 종래의 주자학적 세계관에 의문을 표시하면서 새로운 정치이론들이나 정치사상들을 제시하기에 이르렀다. 그것들을 제3장에서 다루기로 하겠다.

다른 분야들에 대해서도 그러하지만, 구한말 이전에 한반도의 역대 왕조들에서 전개된 정치사상들이나 정치이론들에 대해, 나는 사실상 무지에 가깝다. 자연히 국사학계의 이태진(李泰鎭) 교수·정옥자(鄭玉

子) 교수·한영우(韓永愚) 교수, 사회학계의 신용하(愼鏞廈) 교수, 유학계의 금장태(琴章泰) 교수, 정치학계의 김만규(金萬圭) 교수·김용구(金容九) 교수·김한식(金漢植) 교수·김홍우(金弘宇) 교수·박충석(朴忠錫) 교수·신복룡(申福龍) 교수·유근호(柳根鎬) 교수·이택휘(李澤徽) 교수·진덕규(陳德奎) 교수·최상용(崔相龍) 교수를 비롯해, 김석근(金錫根) 교수·김정호(金正昊) 교수·박홍규(朴鴻圭) 교수·배병삼(裵炳三) 교수·부남철(夫南哲) 교수·안외순(安外順) 교수·이재석(李載錫) 교수·전세영(全世營) 교수·정경환(鄭京煥) 교수·정용화(鄭容和) 박사·정윤재(鄭允在) 교수 등이 수행한 선행연구들에 의존했다.

특히 김영국(金榮國) 교수가 편집한 『한국정치사상』(서울: 박영사, 1991), 이재석 교수가 편집한 『한국정치사상사』(서울: 집문당, 2002), 전세영 교수의 『율곡(栗谷)의 군주론』(서울: 집문당, 2007), 한국국학진흥원 국학연구실이 편집한 『한국유학사상 대계』(경상북도 안동시: 한국국학진흥원, 2007) 제6권(정치사상편)과 제7권(경제사상편), 박충석 교수의 『한국정치사상사』 제2판(서울: 삼영사, 2011), 신복룡 교수가 출간을 앞두고 교정을 보는 상태로서의 『한국정치사상사』(서울: 지식산업사, 2011년 출간예정) 등으로부터 많은 가르침을 받았다.

별도로 서울대학교 대학원에서 「고려말 신흥사대부들의 정치사상 연구: 유교적 국가주의를 중심으로」라는 논문으로 1989년에 정치학박사학위를 받고 서원대학교(西原大學校) 총장으로 봉직했던 손문호(孫文鎬) 교수로부터 자세한 설명들을 들었다. 또 서양정치철학과의 대비를 위해, 국민대학교 정치외교학과 교수 이종은(李鍾殷) 박사로부터 자세한 설명을 들었다. 특히 신복룡 교수에게는 수시로 전화로 물어도 보고 확인하기도 했다.

4 서세동점이 더욱 가속화되고 서양에 대한 지식과 정보가 상대적 의미에서 늘어남에 따라, 조선의 사상가들 가운데는 그것들을 조선에 소개하는 사람들이 나타났다. 그러한 연장선 위에서, 1876년에 조선이

개항을 하게 되자 서양의 많은 나라들에서 채택된 정치제도들에 관한 지식이 조선의 지식인사회 안에서도 확산됐다. 이 시기를 다루기 위해 제4장을 신설했다. 이 책의 주제와 관련해, 이 장이 사실상 이 책의 서장(序章)이라고 할 수 있다.

이 제4장에 이어, 우리나라 역사에서 처음으로 서양정치학을 국내에 소개한 유길준의 저술들과 활동들을 소개했다. 그것이 제5장과 제6장이다. 이 두 장도 사실상 새로 쓰다시피 했다. 특히 『서유견문』과 『정치학』의 내용을 원전에 기초해 훨씬 더 자세히 설명했다.

유길준의 뒤를 이어, 특히 1905년부터 1908년까지의 시기에 적잖은 수의 지식인들이 서양정치학을 국내에 소개했다. 이것을 제7장에서 다뤘다. 이 장 역시 사실상 새로 쓰다시피 했다. 서양정치학을 소개한 학자들과 논객들을 더 많이 찾아냈기에 그것이 가능했다.

그러한 지식인들 가운데 대표적인 정치학자로 우선 안국선을 지적하고자 한다. 제8장은 그의 생애와 저술들을 분석했다. 안국선을 지난 초판에서는 두 개의 장으로 나눠 설명했었는데, 이 개정증보판에서는 하나의 장 속에서 소화했다. 그의 『연설법방』에 대해서는 초판에서보다 훨씬 더 자세히 설명했다. 이 책이 갖는 정치학적 의미를 다시 평가했기 때문이다.

안국선과 거의 같은 시기에 이승만은 미국에서 정치학을 전공해 학사·석사·박사학위를 받았다. 제9장은 그의 정치학 수학과정과 정치학분야의 저술들을 다뤘다. 특히 그가 도미유학 이전에 국내에서 미국 선교사들의 강의와 설교를 통해, 그리고 서양서적들의 독서를 통해, 서양의 정치사상을 습득한 경위를 자세히 설명했다. 그가 옥중에서 썼던 글들에 대해 초판에서보다 훨씬 더 자세히 썼다. 유영익 교수가 발굴하고 해설한 방대한 양의 이 글들은 이승만의 서양정치사상 수용을 이해함에 있어서 필수적인 자료들이라고 판단됐기 때문이다. 그리고 이승만과 관련해 두 개의 장으로 나눠 다뤘던 기존의 초판과는 달리 이 개정증보판에서는 하나의 장으로 다뤘다. 제10장은 요약과 결론이다.

5 이 책의 초판이 출판된 이후에도, 이 책의 중심적 주제들인 한국에서의 정치학발달사, 그리고 유길준과 안국선 및 이승만에 대해 많은 연구들이 새롭게 출판됐다. 충남대학교 교수 이계희(李啓熙) 박사는 한국에서의 정치학발달사를 포함해 세계 각국에서의 정치학발달사를 개괄적으로 설명한 책을 출판했었는데,[1] 고맙게도 이 책을 보내 주었다. 한석태(韓錫泰) 교수는 유길준의 『서유견문』과 『정치학』에 관한 나의 질문들에 대해 늘 성실하게 가르쳐 주었다. 나는 원전의 어떤 용어들이나 구절들에 대해 한 교수와 함께 토론하면서 배우기도 했다.

안국선에 대해 동아대학교 교수 김효전(金孝全) 박사는 자신의 기존 연구를 심화시킨 논문을 발표했다.[2] 김 교수는 고맙게도 이 논문의 별쇄본을 보내 주셨다. 다른 한편으로, 국회입법조사처 처장 심지연(沈之淵) 박사는 안국선의 아들 안회남(安懷南)에 관한 자료를 보내 주었다.

이종은 교수는 이승만에 관한 자료를 보내 주었다. 건국대학교 대학원장과 부총장을 역임한 역사학자 이주영(李柱郢) 건국대학교 명예교수 역시 고맙게도 이승만에 관한 귀중한 자료들과 자신의 저술들을 보내 주었다. 외우 이주영 교수의 저술들은 이승만에 대한 평가에 적잖은 영향을 주었다.

특별히 고마움을 표할 분들은 건국대학교 정치외교학과 석좌교수 신복룡 박사와 한국학중앙연구원 교수 정윤재 박사다. 신 교수는 이 주제와 관련해 반드시 읽어야 할 『만국정표(萬國政表)』(1886)의 복사본을 보내 주셨고, 정윤재 박사는 그 책의 짝으로 간주될 수 있는 『만국사기(萬國史記)』(1906)의 복사본을 보내 주었다.

자료를 보내 주신 김효전 교수·박충석 교수·신복룡 교수·심지연

1 이계희, 『정치학사』(서울: 을유문화사, 1998).

2 김효전, 「안국선의 와세다[早稻田]시대」, 『동아법학』 제47호(2010년 5월), 403-452쪽.

교수·이계희 교수·이재석 교수·이종은 교수·이주영 교수·전세영 교수·정윤재 교수, 그리고 이 책의 초판을 꼼꼼히 읽고 오식들을 바로잡아 줌과 동시에 여러 의견들을 제시해 준 손문호 교수에게 감사의 뜻을 나타내고자 한다. 손 교수는 후학들 가운데 한 사람이지만 그로부터 설명들을 들으면서 그의 학문과 인품으로부터 새삼 감명을 받았다. 또 여러 자료들을 찾아 준 인하공업전문대학 이일배(李一培) 귀군에게도 감사의 뜻을 표시하고자 한다. 아울러 개정증보판의 출판을 맡아주신 서울대학교출판문화원의 형난옥(邢蘭玉) 운영본부장님에게 감사의 뜻을 나타내고자 한다.

이 책을 개정하고 증보함에 있어서 한국과학기술원 김보정석좌교수직(金寶鼎碩座教授職)의 연구기금에서 지원을 받았다. 부족한 이 사람에게 이 교수직을 맡겨 주신 한국과학기술원 문화과학대학 학장 김동원(金東源) 박사에게 감사의 뜻을 표하고자 한다.

어느 누구보다도 은사 구범모(具範謨) 교수님에게 새삼 감사의 말씀을 올리고자 한다. 선생님을 처음 뵈었던 때는 지금으로부터 꼭 50년 전인 1961년 4월이었다. 한국의 모든 각급 학교에서 '3월졸업 4월입학'의 제도를 시행하던 때였다. 정치학도의 길에 들어섰다는 큰 감격 속에 동숭동(東崇洞) 캠퍼스에 첫 발을 디뎠던 때, 문리대 정치학과의 전임교수로 민병태(閔丙台)·김성희(金成熺)·김두희(金斗熙)·김영국(金榮國)·구범모 선생님 등 다섯 분이 계셨다. 어느덧 민병태·김성희·김두희·김영국 네 선생님들이 세상을 뜨셨고, 구범모 선생님 한 분만 생존해계시다. 선생님은 늘 따뜻하고 자상하게, 그러나 때로는 엄하게, 제자들을 이끌어 주셨는데, 이 용렬한 제자에 대해 각별한 지도를 베풀어주셨다. 정치학과 입학 50주년이 되는 올해에 이 졸저를 집필하게 된 것을 진심으로 기쁘게 생각하며, 은사님과 사모님께서 앞으로도 계속 건강하신 가운데 장수하시기를 기원한다.

6 이 책에는 여전히 미흡함과 잘못됨이 적잖을 것이다. 그것들이 고의의 산물들임은 아니지만, 그것들에 대한 책임은 모두 나에게 있다. 이 주제에 관심을 가진 동학(同學)들께서 많이 가르쳐 주시기를 기대한다.

2011년 5월 31일

한국과학기술원 김보정석좌교수연구실에서

김학준 씀

책머리에

우리가 오늘날 정치학이라고 말할 때 그것은 유럽에서 시작됐고 미국으로 건너가 거기서 발달한 뒤 세계적으로 확산된 서양의 정치학이다. 이 정치학을 우리는 배우고 있고, 가르치고 있으며, 그것을 준거삼아 제도를 만들고 정책적인 구상을 하며 논평을 한다. 그렇다면 이 정치학은 언제 누구에 의해 왜 어느 곳으로부터 어떤 내용으로 우리나라에 도입됐던가? 정치학도로서 나는 오랫동안 그러한 의문을 가져왔다.

그러한 물음에 대한 해답의 단서로 안국선(安國善)을 잡을 수 있었다. 그는 대한제국 말기에 『금수회의록』이란 신소설을 쓴 '개화기 소설가'로 몇십 년 전부터 국문학사에 기록됐으며, 따라서 그의 명성에 대해서는 익히 알고 있었다. 그러나 그가 『정치원론』이란 책도 씀으로써 우리나라에서 정치학의 선구자로 자리매김될 수 있다는 사실을 안 때는 1980년대 중반에 이르러서였다. 그래서 쓴 글이 『한국정치학회보』 제21권 제2호(1987년 12월)에 발표한 「우리나라 정치학 도입기의 지도적 정치학자 안국선의 주요 저서 소개」였다. 이 글을 통해, 나는 안국선이 1907년에 출판한 『정치원론』의 내용을 주로 설명했다.

이 글은 자료의 부족과 연구의 불충분으로 내용이 미흡했다. 그래서 꼭 고쳐 써야겠다고 마음먹었던 터에 서울대학교 권영민(權寧珉) 교수와 김윤식(金允植) 교수, 그리고 인하대학교 최원식(崔元植) 교수로부터 자료를 좀 더 얻음으로써 "The Life and Works of An Kuk-sŏn, a Pioneer of Political Science in the Great Han Empire"라는 제목 아래 개고해 1995년 4월 21일부터 24일까지 체코의 수도 프라하에서 열린 유럽한국학회(Association of Korean Studies in Europe : AKSE) 제17차 총회에서 발표할 수 있었다. 이 글을 통해 안국선이 와세다대학의 전신인 동경전문학교에서 정치학을 전공하게 된 배경과 그 학교에서 수강한 과목들을 소개함과 아울러 안국선이 귀국한 뒤 애국계몽단체들을 통해 발표한 저술들의 내용을 살폈다. 그리고 그가 '친일적 관료'로 변신하게 되는 과정, 그러나 다시 '계몽적 문사'로 활동한 모습 등을 설명했다.

이 글이 *Korea Journal* 제35권 제4호(1995년 겨울)에 발표된 뒤 이 글을 읽은 몇몇 동학(同學)들이 고맙게도 안국선에 관한 자료들을 보내 주었다. 특히 동아대학교 법과대학 김효전(金孝全) 교수는 안국선의 『정치원론』이 동경전문학교 강사 이치지마 겐키치(市島謙吉 : 시도겸길)의 저서 『정치원론』을 저본(底本)으로 삼아 편역・편술한 책이었음을 밝혀내고 그 책 한 부를 보내 주었다. 김 교수는 또 서양의 정치학이 일본을 거쳐 안국선 등에 의해 대한제국에 도입되던 과정을 상세히 밝혀 이 방면에 크게 이바지한 자신의 역저인 『서양헌법이론의 초기 수용』을 보내 주었다. 이 무렵 경남대학교 심지연(沈之淵) 교수의 소개로 또 한 사람의 안국선 연구자인 안용준(安容濬) 선생으로부터 안국선에 관한 자료들을 얻을 수 있었다. 이에 나는 기존의 논문에 이 자료들을 보충해 「대한제국 시기 정치학 수용의 선구자 안국선의 정치학 : 그의 생애와 정치학 관련 저술을 중심으로」를 써서 『한국정치연구』 제7호(1997)에 발표할 수 있었다.

그렇게 하고 보니 안국선의 정치학에 관심을 갖고 공부하기 시작한 때로부터 12년이 넘었다. 그 과정에서 처음에 품었던 의문, 곧 "우리가 오늘날 정치학이라고 부르는 이 학문은 어떻게 누구에 의해 왜 어느 곳으로부터 무슨 내용으로 우리에게 도입됐고 수용됐는가?"라는 물음에 대해 개괄적이면서도 자세한 해답을 얻을 수 있었다.

그런데 나의 관심은 차차 안국선 이전의 선구자들에게도 쏠리게 됐다. 특히 유길준(兪吉濬)이 19세기 말에 쓴 글들이 우리나라에서 서양정치학적 발상과 이론에 연결되어 나온 최초의 저술들임을 깨닫게 되면서 유길준에 대해 새롭게 공부하게 됐다. 마침 국한문혼용으로 쓰여진 유길준의 『정치학』 전문을 경남대학교 한석태(韓錫泰) 교수가 알기 쉽게 오늘날의 우리말로 풀이하고 주해(註解)한 책을 펴내 그 책으로부터 큰 도움을 받았다.

다른 한편으로, 우리나라 초대 대통령 이승만(李承晩)이 대한제국 말기에 미국에 유학해 우리나라 사람으로는 처음으로 정치학박사학위를 받았음을 새삼스레 깨닫고 그의 서양정치학 수용을 공부하기 시작했다. 마침 1993년 8월부터 1994년 1월까지 미국 우드로윌슨국제연구소(The Woodrow Wilson International Center for Scholars)에서 연구하던 때 그가 수학했던 하버드대학교와 프린스턴대학교를 방문해 그에 관한 자료들을 볼 수 있었다. 귀국한 뒤에는 연세대학교 석좌교수로 계신 고등학교 시절의 은사 유영익(柳永益) 박사님으로부터 이승만에 대해서는 물론 유길준에 대해서도 귀중한 자료들을 소개받아 연구에 어느 정도 자신감을 갖게 됐다. 그래서 유길준으로부터 이승만에 이르는 약 30년의 시기를 중심으로 대한제국 말기에 우리나라에 서양정치학이 도입되고 수용되는 과정을 설명해 보기로 마음먹고 이 책을 쓰기에 이르렀다.

이렇게 오랜 세월에 걸쳐 구상되고 준비되어 왔지만 아직도 이 책은 여러 가지로 모자란 점이 많다. 그런데도 출판을 결정한 서울대학교출판부에 대해 깊이 감사한다. 특히 전 출판부장 김용덕(金容德) 교수의 격려가 없었다면 이 책은 세상에 나오기 어려웠을 것이다. 그러나 이 책이 지니고 있을 사실의 착오와 해석의 부정확 등을 포함한 모든 잘

못에 대한 책임은, 비록 그 잘못이 고의의 산물은 아니라고 해도, 오로지 나에게 있다. 지적해 주시면 다음 쇄에서 고치기로 하겠다.

2000년 3월 12일

인천대학교 개교 21주년 · 시립화 6주년의 날에

인천대학교 연구실에서

김 학 준

차례

일러두기

1. 띄어쓰기에 대해

가독성(可讀性)을 높이기 위해 복합명사는 물론이고 서로 붙어서 하나의 개념을 만드는 단어들은 모두 붙이기로 한다. 예컨대, '고등 교육'으로 표기하지 않고 '고등교육'으로 표기하고, '정치 사상가'로 표기하지 않고 '정치사상가'로 표기한다.

학교의 이름을 비롯해 하나의 조직이나 단체의 이름은 붙이기로 한다. 예컨대, '와세다 대학'으로 표기하지 않고 '와세다대학'으로 표기하며 '존스 홉킨스대학교'는 '존스홉킨스대학교'로 표기한다. 또 어떤 정치적 및 사회적 운동의 이름은 그 전체를 붙이기로 한다. 예컨대, 항일 독립 운동은 항일독립운동으로, 애국 계몽 운동은 애국계몽운동으로 붙이기로 한다.

'고종 치세'는 '고종치세'로 표기하며, '대학생 시절'은 '대학생시절'로 표기한다.

2. 외래어 표기에 대해

표준외래어표기법에 따르기로 한다.

3. 한자(漢字) 병기(倂記)에 대해

고유명사를 포함해 한자가 병기돼야 이해가 빨라지는 경우, 나의 자의적 선택에 따라 한자를 병기하기로 한다. 같은 절(節) 안에서 한 차례 병기된 경우라도 필요하다고 판단되면 다시 병기하기로 한다.

4. 『 』, 「 」, " ", ' '에 대해

책과 신문 및 잡지의 이름은 『 』으로 묶고 논문 이름은 「 」으로 묶는다. 영문의 경우, 책과 신문 및 잡지의 이름은 이탤릭체로 나타내고 논문의 이름은 " "으로 묶는다. 인용의 경우, 문장은 " "으로 묶고 단어 또는 구절은 ' '으로 묶는다.

5. 등장하는 사람들의 생몰년 표기에 대해

이 책에는 많은 사람들이 등장한다. 그들 가운데 중요하다고 판단되는 사람들에 대해서는 처음 등장할 때 생몰년을 표기하기로 한다. 그러나 굳이 생몰년을 표기하지 않아도 앞뒤의 문맥으로 그 사람의 시대적 배경을 충분히 이해할 수 있다고 판단되는 경우에는 생몰년 표기를 생략하기로 한다.

6. 복수 및 수동태에 대해

우리 문장에서 일반적으로 복수(複數)를 쓰지 않고 단수(單數)를 쓴다. 그러나 뜻을 명확히 하기 위해, 이 책에서는 복수를 써야 할 경우는 복수를 쓴다.

우리 문장에서는 일반적으로 수동태(受動態)를 쓰지 않는다. 그러나 원전(原典)이 수동태를 쓴 경우, 그것을 번역해서 인용할 때 이 책은 그 방식을 따르기로 한다.

7. 각주에 대해

각주는 일반적으로 두 가지 역할을 수행한다. 첫째, 출전을 밝히는 역할이다. 둘째, 본문에서 소화하기에 적절하지 않은 일종의 부연설명을 담당하는 역할이다.

- 출전을 밝히는 역할과 관련해, 나는 각주를 많이 달았다. 그렇게 한 까닭은 다음의 두 가지다. 첫째, 교수의 강의부담을 덜어 주려는 데 있다. 강의를 하면서 사람의 이름이나 저술의 이름을 소개하기 위해 판서(板書)를 해야 하는 경우가 적잖은데, 교과서에 그것들을 자세히 써놓으면 그것들로 대체할 수 있다. 이것은 수강생의 경우에도 해당된다. 일일이 받아쓸 필요가 없다는 뜻이다.

  둘째, 어떤 사람이나 저서나 사상이나 사건 등에 대해 좀 더 자세히 알고자 하는 독자들을 위해서다. 최근에는 외국인들 가운데 한국에 대해 연구하는 학도들이 크게 늘었다. 그들을 위해 영어로 출판된 책들과 논문들도 소개했다.
- 부연설명과 관련해, 본문의 흐름을 크게 해치지 않는다고 판단되는 경우, 각주에서 따로 서술하지 않고 본문에서 소화하기로 하겠다.

제1장

서 론

제1절 문제의 제기

한국에서 정치학이 어떻게 발달해 왔는가에 대한 학문적 관심은, 적어도 출판물만을 놓고 볼 때, 우리나라의 정치학계에서 결코 높지 않다. 한국의 정치학사를 체계적으로 서술한 단행본이 하나도 없다는 사실,[1] 그리고 비록 한국의 정치학사에 관련된 논문이 적잖게 발표됐다고는 해도[2] 그것들은 다른 분야에서 발표된 논문의 수에 비교가 되지

1 신복룡 교수는 자신의 『한국정치사』(서울 : 박영사, 1978), 제1장(「한국 정치 사학사」)에서 한국의 정치학발달사를 상세히 기술했다. 이 책의 제4판을 기준으로 말할 때, 15쪽에서 62쪽에 이르는 꽤 긴 분량이다. 신 교수에 이어 이계희(李啓熙) 교수는 『정치학사』(서울 : 을유문화사, 1998)를 출판하면서 서양의 정치학발달사를 다루는 가운데, 제4장 제4절을 통해 한국의 정치학발달사에 대해 기술했다.

2 그것들을 연대기적으로 열거하면 다음과 같다.
① 『한국정치학회보』 제2집(1967)의 특집인
「한국정치학의 연구 및 교육 경향의 검토」
「비교정치학 20년의 반성」(구범모 : 具範謨)
「한국정치 및 정치과정 연구 현황」(이정식 : 李廷植)
「국제정치학의 연구 및 대학교육 경향」(손제석 : 孫製錫)

「한국행정학의 현황과 역할」(박동서 : 朴東緖)

② 김계수(金桂洙), 「한국정치학에 미친 외국의 영향」, 『한국사회과학논집』 제8권 제7호(1968년 7월).

③ 김계수, 『한국정치학 : 현황과 경향』(서울 : 일조각, 1969)에 포함된 논문들.

④ 이정식(李廷植), 「한국 현대 정치사 연구에 있어서의 문제점」, 『한국정치학회보』 제3집(1969).

⑤ 김계수, 「한국정치학의 발전과정」, 태극출판사(편), 『대세계백과사전』 제1권(정치) (서울 : 태극출판사, 1972).

⑥ 김학준, 「한국정치학의 과거와 현재 및 미래」, 『사회과학논문집』 제1집(서울대학교 사회과학대학, 1976).

⑦ 김하룡(金河龍), 「정치학」, 고려대학교 민족문화연구소(편), 『한국현대사 대계』 제2권(1976).

⑧ 김영국(金榮國), 「한국에 있어서의 정치학의 발전」, 『한국정치학회보』 제11집(1977).

⑨ 『한국정치학회보』 제12집(1978)의 특집인
「건국 30년의 한국정치학」
「미국정치학의 특성과 한국 정치사상의 연구 상황」(서정갑 : 徐正甲)
「새 정치이론의 중심 과제」(이홍구 : 李洪九)
「비교정치학의 연구 동향」(정희채 : 鄭熙彩)
「한국 비교정치 연구의 현재와 미래」(김행자 : 金幸子)
「행정학 연구의 학문성 정립 문제」(백완기 : 白完基)
「한국 정치학자의 정책 연구」(강민 : 姜珉)
「정치학의 발전적 과제에 대한 고찰」(안청시 : 安清市)
「한국에서의 국제정치학 연구」(박치영 : 朴稚榮)
「한국 국제정치학의 정립을 위하여」(이상우 : 李相禹)
「한국정치학의 연구 경향과 평가」(김운태 : 金雲泰)
「한국정치 연구의 경향과 평가」(한승조 : 韓昇助)

⑩ 김계수, 「한국정치학 — 과거 · 현재 · 전망」, 윤근식(尹謹植)(편), 『현대정치의 정치경제학적 분석』(서울 : 법문사, 1980).

⑪ 김학준, 「해방3년사와 한국전쟁 연구동향」, 한길사 편, 『1950년대의 인식』(서울 : 한길사, 1981).

⑫ 민준기(閔俊基), 「정치학 : 절충 혼합의 이론과 뒤진 국내정치 연구」, 조요한(趙要翰) · 변형윤(邊衡尹) 등 공편, 『한국의 학파와 학풍』(서울 : 우석출판사, 1982).

⑬ Dal-joong Chang(장달중 : 張達重), "The Current Status of Political Science Research in Korea,"『국제정치논총』 제24집 제1호(1984)

⑭ 김계수, 『한국과 정치학』(서울 : 일조각, 1987)에 포함된 논문들.

⑮ 박종성(朴鍾晟), 「현대한국정치연구의 경향과 방법 : 근대화의 정치발전, 정치변동론과 그 이후의 논의」, 『청주사범대학논문집』 제19집(1987년 4월).

⑯ 김운태, 「한국 정치학 연구의 발전과 현황 : 정치사」, 『한국정치학회보』 제21집 2호(1987년 12월).

⑰ 신명순(申命淳), 「한국정치학에서의 비교정치연구Ⅱ」, 연세대학교 사회과학연구소 『사회과학논집』 제19집(1988).

⑱ 손호철(孫浩哲), 『한국정치학의 새 구상』(서울 : 풀빛, 1991).

⑲ 조찬래(趙燦來), 「한국정치사 연구의 현황과 문제점」, 『한국정치 연구의 대상과 방법』(서울 : 한울, 1993).

⑳ 김계수, 「한국정치 50년과 한국의 정치학 연구」, 『한국정치학회보』 제29집 2호(1995년 12월).

㉑ 한국정치학회 편, 『한국의 정치학 : 현황과 전망』(서울 : 법문사, 1997).

㉒ 이정복, 「한국정치학의 변화와 발전방향」, 『한국정치연구』 8-9합병호(1999).

㉓ 김운태, 「한국정치연구의 회고와 전망」, 『한국정치학회보』 제34집 3호(2000년 가을).

㉔ 한국정치학회 엮음, 『한국정치학 50년』(서울: 한울, 2001).

㉕ Hakjoon Kim, "Current Research Trends in Political Science in South Korea," *Participation*, Vol, 26, No. 1 (Winter 2002).

㉖ 한국정치학회50년사편찬위원회 편, 『한국정치학회50년사, 1953년-2003년』(서울 : 한국정치학회, 2003), 제3부(한국정치학사)에 게재된 여덟 편의 논문들.

1) 한국정치학 학사 - 총론 / 한배호
2) 정치학 방법론과 정치이론 / 이정복
3) 한국·동양정치사상·사상사 학사 / 박충석
4) 서양정치사상 연구 50년 / 임효선
5) 한국정치 연구 50년 / 손호철
6) 비교정치학의 연구동향 - 각국 정치론 포함 / 정희채
7) 국제정치학사 / 김용구
8) 행정학사 - 행정학과 공공정책 / 백완기

㉗ 김학준, 「1993년 이후 정치학 분야에 있어서의 한국학의 흐름들과 특징들」, 『한국정치연구』 제17집 제1호(2008년 2월).

한편 한국에 있어서 국제정치학의 발달과정에 대해서는 한국국제정치학회가 1988년에 학술대회를 열었다. 그 결과는 1988년에 출판된 『국제정치논총』 제28권 제1집에 있는 특집 「한국에 있어서의 국제정치학의 수용 및 발전」이다.

않을 정도로 적다는 사실 등은 이 방면이 얼마나 경시되어 왔는가를 말해 준다.

그처럼 연구가 빈약한 한국의 정치학사 가운데서도 가장 연구되지 않은 시기는 구한말의 시기다. 이 점은 한국정치학사의 분야에서 가장 선구적이며 가장 활발히 저술활동을 전개한 김계수(金桂洙) 교수의 논문들에서조차 그 시기에 관해서는 매우 짧게 언급되는 것으로 끝났다는 사실에서 입증된다. 예컨대, 「한국에서의 정치학」이란 논문에서 그는 "한국에서 정치학연구는 1876년부터 1945년까지 약 70년 동안 미발달(배태) 상태 또는 동면 상태에 있었다"고 썼을 뿐이다.[3] 그리하여 한국에서는 1945년 8월 15일 이후에 비로소 정치학이 '발족'했다고 그는 보았다. 그리고 그때로부터 한국전쟁을 거쳐 한국휴전이 성립된 1953년 7월 27일을 앞뒤한 시점까지의 약 8년을 한국에서의 정치학의 '초창기'라고 보았다.[4]

김계수 교수의 이러한 주장은 일정한 범위 안에서 충분히 수용될 수 있다. 그러나 조선왕조 말기에, 특히 대한제국의 시기에, 일본으로 유학한 우리나라의 학도들이 일본에서 유행하던 유럽의 정치학을 국내에 소개했고 강의했던 사실을 무시했다는 지적을 받을 만하다.

정치학에서의 이러한 무시는 법학에서의 깊은 연구와 대조된다. 예컨대, 최종고(崔鍾庫) 교수는 『한국의 서양법 수용사』(서울: 박영사, 1982)를 통해 서양법과 서양법사상이 어떤 과정을 거쳐 그리고 누구에 의해 유교적 조선사회에 들어왔는가를 분석했고, 김효전 교수는 『서양 헌법이론의 초기 수용』(서울: 철학과현실사, 1996)을 통해 영국과 미국 및

3 이 논문은 그의 『한국과 정치학』에 첫 논문으로 실려 있다. 인용된 부분은 이 책의 2쪽에 있다. 이 논문의 영어본은 William G. Andrew (ed.), *International Handbook of Political Science* (Westport, CT. : Greenwood Press, 1982), pp. 219-226에 수록된 "Korea"이다.

4 위와 같음, 3쪽.

독일, 그리고 프랑스 등의 헌법이론들이 개화기의 조선에 받아들여진 과정을 분석했던 것이다.

역사학에서도 이 시기에 서양의 정치사상이나 사회사상이 어떻게 어떤 내용으로 누구에 의해 도입됐는가에 대해 연구가 활발히 이루어져 왔다. 박찬승(朴贊勝) 교수의 『한국근대정치사상사연구』(서울: 역사비평사, 1992), 김도형(金度亨) 교수의 『대한제국기의 정치사상 연구』(서울: 지식산업사, 1994), 전복희(全福姬) 박사의 『사회진화론과 국가사상: 구한말을 중심으로』(서울: 도서출판 한울, 1996) 등이 그 대표적인 보기들이다.

이렇게 볼 때, 정치학계에서도 이 시기에 관한 연구가 체계적으로 이뤄져야 한다는 주장이 성립될 만하다. 이 시기에 엄연히 존재했던 정치학자들과 정치학저술들을 계속해서 한국정치학사의 밖에 방치할 수 없는 것이다. 특히 그들의 저술들에 나타난 서양정치학의 지식은 플라톤(Platon)과 아리스토텔레스(Aristoteles)로부터 시작해 폴리비우스(Polybius)를 지나 존 로크(John Locke)와 장 자크 루소(Jean Jacques Rousseau) 및 몽테스키외(Montesquieu), 그리고 알렉시스 드 토크빌(Alexis de Tocqueville) 등을 거쳐 19세기에 서양에서 활동한 정치사상가들의 이론들을 거의 모두 포함하고 있다는 점에서 결코 더 이상 외면될 수 없다고 하겠다. 이러한 문제의식에서 이 책은 출발한다.

제 2 절 연구의 범위와 대상 및 구성

앞에서 이미 지적했듯, 구한말에 서양의 정치학을 국내에 소개한 지식인들은 결코 적잖다. 여기서 정치학이라고 할 때, 거기에는 국가학(國家學)과 국법학(國法學)은 물론 헌정론(憲政論)과 국가에 관련된 이론과 사상 등이 포함된다. 헌법과 국제법 등에 관련된 이론과 사상 역시 포함된다. 그러나 뒤의 것은 이 책에서는 부분적으로 다뤄질 것이다. 왜냐하면, 그것은 구한말 시기의 서양법의 수용이라는 관점에서 법학자들에 의해 이미 충분히 분석됐기 때문이다.[5]

이 책에서는 서양의 정치학을 국내에 소개한 지식인들을 연구의 대상으로 삼기는 하되 대체로 유길준과 안국선 및 이승만에 초점을 맞추기로 한다. 유길준은 서양의 정치제도와 정치사상을 폭넓게 소개한 『서유견문』을 출판한 데 이어 비록 미완성이었고 미출간의 원고였으나 『정치학』이란 제목 아래 집필함으로써 이 방면의 최초의 저술을 남겼다는 점에서, 안국선은 『정치원론』이란 제목 아래 이 방면의 최초의 저술을 출판했으며 정치학분야의 저술들을 적잖게 남겼다는 점에서, 그리고 이승만은 우리나라 사람으로는 처음으로 정치학석사를 받았으며 역시 처음으로 정치학박사를 받았다는 점에서, 학문적 주목을 받기에 충분하다고 생각한다.

이러한 맥락에서, 이 책은 이 서론에 이어 8개의 장 및 결론으로 구성된다. 제2장은 조선왕조의 영정조시대 이전에 한반도에서 존망했던 역대 국가들의 사상가들과 이론가들이 제시했던 정치사상들과 정치이론들을 설명한다. 거기에는 고조선시대·삼국시대·남북국시대·후삼국시대에 전개된 정치사상들과 정치이론들, 그리고 고려왕조시대와 영정조 이전의 조선왕조시대에 전개된 정치사상들과 정치이론들이 포함된다.

제3장은 영정조시대로부터 조선왕조가 해체기에 들어서면서 새로운 대안들을 모색하기 시작하던 1850년대까지의 시기에 등장한 정치사상가들을 다루기로 한다. 이익·홍대용·박지원·박제가·유득공·정약용 등이 제시한 관찰들과 이론들을 여기서 소개하기로 한다. 특히 '조선의 루소'에 비견된 정약용이 주권재민론에 접근하는 과정을 살피기로 한다.

5 예컨대, 최종고, 『한국의 서양법수용사』(서울: 박영사, 1982) 및 김효전, 『서양 헌법이론의 초기 수용』(서울: 철학과현실사, 1996).

제4장은 조선왕조에서 근대적 의식이 발아하기 시작한 1850년대로부터 조선왕조가 마침내 개항한 이후 약 10년 동안 특히 서양의 정치제도들을 언급한 정치사상가들에 대해 상세히 설명하기로 한다. 우리나라의 정치학사에서 (1) 비교정치론의 개척적 소개자로 간주될 수 있는 최한기, (2) 세계 각국의 정치현황을 처음으로 일목요연하게 설명한 『만국정표』, 그리고 (3) 입헌민주주의론의 초기 소개자로 간주될 수 있는 박영효 등을 이 장에서 설명하기로 한다.

제5장은 유길준의 서양정치학 수용을 주로 「중립론」과 『서유견문』을 통해 살핀다. 제6장은 유길준의 『정치학』에 초점을 맞춘다.

제7장은 유길준 이후에, 특히 1905년과 1908년 사이에, 애국계몽운동가들이 주로 정치제도개혁의 차원에서 추진했던 서양정치학의 수용을 분석한다. 분석의 초점을 특히 『헌정요의』·『국가학』·『국민수지』·『만국사기』 등에 맞추기로 한다. 이어 이 시기에 실시되기 시작한 서양정치학 교육과 교육기관들에 대해서도 살핀다.

제8장은 안국선의 『정치원론』과 『외교통의』 및 『연설법방』 등을 중심으로 그의 서양정치학 수용을 살핀다. 나는 안국선의 생애와 저술들에 관한 영어논문을 발표했었고, 이것을 이 책의 초판에서는 부록으로 실었었다. 이 논문은 보충해야 할 곳들이 적잖지만 이 개정증보판에 그대로 수록하기로 하겠다.

제9장은 이승만이 국내에서 서양정치학을 수용한 과정을 살피고 특히 그의 서양정치학적 지식이 반영된 『독립정신』과 『옥중잡기』에 대해 자세히 살핀다. 이어 이승만이 미국으로 유학해 서양정치학을 수학한 과정과 그의 정치학박사학위논문인 「미국의 영향을 받은 중립」에 대해 자세히 살핀다. 그의 서양정치학적 지식이 반영된 그의 『일본내막기』에 대해서도 아울러 살핀다.

마지막 장인 제10장이 요약과 결론이다. 앞으로 수행돼야 할 연구의 과제와 방향에 대해서도 언급하기로 한다.

제2장

고조선으로부터 조선왕조 후기까지의 정치사상가들

제1절 고조선으로부터 후삼국까지의 정치사상가들

제2절 고려왕조의 정치사상가들

제3절 조선왕조의 정치사상가들(1): 전기와 중기

제4절 조선왕조의 정치사상가들(2): 후기

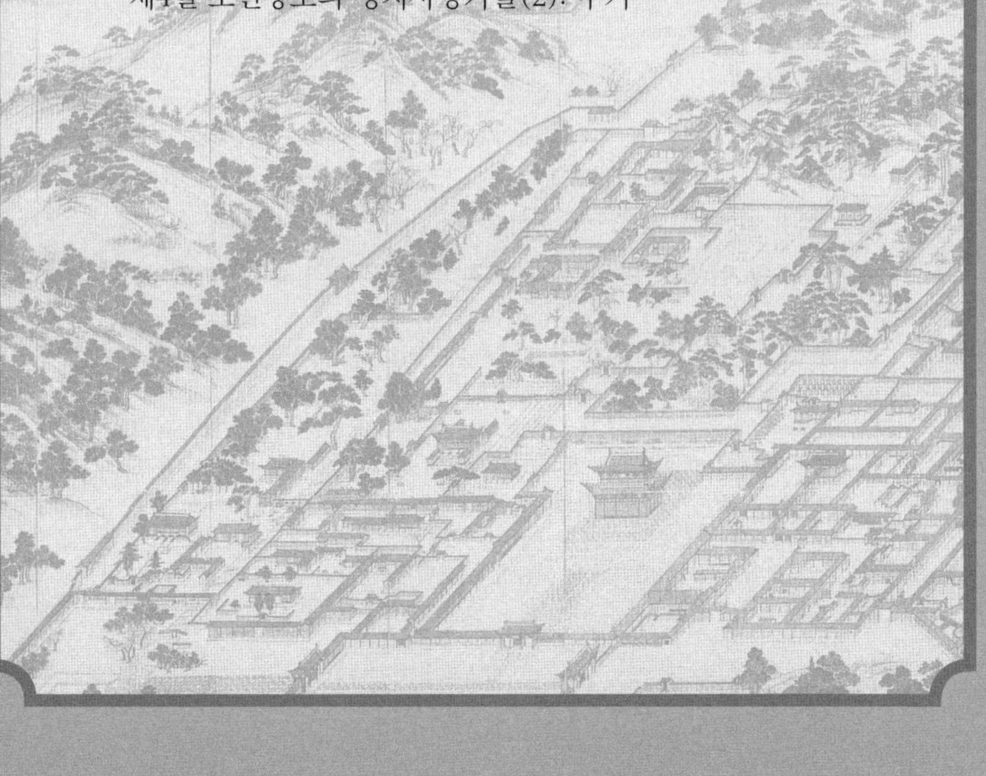

제 1 절 고조선으로부터 후삼국까지의 정치사상가들

우리는 서양정치학의 기원들을 고대그리스의 철학자들에서 찾는다. 특히 플라톤과 아리스토텔레스가 공통적으로 전개한 국가와 정부에 관한 다양한 사상들과 이론들을 서양정치학의 출발점으로 삼는다.

고조선시대

그렇다면 기원전 2333년께 또는 고대중국의 전설적 임금 요(堯)의 시대에 성립된 것으로 말해지는 단군조선(檀君朝鮮)에서 시작해 이른바 기자조선(箕子朝鮮)을 거쳐 이른바 위만조선(衛滿朝鮮)에 이르는 고조선(古朝鮮) 이래 조선의 역사에는,[1] 고대그리스의 철학자들에 상응하

1 조선의 역사를 개괄적으로 서술한 저술들 가운데 나는 주로 다음에 의존했다. 이기백(李基白), 『한글판 한국사신론』(서울 : 일조각, 1999년 1판 1쇄; 2001년 1판 6쇄). 이 책에 의존한 경우, 나는 별도의 각주를 달지 않았다. 조선의 역사에 대해 비교적 객관적으로 썼다는 평을 받는 일본인의 책은 다음이다. Takashi Hatada, *A History of Korea*, Trans. by Warren W. Smith, Jr., and Benjamin H. Hazard (Santa Barbara, CA. : ABC-Clio Press, 1969).

조선의 역사를 간략하게 서술한 미국학자의 최근의 책으로 다음이 있다.

는 정치사상가들이 없었을까? 그렇지 않았을 것이다.

고조선 이래, 한때 한민족이 주도했거나 참여한 것으로 믿어지는 만주 일대에서의 '국가'들을,[2] 예컨대 부여(扶餘) 그리고 그 후계자로서의 동부여(東扶餘)를, 논외로 한다고 해도, 한반도에 많은 국가들과 정부들이 존재했었다. 이 국가들과 정부들은 그 시대에 중국을 지배했던 왕조들로부터 제도들과 이론들을 받아들이면서, 한편으로는 백제(百濟)의 경우처럼 일본에 그것들을 전수함과 아울러 다른 한편으로는 자신들에게 고유한 제도들과 이론들을 개발했다.

단군조선. 우선 고려의 승려 일연(一然 : 1206-1289)이 집필한 『삼국유사(三國遺事)』와[3] 고려의 학자 이승휴(李承休 : 1224-1300)가 집필한

● ● ● ● ●

Michael J. Seth, *A Concise History of Korea : From the Neolithic Period through the Nineteenth Century* (Lanham · Boulder · New York · Toronto · Oxford: Rowman and Littlefield Publishers, INC., 2006). 이 책은 17쪽에서 단군을 신화라고 본다. 이 책은 또 단군이 기원전 2333년에 나라를 세웠다고 한국의 역사학자들은 말하지만, "조선이라고 불리는 하나의 정치적 실체가 세워진 것으로 다툼의 여지없이 간주되는 가장 조기(早期)의 시점은 기원전 109년이다."라고 주장한다.

한민족의 또는 조선민족의 기원들을 구명한 영문저서로 대표적인 것은 다음이다. Hyung Il Pai, *Constructing "Korean" Origins : A Critical Review of Archaeology, Historiography, and Racial Myth in Korean State-Formation Theories* (Cambridge, MA. : Harvard University Press, 2000). 이 책은 단군을 신화라고 보면서 'the Tan'gun myth'라는 표현을 썼다.

2 고조선시대에 한반도와 만주에서 존망했던 '국가'들이 과연 '국가'였느냐에 대한 학문적 토론은 유보하겠다. 그것들은 읍락국가(邑落國家) 또는 성읍국가(城邑國家) 또는 그것들의 연합단계에 머물러 있었다. 이하에서는 그러한 '국가'들의 성격에 대해 별도로 토론하지 아니하면서, 국가라는 단어를 사용하기로 하겠다.

3 『삼국유사』에 대해서는 많은 국문학자들과 국사학자들 및 한문학자들이 분석했다. 이 많은 분석들을 종합적으로 설명한 최근의 책은 다음이다. 김대식(金大植) 편저, 『삼국유사 : 그 다양한 스펙트럼』(서울 : 대원사, 2007). 『삼국유사』에 관한 이어령(李御寧) 교수의 담론 역시 최근의 책으로 중요하게 검토될 만하다. 『이어령의 삼국유사 이야기』(서울 : 도서출판 서정시학, 2006). 이 책은 이어령 교수의 50년 저술 속에 산재해 있는 『삼국유사』에 관한 담론들을 한 자리에 모아, 신화론의 관점으로 재구성한 것이다. 이어령 교수와의 대담자는 문학사상사

『제왕운기(帝王韻紀)』에 기록된 단군조선에 관한 신화를 읽어보기로 하자. 그 신화에서 우리는 환웅천왕(桓雄天王)이라는 최고통치자, 인간을 널리 이롭게 한다는 뜻의 홍익인간(弘益人間)이라는 정치이념, 하느님의 도장이라는 뜻의 천부인(天符印)이라는 정치상징, 풍백(風伯)과 우사(雨師) 및 운사(雲師)라는 최고통치자의 보좌관들, 그리고 법률 등이 존재했음을 확인하게 된다. 그것들뿐만이 아니다. 환인(桓因)이라는 신(神)이 아들 환웅을 지상으로 내려보내 신시(神市)라는 수도를 개설하고 거기를 중심으로 사람들을 다스리게 했다는 신화는 "하늘은 자신의 의지를 실행하는 방도로 대리자를 세워 그로 하여금 자신의 일을 대행하도록 한다"는 중국의 천명사상(天命思想)이[4] 단군조선에서도 통용됐음을 말한다. 또 환웅이, 곰에서 인간의 여성으로 바뀜으로써 곰녀, 곧 웅녀(熊女)라는 이름을 얻게 된 여성과 결혼해 아들 단군을 얻었으며, 단군이 환웅에 이어 군장(君長)으로서 이 나라를 다스렸다는 신화는 이 나라가 제정일치(祭政一致)의 정치체제를 지녔음을 의미한다. 단군조선의 수도는 '밝은 땅'이라는 뜻의 '아사달'이었고, 이곳은 오늘날의 평양으로 추정된다.

육당(六堂) 최남선(崔南善 : 1890-1957)을 비롯한 한국의 역사학자들은 '단군'은 하늘에 제사를 지내면서 하늘과 땅과 사람을 연결하는 '무당' 또는 '천관'이라는 뜻이며 '단군왕검(檀君王儉)'은 그러한 '단군'들 가운데 으뜸가는 '단군' 곧 제사장이라는 뜻이라고 풀이했다. 이 설명들에 미뤄, 단군조선은 그 시대의 서양과 동양의 다른 모든 나라들에서 그러했듯 최고통치자가 동시에 최고신관으로 제정을 함께 주관한 나

편집부장 이채강이다. 『삼국유사』는 다음과 같이 영역됐다. Ilyŏn, *Sakuk yusa. Legends and History of the Three Kingdoms of Ancient Korea*. Translated by Tae-Hung Ha and Grafton K. Mintz (Seoul: Yonsei University Press, 1972).

4 김춘식(金春植), 「왕권신수설(王權神授說)과 천명사상(天命思想)의 비교연구」, 『한국정치학회보』 제30집 3호(1996년 가을), 36쪽.

라였음이 확실하다. 현대의 비교정치학의 관점에서, 단군조선은 신정체제(神政體制 : theocracy)의 국가였다.[5] 모든 신정체제의 국가들이 그러했듯, 이 나라에서도 신정체제를 뒷받침하는 정치이론이 존재했을 것이며, 그것은 토속신앙인 샤머니즘(Shamanism) 곧 무속신앙에서 출발했을 것이다. 풀어 말해, 우리의 무(巫)에 해당되는 샤먼(Shaman)의 사상과 언행이 정치사상의 중심을 형성했을 것이다.[6]

'기자조선.' 단군조선의 후계국가로 '기자조선'을 꼽는다. 고대중국의 은(殷) 왕조 — 하(夏) 왕조에 이어 성립된 이 왕조는 상(商) 왕조로도 불렸다 — 말기의 충신 기자(箕子)가 폭군 주(紂)에게 간(諫)하다가 거절당한 상태에서 나라가 망하고 주(周) 왕조가 세워지자 한 무리의 귀족들을 거느리고 동쪽에 위치한 조선으로 와서 왕조를 세웠다고 중국의 사서(史書)들은 주장한다. 중국 한(漢 : 이때는 전한[前漢]이다)의 무제(武帝) 때 사마천(司馬遷)이 쓴 『사기(史記)』, 그리고 역시 한(漢 : 이때는 후한[後漢]이다)의 반고(班固)가 쓴 『한서(漢書)』 등이 그러한 주장을 담았다. 이 주장이 맞는다면, 그때는 기원전 1046년께였을 것이다. 고려와 조선

5 단군신화에 대한 해석은 다음에 의존했다. 한영우(韓永愚), 『한국선비지성사: 한국인의 문화적 DNA』(서울 : 지식산업사, 2010), 78-124쪽 ; 김석근(金錫根), 「'단군신화'와 정치적 사유 : 한국정치사상의 시원(始原)을 찾아서」, 이재석(李載錫) 편, 『한국정치사상사』(서울: 집문당, 2002), 11-39쪽. 이병휴(李秉烋) 교수는 우리 민족의 상고시대(上古時代)를 부여(夫餘) 등 여러 나라들이 분립되어 있던 '열국기(列國期)'로 명명하고, "말하자면 이 시기의 정치는 신정정치(神政政治 : 祭政一致) 혹은 신우정치(神佑政治)였을 것으로 짐작된다. 매우 미숙한 수준의 정치형태라고 할 수 있으며, 인류학적인 국가발달단계로는 고대왕국 이전의 단계에 해당된다고 할 수 있다." 이병휴, 「서장(序章) : 유학의 수용과 정치사상으로의 전개」, 한국국학진흥원 국학연구실 편, 『한국유학사상 대계(大系)』 제6편(경상북도 안동시 : 한국국학진흥원, 2007), 5쪽.

단군과 단군조선에 대한 남한에서의 최근 연구서들 가운데 대표적인 것은 다음이다. 윤이흠(尹以欽) 외, 『단군』(서울: 서울대학교출판부, 1994).

6 노중국(盧重國), 「삼국 및 남북국 시대 유가정치사상」, 한국국학진흥원 국학연구실 편, 『한국유학사상 대계』 제6권, 114쪽.

시대에는 이 주장을 사실로 받아들였다. 그러나 남과 북을 통틀어 한반도의 국사학계는 기자동래설(箕子東來說)을 받아들이지 않으면서 기자조선이라는 명칭은 성립될 수 없다고 반박한다. 이 설은 중국인들이 기원전 3-2세기 무렵에 중화사상에 입각해 조작한 것이라고 의심하기도 한다. 어떤 학자들은 '기자조선'은 고조선 내부에서 새로이 등장한 지배세력인 한씨(韓氏)가 세웠으며 따라서 '기자조선'이 아니라 '한씨조선'으로 불려야 한다고 주장한다.[7]

이처럼 기자의 존재와 그 출신에 대해서는 불확실하지만, 이 시점에 고조선에 다른 사람을 죽이거나 다치게 한 사람, 다른 사람의 재물을 훔친 사람, 그리고 간통한 사람을 엄벌하는 이른바 팔조법금(八條法禁)이 시행됐었음은 확실하다. 이것은 이미 국가가 단순한 형태로서의 죄형법정주의(罪刑法定主義)를 채택했음을 말해 준다. 다른 사람의 재물을 훔친 사람을 처벌하는 규정이 있었던 사실과 관련해, 어떤 학자들은 그것이 사유재산의 인정을 의미했던 것으로 풀이하면서 이 시대에 사유재산제도가 일정하게 유지됐던 것으로 이해한다.[8] 또 이 시대에 고조선은 주(周)에서 실시됐다고 전해지며 맹자가 이상적으로 간주했던 정전제(井田制)라는 토지제도를 실시해, 토지가 백성들에게 고르게 나눠지도록 배려한 것으로 전해진다. 정전제는 정전법이라고도 불렸다. 이것은 '井'자가 보여 주듯, 토지를 아홉 구획으로 똑같이 나누는 것으로 출발한다. 그 가운데를 주변의 여덟 가구가 공동으로 경작해

7 기자가 조선으로 와서 왕국을 세웠다는 설을 체계적으로 부인한 한국의 첫 국사학자는 이병도(李丙燾) 교수였다. 이병도, 『자료한국유학사초고』(서울: 서울대학교 국사연구실, 1959), 5쪽. 이병도 교수의 주장은 그 이후 한국의 국사학계에서 널리 받아들여졌다. 이기백(李基白), 『한국고대사론』 증보판(서울: 일조각, 1995), 25-26쪽 및 216-217쪽. 이병도 교수의 설에 대한 부연설명은 다음에서 읽을 수 있다. 이기백, 『신라사상사 연구』(서울: 일조각, 1986년 초판, 1994년 중판), 193-194쪽.

8 이만열(李萬烈), 『한국사 대계(大系)』 제2권(서울: 삼진사, 1973), 48-57쪽.

그 소득을 세금과 공동부담에 사용하게 하고 나머지 여덟 구획을 여덟 가구가 한 구획씩 맡아 경작해 그 소득을 각 가구가 사용하게 하는 제도다.

'위만조선.' 고조선의 마지막 왕조는 이른바 위만조선이다. 춘추전국시대의 말기인 기원전 198년에 연(燕)나라에서 살던 위만(衛滿)은 연을 정복한 진(秦)을 피해 연에서 함께 살던 한 무리의 조선인들을 이끌고 준왕(準王)이 통치하던 '기자조선'으로 귀부했다. 위만은 준왕의 통제를 받던 요동태수(遼東太守)로부터 변방을 방어하는 외신(外臣)의 관직을 얻었다. 그러나 진을 무너뜨리고 한(漢) 왕조를 개창한 고조(高祖) 유방(劉邦)이 통치하던 때인 기원전 194년에, 위만은 무력으로 준왕을 내몰고 자신을 왕으로 하는 새 왕조를 열었다. 수도는 오늘날의 평양인 왕검성(王儉城)이었다.

이 왕조는 왕을 정점으로 하여 문관직과 무관직으로 나뉜 관료체제로써 국가를 운영했던 것 같다. 이 시대에도 '기자조선'에서와 마찬가지로 팔조금법에 기초했으나 수적으로 확대된 금법이 시행됐음이 확실하다. 또 약 60만의 인구를 통치했던 것으로 추정되는 이 왕조는 자신의 강역을 몇몇 지역들로 나눈 행정체제를 유지했던 것으로 이해된다.[9]

한군현 및 삼한의 시대. '위만조선'은 마지막 왕인 우거왕(右渠王) 때이던 기원전 108년에 한무제(漢武帝)의 침공을 받아 무너졌다. 무제는 '위만조선'의 고토 네 곳에 각각 군(郡)을 설치했다. 네 군들 가운데 진번군(眞番郡)·임둔군(臨屯郡)·현도군(玄菟郡) 그리고 그 군들에 소속된 현(縣)들은 토착민들의 반발에 본국의 내부문제가 겹쳐 설치된 때로부터 20여 년 안에 요동이나 중국본토로 철수했다. 그것들이 존속한 기간에도 중국본토에 설치된 내군(內郡)의 지위가 아니라 변방에 설치된

9 위와 같음, 57-65쪽.

변군(邊郡)의 지위를 가져, 한의 법률에 의해서가 아니라 지방토착세력의 주도 아래 통치됐던 것 같다.

다만 낙랑군(樂浪郡)과 거기에 소속된 현들은 오늘날의 평양을 중심으로 하는 평안도 일대에 오랜 기간 존속했다. 한때 낙랑군은 요동에 위치했었다는 주장도 나왔으나 평양과 그 일대에서 낙랑에 관련된 유물들이 대량으로 발굴돼 그 주장은 부정됐다. 2005년에 평양에서 출토된 목간(木簡)들은 낙랑군이 평양과 그 일대에 위치했었음을 다시 증명했다. 낙랑군은 내부의 반란을 겪기도 하고, 이미 만주에서 건국해 주변으로 힘을 뻗치던 고구려(高句麗)와 한반도 남반부에서 성장한 삼한(三韓)의 견제와 무력공격을 받기도 했으며, 마침내 낙랑군과 대방군(帶方郡)으로 분리됐다. 낙랑군과 대방군은 4세기 초에 특히 고구려에 의해 한반도에서 축출됐다. 이때는 한을 대체해 중국을 통일한 진(晉)이 쇠망하면서 시작된 오호십육국(五胡十六國) 시대(304-439)의 초기에 해당된다. 여기서 지적돼야 할 사실은, 한무제가 국가경영의 기본이념으로 채택한 유학 그리고 유학의 경전을 기록한 문자인 한문이 한군현 시절에 조선에 전래됐다는 사실이다. 유학교육을 받은 사람들이 군현에서 행정을 담당하며 유학교육을 실시한 까닭에 유학이 상류층 사이에서 수용됐을 것이다.[10]

'위만조선' 시대에, 한반도의 남반부에는 진국(辰國)이라 불리는 여러 부족들의 연맹체가 존속했다. 대체로 서기 1세기를 고비로 이 진국의 강역에 각각 '소국(小國)'들로 구성된 마한(馬韓)과 변한(弁韓) 및 진한(辰韓)의 이른바 삼한이 출현했다. 이 삼한에도 중국으로부터 유학과 한문이 전래된 것으로 믿어진다.[11] 이렇게 볼 때, 한반도의 북반부에서와 마찬가지로 남반부에서도 유학이 하나의 통치이념과 이론으로 기능했을 것이다. 삼한은 철기문화의 단계에 들어서면서부터 지역에 따

10 노중국, 「삼국 및 남북국시대 유가정치사상」, 64쪽.

11 박충석, 『한국정치사상사』 제2판(서울: 삼영사, 2010), 194-195쪽.

라 제정이 분리되는 현상을 나타냈다.

삼국시대

중엽 이전. 한군현의 설치로부터 약 70년 지난 시점인 기원전 37년이거나 기원전 1세기경에, 압록강의 중류유역을 기반으로 여러 정치집단들이 결합한 상태에서 부여의 한 갈래가 주몽(朱蒙 : 또는 고주몽[高朱蒙])을 군왕으로 삼아 고구려를 건국했으며,[12] 고구려는 곧 한반도의 북부로 강역을 넓혔다. 진국의 강역에서 서쪽으로는 백제(百濟)가 온조(溫祚)를 군왕으로 삼아 기원전 18년에 성립됐고, 동쪽으로는 신라(新羅)가 박혁거세(朴赫居世)를 군왕으로 삼아 기원전 57년에 각각 성립됐다. 신라와 백제 사이에서 오늘날의 경상남북도 일부지방에 가야(伽倻)라는 '부족연맹체국가'가 성립됐으나 단계적으로 신라에 흡수되다가 서기 562년에 완전히 신라에게 흡수됐다.[13] 이로써 한반도와 만주를 포함한 강역에 세 왕국이 정립한 삼국시대가 열렸다.

삼국시대를 중엽 이전과 이후로 나눈다면, 중엽 이전의 시기에 세 왕국은 모두 군왕의 권력보다는 귀족의 권력이 강한 정치체제를 유지했다. 신라의 화백제도(和白制度)가 그 보기다. 초기에 신라를 구성했던 여섯 부(部: 이때의 부는 부족이라는 뜻으로, 뒷날 이 부는 촌[村]으로 바뀐다)의 장(長)은 모두 귀족이었는데, 그 여섯 부장 또는 촌장으로 구성된 화

12 고구려의 건국과 그 강역에 관해서는 여러 학설들이 있다. 나는 다음을 참고했다. 김현숙(金賢淑), 『고구려의 영역지배방식 연구』(서울 : 도서출판 모시는 사람들, 2005), 17쪽. 김현숙 박사는 노태돈(盧泰敦) 교수 등의 연구들을 자세하게 토론하고 있다. 고구려에 대한 국민계몽서들 가운데 하나는 다음이다. 동북아역사재단 편, 『고구려를 찾아서』(서울 : 동북아역사재단, 2009). 이 책의 총괄기획은 고구려사를 전공한 이성제(李成制) 박사가 맡았다. 그의 대표적 저서로 『고구려의 서방정책 연구』(서울 : 국학자료원, 2005)가 있다.

13 가야의 역사와 문화에 대해 깊이 연구하고자 하는 사람은 다음 책을 참조함이 좋다. 국립가야문화재연구소 편, 『20년의 발자취, 1990-2010』(경상남도 창원시 : 국립가야문화재연구소, 2010).

백회의에서 전원의 합의가 없이는 군왕이 단독으로 결정을 내릴 수 없었던 사실은 귀족권이 군왕권보다 우월했음을 말한다. 고구려의 제가회의(諸加會議 : 소가[小加]들과 대가[大加]들의 연석회의) 그리고 백제의 정사암회의(政事巖會議) 역시 귀족들이 만장일치를 통해 국사(國事)를 결정하고 그 결정을 국왕이 집행했던 '귀족민주주의'의 사례들로 꼽힌다.[14]

중엽 이후. 이러한 상황은 서기 4-5세기를 계기로, 곧 삼국시대의 중엽에 들어서면서 바뀌게 된다. 그렇게 된 배경으로 적어도 다음의 두 가지를 지적할 수 있다. 첫째, 철기문명의 확산에 따라 새로운 사회경제적 질서가 요구됐고 그 요구에 발을 맞춰 종래의 성읍국가(城邑國家)들이 통합되면서 성읍국가보다 훨씬 큰 영역국가(領域國家)들로 발전하고 있었기 때문이다. 이렇게 각각 영역국가로 발전하면서 고구려와 백제 및 신라는 모두 전제(田制)·세제(稅制)·신분제(身分制)를 비롯한 여러 종류의 사회경제적 제도들을 확립해야 했고, 그것들을 관리하기 위해 율령제(律令制)·관료제(官僚制)·군현제(郡縣制)·군제(軍制) 등의 정치행정적 제도들을 확립해야 했다. 둘째, 바로 이러한 시점에서, 중국의 한왕조가 국가의 통치이념으로 채택한 유학이 고구려와 백제 및 신라에도 전래되고 마침내 수용됐다.[15]

그리하여 유학의 가르침과 중국의 제도를 기초로 사회경제적 제도와 정치행정적 제도가 정비되면서 군왕권이 강화되고 상대적으로 귀족권이 약화되는 흐름이 대세를 형성했으며, 그러한 추세 속에서 화백회의와 같은 제도는 유명무실해졌다. 군왕권의 강화는 다른 한편으로

14 한영우, 『한국선비지성사』, 131쪽. '귀족민주주의'라는 말은 한 교수가 인용부호 없이 쓴 것이다. 신라의 화백제도에 대한 설명은 다음에서 읽을 수 있다. 이기백, 『신라정치사회사 연구』(서울 : 일조각, 1974년 초판, 1994년 중판, 1999년 3판), 78-82쪽.

15 이기백, 『신라사상사 연구』 제3부(「유교사상의 전개」).

제정분리의 결과로 이어졌다. 군왕은 통치에 전념하고 제사장은 제사에 전념하는 가운데, 군왕의 권력이 제사장의 권력을 능가하거나 흡수하는 현상을 낳았다는 뜻이다. 그러했던 현실을 인식해, 손문호 교수는 '유교국가(儒教國家)'라는 개념을 제시했다. 그는 다음과 같이 부연했다: "[나는] 삼국시대 중엽부터 조선시대에 이르기까지 일정한 국가형태가 존재했다고 본다. 그것은 관료제·군현제·군제 등의 정치제도와 신분제·전제·세제·구휼제(救恤制) 등의 사회경제적 제도를 갖춘 군주국가였다. 그리고 그러한 요소들은 유교정신을 바탕으로 했다고 보아 그것을 유교국가라고 부르고자 한다."[16]

이 설명을 받아들이는 경우, 우리는 삼국시대 중엽 이후 삼국시대의 정치이론들 가운데 주류는 유교의 가르침들 위에서 성립된 것이었다고 말할 수 있다. 그 유교의 가르침들 가운데 자주 인용된 것은 수기치인론(修己治人論)이었다. 우선 유학의 공부를 통해 자기를 수련하고 그 뒤에 사람을 다스린다는 뜻이었다. 이것이 수신제가치국평천하론(修身齊家治國平天下論)으로 연결되는데, 유학을 통해 자기 스스로를 수련하고 자기 집안을 거느리고 나서 나라를 다스리며 마침내 천하를 평화롭게 한다는 뜻이다. 따라서 유교에 근거한 정치이론은 예외 없이 유학의 연마를 강조하는 것으로부터 시작했다.

중국으로부터 유학을 받아들여 그것에 근거해 정치제도를 마련함과 동시에 일본에 그것을 전파한 대표적 왕국인 백제의 경우를 살펴보자. 백제는 백제의 실질적 시조로 인정되는 8대 고이왕(古爾王: 재위 234-286)과 그리고 11대 비류왕(比流王: 재위 304-344)이 유학을 받아들이고 그것에 근거해 중앙집권적 관제를 마련함과 동시에 율령을 반포하는

● ● ● ● ●

16 손문호, 「제1장: 유교국가주의와 그 대두과정(擡頭過程)」, 김영국(金榮國) 편, 『한국정치사상』(서울: 박영사, 1991), 3쪽. 손 교수의 이 설명에 대한 부분적 긍정과 부분적 문제제기는 다음에서 읽을 수 있다. 김석근, 「삼국 및 남북국시대의 정치사상: 토론을 위한 하나의 시론」, 이재석 편, 『한국정치사상사』, 41-43쪽.

등 고대국가로서 발돋움했다. 이 비류왕은 백제의 시조 온조의 형으로 알려진 비류(沸流)와는 다른 사람이다. 이어 13대 근초고왕(近肖古王 : 재위 346-375)은 마한 전역을 통합시켜 영토를 넓힘과 아울러 유학을 연구하고 교수하는 직책인 박사(博士) 제도를 신설해 유학의 진흥에 힘썼다. 그 결과로 고흥(高興)과 같은 박사가 『서기(書記)』라는 역사책을 편찬할 수 있었다. 근초고왕의 뒤를 이은 근구수왕(近仇首王 : 재위 375-384)은 박사 왕인(王仁)을 일본에 파견해 일본의 태자를 가르치게 했다. 왕인은 일본에 『천자문(千字文)』을 전수해 준 학자로 유명하지만, 그가 일본에 전파한 유학의 핵심은 국가통치의 철학, 그리고 군왕 및 신하의 국정에 임하는 자세에 관해 서술한 『논어(論語)』의 가르침들이었다.[17] 이것은 백제가 『논어』를 기둥으로 하는 유학의 통치이론을 채택하고 있었음을 말한다.

고구려의 상황도 백제의 그것에 비슷했다. 9대 고국천왕(故國川王: 재위 179-197)은 왕위의 부자상속제(父子相續制)를 확립함과 아울러 중앙집권적 행정구역을 설정했으며, 백성들의 빈곤을 덜어 주어 귀족세력에의 예속을 방지하기 위해 국가가 백성들에게 곡식을 빌려 주는 진대법(賑貸法)을 실시함으로써 결과적으로 왕권을 강화했다. 이로써 고구려는 고대국가로서의 제도적 기틀을 확충했다. 이어 17대 소수림왕(小獸林王 : 재위 371-384)은 372년에 중국으로부터 불교를 받아들이고 그것을 호국불교화(護國佛敎化)함으로써 백성들이 호국의 정신을 키우도록 유도했다. 동시에 소수림왕은 바로 그해에 유학교육기관인 태학(太學)을 설치해 지도층의 자제들이 유학의 가르침에 따라 왕권에 충성하도록 가르쳤다. 이기백 교수는 "삼국시대 이전에 이미 유교가 수용되었을 가능성을" 인정하면서도, 고구려에서 태학이 설립된 소수림왕

17 양광석(梁光錫), 「왕인」, 조준하(趙駿河) 등, 『한국인물유학사』 제1권(서울 : 한길사, 1996), 15-24쪽; 홍윤기(洪潤基), 『백제는 큰 나라』(서울 : 한누리미디어, 2010), 308-325쪽 및 386-400쪽.

2년(372)을 "한국 유교의 기원을 생각하는 하나의 기준으로 보아서 좋다고 믿는다"고 썼다.[18]

이어 19대 광개토대왕(廣開土大王 : 재위 391-412)은 국가통치의 기본노선으로 '이도흥치(以道興治)'를 제시했는데, 이것은 "유가의 도(道)로써 나라 다스림을 일으키다"는 뜻이었다. 20대 장수왕(長壽王: 재위 412-491)은, 오호십육국시대의 혼란이 마감되는 시점에서 중국 북반부의 실질적 지배국가로 등장한 북위(北魏)가 사용하던 이름을 도입해 태학을 국자학(國子學)으로 고쳤으나, 교육의 내용은 같았다.[19]

신라는 백제와 고구려에 비해 유학교육기관의 설립이 늦었다. 그 시기에 대해 학자들마다 설이 다르나, 대체로 23대 법흥왕(法興王: 재위 514-540)치세인 6세기 전반기로 잡는다. 법흥왕치세인 520년에 율령이 반포된 사실에 미뤄, 이 해를 전후해 유학교육기관이 세워졌을 것이라고 학자들은 추정한다. 거의 비슷한 시기에, 법흥왕의 후계자인 24대 진흥왕(眞興王: 재위 540-576)은 화랑도(花郎徒)를 창설해 유교·불교·선교의 통합에 바탕을 두고 젊은이들을 교육시켰다.

여기서 우리에게 덜 익숙한 단어인 선교에 대해 검토하기로 한다. 우리나라의 사전들은 선교를 '선도(仙道)를 닦는 종교'라고 짧게 정의하고, 선도를 '신선의 도(道)'라고 짧게 정의한다.[20] 이러한 정의는 선교가 도교(道教)와 같은 것이라는 인상을 준다. 그러나 선교와 도교 사이에는 우선 국적(國籍)의 차이가 있다. 선교는 천일(天一)·지일(地一)·태일(太一)의 일체[삼신일체: 三神一體]로서의 단군을 천신(天神)으로 받드는, 또는 천신(天神)으로서의 환인·지신(地神)으로서의 환웅·인신(人神)으로서의 단군 등 삼신(三神)을 합친 형태로서의 일신(一神)으로 받

●●●●●

18 이기백, 『신라사상사 연구』, 194-195쪽.

19 노중국, 「삼국 및 남북국 시대 유가정치사상」, 68쪽.

20 이기문(李基文) 감수, 『동아 새 국어사전』(서울 : 동아출판사, 1990), 1130쪽 및 1131쪽.

드는, 우리나라 고유의 민족종교다. 이것에 반해, 도교는 노자(老子)의 무위자연설(無爲自然說)을 근간으로 성립된 중국의 토착종교다. 그렇다고 해서, 선교와 도교 사이에 공통점이 없는 것은 아니다. 양자는 신선을 지향하는 분위기를 지녔다. 특히 도교가 7세기 전반기에 고구려와 신라 및 백제로 전래되면서 선교와 융합되는 경향을 나타냈다. 중국에서는 초기에는 도교를 노장사상과 엄격히 구별하다가 차차 노장사상과 동일시하는 경향으로 흘렀음에 비해, 한반도에서는 처음부터 도교를 노장사상과 같은 것으로 여기는 경향을 보였다.[21]

이러한 이해의 바탕 위에서 화랑도의 교육내용을 분석해 보면, 그 교육의 중심은 효제충신(孝悌忠信)을 중심으로 하는 유교적 가르침이었다. 그 사실은 원광법사(圓光法師)가 화랑도에게 제시한 세속오계(世俗五戒)에 잘 나타났다. 불교가 강조하는 살생유택(殺生有擇 : 생물을 죽일 때는 가려가며 해야 한다)을 제외한 나머지 네 개의 가르침들, 곧 사군이충(事君以忠 : 임금을 충성으로써 섬긴다)·사친이효(事親以孝 : 어버이를 효로써 섬긴다)·붕우유신(朋友有信 : 벗 사이에는 믿음이 있어야 한다)·임전무퇴(臨戰無退 : 전투에 임해 물러서지 않는다)는 모두 군왕에 충성하고 국가를 수호하며 부모에 효도하고 벗을 믿음으로써 사귈 것을 강조한 유교의 핵심적 가르침들이었다.[22]

그렇다면 삼국시대에 중요했던 또 하나의 종교인 불교의 영향력은 어떠했던가? 세 왕국들 가운데 신라에 한정시켜 말할 때, 불교와 정치 사이의 관계는 어떠했던가? 삼국시대 중엽 이후의 국가를 '유교국가'로 규정한 손 교수 스스로 신라시대는 '사상적으로 불교의 시대'라고

21 이광래(李光來), 『한국의 서양사상 수용사』(서울 : 열린책들, 2003), 17-18쪽 ; 차주환(車柱環), 『한국도교사 연구』(서울 : 서울대학교출판부, 1984).

22 위와 같음, 69-70쪽. 유교 및 불교의 화랑도에 대한 영향, 그리고 '삼국통일'에 있어서의 화랑도의 역할에 관한 통설에 대한 비판은 다음에서 읽을 수 있다. 신복룡, 『한국정치사』 제4판, 제3절 「화랑의 정치사적 의미」, 83-112쪽.

썼다. 그러나 손 교수는 중엽 이후의 신라를 '유교국가'로 정의하면서 '불교국가'는 결코 아니었다고 썼다. "불교국가라면 종교로서의 불교 세계가 정치세계와 경쟁하거나 동일시되는 국가여야 한다. 승려가 정치를 주도하고 승단(僧團)의 위계가 국가질서를 대체하는 국가가 불교국가라 할 수 있다"고 정의한 그는 신라에서는 군주에 헌책하는 국사(國師) 및 왕사(王師) 등의 제도가 있었으나 상징적인 의미를 지닐 뿐이었다고 부연했다.[23] 확실히 불교는 유교보다 상대적으로 늦게 들어왔으나,[24] 삼국시대 중엽 이후, 호국불교로서의 성격을 확실히 하면서 유교처럼 군왕권의 강화에 이바지했다. 양자는 결코 대립적이지 않았다.

그러면 이러한 사상적 배경 속에서, 삼국시대에는 어떤 정치사상이 지배적이었을까? 이기백 교수에 따르면, "국왕은 […] 국민들에 대한 왕도정치를 실시하려고 하였다." "유교의 영향을 입어 […], 패도(覇道)가 아닌 왕도(王道)로써 인심을 얻으려는 것이었다." 다른 한편으로, 국민에 대해서는 '충군사상'을 요구했다. 이때 '충'의 대상은 '군주'보다는 오히려 '국가'로 여겨졌다.[25]

'남북국시대'

고구려와 백제 및 신라는 한반도와 만주를 포함한 강역에서 지배권을 둘러싸고 서로 싸웠다. 그러한 '삼국전쟁'의 소용돌이 속에서, 신라는 대신 김춘추(金春秋)와 장군 김유신(金庾信)의 지도력 아래 중국의

23 손문호, 「유교국가주의와 그 대두과정」, 2쪽의 각주 4.

24 불교가 삼국에 들어온 과정에 대해서는 다음에서 읽을 수 있다. 이기백, 『신라사상사 연구』 제1부(「국가불교의 성장」). 불교가 전래되기까지의 시기에 전개된 고조선으로부터 삼국시대 초까지의 역사는 다음에서 자세히 서술됐다. Kenneth H. J. Gardnier, *The Early History of Korea : The Historical Development of the Peninsula up to the Introduction of Buddhism in the Fourth Century C. E.* (Honolulu : The University of Hawaii Press, 1969).

25 이기백, 『한국고대사론』, 79-85쪽.

당(唐)과 제휴해 서기 660년에 백제를 멸망시켰고 668년에 고구려를 멸망시켰다.[26] 그 결과 신라는 동(東)의 원산만(元山灣)과 서(西)의 대동강(大同江)을 잇는 선 이남을 차지했으며, 당이 그 이북을 차지했다. 이로써 신라는 삼국을 통튼 완전한 통일을 실현하지 못하고 부분적인 통일을 실현하는 것으로 그쳤다. 이 사실에 유의해, 신복룡 교수는 신라에 의한 삼국통일을 '세칭 삼국통일'이라고 부름으로써 그 역사적 의미를 제한했다. 그는 신라가 당과 연합해 백제와 고구려를 멸망시킨 결과로 삼국이 지녔던 강역이 축소된 사실을 강조하면서, "이것을 어찌 통일이라고 미화할 수 있겠는가?"라고 개탄했다.[27]

고구려가 멸망하고 그 고토가 당에 장악된 뒤 고구려의 유민들은 말갈족(靺鞨族)과 제휴해 당에 저항했으며 699년에 고구려유민들을 대표한 대조영(大祚榮)을 군왕으로 삼고 고구려의 고토에 진국(辰國)을 세웠다. 진국의 지도자들은 국명을 곧 발해(渤海)로 고쳤다. 이로써 삼국시대를 대체해 남북국시대가 열렸다.[28] 그러면 이 시대의 정치사상은 어

26 오늘날 북한은 당과 제휴해 백제와 고구려를 멸망시킨 것을 '반민족' 행위라고 비난하고 있다. 그러나 북한이 1956년에 출간한 책[강병도 역, 『홍량호 저 해동명장전』, 평양: 국립출판사, 1956]은 그 사실을 전혀 비난하지 않았다. 홍량호(洪良浩)는 조선 22대 정조(正祖)치세의 대제학으로 정조 18년인 1794년에 『해동명장전(海東名將傳)』을 출판했다. 원저에는 삼국시대의 을지문덕과 김유신 및 양만춘, 고려시대의 강감찬 · 윤관 · 김부식 · 최영, 조선시대의 곽재우 · 권률 · 김덕령 · 김시민 · 리순신 · 림경업 · 정문부 · 유정 · 휴정 등 모두 52명을 다뤘다. 그러나 역서는 백제의 장군으로 당나라에 투항한 흑치상지(黑齒常之)와 원(元)의 일본침공 때 고려군을 이끌고 참전한 김방경(金方慶) 등등을 제외시켰다. 김유신은 역서의 14-30쪽에 「김유신전」이라는 이름 아래 자세히 소개됐는데 긍정적으로 평가됐다. 역자는 서문에서 김일성에 대해 전혀 언급하지 않았다. 이 시기는 소련에서 스탈린이 죽은 뒤 흐루시초프에 의해 스탈린격하운동이 전개되면서 개인숭배가 비판되던 때다. 그 영향은 북한에도 미쳐 김일성 스스로 상황을 어느 정도 관망하고 있었다. 그러한 분위기 속에서 역서는 객관성을 유지할 수 있었던 것 같다.

27 신복룡, 『한국정치사』 제4판(서울: 박영사, 2003), 138쪽.

28 발해의 국가적 성격 및 역사적 위상 등에 대해서 남북한의 사학계와 중국의 사

떤 내용을 지녔던가?

'통일신라'. 우선 '통일신라'의 경우, 행정의 폭이 늘어나고 대상이 복잡해짐에 따라 재래의 골품제(骨品制)에 의한 관리등용방식의 수정이 불가피해졌다. 출생 곧 혈통에 의해 이미 획득된 진골(眞骨)이라는 귀족의 자격만을 기초로 관리를 충원해서는 새로운 변화를 관리하기 어려워졌기 때문에, 행정능력을 가진 관리들의 충원이 요청됐던 것이다. 이에 따라, 31대 신문왕(神文王: 재위 681-692)은 신라가 '통일'을 성취한 때로부터 14년 뒤인 682년에 관리양성을 위한 국학(國學)을 세웠으며, 그 이후 약 100년이 지난 시점에서 38대 원성왕(元聖王: 재위 785-798)은 독서삼품과(讀書三品科)라는 임용고시제도를 실시했다. 이때 교육과 고시의 주된 내용은 유학이었으며, 이러한 교육과 고시를 통해 행정실무의 전문가들인 육두품(六頭品)의 관료층이 대두했다.[29] 이 점에 주목해, 손문호 교수는 "삼국통일을 계기로 '유교국가주의'는 한층 구체화됐다"고 주장했다.[30]

● ● ● ● ●

학계 및 일본의 사학계는 해석을 달리하고 있다. 그렇게 해석이 달라진 까닭은 발해가 차지했던 만주를 어떻게 해석하고 거기에 연(沿)해 발해를 어떻게 해석하는 것이 자기나라에 유리한가를 따지는 국가이기주의에 있다. 발해왕조와 발해인들 자신이 남긴 사료가 거의 없다는 사실도 해석의 차이를 가져오게 했다. 따라서 한국 사학계의 통설을 받아들여 '남북국 시대'라는 관점에서 발해에 대해 설명하기로 한다. 자세한 설명은 다음을 참조함이 좋다. 김종복(金鍾福), 『발해정치외교사』(서울 : 일지사, 2009). 발해는 신라와 마찬가지로 일본과 교역을 했다. 이 사실은 다음에서 정밀하게 분석됐다. 이성시(李成市) 지음, 『동아시아의 왕권과 교역: 정창원(正倉院 : 쇼소인) 보물이 들어온 또 하나의 길(일본어)』(동경 : 아오키쇼텐, 1997). 저자는 와세다대학 교수다. 이 책은 김창석(金昌錫)에 의해 다음으로 역간됐다. 『동아시아의 왕권과 교역: 신라발해와 정창원 보물』(서울 : 청년사, 1999). 정창원은 일본 나라현 도다이사(東大寺 : 동대사)에 있는 황실의 유물창고다.

29 육두품제도에 대해서는 다음에서 읽을 수 있다. 이기백, 『신라정치사회사 연구』, 34-64쪽.

30 손문호, 「유교국가주의와 그 대두과정」, 12쪽 및 16-17쪽.

그러면 '통일신라'의 시대에 유교에 기초해 정치이론을 전개한 사상가들은 어떤 사람들이었나? 오늘날 한국의 정치학자들은 설총(薛聰) 및 강수(强首)를 꼽는다. 육두품세력에 속했던 그들은 모두 '현세적이고 실용적인 지식의 담지자(擔持者)'들이었다.[31] 원효대사(元曉大師)와 요석궁공주(瑤石宮公主) 사이에서 태어난 설총은 많은 글들을 지었으나 세상에 전하는 것이 없다. 그러나 유학에 바탕을 두고 '통일신라'의 통치철학을 정립하는 데 크게 이바지했음은 사실인 것 같다.[32] 강수의 경우, 외교 그리고 외교문서작성에 능했다. 신라의 29대 태종무열왕(太宗武烈王 : 654-661) 및 30대 문무왕(文武王 : 661-681)이 당의 태종(太宗) 및 고종(高宗)과 외교문서들을 주고받을 때 그 과정에 참여했다는 기록들에 비춰,[33] 그는 오늘날의 용어로 국제정치학에 밝았다고 하겠다.

설총이나 강수 등 당대의 유학자들은 '조화(調和)의 이상(理想)'을 제시했으며 그 목표를 달성하는 방법으로 '도덕정치'를 제창했다.[34] 서로 적대적이었고 따라서 수없이 전쟁을 치렀던 삼국의 국민들이 하나의 통치영역 안에 들어왔을 때, 국가가 우선 추구해야 할 목표는 '조화'일 수밖에 없었던 것이다. 그 점은 불교에서도 마찬가지였다. 이 시대에는 의상대사(義湘大師)와 원효대사 등의 고승들 역시 불교의 가르침들에 바탕을 두고 통치철학의 정립에 이바지했다. 지리적으로는 세 왕국을 '통일'했으나 실질적으로 '일통삼한(一統三韓)'을 성취하기 위해서는 새로운 정치철학과 정치이론이 요청된 시대적 상황에서, 의상대사는 '원융(圓融)'을 강조했고 원효대사는 '화쟁(和諍)'을 내세웠다. 이것들은 모두 삼국의 사람들이 그동안의 차이와 반목 및 갈등을 극복

31 김석근, 「삼국 및 남북국 시대의 정시사상」, 75쪽.

32 최근덕(崔根德), 「설총」, 조준하(趙駿河) 등, 『한국인물유학사』 제1권(서울: 한길사, 1996), 35-40쪽.

33 심우섭(沈佑燮), 「강수」, 조준하 등, 『한국인물유학사』 제1권, 25-33쪽. 또 이기백, 『신라사상사 연구』, 210-221쪽(「강수와 그의 사상」).

34 이기백, 『한국고대사론』, 85-90쪽.

하고 '원만하게 융합된, 그리하여 평화로운 하나의 공동체' 속에서 생활해야 한다는 취지를 담았다.[35] 오늘날의 정치학용어로는 사회통합의 이론을 제시한 것이었다.

'통일신라'는 그 말기에 이르러 국정의 혼란과 더불어 여러 지역들에서 반란이 일어나고 사회의 해체가 두드러지게 나타났다. 이 전환기의 대표적 정치사상가로는 역시 최치원(崔致遠)을 꼽을 수 있다. 그는 「난랑비(鸞郎碑)」의 서(序)에서 우리나라에는 '풍류(風流)'라는 '현묘(玄妙)한 도(道)'가 있다고 썼는데, 그가 말한 '풍류'는 '유(儒)·불(佛)·선(仙)'의 취지를 포함한 하나의 통합적 사상체계를 의미했던 것으로 해석된다. 그는 분열과 해체의 혼란기에 '유·불·선'을 통합시켜, 그의 표현으로는 '대동(大同)'을 이룸으로써, 새로운 사상적 출발점으로 삼고 그것에 입각한 국정운영을 구상한 것으로 알려졌다. 그러한 구상 아래, 최치원은 51대 진성여왕(眞聖女王 : 887-897)에게, 또는 52대 효공왕(孝恭王 : 897-912)에게, 10여 조로 구성된 시무책(時務策)을 올린 것으로 전해지고 있으나 그 내용은 알려지지 않았다.[36] 그렇지만 그가 평소에 중앙귀족들이 누리는 특권의 근거가 불교에 있는 점을 직시하면서 종교와 정치의 분리를 주장하고 또 민생에 대한 배려의 정신에서 신분의 엄격한 차별을 부정했던 사실들에 미뤄, 그러한 취지를 담았을 것이다.

앞에서 지적했듯 최치원은 통합과 대동을 가르쳤지만, 현실적으로는 선종(禪宗)이라는 새로운 교종(敎宗)이 세력을 확대하면서 '통일신라' 말기의 불교계는 통합이 아니라 분종(分宗)의 양상을 보였으며 사상계 역시 통합이 아니라 분화의 양상을 드러냈다. 선종의 풍미는 정치적 세력구조에 있어서도 분화를 향한 새로운 계기로 작용했다. 엄격한 계율과 그것의 준수를 중시하는 율종(律宗)과 달리 선종은 인간 개

35 한영우, 『한국선비지성사』, 156-159쪽.

36 유명종(劉明鍾), 「고운(孤雲) 최치원」, 조준하 등, 『한국인물유학사』, 41-68쪽.

개인이 자기 나름의 선(禪)을 통해 각자가 지닌 불성(佛性)을 확인하고 깨달음을 얻을 수 있음을 강조했다. 이것은 지방의 호족(豪族)들에게 중앙의 지배에 대항할 수 있는 사상적 근거를 제공했고, 이로써 '통일신라' 안에서 후고구려와 후백제가 탄생할 수 있는 하나의 여건을 마련해 주었다.[37]

발해. 그러면 발해의 상황은 어떠했던가? 이 물음과 관련해, 우선 상기돼야 할 것은 발해는 자신을 고구려의 후계국가로 인식했으며 이러한 역사계승의식에서 유가의 정치사상을 수용했다는 사실이다. 송기호(宋基豪) 교수는 발해의 중앙정부에 해당되는 여섯 부(部)의 이름이 충(忠)·인(仁)·의(義)·지(知)·예(禮)·신(信)으로 되어 있고 발해의 왕과 공주 및 귀족 등의 이름에 의(義)·충(忠)·효(孝)·신(信)·성(誠)·경(敬)·인(仁) 등이 들어간 것에 미뤄, 발해인들이 유교사상에 관심이 컸다고 보았다.[38]

후삼국시대

'통일신라'가 하대(下代)에 이르러 거듭되는 내란 속에 쇠망하는 가운데 서기 900년에 호남을 중심으로 후백제가 건국됐고, 901년에 강원도와 경기도를 중심으로 후고구려가 건국됐다. 후고구려는 그 이후 국호를 마진(摩震)으로 바꿨다가 곧이어 태봉(泰封)으로 바꿨다. 이로써 후백제와 후고구려는 '통일신라'와 더불어 후삼국시대를 열었다. 이 시대는 중국에서 당의 멸망을 계기로 성립된 오대십국(五代十國)의 시대라는 혼란기(907-979)의 전반기에 대체로 일치한다.[39]

약 35년에 걸친 이 시기의 정치사상이나 정치이론을 단순화시킨 채

37 김석근, 「삼국 및 남북국시대의 정치사상」, 78-79쪽.

38 송기호, 「발해의 역사와 사상」, 『한국사상 대계』 제2권(경기도 성남시 : 한국정신문화연구원, 1991), 227-228쪽.

39 중국사학회 엮음, 강영매 옮김, 『중국통사』 제3권, 18-25쪽.

말한다면, 첫째, 후삼국 모두 그 이전의 시대와 마찬가지로 유교의 정치이론에 바탕을 둔 중국식 관제를 채택했다. 둘째, 그러나 이 시대에 독특한 사상으로 우선 '통일신라'의 말기에 태어난 미륵신앙(彌勒信仰)의 성장과 확산을 지적할 수 있다. 미래의 부처인 미륵불이 현세에 내림할 때 누구나 고르게 잘 사는 이상사회가 열릴 것이라는 유토피아적 메시아니즘은 서양에서도 나타났던 정치사상이었다. 후백제를 세운 견훤(甄萱)이 미륵신앙을 활용하면서, 그리고 후고구려를 세운 궁예(弓裔)가 미륵불을 자처하면서, 전제군주로 행세한 것은 그 시대의 사상적 흐름을 반영했다.[40]

여기서 토론돼야 할 대상은 궁예가 실시한 '신정적(神政的) 전제주의'다. 그는 자신이 통치하는 나라가 '미륵불이 하세한 이상세계'라고 주장하면서, 미륵불인 자신은 다른 사람의 마음을 읽는 능력을 지닌 만큼 이 '미륵관심법(彌勒觀心法)'으로써 '죄인'을 가려낸다는 방식으로 의심이 가거나 자신에게 도전할 만한 사람들을 잔인한 방법으로 제거했다. '미륵관심법'은 물론 미신적이면서 자의적이어서, 곧바로 공포정치의 수단으로 활용됐다. 궁예가 가장 신임했던 부하였으며 또 매우 유능한 신하였던 왕건(王建)조차 '미륵관심법'의 대상이 되어 죽음 한 걸음 직전까지 가기도 했다.[41]

이어, 풍수지리설(風水地理說)에 입각한 도참사상(圖讖思想)을 지적할 수 있다. 여기서 중요한 것은 '통일신라' 말기의 승려 도선(道詵)이[42] 내세웠던 풍수지리설로 그 뿌리는 중국에서 들어와 신라화(新羅化)한 도교에 있었다. 이 설은 지형과 지세에 따라 국가와 개인의 길흉이 달라진다고 주장함으로써, 수도의 위상을 약화시킴과 아울러 지방

40 김석근, 「삼국 및 남북국 시대의 정치사상」, 78-81쪽.

41 조인성(趙仁成), 『태봉(泰封)의 궁예정권』(서울 : 푸른역사, 2007), 20-24쪽.

42 도선의 생애에 대해서는 다음에서 읽을 수 있다. 한영우, 『한국선비지성사』, 213-214쪽.

에 새로운 가능성을 열어 주었다. 왕건으로 대표되던 왕씨의 거점 송악(松嶽)은 이 설의 덕을 크게 보았다. 오늘날의 개성(開城)에 해당되는 이곳에 새 군왕이 출현해 새 왕조를 개창할 것이라는 설은 새 시대의 도래를 갈망하던 정치세력이 왕건과 송악을 중심으로 결집하는 결과를 낳았다.[43]

제 2 절 고려왕조의 정치사상가들

서기 918년에 태봉의 신하들은 지방의 호족들과 제휴해 궁예를 타도하고 개성의 호족이던 왕건을 왕위에 추대했다. 이로써 고려(高麗)가 고구려의 후계자임을 자처하면서 성립됐다. 왕건을 옹립한 세력의 배경이 이러했기에, 이 왕조는 호족연합체로 출발했으며, 호족들은 각각 문벌을 형성함으로써 이른바 문벌귀족을 탄생시켰다. 나말(羅末)의 육두품출신을 중심으로 한 관료적 유교세력이 태조의 막료로 일정하게 역할을 수행했지만, 그 세력 역시 귀족으로 편입됐다. 그리하여 이 왕조는 귀족관인사회에서 벗어나지 못하게 된다.[44]

고려가 건국된 때로부터 8년 뒤인 926년에 발해는 거란족이 916년에 세운 요(遼)에 의해 멸망했으며, 요는 곧 중국의 북방지역으로 영토를 넓힌다. 신라는 935년에 고려에 귀복했고, 후백제는 936년에 고려에 의해 정복됐다. 이로써 남북국시대가 끝났으며, 한반도에서는 왕건을 태조로 하는 통일국가로서의 고려의 역사가 시작됐다. 이 고려왕조의 정치사상가들에 대해서는 전기와 중기 및 후기의 세 시기로 나눠 살피기로 하겠다. 태조에서 제14대 현종(顯宗)까지(918년부터 1054년까지)

43 김석근, 「삼국 및 남북국 시대의 정치사상」, 81-82쪽.

44 하현강(河炫綱), 「고려왕조의 성립과 호족연합정권」, 국사편찬위원회 편, 『한국사』 제4권(서울 : 국사편찬위원회, 1977), 17-44쪽.

가 전기에 속하고, 제15대 숙종(肅宗)에서 제24대 원종(元宗)까지(1054년부터 1274년까지)가 중기에 속하며, 제25대 충렬왕(忠烈王)에서 제34대 공양왕(恭讓王)까지(1274년부터 1392년까지)가 후기에 속한다.[45]

전기

천명사상과 인정론. 삼국시대와 남북국시대를 일관한 유불공존론(儒佛共存論)은 고려 전기와 중기에도 계속해서 유지됐다. 그러나 전기에서나 중기에서나 고려의 정치사상은 유가의 정치사상이 주류를 형성했다. 그것은 왕도사상에 기초한 인정론(仁政論)과 천명사상 및 혁명론 등 유교의 정치이념으로 요약될 수 있다.

우선 천명사상 및 혁명론에 대해 살피면, 그것들은 동전의 양면과 같다. 맹자의 천명사상은 '폭군은 이미 하늘이 맡긴 사명을 저버린 하나의 못된 인간에 지나지 않는 만큼 축출하고 그를 대신해 현능한 사람을 옹립함이 하늘의 뜻에 맞는다'고 가르쳤기 때문이다. 이 폭군방벌론과 현인추대론에 근거해, 홍유(洪儒)는 배현경(裵玄慶) 및 신숭겸(申崇謙) 등과 제휴해 궁예를 축출하고 왕건을 옹립했던 것이다. 그러면 인정론이란 무엇인가? 그것은 위민사상(爲民思想)의 다른 이름으로, 백성들의 조세 및 부역의 부담을 줄여 줌으로써 백성들의 원망을 줄여준다는 뜻이었다. 실제로 왕건은 즉위와 더불어 백성들에게 3년 동안 조세와 부역을 면제시켜 주는 명령을 반포했다. 심지어, 큰 죄를 짓지 않았는데도 생활고와 빚으로 말미암아 노비가 된 백성들 가운데 다수를 국가의 포백(布帛)으로써 속량해 주었다. 이 조치들은 새로운 통치

●●●●●

45 남인국(南仁國), 「고려시대 유가의 정치사상」, 한국국학진흥원 국학연구실 편, 『한국유학사상 대계』 제6권, 126쪽. 다른 한편으로, 김석근 교수는 전기와 후기로 나눴다. 태조로부터 '무신의 난'이 일어난 1176년 직전까지를 전기로, 그리고 1176년으로부터 1392년 망국까지를 후기로 보았다. 김석근, 「'훈요십조'와 '시무 28조': 고려 전기 정치사상에 관한 소묘」, 이재석 편, 『한국정치사상사』, 87쪽.

질서의 확립과 민심의 수습에 이바지했다.[46]

왕건의 「훈요십조」. 이처럼 유가의 정치사상을 통치의 기본이념으로 삼으면서도, 태조는 불교는 물론이고 도교에서 파생한 풍수지리사상도 경시하지 않았다. 이 점은 그가 죽을 무렵인 942년에 자손들을 훈계하기 위해 남긴 「훈요십조(訓要十條)」에 잘 나타났다. 이 「훈요」가 실존한 것이었느냐, 실존했다고 해도 그 순서가 맞는 것이냐, 또는 「훈요」 그 자체가 고려 초기에 와서 조작된 것이었느냐에 관한 논쟁은 여기서 다루지 않기로 하겠다. 다만 이병도 교수가 자신의 면밀한 고증 끝에 태조의 유훈으로 실존했던 것으로 결론을 내린 사실을 상기시키고자 한다.[47]

태조는 우선 불교에 관한 유훈을 남겼다. 그것은 양면성을 지녔다. "국가의 왕업은 모두 부처의 도움을 받아야 하므로, 사찰을 창건하고 주지들을 파견하여 불도를 닦는 것, […] 그리고 사원의 행사인 연등회(燃燈會)와 팔관회(八關會)를 시행하는 것"을 장려하면서도, "사찰을 차지하기 위해 싸우는 것, 사찰을 마구 세우는 것, 연등회와 팔관회를 지나치거나 미치지 못하게 하는 것"을 경계시켰다. 태조는 이어 풍수지리에 관한 유훈을 남겼다. 그는 자신이 송악의 지덕(地德)에 힘입어 왕조를 개창할 수 있었음을 시인하면서 풍수지리설에 대한 믿음을 표시했다. 동시에 제5조에서 오늘날의 평양을 말하는 서경(西京)에 수덕(水德)이 강함을 지적하고 서경을 중시할 것을 강조했다. 이것은 뒷날 서경천도론의 근거로 작용하며 서경을 근거로 새 왕조를 열어야 한다는 논리로써 반란을 일으키게 하는 요인으로 작용한다. 이것보다 더 중요했던 것은 그가 제8조에서 차현(車峴: 차령산맥[車嶺山脈]) 이남과 공주

46 남인국, 「고려시대 유가의 정치사상」, 127-129쪽.

47 이병도, 『고려시대의 연구』(서울 : 아세아문화사, 1980), 55-74쪽; 박충석, 『한국정치사상사』 제2판, 215-224쪽 ; 김석근, 「'훈요십조'와 '시무 28조' : 고려 전기 정치사상에 관한 소묘」, 98-101쪽.

(公州)강[금강 : 錦江] 바깥의 땅을 배역(背逆)의 땅이라고 명명하면서 앞으로 그 지방민들을 정부에 등용하지 말라고 경고한 사실이다. 신복룡 교수는 이 조항이 과연 왕건에 의해 설정된 것이었을까라는 의문을 제기했다. 개국 이후 왕건이 결코 이 지방을 홀대하거나 적대시한 일이 없으며, 이 지방을 위험하게 여길 까닭도 없었다는 점을 지적하면서 후세에 신라출신의 고려신하들에 의해 조작되었을 개연성이 높다고 보았다. 어떻든 이것은 조선왕조에 이르기까지 오늘날의 호남지방을 푸대접하게 만든 후유증을 남겼다.48

이상에서 살폈듯, 「훈요」는 태조의 정치사상이 불교와 풍수지리설에 근거를 두었음을 보여 주었다. 그러나 「훈요」는 태조의 정치사상이 그 두 가지보다는 상대적으로 유학에 근거를 두었음을 보여 주었다. 우선 10개조 가운데 절반에 해당되는 다섯 개가 유학에 연관된 가르침들이었다.

유교의 사상들 가운데 우선 종법사상(宗法思想)이 있다. 이것은 종자(宗子)를 명확히 하면서 종지(宗支)의 구별을 명확히 하는 사상으로, 적장자(嫡長子)가 부친의 뒤를 이어 대종(大宗)이 되고 적장자의 동생들은 소종(小宗)이 된다. 제3조는 이 종법사상을 바탕으로 적자에게 왕통을 전한다는 뜻의 적자전국(嫡子傳國)을 원칙으로 설정했다. 유교의 사상들 가운데 또 화이론(華夷論)이 있다. 세계를 중화민족 곧 한족(漢族), 그리고 중화를 둘러싼 동서남북의 오랑캐들[夷]로 나누는 사상이 그것이다. 제4조는 이 화이론적 문화관에 근거해, 당(唐)의 예악을 정통으로 여겨 존중할 것, 그리고 거란을 금수로 여겨 배척할 것을 가르쳤다. 그것들을 포함해, 유교문화의 근간인 농본의식을 바탕으로 사민이시(使民以時: 백성을 아무 때나 부려서는 안 되고 때에 맞춰 부려야 한다)와 경부박렴(輕賦薄斂: 부역을 가볍게 하고 징세를 낮게 한다)을 지켜 부국민안(富國

48 신복룡, 「한국의 지역감정의 역사적 배경 : 호남 phobia를 중심으로」, 한국정치학회 1996년도 하계학술대회 발표논문. 7-8쪽.

民安: 나라를 부유하게 하고 백성을 편안하게 한다)을 성취할 수 있도록 인정(仁政)을 베풀 것을 가르친 제7조,[49] 국가통치의 공정함과 엄정성을 강조한 제9조, 그리고 유학의 경전들과 사서들을 널리 읽어 옛일들을 거울로 삼아 오늘을 경계하는 통치자의 마음가짐을 가르친 제10조 등은 태조의 건국이념이 유교치국(儒教治國)이었음을 말한다.[50]

이것들 가운데 부국민안론을 제시했던 제7조는 15대 숙종(재위: 1095-1105)치세에서 부민이국론(富民利國論)으로 연결됐다. 구체적으로 말해, 백성을 부유하게 하고 나라를 이롭게 한다는 취지에서 숙종은 상평통보(常平通寶)라는 동전을 만들어 유통시켰던 것이다. 그러나 그 이후 민안보다는 부국으로 정책이 바뀌어 간다. 이때 나라라고 하면 오늘날의 국민중심의 국가라기보다는 군주중심의 국가를 의미했던 만큼, 민생을 희생시켜서라도 왕실의 수입을 증가시키려고 했기 때문이다.[51]

여기서 중요하게 지적돼야 할 것은 태조가 유교와 불교 및 도교 가운데 어느 하나에 치우치지 않으려고 노력했으며, 유교의 가르침을 전수하면서도 역시 어느 하나에 치우치지 않으려고 노력했다는 사실이다. 우선 유교에 역점을 두면서도 불교와 도교에 대한 배려를 잊지 않았다. 이어 유교의 가르침에 따라 '적자전국'을 원칙으로 제시하면서도 "부득이한 경우 어질고 어질지 못함을 잘 가려 아우에게 선양할 것"을 허용했으며, 유교의 화이론적 문화관을 원칙으로 제시하면서도 '수방이토(殊方異土 : 지역과 지역은 서로 다를 수 있음)'에 따른 민족문화의 주체성과 특수성을 인정했다.[52] 종합적으로, 태조는 고려가 후삼국

49 이헌창(李憲昶), 「조선시대 공물제도와 경제정책이념」, 한국국학진흥원 국학연구실 편, 『한국유학사상 대계』 제7권(경제사상 편)(경상북도 안동시 : 한국국학진흥원, 2007), 325쪽.

50 김충열(金忠烈), 『증보 고려유학사』(서울 : 고려대학교출판부, 1987), 66쪽. 김석근, 「'훈요십조'와 '시무28조'」, 98쪽에서 다시 옮김.

51 이헌창, 「조선시대 공물제도와 경제정책이념」, 325쪽.

52 남인국, 「고려시대 유가의 정치사상」, 129쪽.

의 토대 위에서 성립된 것임에 유의해 정치이념적으로 어느 한 쪽에 치우치지 않고자 노력한 것이다.

여기서 현대정치학의 관점에서 다시 토론돼야 할 대상은 제4조다. 태조는 "우리나라는 예로부터 당풍(唐風)을 흠모하여 문물예악은 모두 중국의 제도를 따랐다. 그러나 방위가 다르고 땅이 다르면, 인성(人性)이 또한 각각 다른 법이다[殊方異土 人性各異 : 수방이토 인성각이]. 그러므로 반드시 같을 필요가 없다"고 강조한 것이다.[53] "방위가 다르고 땅이 따르면 인성이 또한 각각 다른 법이므로, 제도가 다를 수밖에 없다"라는 취지의 이론은 이미 고대에는 그리스의 정치철학자 아리스토텔레스가 전개했었고, 18세기에는 프랑스의 정치사상가 몽테스키외가 전개한다. 현대의 정치학으로부터 용어를 빌린다면, 정치문화가 다르면 정치제도와 정치행태가 달라진다는 이론이다.

유교적 전통의 확립을 위한 노력. 태조 왕건의 후계자들은 모두 태조의 유훈을 받들어 불교와 도교에 대해 일정하게 존중의 뜻을 표시했지만, 정치이념에서는 유교적 전통의 확립을 위해 노력했다. 특히 4대 광종(光宗 : 925-975)은 우선 화쟁을 강조한 신라시대 고승 원효대사의 화엄종이 계승되도록 균여대사(均如大師)를 적극적으로 지원했으며, 그리하여 균여대사는 불교의 여러 종파들을 통합하고 불교가 대중 속으로 보급될 수 있도록 노력했다.[54] 다른 한편으로, 광종은 노비안검법(奴婢按檢法)을 실시해 많은 노비들을 양민으로 풀어 주었는데 이것은 위민사상에 기초한 것이었다. 그는 중국의 오대십국의 마지막 국가이자 송(宋)의 직전국가인 후주(後周)로부터 귀화한 쌍기(雙冀)의 건의를 받아들여 유학에 기초한 과거제를 채택했으며, 이 국가고시를 통해 유학에 밝은 관리들을 등용할 수 있었다. 광종의 노비안검법을 통한 양

53 한영우, 『한국선비지성사』, 176-177쪽.

54 Adrian Buzo and Tony Prince, trans. *Kyunyo-Jon : The Life, Times and Songs of a Tenth Century Korean Monk* (Sidney : Wild Peony Press, 1994).

민의 확대와 그리고 과거제를 통한 관리의 등용은 귀족의 힘을 억제하고 국왕중심의 중앙집권제를 확충하는 데 이바지했다. 그러나 고려에서는 그 역사 전체를 볼 때 귀족의 힘이 국왕의 힘보다 컸다.

6대 성종(成宗 : 981-997)은 여러 차례 거란의 침략을 받으면서도 교육을 통해 주공(周公)과 공자의 풍교(風敎)를 일으켜 당우(唐虞 : 요순의 시대)의 이상주의적 정치를 본받고자 했다. 그러한 취지에서 국립의 고등교육기관으로 국자감(國子監)을 설립했다. 그는 유학교육을 통해 유학의 근본윤리인 충과 효를 보급하고 이것을 통해 사회질서를 유교화함으로써 고려사회를 재편하고자 했다. 국자감은 25대 충렬왕(忠烈王) 때인 1289년에 성균(成均)으로 개칭되고 26대 충선왕(忠宣王) 때인 1308년에 성균관(成均館)으로 개칭된다. 성종은 특히 효의 일차적 중요성을 강조해 유생들에게 『효경(孝經)』을 익히도록 독려했다. 『효경』은 공자가 제자 증자(曾子)에게 효에 관해 가르친 것들을 후세에 하나의 경전으로 편찬한 책이다. 가정에서 효를 행하는 사람은 반드시 국가에 충성할 것이라는 이효위충(移孝爲忠)과 충효일치(忠孝一致)의 믿음을 성종은 지녔던 것이다. 성종의 이러한 믿음은 결국 그가 전통적인 효치사상(孝治思想)을 지녔음을 의미했다.[55]

최승로의 「시무28조」 왕건이 제시한 정치이념인 '유교치국'은 성종의 중신 최승로(崔承老 : 927-989)에 의해 이론적으로 체계화됐다. '통일신라' 말기에 출생해 육두품의 자제로 성장하다가 고려에 귀부한 그는 유학의 소양을 쌓았던 가운데 성종치세에 요직들을 맡아 국왕에게 헌책할 수 있었다.

첫 번째 헌책이 태조 이래 경종(景宗 : 975-981)에 이르기까지 다섯 조(朝)의 치적에 대한 평가였다. 이것이 「오조치적평(五朝治績評)」 또는 「오조정적평(五朝政績評)」이다. 최승로는 이것을 통해 군주는 항상 겸손한

55 남인국, 「고려시대 유가의 정치사상」, 131-133쪽.

마음으로 신하를 대하며 넓은 도량으로 만백성을 포용해야 함을 역설한 것이다. 두 번째 헌책이 「시무28조(時務二十八條)」다. 28개 가운데 22개가 남아 있고 나머지는 유실된 상태다. 22개는 국방·사대(事大)·교역·외관(外官)·복식(服食)·사택(舍宅)·양천지별(良賤之別)·노주지분(奴主之分) 등, 국가와 사회의 운영 전반에 걸치는 문제점들을 지적하고 그 대책을 논했다.**56**

그것들 가운데 오늘날의 정치학적 시각에서 중요한 것들을 지적하기로 한다. 첫째, 최승로는 정치형태 면에서 중앙집권적인 정치형태를 지지했다. 그러나 그는 왕이 모든 권력을 갖고 전제정치를 하는 것은 반대했다. 이것은 고려왕조의 개창과 더불어 나타난 문벌귀족의 입장을 대변한 것이었다. 그들은 왕권의 제한을 통해 자신들의 기득권을 유지하고자 했던 것이다. 둘째, 그는 사회적으로 엄격한 신분질서의 확립을 제의했다. 이것 역시 기득권을 유지하려는 귀족층의 염원을 제도적으로 확정하려고 한 것이다. 셋째, 그는 제도와 풍습에서 반드시 중국의 것들을 따를 필요가 없다고 주장했다. 이 주장이 「훈요」 가운데 제4조를 연상시킨다. 현대정치학의 용어를 빌린다면, 그 역시 정치문화론에 입각해 제도를 논한 것이다.

그러나 이것들보다 훨씬 더 중요했던 것은 최승로가 유교를 '이국지원(理國之源)', 곧 '나라를 다스리는 근원'으로 설정했다는 사실이다. 그의 이러한 유교관(儒敎觀)은 그의 불교관(佛敎觀)과 대조된다. 그는 불교를 '수신지본(修身之本)', 곧 '자신의 마음을 닦는 기본'이라고 정의해, 수신의 종교일 뿐 이국의 이념은 아니라는 견해를 나타냈던 것이다. 최승로의 이 견해는 "그때까지 모든 것을 불교에 의존하고 있던 불교독존(佛敎獨尊)의 전통을 무너뜨리고 현실정치면에서의 유교진출을 과감히 제안한 것"이며 "적어도 정치를 종교에서 독립시킨다는 뜻

56 박충석, 『한국정치사상사』 제2판, 226-231쪽.

에서 정치 자체의 크나큰 발전"을 의미했다.[57]

최충. 최승로에 이어 유교의 입장에서 정치사상을 전개한 사람이 유학계의 최고 권위자이면서 정계의 원로였던 최충(崔沖: 984-1068)이었다. 그는 특히 문헌공도(文憲公徒)라고 불린 사숙(私塾)을 열어 인재들을 키운 업적으로 '해동공자(海東孔子)'라는 추앙을 받았다. 그러나 최승로가 '자주적이고 진취적인 학풍'을 보였음에 비해, 최충은 '집권층의 안전을 도모하고 현실에 안주하는 소극적이고 보수적인 경향'을 보였다.[58] 당시 유학자들은 최충과 마찬가지로 사숙을 개설해 유학을 가르쳤는데 그 숫자가 문헌공도를 포함해 모두 12개에 이르렀다. 이것을 '사학12도(私學十二徒)'라고 불렀다.

중기

성리학의 수용. 12세기에 들어서면서 고려의 유학계에 변화가 일어났다. 그것은 성리학(性理學)의 수용에 따른 변화였다. 성리학은 중국의 당(唐)에서 태동해 송(宋)에서 체계화됐다. 왕건이 한반도에서 후삼국을 완전히 통일한 때로부터 24년이 지난 960년에, 후주(後周)의 황궁수비대장 조광윤(趙匡胤)은 중국에서 송을 건국했다. 송은 처음부터 문치주의에 치중한 결과로 문약에 빠져 국방력을 갖추지 못한 상태에서 요(遼)의 잦은 침략에 시달렸으며, 1127년에 이르러서는 여진족이 1115년에 세운 금(金)의 침략을 받아 태상황제(太上皇帝)와 황제 및 조정의 대신들을 빼앗겼다. 위기를 모면한 황실의 황족들과 조정의 대신들은 남쪽으로 도피해 새 왕조를 세웠다. 그렇기에 그 이전의 송을 북송(北宋)이라고 부르고 그 이후의 송을 남송(南宋)이라고 부르는데, 성리학은 북송시대에 체계화됐다.

성리학 이전의 유교는 도교의 근본인 노자의 사상이나 불교사상에

57 김충렬, 『증보 고려유학사』, 79쪽.

58 남인국, 「고려시대 유가의 정치사상」, 143-145쪽.

비해 철학적 심오성과 논리적 세련성에서 현격하게 뒤졌기에, 통치이념으로서의 지위를 꾸준히 누려 왔음에도 불구하고 지배적인 사상으로서의 지위를 불교 등에 내어줄 수밖에 없었다. 그런데 북송시대에 이르러 유학자들은 그때까지 축적된 과학적 지식은 물론 노장사상과 불교사상 등의 요소들을 도입해 유교를 세련시켰으며 그것을 성리학이라고 불렀다. 성리학은 12세기 후반에 남송시대의 유학계를 대표한 주희(朱熹)에 의해 집대성되며, 주희는 주자(朱子)로 칭송된다. 이에 따라 성리학은 주자학(朱子學)으로도 불리게 된다.

성리학은 인간의 내면, 곧 심(心)·성(性)·정(情)에 대한 분석을 통해 윤리의 근거를 찾아내고 그것을 인(仁)과 의(義)로 요약하면서 이 두 개의 절대적 가치를 실천을 통해 현실의 국가에서 구현하는 것이 경국(經國) 또는 이국(理國)이라고 주장한다. 이 '경국' 또는 '이국'이라는 단어가 오늘날의 '정치'에 해당됨은 물론이며, 그 시대의 성리학은 오늘날의 용어로 정치학이나 다름없었다. 여기서 중요한 것은 성리학의 세계는 윤리적 세계였으며, 따라서 성리학에서 상황이나 효율성은 부차적일 수밖에 없었다. 이처럼 성리학은 윤리적 세계관으로 직결됐기에, 언제나 현실의 정치세계에 대한 비판과 그것에 기초한 개혁을 지향했으며, 정치적 이상주의로 나타났다. 이러한 성향은 고려 말의 신흥사대부들에 의해 훨씬 더 적극적으로 표출된다.

묘청과 김부식. 17대 인종(仁宗 : 1122-1146) 때 불교의 승려 묘청(妙淸)은 서경천도운동을 전개하다가 실패하자 반란을 일으켰다. 이때 그는 우리나라도 독자적으로 '칭제건원(稱帝建元)' 할 것을 제의했다. 중국 변방국의 군주가 쓰는 칭호인 왕을 사용할 것이 아니라 중국과 대등한 지위를 가진 나라의 군주가 쓰는 칭호인 황제를 사용하고 중국의 연호(年號)를 따라갈 것이 아니라 나름의 연호를 세울 것을 제의했는데, 뒷날 민족주의사관(民族主義史觀)의 대표적 역사학자인 단재(丹齋) 신채호(申采浩)는 이 제의를 단군 이래의 조선역사에서 가장 의미 있는

'제일대 사건'이었다고 격찬했다.[59]

묘청과 대척점에 섰던 이가 김부식(金富軾 : 1075-1151)이었다. 그는 서경천도운동에 반대했을 뿐만 아니라 묘청의 난을 진압하는 데 앞장을 섰다. 그러나 이것보다 중요했던 것은 김부식이 인종의 명을 받아 1145년에 『삼국사기(三國史記)』의 편찬을 끝냈다는 사실이다. 이 책은 우리나라 최고(最古)의 역사서이자 최초의 정사(正史)다. 이 책을 통해 김부식은 자신이 유교사관(儒教史觀)을 지녔음을 분명히 했으며 중국에 대한 사대적 경향을 두드러지게 나타냈다. 이 점 때문에, 신채호는 김부식을 비판했던 것이다. 그러나 이 책은 발전사관(發展史觀)의 요소도 수용했다. 역사를 발전시킴에 있어서 우연적인 요소들이나 신비로운 요인들보다는 인간의 노력과 능력이 더욱 중요하다는 역사인식을 제시한 것으로, 이것은 유교적 합리사관의 요점이었다.[60]

그러면 『삼국사기』에 나타난 김부식의 정치사상은 무엇이었나? 정구복(鄭求福) 교수는 다음과 같이 요약했다 :

> 김부식은 […] 정치의 요체는 국가의 영토를 잘 보존하고, 인민이 편안히 살 수 있도록 하여야 하며, 정치를 잘 하는 것이라고 주장하였다. 그에게 국가는 곧 왕조였다. 영토를 잘 보존하려면 외국과의 전쟁보다는 전쟁을 미리 막을 수 있도록 이웃나라와 선린외교를 하여야 하며, 경우에 따라서는 큰 나라에 대하여 공손한 태도를 취해야 한다고 주장하였다. 인민의 생활을 편안하게 하려면 군주가 검소한 생활을 하여 백성으로부터 무거운 세금을 거둬들이지 않고 백성이 농상의 산업에 전념할 수 있도록 하여야 하며, 아래 백성이 군주를 위해 충성을 바칠 수 있도록 상하가 화목하여야 한다고 논하였다.[61]

59 신채호, 「조선역사상 1천년래(一千年來) 제일대사건」, 『조선사연구초(朝鮮史研究草)』(1930), 단재신채호전집편찬위원회 편, 『단재 신채호 전집』 제2권(충청남도 천안시: 한국독립운동사연구소, 2007), 394-396쪽.

60 남인국, 「고려시대 유가의 정치사상」, 157쪽.

61 정구복(鄭求福), 「문열공(文烈公) 김부식」, 조준하 편, 『한국인물유학사』 제1권, 119쪽.

우리는 앞에서 최승로가 왕의 권력장악과 그것에 기초한 전제정치에 반대했다고 지적했다. 그러면 이 문제에 관해 김부식은 어떤 입장을 지녔던가? 김부식은 북송에서 황제권강화에 반대했던 사마광(司馬光)의 정치사상에 공감했다. 김부식은 고려에서도 왕권은 철저하게 견제돼야 한다고 보았다. 그는 국왕을 절대적 존재로 간주하지 않았던 것이다. 이것은 그 역시 최승로와 마찬가지로 귀족주의적 왕권관념을 지녔음을 말했다.[62]

무신집권시대의 신흥관료들. 문벌귀족이 주도하는 정치질서와 숭문적 분위기에 소외된 채 불만을 품던 무신세력은 18대 의종(毅宗)치세이던 1170년에 정변을 일으켜 무신집권시대를 열었다. 그 이후 꼭 100년 동안 계속된 이 시대에 무신들은 군란을 반복하면서 고려 전체를 폭력과 불법이 난무하는 무국가적 상태로 빠뜨렸으며 그러한 상황에서도 토지의 겸병(兼併)과 재물의 탈취 및 사병(私兵)의 확대에 몰두했다. 1196년에 무신 최충헌(崔忠獻)이 쿠데타로써 집권한 것을 계기로, 무신집권의 시대는 새 국면을 맞이했다. 그로부터 4대에 걸친 최씨일가의 국가권력사유화가 지속되면서 토지겸병과 재물탈취 및 사병확대는 극심해졌고, 그것에 따른 민중의 생활고 역시 극심해졌다.

삼국시대와 후삼국시대에도 그러했지만, 고려시대에도 생산의 유일한 수단은 토지였다. 따라서 고려의 전기와 중기에서 권력의 중추를 장악했던 문벌귀족세력은 여러 형태로 존재한 공전(公田)을 단계적으로, 그리고 불법적이거나 탈법적인 방법으로, 자신의 것으로 만들어 갔다. 그 결과로 공전은 줄어들고 사전(私田)은 확대됐다. 이러한 방식으로, 그들은 많은 백성들을 자신들의 소작농민으로 심지어 노비로 예속시켰다. 무신집권시대에도 극소수의 집권무신들은 사전의 확대를 가속화시켜 더 많은 백성들을 소작인들이나 노비들로 만들어 자신들에

62 위와 같음.

게 예속시켰다. 자연히 공전으로부터 국가에 들어오던 조세수입은 격감했으며, 이것은 국가의 공식적 기관들과 제도들을 더욱 약화시켰다. 사전의 확대 못지않게 사병의 확대 역시 공식적 제도를 약화시켰다. 부병제(府兵制)가 사실상 소멸한 것이 그 보기였다. 고려의 군제(軍制)는 공민에게 공전에 대한 권리를 갖게 하는 대가로 군역을 부과하는 병농일치(兵農一致)의 부병제였다. 그러나 공전과 공민을 권귀(權貴)들이 겸병함으로써 부병은 사라지고 독자적인 무인세력이나 권귀들의 사병만 존재했던 것이다.

무인이 정권을 독점한 시대였으나, 행정실무의 필요에 따라 한 무리의 신흥관료들이 대두했다. 그들은 대체로 문벌귀족중심의 질서에서 격하됐던 토호적 존재들이었다. 문벌귀족의 몰락에 따라 그들이 자연스럽게 부상할 수 있었던 것이다.[63] 그러나 그러한 신흥관료의 수는 이인로(李仁老)와 이규보(李奎報)를 비롯해 극소수에 지나지 않았다. 게다가 그들은 유학적 소신을 펼 수 없었다. 이러한 암울한 분위기에서, 유가적 지식인들 가운데 일부는 도가적 세계에 탐닉해 음주와 시에 젖어들었다. 다른 일부는 현실로부터 초월을 구해 불교에 기울어졌다. 그렇지만 대각국사(大覺國師) 의천(義天)이 국내의 여러 종단들을 통합해 숙종치세인 1097년에 창시했던 천태종(天台宗) 중심의 불교 역시 이 시대에 이르러서는 종교적 깊이를 잃고 세속적 욕망의 수단으로 바뀌었다. 고려 말기의 고승인 보조국사(普照國師) 지눌(知訥)이 불교개혁운동을 전개했으나 열매를 맺지 못했다.[64]

63 손문호, 「고려말 신흥사대부들의 유교국가주의」, 김영국 편, 『한국정치사상』(서울: 박영사, 1991), 22쪽 및 31쪽.

64 지눌에 대한 미국의 한 저명한 교수의 연구는 다음과 같다. Robert E. Buswell Jr., *Tracing Back the Radiance : Chinul's Korean Way of Zen* (Honolulu : University of Hawaii Press, 1991).

후기

군자정치론의 대두. 고려 후기는 고려를 자주 침공해 1270년에 24대 원종(元宗)으로부터 복속의 약속을 받은 원(元)의 제도적 및 실질적 간섭으로부터 시작됐다. 고려의 왕세자는 원 황실의 부마가 돼야 했으며 그가 귀국해 즉위해서는 지난날처럼 시호(諡號)에 조(祖)나 종(宗)을 쓰지 못한 채 오직 왕으로 불려야 했고, 원에 대한 충성의 서약으로 왕호(王號)는 충(忠)자로 시작해야 했다. 고려에 대한 원의 이러한 간섭은 고려 안에 원과 결탁한 세력을 형성했으며, 이 세력은 무신정권특권층을 대체해 새 특권층으로 등장하면서 토지를 과점하고 사병까지 확대시키면서 민중을 수탈했다. 이처럼 원의 간섭기는 고려에게는 굴욕적인 시기였으며 동시에 새로운 수탈의 시기였다.

그러나 원 스스로 주자학을 중심으로 관학교육과 과거제도를 정비했고 이것을 고려에도 권장한 것은 이미 성리학을 받아들였던 고려에 일정하게 긍정적 영향을 미쳤다. 주자학 그 자체는 25대 충렬왕 때 원에 들어갔던 안향(安珦)이 『주자전서(朱子全書)』를 필사하고 그 필사본을 갖고 귀국함으로써 전래된 것으로 알려졌다. 안향은 주자학으로써 고려를 재건해야 한다는 믿음으로 후학들을 지도해, 많은 유학자들을 길러낸다. 안향은 또 불교의 사찰들과 승려들이 무인정권과 결탁해 민생을 외면한 채 사리사욕을 채우는 데 급급하고 있다고 판단해 불교배척에 앞장을 선다.

정신적으로 방황하던 고려의 유학자들에게 주자학은 새로운 정신적 지평을 열어 주었다. 그리하여 고려의 유학자들 사이에는 군자정치론이 제기됐다. 군자의 자질을 가진 인물들이 정계에 진출하여 정치를 이끌어가야 하고, 동시에 현실의 위정자들도 군자의 자질을 가져야 한다는 뜻이었다. 이 이론은 이미 약 1,700년 전에 고대그리스에서 플라톤이 제시했던 철인왕(哲人王) 이론을 연상시킨다. 군자정치론은, 철학자가 왕이 되거나 왕이 철학자가 돼야 한다는 플라톤의 철인왕이론에 비슷하다는 뜻에서다. 다른 한편으로, 고려의 유학자들은 근왕주의적 이념을 제시했다. 원의 간섭에 효과적으로 대응하기 위해 왕권을 구심(求心)으로 정치적 결속을 유지할 필요를 느꼈던 것이다. 특히 군왕은 경사(經史)를 익히고 학덕을 갖춘 인물을 가까이 함으로써 덕치(德治)를 베풀어야 한다는 점을 그들은 강조했다. 왕권을 구심으로 삼고자 했을 때, 긴요했던 것은 왕이 신민의 신망을 얻어야 한다는 점이었다. 왕이 신민의 신망을 얻지 못하는 경우 왕을 구심으로 삼기 어렵다는 현실을 그들은 직시했던 것이다. 그리하여 그들은 대간의 언론활동을 통해 왕권을 견제하고자 했다.[65]

이처럼 새로운 운동이 일어나면서, 동시에 소수의 유학자들 사이에서 전제개혁 및 부병제부활을 중심으로 하는 정치적·사회경제적 개혁이 구상됐다. 그러나 그것은 원 그리고 고려 안에서 원에 결탁한 세력의 제재로 실현될 수 없었다. 다행히 중국에서 1348년부터 반란들이 일어나기 시작하고 1351년에 홍건적의 난이 일어난 것을 계기로 1368년에 한족의 명(明)이 건국됐다. 원은 몽골본토로 후퇴했다가 1387년에 멸망했다. 중국에서의 이러한 왕조교체에 힘입어, 고려에서는 반원(反元)의 자주운동이 일정하게 전개됐고, 31대 공민왕(恭愍王 : 1351-1374)처럼 대외적으로 자주를 추구하고 대내적으로 개혁을 추구하는 영명한 군주가 출현할 수 있었다. 시호를 '충'으로 시작해야 했던 그 앞의 여섯 군주들과는 달리 '충'을 제외시킨 채 공민왕으로 불릴 수 있었던 것은 고려의 후반기 역사에서 하나의 혁명적 전환을 의미했다.

이제현과 신돈. 공민왕 원년인 1352년의 시점에서, 고려는 이미 하나의 국가로서 그 명분과 실체를 거의 상실한 상태였다. 김영수(金英壽) 교수의 표현으로, "당시 고려의 공적(公的) 정치체제는 거의 붕괴된 상태였다." 김 교수는 다음과 같이 부연했다 : "원과 결탁한 소수의 가

65 남인국. 「고려시대 유가의 정치사상」, 165-169쪽.

문이 토지와 관직 및 사병을 모두 독점하고 있었다. 왕조는 유지되고 있었으나, 왕권은 매우 불안정하였다. 충혜왕(忠惠王) 이래 모든 왕들은 강력한 권문세족들에 의해 통제되었다. 충혜왕은 목숨을 잃었다. 몇 차례의 개혁이 실패한 뒤, 고려는 국가로서의 성격을 거의 상실하고 사적(私的) 권력연합체로 변모했다."[66]

이러한 상황 아래, 우선 왜구와 홍건적의 침략이 잦아져 백성들은 목숨을 잃거나 포로로 잡혀 가는 위험을 안고 살아야 했다. 이것은 국방력이 사실상 붕괴됐음을 의미했다. 극소수 특권층에 의한 사전의 확대에 따라 전제는 철저하게 붕괴됐으며, 사전에 얽매인 소작인들은 과도한 조세와 고리대금으로 말미암아 기아상태에 빠져 자살하기도 하고 때로는 노비로 팔려 갔다. 남편이 아내를 팔고 부모가 딸들을 파는 일들이 자주 일어났다. 국가는 세입의 기반을 잃게 됨에 따라 관리들과 사병들에게 급료를 지불할 수 없기에 이르렀다. 희망을 잃은 백성들은 다시 미륵사상에 빠졌으며, 이 분위기를 이용해 미륵을 자처하는 사람들이 반란을 일으켰다.

이러한 말기적 상황에서, 이제현(李齊賢 : 1287-1367)은 우선 원(元)에 대해 유교의 경전인 『중용(中庸)』의 가르침에 기초를 두고 고려의 독립을 호소했다. "나라는 그 나라로 두고 사람은 그 사람으로 살게 하라"는 문구를 쓰면서, 원이 고려를 자신에게 영구히 복속시키려 하지 말고 독립국이 되도록 허(許)할 것을 요구했다. 최근덕(崔根德) 교수는 "이 말은 만세를 꿰뚫는 명언이 아닐 수 없다"고 높이 평가했다.[67] 이제현은 내정에서도 여러 헌책들을 올렸다. 그의 출발점은 국왕권위강화론이었다. "왕권의 권위를 강화하기 위해 이른바 춘추의리에 입각한 정통론적 왕권관념을 강조했고 왕위의 적장자계승을 원칙으로 세우고자 했다."[68] 여기서 중요하게 지적돼야 할 것은 그가 국왕권위강화론

66 김영수, 「고려말 조선초기의 정치사상」, 이재석 편, 『한국정치사상사』, 122-123쪽.
67 최근덕, 「익제(益齊) 이제현」, 조준하 편, 『한국인물유학사』 제1권, 180쪽.

을 전개하면서도 "자의적인 왕권의 행사를 가능하면 배제하면서 […] 현재명신(賢才名臣)의 정치적 활약을 중시했다"는 사실이다. 그가 이처럼 '모호하거나 정리되지 않은 모습을 보인' 배경에는 '유신(儒臣)들의 정치적 이해를 대변한 […] 특권적 관인의식'이 개재되어 있었다. 전반적으로, 그는 정치적 실용주의자였다.[69] 공민왕을 상대로, 국방에 있어서는 성곽이 반드시 필요하나 피폐한 백성들을 동원해 토목공사를 일으킬 수 없다고 헌책한 것은 그가 평소에 지녔던 실용주의의 발현이었다. 그는 또 개혁을 뜻하는 경장(更張)이 좋기는 하지만 그것을 실현하기 어려울 때는 고법(古法)을 따르는 것이 낫겠다는 보수주의적 입장을 보였다.[70]

이제현에 대조되는 사람이 승려 신돈이었다. 공민왕이 국정의 과감한 개혁을 추진하기 위해 기성세력의 어느 쪽에도 속하지 않은 무명의 신돈을 1365년에 파격적으로 기용한 사실은 오늘날까지도 유명하다. 신돈은 우선 권신들에게 토지를 빼앗김으로써 토지를 잃은 농민들이 노비로 전락하는 일을 막아보려는 개혁적 조치를 취하고자 했다. 이것은 그가 "기득권에 안주하려는 기성보수세력을 타도하고자 했음을 의미했다."[71] 이 무렵 이제현은 공민왕에게 "신(臣)이 일찍이 신돈을 눈여겨보니 그 골법(骨法)이 옛날의 흉인(凶人)과 비슷했사옵니다. 반드시 후환을 끼칠 것이오니 청컨대 전하께서는 가까이 마옵소서."라고 진언했다.[72] 신돈은 공민왕에게 "이제현의 문생(門生)과 같은 유자(儒者)들이 나라에 가득 찬 도적으로 되고 있사옵니다."라고 반격했다.[73] 신돈

68 남인국, 「고려시대 유가의 정치사상」, 170쪽.
69 위와 같음. 170-172쪽.
70 위와 같음, 195-197쪽.
71 신복룡, 『한국정치사상사』(서울: 지식산업사, 2011년 출간예정), 제14장 「역성(易姓)과 배불(排佛)의 논리」, 8-9쪽.
72 최근덕, 「익재 이제현」, 196쪽.
73 신복룡, 「역성과 배불의 논리」, 9쪽.

은 결국 유학자들을 중심으로 하는 관료세력의 탄핵을 받아 1371년에 사사됐다. 이로써 공민왕이 신돈을 중심으로 추진하던 개혁은 약 6년 만에 끝났다.

이색과 정몽주 및 길재. 공민왕이 시해된 이후 32대 우왕(禑王)이 즉위했다. 우왕의 즉위와 더불어 고려왕조가 돌이킬 수 없는 쇠망의 길에 접어들면서 성리학적 지향의 신세력이 등장했는데, 그들 사이에서는, 군자정치론을 뛰어넘어 성인가학론(聖人可學論)이 대두됐다. 유학은 성인이 되기를 기약하는 학문이어야 하며 성인정치(聖人政治)의 구현을 지향하는 학문이어야 한다는 이상주의가 고조된 것이다. 이러한 성인정치론의 선두에 이제현의 문인인 목은(牧隱) 이색(李穡 : 1328- 1396)이 있었다.74

이색은 최승로와 김부식의 경우와 마찬가지로 왕권을 절대적으로 간주하지 않았다. 국가의 안위는 대신에게 달렸다고 생각해, 유능한 재상의 통치력을 중요하게 여겼던 것이다. 이러한 맥락에서, 그의 정치사상은 확실히 사대부중심적이었다. 이 무렵 유학자들과 신진사대부들 사이에서는 개혁의 방향을 놓고 강상론(綱常論)과 혁명론(革命論)이라는 서로 대립되는 주장이 제기되기 시작했다. 강상이란 유교의 기본덕목인 삼강(三綱)과 오상(五常)을 말한다. 삼강은 군위신강(君爲臣綱 : 신하는 임금을 섬기는 것을 근본으로 삼아야 한다)·부위자강(父爲子綱 : 아들은 아버지를 섬기는 것을 근본으로 삼아야 한다)·부위부강(夫爲婦綱 : 아내는 남편을 섬기는 것을 근본으로 삼아야 한다)을 말하며, 오상은 인(仁)·의(義)·예(禮)·지(智)·신(信) 또는 아버지의 의(義)·어머니의 자(慈)·형의 우(友)·동생의 공(恭)·아들의 효(孝)를 말한다. 쉽게 말해, 강상은 사람이 지켜야 할 기본적인 도리다.

이처럼 사람이 지켜야 할 기본적 도리를 앞세우는 강상론자들은 대

74 이기동(李基東), 「목은 이색」, 조준하 편, 『한국인물유학사』 제1권, 219-232쪽.

의명분을 내세우는 『춘추』를 중시했으며, 따라서 신하가 군주를 폐하고 왕조를 무너뜨리는 것을 생각할 수가 없었다. 대조적으로, 혁명론은 『주역』의 변화론을 중시해 시대의 상황에 능동적으로 대처하는 변통(變通)을 앞세웠다. 자연히 혁명론자들은 고대중국에서 상(商)의 폭군 주(紂)를 폐하고 주(周)를 세운 무왕(武王)의 혁명을 높이 평가하면서 천명에 따른 왕조의 교체를 지지했다. 강상론이 보수주의적 성향을 지녔다면, 혁명론은 혁신주의적 성향을 지녔다고 하겠다.[75] 이색은 강상론의 입장에 섰다 더구나 그는 "정치적 이상주의는 현재 살고 있는 이 땅 위에서 실현돼야 한다. 현재의 지상을 천국으로 만들어야 한다"는 현실주의적 개혁론을 지지하고 있었다. 강상론과 혁명론 사이의 논쟁은 이색의 문하생들 사이에서 확대됐다. 그의 문하생들 가운데 포은(圃隱) 정몽주(鄭夢周 : 1337-1392)는 강상론을 지지했다. 정몽주는 고려왕조의 병폐를 성리학의 철저한 적용과 구현에 의해 치유할 수 있다는 믿음으로 성리학을 깊이 연구하고 심화시켰다. 그리하여 그는 '동방이학(東方理學)의 조(祖)'로 칭송되기에 이르렀다. 그는 이색의 충군애국사상을 계승해 고려왕조를 수호하고자 헌신했다.

이러한 논쟁 속에서, 우왕 14년인 1388년에 역사상 유명한 위화도회군(威化島回軍)이 이뤄졌다. 요동을 정벌하고 명나라를 공격하자는 최영(崔瑩)을 팔도도통사(八道都統使)로 하는 고려군이 압록강의 위화도에 이르렀을 때 우군도통사(右軍都統使) 이성계(李成桂)는 요동정벌론을 반박하면서 회군을 감행한 것이다. 그는 곧바로 최영을 유배시켰다가 처형하고 우왕을 폐위시킨 데 이어 그의 아들을 33대 창왕(昌王)으로 옹립했다. 이제 고려의 실권은 이성계와 그의 일파에게 돌아갔다. 그렇지만 정몽주를 중심으로 하는 반대파의 세력도 만만하지 않았다. 결국 정몽주는 새 왕조의 개창을 준비하던 이성계의 아들 이방원(李芳

75 차장섭(車長燮), 「조선전기 관학파의 정치사상」, 한국국학진흥원 국학연구실 편, 『한국유학사상 대계』 제6권, 189쪽.

遠)의 하수인들에게 격살됐다. 정몽주의 이러한 자세를 유학자들은 이신순도(以身殉道)라고 불렀다.[76] 정몽주와 마찬가지로 강상론을 따랐던 야은(冶隱) 길재(吉再)는 조선왕조에의 사환(仕宦)을 거부하게 된다.[77] 사람들은 목은 이색과 포은 정몽주 및 야은 길재를 삼은(三隱)이라고 불렀다.

이상에서 살폈듯, 고려는 유교치국을 정치적 이념으로 삼아 출발했다. 그러나 그 이념은 특히 무신집권시기에 크게 훼손됐고 원의 간섭기에 유명무실해졌다. 비록 그렇다고 해도, 그 이념을 고수하려는 유학자들은 존속했으며, 그들 가운데 혁명론자들에 의해 조선은 건국된다.

제 3 절 조선왕조의 정치사상가들(1) : 전기와 중기

글자 그대로 내우외환에 시달리면서 붕괴해 가던 고려에서 이른바 역성혁명(易姓革命)이 일어났다. 유학적 사대부들 가운데 혁명론을 지지하며 새 왕조의 개창을 주장하던 하층 사대부들이 1392년 7월에 34대 공양왕을 퇴위시키고, 이성계를 새 왕으로 추대했다. 이로써 고려왕조는 멸망하고 조선왕조가 개창한 것이다. 조선의 건국을 단순한 군사쿠데타의 산물로 보지 않고 역사를 전진시킨 행위로 해석한 대표적 학자였던 이상백(李相佰) 교수는 조선건국세력을 진보적 세력으로 인정했다. 대조적으로, 미국의 저명한 한국사 교수 존 던컨(John B. Duncan) 박사는 고려왕조로부터의 조선왕조로의 교체가 조선의 사회구조에서

76 권정안(權正顔), 「포은(圃隱) 정몽주」, 조준하 편, 『한국인물유학사』 제1권, 239-261쪽.

77 김익수(金益壽), 「야은(冶隱) 길재」, 위와 같음, 313-337쪽. 여말 선비들의 정치적 처신에 대해서는 신복룡 교수가 자세히 토론했다. 신복룡, 「여말 선초 절의파(節義派)의 고민 : 출사와 은둔의 기로」, 『한국정치외교사논총』 제32집 1호(2010년 8월), 5-40쪽.

급격한 변화를 초래하지 않았다는 논지를 발표했다.[78] 조선왕조의 태조가 된 이성계는 1394년에 수도를 오늘날의 서울인 한양(漢陽)으로 옮긴다.

그러면 조선에서 정치사상은 어떻게 전개됐던가? 다른 왕조의 경우도 그러했지만, 조선왕조에서도 정치사상은 시대의 변화에 따라 그 내용이나 강조점을 달리했다. 이 점을 인정하면서도, 나는 이 책의 주제를 염두에 두고, 조선왕조가 개창한 때로부터 조선왕조가 서양열강의 탐사 대상으로 떠오르기 시작한 18세기 초까지의 약 332년의 시기를 전기와 중기 및 후기의 세 시기로 나누기로 한다.[79] 전기는 태조의 즉위로부터 10대 연산군(燕山君) 퇴위까지의 114년(1392-1506)이다. 중기는 11대 중종(中宗)의 즉위로부터 15대 광해군(光海君) 퇴위까지의 117년(1506-1623)이다. 후기는 16대 인조(仁祖)의 즉위로부터 20대 경종(景宗) 승하까지의 101년(1623-1724)으로 설정할 수 있다. 그 이후의 시대에 대해서는 제3장과 4장에서 설명하기로 하겠다.

전기 : 관학파의 정치사상이 주류를 형성하다

조선 전기의 정치사상은 이른바 관학파(官學派)의 정치사상이 주류

78 이상백(李相佰), 『이조건국의 연구』(서울 : 을유문화사, 1949) ; John B. Duncan, *The Origin of the Chosŏn Dynasty* (Seattle : University of Washington Press, 2000). 조선왕조의 건국을 역사학적·철학적·정치학적 측면들을 모두 고려하면서 종합적으로 분석한 한국정치학계의 최근 대표작은 다음이다. 최상용 박홍규 공저, 『정치가 정도전』(서울 : 까치, 2007).

79 전통적으로 국사학자들은 조선시대를 임진왜란을 기준으로 삼아 그 이전을 전기라고 보고 그 이후를 후기라고 보았다. 대안으로 조선시대를 세 시기로 나누는 학자들이 등장했다. 그들은 15세기까지를 전기라고 보고, 16세기부터 17세기까지를 중기라고 보면서 이 중기를 '사족지배체제(士族支配體制)'의 시기라고 명명했으며, 18세기 이후를 후기라고 보았다. 이러한 시대구분론에 대해서는 다음에서 자세히 토론됐다. 오영교(吳永教), 『조선후기 사회사 연구』(서울 : 혜안, 2005), 23-24쪽.

를 형성했다. 그러면 관학파란 무엇을 말하는가? 차장섭(車長燮) 교수는 다음과 같이 설명했다: "관료유학자들은 중앙에서 권력을 장악하여 현실정치의 장(場)에서 국가경영의 실무를 담당하였으며, 주로 기호지방(畿湖地方) 출신으로 관학 즉 성균관을 통해서 학문적으로 성장하여 국가공인의 학문연구기관을 통해서 학계에 등장했다."[80]

정도전의 정치사상사적 위치. 조선조 관학파의 전통은 삼봉(三峯) 정도전에서 시작됐다고 말해도 지나치지 않다. 국사학계에서 정도전(鄭道傳: 1342-1398)에 관한 연구를 개척한 한영우 교수는 정도전이 1395년에 편술한 『경제문감(經濟文鑑)』을 '탁월한 정치원론서(政治原論書)'로 높이 평가하면서 그를 오늘날의 용어로 '정치학자'로 보아도 틀림이 없다고 주장했다.[81] 여기서 상기돼야 할 점은 『경제문감』에서의 '경제'는 '경국제민(經國濟民)'를 줄인 말로 "나라를 경영하고 백성을 구제하다"는 뜻이다. 쉽게 말해, 오늘날의 용어로서의 '경제'가 아니라 '정치'라는 사실이다.[82]

정치학계에서 정도전에 관한 연구에 선구적 역할을 수행한 신복룡 교수는 "아마도 정도전은 조선조 정치사상사에서 주자학적 논리를 현실정치에 적용한 첫 번째의 이데올로그(ideologue)였다는 평가를 받을 수 있을 것"이라고 정의한 데 이어 다음과 같이 부연했다: "그 이전의 주자학이 정치적 함의를 갖지 않았던 것은 아니지만, 여말(麗末)의 주자학은 그를 통해서 사회과학으로 정립되기 시작했다. 그런 점에서 그

80 차장섭(車長燮), 「조선전기 관학파의 정치사상」, 188쪽.

81 한영우, 『정도전사상의 연구』(서울: 서울대학교 한국문화연구소, 1973; 서울대학교출판부, 개정판 1983), 145쪽. 정도전의 생애는 이 책의 14-32쪽에 설명되어 있다. 이 책의 개정증보판이 한영우, 『왕조의 설계자 정도전』(서울: 지식산업사, 1999)이다.

82 이헌창, 「총론: 한국경제사와 유학사상」, 한국국학진흥원 국학연구실 편, 『한국유학사상 대계』 제7권(경제사상 편)(경상북도 안동시: 한국국학진흥원, 2007), 15쪽.

는 정치학을 주자학으로부터 독립시킨 조선조 최초의 정치사상가였으며, 현실주의 정치학(real politics)의 창시자라는 칭송을 받을 만하다. 그는 유학자로서의 이념에 머물지 않고 국가경영(statecraft)을 체계적으로 정리한 최초의 인물이었다."[83]

정치학계에서의 또 하나의 평가는 최상용 교수와 박홍규 교수의 공저에서 이뤄졌다. 그들은 다음과 같이 평가했다: "정도전의 일생을 정치학의 열쇠 개념들을 원용하여 설명해 보면, 그는 세계사적 수준에서 보아 동시대의 어떤 정치가와 비교해도, 그리고 한국사에 등장한 많은 정치지도자들과 비교해도, 지력(知力)이나 정치력 양면에서 그 탁월성을 인정하지 않을 수 없다. 정도전은 냉혹한 권력투쟁의 과정에서도 확고한 정치철학을 가지고 새로운 정치공동체 조선왕조를 건설한 큰 정치가였다."[84]

정도전의 유교정치론. 정도전의 정치사상적 위상이 이처럼 높기에, 사학계와 유학계 및 정치학계 모두에서 정도전의 생애와 사상에 대한 연구는 다각적으로 진행되어 왔다. 이 연구들에 근거해, 정도전의 정치사상들 가운데 핵심적인 것들을 가려 뽑아 설명하기로 한다.[85] 첫째, 유교정치론이다.[86] 이미 여러 차례 지적됐듯, 정도전의 정치사상에 있어서 중요한 출발점은 성리학이었다. 고려를 정신적으로 쇠퇴시켰고 물질적으로 피폐시킨 것은 바로 불교였으며 군주들이 불교에 현혹돼

83 신복룡, 「역성과 배불의 논리」, 2쪽.

84 최상용 박홍규 공저, 『정치가 정도전』, 8쪽.

85 유학계에서는 금장태(琴章泰) 교수가 『조선전기의 유학사상』(서울: 서울대학교 출판부, 1977)에서 정도전을 깊이 있게 다뤘다. 한영우, 『정도전사상의 연구』, 제3장 가운데 특히 제5절(「통치체제론」); 한영우, 『왕조의 설계자 정도전』(서울: 지식산업사, 1999).

86 조선왕조가 어떠한 과정을 거쳐 유교화됐는가에 대한 서양인의 연구로 대표적인 것은 다음이다. Martina Deuchler, *The Confucian Transformation of Korea: A Study of Society and Ideology* (Cambridge, MA.: Council on East Asian Studies, Harvard University, 1992).

국정을 어지럽게 만들었다고 믿었기에 그는 철저한 배불론자·척불론자가 됐다. 그러했기에 그는 불교를 억압하고 유교를 숭상하는 것으로써 새 왕조를 일으켜야 한다고 주장했다. 여기에 그의 억불숭유(抑佛崇儒)의 정치이념이 성립됐던 것이다.

둘째, '정자정야론(政者正也論)'이다. 이처럼 유교를 자신의 정치철학의 중심으로 삼았던 그는 자신의 모든 정치이론들을 유교에서 말한 '정자정야(政者正也)'에서 출발시켰다. 그는 '정자정야'를 "정(政)이란 바르게 하는 것[正]으로, 정(政)은 자신을 바르게 만드는 것으로부터 시작해야 한다"고 해석했는데, 이 해석은 그가 '정기이정인(正己而正人 : 자기를 바르게 하는 사람만이 다른 사람을 바르게 만들 수 있다)'이라는 유교의 고전적인 정치인식을 공유하고 있었음을 의미한다. 달리 표현해, 그는 수기(修己)와 치인(治人)을 유기적으로 이해하고 있었던 것이다.[87] 이렇게 정(政)을 정(正)으로 간주했기에, 그는 유교의 가르침들에 기초해 현실세계를 바르게 개혁할 것을 제의했다.

셋째, 역성혁명론이다. 신복룡 교수에 따르면, 여말의 시대적 상황은 "군주를 폐위할 시기였다고 생각할 수 있지만 그 명분이 그렇게 뚜렷한 것은 아니었다. 조선왕조의 개창은 그만큼 정통성의 위기에 직면해 있었다." 신 교수의 설명은 다음으로 이어졌다 : "이와 같이 정통성이 결여된 건국공신들에게는 왕조변혁을 설명할 명분이 필요했고, 그 대안으로 등장한 것이 곧 역성의 논리였다."[88] 풀어 말해, 백성들에게 바른 법도를 보여 주지 못할 뿐만 아니라 오히려 재앙을 끼치는 군주는 폐출할 수 있다는 『예기』의 군왕폐출론에 근거해 그는 왕권도 바뀔 수 있다는 역성의 논리를 제시한 것이다. 구체적으로, 정도전은 공민왕을 이은 우왕은 공민왕의 아들이 아니라 신돈이 노비와 관계해 낳은 사생아이고 따라서 우왕을 이은 창왕 역시 신돈의 손자라고 주장하면서

87 부남철, 「삼봉 정도전의 정치사상」, 이재석 편, 『한국정치사상사』, 164-165쪽.
88 신복룡, 「역성과 배불의 논리」, 17쪽.

'폐가입진(廢假立眞 : 가짜를 폐하고 진짜를 세운다)'이라는 명분 아래 창왕을 폐위시켰으며 공양왕을 즉위시켰고, 마침내 공양왕도 선양이라는 이름 아래 폐위시키면서 이성계를 새 왕조의 태조로 세웠던 것이다. 우왕이 신돈의 아들이라는 정도전의 주장은 사실이 아니다. 그러나 역성혁명의 논리를 세우기 위해 그는 우왕을 신돈의 아들로 몰아갔던 것이다.

넷째, 공론(公論)에 의한 통치론이다. 성리학을 국가통치의 기본이념으로 설정했을 때, 국가통치의 주역은 자연히 유자(儒者)일 수밖에 없었다. 정도전은 '사(士)'라는 말이나 '선비'라는 말로 요약되는 유학자들이 정부의 관리로 등용되어 국정을 이끌어야 한다고 생각했다. 이러한 관점에서, 그는 관리등용에 관한 이론들을 정립했으며, 관리들은 국왕과 국정에 관해 기탄없이 간언을 함으로써 공론을 바르게 세워야 한다고 주장했다. 여기서 그가 말한 '공론'은 오늘날의 용어로는 '여론'이다. 현대정치학의 관점에서 말한다면, 그는 이미 조선건국의 초기부터 '여론정치'를 제창한 것이다.

간언과 공론에 대한 정도전의 열정은 대단히 뜨거웠다. 이 점은 그가 태조에게 바친 헌책들 가운데 하나인 「작개언로(作開言路 : 언로를 열어 줄 것)」에 잘 나타났다. 그는 민정(民情)을 득통(得通)하기 위해 언로를 크게 열어야 한다고 제의하면서, 간언을 맡은 관리 곧 간관은 "천자가 옳다고 말해도 옳지 않다고 말하고 천자가 반드시 행해야 한다고 말해도 반드시 행할 수 없다고 말할 수 있다[獻可替否 : 헌가체부]"고 정의하고, "대전(大殿)에서 군주와 더불어 시비(是非)를 다툴 수 있는 사람이 간관이다."라고 덧붙였다. 간관의 역할이 이렇기에, "군주는 언제나 간관을 존중해야 하며 간관의 탄핵을 언제나 관용을 갖고 마치 물이 흐르듯 순순히 경청해야 한다"고 권고하면서, 그러한 자세를 '종간여류(從諫如流)'라고 명명했다.[89] 정도전이 간관에 대해서만 언로를 넓히자고 제의한 것은 아니다. 그는 백성들에게도 언로를 열어 주어야 한다고 강조하면서 활발한 소통의 정치가 열려야 할 것임을 반복적으로 제의했다. 그는 백성들의 언로가 막히고 간관이 제 역할을 수행하지 못하게 되면 군주는 혼군이 되고 결국 국정을 망치게 된다고 경고하기도 했다.

정도전의 이러한 언론관은 현대정치학이 말하는 '정치적 의사소통(political communication)' 이론의 근간과 동일하다. 독일출신의 세계적 정치철학자인 미국의 한나 아렌트(Hannah Arendt) 교수는 정치의 본질을 '소통'으로 이해했으며, 독일의 세계적 사회학자인 위르겐 하버마스(Jürgen Habermas) 교수 역시 아렌트 교수의 해석을 받아들였는데, 정도전이 강조한 소통의 정치론은 그들의 이론에 약 550년 앞선 선구적 이론이었다.

정도전의 개혁정치론. 다섯째, 전제 및 군제 개혁론이다. 정도전은 고려의 전제와 군제가 붕괴되어 토지는 소수의 권귀들에게 장악됐으며 병사는 소수 권귀들의 사병으로 전락했다고 비판하고, 이것들을 바르게 잡아야 한다고 제안했다. 그가 제시한 전제개혁안은 과전법(科田法)이었다. 쉽게 말해, 고려의 기득권세력이 장악한 토지를 국가가 몰수해 관리들에게 그 등급에 따라 분배하는 방법이었다. 그는 또 오로지 국가만이 병권을 장악할 수 있다고 주장하면서 권귀들이 장악한 사병을 모두 국가에 귀속시킬 것을 제의했으며, 이 제의는 결국 실현된다.

여섯째, 민본사상이다. 맹자는 "백성이 가장 귀하고, 사직이 다음이고, 임금이 가장 가볍다."라고 말한 바 있다. 유학자들은 맹자의 이 말을 민본사상의 뿌리로 여긴다. 정도전 역시 이 사상에 근거해, "정치는 민(民)을 위하고, 민을 근본으로 하고, 민을 사랑하고, 민을 존중해야 한다."라고 주장했다. 이러한 민본사상은 혁명이론으로 연결됐다. 차장

89 한영우, 『정도전사상의 연구』, 150-151쪽.

섭 교수는 다음과 같이 요약했다: "민은 피치자이지만 민은 나라의 근본으로 사직보다 귀하고 사직은 군주보다 귀하다. 따라서 민은 군주의 하늘이다. 통치권은 천심과 민심이 부합될 때에 비로소 정당화되는 것이고, 천심과 민심을 잃을 때에 통치권은 다른 유덕자(有德者)에게 이양된다. 이것이 혁명이다."[90] 정도전의 이러한 민본사상은 뒷날 조광조(趙光祖)와 이이(李珥)에게 계승된다. 그러면 어떠한 배경에서 정도전은 민본사상을 강조했던 것일까? 이 시점이면 그 이전 시대보다 민도(民度)가 상당히 높아졌다. 이 현실을 인식했기에 그는 민본사상을 강조했을 것이다.[91]

일곱째, 군주사유재산불필요론이다. 『서경』은 "천하의 땅은 임금의 땅이 아닌 것이 없고, 천하의 백성은 임금의 신하가 아닌 자가 없다[普天之下 莫非王土 率土之濱 莫非王臣 : 보천지하 막비왕토 솔토지빈 막비왕신]."라고 말했다. 이 구절을 어떤 사람들은 "천하의 땅과 백성을 임금이 소유한다."라고 해석했는데, 정도전은 "천하의 인민과 천하의 토지가 모두 '인군(人君)'의 소유이므로, '인군'은 따로 사토(私土)나 사신(私臣) 등 사장(私藏 : 사유재산)을 가질 필요가 없다."라고 해석했다. 달리 말해, 백성과 땅은 모두 공물(公物)이라고 그는 간주한 것이다. 이러한 논리의 연장선 위에서, 국왕이 필요로 하는 비용은 모두 국가의 경리(經理)에서 지출돼야 한다고 제의했다.[92]

정도전의 재상중심정치론. 여덟째, 정도전의 정치이론들 가운데 독특한 것이 바로 그의 재상론이다. 정도전은 중앙집권제국가를 지향했다. 그것을 실현하기 위해, 그는 우선 권력의 구심점으로 군주를 지목했다. 그러나 군주는 오직 상징적인 존재에 지나지 않으며, 실질적인 통치는 재상이 담당해야 한다고 생각했다. 그렇다고 하여, 그가 왕위의

90 차장섭, 「조선 전기 관학파의 정치사상」, 201쪽.
91 한영우, 『한국선비지성사』, 274쪽.
92 한영우, 『정도전사상의 연구』, 136쪽.

세습제나 국왕의 재상임명권 그 자체를 부인한 것은 아니다. 그는 왕위의 세습제를 인정했으며 왕위세습과 관련해 적장자상속을 원칙으로 하되 장자가 현자가 되지 못할 때는 아들들 가운데 현자를 찾아 상속시킬 것을 권고했다. 그는 또 국왕의 재상임명권을 인정했다. 다만 국왕은 국왕으로부터 정치적 실권을 부여받은 재상과 협의해 국사를 처리해야 한다고 믿었다.

정도전은 한 걸음 더 나아가 정사(政事)를 협의하고 처결함에도 주도권은 국왕이 아니라 재상이 가져야 한다고 주장했다. 그는 그처럼 막중한 권력을 가진 재상이 관료지배체제를 이끌면서 국정을 주도하는 '재상중심의 관료지배체제'를 지향했다. 이것은 왕권(王權)에 대한 신권(臣權)의 우위를 의미하는 것이었다. 한영우 교수는 정도전의 재상론은 "마치 오늘날의 책임내각제에 있어서의 대통령(국왕 또는 천황)과 내각수상과의 관계와 일면 유사한 점을 보인다."라고 논평했다.[93] 정도전의 이러한 발상은 『주례』에서 빌려 온 것이었다. 『주례』에 따르면, 군주는 국가의 모든 백성과 토지의 주인이지만, 그러나 그는 상징적인 존재일 뿐이며 통치는 재상과 각 부서의 장(長)들이 맡아서 해야 한다. 이것을 '선왕지제(先王之制)'라고 불렀다.

정도전의 『조선경국전』 그러한 정신에 입각해, 정도전은 우선 이(吏)·호(戶)·예(禮)·병(兵)·형(刑)·공(工)의 육조(六曹)의 기능을 횡적으로 전문화시켰으며, 이어 1394년에 『조선경국전(朝鮮經國典)』을 편찬했다. 상·하 2권으로 구성된 이 책은 고조선 이후 한반도에서 성립됐던 모든 왕조들을 통틀어 최초의 법전이었다. 고려시대만 해도 국가기관들은 각각 자신의 관례와 규정에 따라 행정을 폈을 뿐이지 전체를 아우르는 종합적이면서 체계적인 법전을 갖지 않았다. 이 『조선경국전』은 『주례』의 영향을 받은 것이었으나 원(元)의 『경세대전(經世大典)』

93 한영우, 『정도전사상의 연구』, 146쪽 ; 한영우, 『한국선비지성사』, 307-310쪽.

의 편제를 따랐다. 비록 그렇다고 해도, 『조선경국전』은 『주례』와 『경세대전』을 그대로 모방한 것은 아니고 조선의 현실에 맞게 조정한 것이었다.[94]

『조선경국전』은 조선왕조 500년을 일관한 조선의 국가질서와 국가체제를 설정했으며 조선의 국가상(國家像)을 제시했다. 오늘날의 표현으로, 그것은 국가의 헌법이었다. 이 법전에서 양반·중인·평민·노예의 신분제도가 법제화됐고 그것은 양반지배체제로 이어졌다. 이 법전은 또 사·농·공·상(士農工商)의 사민론(四民論)에 입각해 농업을 본(本)으로 보고 공업과 상업을 말(末)로 본 이른바 무본억말정책(務本抑末政策)을 내포하고 있었으며, 사(士)는 농민과 공장(工匠) 및 상인을 다스리며 그 대가로 자신의 생활을 한다는 이른바 치민이식론(治民以食論), 그리고 사(士)와 농(農)은 공(工)과 상(商)에 대해 상위에 위치하면서 이권을 독점하고 지배한다는 이른바 이권재상론(利權在上論)을 반영했다.[95] 『조선경국전』은 엄격히 말해 정도전의 사안(私案)이었다. 그러나 이것은 태조의 『경제육전(經濟六典)』 및 태종의 『속육전(續六典)』의 기초가 됐으며, 이 기본법전들은 7대 세조를 거쳐 9대 성종에 이르러 『경국대전(經國大典)』이라는 이름으로 완성된다. 이 책은 뒷날 여러 군주들에 의해 개정되거나 보완된다.

아홉째, 자주의식에 바탕을 둔 사대외교론이었다. 정도전은 조선이 역사와 문화에서 중국과 본질적으로 같다고 보고, 조선에 대한 명(明)의 내정간섭을 막아야 한다고 주장했다. 그는 명의 무리한 요구를 배격하기 위해 심지어 조선은 요동을 정벌해야 한다는 이른바 요동정벌론을 제안하기도 했다. 그러나 조선의 국력이 약할 때 임시적으로 중

94 한영우, 『정도전사상의 연구』, 38-40쪽.

95 박홍규, 「조선건국주체의 경제사상」, 한국국학진흥원 국학연구실 편, 『한국유학사상 대계』 제7권(경제사상 편)(경상북도 안동시: 한국국학진흥원, 2007), 172-190쪽.

국을 형식상 대국으로 섬기는 사대외교는 — 이것이 이른바 이소사대론(以小事大論)이다 — 나라와 백성을 보호하는 수단으로서 적절하다고 보았다.[96]

권근과 조준 및 하륜. 정도전에 대조되는 대표적인 사례가 권근(權近 : 1352-1409)과 조준(趙浚 : 1346-1405)이었다. 정도전이 한미한 집안의 천출이어서 사대부들의 괄시를 받았음에 반해, 권근과 조준은 모두 명문가의 출신이었다. 그러나 그러한 차이보다 더 중요한 차이는 정견에서 나타났다. 첫째, 정도전이 혁명적이었음에 비해 권근은 보수적이었으며, 정도전이 통치과정에 적극적으로 깊이 개입한 정치가형이었음에 비해 권근은 학술적으로 공헌한 학자형이었다. 정도전이 명에 대해 견제적 입장을 취하면서 요동정벌론을 개진하는 등 팽창지향적인 대외정책을 추진하고자 했음에 비해 권근은 현상유지적인 대외정책과 친명외교를 지향했다.

둘째, 정도전이 군주권의 약화와 재상권의 강화를 옹호했음에 비해, 조준은 재상권의 약화와 행정업무부서의 권한강화를 옹호했다. 쉽게 말해, 조준은 육조와 대간의 권한강화를 추진하고자 했다. 조준이 궁극적으로 추구한 것은 사대부중심의 국정운영이었다. 조준의 이러한 입장은 '선왕지제'에 대조되는 '시왕지제(時王之制)'에 기초한 것이었다. 셋째, 그들은 모두 성리학에 근거한 인정론(仁政論)을 전개했다. 그러나 권근이 근본적으로 교화(敎化)를 위주로 하는 덕치(德治)를 중시했음에 비해, 조준은 인정을 이상으로 하고 그 수단으로 기강에 의한 법치(法治)를 강력하게 주장했다. 이 점에서, 조준은 정도전과 입장을 같이 한 것이다.[97]

정도전과 권근 및 조준과는 달리, 하륜(河崙 : 1347-1416)은 조선이 건

96 한영우, 『정도전사상의 연구』, 162-165쪽.

97 차장섭, 「조선 전기 관학파의 정치사상」, 204-207쪽 ; 박홍규, 「조선 건국주체의 경제사상」, 위와 같음, 제7권(경제사상 편), 165-172쪽.

국된 이후에 참여한 유학자들 가운데 대표적 사례였다. 하륜은 특히 그는 3대 태종을 위해 많은 시책들을 건의했다. 다시 한영우 교수의 표현을 빌린다면, 태종은 왕권이 신권 위에 확실하게 서 있어야 한다고 믿는 군주중심통치론자였으며 신권우선론에 입각해 재상중심통치론을 전개하던 신하들을 배격했다. 태종이 1400년에 3대 군왕으로 즉위하기에 앞서서, 곧 정안대군(靖安大君) 이방원 시절인 1398년에 일어난 제1차 왕자의 난을 계기로 정도전을 역적으로 몰아 죽인 이유는 정도전의 신권우선론이 자신의 왕권우선론에 위협이 된다는 판단이었다. 이러한 태종을 보필한 하륜은 당연히 군주중심통치론을 지지했다. 그는 재상과 국왕의 공치(共治)조차도 적절하지 않다고 믿었다. 그리하여 그는 '시왕지제'의 취지에 따라 육조직계제(六曹直啓制)를 지지했다. 풀어 말해, 그는 육조가 영의정·좌의정·우의정 등의 세 정승들이 이끄는 의정부(議政府)를 거치지 않고 국왕에게 직접 안을 올리게 함으로써, 정승들이 육조에서 올라온 문서에 결재권을 행사하던 의정부서사제(議政府署事制)를 사실상 폐지시켜 정승들의 권력을 약화시키는 발상을 지지했던 것이다. 이 육조직계제는 강력한 왕권우위론자들이었던 태종, 그리고 7대 세조에 의해 실시된다.[98]

세종. 4대 세종(世宗: 재위 1418-1450)은 조선왕조 500년의 역사에서 가장 걸출했던 군주였으며 동시에 뛰어난 학자요 사상가였다. 한글의 창제와 과학기기의 발명을 비롯해 참으로 많은 업적을 남겼으며 애민사상과 민본사상을 비롯해 정치사상에서도 선진적 사상들을 제시했다. 그러했기에 세종과 세종의 업적에 대해서는, 각 분야에서 헤아릴 수 없을 정도로 많은 연구들이 출판됐다.[99] 나로서는, 다만 정치학적인 관

98 차장섭, 「조선 전기 관학파의 정치사상」, 208-210쪽.

99 미국에서 출판된 책으로 다음을 지적할 수 있다. Young-Key Kim-Renard (ed.), *King Sejong the Great: the Light of Fifteenth Century Korea* (Washington, D. C.: George Washington University, International Circle of Korean Linguistics, 1992). 이 책에는

점에서, 다음 세 가지만을 지적하고자 한다.

첫째, 세종은 토지세법을 고치기 위해 제한된 범위 안에서 오늘날의 표현을 빌린다면 국민투표를 실시했다. 몇 해 동안 국가기관이 연구해서 만든 시안을 중앙의 관원들과 지방의 유지들을 포함해 약 17만 명에 이르는 사람들을 상대로 찬부를 묻는 투표를 실시한 것이다.[100] 이 사례는 우리가 우리민족의 민주주의의 역사를 논할 때 검토를 받기에 충분하다. 둘째, 세종은 문화의 보편성을 인정하면서 동시에 우리 민족의 특수성을 인정했다. 중국의 것이라고 하여 그냥 따라가지 않고 우리의 특수성에 맞는 것인가를 검토한 뒤 결정했다. 이것은 왕건의 수방이토론(殊方異土論)과 맥을 같이하는 것이었다. 셋째, 세종이 위업을 이룰 수 있었던 배경에는 원(元)의 간섭기에 세계제국을 형성한 원을 통해 고려에 들어오고 조선으로 넘어온 서양문화의 영향과 그리고 그것에 맞서려는 민족적 주체의식의 성장이 깔려 있었다. 바꿔 말해, 세계성과 주체성이 결합된 여건 속에서 문화적 대약진을 이룩한 것이다.[101]

양성지. 관학파의 정치사상은 4대 세종으로부터 9대 성종(成宗)에 이르기까지 여섯 조정에서 사환하며 뛰어난 경륜가로서의 면모를 보였던 양성지(梁誠之 : 1415-1482)에 이르러 더욱 정교해졌다.[102] 양성지가 사환하던 시대는 조선왕조가 통치체제의 기틀을 잡고 사회질서를 안정적으로 이끌던 수성기(守成期)였다. 그사이 골육상쟁의 정변이 없지는 않았다. 5대 문종(文宗)이 일찍 죽고 그의 어린 아들이 6대 군주로 즉위한 상황에서 세종 이래의 신권중심유학관료들이 국정을 좌지우지함으로써 왕권이 위협을 받고 있다고 느낀 세종의 차남 수양대군(首陽

14개의 논문들이 포함됐다.

100 한영우, 『한국선비지성사』, 313-314쪽.

101 위와 같음, 315-318쪽.

102 양성지의 정치사상에 대한 개척적 연구로 한영우, 『조선 수성기 제갈량 양성지』 (서울 : 지식산업사, 2008)를 지적할 수 있다.

大君)은 쿠데타로써 그들을 제거했으며 마침내 자신의 조카를 사실상 퇴위시킨 뒤 죽였다. 그가 단종(端宗)이다. 수양대군은 7대 군주로 즉위했으며 왕권을 강화했으니 그가 세조다.

양성지는 세조의 쿠데타와 즉위에 저항하지 않았으며 따라서 그의 정치사상은 자연스럽게 체제옹호적인 성격을 지니게 됐는데, 그 점은 그가 수양대군의 쿠데타 직후에 저술한 『황극치평도(皇極治平圖)』에 잘 나타났다. '황극'이란 군주를 존귀하게 일컫는 말로, "북극성처럼 초월적인 위치에서 천하만민을 평등하게 지배한다"는 뜻이다. 양성지 스스로가 만든 말이 아니라 『서경』에서 빌려 온 말이다.[103] 이 책에서 양성지는 '통치윤리'를 '군주를 포함한 치자 전체의 일반적 통치윤리'와 '군주에게만 해당되는 특수한 통치윤리'로 분류하고, 군주에게만 해당되는 특수한 통치윤리로 정심(正心)·수신(修身)·제가(齊家)·치국(治國)을 제시했다. 이것들 가운데 핵심적인 것은 치국이었다. 그는 치국의 요체로 임인(任人 : 사람을 쓰는 것)과 종간(從諫 : 간언에 따르는 것)을 지적했다. 양성지의 이론을 차장섭 교수는 다음과 같이 요약했다 :

> 민(民)은 스스로 자기를 다스릴 수 없었기 때문에 군주가 통치권을 갖게 되고, 군주 혼자 통치를 할 수 없기 때문에 신하에게 통치를 위임하게 되었다고 [양성지는 말했다.] 따라서 신하를 잘 쓰느냐 못 쓰느냐가 치국의 성패를 좌우한다고 [그는 보았다.] 임인의 원칙은 군자를 나아가게 하고 소인을 물러나게 하며, 인재를 널리 구하되 정선해야 하는 데 있다. 인재등용을 신중하게 하되 직책을 전적으로 신임하여 맡길 것이며, 참언(讒言 : 거짓을 꾸며서 남을 헐뜯는 말)에 의하여 관리를 의심하지 말고 지나치게 한쪽만 신임하지 말라고 했다. 납간(納諫 : 간언을 받아들임)에 있어서는 간쟁의 절대자유권을 요구했다.[104]

103 한영우, 『한국선비지성사』, 323-324쪽.
104 차장섭, 「조선 전기 관학파의 정치사상」, 216쪽.

여기서 중요하게 토론돼야 할 대상은 간쟁이다. 조선왕조의 개국 당시로부터 중신들은 '언로(言路)의 개방을 통한 공론(公論)에 입각한 통치'를 강조했다. 이미 태조 1년에 한 간관은 "공론이란 것은 천하 국가의 원기(元氣)이며 간쟁은 공론의 근저가 되는 만큼, 국가를 다스리는 사람은 항상 그 근저를 배양해야 합니다. 간하러 오는 사람에게 말할 길을 열어 놓으며 그들의 말을 믿고 들어준다면 백성의 사정이 남김없이 반영될 것이며 국가의 원기가 유통하여 막히지 않게 될 것입니다."라고 건의했다.[105] 이러한 정신에서, 앞에서 이미 보았듯, 정도전은 언로의 개방을 역설했던 것이다.

그 이후, 예컨대 3대 태종과 4대 세종의 중신이었던 변계량(卞季良)과 7대 세조의 중신이었던 신숙주(申叔舟) 등도 언로확대의 필요성을 역설했다. 변계량의 경우, 언론이 비현실적이고 공허한 방향으로 흐르는 것을 경계하면서도 군주는 구언(求言)의 노력을 포기해서는 안 된다고 말했으며, 신숙주의 경우, "간언을 하지 않는 중후한 신하보다는 극간을 하는 경박한 신하가 나라에 도움이 된다"고 말했다.[106] 이러한 전통의 연장선 위에서, 양성지는 "언론은 중선(衆善)을 모으고 여론을 반영하는 수단이 되기 때문에, 군주는 언론의 자유를 최대로 보장하여 중심(衆心)을 기쁘게 하고 조야(朝野)의 화평을 가져오게 해야 한다"고 주장한 것이다.[107]

양성지의 정치사상들 가운데 특별했던 것은 단군조선 이래의 조선에 역사에 대한 자주적 인식이었다. 그는 조선의 역사는 단군이 건국한 이래, 한두 차례의 예외적인 경우들을 제외하고는, 중국의 여러 왕조들로부터 빈번하게 시도된 많은 침략들을 물리쳤으며 독립국의 위

105 이희주(李禧柱), 「조선초기의 공론정치 : 공론의 존재양식과 공론정치의 특수성을 중심으로」, 『한국정치학회보』 제44집 4호(2010년 겨울), 13쪽.

106 차장섭, 「조선 전기 관학파의 정치사상」, 227쪽.

107 한영우 「눌재(訥齋) 양성지의 사회·정치사상」, 『역사교육』 17(1975), 102-103쪽.

신을 지켰던 역사였다고 자긍함으로써, 중국을 일방적으로 우러러 보고 조선을 비하하던 당대의 일부 유학자들과 구별되는 자세를 보였다. 양성지의 자세는 고대중국의 상 왕조가 설정했던 제후의 다섯 등급에서 출발했다. 조선이 중국에 대해 사대의 예를 베푼 것은 사실이지만, 중국의 통치권이 미치는 기내(畿內)의 제후국이나 복리(腹裏 : 뱃속)의 제후국이 아니라 통치권이 미치지 못하는, 그 등급에서 다섯 번째인 황복(荒服 : 중국 황제의 감화가 미치지 않는 먼 지역)의 제후국이므로 실질적으로는 자주독립국이었다고 여긴 것이다. 그는 왕건의 「훈요」 제4조를 상기시키면서, 조선은 조선의 문화적 정체성을 지켜야 한다고 제의했다. 이처럼 조선의 대외적 자주성을 강조한 양성지는 당대의 어느 유학적 관료보다도 국방의 중요성을 강조하면서 구체적 방안들을 제시하기도 했다.[108]

중기 : 사림파의 개혁정치론이 확산되다

앞에서 보았듯, 조선왕조는 개창 이후 국왕과 신하 사이에서 또는 왕권우위론과 신권우위론 사이에서 정치적 갈등이 빚어지기도 하고 그것이 궁중정변으로 나타나기도 했다. 그 숱한 갈등과 정변을 겪으면서도 꾸준히 권력을 신장시킨 세력이 이른바 공신귀족이었다. 이들은 중요한 관직들과 농장(農庄)들 및 노비들을 사실상 독과점하면서 정권의 중추를 장악했으며, 9대 성종의 대에 이르러서는 왕권을 위협할 정도의 힘을 갖게 됐다.

거기서 한 걸음 더 나아가, 그들은 자신들 내부에서의 권력 승계와 순환이라는 폐쇄적 질서를 구축하면서 사적 이익을 추구하는 데 몰두했는데, 그 대표적 사례로 지목된 이가 한명회(韓明澮)였다. 한미했던 몸으로 수양대군의 쿠데타를 도왔기에 출세에 출세를 거듭한 그는 7대

108 한영우, 『한국선비지성사』, 319-327쪽.

세조에서 9대 성종에 이르기까지 네 차례에 걸쳐 공신 1등에 올랐고 두 차례에 걸쳐 병조판서가 됐고 다시 두 차례에 걸쳐 영의정이 됐다. 게다가 자신의 두 딸을 각각 8대 예종의 비와 9대 성종의 비로 만드는 데 성공함으로써 두 차례에 걸쳐 국구의 지위에 올랐다. 특히 성종이 어린 나이에 즉위하자 왕을 대신해 정무를 보는 원상(院相)이 되어 서정을 결재했다. 그 오랜 기간에 거만(巨萬)의 재부를 축적했다. 한명회의 사례에 압축된 이러한 현상은 조선왕조의 기본이념인 유교의 기준에서 볼 때 통치윤리의 타락을 의미했다.[109]

다른 한편으로, 조선왕조가 성리학을 통치의 기본이념으로 채택하고 개국한 이후 성종의 치세에 이르는 사이 흔히 도학이라고 불렸던 이 분야에서 학자들이 많이 배출됐다. 그들 가운데 한 무리의 학자들은 과거시험을 통해 조정에 나아갔다. 이들이 재조(在朝) 유학자들이었다. 대조적으로, 다른 한 무리의 학자들은 고려왕조에 대한 충성을 고집했던 절의파(節義派)의 전통을 존중해 조정에 나아가는 것을 삼가고 재야에서 학문을 연마함과 아울러 제자들을 훈육했다. 그들에, 그 이후의 정변들을 겪으며 정권으로부터 축출됐거나 소외된 유학자들이 가세했다. 이로써 사림(士林)이 형성됐다.

사림의 형성. 그러면 사림이란 무슨 뜻인가? 손문호 교수는 조선유학사(朝鮮儒學史)의 대가 이우성(李佑成) 교수의 연구를 원용하면서 다음과 같이 설명했다:

> 사림이라는 말은 독서인(讀書人)의 또는 지식인(知識人)의 미칭(美稱)인 '사(士)'와, 수풀을 가리키는 말로 많다는 뜻을 지니는 접미어 '림(林)'의 합성어다. 또 사림은 사(士)가 공리(功利)를 초월해 '산림(山林)'에 거처한다는 분위기를 담고 있다. [그리하여] '산림'이라는 말은 과거(科擧)를 외면하고 관직을 업(業)으로 하지 않으면서 독서와 양덕(養德)을 통해 공론(公論)에 영향을 미치는

109 손문호, 「조광조의 유교적 개혁주의」, 김영국 편, 『한국정치사상』, 35-36쪽.

재야인사를 가리키는 말로 전용된다.

> […] 사(士)는 […] 지배신분 가운데 왕실의 친인척과 공신 등의 귀족과는 대립되는 공도(公道) 내지 국가주의적 주체를 가리키는 말이기도 하다. 사림은 대체로 그러한 의미로 쓰인다. 귀족의 발호가 심할 때에 사림이 그것에 대한 비판세력으로 자처했던 것은 그런 맥락에서였다.[110]

쉽게 말해, 정권의 중추를 장악한 공신귀족을 상대로, 국가와 국민의 공공이익을 옹호하기 위해 재야에서 비판적인 입장을 취하는 비관료적 지식인세력이 사림세력이다. 손 교수는 다음과 같이 부연했다: "공신귀족들의 사리추구와 통치윤리타락으로 기존질서에 대한 불만이 전사회적으로 만연되어 있었다. 그에 따라 그 기원에 있어서 고려조에 대한 절의파로 주로 영남에 기반을 두고 있었던 사림의 세력은 전국적으로 파급되기에 이르렀다."[111]

공신귀족세력과 사림세력 사이의 갈등은 성종까지는 성종의 선치(善治) 덕분에 균형을 잃지 않았다. 그러나 10대 연산군 치세에 일어난 무오사화(戊午士禍: 1498) 및 갑자사화(甲子士禍: 1504) 등 두 차례의 사화를 거치면서 기존의 정치판도는 붕괴됐다. 공신귀족이나 사림이나 모두 그 맥이 끊길 위험에 처할 정도로 괴멸됐다. 결국 소수의 무인세력이 연산군을 폐위시키고 중종(中宗)을 11대 국왕으로 옹립함으로써 — 이것이 이른바 중종반정(中宗反正)이다 —, 새 정치판도는 짜일 수 있었다. 그러나 그것 역시 새 공신들이 귀족으로 등장하고 사림으로 자처하는 세력이 그들에 맞서 비판하는 그 이전 시대의 양상으로 나타났다.

조광조. 중종은 무인세력에 업혀 1506년에 보위에 올랐으나 사림이

110 위와 같음. 손 교수는 자신이 의존한 이 교수의 논문으로 다음을 지적했다. 이우성, 「이조 유교정치와 산림의 존재」, 『한국의 역사상』(서울: 창작과비평사, 1982), 255-258쪽.

111 손문호, 「조광조의 유교적 개혁주의」, 37쪽.

표방해 온 정치개혁론에 동조하고 있었다. 연산군치세에 폭군과 간신들의 횡포를 목격했던 그로서, 그리고 자신을 옹립한 이른바 공신들이 자신들의 공을 믿고 부패와 탐욕에 빠져 백성들의 원망을 듣는 현실을 직시한 그로서, 성리학이 지향하는 도덕정치를 구현해야 한다는 의식을 지녔기 때문이었다. 이러한 배경에서 등장한 인물이 사림파의 영수였던 30대 청년유학자 정암(靜庵) 조광조(趙光祖 : 1482-1519)였다.[112] 세조에서 성종에 이르기까지의 시기에 성리학자로 명성을 떨쳤던 김종직(金宗直)의 문하에서 학문을 닦아 성종 때 명성을 얻은 김굉필(金宏弼)이 그의 스승이었다.

조광조는 물론이고 그를 추종하는 이른바 신진사류(新進士類)는 조선왕조가 병들고 늙어졌다고 진단했다. 이미 유교국가적 기틀은 확립됐으나 그 폐단이 쌓여 국가가 노쇠현상을 드러내고 있다는 뜻이었다. 이러한 진단으로부터, 조광조는 국가의 '중흥(中興)'을 실현해야 한다고 믿었다. 풀어 말해, 유교국가를 재건하고 그것을 성숙시켜야 한다는 믿음 아래 그러한 취지에 부합하는 개혁을 추구하고자 했다. 그러면 그는 어떤 방향으로 유교국가를 재건하고 그것을 성숙시키려고 했던가?

첫째, 조광조는 군주의 철인화(哲人化)를 통해 유교국가를 재건하고자 했다. 성리학을 철저한 윤리주의로 해석한 그는 "군주는 밖으로는 왕이지만 안으로는 성인이어야 한다"는 뜻의 이른바 내성외왕(內聖外王)을 실현하고자 했다. 고려 후기에 등장했던 '군자정치론' 또는 '성인정치론'이 조광조에 의해 다시 등장한 것이다. 여기서 주목되는 것은 유교국가로의 재건의 출발점을 군주 한 사람에게서 찾았다는 사실이

112 조광조의 생애와 사상에 대한 평가는 다음에서 쉽게 읽을 수 있다. 신봉승(辛奉承), 『조선선비의 거울, 문묘 18현』(서울 : 청아출판사, 2010), 56-83쪽. 조광조의 정치사상은 다음에서 분석됐다. 부남철, 「정암(靜庵) 조광조와 사림의 도학정치사상」, 이재석 편, 『한국정치사상사』, 183-199쪽 ; 최연식(崔然植), 「정암 조광조(1482-1519)의 도덕적 근본주의와 정치개혁」, 『한국정치학회보』 제37집 5호(2003년 겨울), 7-26쪽.

다. 그는 성리학의 가르침에 따라 군주 한 사람이 성인이 되면 그 성인의 통치 아래 나라가 태평해진다고 믿었던 것이다. 군주를 '내성외왕'으로 만들겠다는 목적에서 조광조는 중종에게 경연(經筵)에 성실하게 참여할 것을 역설했다. 경연이란 군주와 신하가 유교의 경전들을 함께 읽으면서 선현들의 가르침들을 배우고 이것을 바탕으로 현실정치를 함께 토론하는 교육과정이지만, 실제로는 신하가 임금을 교육시키는 수업이었다. 그러했기에 군주는 일반적으로 경연을 좋아하지 않는 경향을 보였는데, 조광조는 중종을 하루빨리 '성왕'으로 만들어야겠다는 욕심에서 하루에 세 차례에 걸쳐 경연을 베풀었다. 어떤 경우에는 경연이 밤을 넘기면서 계속되기도 했다. 여기에 지친 중종은 결국 조광조를 버리게 된다.[113]

둘째, 조광조는 "힘을 쓰지 않고도 이상적 정치세계를 이뤄내다" "억지로 하지 않아도 잘 다스리다"라는 뜻으로 풀이되는 '무위이치(無爲以治)'론을 제시했다. '무위이치'라는 용어는 그가 만들어 낸 말이 아니라 유교의 경전들에 나온 말이다. 공자는 고대중국의 전설적 군주들이었던 요(堯)와 순(舜)이 '무위이치'를 실현했다고 평가했다. 조광조는 이 용어를 빌려, "군주는 통치권을 직접 행사하지 않아야 하며, 통치권을 사대부에게, 곧 독서인 내지 지식인관료에게 맡겨야 한다"고 주장했다. "현능한 인재를 등용해 적소(適所)에 배치하는 것, 그리고 그들에게 전폭적으로 정사를 맡기는 것이 성군의 길"이라는 유교의 가르침을 그는 실현하고자 한 것이다.[114]

현능한 인재를 과거시험만으로는 뽑을 수 없다고 조광조는 생각했다. 특히 사화를 보면서 조정에 관리로 나아가는 것을 꺼리는 사회적 분위기를 고려할 때 다른 보완책이 뒤따라야 한다고 그는 믿었다. 여

113 한영우, 『한국선비사상사』, 329쪽.

114 배병삼, 「조선시대 정치적 리더십론: 수기치인과 무위이치론을 중심으로」, 『한국정치학회보』 제31집 4호(1997년 겨울), 53-56쪽.

기서 나온 제도가 천거에 의해 선발하는 현량과(賢良科)였으며, 실제로 중종으로 하여금 이 방식에 의해 개혁지향적 젊은 유학자들을 등용하게 했다.[115] 인재의 선발 및 등용과 관련해, 조광조는 군자소인변(君子小人辨)을 제시했다. 『주역』에 근거해, 군자들이 조정을 이끄는 상태가 '태(泰)'이며 소인들이 조정을 지배하는 상태가 '부(否)'라고 주장하면서, 그는 소인과 군자를 분별해야 한다고 강조했다. 거기서 한 걸음 더 나아가, 그와 그의 동지들은 도학을 신봉하는 군자들이 '붕(朋)'을 형성해서 소인들이 결속한 '당(黨)'에 맞서야 한다는 뜻을 비쳤다. 이것은 북송시대의 구양수(歐陽脩)가 제시했던 '군자일붕론(君子一朋論 : 군자들이 하나의 붕을 형성해야 한다는 주장)'을 따르고, 남송시대의 주희(朱熹)가 제시했던 '인군위당론(引君爲黨論 : 군자들의 당에 군주를 끌어들여야 한다는 주장)'을 따른 것이었다. 이러한 취지에서의 군자소인변은 이태진(李泰鎭) 교수가 강조했듯 14대 선조(宣祖 : 재위 1567- 1608)에 이르러 붕당정치론으로 발전한다.[116] 이 붕당정치론은 현대정치학의 관점에서 평가할 때, 정당정치론과 크게 다름이 없다.

셋째, 조광조는 사대부들이 군주를 제대로 보좌하기 위해서는 언로가 열려 있어야 한다고 주장했다. 이 점은 "언로의 통색(通塞 : 통함과 막힘)은 국가사(國家事)의 관건입니다. 통하면 치평(治平)할 것이며 막히면 난망(亂亡)할 것입니다. 그러므로 군주는 언로를 힘써 넓혀 위로 공경(公卿)과 백집사(百執事)로부터 여항시정(閭巷市井)의 민중에 이르기

115 Edward W. Wagner, "The Recommendation Examination of 1519 : Its Place in Early Yi Dynasty Korea," 『조선학보』 제15호(1960년 4월), pp, 1-75. 이 논문은 「중종 14년의 현량과 : 조선전기 정치사에서의 위상」으로 번역돼 다음에 포함됐다. 에드워드 와그너 지음, 이훈상(李勛相) 손숙경(孫淑景) 옮김, 『조선왕조사회의 성취와 귀속』(서울 : 일조각, 2007), 133-181쪽.

116 손문호, 「조광조의 유교적 개혁주의」, 45쪽. 붕당정치론에 대한 개척적 연구는 이태진 교수에 의해 이뤄졌다. 예컨대, 그의 『조선시대 정치사의 재조명』(서울 : 범조사, 1985)에 개제된 그의 논문 「당쟁을 어떻게 볼 것인가」.

까지 모두 말할 수 있게 해야 합니다"라는 국왕에 대한 진언에 잘 나타났다.[117] 이것은 그가 오늘날의 표현으로 '여론정치'를 강조한 것으로 평가된다.

넷째, 조광조는 유교의 정치이념에 충실해 민본주의를 제시했다. 국가는 군주나 관료 등 치자만의 것이 아니라 민중의 복리를 위한 것이라는 이념을 제시한 것이다. 그리하여 그는 국가의 경비를 줄이고 공부(貢賦 : 공물과 부세[賦稅])와 군액(軍額 : 군인의 수효) 등 민생의 부담을 적절히 조절할 것을 제의했다.[118] 다섯째, 조광조는 유교국가주의의 뿌리를 당대에 굳게 내리게 하겠다는 정신에서 불교와 도교 등을 철저히 배격했다. 예컨대, 궁중에서 도교적 의식을 수행하던 기구인 소격서(昭格署)를 폐지했다. 같은 정신에서, 그는 일반백성에 대한 유교적 자치행정 및 교육을 목적으로 각 지방에서 그 지방의 유자들로 하여금 일종의 법규범인 향약(鄕約)을 만들어 실시할 것을 제의했다. 향약은 이미 남송의 주자가 만들었던 향촌공동체규약을 의미했던 것인데, 그는 이것을 조선에서도 실시하고자 한 것이다.[119]

종합적으로, 조광조는 공자가 이상으로 여겼던 덕과 예를 기초로 한 왕도정치의 실현을 위해 노력했다. 그러나 그는 대사헌의 지위에 오르자 중종을 국왕으로 옹립한 이른바 정국공신(靖國功臣)들의 기득권을 제약하려 한 위훈삭탈(僞勳削奪)의 시도에서 나타났듯, 조급하게 개혁을 추구했다. 이 때문에 그는 반대파의 모략과 중종의 싫증이 겹쳐진 상태에서 37세의 젊은 나이에 처형됐다. 그와 뜻을 함께했던 신진사류들 가운데 많은 청년선비들이 처형되거나 유배됐고 또는 자살했다. 이것이 1519년 기묘년에 일어난 기묘사화(己卯士禍)였다.[120]

117 손문호, 「조광조의 유교적 개혁주의」, 51쪽.
118 위와 같음, 42쪽 및 53쪽.
119 위와 같음, 51쪽.
120 기묘사화에서 화를 당한 선비들, 이른바 기묘사림(己卯士林)에 대한 체계적 연구로 다음이 대표적이다. 박창진, 「조선조 기묘사림의 정치적 위상에 관한 연

사화의 정치적 기능. 무오사화에서 시작해 갑자사화를 거쳐 기묘사화에 이르기까지 일어난 세 차례의 사화에 대해 미국인의 시각으로 깊이 연구한 한국사 전공학자들 가운데 개척적인 학자는 하버드대학교 에드워드 와그너(Edward Wagner) 교수였다.[121] 그는 조선에서의 사화들을 분석한 논문("The Literati Purges : Political Conflict in Early Yi Korea")으로[122] 1959년에 하버드대학교에서 역사학박사학위를 받았다. 그는 사화들에 대해 다음과 같이 논평했다 :

> 무오사화에서 기묘사화에 이르는 기간은 그 본질이 조선당쟁사의 서막이 아니라 주요한 제도의 발전기라는 데 가장 중요한 의의가 있다. 관찬사료의 기록을 보면, 이 시기의 현상을 당쟁이라는 문제에 초점을 맞춰 분석해서는 별다른 성과를 얻을 수 없다는 인상을 강하게 준다. 어떠한 정치체제라도 존속하기 위해서는 권력의 배분과 정치적인 대립의 해소를 위한 효율적인 방식을 마련해야만 한다. 이러한 문제를 해결하기 위해 조선시대의 사람들이 시도한 방식은(그것이 아무리 조선 특유의 사회적 문화적 행태를 반영한 것이라 하더라도), 그것을 다른 지역의 전근대사회에서 시도한 방식과 비교할 때, 당쟁이라고 하는 것이 조선에만 있던 특유한 현상도 아니요, 또 조선의 당쟁이 보다 더 당쟁적이었던 것도 결코 아니라는 사실을 앞으로의 연구를 통해

구 : 중종 10년(1515)에서 중종 14년(1519) 기묘사화 이전까지」, 『한국정치학회보』 제32집 2호(1998년 여름), 73-104쪽.

121 와그너의 생애에 대한 글로는 다음이 대표적이다. James B, Palais, "Obituaries : Edward W. Wagner (1924-2001)," *The Journal of Asian Studies*, Vol. 61, No. 3 (2002), pp. 1137-1139. 와그너는 조선인들의 족보를 깊이 연구했으며 족보의 연구를 통해 조선사회의 성격을 구명하는 데 평생을 바쳤다. 그는 족보를 전산화해서 컴퓨터로 분석하는 방법을 개발했다. 그는 또 퇴계학에 대해서도 깊이 연구했다.

122 이 논문은 같은 제목으로 1974년에 하버드대학교 동아시아연구소에서 단행본으로 출판됐다. 부제는 *Political Conflict in the Early Yi Dynasty*이다. 이 영어책에는 이조사화라는 한국어 제목이 붙어 있다.

와그너 교수는 자신의 박사학위논문 이후 조선의 역사에 관해 많은 논문들을 발표했다. 그의 연구논문들을 번역해서 이훈상과 손숙경 두 학자는 『조선왕조 사회의 성취와 귀속』으로 출판했다.

알게 될 것이다. 사실 조선시대의 사람들이 택한 방식은 주기적으로 일어나는 사화의 충격에도 불구하고, 왕조의 영속이라는 궁극적인 목적을 달성하기 위해 크게 이바지했다고 말할 수 있다. 그리고 고도로 발달된 간쟁제도가 이 목적을 달성하는 데 결정적인 역할을 한 것이다.[123]

이 인용문에서 보이듯, 와그너 교수는 사화를 긍정적으로 평가했다. 그는 사화를 정치적 갈등을 해소시키는 방식으로 이해한 것이다. 앞으로 보게 되듯, 이 견해는 당쟁을 둘러싼 학계의 논쟁에서 중요하게 인용된다.

이언적. 기묘사화를 계기로 권력은 다시 이른바 훈척세력(勳戚勢力 : 공신귀족 및 외척세력)에게 돌아갔으며, 그것은 마침내 김안로(金安老)의 정권농단으로 귀결됐다. 중종이 그를 축출하면서, 기묘사화 이후 정계 진출이 막혔던 사림세력이 다시 등장하기 시작했다. 회재(晦齋) 이언적(李彦迪 : 1491-1553)의 정계복귀와 퇴계(退溪) 이황(李滉 : 1501-1570)의 등장이 바로 그 시발이었다. 그러나 같은 시대의 큰 유학자 화담(花潭) 서경덕(徐敬德 : 1489-1546)은 출사하지 않았다.[124]

이언적과 이황은 유학 전반에 기여했지만, 여기서는 현대정치학의 관점에서 정치사상에 기여한 부분들만을 살피기로 한다. 결론부터 말해, 이언적과 이황이 기여한 부분으로 군주론을 지적할 수 있다. 연산군의 폭정을 경험하게 된 조선에서 군주의 위신은 추락했다. 연산군을 대체한 중종 역시 쿠데타세력에 의해 즉위했을 뿐만 아니라 그 세력이 정권을 좌지우지했기에 군주로서의 위신을 바로 세우기 어려웠다.

이러한 배경에서, 우선 이언적은 왕권강화를 통해 중앙집권적 정치질서를 다시 세우려는 취지에서 군주론을 전개했다. 그의 군주론은

123 에드워드 와그너 씀·송준호 옮김, 「정치사적 입장에서 본 조선시대 사화의 성격」, 『조선왕조 사회의 성취와 귀속』, 131-132쪽.

124 이현출(李鉉出), 「사림정치기의 공론정치 전통과 현대적 함의」, 『한국정치학회보』 제36집 3호(2002년 가을), 127쪽.

1547년에 시작해 1553년에 끝낸 『진수팔규(進修八規)』에 잘 나타났다. 중종에게 여덟 가지 가르침을 제시한 이 책에서, 그는 특히 (1) 충언과 직언을 잘 들을 것, (2) 백성에게 인정(仁政)을 베풀 것, (3) 민심이 천심이므로 민심을 살펴 거기에 맞도록 민본정치를 실시할 것 등을 진언했다.**125** 여기서 토론해야 할 것은 이언적이 이른바 군신공치론(君臣共治論)을 제시했다는 주장이다. 군주가 단독으로서가 아니라 신하와 함께 통치해야 한다는 이론은 이미 조선왕조 개창 때부터 제시됐다. 조광조도 본질적으로 같은 구상을 지녔었다. 그런데 이언적은 '공천위치천직(共天位治天職)', 곧 "성인의 자질이 있는 군주라도 덕이 있는 신하와 함께 통치하는 것"을 이상으로 제시함으로써 이른바 공신통치론을 개념화했다는 것이다.**126**

이황. 이어 퇴계(退溪) 이황을 살펴보기로 한다. 그는 13대 명종(明宗) 즉위년인 을사년(1545)에 일어난 을사사화(乙巳士禍)를 목격한 뒤 관직을 버리고 낙향해 학문연마와 후학교육에 힘을 쏟았다. 그는 기대승(奇大升)과 벌인 사단(四端 : 인·의·예·지)과 칠정(七情 : 희·노·애·구·애·오·욕[喜怒哀懼愛惡欲])에 대한 이른바 사칠논쟁(四七論爭)으로 조선철학사와 세계철학사에 큰 업적을 남겼다.**127** 그러나 현대정치학의 시각에서 중시하게 되는 것은 이황이 '정치(政治)'라는 단어를 쓰면서 '정치'를 논했다는 사실이다. 그는 무진년(戊辰年)인 1568년에 즉위한 선조를 위해 여섯 개 조항으로 구성해 바친 자신의 「무진육조소(戊辰六

● ● ● ● ●

125 이동희(李東熙), 「회재(晦齋) 이언적」, 조준하 편, 『한국인물유학사』 제1권, 482-484쪽 ; 신봉승, 『조선선비의 거울, 문묘 18현』, 84-113쪽.

126 최이돈(崔異敦), 「조선 전기 사림파의 정치사상」, 한국국학진흥원 국학연구실(편), 『한국유학사상 대계』 제6권, 257쪽.

127 이른바 사칠논쟁은 미국의 저명한 대학교 출판부에서 영어로 번역됐다. Michael C. Kalton, *The Four-Seven Debate : An Annotated Translation of the Most Famous Controversy in Korean Neo-Confucian Thought* (Albany, NY. : State University of New York Press, 1994).

條疏)」의 제3조에서 다음과 같이 말했다: "그 부탁하는 말이 마땅히 정치보다 더 급한 것이 없고, […] 정일집중(精一執中)은 학문하는 큰 법으로, 이 큰 법으로써 큰 근본을 세우면, 천하의 정치가 모두 이것으로부터 나올 것이다(其爲付囑之言, 宜莫急於政治, […] 精一執中爲學之大法也, 以大法而立大本則, 天下之政治皆自此而出乎)."[128]

손문호 교수의 고증에 따르면, 중국의 고전에서는 오늘날의 어휘 '정치'를 구성하는 '정(政)'과 '치(治)'가 분리된 채 사용됐다. 고대의 한문문장에서는 "한 단어는 하나의 대상을 표현한다"는 뜻의 일자일물주의(一字一物主義)가 통용됐기에, '정'과 '치'가 따로 떨어진 채 사용됐던 것이다. '정'과 '치'가 붙어서 하나의 단어를 형성한 사례는 요·순(堯舜)과 하·상·주(夏商周) 시대에 중국에서 행해진 통치에 관한 기록들에서 처음 등장했다. 이 기록들을 공자와 그의 제자들이 모아 전국시대(戰國時代)에 『서(書)』 또는 『상서(尙書)』로 편찬했으나, 진시황(秦始皇)의 분서로 산일됐다. 뒷날 한(漢: 이때의 한은 전한[前漢]을 의미한다)의 5대 황제 문제(文帝: 기원전 189-157) 때 『서(書)』라는 제목 아래 58개의 편으로 복원됐으며, 이것이 송(宋)에 와서 『서경(書經)』으로 불렸다. 이 책에 「필명(畢命)」이라고 명명된 편에 '정치'라는 용어가 보인다. '도흡정치(道洽政治) 윤택생민(潤澤生民)'이라는 구절이 그것이다. "도(道)가 보편적으로 흡족한 지경에 도달해 정(政)으로써 교화하여 치(治)로써 잘 다스리면, 백성들의 생활이 윤택해진다"라는 취지다.[129] 이것이 중국의 문헌에서 '정치'라는 단어가 처음으로 등장한 사례인데, 우리나라에서는 이황의 이 글에서 '정치'라는 단어가 처음 등장한 것이다.

이황은 '정치'에 대해 자기 나름의 정확한 정의를 내리지 않았다. 그

128 전세영, 「퇴계의 군주론 연구」, 『한국정치학회보』 제37집 1호(2003년 봄), 9쪽.
129 배병삼, 「다산(茶山) 정약용(丁若鏞)의 정치사상」, 이재석 편, 『한국정치사상사』(서울: 집문당, 2002), 310쪽의 각주 4.

러나 앞에 인용한 구절은 학문과 정치를 하나로 여긴 것이다. 여기서 학문은 물론 성리학을 말하는 도학이었다. 전세영(全世營) 교수는 박충석(朴忠錫) 교수와 류성렬(柳星烈) 교수의 해석들을 원용하면서 다음과 같이 요약했다: "이러한 퇴계의 관점은 학문과 정치를 일치시킴으로써 궁극적으로 조선조 사상의 주류였던 도학사상을 정치와 일치시키는 도학정치의 실현에 두려는 것이었다. 퇴계의 정치적 사고는 결국 정치사회에서의 질서형성의 문제를 인간의 내면적 도덕성의 차원에서 해결하려는 것이었는데, 여기에서 우리는 퇴계가 정치라는 것을 치인(治人)의 기술 따위로 본 것이 아니라 군주의 지공무사(至公無私)한 통치 아래 백성이 각기 제 바른 자리를 차지하여 제 나름의 역할을 수행하면서 조화를 이루어 가는 것으로 이해했다고 판단할 수 있다."**130**

앞의 해석에서 보이듯, 이황의 '정치학'에 있어서 '정치'의 주체는 군주였다. 이황이 '정치'의 주체를 군주로 인식했기에, 박충석 교수와 유근호 교수가 공통으로 지적했듯, "퇴계에게 있어서 통치란 통치자의 수신(修身)에서 출발하여 그것이 피치자에 대한 교화(教化)로 귀결되는 것이었다."**131** 그러했기에, 이황은 선조에게 성인이 되는 길을 가르치는 교재로 1568년에 『성학십도(聖學十圖)』를 저술해 바쳤다.**132** 이 책에서 그는 군주가 성군이 돼야 하며 그 목표는 '철저히 자기 수신된 군주를 통해 민(民)을 교화함으로써' 달성된다고 보았다. 그의 '정치학'은 결국 그 이전 시대의 유학자들의 '정치학'과 마찬가지로 성군정치

130 위와 같음. 박충석, 「퇴계정치사상의 특질」, 경북대학교 퇴계연구소 편, 『퇴계학연구논총』 제5권(1997), 342쪽; 류성렬, 「퇴계의 정치도의 실현과 성군의 역할」, 위와 같음, 602쪽.

131 박충석 유근호, 『조선조의 정치사상』(서울: 평화출판사, 1988), 48-49쪽. 전세영 교수는 이 해석을 받아들이고 있다. 전세영, 「퇴계의 군주론 연구」, 11쪽.

132 신봉승, 『조선선비의 거울, 문묘 18현』, 126쪽; Yi T'oegye and Michael C, Kalton, *To Become a Sage: the Ten Diagrams on Sage Learning* (New York, NY.: Columbia University Press, 1989).

론으로 요약될 수 있었다. 이황은 성군의 모범을 고대중국의 전설적 군왕들인 요와 순에서 찾았다. 이러한 맥락에서, 전세영 교수는 "퇴계는 […] 복고주의적 역사관을 갖고 있었다"고 평가했다.[133]

이황의 군주관은 확실히 그가 '존군적 군주론(尊君的 君主論)'의 입장을 취했음을 보여 준다. 그의 언행들이 그 점을 뒷받침한다. 예컨대, 13대 명종의 치세에, 중종의 후비였으며 중종이 죽은 뒤 명종의 모후로 수렴청정을 하던 문정왕후(文定王后)가 승려 보우(普雨)를 기용해 불교중흥을 꾀하는 데 대해 성균관의 학생들이 보우의 탄핵을 주장하다가 받아들여지지 않자 관(館)을 비우는 이른바 공관(空館)의 사태가 일어났을 때, 이황은 선비들이 상소하고 농성하는 것은 옳지 않으며 더구나 공관하는 것은 군주를 협박하는 처사라고 비판하면서 군권을 옹호했다. 다른 보기를 들면, 명종이 조식(曺植)에게 단성현감(丹城縣監)을 제수했을 때 조식이 사양하는 상소를 올리면서 "대왕대비[문정왕후를 말함: 저자 주]도 깊은 궁궐의 한 과부에 지나지 않는다"고 표현한 데 대해, 이황은 "대개 상소문은 원래 곧은 말을 피하지 않는 것을 귀히 여기지만, […] 너무 과격하여 공순하지 못한 병통이 없어야 할 것이다. 그래야만 아래로는 신하의 예를 잃지 않을 것이요, 위로는 군주의 뜻을 거스르지 않을 것이다"라고 했다. 이러한 맥락에서, 전세영 교수는 "이와 같은 존군의식은 민은 관에 무조건 복종해야 한다는 철저한 관존민비적 의식으로 나타난다"고 평가했다.[134] 그렇다고 해서, 이황이 군주의 권력이나 명령에 신하는 무조건 복종해야 한다고 생각했던 것은 아니다. 비록 군주라 하더라도 의(義)에 부합되지 않는 경우 그 권력이나 명령은 따르지 않아야 한다는 생각을 분명히 했다. 따르지 않되 다만 그것을 고치려고 군주에게 저항하거나 적극적인 의견을 개진해서는 안 된다는 것이 그의 관점이었다.[135]

133 전세영, 「퇴계의 군주론 연구」, 13쪽.
134 위와 같음, 14-15쪽.

이황의 군주론과 관련해 토론돼야 할 부분은 이른바 국가인체론이다. 그가 「무진육조소」에서 국가를 인체에 비유하면서 군주를 국가를 움직이는 원수(元首)라고 보고, 대신들을 원수를 받드는 복심(腹心)이라고 보며, 대간을 원수와 복심을 지켜 주는 이목(耳目)이라고 보았다. 이황의 이 비유를 놓고 그가 군주를 국가의 한 기관으로 보는 이른바 군주국가기관론을 주장했다는 해석이 제기됐다.[136]

이황의 정치사상을 종합적으로 검토한 학자들 가운데, 김만규(金萬圭) 교수는 그가 당시의 내우외환에 처한 조선의 사회현실을 외면하고 주자학적 당위관(當爲觀)에 얽매어 있었다고 비판했다.[137] 이 비판에 대해, 류성렬 교수는 이황이 백성들의 어려운 삶에 우려를 표시하면서 그 개선책 마련에 고민했다고 주장했다.[138]

이황을 현대정치학의 주요한 연구주제들 가운데 하나인 평화에 대해서도 깊이 연구했다. 그의 평화개념은 '일의 당사자 사이의 순리로운 공생과정'으로 파악했다. 여기서 순리는 '공적인 방식'에 따른다는 의미다. 김병욱(金柄旭) 교수는 그의 평화론을 다음과 같이 요약했다: "평화는 반드시 정치를 전제하고 정치 또한 때론 평화를 전제한다는 점, 평화는 통일로 이를 수 있는 과정으로서 통일에 이르는 필수적인 과정이라는 점, 그리고 평화과정은 공적인 방식에 의해 주재된다는 점, 이러한 점들이 퇴계 평화개념의 주된 의미이다."[139]

조식. 이황과 같은 해에 태어나 같은 시대를 살았던 조선유학계의

135 위와 같음, 18쪽.

136 김명하(金明河), 「퇴계 이황의 정치사상」, 이재석 편, 『한국정치사상사』, 221쪽.

137 김만규(金萬圭), 『조선조의 정치사상 연구』(인천: 인하대학교 출판부, 1982), 185-191쪽.

138 류성렬, 「퇴계의 우민론(憂民論)에 관한 연구」, 『한국정치학회보』 제32집 1호(1998년 봄), 11쪽.

139 김병욱, 「퇴계 평화개념에 관한 검토」, 『국제정치논총』 제43집 3호(2003년 9월), 7-27쪽.

또 하나의 큰 봉우리가 남명(南冥) 조식(曺植: 1501-1572)이었다. 경상좌도 곧 경상북도에 이황이 있다면, 경상우도 곧 경상남도에 조식이 있어서 영남학파의 큰 두 산맥을 형성했다.[140] 당시 조선의 공식적 행정제도에 경상좌도라든가 경상우도라는 이름은 없었다. 다만 사람들이 경상북도를 경상좌도라고 부르고 경상남도를 경상우도라고 불렀을 뿐이다.

조식은 초기에는 관직에 뜻을 두었다. 그러나 문정왕후의 남동생 윤원형(尹元衡)이 문정왕후의 비호 아래 권력을 장악한 채 훈척세력을 형성하고 국가기강을 어지럽힐 뿐만 아니라 을사사화를 일으켜 선비들을 도륙하는 것을 경험하면서 초야로 돌아가 학문을 닦으며 후학을 길렀다. 그는 "배운 것을 실천하지 않으면 이것은 배우지 않은 것만 못하며 오히려 죄악을 범하고 있는 것"이라는 말로써 실천을 강조했으며, 그 정신에서 평소에 칼을 차고 다니며 불의에 맞서 싸울 것임을 다짐했다. 그러했기에, 1592년[임진년(壬辰年)]에 일본의 조선침략이 개시됐을 때, 그의 문생들 가운데 곽재우(郭再祐)와 정인홍(鄭仁弘)처럼 의병운동을 일으킨 사람들이 나타났다.

급진적 체제혁신의 방법을 모색했던 정여립(鄭汝立)도 조식의 제자였다. 그는 "천하는 공물(公物)이니 어찌 일정한 주인이 있으리오"라는 말로써 "무능한 임금은 교체할 수 있다"는 혁명적인 발상을 제시했다. 이것은 그가 정통주자학의 입장에서 벗어났음을 밝힘과 동시에 유교적 이상사회로 『예기』에서 묘사된 대동사회(大同社會)의 건설을 지향했음을 말해 주었다. 『예기』는 민족도, 가족도, 사유재산도, 실업자도, 전쟁도 없는 만민고용과 만민평등 및 국제평등의 이상사회를 대동사회라고 불렀다. 줄여 말해, 대동사회론은 오늘날의 표현으로는 '분배정의'에 입각한 국가사회주의를 지향하는 것이었다.[141] 정여립은 역모를

140 한영우, 『한국선비지성사』, 338쪽.

141 한영우, 「'실학' 연구의 어제와 오늘」, 한림대학교 한국학연구소 편, 『다시, 실학

도모했다는 혐의로 선조 때이던 1589년 기축년(己丑年)에 동지들과 함께 처형됐는데, 이것을 기축옥사(己丑獄事)라고 부른다.[142]

조식은 오늘날의 정치학적 관점에서 볼 때 많은 중요한 말들을 남겼다. 그것들 가운데 대표적인 것으로 민암론(民巖論)을 지적할 수 있다. 그는 자신의 「민암부(民巖賦)」에서 "백성들은 바위와 같은 존재로서 대군(戴君 : 임금을 추대한다)과 복국(覆國 : 나라를 뒤엎는다)의 양면성을 갖고 있다"라고 말한 데 이어, "배를 띄우는 것은 물이지만, 때로는 물이 배를 뒤집어엎을 수도 있다"고 경고했다.[143] 정부와 통치자는 국민에 기초해 성립되지만, 국민이 불만을 품고 저항하면 정부와 통치자를 전복시킬 수 있다는 뜻을 담았다. 이 말은 중국의 춘추전국시대 때 순자(荀子)가 한 말로 널리 알려져 있지만, 조식 역시 같은 생각을 했던 것이다.

김인후. 이황 및 조식과 같은 시대를 살았던 거유가 하서(河西) 김인후(金麟厚 : 1510-1560)다. 이황과 조식이 영남유학의 큰 봉우리를 형성했다면, 김인후는 기대승과 더불어 호남유학의 큰 봉우리를 형성했다. 우리가 다음에서 살필 이이는 근기유학(近畿儒學)의 또는 기호유학(畿湖儒學)의 중심을 이룬다.

김인후는 조선왕조의 성리학자들 가운데 어느 누구보다도 조광조를

이란 무엇인가』(서울 : 푸른역사, 2007), 53쪽. 중국에서 전개된 대동사상에 대한 연구서로 다음이 대표적이다. 진정염(陳正炎)·임기담(林其錟), 『중국고대대동사상 연구』(상해, 1985). 이 책은 이성규(李成珪) 교수에 의해 다음과 같이 번역됐다. 『중국대동사상 연구』(서울 : 지식산업사, 1990). 원저에서의 '고대'가 역서에서는 생략됐다.

142 신병주(申炳周), 「조선 중기 북인(北人)의 정치사상」, 한국국학진흥원 국학연구실 편, 『한국유학사상대계』 제6권, 370-371쪽. 정여립의 발언은 다음에 인용되어 있다. 김용관, 『허균, 길에서 살며 사랑하다 죽다』(서울 : 도서출판 부글북스, 2009), 252쪽.

143 한영우, 『한국선비지성사』, 340쪽 ; 신병주, 「조선 중기 북인의 정치사상」, 375쪽.

존경했다. 그를 유학적 이상주의를 구현하려던 큰 선비로 이해했던 것이다. 그리하여 그는 그때의 상황에서 금기로 여겨진 조광조의 신원운동(伸寃運動)을 전개했다. 중종을 상대로 한 경연에서, 김인후는 중종이 20여 년 전에 숙청한 조광조와 그의 동지들이 복권돼야 한다고 진언한 것이다. 22대 정조(正祖)는 뒷날 김인후의 이 진언에 대해, "김인후는 위험을 무릅쓰고 왕에게 옳은 말을 올림으로써 참된 선비[眞儒 : 진유]의 모습을 과시했다"고 칭송한다. 뜻밖에도 중종은 김인후의 진언을 우호적으로 받아들여, 이른바 기묘제현(己卯諸賢)이 전면적으로는 아니었지만 사실상 복권되기에 이르렀다.[144]

이이 : 치인 중심의 실천주의. 이황과 조식보다 35년 뒤이며 김인후보다 26년 뒤인 1536년에, 뒷날 조선유학계에 또 하나의 커다란 봉우리를 형성한 유학자가 태어났다. 율곡(栗谷) 이이(李珥 : 1536-1584)가 그 선비다. 그 이전의 다른 유학자들과 마찬가지로, 그 역시 군주와 통치에 관해 많은 글들을 남겼으며, 그 글들에 담긴 사상들 및 이론들은 오늘날의 정치학적 관점에서 보아도 심오한 정치사상들이면서 정치이론들이다.[145] 이이와 거의 같은 시대를 살았던 또 한 사람의 큰 유학자가 우계(牛溪) 성혼(成渾 : 1535-1598)이다.

이기론(理氣論)을 비롯해 인간의 본성에 관한 매우 철학적인 이론들을 제외한다면, 이이의 이론들은 군주론이나 통치론으로 요약된다. 이이가 정부론·안민론(安民論)·용인론(用人論)·군신론(君臣論) 등을 제시한 것은 사실이나, 그것들은 궁극적으로는 군주론으로 귀결된다. 그의

144 박현모(朴賢謨), 「조광조 신원운동을 통해 본 김인후의 정치사상」, 재단법인 하서학술재단 편, 『하서(河西) 김인후의 사상과 문학』 제4집(2010), 175-186쪽.

145 이이의 유학과 정치사상에 대해서는 이미 헤아리기 어려울 정도의 많은 연구들이 출판됐다. 그 대표적인 저서들 가운데 하나는 다음이다. 황준연(黃俊淵), 『이이철학 연구』(광주 : 전남대학교 출판부, 1989). 이이의 성장과정과 교육배경 및 사상형성과정에 대해서는 다음을 참조함이 좋다. 김한식(金漢植), 「행장(行狀)을 통해 본 율곡의 사상체계」, 『한국정치학회보』 제30집 4호(1996년 겨울), 21-38쪽.

군주론은 그의 여러 상소문들 그리고 경연에서의 강의들에서 개진됐지만, 그가 1575년에 선조에게 바친 『성학집요(聖學輯要)』에 잘 나타났다. 『성학집요』는 16세기 조선성리학의 최고봉으로 간주된다.

이이가 자신의 정치사상의 출발점으로 삼은 것은, 중국과 조선의 선배 유학자들이 그러했던 것처럼, 고대중국의 요·순시대와 하·은·주 삼대의 치세였다. 그는 어떻게 하면 조선에서도 그러한 이상적이며 모범적인 시대가 펼쳐질 수 있을 것인가를 두고 고민했던 것이다. 그러나 이이에게는 선대나 동시대의 유학자들과 구별되는 점이 있었다. 그것은 그가 수기치인론(修己治人論)을 '수기(修己)의 도덕주의'에 일방적인 우선순위를 둔 채 '치인(治人)'을 수기에 뒤따르는 부차적 순위에 머물게 하는 통상적 해석을 수정했다는 사실이다. "수신(修身)이 치국(治國)에 앞선다는 것은 다만 그 차례의 당연(當然)을 말한 것일 따름이다. 만약 수신이 극도로 이뤄지기를 기다린 다음에야 치국에 나설 수 있다면 덕성이 충만하기 전에는 장차 국가는 어디에다 내팽겨쳐 둬야 한다는 말인가"라는 그의 발언이 그 사실을 뒷받침한다. 배병삼 교수는 이 발언에 대해 이이가 '치인중심의 실천주의'에 대해 더 역점을 두었다고 해석했다.[146]

이이가 이처럼 '수기중심의 도덕주의'보다 '치인중심의 실천주의'를 강조한 까닭은 무엇이었을까? 우리는 그 해답을 그가 살던 시대의 성격에서 찾을 수 있을 것이다. 그가 살던 시대는 조선왕조가 창업기와 수성기를 거쳐 중쇠기(中衰期)에 접어들던 시대였다. 이 시대를 한영우 교수는 다음과 같이 표현했다: "집에 비유하면 서까래가 부서지고, 담이 무너진 상태와 같다는 것이다."[147] 그래서 이이는 이러한 상태를 바로잡지 않으면 국가의 장래가 매우 위험하다고 보면서, 조선왕조를 중흥시키기 위해 선비들이 수기에만 몰두할 것이 아니라 치국에도 관심

146 배병삼, 「조선시대 정치적 리더십론」, 56-57쪽.

147 한영우, 『한국선비지성사』, 343쪽.

을 쏟아야 한다는 생각을 가졌을 것이다.

이러한 배경에서, 이이는 "수많은 개혁안을 진언하고, 변법경장(變法更張)을 부르짖었다."[148] 또 유교적 가르침들을 너무 자구 하나 하나에 매달려 교조적으로 해석할 것이 아니라 시대적 상황에 맞게 임기응변할 것을 제의했다. 이것을 그는 변통(變通)이라고 불렀다. 그러한 취지에서, 이이는 우선 군주에게 '현능한 인재'를 등용할 것을 건의했다.[149] 이 목표를 달성하기 위해, 그는 (1) 관리임용에서의 문벌중시와 권간관여(權奸關與) 방지, 그리고 서얼차별대우의 시정, (2) 인재를 양성하는 첫 단계로서의 유능한 자의 학교입학과 관비교육, 그리고 (3) 학적(學籍)이 있는 자만의 과거응시 등을 제의했다.

이이 : 사림의 붕당정치론. 이이는 정도전 이래 조선유학자들이 일관되게 제의한 언로확대론을 지지했다. '언로개색(言路開塞) 흥망소계(興亡所係)' 곧 "언로가 열리고 막힘은 국가의 흥망과 관계되는 것"이라는 그의 식견은 그가 얼마나 언로를 중시했는가를 증명한다. 그는 중앙정치에서 언로를 넓히고 사림의 공론(公論)을 국시(國是)로 존중하며 사림의 사기를 높여 줄 것을 제의한 것이다.[150] 국사학자들은 선조 초기에 해당되며 이이가 정국을 주도하던 1570년대에 사림정치가 성립됐다고 본다. 그가 언로의 중요성을 강조하고 언로를 열어 공론의 정치를 실현해야 한다고 주장한 것은 이러한 시대적 배경의 반영이었다. 사림을 존중할 것을 제의하면서, 그는 조광조의 '소인군자변'의 연장선 위에서 사림의 붕당정치론을 옹호했다. 군자는 군자들끼리 '붕'을 만들어 조정의 공론을 형성하면서 국정을 이끌어야 한다고 주장한 것이다.

사림정치가 성립된 것으로 평가되는 이 1570년대에 사림은 동서(東

148 위와 같음.

149 이하 이이의 건의는 다음에서 읽을 수 있다. 위와 같음, 346-347쪽.

150 전세영, 『율곡의 군주론』, 273쪽.

西)로 나뉘고 있었다. 주로 조식의 호를 딴 남명학파(南冥學派)와 이황의 호를 딴 퇴계학파(退溪學派)가 동인을 형성하는 가운데, 이이의 호를 딴 율곡학파(栗谷學派)와 성혼의 호를 딴 우계학파(牛溪學派)가 서인을 형성하고 있었다. 지역적으로 본다면, 동인은 영남을 기반으로 하고 있었고 서인은 근기(近畿)를 기반으로 하고 있었다. 이이는 "당이 같으면 함께 하고, 당이 다르면 싸우려고 하는 것"을 '동당벌이(同黨伐異)'라고 표현하고, 이 현상을 경계하면서, 사류(士類)의 조정론(調停論)을 제의했다. 이이의 조정론은 받아들여지지 않았으며 당파는 분열을 거듭했다. 선조 말기에 일어난 기축옥사를 계기로 동인은 남명학파중심의 북인(北人)과 퇴계학파중심의 남인(南人)으로 갈린다. 그리고 19대 숙종의 치세에서 서인은 대체로 율곡학파중심의 노론(老論)과 우계학파중심의 소론(少論)으로 갈린다.[151]

이이는 재상권의 강화를 제의했다. 이 제의는 그가 정도전 이래 제기됐던 재상중심의 관료통치체제를 옹호한 것이었다. 거기에는 그사이 자행됐던 외척의 발호를 견제하겠다는 뜻이 담겨져 있었지만, 보다 근본적으로는 신권이 왕권을 견제해야 된다는 뜻이 담겨져 있었다고 하겠다.

이이 : '정치경제학적 국가론.' 선대의 다른 유학자들과 달리, 이이는 민생문제를 먼저 해결하고 다음에 도덕을 일으켜야 한다는 뜻을 나타냈다. "백성은 먹는 데 의존하고 나라는 백성에 의존하는 것이어서 먹을 것이 없으면 백성도 없고 백성이 없으면 나라도 없는 법이니 이것은 자연의 법칙이다"라는 정신 아래, 그는 '양민연후가시교화(養民然後可施敎化 : 백성의 살림을 길러준 뒤에 교화를 베풀 수 있다)' 또는 '양민위선교민위후(養民爲先敎民爲後 : 양민을 먼저하고 교민을 뒤로 한다)'라고 진언했다.[152] 이 진언에 대해, 배병삼 교수는 그가 '정치경제학적 국가론'

151 설석규(薛錫圭), 「조선 중기 사림파의 정치사상」, 한국국학진흥원 국학연구실 편, 『한국유학사상 대계』 제6권, 334-335쪽.

을 전개했다고 평가했으며,153 한영우 교수는 선부후교론(先富後敎論)이라고 명명하고 "이것이 도덕교육을 무엇보다 중요하게 여긴 선배 이황이나 정의의 실천성을 길러준 조식과 다른 점이었다"고 평가했다.154 이 점에서, 이이는 주자학적 도덕교육보다는 민생의 안정을 앞세운 조선후기실학자들의 이념적 선구자로 평가된다.

민생을 중시했기에, 이이는 민생과 관련해 여러 구상들을 제시했다. 첫째, 조선시대에는 백성들로 하여금 그 지역의 특산물들을 정부에 바치게 했는데 그 물건들을 '공물(貢物)'이라고 부르고 공물을 바치는 것을 '공납(貢納)'이라고 불렀다. 조정과 지방의 관리들이 부패하면서, 지방관아의 아전들 그리고 그들과 결탁한 상인들은 백성들이 공물을 바치는 것을 여러 형태로 방해해 결과적으로 공납을 막았으며 — 이것을 방납(防納)이라고 불렀다 —, 자신들이 백성들의 이름으로 공물을 바친 뒤 그 대가를 백성들로부터 비싼 이자까지 붙여 받아냈다. 이것은 백성들에게 엄청난 부담을 주었다. 중종치세에 조광조는 이 방납의 폐해를 시정해야 한다고 제의했었는데, 이이는 그 제의를 계승했다.

구체적으로, 이이는 1569년에 공물을 쌀로 바치는 제도를 구상했으며 1574년에 이 구상을 국왕에 건의했다. 이것을 대공수미법(貸貢收米法, 약칭 수미법)이라고 불렀다. 그러나 이것이 받아들여지지 않았다. 1581년에 이이가 거듭 이 구상을 제의하자 유성룡은 거기에 동조했다.155 서인의 정신적 지주였던 이이가 제안하고 남인의 영수로 떠오른 유성룡(柳成龍)이 동의하자 이 구상은 곧바로 실시됐다. 이 구상은

152 위와 같음, 259-260쪽.

153 배병삼, 「율곡 이이의 정치사상」, 이재석 편, 『한국정치사상사』, 242쪽.

154 한영우, 『한국선비지성사』, 343-344쪽.

155 유성룡은 선조치세의 명신으로 호는 서애(西厓)였다. 그는 임진왜란이 끝난 이후인 1633년에 임진왜란의 교훈을 담은 『징비록(懲毖錄)』을 저술했다. 그의 글들은 다음에 포함됐다. 성균관대학교 대동문화연구원 편집, 『서애문집』(서울: 동국문화사, 1958).

미비점들을 보완하면서 1608년에 이원익(李元翼 : 1547-1634)의 제의에 따라 일부 지역들에서 대동법(大同法)으로 실시되며, 1708년에 이르러 대동법은 전국적으로 실시된다. 이 과정에서 이이의 경제사상을 적극적으로 수용한 조익(趙翼 : 1579-1655)과 김육(金堉 : 1580-1658)이 중요한 역할을 수행한다.[156]

둘째, 조선시대에 조정은 백성들에게 군역(軍役)의 일부로 군포(軍布)를 바치게 했다. 그런데 군포를 바쳐야 할 사람이 바칠 능력이 없어 도피한 경우, 조정은 그 친척들로부터 받아 내거나 또는 같은 동리사람들로부터 받아냈다. 그리하여 한 집안이나 한 마을이 모두 도피해 사라짐으로써 농촌은 피폐해졌다. 앞의 것을 '족징(族徵)'이라고 불렀고 뒤의 것을 '인징(隣徵)'이라고 불렀는데, 이이는 족징과 인징의 금지를 제의했다.

셋째, 이이는 왕실이 사유재산을 늘이는 것을 반대했으며, 왕실 스스로 경비를 줄여야 한다고 제의했다. 그는 중앙정부 및 지방정부의 기구들을 줄여 불필요한 관리들을 없앨 것을 제의했다. 넷째, 이이는 공노비의 부담을 줄일 것을 요구했다. 다섯째, 이이는 춘궁기에 농민들에게 곡식을 대여했다가 추수기에 환부받던 농민구휼제도인 사창제(社倉制)의 부활을 통해 농민을 구제할 것을 요구했다. 이 제도는 5대 문종 때 실시됐으나 폐단이 많다는 이유로 9대 성종 때 폐지됐었다. 전반적으로 이이는 국가의 기강을 바로 세워야 한다고 역설했다. "기강은 바로 국가의 명맥이며 국가의 원기(元氣)다."라고 정의하면서, 그는 군주가 국가의 기강확립을 위해 전심전력해야 한다고 제의했다.[157]

정인홍. 이이와 거의 같은 해에 태어나 같은 시점에 사환했지만 결국 서로 다른 길을 걸은 유학자가 정인홍이었다. 선조치세이던 1573년에 군주의 타성적 자세가 바뀌어야 한다고 촉구하는 노력이 한계에 도

156 이헌창, 「조선시대 공물제도와 경제정책이념」, 340-345쪽.

157 한영우, 『한국선비지성사』, 343-344쪽 ; 전세영, 『율곡의 군주론』, 276-284쪽.

달했다고 판단됐을 때, 이이는 성의를 다해 군주를 보좌하면서 개혁을 성취하겠다는 뜻으로 조정에 남았고 정인홍은 사직했다.[158] 이이가 왜란이 닥칠 위험성을 내다보면서 '10만 양병'을 주장했으나 임진왜란 이전에 죽었음에 비해, 정인홍은 임진왜란 때 의병을 일으켜 싸웠다. 정인홍의 그 실천적 행동은 왜란이 끝난 이후의 정국에서 그를 새로운 지도자로 부상시켰다. 왜란 때 전시정부를 이끌었던 유성룡 중심의 남인세력을 공격하면서 주전론의 입장을 견지했던 북인을 대표해 주도권을 쥐게 만들어 준 것이다. 게다가 선조 말기에 선조의 후계를 둘러싸고 벌어진 갈등에서 북인이 선조의 둘째 서자였지만 왜란 때 많은 전공을 세운 광해군을 지지하는 대북(大北)과 선조의 후비의 장남인 영창대군(永昌大君)을 지지하는 소북(小北)으로 나뉘었을 때, 그는 광해군 지지에 앞장을 서 대북의 영수로 자리를 잡았다. 이러한 배경에서, 그는 광해군의 재위 15년(1608-1623) 동안 최대의 실세로 영향력을 발휘했다.[159]

정인홍은 광해군을 지켜 주기 위해 광해군의 동복형(同腹兄) 임해군(臨海君)과 5촌조카 진릉군(晋陵君), 그리고 이복제(異腹弟) 영창대군 및 영창대군의 외할아버지 김제남(金悌男) 등을 죽이는 일을 옹호했으며, 선조의 후비로 영창대군의 생모인 인목대비(仁穆大妃)를 폐위시키고 심지어 폐모하는 일에도 앞장을 섰다. 이러한 패륜행위로 그는 성리학적 명분론에 충실했던 서인들의 반발을 샀으며, 심지어 북인정권계의 사림들 일부로부터도 배척을 받았다. 그는 결국 서인들이 광해군을 몰아내고 능양군(綾陽君)을 즉위시킨 — 이것이 이른바 인조반정(仁祖反正)이다 — 직후에 처형된다.

그러나 간과해서 안 될 것은, 정인홍이 스승 조식의 민생중시론을 계승해 특권계층이 아닌 일반백성의 삶에 깊은 관심을 보이면서 보민

158 설석규, 「조선 중기 사림파의 정치사상」, 325쪽.
159 신병주, 「조선 중기 북인의 정치사상」, 위와 같음, 353-354쪽.

론(保民論)을 지지했다는 사실이다. 맹자를 인용하면서, 그는 백성을 보호하는 것이 통치의 기본이라고 왕에게 직언한 것이다. 구체적으로, 그는 왜란으로 말미암아 피폐할 대로 피폐해진 민생을 회복시켜 주기 위해 본업(本業)으로 존중되던 농업 이외에 말업(末業)으로 천시되던 상업과 무역 및 광산채굴 등에 관심을 보였고 경제의 활성화를 위해 시장의 확대와 운송수단의 개발 및 은(銀)의 생산과 유통을 제의했다. 이것은 "의를 중히 여기고 이익을 가볍게 여긴다"는 취지로 사림파가 내세웠던 중의경리관(重義輕利觀)에서의 이탈이었다.

이러한 맥락에서, 신병주(申炳周) 교수는 "정인홍의 정책내용은 북송(北宋)의 정치가이자 사상가였던 왕안석(王安石)의 공리주의적인 경향과 유사한 측면이 많다"고 평가했다.[160] 신 교수는 "특히 이러한 흐름이 한 개인이 아닌 조선 중기 북인학자 일단에 의해 적극 추구됐다는 점이 주목이 된다"고 지적하면서, "정인홍을 비롯하여 이지함(李之菡: 호 토정[土亭])·유몽인(柳夢寅)·이산해(李山海) 등은 민생을 위한 방안으로, 상업과 유통경제의 효용성을 강조한 학자들로서, 18세기 이후 북학파(北學派) 학자들에 의해 적극적으로 전개되는 이용후생적(利用厚生的)인 사상의 선구적인 모습이라는 점에서도 관심을 끈다"고 덧붙였다.[161] 민생문제에서 나타난 실용주의적 자세는 대외정책에서도 나타났다. 광해군치세이던 1616년에, 한때 금(金)을 건국했으나 결국 몽골족에 멸망을 당한 만주족(여진족)은 누루하치의 지도력 아래 만주 요녕(遼寧)의 흥경(興京)에서 후금을 세웠으며 곧 심양(瀋陽)으로 천도했다. 후금은 쇠락의 길을 걷던 한족의 명에 대해 적대적인 정책을 취하면서 조선을 상대로 후금을 지원할 것을 요청했다. 이때 성리학적 명분론에 충실했던 재야의 서인세력을 비롯한 전통적인 유자들은 후금의 요청을 뿌리치고 명을 지원할 것을 주장했다. 명은 중화를 대표하는 왕조

160 위와 같음, 377쪽.
161 위와 같음, 377-378쪽.

임에 반해 후금은 오랑캐라는 화이론을, 그리고 명은 임진왜란 때 조선을 지원해 조선을 살려준 은혜를 베풀었기에 조선은 거기에 보답해야 한다는 이른바 재조지은론(再造之恩論)을, 그들은 내세웠던 것이다. 여기에 정인홍을 비롯한 집권대북세력은 중립정책으로 대응했으며, 그리하여 후금의 침략을 피할 수 있었다.

허균. 정인홍의 정치사상을 말하면서 함께 다뤄야 할 사람은 같은 시대의 사람으로 『홍길동전(洪吉童傳)』의 저자로 유명한 허균(許筠)이다. 허균은 대북에 속했고 폐비사건에 가담했으며 벼슬이 우승지·좌승지·형조판서 등에 올랐으나 당시 극심해지던 당쟁에 얽혀 광해군치세에서 역적으로 몰려 처형됐으며, 그 까닭으로 그의 정치사상은 매몰됐다.

허균은 정도전 이래의 민본사상을 신봉했으며, 그것에 입각한 내정개혁을 제의했다. 그의 정치사상들 가운데 대표적인 것이 호민론(豪民論)이었다. 그는 민중을, 아무것도 모르는 채 가난하게 사는 항민(恒民), 가난하게 살지만 시비를 가릴 줄 알고 사회에 대해 원망을 품은 채 사는 원민(怨民), 그리고 민중을 위해 혁명을 일으키고 개혁을 선도할 호민으로 나눴으며, 호민이 주도하는 민중혁명론을 전개했다. 그는 또, 이이가 이미 제시했던 '작은 정부'론을 제시했다. '관람원다(官濫員多: 관청이 불필요하게 복잡하고 관리가 지나치게 많다)'를 고쳐야 하며 기구들과 관원들을 줄인 뒤, '관원후록(官員厚祿: 관원들에게 봉급을 넉넉히 줌)'으로써 관원들의 부패를 막아야 한다고 제의했다.[162] 이러한 맥락에서, 그를 17세기 후반과 18세기 이후에 조선의 지식인사회에서 전개되는 실학의 선구자들 가운데 한 사람으로 평가하는 학자도 있다. 그러나

162 이이화(李離和), 『허균의 생각: 그 개혁과 저항의 이론』(서울: 뿌리깊은나무, 1980; 개정판 여강출판사, 1991), 85-110쪽. 역사학자 이이화의 생애와 저술들은 다음에서 읽을 수 있다. 이이화, 『역사를 쓰다: 이이화 자서전』(서울: 한겨레출판, 2011).

그가 천재적 문인이었음은 사실이지만 그를 이단적 사상가로 높이 평가하는 것은 정확한 평가가 아니라고 주장하는 학자도 있다.[163]

조선의 사신들, 마테오 리치의 세계지도를 들여오다. 조선이 중국을 세계의 중심이라는 뜻에서의 중화로 받아들이고 중국에서 성장한 성리학(주자학)에 몰두하고 있는 사이, 15세기 말을 기점으로 세계사에는 커다란 변화가 일어나기 시작했다. 조선왕조가 개창된 때로부터 꼭 백 년이 지난 1492년에 이탈리아의 크리스토퍼 콜럼버스(Christopher Columbus)는 스페인여왕의 후원을 받아 아메리카대륙을 '발견'했으며, 1498년에 포르투갈의 바스코 다 가마(Vasco da Gama)는 인도로 가는 항로를 발견한 것이다. 곧 스페인은 중미와 남미로 진출했으며, 포르투갈은 인도의 고아(Goa)와 중국의 마카오 및 일본의 나가사키(長崎 : 장기)로 진출했다. 이제 동서교역의 시대가 열린 것이다. 1세기가 지난 16세기 말에는 네덜란드와 영국이 스페인과 포르투갈을 제치고 일본을 포함한 아시아로 진출했다. 일본이 콜럼버스의 아메리카대륙 '발견'으로부터 꼭 100년이 지났으며 조선왕조가 개창된 때로부터 꼭 200년이 지난 1592년에 일본이 조선을 침략하기 시작한 임진왜란(壬辰倭亂)은[164] 이러한 세계사적 전환의 흐름 속에서 일어난 것이다.

이러한 변화는 대외적 자기고립정책(自己孤立政策)을 쓰던 조선에서도 감지되기 시작했다. 1603년에 진청사(陳請使)로 명에 입조했다가 귀국한 이광정(李光庭)과 권희(權憘)는 당시 중국에 머물면서 천주교를 전파하던 예수교소속의 이탈리아 선교사 마테오 리치(Matteo Ricci : 1552-1610)가 1602년에 제작한 최초의 세계지도인 『곤여만국전도(坤輿萬國全圖)』를 들여왔다. 그 이듬해에 황중윤(黃中允)은 『곤여만국전도』

163 강명관(姜明官), 『책벌레들 조선을 만들다』(서울 : 푸른역사, 2007), 146-163쪽.

164 임진왜란에 대한 미국인의 저서들 가운데 최근 저서로 다음을 지적할 수 있다. Stephen Turnbull, *Samurai Invasion : Japan's Korean War, 1592-98* (London : Cassell and Company, 2002).

의 증보판으로 마테오 리치가 1603년에 제작한 『양의현람도(兩儀玄覽圖)』를 들여왔다. 허균은 1610년에 명나라를 방문했다가 마테오 리치의 『곤여만국전도』를 들여왔다. 이 지도들을 통해, 조선의 지배적 지식인들 가운데 일부에서는 중국 밖에 엄청나게 큰 다른 세계가 존재한다는 인식이 싹텄다. 구체적으로 말해, 그들은 '구라파(歐羅巴)'라는 대륙이 존재한다는 사실을 알았다. '구라파'라는 말은 마테오 리치가 유럽을 뜻하는 '오이로파'를 한자로 표기함으로써 처음 만들어진 말이다. 한문의 歐는 우리에게는 '구'지만 중국인에게는 '우'에 가깝다. 이러한 새 지식을 통해, "하늘은 둥글고 사람이 사는 땅은 모났다"는 뜻의 전통적 우주관인 천원지방설(天圓地方說)은 도전에 직면하게 됐다.**165**

이수광. 이 점은 14대 선조와 15대 광해군 및 16대 인조 때 중신인 지봉(芝峯) 이수광(李睟光)이 1614년에 출판한 문집 『지봉유설(芝峰類說)』에서 볼 수 있다. 그는 임진왜란 직전에 명의 수도 북경에 다녀오고, 임진왜란 중에 두 번째로 다녀왔으며, 광해군 때 세 번째로 다녀왔는데, 이 일련의 북경방문들을 통해 그때 리마두(利馬竇)로 알려진 마테오 리치의 지도 그리고 그의 저서 『천주실의(天主實義)』 및 『교우론(交友論)』에 접했던 것이다. 이수광은 중국에서 베트남사신 풍극관(馮克寬)을 만나 필담을 나누기도 했다.

이수광은 이 모든 것들을 자신의 『지봉유설』 권2 지리부(地理部) 외국조(外國條)에 소개하면서,**166** 약 50개 나라들에 대해 언급했다. 불교

165 이광래, 『한국의 서양사상 수용사』, 33-34쪽.

166 하라카와 스케히로(平川祐弘 : 평천우홍) 지음·노영희 옮김, 『마테오 리치 : 동서문명교류의 서사시』(서울 : 도서출판 동아시아, 2002), 645쪽. 이 책의 원본은 1997년에 동경의 평범사에서 전3권으로 출판됐다. 저자는 동경대학 명예교수다. 이 책의 제10부(「조선에 미친 여파」)는 마테오 리치와 그의 저술들이 조선에 어떤 영향을 미쳤는가를 자세히 설명했다. 강재언(姜在彦), 『조선의 서학사』(서울 : 민음사, 1990), 대우학술총서 인문사회과학 47. 이 책은 1603년부터 조선의

를 믿는 나라들로는 섬라(暹羅 : 오늘날의 태국)와 진랍국(眞臘國 : 오늘날의 캄보디아) 등을, 이슬람교를 믿는 나라들로는 대식국(大食國 : 오늘날의 아라비아)·대진국(大秦國 : 오늘날의 바그다드)·사마르칸트(오늘날의 우즈베키스탄)·방갈라(오늘날의 방글라데시) 등을, 천주교를 믿는 나라들로는 불랑기국(佛狼機國 : 오늘날의 포르투갈)·영길리국(英吉利國 : 오늘날의 영국)·대서국(大西國 : 오늘날의 이탈리아)·남번국(南番國 : 오늘날의 네덜란드) 등을 소개했다.

이 책은 이수광이 화이론(華夷論)에 기초한 세계관에서 벗어났음을 보여 주었다. 구체적으로 말해, 이수광은 중국만이 세계의 중심이며 그 주변의 나라들은 오랑캐들이라는 전통적 관념에서 벗어나, 서양의 영국이나 네덜란드는 뛰어난 성능을 지닌 군함과 대포를 개발해서 보유하고 있으며 이탈리아는 천주교를 세계에 널리 전파했다는 사실들을 서술했고, 중국의 유교문화와는 다른 종교들과 문화들을 가진 나라들도 "풍속이 아름다워 천당과 같고, 백성들이 잘 살고 있다"고 논평했다. 이수광은 또 『천주실의』를 소개하면서 천주교의 교리들을 비판을 가하지 않은 채 객관적으로 담담하게 설명했다.**167**

이수광이 전통적인 화이론적 세계관에서 벗어났다는 사실은 그가 조선을 자주독립국으로 인식했다는 점에서도 확인된다. 『지봉유설』에서 그는 세계의 모든 나라들이 옛날부터 중국에 조공을 바쳤다든가 중국의 국토가 세계의 대부분을 차지한다든가 하는 말들은 모두 거짓말들이라고 단정하고, 조선도 자주독립한 나라로 중국과 동등한 역사와 문화를 가졌다고 자부했다. 그는 고조선 이래 조선의 풍속이 아름다워

개국 전후까지를 주내용으로 하는 서양의 천주교와 학술과의 체계적인 교섭사다. 여기서 1603년은 조선이 한역서양서(漢譯西洋書)와 세계지도를 통해 처음으로 서양세계를 인식한 해다.

167 한영우, 『실학의 선구자 이수광』(서울 : 경세원, 2007). 『천주실의』에 대한 이수광의 설명은 다음에서 쉽게 읽을 수 있다. 한영우, 『한국선비지성사』, 359쪽.

중국인들이 조선을 '군자의 나라'라고 불렀으며 공자가 이민을 가고 싶어 한 나라로 지목했다고 덧붙였다.[168]

유몽인. 이수광에 이어 어우당(於于堂) 유몽인(柳夢寅)이 마테오 리치의 『천주실의』를 소개했다. 그는 1621년에 일종의 설화집인 『어우야담(於于野談)』을 펴냈는데, 이 책의 권2에 『천주실의』 상·하 8편의 편목과 짧은 얘기를 실었다. 여기서 그는 『천주실의』에 대해 "첫 편은 천주가 우주만물을 비로소 지었으며 이것을 다스리고 편히 길러주고 있음을 밝혔고, 3편은 사람의 영혼이 꺼지지 아니하여 금수와 다르다는 것을 말했으며, 6편은 의욕을 없앨 수 없다는 것을 풀이하고 천당과 지옥으로써 선악을 갚는다는 것을 설명했다"고 소개했다. 그는 이어 "『천주실의』에서 천주는 상제(上帝)를 말하며, 실(實)이란 공(空)이 아닌 것을 말하는데 이것은 노자와 부처의 공(空)과 무(無)를 물리친 것이다"고 해설했다.[169]

위에서 보았듯, 이수광과 유몽인 등을 통해 광해군치세에 조선에도 천주교가 전래됐다. 이 천주교는 조선왕조의 후기에 더 널리 전파되면서 반대와 지지를 받게 된다. 극렬하게 반대한 세력은 천주교를 '사악한 학문'이라는 뜻의 사학(邪學)으로 단죄하면서 신부들과 신도들을 사형시키기에 이른다.

제 4 절 조선왕조의 정치사상가들(2) : 후기

전통적 주자학에 부분적으로 실학의 요소가 가미되기 시작하고 천주교가 전래됨으로써 사상계에 변화가 예고되는 가운데, 조선의 국내외적 상황에는 커다란 변화들이 계속해서 일어났다. 우선 조선에서는

168 위와 같음.
169 이광래, 『한국의 서양사상 수용사』, 30쪽 및 34쪽.

이른바 인조반정이 일어났다. 동인 안에서 분파된 북인이 주도한 정권에서 소외됐던 서인세력이 역시 정권에서 소외됐던 동인 안에서의 분파인 남인세력과 연합해 1623년에 광해군을 몰아내고 인조를 옹립한 것이다. 이 세력은 차차 기호노론(畿湖老論)을 형성하면서 조선왕조 말기까지 조선의 정권을 좌지우지한다.

인조반정을 주도한 서인들은 북인정권의 명과 후금에 대한 중립정책을 화이론과 재조지은론에 근거해 비난했던 사람들이었다. 자연히 인조의 즉위와 더불어 조선은 후금을 오랑캐의 나라로 여겨 후금과의 화의를 배척하는 태도를 취했다. 후금의 보복은 인조가 즉위한 때로부터 4년이 지난 1627년에 조선을 침공해 굴복시킨 정묘호란(丁卯胡亂)으로 나타났다. 그러나 조선은 여전히 척화를 고집했다. 후금은 국호를 청(淸)으로 개칭한 바로 그해인 1636년에 조선을 굴복시킨 병자호란(丙子胡亂)으로써 보복했다. 청은 여세를 몰아 내란에 휩싸인 명을 공격해 1644년에 명의 자멸을 유도했으며 수도를 명의 수도였던 북경으로 옮겼다. 청은 한족의 반란들을 진압하고, 4대 강희제(康熙帝)에 이르러 만주를 포함한 중국 전체를 지배하게 된다.

정묘호란도 조선에 큰 상처를 남겼지만, 병자호란은 조선에 너무나 큰 상처를 남겼다. 청에 저항하던 마지막 거점인 남한산성에서 나온 인조는 오늘날 서울특별시 송파구에 마련된 항복의 장소에서 죄인을 자처하며 청의 2대 황제 황태극(皇太極 : 태종)에 삼고구배(三叩九拜 : 세 차례 무릎을 꿇고 그때마다 세 차례 머리를 땅에 대며 절한다는 뜻)의 굴욕적인 항복의 의식을 치러야 했다. 게다가 그는 소현세자(昭顯世子)와 봉림대군(鳳林大君)을 비롯한 왕실의 자손들과 그리고 김상헌(金尙憲)을 비롯한 척화론의 조정대신들을 인질로 또는 죄인으로 심양에 보내야 했다. 나라 전체가 멸망하는 것을 막기 위해 굴욕적이지만 항복을 해야 한다던 최명길(崔鳴吉)도 보내야 했다. 왜란에 이은 두 차례의 호란은 피폐해 가던 조선을 더욱 피폐시켰다.

이러한 대내외적 상황에서, 조선의 사상계에는 크게 보아 두 갈래의 흐름들이 나타났다. 하나는 예학(禮學)과 존주론(尊周論) 등으로 표현된 성리학의 경직화현상이다. 여기서 예학이란 공자의 예치이념(禮治理念)에 대한 연구를 심화시킨 결과로서 성립된 하나의 학문체계를 말하며, 존주론이란 공자 이래의 성리학자들이 중화를 상징하는 한족의 주(周)를 이상적인 국가로 여긴 사상적 및 학문적 전통을 말한다. 존주론은 양이론(攘夷論)으로 이어진다. 정통을 대표하는 주를 존중하면서 주를 둘러싼 오랑캐들을 물리친다는 것이 바로 양이론이다. 그래서 동전의 양면을 형성하는 존주론과 양이론을 합쳐 존주양이론(尊周攘夷論)이라고 부른다.[170] 다른 하나는 조선사회가 당면한 사회적 피폐의 구제와 여러 모순들의 개혁에 현실적 관심을 집중시켰던 실학사상의 대두다. 조성을(趙誠乙) 교수는 실학사상을 다음과 같이 정의했다 : "16세기 이후 19세기까지의 전반적 사회변동의 과정 속에서 우리 [조선]사회의 동요·재편·해체라는 상황 아래 발생하고 있던 제반문제에 대해 '총체적이고 근본적인 해결책을 모색한 사상'을 의미한다."[171]

송시열의 존주론 및 북벌론. 이 두 갈래의 흐름들 가운데 첫 번째 흐름을 대표한 유학자이면서 정치가가 기호학파의 우암(尤庵) 송시열(宋時烈 : 1607-1689)이었다. 그의 사상적 출발점은 주자(朱子)로 칭송된 남송(南宋)의 주희였다. 그는 주희가 지향했던 공자의 도학정치=왕도정치를 자신의 지향으로 삼았으며, 주희가 제시했던 공자의 춘추대의론에 입각한 존주론을 자신의 지표로 삼았다. 그리하여 조선에서 도학정치=왕도정치를 추구했던 조광조와 이이의 학문을 계승하고자 노력함과 아울러 존주론에 입각해 '오랑캐들의 나라'인 일본의 조선침략

170 이영춘, 「우암(尤庵) 송시열(宋時烈)의 정치사상」, 이재석 편, 『한국정치사상사』. 267쪽.

171 조성을, 「실학파의 정치사상」, 한국국학진흥원 국학연구실 편, 『한국유학사상대계』 제6권, 639쪽.

때 '춘추의리'를 내걸며 의병을 조직하고 이끌다가 순국한 조헌(趙憲) 그리고 청과의 척화에 앞장을 섰던 김상헌의 정신을 계승하고자 했다.[172] 여기에 더해, 공자의 예치이념을 예학으로 심화시킨 스승들인 김장생(金長生) 그리고 김장생의 아들 김집(金集)의 가르침을 지키려고 노력했다. 이 모든 사상은 '전통적인 관념과 질서를 유지하려는 보수적이고 배타적인 정통의식에 집착하는 것'이었다.[173]

이러한 학문적 사상적 배경을 지닌 송시열이 17대 효종(孝宗 : 1619-1659)에 의해 특임되면서 존주론과 북벌론을 제시했던 것은 자연스러웠다. 주를 존중하면서 주를 둘러싼 주변의 오랑캐들을 물리친다는 존주양이론이 이 시점에서는 한족의 명을 멸망시키고 청을 세운 북녘의 '오랑캐' 만주족을 정벌한다는 취지로 나타난 것이었다. 당시 조선의 국내정치적 상황 역시 송시열로 하여금 존주론과 북벌론을 제시하게 만들었다. 병자호란이 끝난 이후의 인조치세 때, 조선의 상층 정치지도부 안에는 청에 대한 두 개의 대립되는 인식이 갈등하고 있었다. 인질로 잡혀가 심양에서 9년의 세월을 보내고 귀국한 인조의 장남 소현세자(昭顯世子)와 세자빈(世子嬪)은 청이 결코 오랑캐가 아니며 중국을 새로운 방향으로 유능하게 이끄는 활력에 넘치는 왕조로 인식하고, 조선이 복수심에 싸여 청과 계속해서 대립할 것이 아니라 청의 선진적 문물제도를 받아들이고 교류와 협력의 길을 밟아야 한다고 제의했었다. 반면에, 인조와 인조의 차남 봉림대군(鳳林大君) 그리고 전통적 유학자들은 대명의리론(對明義理論)을 앞세우면서, 그것의 다른 짝인 숭명반청론(崇明反淸論)을 제의했었다. 그들 가운데 어떤 이들은 명이라는 중화가 짓밟힌 상태에서 소중화(小中華)인 조선이 앞으로 중화를 자처하

172 김상헌에 대한 냉정한 평가로 다음을 지적할 수 있다. 박현모, 「10년간의 위기 : 정묘·병자호란기의 공론정치 비판」, 『한국정치학회보』 제37집 2호(2003년 여름), 44-45쪽.

173 이영춘, 「우암 송시열의 정치사상」, 267쪽.

거나 지향하면서 북벌을 통해 청을 징치해야 한다고 제의했었다.[174]

이러한 대립 속에서, 소현세자와 세자빈은 사실상 암살됐던 것이며, 봉림대군이 1649년에 즉위하면서 — 그가 바로 효종이다 — 송시열을 비롯한 북벌론자들이 득세하게 됐던 것이다. 송시열은 그 이후 두 차례에 걸친 예송(禮訟)에 직접 개입하면서 자신의 논리를 전개함과 아울러 반대논리자들을 억압하여 당쟁의 격화를 주도하게 된다.

송시열의 내수외양론. 송시열의 북벌론은 내수외양론(內修外攘論: 약칭 수양론)에 연결되어 있었다. 송시열이 존신(尊信)한 주희는 당시 오랑캐들로 간주되던 북방민족들의 위협에 시달리는 남송은 수정사양이적(修政事攘夷狄: 약칭 수양)의 정책으로써 대처해야 한다고 주장했었다. "국내의 정치를 제대로 하면서 밖으로는 오랑캐들을 물리쳐야 한다"는 뜻이었었다. 송시열은 이것을 조선사회에 원용해 "안으로는 수리할 것은 수리하고 밖으로는 오랑캐들을 물리친다"는 뜻의 내수외양론을 폈던 것이다.

이 내수외양론은 '내수'를 앞세운 데서 나타났듯, 북벌보다는 내부의 정치를 바로 잡는다는 데 역점을 두었다. 그러면 내부의 정치를 어떻게 바로 잡겠다는 것인가? 송시열의 대답은 우선 군자소인변(君子小人辨)에 의한 군자당의 창출과 군자당에 의한 국정운영이었다. 이것은 여러 정치세력들 사이의 갈등과 대립을 완화시키기 위해 그들을 고르

174 유근호, 『조선조 대외사상의 흐름: 중화적 세계관의 형성과 붕괴』(서울: 성신여자대학교 출판부, 2004). 이 책은 유 교수의 동경대학 박사학위논문의 내용을 주축으로 하여 그것을 보완 수정하고, 그 이후에 조선조의 대외관과 관련해 발표한 여러 편들의 논문들과 새롭게 쓴 논문들을 추가하여 한 권의 책으로 엮은 것이다. 이 책의 제7장(「한·일 대외사상의 비교」)에 근대 이전의 조선인의 유교적 세계관의 특질을 알아보기 위해 일본에 있어서 유교적 세계관의 형성과 붕괴에 초점을 맞추어 한·일 대외사상을 비교한 네 편의 논문을 수록했다.

송시열과 관련해서는 이 책의 제2장(「명·청 교체기에 있어서 조선조 사림파의 중화적 세계관의 형성과 대륙관의 전환」)을 참고함이 좋다. 제2장의 제4절이 「송시열의 소중화사상」이다.

게 정권에 참여시키면서 조정해야 한다는 조정책의 거부로 나타났다. 조정책이 오히려 정치적 폐단을 낳았다는 것이 그의 분석이었다. 여기서 그는 군자당이라는 일당에 의한 정권독점과 국정운영을 제의했고 자신이 사사될 때까지 그것을 관철했다.

국정운영과 관련해, 송시열은 세도재상론(世道宰相論)을 전개했다. 그는 일반적으로 세상을 이끌어 나가는 바른 도리를 세도(世道)라고 명명하고 세도의 주체는 군주라고 단언했다. 이러한 취지에서, 그는 군주가 성학(聖學)을 체화해 성군이 돼야 한다고 주장했다. 이것은 주희의 논지를 강조하면서 이이의 성학론을 계승한 것으로, 군주성학론(君主聖學論)이라고 불렸다. 그러나 군주가 그러한 능력을 갖지 못한 경우에는 군주의 신임과 신료들의 지지를 받는 현덕한 유자가 재상이 되어 국정을 이끌어야 한다고 주장했다. 이것은 그가 국왕중심의 정치보다는 신료중심의 정치를 지향했음을 의미했다.[175]

위에서 살폈듯, 송시열에게 북벌론은 부차적이었다. 그는 북벌론의 현실적 제약을 인정하지 않을 수 없었던 것이다. 우선 백성들의 삶이 너무 빈궁하고 비참해 양민(養民)부터 해야 할 상황에서 그들을 상대로 양병(養兵)한다는 것이 매우 어려웠기 때문이다. "양민과 양병은 서로 부딪힌다"는 그의 진언이 그 점을 말해 주었다. 여기서 그는 남송의 주자가 만년에 금(金)에 대한 복수설치를 뒤로 미루고 민생안정부터 취할 것을 건의했던 사례를 상기시켰다. "굶주리는 백성들을 구제하는 일도 어려운데, 어찌 [금에게 빼앗긴 북녘 땅을] 회복하는 일을 도모할 수 있겠는가"라던 주자의 건의를 인용한 것이다.[176] 다른 한편으로, 송시열은 민생을 안정시키지 않고 양병에 치중하는 경우 민란이 일어날 수 있는 위험성을 직시했다. 따라서 그는 백성들의 세금과 부역을 가능한

175 조준호(趙峻皓), 「조선 후기 노론의 정치사상과 경세론」, 한국국학진흥원 국학연구실 편, 『한국유학사상 대계』 제6권, 476쪽.

176 위와 같음, 289쪽.

한 경감시켜 줄 것을 제의했다.

송시열의 북벌론은 이처럼 변화되어 갔다. 우선 그는 북벌론을 국왕이 나태와 안일에 빠지게 될 개연성을 사전에 막기 위한 정신적 무장의 도구로 활용했다. "'복수설치'의 마음을 상존시켜야 군주의 사사(私邪)를 물리칠 수 있으리라는 뜻이었다."[177] 19대 숙종 때 이르러서는 반대파의 제거와 자신의 권력유지라는 자신의 정치적 목적을 달성하기 위한 명분으로 활용했다.[178]

벌열정치의 개시와 송시열. 송시열이 정권에 참여하고 활동하던 시기에, 특히 숙종의 치세이던 17세기 후반에, 큰 정쟁들이 계속해서 일어나면서 사림정치의 전통에 중대한 변질이 일어났다. 그사이 사림정치의 한 형태였던 붕당정치는 '견제와 균형'의 원리를 유지했던 것인데, 이것이 무너지고 점차 일당전제(一黨專制)와 벌열정치(閥閱政治)의 경향을 타나낸 것이다.

"벌열이란 대대로 높은 관직을 역임하면서 유력한 지위를 세습했던 가문들로 17세기 후반과 18세기 이후 점차 정치권력의 실세로 등장한 세력이다. 척신계(戚臣系)인 광산김씨(光山金氏)·여흥민씨(驪興閔氏)와 서울의 관료가문인 안동김씨(安東金氏)·전주이씨(全州李氏) 등 노론의 핵심구성원들은 18세기 이후 대표적 벌열로 지목되고 있다."[179] 이렇게 볼 때, 벌열정치란 그러한 배경의 몇몇 가문들이 정권을 장악한 채 국정을 농단한 현상이라고 하겠다.

송시열은 이 변질과정에서 중요한 역할을 수행했다. 권귀들을 상대로 의연히 맞서서 사림정치의 이념을 견지하던 그가 마침내 자신의 비판과 투쟁의 대상으로 삼았던 그들과 제휴했던 것이다. 장기간에 걸쳐 거대한 세력을 형성하며 국정을 농단했던 노론은 그를 우두머리로 유

177 위와 같음, 296쪽.

178 위와 같음, 307쪽.

179 조준호, 「조선 후기 노론의 정치사상과 경세론」, 466쪽.

지된다. 그리고 그의 그러한 처사를 둘러싸고 제자들과 사림에서 격론이 벌어지면서, 조선왕조 후기의 사상계를 지배하는 가운데 자신의 학문과 사상을 조선왕조의 공식적 '정학(正學)'으로 설정하는 데 성공했던 그의 위상은 흔들리게 된다.[180]

당쟁에 대한 일본학계와 한국학계에서의 논쟁. 여기서 우리는 잠시 조선에서 전개된 당쟁에 대해 평가할 필요를 느낀다. 일본제국주의가 조선을 자신의 식민지로 만든 시대에 일본의 어떤 학자들은 조선은 당쟁으로 말미암아 망했다고 주장했다. 그것이 이른바 당쟁망국론(黨爭亡國論)인데, 그 대표적인 학자가 대한제국의 학정참여관(學政參與官)으로 1900년에 내한해 1906년까지 활동한 시데하라 히로시(幣原坦 : 폐원탄)였다. 그는 자신의 1907년도 동경제국대학 박사학위논문「한국정쟁지(韓國政爭志)」에서 그 이론을 전개했다. 그 이후 (1) 경성제국대학 예과 교수였으며 조선총독부 시학관이었던 오다 쇼코(小田省吾 : 소전성오), (2) 일본의 대표적 조선사연구자들 가운데 한 사람으로 꼽히던 하야시 야스스케(林泰輔 : 임태보), 그리고 (3) 신문기자 호소이 하지메(細井肇 : 세정조) 등이 그러한 주장을 되풀이했다. 호소이의 경우 1926년에 발표한 작은 책『붕당·사화의 검토』에서 조선인에게는 더러운 피가 흐르고 있으며 조선인들은 권력을 놓치면 굶어죽기 때문에 목숨을 걸고 정권싸움에 뛰어들었고 이것이 사화와 당쟁을 가져왔다고 혹평했다.[181]

이 주장에 대해 반론한 조선인 학자는 안확(安廓)이었다. 호를 자산(自山)이라고 했던 그는 1923년에 출판한『조선문명사 : 조선정치사』를 통해 당쟁은 조선의 역사에서 정당정치가 시작된 원천으로 보아야 한다고 주장한 것이다. 그는 당쟁을 통해 군주의 권한이 제약되고 신하

180 이영춘,「우암 송시열의 정치사상」, 268쪽 및 307쪽.

181 신복룡,『한국정치사』제4판(서울 : 박영사, 2003), 제6장(「당쟁에 대한 새로운 이해」), 158-161쪽.

의 군주견제권이 강화됐다고 분석하면서 조선에서의 당쟁은 영국에서 정당들이 발생했을 때의 상황과 유사하다고 평가했다.[182] 이 책에 뒤이어 일본의 조선사연구자들인 이나바 군장(稲葉君山 : 도엽군산)과 이시이 도시오(石井壽夫 : 석정수부)는 각각 1926년에 발표한 논문에서 조선의 당쟁을 긍정적으로 평가했다.

조선이 일제로부터 해방된 이후 약 40년이 지나면서, 한국의 학계에서도 당쟁을 객관적으로 평가하는 학문적 업적들이 제시됐다. 정치학자 강주진(姜周鎭) 교수, 국사학자 이태진 교수, 국사학자 이은순(李銀順) 교수, 그리고 정치학자 신복룡 교수 등이 그 대표적인 학자들이다.[183] 특히 신 교수는 일본학자들이 당쟁으로 말미암아 마치 혼란기에 빠졌던 것처럼 묘사했던 숙종의 치세에 대해 다음과 같이 긍정적으로 논평했다 : "당쟁이 가장 활발했던 숙종연간은 조선왕조 500년 동안에 가장 흥륭했던 시기였으며, 백성들은 왕조역사상 가장 평안했고, 그리하여 숙종은 왕조역사상 가장 선정을 베푼 현군으로 숭앙을 받고 있다는 사실을 지적해 둘 필요가 있다." 신 교수는 오히려, 우리가 다음에서 보게 되듯, 영정조시대에 탕평책을 써서 언론을 무디게 한 것이 왕조의 쇠락에 이바지한 하나의 요인이었다고 논평했다.

박세채. 조선에서 이처럼 당파가 더 분화되고 당파들 사이의 싸움이 더 격화되던 때, 그리고 인현왕후(仁顯王后) 민비(閔妃)와 희빈(禧嬪) 장

182 안확의 『조선문명사』는 이태진 교수의 교주와 해설이 덧붙여진 채 1983년 중앙일보사 문고판 중앙신서 제109권으로 재간됐다. 안확의 『조선문명사』는 전문이 아니라 초록의 형태로 다음에 포함됐다. 자산 안확 저 · 최원식(崔元植) 정해렴(丁海廉) 편역, 『안자산 국학론 선집』(서울 : 현대실학사, 1996), 417-430쪽. 이 책에 대한 나의 서평은 다음이다. 김학준, 「안자산의 『조선문명사 : 조선정치사』 서평」, 『사회과학과 정책연구』 제8권 제3호(1987년 2월).

183 강주진, 『이조당쟁사 연구』(서울 : 서울대학교출판부, 1983) ; 이태진 편, 『조선시대 정치사의 재조명』(서울 : 범조사, 1985) ; 이은순, 『조선후기 당쟁사 연구』(서울 : 일조각, 1998) ; 신복룡, 「당쟁에 대한 새로운 이해」, 『한국정치사』 제4판(서울 : 박영사, 2003), 157-178쪽.

옥정(張玉貞) 등 숙종의 비빈(妃嬪)들의 진퇴를 중심으로 인현왕후의 배후세력인 서인과 장희빈의 배후세력인 남인 사이에 목숨을 건 권력투쟁이 전개되던 때, 영국에서는 세계사적으로 큰 의미를 갖는 명예혁명이 성사되어 왕권을 제약하고 의회민주주의와 정당정치를 진전시켰다. 숙종이 즉위한 때로부터 14년 뒤이고, 장희빈이 뒷날 20대 경종(景宗)으로 재위한 원자를 출생한 그해이며, 송시열이 사사되기 1년 전인 1688년의 일이었다. 이 명예혁명을 통해 국민의 권리를 의회의 동의 없이 국왕이 제약할 수 없다는 취지의 권리선언이 채택됐고, 1년 뒤에 권리선언은 더 구체적인 민주주의적 조항들을 포함시킨 권리장전(權利章典)으로 법제화됐다. 이로써 영국에서는 국왕의 절대주의가 종식됐고, 국민의 대의기관으로서의 의회의 지위가 굳어졌다.

영국에서 명예혁명이 성사된 때로부터 6년 뒤인 1694년에, 조선에서는 탕평론(蕩平論)이 공식으로 채택됐다. 소론계의 관인유학자 남계(南溪) 박세채(朴世采)는 당쟁을 완화시키기 위해 숙종에게 '황극론(皇極論)'을 건의했다. 우리가 이 장의 제3절에서 살폈던 양성지의 경우와 마찬가지로, 그 역시 군주가 마치 북극성처럼 어느 곳으로도 치우치지 않고 많은 별들을 거느린 채 제 자리에 서서 표준을 제시하고 자신의 독자적 판단과 결정에 근거해 붕당들 사이의 대립과 갈등을 조율하고 정국을 주도하라고 건의한 것이다. 이것은 군주의 권력이 신하의 권력에 휘둘리기보다는 군주의 권력이 신하의 권력을 통제하고 조절해야 한다는 뜻으로, 사실상 군주권강화론으로 연결됐다. 숙종은 이것을 받아들였고, 숙종의 뜻에 따라 박세채가 죽은 뒤 남구만(南九萬) 등이 이른바 황극탕평론을 이끌었다. 이 이론은 21대 영조와 22대 정조가 이끌던 18세기 조선의 정치에서 주요한 역할을 수행한다.[184]

실학은 언제 성립된 것인가? 17세기 조선사회에 나타난 사상적 흐

---

184 정호훈, 「붕당정치와 군주의 정치사상」, 『한국유학사상 대계』 제6권, 568-580쪽.

름들 가운데 두 번째 흐름이 실학사상이었다. 실학이 언제 성립됐는가의 문제를 놓고 학계에서는 오늘날까지도 토론을 계속하고 있다. 논란이 뒤따르기는 하지만, 14대 선조와 15대 광해군 시대의 문신들인 한백겸(韓百謙 : 1552-1615)과 이수광(1563-1628) 및 유몽인(1559-1623) 등을 그 기원으로 보는 학자들이 다수를 차지한다. 그들은 확실히 전통적 주자학과는 어느 정도 구별되는 견지에서 세계와 인간을 파악하고 이해하려는 노력을 활발히 펼쳤다. 달리 말해, 전통적 주자학자들이 『대학(大學)』·『논어(論語)』·『맹자(孟子)』·『중용(中庸)』 등 사서와 『시경(詩經)』·『서경(書經)』·『주역(周易)』 등 삼경을 포함한 사서삼경(四書三經)을 중시했음에 비해, 그들은 『시경』·『서경』·『역경(易經)』·『춘추(春秋)』·『예기(禮記)』·『주례(周禮)』 등 이른바 육경고학(六經古學)을 중시했다.[185]

비록 실학의 기원에 해당되는 것으로 간주되는 학문적 사유를 했던 선학들이 존재했음은 사실이지만, 실학이 하나의 학문체계로 성립된 것은 주로 17대 효종 때와 18대 현종(顯宗 : 1641-1674) 때 활동했던 유형원(柳馨遠 : 1622-1673)에 이르러서였다는 데 대해 대체적인 합의가 이뤄졌다.[186] 그러나 유형원 스스로 자신의 학문을 실학이라고 부르지

185 한림대학교 한국학연구소 편, 『다시, 실학이란 무엇인가』(서울 : 푸른역사, 2007). 이 책에는 한영우 교수 등 7명의 국사학자들이 주제에 따라 집필한 7편의 논문들이 게재됐다. 한백겸과 이수광에 대해서는 다음을 참조했다. 정호훈(鄭豪薰), 「17세기 실학의 형성과 그 정치사상」, 위와 같음, 75쪽. 이수광의 『지봉유설』이 갖는 역사적 의미를 평가하면서도 그 책 하나만으로 이수광을 실학의 비조(鼻祖)로 보는 것은 문제가 있다고 지적한 책은 다음이다. 강명관, 『책벌레들 조선을 만들다』, 144쪽.

186 천관우(千寬宇), 「반계(磻溪) 유형원 연구(상) : 실학발생에서 본 이조사회의 일(一) 단면」, 『역사학보』 2(1952) ; ____, 「반계 유형원 연구(하) : 실학발생에서 본 이조사회의 일 단면」, 『역사학보』 3(1953). 이 논문들은 다음에 다시 수록됐다. 천관우, 『근세조선사 연구』(서울 : 일조각, 1979).

유형원을 포함한 조선조 실학자들의 정치사상에 대해서는 다음에서 자세히

않았으며 이 시대의 학자들도 그의 학문을 실학이라고 명명하지는 않았다.

유형원. 유형원은 남인에 속했으며, 남인을 영남남인(嶺南南人)과 근기남인(近畿南人)으로 나누는 경우 근기남인에 속했다. 유형원은 벼슬길에 나서지 않고 전라도 부안(扶安)의 초야에서 스스로 농사를 지으며 관제·토지제도·조세제도·신분제도 등 조선사회의 거의 모든 제도들을 연구하고 그것들에 내재된 문제들을 검토한 뒤, 주(周)의 제도들을 체계적으로 정리한 책으로 간주되는 『주례』를 바탕으로 자기 나름의 개혁론을 전개했다. 그것들 가운데 정치와 관련된 그의 주장들을 살피기로 하겠다.[187]

유형원은 효종 때인 1652년에 시작해 현종 때인 1670년에 완성한 『반계수록(磻溪隨錄 : 반계는 그가 살던 동리의 이름이면서 동시에 그의 호다)』에서 정치에 대해 '고자정재양민(古者政在養民)'이라고 정의했다. "옛것에 따르면, '정'은 '양민'에 있다"는 뜻이다. 그러면 '고자'란 무엇인가? 그것은 요와 순 때 만들어지고 주에 와서 완비된 제도를 의미했다. 유형원은 『주례』에 수록된 제도들을 가장 이상적인 것들로 여겼기에, 정치의 정의를 거기서 인용한 것이다. 정치의 본질을 도덕에서가 아니라 양민에서 찾았다는 점에서 그의 학문이 전통적 주자학과 구별된다는 것을 감지할 수 있다. 그는 노비를 '민(民)'으로 여기지 않았던 조선

분석됐다. 김한식(金漢植), 『실학의 정치사상』(서울 : 일지사, 1979). 조선의 실학사상에 대한 저서들로서 대표적인 것들은 다음이다. 금장태, 『한국실학사상 연구』(서울 : 집문당, 1987) ; 신용하, 『조선후기 실학파의 사회사상 연구』(서울 : 지식산업사, 1987).

187 조성을, 「실학파의 정치사상」, 641-648쪽. 유형원을 비롯한 실학자들의 경제사상은 다음에서 자세히 토론됐다. 『한국유학사상 대계』 제7권, 제10장과 제11장. 유형원의 생애와 사상에 관한 미국인 교수의 저서로 다음을 지적할 수 있다. James B. Palais, *Confucian Statecraft and Korean Institutions : Yu Hyŏngwon and the Late Chosŏn Dynasty* (Seattle : The University of Washington Press, 1996).

왕조의 전통적 발상과는 달리 '민'으로 여긴 견해를 제시했는데, 이 견해는 당시로서는 대담한 발상이었다. 이것은 그가 민생과 실리를 중시한 북인으로부터 영향을 받은 것이었음을 뜻했다.[188]

유형원의 개혁론 가운데 관제개혁에 대해 살피면, 그는 우선 '작은 정부'론을 제시했다. 고대중국의 요와 순 및 하·은·주의 이상시대에는 관직의 수가 적어 정치가 잘 됐는데 후대에 내려올수록 관직의 수가 많아져 정치가 문란해졌다고 분석하면서, 그는 우리나라의 관직이 중국에 비해서도 지나치게 많다고 비판했던 이이의 상소문을 인용했다. 그는 불필요한 관원들을 없애고 그 대신에 필요한 관원들에 대해서는 봉급을 넉넉하게 줄 것을 제의했다. '후록(厚祿)'으로써 관리의 청렴을 기대할 수 있다는 뜻이었다.[189] 이 주장은 우리가 앞에서 본 허균의 주장을 닮은 것이다.

'작은 정부론'의 발상은 재상을 한 사람만 두자는 제의로 이어졌다. 영의정·좌의정·우의정 등 삼상(三相)을 둘 것이 아니라 일상(一相)만 두고 그 한 사람의 재상이 관료기구 전체를 통솔한다는 것이 그의 제의였다. 만일 그의 뜻대로 실현된다면, 국왕의 위치는 명목적인 것이 된다. 실제로 그는 "국왕은 하늘을 대신하여 사람을 다스리는 존재이지만 구체적으로 마련된 제도에 의해 통치해야 한다"고 제의함으로써, 강화된 권력을 가진 재상이 관료기구를 이끌면서 국왕의 전제적 권력을 견제해야 한다는 뜻을 비친 것이다. 이러한 구상은 우리가 이미 살폈듯, 정도전이 제시했던 것이며, 우리가 앞으로 살피게 되듯, 윤휴(尹鑴)와 이익(李瀷)을 거쳐 정약용(丁若鏞)에까지 이어진다.[190]

종합적으로 말해, 유형원은 국가의 역할과 기능이 최대화되는 체제를 중시했는데, 이러한 사고는 '주례적(周禮的) 국가체제'를 건설하자

188 신병주, 「조선 중기 북인의 정치사상」, 354쪽.
189 조성을, 「실학파의 정치사상」, 643쪽.
190 위와 같음, 645-646쪽.

는 구상으로 연결됐다. 『반계수록』에 제시된 (1) 토지의 국유와 국가적 관리에 대한 구상[공전제(公田制)], (2) 병농일치의 군사제도, (3) 상공업에 대한 국가차원에서의 계획과 운영 등은 『주례』의 방식을 원용한 것이었다. 확실히 그는 『경국대전』에 구체화된 조선의 사회구성과는 완전히 다른 체제를 구상하고 있었다. 달리 표현해, 조선 당대의 국가체제와 국가질서를 뛰어넘는 새로운 국가의 구성을 구상하고 있었던 것이다.[191]

윤휴. 유형원과 같이 북인계 근기남인에 속하면서 유형원의 사상적 흐름에 비슷한 흐름을 보인 반면에, 주자학에 대한 해석에서 송시열과 대척점에 섰던 같은 시대의 유학자가 윤휴(1617-1680)였다. 송시열이 자신의 판단근거를 주자에서 찾았음에 비해 윤휴는 주자를 비판했다. 윤휴의 사상적 지향은 명의 사상가 왕수인(王守仁 : 1472-1529, 호 양명)이 정립한 양명학(陽明學)으로, 이것은 정치적 대의명분에 최고의 가치를 부여하는 주자학에 비해 백성들의 생활조건향상을 지향했다. 이러한 입장을 취하는 윤휴를 송시열은, 비록 윤휴가 북벌론에서 자신과 보조를 같이 취했다고 해도, 용납할 수 없었다. 그리하여 송시열은 그를 '유학의 정통적 해석을 수용하지 않고 이단적 해석을 제시함으로써 유학을 어지럽힌 역적'이라는 뜻의 '사문난적(斯文亂賊)'으로 단죄했다. 윤휴는 뒷날 남인이 몰락하고 서인이 득세하는 정치변동 때 사사되며, 9년 뒤에 송시열 역시 사사된다.

윤휴가 제시한 정치사상의 특성은 천하=국가를 '일가(一家)'로 보는 '가천하정치론(家天下政治論)' 그리고 그것에 기초한 '충효일치론(忠孝一致論)'이었다. 이 이론에 따르면, 군주는 정치적 수장(首長)이며 동시에 민(民)의 생존을 책임지는 부모다. 다시 말해, 군주는 국가라는 '가'의 가부장이며 민은 그 '가'의 자식들이다. 부자의 혈연관계가 애정과

191 정호훈, 「17세기 실학의 형성과 그 정치사상」, 한림대학교 한국학연구소 편, 『다시, 실학이란 무엇인가』, 66-67쪽 및 80쪽.

자발성에 근거해 절대적인 친밀성과 접착성을 갖듯 군민의 관계도 절대적인 친밀성과 접착성을 갖는다는 발상이다. 이러한 생각은 또, 국가의 공적 질서에서 요구되는 규범과 사가(私家)의 사적 질서에서 실현되는 규범을 일체화함으로써 두 규범들 사이의 갈등을 해소하는 측면을 가졌다. 그것은 충과 효를 개별적 존재가 아니라 동일적 존재로 일체화시킴으로써, 충과 효 사이의 충돌을 해소하고, 충의 영역을 확장한다는 의미이기도 했다. 자연히 이 이론은 군주의 권력을 강화시켜 주는 데 기여했다.[192]

그런데 윤휴의 '가천하정치론' 그리고 거기에서 파생한 '충효일치론'에는, 한 집안의 어버이가 자녀들의 복리(福利)를 보장해 줄 때 자녀들의 더 많은 효를 기대할 수 있듯, 한 국가의 최고 어버이로서의 군주는 그 국가를 구성하는 모든 백성들의 복리를 보장해 줄 때 백성들로부터 더 많은 충성을 기대할 수 있다는 뜻을 함축했다. 그는 전통적 주자학에서 벗어나 백성의 복리에 더 역점을 두는 실학의 흐름을 안고 있었다는 평을 받는다.

박세당. 송시열은 윤휴와 더불어 박세당(朴世堂 : 1629-1703)도 '사문난적'으로 단죄했다. 박세당은 자유분방한 사유체계를 지닌 당대의 석학으로서 주자학적 세계관에 의문을 제기했으며 뒷날 윤휴와 더불어 실학의 기초를 놓은 사람으로 간주된다.[193] 특히 그는 군주가 백성에게 혜택을 베푸는 형태로서의 민본사상이 아니라 백성이 당연히 받아야 하고 누려야 할 혜택을 군주로부터 받는 형태로서의 민본사상을 나타냈으며, 왕도정치의 핵심은 백성의 인심을 얻는 데 있기보다는 백성

192 정호훈, 「붕당정치와 군주의 정치사상」, 『한국유학사상 대계』 제6권, 559-568쪽 ; 정호훈 「17세기 실학의 형성과 그 정치사상」, 한림대학교 한국학연구소 편, 『다시, 실학이란 무엇인가』, 79-80쪽.

193 유미림(柳美林), 「'우산도=독도'설 입증을 위한 논고 : 박세당의 「울릉도」와 장헌상의 「울릉도 사적」을 중심으로」, 『한국정치외교사논총』 제29집 2호(2008년 2월), 82-87쪽.

을 부양하는 데 있다는 양민론을 전개했다.[194]

194 김만규, 『한국의 정치사상』(서울: 현문사, 1999), 282쪽. 박세당의 정치사상은 다음에서 자세히 토론됐다. 김정호(金正昊), 「근세 한·일 사회변혁론의 정치사상적 특성: 박세당과 안도 쇼에키(安藤昌益)의 사상을 중심으로」, 『한국정치학회보』 제37집 2호(2003년 여름), 107-130쪽.

제3장

서세동점과 기강문란이 맞물린 '위태한 시기'의 조선왕조의 정치사상가들

제1절 영조와 정조: 새로운 군주론을 정립하다

제2절 경세치용의 실학사상이 발전하다

제3절 이용후생의 북학론이 성장하다

제4절 주권재민의 관념이 싹을 보이다

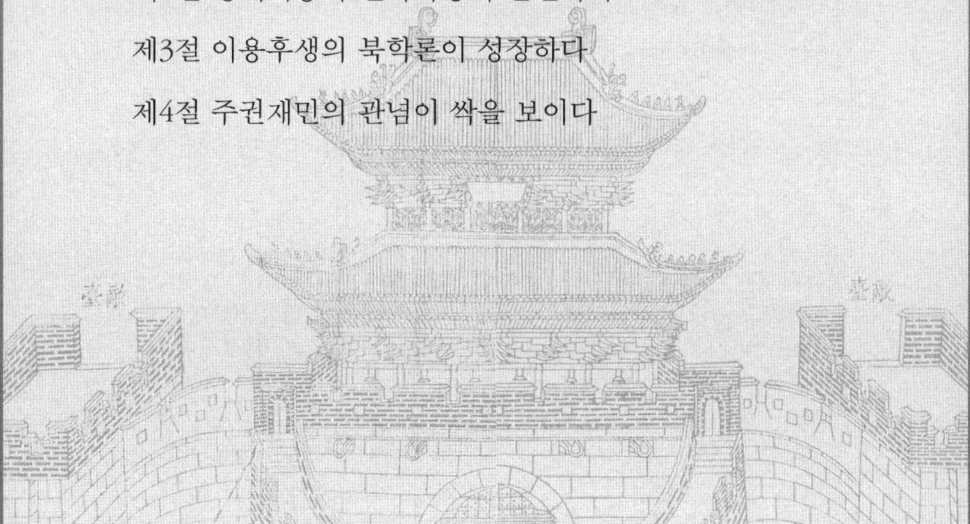

제 1 절 영조와 정조: 새로운 군주론을 정립하다

19대 숙종이 1720년에 죽고 숙종이 장희빈을 통해 얻은 아들이 즉위했다. 그가 20대 경종(景宗 : 재위 1720-1724)이다. 그러나 경종이 건강하지 못해 후사를 남기지 못한 채 재위 4년 만에 죽자 숙종이 최숙빈(崔淑嬪)을 통해 얻은 아들이 1724년에 즉위했다. 그가 21대 영조(英祖 : 재위 1724-1776)다.[1] 영조는 무려 52년에 걸쳐 재위하다가 만 82세에 죽었

---

1 영조가 통치한 18세기 조선의 정치와 사회에 대한 뛰어난 연구로 다음이 있다. Jahyun Kim Haboush, *A Heritage of Kings : One Man's Monarchy in the Confucian World* (New York : Columbia University Press, 1988). 영조의 글들과 그것들에 대한 해설은 다음 책으로 편집되어 출판됐다. 한국학중앙연구원 편, 『영조어제 해제』(경기도 성남시 : 한국학중앙연구원, 2011), 전11권. 이 책은 정조의 『홍재전서(弘齋全書)』(1799년 규장각 출판)에 버금가는 가치가 있다는 평가를 받는다.

영정조 및 순조 시대에 조선에서 전개된 정치사상을 다음 책에서 자세히 설명됐다. 유미림, 『조선후기의 정치사상』(서울 : 지식산업사, 2002). 이 책은 다음과 같이 구성됐다 : 서장 ; 1장(「주자학적 통치이념의 확립」) ; 2장(「권력구조 : 탕평론과 주자의리론」) ; 3장(「인정(仁政) 이념의 이론과 실제」) ; 4장(「중화적 세계인식 : 역사적 규범주의와 정학주의」) ; 맺음말(「체제이데올로기로서의 존재양식」).

고, 그의 손자가 1776년에 즉위했다. 영조가 노론세력에 밀려 아들 사도세자(思悼世子)를 뒤주에 넣어 죽였기 때문에[2] 사도세자의 아들이 왕위를 계승한 것이다. 그가 22대 정조(正祖)다. 그는 24년 동안 재위하다가 1800년에 만 48세로 죽었다.

서양열강의 조선탐사 개시. 이 시기는 한국의 역사에서 흔히 '영정조 시대'라고 불리는 가운데 학자들의 다양한 전공에 따라 여러 측면들에서 분석됐다. 이 책의 주제와 관련해 주목해야 할 것은 우선 이 시기에 조선이 서양인들이 쓴 책들을 통해 서양세계에 널리 알려지게 됐으며 조선을 서양의 강대국들이 탐사하게 됐다는 사실이다.

영조의 치세이던 1735년과 1748년 및 1755년에 각각 조선에 관한 책들이 프랑스어와 영어로 유럽에서 출판됐으며, 정조의 치세이던 1789년과 1791년 및 1797년에 각각 프랑스와 영국의 함대나 상선이 조선해역을 탐사했거나 조선에 상륙했다. 프랑스의 경우, 제주도를 탐사했고 울릉도를 '발견'해 다줄레 섬(Isle Dagelet)이라는 프랑스식 이름을 붙여 서양의 해도에 처음으로 이 섬을 올려놓았다. 영국의 경우, 제주도를 탐사했고 원산만에 브로턴 베이(Broughton Bay)라는 영국식 이름을 붙여 주었으며 부산에 상륙한 뒤 자신의 관찰들을 자세히 기록했다. 조선이 외부로부터의 침략에 대한 무력준비를 충분히 하지 않고 있다는 사실도 거기에 포함됐다.

2 사도세자의 부인인 세자빈 혜경궁 홍씨는 자신의 회고록인 이른바 『한중록(閑中錄)』을 남겼다. 이 책을 영어로 번역하고 거기에 해설을 붙인 대표적인 책이 다음이다. Haboush, Jahyun Kim, *The Memoirs of Lady Hyegyŏng : the Autobiographical Writings of a Crown Princess of Eighteenth-Century Korea*, translated and with an Introduction and Annotations by JaHyun Kim Haboush (Berkeley, CA. : The University of California Press, 1996). 다음과 같은 역본들도 있다. Hong (Lady), *Memoirs of a Korean Queen*, Translated and edited by Choe-wall Yang-hi (London : KPI, 1985) ; Haekyoungkung Hongssi, *Han Joong Nok*, trans. Bruce K. Grant and Kim Chin-man (New York : Larchwood, 1980).

1797년에 영국함대가 부산에 상륙했을 때, 정조는 동래부사로부터 직접 보고를 받았다. 보고한 동래부사도 그 함대의 국적이 어딘지 모르겠다고 했으며, 보고를 받은 정조도 정조의 중신들도 그 나라가 하란(荷蘭)이냐 대만이냐 서로 물었을 뿐 정확히 파악하지 못했다. 오늘날의 네덜란드를 의미하는 하란은 17대 효종 때 조선에 표류한 네덜란드의 상인 하멜(Hamel) 때문에 조선에 알려졌다. '은둔의 왕국'이라고 불리던 조선에서 '개명된 군주'라고 칭송되던 정조의 시대까지도 조선 조정의 바깥세계에 대한 인식은 매우 제한됐던 것이다.[3]

서학의 확산과 벽사위정론의 전개. 조선에 대한 서양열강의 탐사가 계속되는 가운데, 그때 중국에서나 조선에서 천주학으로나 서학으로 알려진 천주교가 조선의 사대부들 사이에 빠르게 전해졌다. 특히 정조의 치세 때이던 1784년부터 1794년까지의 10년에 걸쳐 천주교가 서울을 중심으로 크게 전파됐다. 서양세력이 동아시아로 진출하면서 그 세력을 팽창시키던 이른바 서세동점(西勢東漸)이 조선에서도 뚜렷하게 나타난 것이다.

서세동점에 대한 조선사회의 대응은 우선 천주교를 둘러싸고 나타났다. 자연히 천주교를 수용하는 사람들과 반대하는 사람들 사이에 격론이 벌어졌다. 특히 성리학을 정학(正學)으로 천주교를 사학(邪學)으로 여긴 지식인들은 사학을 반대하고 정학을 지킨다는 뜻에서 이른바 벽위론(闢衛論)을 전개했다.[4] 벽위는 벽사위정(闢邪衛正)의 준말인데, 벽

3 이 사실들에 대해서는 다음에 자세히 설명됐다. 김학준, 『서양인들이 관찰한 후기조선』(서울: 서강대학교 출판부, 2010), 69-74쪽 및 78-87쪽.

4 벽위론은 이만채(李晩采)가 순조치세에 편집한 『벽위편(闢衛編)』에 자세히 소개됐다. 이 책은 성균관대학교 도서관에 소장되어 있다. 이 책에 대해 금장태 교수는 다음과 같이 논평했다. "이 책은 천주교가 조선에 전래했을 때 유교지식인들과 조선정부가 천주교를 배척한 사실에 관한 자료집인데, 거기에는 18세기 후반과 19세기 전반의 조선사회를 뒤흔들었던 유교와 천주교의 사상적 대립에 따른 논쟁과 갈등의 드라마가 담겨 있었다." 금장태, 『다산 정약용: 유학과 서학

사위정의 논리는 우리가 제4장 제2절에서 살피게 되듯 1860년대 이후 척사위정(斥邪衛正)의 논리로 연결된다.

천주교와는 별개로 서양의 학문 역시 이 시기에, 그 이전 시기에 비해 상대적으로 활발히 전래됐으며 또한 수용됐다. 특히 정조는 즉위하면서 곧바로 청으로 파견된 사신들을 통해 청에서 한역된 서양의 서적들을 사들여오도록 지시했다. 그리하여 『기기도설(奇器圖說)』·『직방외기(職方外紀)』·『서방요기(西方要紀)』·『태서인신개설(泰西人身槪說)』 등 몇 종의 서양서들이 조선에 소개됐다. 서양의 서적들 가운데 조선의 지식인들을 자극했던 분야는 주로 천문학과 수학 및 역학(曆學) 등 이른바 서기(西器)에 관련됐다.[5]

서기의 전래는, 천주교의 전래가 그러했듯, 조선의 지식인들 사이에 논쟁을 불러일으켰다. 우리가 앞으로 살필 이익(李瀷)은 적극적으로 받아들였으나, 이헌경(李獻慶)은 상당히 비판적인 태도를 보였다. 이헌경은 서양의 천문·역학이란 '편곡(偏曲)된' 지식에 불과하다고 본 것이다. 이러한 태도에 대해, 이 시대의 학자였던 이서구(李書九)는 "서양의 천문·역학이 외이(外夷)에서 나온 것이라는 이유로 사대부들이 그것을 배우려들지 않는다"고 논평했다.[6] 후자들의 경우, 그들은 여전히 화이론에 매달렸던 것이다.

신하가 군주를 선택할 수 있다는 논리의 등장. 서세동점이 전통적 주자학논리에 얽매인 조선왕조의 지배층에 충격을 주고 동시에 사상적 갈등을 불러일으키는 상황에 맞물려 조선의 지배층 내부에서는 당

의 창조적 종합자』(경기도 파주시 : 살림출판사, 2005), 15쪽. 이만채의 『벽위편』은 다음과 같이 번역됐다. 이만채 편·김시준(金時俊) 역, 『벽위편』(서울 : 한국자유교양추진회, 1985). 이 책에는 1801년에 발생한 이른바 황사영백서사건(黃嗣永帛書事件)이 자세히 설명되어 있다.

5 노대환(盧大煥), 「정조시대 서기(西器) 수용 논의와 서학정책」, 정옥자 편, 『정조시대의 사상과 문화』(서울 : 돌베개, 1999), 201-245쪽.

6 위와 같음, 215-217쪽.

파들 사이에 권력투쟁이 극심해졌다. 권력투쟁은 영조가 즉위한 때로부터 4년밖에 지나지 않은 1728년[무신년(戊申年)]에 일어난 이인좌(李麟佐)의 난에 부분적으로 나타났다. 영조가 이복형 경종을 독살하고 임금이 됐다는 소문을 퍼뜨린 세력이 "정통성 없는 나쁜 임금을 몰아내고 좋은 임금을 세워야 한다"는 명분을 내걸고 조선의 주요한 도시들에서 동시다발적으로 무장봉기했던 것이다. 이 난에는 장희빈의 친동생인 장희재(張希載)의 아들이 가담했으며, 수많은 문벌양반가문이 참여했다.[7] 이 난을 평정하면서 영조는 탕평을 결심해, 이듬해인 기유년(己酉年)에 탕평책을 담은 기유대처분(己酉大處分)을 발표했다.

그러나 당파들 사이의 권력투쟁은 계속됐다. 이 사실은 1733년 1월 19일에 영조가 내린 '19일 하교(下敎)'에서 선명히 드러났다. 영조는 바로 그날 깊은 밤에 사관만 입시해 자신의 말을 기록하게 했다. 이 역사적 장면에서 영조는 노론과 소론 및 남인 사이에 권력투쟁이 깊어지면서 심지어 자신이 군주가 되도록 결정적으로 힘을 썼던 노론은 자신이 노론의 말을 듣지 않는다면서 군주를 협박하기에 이르렀다고 고백했다. 영조는 이러한 일을 겪으면서 "그들이 영화를 탐하고 나라를 팔아먹는 자들임을 알았다"고 개탄했다.[8]

여기서 상기돼야 할 것은 신하들이 이른바 택군론(擇君論)을 전개했다는 사실이다. 신하가 군주를 선택할 수 있다는 '신택군(臣擇君)'의 논리가 그것이다. 영조는 신하들이 '택군론'을 등장시킴에 따라 "임금이 임금 구실을 하고 신하가 신하 구실을 하는 의리를 땅에 떨어뜨렸다"고 보았다. 영조의 개탄과 분노에 나타났듯, 노론과 소론 및 남인 사이

7 박광용(朴光用), 『영조와 정조의 나라』(서울 : 푸른역사, 1998), 286-287쪽. 이 책은 저자의 1994년도 서울대학교 문학박사학위논문 「조선후기 '탕평' 연구」를 수정보완한 것이다.

8 박현모, 「재판판결로 본 영조의 백성관 연구」, 『한국정치연구』 제20집 제1호(2011년 2월), 28쪽.

의 당쟁은 극심했다. 어사 박문수(朴文秀)의 말처럼, 그들은 서로 자기 당에 불리한 인사나 정책의 실시를 막기 위해 혈투를 벌이곤 했다.[9] 영조 18년인 1742년에 좌의정 송인명(宋寅明)이 영조에게 "당동벌이(黨同伐異)의 습관은 날이 갈수록 더욱 교묘해지고 있습니다. 공적인 일이라 핑계하여 사사로운 일을 경영하며 다투어 빼앗는 것만을 일삼고 있습니다. 조정의 논의가 이처럼 공정하지 못합니다."라고[10] 말했던 것이 그러한 상황을 극명하게 묘사했다.

경장론의 대두. 갈등과 대립의 상황은 중앙에 국한되지 않았다. 실학자 이중환(李重煥)의 표현으로, 1750년대에 조선은 '시골까지 하나의 전쟁터'로 바뀌었다. 지방사회에서 "무릇 사대부가 거주하는 곳은 인심이 무너지지 않은 곳이 없어서, 붕당을 심어 떠돌이손님[遊客 : 유객]을 모아들이고 권리를 내세워 아래백성[小民 : 소민]을 침탈하는 당쟁의 고질병이 계속됐다"고 그는 표현했다.[11] 이러한 상태에서, 조선사회 내부는 전반적으로 기강의 문란이 두드러지게 나타났다. 이 사실은 정조 2년인 1778년에 정조 스스로의 입을 통해 확인됐다. "대저 종합하여 말한다면 지금의 폐해는 한 가지만이 아니다. 비유하건대, 마치 큰 병이 든 사람의 진원(眞元)이 이미 허약하여 혈맥이 막혀 버리고 혹이 불거지게 된 것과 같은 꼴이다."라는 말로 시작한 정조는 "기강이 문란해져 당폐(堂陛)가 존엄해지지 못하고, 언로가 막히어 강직한 말을 들을 수 없으며, 난역(亂逆)이 잇달아 생겨나 의리가 더욱 어두워졌다"고 개탄했다. 여기서 '당폐'란 임금과 신하를 비유적으로 이르는 말이다.

정조는 거기서 한 걸음 더 나아가, "위태한 증상이 조석 사이에 박두해 있는 상황이 아닐 수 없다"고 현실을 진단했다. 그는 이처럼 '위태

9 위와 같음, 28-29쪽.

10 세종대왕기념사업회 고전국역편집위원회 편, 『영조실록』 18(서울: 세종대왕기념사업회, 1991), 107쪽.

11 박광용, 『영조와 정조의 나라』, 276쪽에서 다시 옮김.

한' 상황을 "아! 시험 삼아 오늘날의 국가사세를 보건대, 경장(更張)한다고 해야 되지 않겠느냐? 구습을 버리지 못하고 있다 해야 되지 않겠느냐? 큰 집이 기울어지게 되면 하나의 목재로는 지탱할 수 없는 것이고, 온갖 내[川]가 터지게 되면 쪽배로는 막기가 어려운 것이다"라고 표현했다.[12] 신복룡 교수의 표현을 빌리건대, 이 시기에 "왕조의 피로가 나타나고 그 증상으로 민중적 삶의 곤고(困苦)함이 나타났다." 그것은 민중에게는 우선 빈곤으로 나타났고, 거기에 더해 관리들에 의한 가렴주구로 나타났다. "백성들은 땅으로 농토를 삼는데 관리들은 백성들로 전답을 삼는다[民以土爲田 吏以民爲田 : 민이토위전 이이민위전)]"는 정약용의 탄식이 그 점을 말해 주었다.[13] 여기서 정조는 경장론을 제기했던 것이다.

탕평정치기. 이러한 위기의식은 '파붕당(破朋黨)'의 의식으로 이어졌다. 영조의 경우, 여러 붕당들의 사욕추구로 말미암아 정치세계가 혼란해지고 그것이 민생의 불안을 낳는다고 인식하면서, '파붕당'이야말로 국가와 왕실의 인정을 도모하는 지름길이라고 확신했다.

여기서 바로 '탕평(蕩平)'의 시대가 펼쳐지게 됐다. '탕평'이란 용어는 『서경』의 「홍범(洪範)」에 전거를 둔 것으로, '인군(人君)의 치(治)가 이상적인 상태에 도달한 것'을 의미한다. 구체적으로, "다스림은 크게 중립적이고 지극히 바르게 해야 한다[大中至正 : 대중지정]"는 뜻이다. 이 용어에 대한 해석을 놓고 조정의 사대부들 사이에 그리고 재야의 지식인들 사이에 논란이 뒤따랐다. 그런데 '탕평'을 '파붕당'에 국한시켜 생각하면, 「홍범」에 포함된 '대대(待對)'의 원리였다. 이것이 영조치세에서, 관직에 노론과 소론을 짝을 지워 등용하는 '쌍거호대(雙擧互對)'로 또는 '호대쌍거'로 나타났다. 단순화시켜 말해, 어느 공직에 대해 인사를 할 때 노론과 소론 모두가 천거하고 책임자와 부책임자에

12 신복룡, 『한국정치사상사』(서울 : 지식산업사, 2011년 출간예정), 제27장, 6-7쪽.
13 김상홍 편저, 『다산의 꿈 목민심서』(서울 : 새문사, 2007), 7쪽.

노론과 소론을 같이 임명해 서로 견제하게 하는 제도였다. 그리하여 영조와 정조가 이끌었던 "18세기는 조선정치의 발전단계상 탕평정치기(蕩平政治期)로 규정되기에 이르렀다."[14]

다른 한편으로, 이 시기는 인구가 크게 늘어난 시기였다. 당시 서울은 도로가 침식될 정도로 인구가 집중적으로 증가했다.[15] 경제사적으로 농업과 상업에서, 오늘날의 용어를 빌린다면, '자본주의적 싹'이 트는 것처럼 보이던 시기였다. 우선 농업에 있어서 모내기법은 물론이고 벼와 보리의 이모작이 널리 보급되어 오늘날과 같은 논농사를 할 수 있게 됐다. 농기구가 다양하게 발달하고 땅을 기름지게 하는 시비법(施肥法)이 발전했으며 수확량을 높이는 농사법이 보급됐다. 종합적으로 말해, 집약농업이 높은 수준으로 발달하게 됐다. 이것은 자연히 전국의 시장들을 상대로 판매하기 위해 농산물들을 생산하는 상업적 농업으로 연결됐으며, 그 결과 부분적으로는 토지를 넓게 많이 소유한 농민층과 비교적 부유한 농민층을 배출했다.[16] 상업에서는, 유통경제가 발달했다. 바꿔 말해, 생산과 유통에 종사하는 서민의 활동이 전국적으로 나타난 것이다. 유통경제의 발달은 화폐의 유통을 촉진시켰고, 서울과 같은 도시를 중심으로 '서구의 부르주아계급의 전신(前身) 쯤으로 볼 수 있는 중인층'이 나타났다. 동시에 외국어실력을 바탕으로 해외무역에 종사하는 역관층이 급속하게 성장했다.[17]

규장각의 활성화. 이 시기는 또 문화사적으로 민족문화와 서민문화

---

14 김성윤(金成潤), 「탕평기 군주의 정치사상」, 한국국학진흥원 국학연구실 편, 『한국유학사상 대계』(경상북도 안동시 : 한국국학진흥원, 2007) 제6권(정치사상편), 585쪽 및 601-602쪽. 영조와 정조 시대의 탕평정치에 대한 연구서로 다음이 있다. 김성윤, 『조선후기 탕평정치 연구』(서울: 지식산업사, 1997).

15 박현모, 『정치가 정조』(시울: 푸른역사, 2001년), 133쪽 각주 3. 이 책은 지자의 1999년도 서울대학교 정치학박사학위논문 「정조의 성왕론과 경장정책에 관한 연구」를 수정보완한 것이다.

16 박광용, 『영조와 정조의 나라』, 281쪽.

17 위와 같음, 277-279쪽.

가 발달한 시기였고, 우리가 다음에서 보듯 학문적으로 실학이 발전한 시기였다. 사상적으로 문화자존의식의 발현에 따라 종전의 '소중화주의', 곧 한족의 중국이 중화라면 조선은 소중화라는 관념을 한 단계 높인 '조선중화주의', 곧 조선이 바로 중화라는 관념이 확대된 시기였다. 이러한 역동적 변화가 진행되던 후기 조선에서 탕평책으로 정국이 어느 정도 안정되자 이른바 문예부흥의 시대가 전개됐다. 정옥자(鄭玉子) 교수를 비롯해 이 시대의 문예활동을 깊이 연구한 학자들은 숙종치세 이후 정조치세에 이르기까지 진경산수화(眞景山水畵)와 풍속화 등으로 대표되는 '진경문화(眞景文化)'의[18] 등장에 주목해, 이 시대를 '진경시대(眞景時代)'로 명명했다.[19] 진경산수화란 조선의 산천을 있는 그대로 사실적으로 그린다는 뜻이 아니고, 산천에서 느낀 주관적 흥취를 강조해서 그린다는 뜻이 담겼다.

'문예부흥'을 말하면서 특히 정조를 말하지 않을 수 없다. 학문에 대한 열정이 컸으며 독서를 사랑했던 정조는 그사이 유명무실한 존재였던 규장각(奎章閣)을 활성화시켜 군주와 왕실의 도서관으로 삼는 한편 문풍진작을 위한 문화정책의 핵심적 추진기관으로 활용했다. 이것은 정도전 및 양성지의 제의가 정조에 이르러 구현됐음을 말해 주었다. 그는 또 초계문신(抄啓文臣)이라는 새로운 제도를 두어 젊은 하급 문신들 가운데 우수한 사람들을 뽑아 규장각에서 교육시키고 몇 차례의 시험을 거치게 한 뒤 주요한 부서들로 배치했다.[20] 이 규장각의 활성화와 초계문신의 배출을 통해 정조는 자신의 정책을 뒷받침할 친위대적

18 '진경문화'라는 용어는 다음에서 보인다. 정옥자 편, 『정조시대의 사상과 문화』(서울: 돌베개, 1999), 37쪽.

19 정옥자, 『조선후기문화운동사』(서울: 일조각, 1988) 및 『정조의 문예사상과 규장각』(서울: 효형출판, 2001); 최완수(崔完秀) 외, 『진경시대』 제1권 및 제2권(서울: 돌베개, 1998). 한영우, 「'실학' 연구의 어제와 오늘」, 한림대학교 한국학연구소 편, 『다시, 실학이란 무엇인가』(서울: 푸른역사, 2007), 51쪽.

20 정옥자, 『조선후기문화운동사』, 106-161쪽.

문신들을 확보했던 것이다.

영조의 『주례』로의 복귀 지향. 탕평을 지향하면서, 영조는 『주례』를 높이 평가하고 조선을 『주례』가 제시한 체제로 굳히려고 했다. 이것은 무슨 뜻인가? 김성윤(金成潤) 교수는 다음과 같이 설명했다:

> 조선 후기에 『주례』를 국가체제의 이념형(理念型)으로 한 정치개혁론의 핵심내용은 국왕으로부터 관료를 거쳐 말단의 백성에 이르는 일원적이고 통일된 통치체제의 수립이었다. 이러한 『주례』체제로의 복귀 지향은 붕당정치기에 확립됐던 군신공치(君臣共治)의 이념을 부정하고 사림정치와 대항하여 통일권력을 구축하려는 노력을 반영했다.[21]

이러한 영조로서는 사서(四書) 가운데 하나인 『맹자』의 군주관을 받아들일 수 없었다. 『맹자』는 왕도와 패도를 엄격히 구별하고 군주에 대한 신하의 계도와 군신 사이의 의합(義合)을 강조했기 때문이다. 『맹자』는 한 걸음 더 나아가 군주가 민의를 저버릴 때는 혁명도 가능하다고 말할 정도로 군주의 전제성을 철저히 부정했기 때문이다.[22] 그러나 영조는 『맹자』에 포함된 공리주의적 측면에 대해서는 공감했던 것 같다. 영조는 의리론에 입각한 경세를 지향하기보다 현실정치에 눈을 돌려 그 효율성을 높이는 공리적 경세관을 가졌던 것이다. 주희가 극히 비판했던 당태종(唐太宗)의 치적을 묘사한 『정관정요(貞觀政要)』를 영조가 오히려 극찬한 까닭이 거기에 있었다.[23]

영조의 보민론. 여기서 주목되는 것은 이 시대를 이끌었던 영조와 정조가 남달리 학문과 독서를 사랑했으며 자기 나름의 정치적 관념을 정립했고 특히 자기 나름의 군주론을 전개했다는 사실이다. 영조의 경우, 『주례』를 열심히 반복적으로 읽는 가운데 "특권층을 용인하지 않

---

21 김성윤, 「탕평기 군주의 정치사상」, 602쪽.
22 위와 같음, 603쪽.
23 위와 같음, 604쪽.

고, 모든 계층의 백성을 왕권 아래에서 일률적으로 지배하는 이른바 '일군만민(一君萬民)'의 제일적(齊一的) 지배 즉 수평적 계급질서 위에서 군림하는 초월적 왕권을 의식한 것으로 보인다."[24] 바로 이 점이 영조의 군사론(君師論)을 말해 주었다. 자신의 수많은 독서를 근거로 신하들에게 책을 읽히고 스스로 강(講)을 했던 그는 자신을 군사로 여기면서 점차 공자나 주희 등 성현들의 권위보다 자신의 권위를 내세우기도 했다.[25]

다른 한편으로, 영조는 사람 사이에는 상하귀천이 없다면서 "하늘이 임금의 자리를 만든 것은 그 민생을 보안하기 위한 것"이라는 보민론(保民論)을 제시했다. 보민론과 관련해, 그는 우선 "백성은 나의 동포(同胞)다"라는 말을 자주 썼다. 그 말은 중국 송나라의 학자 장재(張載)가 썼던 말인데, 조선왕조실록에서 '동포'라는 용어가 가장 많이 나온 것이 영조시대라는 지적은 바로 그 사실을 뒷받침한다.[26] 영조는 이어 백성을 경청과 설득의 대상으로 간주했다. 백성들을 상대로 스스로 의견을 묻기도 했으며, 자신이 추진하는 사업의 목적을 설명하기도 했다. 같은 정신에서, 영조는 압슬(壓膝)이나 낙형(烙刑)같은 육형(肉刑)을 폐지했으며, 재위 중반부 이후 균역법(均役法)의 개정 등 일련의 개혁정책을 추진했다.[27]

정제두 · 오광운 · 이천보 · 유척기 등의 정치이론. 영조의 이름은 조선의 역사에서 탕평치의 상징처럼 기억된다. 그러면 그의 탕평치를 뒷받침한 당대의 정치이론가들은 누구였을까? 우선 소론탕평파의 정제두(鄭齊斗 : 1649-1736)를 지적할 수 있다. 정제두는 지식과 행동의 통

24 한영우, 『한국선비지성사 : 한국인의 문화적 DNA』(서울 : 지식산업사, 2010), 292쪽 ; 부남철, 「유교적 학자군주 정조의 종교정책」, 『한국정치학회보』 제37집 2호(2003년 여름), 47-66쪽.

25 김성윤, 「탕평기 군주의 정치사상」, 606쪽.

26 박현모, 「재판판결로 본 영조의 백성관 연구」, 35-36쪽.

27 위와 같음, 36-40쪽.

일을 주장하는 양명학(陽明學)에 대한 연구를 심화시켜 조선유학계에서 최초로 양명학에 대한 사상적 체계를 세운 학자였다. 그는 영조 때 우찬성(右贊成)을 맡으면서, 영조에게 명분론적 집착을 피하고 시대의 변화에 따라 실제를 맞춰 가는 중용이라는 뜻의 '시중(時中)'이 진정한 탕평이라는 이론을 제시했다. 그는 곧 관직을 떠나 원래 자신의 학문 연구의 근거지로 삼았던 강화도(江華島)로 돌아가 이른바 강화학파의 비조가 됐다.[28] 양명학 자체가 그러했지만, 강화학파는 공리주의적 세계관을 지녀 민중의 현실생활개선을 중시했고 서양에 대해서도 유연한 입장을 유지했다. 강화학파의 이러한 관념은 뒷날 북학파와 개화파에게 일정하게 영향을 준다.

이어 오광운(吳光運 : 1689-1745)을 지적할 수 있다. 그는 정치가는 학문실력·국가경영능력·정치원칙의 세 가지로 국가에 봉사하는데, 그 기본은 정치원칙을 지키는 것이라고 했다. 그렇기에 탕평치를 제대로 실현하려면, 각 당파에서 '명류(名流)'라고 지칭되는 인물들을 동시에 등용해야 한다고 주장했다. 동시에 그는 문벌의 타파를 통해 붕당을 타파해야 한다고 제의했다. 그가 정치원칙이 이끄는 탕평을 강조했음에 주목해 그의 탕평론을 '의리탕평론'이라고 불렀다.[29]

이천보(李天輔 : 1698-1761)는 정치를 하려는 사람은 표면적인 이름을 얻는 데 힘쓰기보다는 실제적인 효과를 구하는 데 힘써야 한다고 주장했다. 그러한 주장의 연장선 위에서, 그는 원칙을 굳건히 존중하되 이상보다는 현실사업에 기반을 두고 한 발자국씩 전진하는 점진적인 통치방식을 선택해야 한다고 제의했다. 그는 이 기준에 입각해 탕평치를 실시할 것을 건의했다.[30]

유척기(俞拓基 : 1689-1768) 역시 이천보와 마찬가지로 정치원칙의 중

28 박광용, 『영조와 정조의 나라』, 257-262쪽.
29 위와 같음, 180-184쪽.
30 위와 같음, 184-186쪽.

요성을 강조했다. 이 점은 "그 사람이 가진 정치원칙이 옳으냐가 중요하므로, 그 사람이 가진 당과 색깔은 생각하지 않겠다"는 그의 말에 압축됐다. 그는 인재등용에서 정치원칙을 바탕으로 하면 당파를 넘어설 수 있다는 탕평론을 제시했던 것이다.[31]

정조의 군사론. 정조는 영조의 지도를 받으면서 『대학』에 대한 공부를 시작했으며, 오랜 기간의 『대학』 연구를 통해 『대학유의(大學類義)』를 편찬하고 『만천명월주인옹자서(萬川明月主人翁自序)』를 저술했다. 그는 모든 신하들과 모든 백성들을 '만천'에 비유하면서, 자신은 그들 모두를 비추어 주는 '명월'에 비유했던 것이다. 이태진 교수는 정조가 『대학』의 탐구를 통해 '새로운 군주론'을 정립했다고 평가했다.[32]

영조가 그러했던 것처럼, 정조 역시 '치통(治統 : 정치적 정통성)'을 확립하고, 자신의 뛰어난 학문능력을 바탕으로 '도통(道統 : 도덕적 정통성)'까지 겸비하여 성인(聖人)과 스승을 합친 '군사(君師)'를 자처했다. "이제 정조는 신하들에게 교육을 받는 임금이 아니라 신하들을 가르치는 군주가 된 것이다."[33] 이것은 군주가 경연을 통해 신하들로부터 견제를 받던 시대가 군주가 경연을 통해 신하들을 지도하는 시대로 바뀌었음을 의미했다. 이 점에 주목해, 이헌창(李憲昶) 교수는 "정조는 조선 후기 군주학(君主學)의 정점에 도달했다"라고 평가했다.[34] 정조가 1794년부터 1796년까지 오늘날의 경기도 수원시에 화성(華城)을 세운 배경에는, 아버지 사도세자를 추모하는 뜻을 포함해 여러 요인들이 개입됐으나 강화된 왕권을 과시하는 뜻도 개입됐다.

사대부들은 정조의 군사론에 반발했다. 그들은 국왕이 "신하를 가

31 위와 같음, 186-189쪽.

32 이태진, 「정조의 『대학』탐구와 새로운 군주론」(1992). 이 논문은 김성윤, 「탕평기 군주의 정치사상」, 592쪽에서 토론됐다.

33 한영우, 『한국선비지성사』, 395쪽.

34 이헌창, 「총론 : 한국경제사와 유학사상」, 한국국학진흥원 국학연구실 편, 『한국유학사상 대계』(경상북도 안동시 : 한국국학진흥원, 2007) 제7권(경제사상편) 17쪽.

르칠 상대로 삼기 좋아하며" 언관들에게까지 "기를 꺾고 윽박지른다"는 상소를 올렸을 뿐만 아니라 국왕이 "문신들을 어린애같이 때리며 생도같이 단속한다"고 비평하기도 했다. 이러한 비평은 "정조가 임금과 신하의 관계를 사제관계의 관점에서 인식하고 행동했음을 보여 주었다."[35] 그런데 사대부들의 반발은 역설적으로 정조의 왕권을 강화시켜 주는 데 이바지했다. 박현모 교수는 다음과 같이 논평했다:

> 과거 국왕의 학문적 능력이 열등할 때, 국왕에게 '군사가 되라'는 말은 국왕의 입지를 제한하고 왕권을 약화시키는 요구조건이었다. 그러나 국왕의 학문적 능력이 신하를 포함한 어느 사대부들보다 출중할 경우 '군사가 되라'는 말은 오히려 왕의 입지를 넓히고 왕권을 강화하는 단서가 될 수 있다. 특히 정조처럼 명실상부한 군사로서 능력을 가진 임금이 출현하여 군신관계보다 사제관계의 윤리를 강조할 경우, 군사론은 자칫 절대왕권론의 논거로 이용될 수 있었다. 왜냐하면 국왕과 신하의 관계에서는 신하들의 비판과 저항이 정당화될 수 있지만, 정조 당시의 분위기에서 스승에 대한 제자의 비판이나 저항은 거의 용납될 수 없었기 때문이다.[36]

정조의 민국론. 영조도 그러했지만, 정조 역시, 아니 영조 이상으로, 문벌양반이 이끌어 가는 나라가 아니라 일반백성 모두의 안녕과 복지를 강화하는 나라를 지향했다. 영조가 "백성은 나의 동포다."라고 말한 데서 한 걸음 더 나아가 정조는 "임금과 백성은 한 핏줄이다."라고 말한 데서 정조의 백성에 대한 진보적 관념을 읽을 수 있다.[37] 정조는 자신의 진보적 관념에 충실해 실제로 노비제도를 혁파했으며 서얼도 벼슬길에 오르게 한 이른바 서얼허통정책(庶孼許通政策)을 실시했다. 영조 이상으로 정조는 격쟁(擊錚)의 방식을 활용해 스스로 백성들의 의견

35 박현모, 『정치가 정조』, 173쪽.
36 위와 같음, 173-174쪽.
37 박현모, 「재판판결로 본 영조의 백성관 연구」, 36쪽.

을 청취하고 백성들에게 자신의 의견을 말하기도 했다.[38] 영조와 정조가 행차할 때 길거리에서 기다리던 백성이 징을 울리면 그를 불러들여 호소를 듣던 제도가 바로 격쟁이었다.

궁극적으로, 영조도 그러했지만 특히 정조는 '민국(民國)'을 위한 정치를 강조했다. 대한민국임시정부의 '민국'이, 그리고 대한민국의 '민국'이, 이미 영조와 정조에 의해 제시됐다는 사실은 민족적으로 자긍을 느낄 만한 일이다. 영조가 죽고 정조가 즉위한 1776년은 영국의 식민지들이었던 북아메리카대륙의 13개 주(州)들이 영국으로부터의 독립을 선언한 해였다. 13년 뒤인 1789년에는 프랑스에서 왕정을 타도하는 공화주의혁명이 일어났다. 이러한 사실들이 정조에게 알려졌는지는 알 수 없다. 적어도 왕조실록의 기록으로만 보아서는 정조가 그러한 사실들에 대해 알았다는 증거를 찾을 수 없다. 그렇다면 '민국'이라는 개념은 서양의 영향을 받지 않은 독자적인 산물이었다고 하겠다. '민국'이라는 개념 하나만 생각한다면, 그것이 오늘날의 공화국의 개념에 어느 정도 접근한 것이었다고 해석할 수 있겠다.

그런데 여기서 잊어서는 안 될 대목이 있다. 그것은 정조가 기성권력층을 뛰어넘어 백성에게 접근하고 백성의 복리를 증진시키기 위해서는 국왕이 절대권을 가져야 한다는 구상을 갖고 있었다는 사실이다. 실제로, 영조도 그러했지만, 정조는 왕권이 중심이 되어 국가사회를 통합하는 정책을 일관되게 썼으며 동시에 왕권중심의 지배체제를 구축해 갔다. 이러한 맥락에서, 정조가 부르짖은 '군민일체(君民一體)'와 '민국'에서의 "'민'은 사족(士族)을 포함한 조선사회의 구성원 전체를 가리켰지만, 중인·서얼·평민·노비층 등 기존의 피지배계층에 더 큰 무게중심이 있다"는 지적은[39] 정확했다.

정조의 통치술. 정조는 조선왕조 500년의 역사에서 보기 드문 걸출

38 한영우, 『한국선비지성사』, 395쪽.
39 김성윤, 「탕평기 군주의 정치사상」, 632-633쪽.

한 군주였으며 정치가였다. 박광용 교수는 "조선의 진정한 큰 임금은 세종이 아니었다"고 단언하면서 "조선의 르네상스 76년을 이끈 두 대왕 영조와 정조"야 말로 조선의 위대한 통치자였다고 주장했는데, 그것은 결코 과장이 아니다.

여기서 정치학도라면 간과해서는 안 될 대목이 있다. 그것은 정조의 경우 정치철학에서뿐만 아니라 통치술에서도 뛰어났다는 사실이다. 그가 학문을 사랑하고 독서에 몰두했으며 성현의 가르침들에 충실하고자 노력함으로써 '내성외왕'의 경지에 접근했던 것은 사실이다. 그러나 그는 반대파의 수령 격이던 심환지(沈煥之)와 비밀편지를 주고받으며 정국을 이끌었던 데서 보이듯 마키아벨리적 군주의 모습을 지녔던 것도 사실이다. 그는 기만과 독단 그리고 우회적 방법에 의존한 위협행사 등에 익숙한 정치적 인물이었다.40

호락논변(湖洛論辨). 조선의 지식인들의 논쟁들 가운데, 영조와 정조의 시대를 일관한 대표적 논쟁이 호락논쟁이라고도 불린 이른바 호락논변이다. 영조와 정조 당시에 조선의 학계는 경(京)과 향(鄕)으로 나뉘는 현상을 뚜렷이 나타내고 있었다. 호락논변도 기호학계가 그렇게 나뉘는 과정에서 유학적 쟁점들을 포함해 정치사회적 문제들과 관련해 일어난 논쟁이다. 이 논변은 '인물성동이론(人物性同異論)'과 '미발심유선유불선론(未發心有善有不善論)'을 중심으로 출발했던 데서 나타났듯, 그 자체가 심오한 철학적 이론들을 둘러싸고 전개됐다. 따라서 이 책의 주제에서 벗어난다. 그렇기에, 이 책에서는 정치학적 측면에 국한시키고 그것도 단순화시켜 서술하기로 한다.41

호락논변은 숙종 때이던 1689년에 송시열이 죽은 뒤 그가 이끌었던

40 안대회(安大會), 『정조의 비밀편지 : 국왕의 고뇌와 통치의 기술』(서울 : 문학동네, 2010), 41쪽.

41 권오영(權五榮), 『조선후기 유림의 사상과 활동』(서울 : 돌베개, 2003), 제1장(「호락논변의 쟁점과 그 성격」), 27쪽.

노론계문인들 사이에서 누가 진정으로 송시열이 정립한 학문을 계승할 것인가의 문제를 둘러싸고 일어났다. 이 과정에서 호서(湖西 : 충청도)의 학자들과 락(洛)의 학자들 사이에 격론이 벌어졌다. 여기서 '락'이라고 할 때 당(唐)을 비롯한 중국 몇몇 왕조의 수도였던 락양(洛陽)을 염두에 두고 서울과 그 이웃을 '락'이라고 불렀던 것 같다. 그 격론에는 현재 정권에 깊이 참여한 사람들, 그리고 현재 재야에 있으나 장차 현재의 집권세력을 몰아내고 새 정권을 세워 참여하고자 하는 사람들이 개입됐다. 그리하여 이 논쟁은 단순한 학문적 논쟁에 머무르지 않고 정권적 논쟁으로 확대됐다.

단순화시켜 말한다면, 호론은 송시열이 표방했던 일당전제론을 끝까지 지지했다. 호론은 우선 조선이 인간과 금수를 구별할 줄 모르고 중화와 이적을 구별할 줄 모를 정도로 타락했다고 진단했다. 호론은 이어 그 타락의 원인을 조정이 '선(善)'과 '악(惡)'을 그리고 '정(正)'과 '사(邪)'를 엄격히 구별하지 않은 채 여러 정치세력들을 끌어안고 국가를 이끌어 가는 데서 찾았다. 그러한 시각을 지닌 호론은 결국 송시열이 가르친 대로 '선'과 '정'의 군자당 단독으로 정권을 형성해야 하며, '악'과 '사'의 무리들을 철저히 배척해야 한다고 주장했다. 이것은 호론이 명분론적 사고에 철저했음을 의미했다. 전체적으로 보아, 호론의 주장은 영조와 정조가 펴던 '탕평치'에 대한 도전으로 나타났다.

반면에 낙론은 선유(先儒)들의 학설들을 해석함에 있어서 훨씬 개방적이며 포용적인 성향을 보였다. 인간의 성격과 사물의 성격에 차이가 없으며 본질적으로 같다고 보는 인물성동론(人物性同論)을 지지할 정도로 유연한 입장을 취하는 낙론은 '선'과 '악'의 분별과 '정'과 '사'의 분별에서도 일종의 가치상대주의적 입장을 취했다. 쉽게 말해, 낙론은 호론에 비해 덜 명분론적이었고 더 공리적(功利的)이었다. 그러했기 때문에, 낙론은 여러 정치세력들을 조정 안으로 끌어들이는 '탕평치'를 뒷받침했다.

또 낙론은 주자학의 세계에서 벗어나려고 한 유형원의 『반계수록』에 주목해 그 책에서 제시된 개혁안들을 적극적으로 수용했으며, 그것에도 영향을 받아 군포(軍布)를 줄여준 균역법이 영조치세에 실시되기에 이르렀다. 이러한 맥락에서, 영조는 1769년에 『반계수록』을 공간시켰던 것이다. 청(淸)의 문물을 대함에 있어서도 낙론은 훨씬 너그러웠다. 호론이 청을 여전히 화이관에 입각해 오랑캐로 인식함에 대조적으로, 낙론은 청을 훨씬 객관적으로 인식했다. 이로써 낙론은 청을 중국을 실질적으로 통치하는 합법적인 국가로 인정하고 청과 교류하면서 청으로부터 배울 것은 배워야 한다는 이른바 북학론으로 이어질 수 있었다.[42]

호락논변은 영조와 정조의 시대가 끝난 이후에도 조선왕조의 말기까지 계속됐다. 경우에 따라서는 철학적 차원의 주제가 아니라 시시콜콜한 주제에 이르기까지 논쟁을 전개했는데, 그 논쟁의 과정에서 분파가 발생하고 분파 사이에 갈등이 격심해졌으며 결국 그것들이 현실정치세계에 연결됐다. 이러한 현상을 개탄하면서, 호남의 실학자 하백원(河百源)은 호락논쟁을 '한심한 학설논쟁'으로 규정했다.[43]

제 2 절 경세치용의 실학사상이 발전하다

영조와 정조가 왕권강화론의 전제 아래 군민일체론을 전개하는 가운데, 실학자들은 선대 실학자들의 사상과 학문을 토대로 실학을 한

42 조준호(趙峻皓), 「조선 후기 노론의 정치사상과 경세론」, 한국국학진흥원 국학연구실 편, 『한국유학사상 대계』 제6권, 481-499쪽.

43 권오영, 『조선후기 유림의 사상과 활동』, 136쪽의 각주 16 ; 하백원(1781-1845)은 우리가 앞으로 살필 북학파에 속한다. 그에 관한 대표적 연구서는 다음이다. 규남실학사상연구회 편, 『규남(圭南) 하백원의 실학사상 연구』(서울: 경인문화사, 2007).

단계 끌어올렸다. 그것은 경세치용(經世致用)의 이론으로 구체화됐다.

숙종으로부터 경종을 거쳐 영조의 후기까지, 다시 말해 17세기 말로부터 18세기 중반까지, 활동한 실학자들 가운데 대표적 실학자들이 성호(星湖) 이익(李瀷 : 1681-1764)과 농암(聾菴) 유수원(柳壽垣 : 1694-1755)이다. 그들은 당쟁과 문벌의 폐단을 체험하면서 조선의 정치제도와 사회에 대해 본질적인 개혁을 추구했다는 사실에서 공통점을 지녔다. 그러나 그들 사이에는 몇 가지 차이들이 있었다. 이익이 동인에서 분파된 남인이었음에 비해 유수원은 서인에서 분파된 소론이었다. 이익이 평생 벼슬을 하지 않고 초야에서 학문에 전념했음에 비해 유수원은 사환했다. 이익이 관직에 오르지 않았기에 와신종석(臥身終席)할 수 있었음에 비해 유수원은 관직생활을 하다가 역모사건에 연루돼 사형을 당했다.

이익 실학의 계보. 그러한 것들보다 더 큰 차이는 학문적 경향에서 나타났다. 우선 이익은 17세기와 18세기 전반기에 서울과 그 근방에 살던 남인들이 주도한 이른바 고학적 실학(古學的 實學)의 계보에 속했다. '고학적 실학'이란, 주로 고대중국에 출현했던 요·순·우 및 하·은·주 3대의 이상사회를 존중하면서 토지분배해결에 역점을 두고 왕권강화를 통한 특권세력억제를 추구하는 경향을 말했다. 남인들이 주도했다고 해서 '남인고학(南人古學)'이라고 불렸던 이 학풍은 이수광을 시작으로 허목(許穆)과 유형원을 거쳐 이익에 이르러 하나의 큰 학파를 형성하기에 이르렀다. 그리하여 이익은 '남인실학(南人實學)의 종장(宗匠)'으로 칭송을 받았다.

'종장'이란 좁은 의미에서는 경학에 밝고 글을 잘하는 사람을 의미했다. 그러나 이 경우에는 그가 남인실학에서 최고의 어른으로 대접받았다는 것을 의미했다. 그의 문하에서 역사학자로 『동사강목(東史綱目)』을 집필한 안정복(安鼎福), 그리고 지리학자로 『택리지(擇里志)』를 집필한 이중환(李重煥) 등이 배출됐으며, 그의 사상은 마침내 정약용(丁若

鏞)에까지 이어진다.[44]

이익의 정형론. 이익의 대표적 저술은 『성호사설(星湖僿說)』이다. '사설'이란 '자질구레한 얘기들'이란 뜻이다. 오늘날의 표현으로 수필에 가깝다. 그는 이론적인 저술들 이외에 수필에 가까운 짧은 글들을 약 20년에 걸쳐 써서 『성호사설』로 묶었던 것이다. 이 책에는 무렵 3,007항목의 글들이 포함됐는데, 그의 제자 안정복이 그것들 가운데 1,383항목을 가려 뽑아 1760년께 『성호사설 유선(類選)』으로 편찬했다.[45]

여기서 그는 종래의 유학자들과 마찬가지로 왕도정치를 정치의 근본이념으로 여겼으며, 왕도정치를 실현하기 위해서는 용인(用人)과 입법(立法)을 잘 해야 한다고 강조했다. 그러나 그는 왕도정치에는 위엄과 덕(德)이 병행되고, 덕치(德治)와 형정(刑政)이 병행되는 것이라고 써서,[46] 형정을 가급적 배제하려 했던 전통적인 왕도정치이념에 변화를 가져왔다. 이 점을 부연하기로 하자. 이익은 『성호사설』에서 "치도(治道)는 덕례(德禮)에서 시작하여 정형(政刑)에서 끝나는 것이니 비록 덕례가 밝아진다 하더라도 정형이 다스려지지 아니하면 민(民)은 다스려졌다고 할 수가 없다"고 말했다.

이것에 대해 박충석 교수는 "그에게 있어서는 이미 통치방법이 '덕례'로부터 점차 '정형'에로 이행해가고 있었으며, 통치의 중점이 궁극

44 한영우, 『한국선비지성사』, 402쪽. 이중환의 『택리지』는 다음과 같이 영역됐다. Yi Chung-hwan, *Yi Chung-hwan's T'aengniji : The Korean Classic for Choosing Settlements.* Translated with an Introduction by Inshil Choe Yoon (Sydney : University of Sydney East Asian Series Number 12, 1998).

45 이것들 가운데 538항목을 가려 뽑아 출판된 것이 다음이다. 정해렴(丁海廉) 편역, 『성호사설 정선(精選)』 상(역사인물지 : 문[文])(서울 : 현대실학사, 1998), 중(역사평론과 역사교훈 : 사[史])(서울 : 현대실학사, 1998), 하(역사산책과 교양 : 철[哲])(서울 : 현대실학사, 1998). 이익과 『성호사설』에 대한 평가는 다음에서도 읽을 수 있다. 강명관, 『성호, 세상을 논하다』(서울 : 자음과 모음, 2011).

46 정해렴 편역, 『성호사설 정선』 중, 217쪽.

적으로는 '정형'을 어떻게 해야 할 것인가 하는 데에 놓여 있는 단계에까지 도달하고 있었다"고 논평했다. 박충석 교수의 논평은 다음으로 이어졌다: "그가 '국가의 치란(治亂)은 오로지 헌령(憲令)의 성함과 쇠함에 있으니, 법이 행해지지 아니하면 비록 인심선정(仁心善政)이 있다 하더라도 국가에 도움이 되지 아니한다'라고 논한 것은 확실히 인심선정[덕례]으로부터 헌령[정형]에의 결정적인 중점의 이행을 말해 주었다. 여기에서는 통치의 개념이 본질적으로 덕례라든가 인심선정이라기보다는 정형이라든가 헌령이라는 것을 의미하게 된다."[47] 이렇게 덕치와 형정을 함께 중시하는 입장은 정약용에게 계승된다.[48]

이처럼 '정형'을 중시한 배경에는 '법출어국(法出於國) 원칙'에 대한 이익의 믿음이 놓여 있었다. 국가운영 전반에 걸친 체제개혁을 촉구한 그는 그렇게 하기 위해 입법(立法)을 상책으로 삼아야 한다고 제의하면서, "법은 국가로부터 나온다"는 원칙에 따라 국왕을 법제정의 주체로 상정했던 것이다. 우리가 제1절에서 보았듯, 영조와 정조는 왕권의 강화를 위해 노력했는데, 이익 역시 거기에 공감하면서도 법에 의한 통치를 옹호한 것이다.[49] 이익이 '정형'을 중시한 배경에는 또한 당시에 두드러지게 나타난 기강의 문란에 대한 이익의 경계심이 깔려 있었다. "지금은 기강의 해이가 극도에 이르렀음으로 반드시 마땅히 좀 더 엄맹(嚴猛)하게 하여 [중형(重刑)을 실시하여] 민(民)의 상하가 두려워하고 피할 바를 알게 한 다음에야 법령과 교화를 베풀 수 있을 것이다."라는 그의 말에 잘 나타났다.[50]

형벌을 엄히 실시할 것을 역설하면서도, 그는 형정에 합리적인 원칙

47 박충석, 『한국정치사상사』 제2판(서울: 박영사, 2010), 341쪽.

48 조성을(趙誠乙), 「실학파의 정치사상」, 한국국학진흥원 국학연구실 편, 『한국유학사상 대계』 제6권(정치사상편), 655-656쪽.

49 김성윤, 「탕평기 군주의 정치사상」, 610-611쪽.

50 한우근, 『성호이익 연구: 인간 성호와 그의 정치사상』(서울: 서울대학교출판부, 1980), 139쪽.

이 서야 한다는 뜻에서 여러 구상들을 제의했다. 첫째, 살인자에 대한 복수는 사적으로 행해서는 안 되며 반드시 국가에 고발해 국가가 처벌하도록 해야 한다고 제의했다. 그것은 그가 봉건적인 '복수의 정의'를 인정하지 않았음을 의미했다. 둘째, 연좌법의 폐지를 제의했다. "연좌라는 형은 아마도 성인의 뜻이 아닌 것 같다. 삼족을 멸하는 것도 이미 심한 것인데, 더구나 오족·칠족·구족을 멸한다는 것은 이 연좌법에서 시작됐다. 부모형제라 하더라도 반드시 모두 같지 않은데, 진실로 자신의 죄가 아니라면 얼마나 원통하고 억울하겠는가!"라고 말한 데 이어, "상(賞)은 같은 형제에게도 미치지 않으면서 벌(罰)은 반드시 따로 사는 먼 친속에게까지 알리게 되는 것이 어찌 옳은 일이겠는가!"라고 덧붙였다.[51] 셋째, 법에는 엄정한 기준과 한계가 있어야 하며, 관(官)의 독단과 남형(濫刑)이 방지돼야 하고, 법이 지나치게 번쇄하지 않도록 해야 한다고 제의했다. 이것들은 그의 법의식이 진전되고 있었음을 말해 주었다.[52]

이익의 민론. 이익은 그의 『맹자질서(孟子疾書)』에서 민(民)에 대해 새로운 인식을 제시했다. 그 근거는 "민이 먼저 있고 그렇기에 토지가 있게 되므로 토지는 모두 민의 것이다"라고 말한 구절이다.[53]

같은 맥락에서, 이익은 『성호사설』에서 "국가가 국가로서 성립하는 까닭은 군(君)이 있고 민(民)이 있기 때문이다. 군과 민은 모두 사람이다"라고 말했으며, "대저 군은 심(心)을 노(勞)하여 민을 다스리고 민은 힘(力)을 노(勞)하여 군을 섬기는 것이니 양자가 서로 보혜(報惠)하는 것이 마치 아버지가 그 아들을 기르고 아들이 그 아버지에게 효도하는 것과 같아서 어느 한 쪽도 궐(闕)할 수가 없는 것이다."라고 말했다. 이것을 이익은 "민이 없으면 군도 없을 것이니 이는 민의 혜택이 그 군보

51 정해렴 편역, 『성호사설 정선』 중, 182-183쪽.

52 위와 같음, 140-152쪽.

53 조성을, 「실학파의 정치사상」, 656쪽.

다 중(重)하다는 것이다."라고 요약했다. 다시 박충석 교수의 해석에 따르면, "국가에 있어서 군(君)은 그 자체가 자족적인 존재가 아니라 오히려 민(民)이 없으면 군이 없다는 것이 강조되고 있다. 그리하여 군과 민의 관계는 국가를 영위하기 위한 기능적인 상호작용의 차원에서 파악되고 있다."[54] 조성을 교수는 이익의 이 인식을 정약용이 더욱 발전시켜 나라의 주인을 민으로 보는 관념에 도달했다고 평가했다. 그러나 주의해야 할 것은 이익이 중앙의 권력구조가 왕권중심으로 바뀌는 전제 아래 군신공치(君臣共治)를 옹호했다는 사실이다.

이익의 국방론. 이익은 국방에 대해서도 비상한 관심을 보였다. 그는 우선 임진왜란을 앞둔 때나 병자호란을 앞둔 때 모두 외침(外侵)의 조짐들이 있었는데도, 이것들을 경시하거나 아예 무시해 전란을 자초했음을 상기시켰다. 그는 이어 당시의 정세에 대해서도 우려를 표시했다. "현재의 정세도 다만 청나라가 편하면 우리나라도 아무 일이 없고 청나라가 그 자리를 보전하지 못하면 우리나라도 따라 병들게 되는 것이, 마치 봄이 가면 여름이 오고 가을이 가면 겨울이 오는 것처럼 될 것"이라고 경고하면서, "여기에 대해 염려하는 사람을 볼 수 없다"고 개탄했다.[55]

이익은 군비에 대해 아무런 대책이 없으니 "단연코 전쟁에 지는 것이나 마찬가지다"라고 우려하면서, 대비책들 가운데 하나로 '군사에게 토지를 줄 것'을 제의했다. 그는 또 "전쟁을 망각하는 것은 적군을 부르는 것"이라고 경고하면서, 문관과 아울러 무관을 많이 배출할 것을 제의했다. 그는 특히 장수의 선발과 관련해, 출신계급과 문벌을 떠나 '진영(陣營)과 변방에서 경험이 풍부한 재목'을 찾으라고 권고했다.[56]

이익의 국방론과 관련해 주목되는 글은 「춘천보장(春川保障)」이다.

54 박충석, 『한국정치사상사』 제2판, 343쪽.
55 정해렴 편역, 『성호사설』 중, 349쪽.
56 위와 같음, 333-334쪽.

이 짧은 글에서 그는 "가령 참화가 일어나 전쟁이 계속될 경우에 보루(堡壘)가 될 만한 곳을 생각한다면 춘천부(春川府) 한 곳이 있을 뿐이다"라고 쓴 뒤, 다음과 같이 부연했다: "현재의 서울은 비유하자면 중국의 낙양과 같고 강원도는 관중(關中)과 같고 춘천은 관중의 장안(長安)과 같다. 언덕이 겹겹이 막히고 사방을 둘러싸서 옹호했고 두 강물이 뒷면에서 합류되었고 가운데는 비옥한 들판이 열려서 둘레가 수백 리가 된다. 삼면을 막아 지키되 한 사람이 관문을 막고 있으면 만 명도 지나가지 못할 것이니 참으로 이른바 난공불락의 유리한 지리적 조건이다."[57]

이익이 이 글을 쓴 때로부터 약 200년이 지난 1950년 6월 25일에 북한은 남한을 상대로 무력공격을 개시했다. 군사적으로 열세했던 대한민국의 육군은 전선의 거의 모든 곳에서 후퇴를 거듭하는 상황에서도 춘천과 그 일대에서는 끈질기게 저항해 북한군의 남쪽으로의 이동을 봉쇄했다. 이 춘천방어전의 승리로 한국군은 북한군 전체가 서울로 결집되는 것을 막을 수 있었으며, 이미 서울로 들어왔던 북한군은 그들의 합류를 기다리기 위해 사흘 동안 서울에 머문 채 움직이지 않았다. 이 시기에 미군은 국제연합의 승인 아래 한국군을 지원하고자 한국에 도착했으며, 이로써 궁극적으로 북한군의 계속적 남하와 그것에 따른 한국 전체의 공산화를 막아낼 수 있었다. 이 사례는 이익의 선견지명(先見之明)을 말해 주었다.

이익의 토지개혁론. 이익 역시 선대의 실학자들과 마찬가지로 토지개혁을 구상했다. 그는 스스로 농촌에서 생활하며 농사에 종사했으며, "나 같은 사람도 농부들 가운데 한 사람이다"라고 표현하는 등 농민들의 생활을 깊이 헤아리고 있었다. 그것이 그의 '사농합일(士農合一)'의 관념을[58] 낳았으며, 조정에서 일할 인재들을 농사꾼에서 발탁해야 한

57 위와 같음, 284-285쪽.

58 한우근, 『성호이익 연구』, 14쪽.

다는 파격적인 제의로[59] 이어졌다.

이익은 "나라를 다스림에 있어서 토지제도보다 더 큰 것이 없다"고 보았다. "사람들이 귀천을 막론하고 의지하는 것은 모두 재물인데, 재물은 토지에서 나기 때문"이라는 것이다.[60] 이것은 그가 유형원과 마찬가지로 국부(國富)의 근원과 기초는 농업이라는 농본주의적 관념을 지니고 있었음을 의미한다. 유형원과 마찬가지로 그에게 자연은 어디까지나 소여(所與)로서의 자연이었다. 쉽게 말해, 자연은 인간에게 주어져 있는 그대로의 자연일 뿐이었으며, 그리하여 자연을 인간에 의해 가공돼야 하는 대상으로 인식하는 단계에 도달하지 못했다. 이러한 관념을 지녔기에, 유형원과 마찬가지로 이익에게 토지는 가공을 통한 활용도(活用度)의 증가라는 차원에서가 아니라 제도적 개혁이라는 정책상의 문제였다.[61]

이익의 제도적 개혁론은 균전론(均田論)으로 나타났다.[62] 그의 제안은 토지의 소유를 일정하게 제한하는 한전제(限田制)였다. 여기서 솔직하게 시인돼야 할 것은 그의 한전론은 북송의 성리학자 소식(蘇軾)의 한전론을 그대로 답습했다는 사실이다. 그것은 마치 유형원의 공전론이 남송시대 임훈(林勳)의 균전론을 답습한 것과 마찬가지였다.[63] 이익의 균전론은 뒷날 부분적으로 박지원 및 정약용에게 계승된다. 전반적으로, 주자학적인 경학설(經學說)에 따라 경학은 어디까지나 경세적(經世的)이어야 한다고 믿었던 이익은 자신의 학문이 국가경영에 쓰일 수 있는 '경세치용(經世治用)의 학'이 되기를 바랐다. 이로써 그는 경세치용학파의 대표적 실학자로 평가된다.

이익의 천주교비판론 이익은 당시 조선에 전래되던 서양의 자연과

59 정해렴 편역, 『성호사설 정선』 중, 330-332쪽.
60 위와 같음, 208쪽.
61 박충석, 『한국정치사상사』 제2판, 347-348쪽.
62 정해렴 편역, 『성호사설 정선』 중, 121-123쪽.
63 이희근, 『주제로 보는 한국사』 제3권(조선편)(서울: 고즈윈, 2005), 263쪽.

학을 긍정적으로 수용했으며 그리하여 서양의 자연과학에 대한 지식을 갖고 있었다. 그 사실은 그가 지원설(地圓說)과 지전설(地轉說)을 제기한 데서 확인된다. 쉽게 말해, 그는 지구는 네모지고 평평한 것이 아니라 둥근 것이며 하늘이 도는 것이 아니라 지구가 도는 것이라고 말한 것이다. 이것은 "하늘은 둥글고 땅은 모났다"는 재래의 천원지방설(天圓地方說), 그리고 "하늘은 움직이고 땅은 멈춰 있다"는 재래의 천동지정설(天動地靜說)을 부인한 것이다. 이 부인은 세계가 '화(華)'와 '이(夷)'로 나뉘었으며 중국이 세계의 중심인 '화'이고 조선은 그 변방의 '이'라는 재래의 화이관의 부인으로 이어졌다. 이러한 인식으로부터 그는 "조선의 제도와 형세는 중국과는 구별이 있다"고 주장할 수 있었다.[64]

이처럼 서양의 자연과학을 수용하면서도, 이익은 서양의 천주교에 대해서는 부정적인 태도로 일관했다.[65] 그는 특히 마테오 리치의 『천주실의』를 읽고 비판하는 글인 『천주실의 발(跋)』을 썼다. 『천주실의』에 대한 조선에서의 최초의 비판은 바로 이 글이다. 이익의 제자들인 신후담(愼後聃)은 『서학변(西學辨)』을 통해, 그리고 안정복은 『천학고(天學考)』와 『천학문답』을 통해, 각각 유교와 천주교는 교리적으로 양립할 수 없다고 주장했다. 앞에서 이미 언급했듯, 이로써 벽위론이 전개되기 시작한다.[66] 이익에 의해 시작된 벽위사상은 우리가 제4장 제2

64 신용하, 「한국근대민족주의의 기원」, 인곡(仁谷)황성모박사화갑기념논문집간행위원회 편, 『사회구조와 사회사상』(서울: 심설당, 1986), 11-12쪽에서 다시 인용.

65 유근호, 『조선조 대외사상의 흐름: 중화적 세계관의 형성과 붕괴』(서울: 성신여자대학교 출판부, 2004), 136-137쪽.

66 이익 이후 구한말의 개화기에 이르기까지 천주교에 대한 조선 유학자들의 대응은 다음에서 자세히 분석됐다. 금장태, 『조선 후기 유학과 서학: 교류와 갈등』(서울: 서울대학교출판부, 2004), 서울대학교 인문학연구총서 21. 이익·신후담·안정복·홍정하(洪正河)의 서학비판론, 이벽(李蘗)·정약종(丁若鍾)-정약용 형제·황사영·정하상(丁夏祥)의 서학수용론, 화서학파(華西學派)의 서학비판론, 개화기 유학자 이기(李沂)와 프랑스 선교사 로베르(Achillee Paul Robert) 사이에 전개된

절에서 보게 되듯, 척사위정론(斥邪衛正論)으로 연결된다.

여기서 우리는 잠시 이익의 증손자 이가환(李家煥: 1742-1801)에 대해 생각하게 된다. 이가환은 증조부가 일으킨 박학풍(博學風)의 학문을 계승했다. 이가환은 증조부와 마찬가지로 서양학을 긍정적으로 수용했으며, 특히 서양의 기하학을 깊이 공부했다. 그러나 증조부가 천주교를 비판한 것과는 달리 천주교를 열렬히 받아들였으며 그리하여 순조 즉위 직후의 천주교박해 때 처형된다.67

유수원. 유수원의 경우, 16세기의 이지함과 17세기 초의 유몽인 등이 상업문화의 중요성을 강조한 데 영향을 받아 상공업진흥과 기술혁신을 통한 생산력증대를 중시했다. 그가 1729년과 1737년 사이에 저술한 것으로 추정되는 『우서(迂書)』는 송시열과 그 계통의 학문을 명분만 강조하고 실용을 무시하는 '허명(虛名)의 학문'이라고 비판하면서 실용학문의 육성을 제의했다. 이것은 국부의 원천을 농업에서만 찾던 종전의 유학적 관념으로부터의 이탈이었다.

유수원은 특히 우리나라의 고유한 풍속은 지키되 청으로부터 배울 것은 배우는 것이 좋다고 역설했다. 이것 역시 청을 오랑캐로 여기던 전통적 화이론으로부터의 이탈이었다. 이로써 그는 18세기 후반에 조선의 지식인사회에서 성행한 북학의 초석을 놓았다는 평가를 받는다.68

안정복. 안정복(1712-1791)은 이익의 제자로, 경세치용의 자세를 취하면서 경학과 사학의 연구에 전념했다. 그의 저서들 가운데, 이 책의 주제와 관련해 소개될 것은 『동사강목』이다. 정조 2년인 1778년에 완결된 이 책은 자주적이면서도 실증적인 연구로 조선의 역사를 재구성했

교리논쟁 등이 자세히 논의됐다. 이 책과 더불어 읽어야 할 책은 이원순(李元淳), 『한국천주교회사 연구』(서울: 한국교회사연구소, 1986)다.

67 박광용, 『영조와 정조의 나라』, 265-267쪽.

68 한영우, 『한국선비지성사』, 374-380쪽.

다는 점에 의미가 있다.

우선 조선의 역사를 단군조선으로까지 소급시켜 조선역사의 상한을 올려잡았다. 이것은 종래의 중국적 역사인식으로부터의 탈피였다. 발해에 대해서도 언급했다. 비록 발해를 우리나라의 역사에 속하지 않으며 말갈의 역사에 속한다고 잘못 보았고 발해의 시조 대조영을 말갈의 추장이라고 잘못 썼으나,[69] 발해를 '고구려의 옛땅'이라고 적시했다. 뒷날 박은식(朴殷植)과 장지연(張志淵) 및 신채호 등 민족주의역사학자들이 이 책을 부분적으로 비판하면서도 높이 평가한 까닭이 거기에 있다. 신채호의 경우, 일제강점기에 중국으로 망명하면서 이 책 하나만을 소지했다고 한다.[70]

안정복은 경세치용의 경세론을 학문과 현실에 연결시켰다. 또 그 정신으로 조선사회의 병폐들을 치유하는 방법들을 찾으려고 노력했다.

가정경제론의 등장. 이익 및 유수원과 같은 실학자들이 새로운 국가경영사상을 제기하던 시대에 농서(農書)와 가훈(家訓)을 중심으로 가정경영에 관해 관심을 쏟은 새로운 흐름 역시 등장했다. 오늘날의 용어로 가정경제론에 관한 저술들이 나타난 것이다.

이유태(李惟泰 : 1607-1684)가 만년에 작성한 『정훈(庭訓)』 그리고 홍만선(洪萬選)이 1715년에 편찬한 『산림경제』가 바로 그것들이다. 1830년에는 서유구(徐有榘)가 『임원경제지(林園經濟志)』를 편찬함으로써 가정경제론의 성립에 기여했다. 이헌창 교수는 이 책들에 대해 "고대그리스의 크세노폰(Xenophon)이 저술한 『오이코노미코스(*Oikonomikos*)』에 비견될 만하다"고 평가했다.[71]

69 국사학자 이희근(李熙根) 박사는 대조영을 말갈계 고구려인이라고 보았다. 이희근, 『주제로 보는 한국사』 제1권(서울 : 고즈윈, 2005), 283쪽.

70 이만열, 「해제」, 단재신채호전집편찬위원회 편, 『단재 신채호 전집』 제1권(충청남도 천안시 : 독립기념관 한국독립운동사연구소, 2007), xvi쪽.

71 이헌창, 「총론 : 한국경제사와 유학사상」, 38쪽.

제3절 이용후생의 북학론이 성장하다

전통적 주자학의 틀 안에서 시대적 변화에 상응해 출범한 실학은 차차 그 틀에서 벗어나는 지적 전환을 보여 주었다. 그것은 마침내 북학론으로 나타났다.

북학은 18세기 후반에 이르러, 홍대용(洪大容 : 1731-1783) · 박지원(朴趾源 : 1737-1805) · 이덕무(李德懋 : 1741-1793) · 유득공(柳得恭 : 1749-1807) · 박제가(朴齊家 : 1750-1805) · 서이수(徐理修) 등이 나와 그 전성기를 맞이하게 됐다. 그들 가운데 이덕무 · 유득공 · 박제가 · 이서구는 사검서(四檢書)라고 불렸는데, 중국에서는 그들을 '신인사가(新人四家)'라고 불렀다. 서얼출신이었던 그들은 정조의 서얼허통정책에 따라 벼슬길에 오를 수 있었고, 규장각에서 검서관(檢書官)으로 일할 수 있었다.

'북학'과 '북학론.' 그러면 '북학'과 '북학론'은 각각 무슨 뜻인가? 흔히 '북학'을 '북경에서 유행하던 학문'으로 풀이하는 사람들이 있는데, 그것은 사실이 아니다. '북학'은 『맹자』에서 처음 나온 말이다. 남만의 지식인인 진량(陳良)이 주공(周公)과 공자로 대표되는 유가사상을 북쪽의 중국에서 배우고자 한 사실을 기록하면서 '북학'이라는 단어를 썼던 것이다. 이것의 연장선 위에서, 앞에서 거명된 학자들은 조선이 조선의 북쪽인 중국으로부터 배우자는 뜻에서 '북학'이란 말을 생각했다. 그러나 그때까지도 반청적 북벌론과 조선이 곧 중화라는 문화자존의식이 살아 있는 현실에서 그 말을 그대로 쓰기가 어려워 '북학론'이라는 말을 먼저 썼다.[72] '북학'이라는 말을 쓸 때, 앞에서 거론한 학자들은 '이상보다는 현실을, 관념보다는 사실을' 더 중요시하는 경향을 보였다.

72 유봉학(柳鳳學), 『연암일파 북학사상 연구』(서울 : 일지사, 1995), 14-15쪽. 이 책은 다음에서 출발했다. 유봉학, 「18-19세기 연암일파 북학사상의 연구」, 서울대학교 문학박사학위논문, 1982.

우리는 제2절에서 유형원과 이익 등의 실학자들을 경세치용을 중시한 실학자들이었다고 보았다. 이들에 대조되게, 우리가 북학파라고 부르는 실학자들은 이용후생(利用厚生)을 강조했다. 그것은 무슨 뜻일까? 경세치용학파가 자연을 '인간에게 주어진 조건'으로 간주했음에 반해, 이용후생학파는 자연을 '인간에 의해 가공돼야 할 대상'으로 간주하는 방향으로 옮겨 가고 있었다. 뒤에서 보게 되듯, 그들은 청을 방문하면서 향상된 농업기술을 목격했으며 향상된 농업기술을 통해 자연을 보다 효율적으로 개간해 소출을 높이는 것을 확인했고 그것을 통해 자연의 효용성을 발견했던 것이다. 박충석 교수의 표현으로, "그들에게 있어서 자연은 단순한 소여(所與)라기보다는 인간의 생활을 풍요하게 하기 위해 활용할 수 있는 도구로서 생각됐던 것이다" 이러한 생각은 "이러한 연후(然後)에 비로소 이용(利用)이라 이를 수 있겠다. 이용이 있은 연후에 후생(厚生)을 할 수가 있고 후생을 한 연후에 정덕(正德)을 이룰 수 있다"는 박지원의 말에 잘 요약됐다.[73]

경세치용학파의 경우, 인간의 욕망은 언제나 규제의 대상이었다. 대조적으로, 이용후생학파의 경우, 인간에 의한 이(利)의 추구를 적극적으로 인정하려는 성향을 보여 주었다. 그러한 배경에서, 그들은 "18세기 후반의 구태의연한 조선조 사상계에 있어서 전혀 새로운 학문적 경향을 형성했다."[74]

홍대용의 정치사상. 이 이용후생론의 북학론자들 가운데 우선 담헌(湛軒) 홍대용을 살피기로 한다. 그는 실학자들을 전기와 후기로 나누는 경우 후기의 첫 실학자로 꼽히면서 동시에 북학파의 비조로 인정을 받는다. 그는 특히 북학파의 과학사상과 철학이론을 대표했다. 과학사상과 관련해, 그는 독자적 사유를 통해 조선인 최초로 우리가 사는 땅이 모난 것이라는 이른바 지방설(地方說)을 배척하고 공처럼 둥근 것이

73 박충석, 『한국정치사상사』 제2판, 348쪽.

74 위와 같음, 346쪽 및 348쪽.

라는 이른바 지구설(地球說)을 제시함과 아울러 지구는 스스로 돌고 있다는 이른바 지전설(地轉說)에 도달한 것으로 유명하다.[75] 이처럼 과학적 사유체계를 정립한 홍대용에게 화이관은 아주 잘못된 인식이었다. 지구는 모난 것이 아니고 공과 같이 둥글고 하루 한 차례씩 자전하므로, 중국만이 세계의 중심이 되고 정계(正界)가 될 근거가 전혀 없다고 그는 주장했다. "중국의 북쪽에 있는 악라(鄂羅 : 오늘날의 러시아)와 남쪽에 있는 진랍(眞臘 : 오늘날의 캄보디아)을 보면, 악라는 자기나라를 정계로 삼고 진랍을 횡계(橫界)로 삼는 반면에 진랍은 자기나라를 정계로 삼고 악라를 횡계로 삼는다"고 예시한 그는 "중국과 서양은 180도의 경도(經度)의 차이가 있는데, 중국사람은 중국을 정계로 삼고 서양을 도계(倒界)로 삼지만 서양사람은 서양을 정계로 삼고 중국을 도계로 삼는다"고 설명했다. 이것은 중국만이 세계의 중심이 될 수 있는 것이 아니라 러시아나 캄보디아나 서양이나 그 밖의 어느 나라도 정계가 되고 세계의 중심이 될 수 있다는 뜻이었다.[76]

홍대용의 화이관 부정에 대해서는 뒤에서 다시 토론하기로 하고, 여

75 신복룡, 『한국정치사상사』(서울 : 지식산업사, 2011년 출간예정), 제27장 「후기 실학사상 : 홍대용/정약용/최한기」, 3쪽 ; 김문용(金文鎔), 『홍대용의 실학과 18세기 북학사상』(서울 : 예문서원, 2005), 9쪽. 홍대용을 과학사상가라는 시각에서 접근한 연구서로 다음이 있다. 김인규(金仁圭), 『홍대용 : 조선시대 최고의 과학사상가』(서울 : 성균관대학교 출판부, 2008). 홍대용에 대한 전기로 대표적인 것은 다음이다. 김태준, 『홍대용 평전』(서울 : 민음사, 1987). 김태준 교수는 1988년에 동경대학 출판회에서 『허학(虛學)에서 실학으로』를 출판했다. 이 책은 홍대용이 서울에서 북경까지 여행한 일을 다룬 책이다. 홍대용에 대해서는 참으로 많은 논문들이 출판됐다. 그것들 가운데 한국의 정치학자에 의해 쓰여진 것으로 다음을 예시할 수 있다. 신복룡, 『한국정치사상사』 제27장(「후기 실학사상 : 홍대용/정약용/최한기」) ; 김정호(金正昊), 「18세기 후반 동아시아 3국 기사상(氣思想)의 정치사상적 의의와 특성 비교 : 홍대용·대진(戴震)·미우라 바이엔(三浦梅園)의 기사상을 중심으로」, 『한국정치학회보』 제36집 3호(2002년 가을), 27- 50쪽.

76 신용하, 「한국근대민족주의의 기원」, 12-13쪽에서 다시 인용.

기서는 그의 선진적이었으며 광범위했던 사상들 가운데 정치이론에 국한해 살피기로 한다. 홍대용의 정치이론은 크게 보아 세 가지로 나뉘었다.

첫째, 대내적으로 「임하경륜(林下經綸)」에 나타난 이론이다.[77] 「임하경륜」은 경세제민의 포부와 현실을 위한 정책론이다. 여기서 그는 국왕을 정점으로 하는 강력한 중앙집권체제를 옹호했다. 주목되는 것은 간관제(諫官制)를 폐지함으로써 귀족의 발언권을 제약하자는 제의였다. 이것보다 중요한 것은 그의 새로운 사민론(四民論)이다. 사농공상(士農工商)의 사민(四民) 모두가 노동을 해야 한다는 '사민개로(四民皆勞)'의 또는 '만민개로(萬民皆勞)'의 이론은 조선사회의 전통적 신분제에 대한 강력한 비판이었다. 동시에 그는 토지를 나누고 재산을 제한한다는 뜻의 '분전제산론(分田制産論)'을 내놓았다.[78]

홍대용의 사민개로론은 당시의 전통적 신분관 및 가치관으로 볼 때, 상당히 진보적인 것이었다. 그 점 때문에 홍대용은 오늘날까지도 높은 평가를 받는다. 그러나 그가 오늘날의 기준에서 말하는 '인민평등론자'였을까 하는 의문은 여전히 남는다. 우리가 다음에서 보는 그의 농민거주이전통제론이 그러한 의문을 갖게 한다.

홍대용은 우선 자신의 저작 『담헌서(湛軒書)』에서 "무릇 백성은 각각 농촌을 지키며 죽을 때까지 고향을 떠나지 않아야 한다"고 말하고, "만일 부득이한 일이 있을 때에는 관(官)에 보고하여 인가장을 받은 다음 그의 본적지를 떠난다. 이사를 간 곳에는 즉시 관에 보고하여 입적하고 전토를 받는다"고 덧붙였다. 이 규정을 어긴 사람은 어떻게 다뤄야

77 홍대용은 또 「의산문답(毉山問答)」을 저술했는데, 이것은 학문관·자연관·사회관·국가관·사관 등에 관한 종합적 서술이다. 홍대용의 「임하경륜」과 「의산문답」은 조일문 교수에 의해 역주됐다. 이 역주는 황준헌(黃遵憲) 저·조일문(趙一文) 역주, 『조선책략』(서울 : 건국대학교 출판부, 1판 1쇄 1977 ; 2판 1쇄 2001)에 수록되어 있다.

78 김문용, 『홍대용의 실학과 18세기 북학사상』, 169-176쪽.

할 것인가? 그는 엄벌로 다스릴 것을 요구했다. 그는 이렇게 말했다: "관가에 보고하지 않고 제 마음대로 이사하는 자는 벌을 준 다음 그가 살던 곳으로 되돌려 보낸다. 시찰하는 사람이 5리마다 행인을 검문한다." 그의 발상의 취지는 농민을 농지에 묶어 두겠다는 것이었다. 신복룡 교수의 표현으로, "그것은 분명히 농민에게 '우리(籬: fence) 안의 삶'을 강요하는 것이었다."[79]

홍대용은 거기서 한 걸음 더 나아가 가혹한 통제방식을 제의했다. "사람이 태어나 8세가 되는 즉시 그 이름을 팔뚝에 새긴다면 호패를 사용하지 않아도 간사한 백성이 그 이름을 숨길 수 없게 될 것이다. 무릇 도둑을 다스리는 데에는 그 정상이 죽을죄에 이르지 않으면 그의 이름을 왼쪽 뺨에 먹물을 새긴[刺字: 자자] 다음에 방면한다. 그런 뒤에도 오히려 고치지 않으면 다시 오른쪽 뺨에 먹물을 새기고 그래도 고치지 않으면 죽인다"가 그것이다. 신복룡 교수는 다음과 같이 논평했다: "이것은 서구사회에서 동물에게 낙인을 찍던 방법에 해당되는 것이며, 고대서구의 노예와 중국사회에서 중범자의 얼굴에 낙인을 찍던 묵형(墨刑)이다. 조선조에서 실시되던 자형(刺刑)에 해당되는 것이다. 이것은 반인륜적인 발상이었다."[80] 홍대용의 이러한 발상들은 그의 사상의 바탕에 백성을 사랑하는 마음과 백성을 천시하는 마음이 공존했음을 말한다.

둘째, 홍대용은 인간의 '이심(利心)'을 용인하려고 했다. 우리가 제2장의 여러 곳들에서 보았듯, 전통적 주자학자들은 인간의 정욕(情慾)과 이욕(利慾)을 죄악처럼 여기고 그것을 성인의 가르침들에 따라, 달리 표현해 예악(禮樂)과 제도에 따라, 억제시키고 심지어 근절시키고자 했다. 전통적 주자학자들은 고대중국의 전설적 군주들인 요·순·우와 그리고 하·은·주의 3대를 이상적인 시대로 간주하면서, 군주는 그 시대

79 신복룡, 『한국정치사상사』, 제27장, 15쪽에 인용되어 있다.

80 위와 같음.

와 마찬가지로 인간이 정욕과 이욕을 억제하고 생활하는 시대를 만들어야 한다고 제의했다. 그러나 홍대용은 전통적 주자학자들의 그러한 발상들을 비판했다.

홍대용은 인간의 정욕과 이욕은 예악과 제도에 따라 일시적으로 통제될 수는 있어도 근절될 수는 없다고 보았다. "정욕과 이욕을 예악과 제도로써 통제한다는 것은 그 형세가 둑을 쌓아 냇물을 막는 것과 같아서 필경에는 터진다는 것을 성인도 이미 알았다"고 주장하면서, 그는 퇴계로부터 율곡에 이르는 조선에서의 도학적인 인간관에 반기를 든 것이다. 결국 그는 특히 '이심(利心)'의 존재를 인정하고 인간이 기술의 개발과 그것에 기초한 자연의 개발을 통해 이익확보를 실현하는데 동의한 것이다.[81] 이것은, 그가 그러한 표현을 쓰지는 않았으나 민(民)의 이심을 자극시켜 국부를 증대시키는 쪽으로 국가가 산업정책과 경제정책의 방향을 전환시켜야 한다는 뜻을 지녔던 것으로 풀이된다.

셋째, 홍대용은 대외적으로 조선사회의 전통적 화이론을 배척했다. 낙론의 영향을 받은 그는 종족 사이에, 민족 사이에, 문화 사이에, 차별을 두는 화이론을 부인한 것이다. 특히 청을 몇 차례 방문하고 청의 학자들과 많은 담론들을 나누면서 청에 들어온 서양의 세계와 학문들에 접한 그는 청의 문물과 통치상황을 긍정적으로 평가할 수 있었다. 그 결과 그는 "중화와 이적은 같다[華夷一也 : 화이일야]"는 그때로서는 충격적인 세계관을 제시하기에 이르렀던 것이다.

홍대용에 따르면, "사람은 중국사람이나 다른 어느 나라 사람이나 다 같은 사람이고[均是人也 : 균시인야], 군왕은 중국의 군왕이나 다른 어느 나라의 군왕이나 다 같은 군왕이며[均是君王也 : 균시군왕야], 나라는 중국이나 다른 어느 나라나 다 같은 나라이고[均是邦國也 : 균시방국야], 습속은 중국의 습속이나 다른 어느 나라의 습속이나 다 같은 습속

81 박충석, 『한국정치사상사』 제2판, 350-357쪽.

이다[均是習俗也 : 균시습속야].” 달리 말해, 중국만이 ‘내(內)’이고 ‘화(華)’이며 주변의 나라들은 ‘외(外)’이며 ‘이(夷)’라는 구별은 있을 수 없다. 이렇게 보았을 때, 세계의 모든 나라들은 평등하게 동일하다는 결론이 추출된다. 이 점에서, 그는 조선의 자주의식을 정립한 사상가로 평가될 수 있다.[82]

홍대용의 이러한 자주의식은 조선의 국토에 대한 애정과 애국주의로 나타났다. 그는 중국인친구들에게 조선의 자연적 아름다움에 대한 자부심을 나타냈다. 특히 금강산·지리산·한라산의 아름다움을 적절히 묘사했다. 그는 또 조선을 ‘낙토(樂土)’라고 자랑하면서, “삼면이 바다에 연하여 어염이 매우 풍족하고 토지가 비옥한 곳이 많아 농상(農桑)의 업이 생겼다”고 설명했다.[83]

박지원의 정치사상. 박지원은 북학파의 문학사상을 대표했다. 그의 『양반전』·『호질(虎叱)』·『허생전(許生傳)』·『열녀함양박씨전(烈女咸陽朴氏傳)』 등은 그의 문학을 대표하는 창작들로 오늘날까지 국문학자들과 한문학자들의 연구소재들이 되고 있다.[84] 그러나 그것보다 중요한 점은 그가 홍대용 및 박제가 등을 포함한 북학파의 중심인물이었다는 사실이다. 그러한 맥락에서, 북학파는 박지원의 호 연암(燕巖)을 따라 ‘연암일파’라고 불리기도 했다.[85] 박지원의 위치가 그러했기에, 그에 대한 연구는 다양하면서도 풍부하게 생산됐다.[86] 여기서는 오직 정치

82 신용하, 「한국근대민족주의의 기원」, 15-16쪽에서 다시 인용.

83 위와 같음, 16-17쪽에서 다시 인용.

84 대표적인 연구는 다음이다. 이가원(李家源), 『연암소설 연구』(소설 : 을유문화사, 1965).

85 유봉학, 『연암일파 북학사상 연구』.

86 박지원에 대한 일차적 관찰을 담은 책은 다음이다. 박지원의 차남이며 뒷날 개화파의 선구자로 불리는 박규수(朴珪壽)의 아버지인 박종채(朴宗采)가 쓰고 박희병(朴熙秉)이 옮긴 『나의 아버지 박지원』(서울 : 돌베개, 1998 개정판 2005). 이 책은 박종채의 『과정록(過庭錄)』을 번역한 것이다. 과정록이란 자식이 아버지의 언행과 가르침을 기록한 글이라는 뜻이다. 박지원에 대한 쉬우면서도 길지 않

학의 관점에서 접근하기로 한다.

배병삼 교수는 박지원을 우리나라에서 '국제정치학의 기원'을 이룩한 사상가로 평가했다.[87] 박지원은 정조가 1780년에 청나라 건륭제(乾隆帝 : 1711-1799)의 칠순연(七旬宴)을 축하하기 위해 파견한 사신의 수행원으로 청의 수도 연경(燕京 : 북경의 다른 이름)을 거쳐 황제의 피서지 열하(熱河)를 여행하고 돌아와서 그 기록을 『열하일기(熱河日記)』로 남겼다.[88] 배병삼 교수는 이 책을 "박지원의 정치사상이 관철된 '국제정치보고서'로 이해[해야 하며…] 동아시아 국제정세를 분석하고 또 국가적 차원에서의 대응방안을 모색한 국제정치사상 자료로 이해해야 한다"고 주장했다. "곧 『열하일기』는 청제국을 중심으로 관찰한 세계정치론이자, 청조관계(淸朝關係) 및 조선의 생존전략을 제시하는 점에서는 국제관계론이라는 것이다."[89]

그러면 『열하일기』에 나타난 박지원의 국제관계론은 어떤 내용을 지녔던가? 첫째, 그는 도덕적 국제관계를 이상적인 것으로 여기면서도 다른 한편으로는 비현실적인 것으로 평가했다. "즉 국제관계는 도덕주의를 모델로 삼아야 하지만(당위), 현실상에서는 실현될 수 없다고 판단하였다." 이러한 인식 위에서, "그는 '북벌론'으로 요약되는 당시 조선정부의 도덕주의적 외교정책을 비현실적인 것으로 비판하고, 청제국 내부의 문명을 재발견하고 또 이를 도입하는 북학으로의 정책전환이 필요하다고 보았다."[90]

● ● ● ● ●

은 설명은 다음에서 읽을 수 있다. 박광용, 『영조와 정조의 나라』, 238-251쪽.

87 배병삼, 「한국 정치학의 기원과 정체성 탐사」, 『한국정치학회보』 제37집 2호(2003년 여름), 93쪽 ; ____, 「국제정치사상가로서의 연암 박지원 연구」, 『한국정치외교사논총』 제29집 2호(2008년 2월), 35-71쪽.

88 이 책에 대한 연구들로 대표적인 것으로 우선 다음을 지적할 수 있다. 강동엽(姜東燁), 『열하일기 연구』(서울 : 일지사, 1988) ; 김명호(金明昊), 『열하일기 연구』(서울 : 창작과비평사, 1990).

89 배병삼, 「국제정치사상가로서의 연암 박지원 연구」, 40쪽.

90 위와 같음, 44쪽.

둘째, 박지원은 청의 건국에 정당성을 부여했다. 조선의 전통적 유학자들은 청을 세운 만주족이 오랑캐라는 인식에서 청의 건국 그 자체에 정당성을 부여하지 않았다. 그러했기에 그들은 정묘호란과 병자호란 때 청과의 화의를 배척했으며 그 이후에도 북벌론을 주장했던 것이다. 박지원의 생각은 전혀 달랐다. 청이 건국된 때로부터 벌써 120년이 흐르면서 그 체제가 안정적으로 유지되고 평화가 지속되는 가운데 문물이 성황을 보일 뿐만 아니라 만주족을 야만으로 보았던 한족조차 청의 지배를 받아들이는 현실은 청의 건국이 정당했음을 의미한다고 그는 평가했다. 박지원은 맹자의 천명설(天命說)을 인용하면서, 청의 현실은 청이 하늘의 명령과 인민의 승인을 받아 건국되고 유지됐음을 증명한다고 덧붙였다. 이러한 시각에서, 그는 조선이 청의 문물을 받아들이고 청으로부터 배울 것은 배워야 한다고 역설했다.

셋째, 박지원은 당시 청제국에 의해 유지되던 동북아시아의 평화가 곧 파괴될 수도 있다는 위기의식을 가졌다. 청의 통치자들이 중화문명을 계승·발전시켜 국내와 주변의 이민족들을 문명화시키는 이른바 용하변이(用夏變夷 : 이때의 夏는 華를 의미한다)의 맹자적 통치방식을 쓰지 않고 거꾸로 자신들의 야만족 습속을 문명세계에 부식시키는 이른바 용이변하(用夷變夏)의 통치방식을 쓰기 때문에, 청제국의 국내질서와 대외관계에 심각한 도전이 제기될 수 있다고 보았기 때문이다. 이러한 인식으로부터, 그는 조선의 대책으로 (1) 국내적인 부국강병, (2) 부국강병을 위한 중국과의 무역확대 및 그것을 바탕으로 한 경제발전, (3) 다양한 정보망의 구축을 통한 국제정세의 면밀한 분석 등을 건의했다.[91]

마지막으로, 정치학적 관점에서 검토돼야 할 것은 박지원을 신분해방론자로 볼 것인가의 여부다. 어떤 학자들은 그가 신분해방론자였다

91 위와 같음, 62쪽.

고 본다. 그렇게 보는 근거들 가운데 하나는 그가 양반을 '칠척장신(七尺長身)의 황충(蝗蟲)'으로 묘사하면서 사회적으로 무익한 존재로 규정한 반면에 사람이나 짐승의 분(糞)을 만지면서 농사를 짓고 그 생산물들을 팔아 넉넉하게 사는 농민을 존귀한 존재로 규정한 사실이다. 여기에 엿보이듯, 그는 양반을 비웃고 농민을 높이 평가한 것이다. 그는 또 「과농소초(課農小抄)」라는 글에서 농민뿐만 아니라 '공고(工賈)'의 역할을 중시했다. '공고'란 공업에 종사하는 사람과 상업에 종사하는 사람을 말했다. 또 『허생전』에서 보이듯, 그는 양반이 상업에 종사해 큰돈을 버는 것을 긍정적으로 평가했다.[92] 그러나 다른 학자들은 그가 조선에서 기존의 신분질서가 붕괴하고 있다고 분석하면서 오히려 그 붕괴현상에 대해 위기의식을 가졌다고 평가한다.[93]

박제가의 정치사상. 박지원의 제자들 가운데 한 사람이 박제가였다. 박제가는 북학파의 경세론(經世論)을 대표했다.[94] 그는 1778년에 정조가 청에 파견한 사은사(謝恩使)의 수행원으로 중국을 다녀와서 『북학의(北學議)』를 썼다. 이 책에 서문을 써 준 사람이 박지원으로, 이 서문에서 박지원은 조선이 전통적인 화이관을 버리고 청으로부터 배울 것을 역설했다.[95]

박제가는 무엇보다 그때 집권층과 유학자들이 말업(末業)이라고 천대하던 상업을 진흥시킬 것을 제의했다. '농자천하지대본(農者天下之大本)'이라는 구호에 상징됐듯 농업을 천하의 큰 근본으로 여겨 농업의 육성에 치우치면서 상업을 억제한 이른바 무본억말(務本抑末)의 정책이나 무농억상(務農抑商)의 정책을 유지하는 한, 조선은 가난에서 벗어

92 박충석, 『한국정치사상사』 제2판, 360-361쪽.

93 이희근(李熙根), 『한국사 그 끝나지 않는 의문』(서울: 다우출판사, 2001), 265-274쪽.

94 박성순(朴性淳), 『박제가와 젊은 그들: 조선의 기남자(奇男子), 역사의 구각(舊殼)에 맞서다』(서울: 고즈윈, 2006).

95 박제가 지음·박정주(朴貞柱) 옮김, 『북학의』(서울: 서해문집, 2003).

날 수 없다고 그는 믿었던 것이다. 같은 맥락에서, 그는 집권층과 유학자들이 '말리(末利)'라고 멸시하던 상업이윤을 적극적으로 옹호하면서 사람들이 상업이윤을 추구하고 획득하는 것을 장려했다.

거기서 한 걸음 더 나아가, 박제가는 스승의 가르침에 충실해 청과의 '개국'을 통해 '통상'을 개시해야 한다고 제의했다. 그는 청과의 개국 및 통상 다음 대상국가들로 일본·안남·유구·대만 등을 제시했다. 그는 개국 및 통상의 대상을 서양으로까지 넓혀야 한다는 뜻을 시사했는데, 이것은 그가 '개국'과 '해외통상'의 단계적 실시를 제의했음을 의미했다. 그는 이어 청에서 널리 쓰이는 수레를 조선에서도 개발해 씀으로써 유통을 활성화시켜야 한다고 제의했으며, 서양이 쓰는 선박을 조선도 개발해서 써야 한다고 제의했다. 이것은 그가 기술혁신을 제의했음을 의미했다.

종합적으로 말해, 박제가는 국가경영의 패러다임을 농업위주국가로부터 상업위주국가로 바꿀 것을 제의했던 것이다. 이것은 동시에 국부론(國富論)에 있어서의 중대한 변화를 나타낸 것이었다. 국부의 원천을 농업에서 찾기보다는 상공업에서 찾았다는 점에서 그러했다.

혁명적이라고 평가되는 박제가의 발상은 노동을 하지 않으며 놀고먹는 사족(士族)이야말로 '나라의 큰 좀'이라는 대담한 비판으로 이어졌다. 사족 역시 노동에 종사해야 한다는 주장으로써, 박제가는 사실상 '사민개로'를 부르짖은 홍대용의 주장과 박지원의 주장을 뒷받침한 것이다.[96] 우리가 제4장 제1절에서 보게 되듯, 박제가의 혁명적 사상은 제자 김정희(金正喜)에게 영향을 준다. 또 제4장 제3절에서 보게 되듯, 오경석(吳慶錫)에게 계승되고 오경석은 개화사상을 제시하게 된다.

---

96 위와 같음, 178-179쪽 및 219-220쪽.

제 4 절 주권재민의 관념이 싹을 보이다

1800년에 22대 정조가 급서하면서 그의 아들이 즉위했다. 그가 23대 순조(純祖 : 재위 1800-1834)다. 국사학자들은 순조와 24대 헌종(憲宗 : 재위 1834-1849) 및 25대 철종(哲宗 : 재위 1849-1863)의 3대에 걸친 63년을 조선왕조의 봉건적 사회질서뿐만 아니라 국가체제 그 자체의 해체가 시작되고 진행된 시기라고 본다. 자연히 봉건적 군주체제에 대한 의문이 강하게 제기되면서 주권재민의 관념이 싹을 보이기 시작했다.

해체기의 국내적 상황. 이미 조선의 중기부터 문란해진 전정(田政)·군정(軍政)·환곡(還穀) 등 이른바 삼정(三政)은 후기에 들어서면서 그 문란이 가속화됐다. 게다가 농업생산력이 발달하고 상품화폐경제가 발전하면서 사회경제구조는 격변하고 있었다. 18세기 중엽에 양반신분제도는 현저하게 해체의 징후를 보였는데 그 징후는 19세기에 들어서면서 더욱 뚜렷해졌다. 순조는 즉위한 그 다음해인 1801년에 공노비혁파(公奴婢革罷)를 단행하여 일부의 노비를 해방했지만 그 범위는 지극히 제한된 것이어서 사노비(私奴婢)까지 포함한 모든 노비들의 해방을 요구하는 목소리는 커져가고 있었다.[97]

순조의 치세 아래, 장차 안동김씨(安東金氏) → 풍양조씨(豊壤趙氏) → 안동김씨의 세도정치로 이어지는 경주김씨(慶州金氏)의 세도정치가 시작되면서 영조와 정조가 추구하던 개혁의 동력은 크게 약화됐으며 관리들의 가렴주구(苛斂誅求)는 악화됐다. 다시 말해, 이 당시의 정치는 사회변화가 가져오는 요구에 대응하기는커녕 오히려 그 변화에 역류

97 신용하, 『한국근현대사회와 국제환경 : 제국주의시대 열강의 동아시아정책과 한국민족』(서울 : 나남, 2008), 20쪽. 후기 조선에 대한 전반적인 이해를 원하는 영어권 독자들은 다음 책을 참조함이 좋다. Jahyun Kim Haboush and Martina Deuchler eds., *Culture and the State in Late Chosŏn Korea* (Cambridge, MA. : Harvard-Hollym, 1999). 이 책에는 후기 조선의 정치·종교·사회에 관한 논문들이 포함됐다.

하려고 했다.

이러한 요소들이 모두 겹쳐 순조의 치세이던 1811년에 평안도에서 홍경래(洪景來)의 난이 일어난 것을 계기로 크고 작은 민요(民擾)들과 작변(作變)들이 계속됐으며 심지어 명화적(明火賊) 집단의 활동이 뒤따랐다. 이처럼 민란이 조선의 곳곳에서 일어나는 가운데 기존국가질서의 와해는 빠르게 진행됐다. 1862년 임술년(壬戌年)에 경상도 진주에서 민란으로 시작되어 경상도 전체와 전라도 및 충청도로까지 확산된 이른바 임술농민항쟁(壬戌農民抗爭)은 조선왕조의 해체위기가 심화됐음을 말했다. 북쪽의 홍경래난으로부터 남쪽의 진주민란에 이르기까지 조선의 지배체제는 아래로부터의 거센 저항에 직면했던 것이다.[98]

해체기의 국외로부터의 자극. 동시에 이 시기에는 조선의 밖으로부터 두 가지 중요한 흐름들이 조선의 내부에 영향을 주었다. 첫째, 주자학적 조선사회에 '이질적'인 천주교가 주로 프랑스로부터 중국을 거쳐 빠르게 전교되고 확산됐다. 이것은 천주교에 대해 18세기 중엽 이후 전개된 지식인들 사이에서의 논쟁을 더욱 격화시켰다. 이러한 연장선 위에서, 천주교도들을 박해하고 심지어 처형한 옥사가 두 차례에 걸쳐 일어났다. 순조 1년인 신유년(辛酉年) 1801년의 신유사옥(辛酉邪獄)과 헌종 5년인 기해년(己亥年) 1839년의 기해박해(己亥迫害)가 그것들이다.[99]

둘째, 프랑스·영국·러시아·미국을 비롯한 서양강대국들의 조선에 대한 침략적 탐사가 활발하게 전개됐으며 동시에 그 나라들로부터 조선을 상대로 개항을 요구하는 압력이 커졌다. 1816년에는 영국해군이 오늘날 우리가 서해5도라고 부르는 섬들을 탐사하고 해도를 만들었으며, 1832년에는 영국상선이 독일인선교사와 함께 서해안을 탐사했고 충청도의 주민들에게 성경을 전달했다. 1845년에는 영국해군이 제주도에 상륙

98 오영교, 『조선후기 사회사 연구』(서울: 혜안, 2005), 284쪽 및 319쪽.

99 김홍우(金弘宇), 「정조조(正祖朝)의 천주학 비판」, 김영국 편, 『한국정치사상』(서울: 박영사, 1991), 56-110쪽.

해 제주도의 조선병사들과 무력충돌을 일으키기도 했으며 거기서 북상해 거문도에 상륙했다. 이때 조선이 대국으로 섬기던 청이 영국과 1840-1842년에 벌였던 이른바 아편전쟁에서 패배했다는 사실이 조선 사람들에게 충격적으로 전달됐다.

1846년과 1847년에는 프랑스함대가 서해안을 탐사했고, 1849년에는 프랑스 포경선 리앙쿠르가 오늘날의 독도를 '발견'하고 '리앙쿠르 암초'라고 명명했다. 서양인이 독도를 '발견'한 것은 이 경우가 처음이었다. 1853년에는 미국이 무력으로써 일본을 겁박해 1854년에 일본을 개항시키는 데 성공했다. 1854년에는 러시아함대가 독도를 다시 '발견'한 데 이어 거문도에 다시 상륙했고 거기서 북상해 원산만에 잠시 정박했다. 1855년에는 러시아가 미국의 뒤를 이어 일본과 수호통상조약을 체결했다.

이러한 흐름 속에서, 1856년에는 프랑스함대가 동해와 남해 및 서해를 탐사한 뒤 조선은 군사력이 취약하므로 작은 병력만으로도 점령이 가능하다고 결론을 내렸고, 그것에 근거해 앞으로 조선을 침공해 프랑스의 식민지로 만들 것을 본국정부에 제의했다. 프랑스정부는 국내사정 때문에 이 제의를 기각했다.[100] 그사이인 1851년부터 중국에서는 한족인 홍수전(洪秀全)이 남경(南京)에서 태평천국의 건국을 선언하고 북진해 한때 청왕조를 크게 위협했으며, 1857-1860년에는 영국과 프랑스가 공동으로 중국을 무력으로 공격했다.

이처럼 급변하는 국내외적 시대상황에서 지식인들은 고민할 수밖에 없었다. 이 시기의 전반기(순조에서 헌종까지)를 대표하는 사상가로 정약용을 꼽을 수 있고, 후반기(헌종에서 철종까지)를 대표하는 사상가로 김정희(金正喜)와 최한기를 꼽을 수 있다. 최한기와 동시대인으로 이 책의 주제와 관련해 소개될 유학자는 유신환(兪莘煥)이다. 이 장에서 우리는 정약용만을 다루고, 김정희와 유신환 및 최한기를 제4장에서 살

100 이 사실들은 김학준, 『서양인들이 관찰한 후기 조선』, 97-137쪽에 자세히 설명됐다.

필 것이다.

정약용의 저술들. 호를 다산(茶山)이라고 했고 당호(堂號)를 여유당(與猶堂)이라고 했던 정약용(丁若鏞 : 1762-1836)은 조선 후기의 '실학을 집대성한'[101] 큰 학자였다. 거기서 한 걸음 더 나아가, 그는 서학을 수용하여 유교적 세계관을 가장 풍부하고 창조적으로 해석한 사상가이기도 했다.[102]

정약용은 영조의 후기이던 1762년에 출생해, 1776년에 즉위한 정조의 조정에서 봉직했다. 자신보다 아홉 살 위인 정조의 인정과 사랑을 받아 정조치세 때 중앙과 지방의 여러 관직들을 역임했다. 그의 정치사상들은 이 시절에 구상되거나 부분적으로 표현됐다. 그러나 오늘날까지도 지속적인 토론의 대상으로 된 수많은 저술들은 정조를 승계한 23대 순조 즉위 직후 천주교도로 지목돼 18년에 걸쳐 오늘날의 전라남도 강진군(康津郡)에서 귀양살이를 하면서 집필한 것들이다. 『다산문답(茶山問答)』·『시경강의보(詩經講義補)』 12권·『아방강역고(我邦疆域考)』·『논어고금주(論語古今註)』 40권·『경세유표(經世遺表)』·『목민심서(牧民心書)』·『흠흠신서(欽欽新書)』·『국조전례고(國朝典禮考)』 등이 그것들 가운데 대표적이다. 이것들 가운데 『경세유표』(1817)·『목민심서』(1818)·『흠흠신서』(1822)를 현실적인 개혁안으로서의 1표2서라고 부른다. 그는 순조를 계승한 24대 헌종이 즉위한 직후에 별세했다.

정약용의 학문은 전통적인 유학으로부터 시작해 오늘날의 용어로 정치학·경제학·법학·사회학·지리학·의학·수학 등 여러 부문들에 걸쳐 있다. 수학의 경우, 한강의 배다리 가설에 관한 설계에 활용했으며 조선의 현실에 적합한 거중기(擧重機)의 설계에 활용했다. 의학의 경우, 발진(發疹)을 다스리는 여러 처방들에 대해 설명한 『마과회통(麻科會通)』을 저술했다. 따라서 그에 대한 연구는 헤아리기 어려울 정도로

101 한영우, 『한국선비지성사』, 402쪽.
102 금장태, 『조선 후기 유학과 서학』, 제7장.

많다.[103] 특히 그는 (1) 토지분배 방식으로서의 여전법(閭田法 : 리[里]의 1/6의 면적을 여라고 하고 한 여의 농지를 30가구가 1명의 여장(閭長)의 관리 아

● ● ● ● ●

103 정약용의 저술들은 모두 500여 권이 된다. 그것들 가운데 거의 모두는 그의 외현손(外玄孫)인 김성진에 의해 154권 76책으로 재편집되고 정인보(鄭寅普)와 안재홍(安在鴻)의 교열을 거쳐 1934년부터 1938년까지 신조선사(新朝鮮社)에 의해 『여유당전서(與猶堂全書)』가 출간됐다. 1962년에 서울의 문헌편찬위원회는 이 『여유당전서』에 정약용의 연보를 추가해 『정다산전서(丁茶山全書)』로 영인출판했다. 이어 1970년에 경인문화사는 기존의 『여유당전서』에 정약용의 다섯 책을 추가하여 『여유당전서 보유(補遺)』를 영인출판했다.

정약용에 관한 저서들 가운데 개괄적이면서 평이한 서술로 윤사순(尹絲淳) 편, 『정약용』(서울: 고려대학교 출판부, 1990)을 지적할 수 있다. 17편의 논문들과 연보가 게재됐다.

정약용에 관한 국내의 저술들 가운데 최근의 것들을 몇 가지만 예시하면 다음과 같다. 금장태, 『실천적 이론가 정약용』(서울: 이끌리오, 2005) ; ____, 『다산 정약용: 유학과 서학의 창조적 종합자』; 김상홍(金相洪), 『다산의 꿈 목민심서』(서울: 새문사, 2007) 및 『다산학의 재조명』(서울, 단국대학교 출판부, 2009) ; 장승구(張勝求), 『정약용과 실천의 철학: 다산 철학의 근대성 탐구』(서울: 서광사, 2001) ; 백민정, 『정약용의 철학: 주희와 마테오리치를 넘어 새로운 체계로』(서울: 이학사, 2007) ; 차성환(車成桓), 『글로벌 시대 정약용 세계관의 가능성과 한계: 주희에 대한 비판을 중심으로』(서울: 집문당, 2002) 아산재단연구총서 제97집. 차성환은 독일 튀빙겐대학교 사회학과에서 박사학위를 받았으며 현재 한일장신대학교 역사사회학과 교수로 있다. 한양대학교 국문과 교수 정민(鄭珉) 박사는 다음과 같은 책을 출판했다. 『다산선생 지식경영법』(서울: 김영사, 2006). 최종고(崔鍾庫) 교수는 다산과 괴테를 비교한 뒤 『괴테와 다산, 통(通)하다』(서울: 추수밭, 2007)를 출판했다.

정약용의 생애와 사상을 쉽게 설명한 책으로 다음이 있다. 박석무(朴錫武), 『다산 정약용 유배지에서 만나다』(서울: 한길사, 2004) ; ____, 『박석무의 풀어쓰는 다산 이야기』(서울: 문학수첩, 2005).

정치학자에 의한 최근의 논문들로 다음이 있다. 배병삼, 「다산 정약용의 정치사상」, 이재석 편, 『한국정치사상사』(서울: 집문당, 2002), 309-339쪽 ; 신복룡, 『한국정치사상사』, 제27장 ; 정윤재, 「정약용의 자작적(自作的) 인간관과 왕정개혁론: 조선후기 정치권력의 공공성문제와 관련하여」, 『한국정치학회보』 제33집 4호(1999년 겨울), 83-104쪽. 정약용에 관한 미국인의 연구서로 다음이 있다. Mark Setton, *Chŏng Yakyong : Korea's Challenge to Orthodox Neo-Confucianism* (Albany, NY : State University of New York Press, 1997).

래 공동경작하는 제도)과 정전법(井田法), (2) 농업의 상업화 그리고 농업 생산의 증대를 통한 해외수출모색, (3) 형벌의 공정한 집행, (4) 화이관 부정 등을 제시했는데, 이것들은 그의 독자적·창의적 발상들이라기보다는 선대 실학자들의 발상들을 계승하고 확대한 것이다. 그렇기 때문에, 그는 유형원·이익·홍대용·박지원·박제가 등 선대 실학자들의 학문과 사상을 논하는 후학들의 저술들에서 빠짐없이 등장했다.[104]

'정치대학교 교사' 정약용. 1925년에, 상해에 위치한 대한민국임시정부의 2대 대통령으로 선출된 항일독립운동가 백암(白巖) 박은식(朴殷植)은 망명지를 상해로 옮기기에 앞서 첫 망명지인 만주에서 1911년부터 1912년 사이에 여러 애국적인 글들을 썼다. 그것들 가운데 하나가 1911년에 집필한 「몽배금태조(夢拜金太祖)」다. "꿈속에서 금나라 태조 누루하치를 보고 절하다"라는 뜻이다.

박은식은 이 글에서 우리민족이 독립한 이후 세울 학교들 가운데 하나로 '정치대학교'를 설정하고, 교장에 발해의 학문을 크게 일으키면서 국위를 떨쳤던 10대 선왕(宣王 : 재위 818-830)을 상정했다. 동시에 그는 이 '정치대학교'의 교사에 유형원과 정약용을 상정했다.[105] 이것은 이미 1910년대 초에, 실학을 처음으로 정립한 것으로 평가되는 유형원과 실학을 집대성한 것으로 평가되는 정약용이 정치학자로 간주되었음을 의미한다. 이러한 관

● ● ● ● ●

104 예를 들면 다음과 같다. 김정호(金正昊), 「후기실학사상 국가발전론의 이론적 토대」, 『한국정치학회보』 제35집 2호(2001년 여름), 29-48쪽 ; 염정섭, 「조선 후기 실학의 농업사상」, 한국국학진흥원 국학연구실 편, 『한국유학사상 대계』 제7권(경제사상편), 601-607쪽. 예문동양사상연구원과 박홍식(朴洪植)이 편저한 『한국의 사상가 10인』(서울 : 예문서원[藝文書院], 2005)에는 정약용이 포함되어 있다. 이 책의 507-562쪽에 「다산 정약용 관련 연구물 목록」이 있다. 정민, 『18세기 조선지식인의 발견 : 조선후기지식패러다임의 변화와 문화변동』(서울 : 휴머니스트 퍼블리싱 컴퍼니, 2007). 이 책에는 박지원·이덕무·박제가 등과 함께 정약용이 논의됐다.

105 백암박은식선생전집편찬위원회 편, 『백암 박은식 전집』 전6권(서울 : 동방미디어, 2002), 제4권, 209쪽.

점에서, 여기서는 주로 정약용의 폭넓은 사상들 가운데 정치학적 발상에 국한해 살피기로 한다.

'정치지리학의 개척자' 정약용. 우선 상기돼야 할 것은 정약용이 지리학자였다는 사실이다. 그는 당시 중국과 일본을 통해 조선에 들어온 서구식 세계지도에 접했으며 특히 중국과 일본의 지리에 대해 밝았다. 이러한 기초 위에 그동안 조선에서 출판된 많은 역사서들을 읽은 뒤 그는 1811년에 『아방강역고(我邦疆域考)』를[106] 집필했다. 책 제목이 말하듯, 그는 '우리나라의 강역'을 살피고자 했던 것이다.

정약용의 일차적 관심은 고조선 이래 조선의 역사에서 잘못 기록된 부분들이나 분명하지 못한 부분들을 바로잡는 데 있었다. 특히 '기자조선'과 '한사군' 그리고 삼한에 관해 중국의 역사책들과 조선의 역사책들이 잘못 해석한 부분들을 고치기 위해 많은 노력을 기울였다. 그는 김부식의 『삼국사기』를 비롯해, 정인지의 『고려사』, 그리고 서거정(徐居正)이 편찬에 참여한 『동국여지승람』 및 이익의 『성호사설』에 이르기까지 저명한 석학들의 저술들에 대해서도 가차 없이 비판과 수정의 칼을 댔다.

그리하여 그는 (1) 단군이 평양에 도읍했다는 것을 믿을 수 없다 ; (2) 중국의 역사책들과 조선의 역사책들에 등장하는 패수(浿水)는 어느 한 곳이 아니라 네 곳에 있었는데, 그것들 가운데 하나는 오늘날의 압록강이며 다른 하나는 대동강이다 ; (3) 마한과 변한 등 삼한에 관해 최치원이 설명했는데, "그는 오래 중국에 유학했기 때문에 본국 일에 어두웠고, 불교에 깊이 빠져 허황되고 망령된 말을 좋아했으므로 그가 지은 불가의 비문이나 지문(誌文)이 모두 괴상한 말들이다" ; (4) 김부식이 『삼국사기』에서 최치원의 설명을 옳다고 한 것은 잘못이다 ; (5) 정인지가 『고려사』에서 강원

106 이 책의 대부분은 다음과 같이 역간됐다. 정약용 지음 이민수(李民樹) 옮김, 『아방강역고』(서울 : 범우사, 1995). 완역본은 다음이다. 정해렴(丁海廉) 역주, 『아방강역고』(서울 : 현대실학사, 2001).

도의 명주(溟洲)를 한사군 가운데 하나인 임둔이 위치했던 곳이라고 쓴 것은 잘못이다 ; (6) 박지원이 『열하일기』에서 압록강을 건너자마자 만나게 된 만주의 구련성(九連城)을 고구려의 옛 도읍지 국내성(國內城)이라고 쓴 것은 잘못이다 등등, 자신이 철저히 고증한 뒤 정립한 해석들을 제시했다. 그러나 그는 기자가 조선을 세웠다는 설은 그대로 따랐다.[107] 비록 그렇다고 해도 그는 전반적으로 중국중심의 역사인식에서 벗어나 조선의 시각에서 조선의 역사를 보고자 했던 것이다.

정약용의 『아방강역고』에서 우리는 발해에 대한 그의 특별한 학문적 관심을 느끼게 된다. 이 책에 수록된 「발해고(渤海考)」가 "발해는 고구려 지역을 점령해 나라를 세웠다. 우리나라 서북쪽의 변경이 모두 그 경계 안에 들어갔다. […] 발해 전체의 영토는 남과 북 3,000리에 뻗쳐 있었다"라는 문장들로 시작된 데서 발해에 대한 그의 애정을 느끼게 된다. 이 논문에서, 그는 "송태종(宋太宗) 때에 이르러 발해가 쇠미해지자 함흥 북쪽은 여진으로 들어갔다. 그사이 300여 년 동안은 모두 발해지역이었다"고 회상하고, "그런데도 우리나라 지리서에는 발해라는 말은 전혀 없고, 다만 정인지의 『고려사』가 함주(咸州)는 오랫동안 여진에게 점령되었다고 했으니 이것 또한 소루하지 않은가"라고 개탄했다.[108] 함주는 오늘날의 함흥을 말한다.

정약용은 「발해속고(渤海續考)」를 써서 발해에 대한 관심을 다시 드러냈다. 이 글에서 그는 발해를 건국한 대조영에 대해 '고구려의 옛 장수'라고 분명하게 썼다. 이 대목은 발해를 '고구려의 옛 장수'가 세운 나라이며 따라서 고구려의 계승국가로 보아야 한다는 그의 믿음을 표시한 것이다. 정약용은 또 발해가 독자적으로 제정한 관제를 소개하면서, 이것을 중국의 역사책들은 생략했다고 비판했다.[109]

107 예컨대, 정해렴 역주, 『아방강역고』, 204, 212, 218, 223쪽.

108 위와 같음, 162-163쪽.

109 위와 같음, 279-288쪽.

발해에 대한 관심은, 우리가 앞에서 언급한 유득공의 『발해고(渤海考)』에서 나타났었다. 정조 8년인 1784년에 출간된 이 책에서, 유득공은 김부식이 『삼국사기』를 편찬하면서 발해의 역사를 다루지 않은 것을 비난했으며, 발해가 고구려의 옛 영토를 회복한 나라로 자신이 고구려의 후예국임을 대외에 알린 사실을 특기했었다.[110] 유득공은 발해국의 문신과 무신 등의 열전과 더불어 행정제도 및 특산물에 대해 자세히 기술했었는데, 발해의 역사를 독립적으로 다룬 유일한 책이었다.

그러면 유득공을 비롯해 정약용에 이르기까지 후기실학자들은 어째서 발해에 대해 큰 관심을 가졌던 것일까? 그들은 왜란과 호란의 양란을 거치면서 나라는 마땅히 부국강병해야 한다는 의식을 새삼스레 갖게 됐으며, 이것은 강역과 관방(關防)에 대한 높은 관심으로 이어졌다. 신복룡 교수의 표현으로, "이러한 연구는 시간적으로 단군조선 이후의 옛 영토에 대한 관심으로 나타났으며, 공간적으로는 함경도와 평안도뿐만 아니라 만주 일대에 대한 관심으로 나타났다. 이에 따라서 과거 고구려와 발해 등 북방지역이 장악했던 국가에 대한 관심이 높아졌다." 이렇게 볼 때, "발해에 대한 그들의 인식에는 만주에 대한 실지회복주의(失地回復主義, irredentism)의 의미가 담겨 있다."[111]

정약용은 조선의 역사에 대해서뿐만 아니라, 조선의 옛 지명들에 대해서도 연구했다. 백제의 시조 온조가 첫 도읍지로 삼은 위례성(慰禮城)이 오늘날의 서울의 동북쪽에 위치했었다는 사실을 처음 밝힌 사람이 그다. 정약용은 온조가 도읍을 한강의 남쪽으로 옮겼는데, 그곳이 당시에는 하남위례성(河南慰禮城)이라고 불렸으며 오늘날에는 광주(廣州)라고 불린다고 썼다.[112] 그는 또 중국의 진(秦)과 한(漢) 시대에 열수(洌水) 이북을 조선(朝鮮)이라고 부르고 그 이남을 한국(韓國)이라고 불렀다는 사실을 명기했다.[113]

110 신복룡, 『한국정치사상사』, 제27장, 25쪽.
111 위와 같음, 25-26쪽.
112 정해렴 역주, 『아방강역고』 가운데 「위례고(慰禮考)」, 213쪽.

이때의 열수는 오늘날의 한강을 말한다. 그는 '한국'의 '한'은 우리말로 '크다'는 뜻이라고 풀이했다.[114]

정약용의 지리학은 정치학의 한 분야인 정치지리학적 발상을 보여주었다. 그는 『아방강역고』에서 지리적 환경이 국가의 흥망성쇠에 미치는 영향을 때때로 언급했는데, 그 사실은 우선 마한(馬韓)에 대한 그의 설명에서 나타났다. 그는 "우리나라 땅은 서북지역이 거칠고 추우며 동쪽은 험준하고 좁다. 또 영남은 궁벽하고도 멀고, 경기 북쪽 고을 역시 땅이 메마르고 백성이 가난하다"고 쓴 데 이어, "다만 열수 남쪽과 마한의 옛 땅만은 기후가 온화하고 토양이 비옥하니, 이곳이 우리나라 가운데 중국(中國)이다. 그러므로 마한이 당시에 삼한의 패주(覇主)가 되었던 것이다."라고 단언한 것이다.[115] 그는 열수를 한강에 비정했으며 마한의 옛 땅을 경기도 남부와 충청도 및 전라도에 비정했다.[116] 그는 한강 이남의 땅과 마한이 위치했던 땅이 '기후가 온화하고 토양이 비옥한' 조건을 갖췄기에, 이곳에서 패권국가가 출현할 수 있다고 본 것이다.

같은 맥락에서, 정약용은 백제의 시조로 알려진 온조의 말을 인용했다. 온조가 형 비류와 함께 고구려에서 남쪽으로 내려와 오늘날의 한강 북쪽에 이르러 "내가 한수(漢水) 남쪽을 보건대, 땅이 기름지니 마땅히 그곳에 도읍하여 오래도록 편안하기를 도모하리라."라고 말했다는 것이다. 다른 한편으로, 온조의 형 비류는 소금의 이익을 얻을 수 있다고 판단해 바다를 끼고 있는 오늘날의 인천인 미추홀(彌鄒忽)을 택해 도읍을 삼고 나라를 세우고자 했다. 비류의 신하가 "오직 이 하남지역은 북쪽으로 한수를 끼고 동쪽으로 높은 산에 의거하며 남쪽으로 기름진 들을

● ● ● ● ●

113 위와 같음, 101쪽.
114 위와 같음, 76쪽.
115 위와 같음, 79쪽.
116 위와 같음, 23쪽 및 77쪽.

바라보고 서쪽으로 큰 바다에 막혀 있으니, 이것은 천험(天險)의 지리(地利)요 얻기 어려운 형세입니다. 여기에 도읍을 만드는 것이 마땅합니다."라는 논리로써 반대했는데도, 비류는 미추홀을 택했다가 나라를 세울 수 없게 되자 죽었다고 정약용은 썼다.[117]

종합적으로, 정약용은 기후가 온화하고 토질이 기름져 오곡이 모두 자랄 수 있는 곳에서는 나라가 설 수 있으나, 땅이 거칠고 기후가 차면 사람이 살 수 없어 나라가 설 수 없다고 결론을 내렸다. 그는 또 지역이 좁고 궁벽하며 험준한 곳에서도 나라가 설 수 없다고 덧붙였다.[118]

정약용은 국가의 흥망성쇠가 정치지리의 영향을 받음을 지적하면서도 다른 요소들의 영향을 받는다는 점도 지적했다. 첫째, 통치자의 덕과 위력이다. 그는 "덕으로써 평안히 하게 하고 위력으로써 두렵게 하게 해야 한다"고 말한 것이다.[119] 여기서 '위력'은 주로 군사력을 의미했다. 둘째, 문자의 유무(有無)다. 그는 삼국시대 초기에 백제가 '최강최문(最强最文)'의 나라였음에 비해 신라는 문자가 없어 나무를 새겨 신표(信標)로 삼았으며 언어는 백제를 기다린 뒤에 통했다는 중국의 『양서(梁書)』를 인용하면서, 그러했기에 신라는 예로부터 남의 나라에 뒤처졌다고 보았다. 그는 문자생활에서 신라가 가야에 뒤졌기 때문에 가야를 뒤따라다녔다고 썼다.[120]

정약용은 삼국의 시조들에 관한 신화들을 모두 부인했다. 예컨대, 정인지의 『고려사』에 따르면, 신라의 왕과 가락의 추장이 백성을 거느리고 제사를 지내던 가운데 '이상한 소리와 기운'이 있기에 가보니 '나이는 열다섯이고 용모가 대단히 뛰어난' 소년이 있었다. 그들은 그 앞에 절하고 받들어 임금으로 삼으니 그가 수로왕(首露王)이었다는 것이다. 또 권근 및 하륜 등이 공저한 『동국사략(東國史略)』은 그가 금빛의 알에서 나왔기에 성을 금

117 위와 같음, 50쪽 및 215쪽.
118 위와 같음, 131쪽 및 138쪽.
119 위와 같음, 112쪽 및 119쪽.
120 위와 같음, 116-117쪽.

(金)이라고 했고 제일 먼저 노출됐기에 이름을 수로라고 했다고 기록했다. 정약용은 이 얘기들은 근거가 없다고 단언했다. 정약용은 또 주몽이 부여를 탈출할 때 강을 만났지만 물고기들과 자라들이 다리를 만들어 주어 무사히 건널 수 있었다는 설화도 "어리석은 백성들을 속이기 위해 만든 신비스럽고 이상한 얘기"라고 단언했다.[121] 여기서도 사실과 고증에 철저한 그의 실증주의적 연구방법이 엿보인다.

정약용의 법률사상. 정약용의 법률사상은 그의 『경세유표』와 『목민심서』 및 『흠흠신서』에 구체적이면서도 명쾌하게 나타났다. 그 세 책들 가운데 『흠흠신서』는 영정조의 행형정책이 지닌 사상을 구체적으로 실현하려는 의지로써 쓰였다.[122]

정약용의 법률사상은 조종성헌(祖宗成憲)을 존중한다는 전통적 법률사상에서 출발하고 있다. 조선왕조는 건국 이후 개국군주들이 마련한 법을 조종성헌이라고 부르면서 그것을 '금석지전(金石之典)'으로 굳게 지킴으로써 왕조의 영속성을 기도한다는 정신을 유지했다. 그러므로 개국군주들 이후의 군주들과 중신들은 조종성헌을 근본적으로 고칠 생각은 하지 못하고 다만 그것의 보완을 위한 법개정으로 일관했을 뿐이다.[123]

정약용이 생활하던 조선왕조 말기는 정치·경제·사회의 모순이 극에 이른 시기였다. 자연히 조종성헌에 대한 근본적인 수정이 요구됐다. 그는 이러한 시대적 요청에 부응해 구체적인 법제개혁안을 제시한 것이다. 그렇다고 해서 그가 조종성헌의 신성성을 부인할 수는 없었다. 그 테두리 안에서 법제의 개혁을 제의하는 것으로 만족해야 했다. 그러한 한계를 안고 있었으나, 그는 흠휼사상(欽恤思想)을 보였다. 쉽게 말해, 인격과 인명의 존중사

121 위와 같음, 110-111쪽.

122 『흠흠신서』의 원문은 역주와 함께 다음과 같이 출판됐다. 박석무 정해렴 교주, 『흠흠신서·원문』(서울: 현대실학사, 1999). 『흠흠신서』의 역주로 대표적인 것은 다음이다. 박석무 정해렴 역주, 『흠흠신서』 전3권(서울: 현대실학사, 1999).

123 이하 정약용의 법률사상은 다음에 의존했다. 박병호(朴秉濠), 「다산의 법사상」, 윤사순 편, 『정약용』(서울: 고려대학교 출판부, 1990), 286-309쪽.

상을 제시했다. 한 보기로 그는 이익과 마찬가지로 연좌제에 반대했다. 그는 또한 덕정(德政)만으로 백성들을 다스리기는 어렵고 형정(刑政)이 반드시 함께 따라야 한다는 점을 강조했다. 형정에 관해 그는 자연법적 사상에 입각한 법치주의를 강조했다. 종합적으로, 박병호 교수는 "『목민심서』와 『흠흠신서』는 법철학서요 형사법의 교과서임과 동시에 백과사전이며 법으로서의 효력을 가질 것이 예정될 수 있는 법률서다."라고 평가하고, "그는 조선왕조시대까지의 불세출의 법률학자요 법철학자라고 해도 과언이 아니다."라고 덧붙였다.[124]

정약용의 '주권재민론.' 정약용은 그 이전의 유학자들과 마찬가지로 '정치(政治)'라는 단어를 쓰지 않은 채 '정(政)'과 '치(治)'로 나눠 썼으며 '정'과 '치'에 각각 다른 의미를 부여했다. 우선 그가 '치'를 어떻게 설명했는가를 살펴보면, 그는 오늘날의 용어를 빌린다면 '치'를 '다스리다'의 뜻 이외에도 '경영하다' '꾸려나가다' '모시다'와 같은 행정적 개념으로 사용했다.[125]

이어 정약용이 '정'을 어떻게 설명했는가를 살피기로 한다. 그는 정조치세에서 관직을 맡았던 때, 아마도 1790년대 후반의 어느 시점에서, 「원정(原政)」을 집필했는데, 여기서 '정(政)'은 '정(正)'이며 그것은 '균민(均民)'을 의미한다고 단언한 것이다. 조성을 교수는 "정약용에게 정치는 정의(正義)인데 정의는 바로 균민인 것이다. 균민에 대하여 「원정」에서는 경제상의 풍요와 균등 및 능력에 따른 권력에의 참여로 규정했다. 즉 이러한 균민이 정의이며 바로 정치이다."라고 부연했다.[126] 정약용의 이러한 정치관(政治觀)은 현대정치학의 관점에서 접근할 때 자유민주주의의 목표보다는 사회주의나 사회민주주의의 목표에 가까웠다고 평가할 수 있겠다.

124 위와 같음, 309쪽.
125 배병삼, 「다산 정약용의 정치사상」, 310-311쪽.
126 조성을, 「실학파의 정치사상」, 679쪽.

그런데 「원정」에 이어 1798년께 집필한 것으로 추정되는 「원목(原牧)」에서 정약용은 현대적 의미에서의 주권재민론(主權在民論)에 상당히 접근한 이론을 제시했다. 원래 태초사회에는 민(民)만이 있었는데 민(民) 사이에 갈등·분쟁·쟁투가 생기자 현명한 사람을 장(長)으로 추대하여 갈등을 해결하기로 묵시적 약속을 해서 이정(里正)을 뽑고, 당정(黨正)을 뽑고, 주장(州長)을 뽑고, 마침내 국군(國君)을 뽑았다는 것이다. 신용하 교수가 지적했듯, "정약용의 이러한 설명에는 사회의 갈등을 해결하기 위해 아래로부터의 사회계약에 의하여 국가와 정치조직과 통치자와 법률이 발생했다고 보는 일종의 '사회계약론적 사고'가 깔려 있다."[127]

여기서 주의해야 할 것은 정약용의 견해는 민과 군주를 대등한 입장에서 본 것이 아니라 군주를 민보다 더 현명하고 더 높은 존재로 보았다는 사실이다. 조성을 교수의 해석으로는, "민이 자신의 분쟁을 해결하기 위하여 보다 현명한 자에게 가서 그를 추대하여 높이는 것으로 되어 있다. 대등한 입장 또는 민이 위정자의 고용주라는 생각보다는 아직 지배층을 다소 위에 놓고 보는 것이다."[128]

정약용의 이 견해는 유배생활을 하던 1801년과 1810년 사이의 어느 시점에서 집필한 것으로 간주되는 「탕론(湯論)」에서 변화를 보였다. 탕론은 고대중국의 왕조인 상(商)의 개국군주로 성왕이라 칭송되던 탕왕을 논한 것이다. 이 글에서 정약용은 "도대체 천자(天子)란 어떻게 생겨났는가? 하늘에서 비처럼 내려서 천자가 되었는가? 그렇지 않으면 땅에서 샘물처럼 솟아나서 천자가 되었는가?"라고 물은 뒤, 민이 위정자와 완전히 대등한 위치에 서서 위정자를 '선(選)'하는 것이라고 주장했다.

풀어 말해, 「탕론」에 이르러 정약용은 주권이 기본적으로 민(民)에 있다고 본 것이다. 그의 표현으로, "천자란 중민(衆民)이 뽑아서 된 것이다. 대저 중민이 추대하여서 된 것이며, 중민이 추대하지 않았으면 될 수가 없는

127 신용하, 『한국 개화사상과 개화운동의 지성사』(서울: 지식산업사, 2010), 28쪽.
128 위와 같음, 680쪽.

것이었다." 그런데 여기서 주의해야 할 것은 정약용이 말한 '선'은 간접적인 방식에 의한 것이다. 여러 단계를 거쳐 추대된 현장(縣長)들이 제후(諸侯)들을 추대하고 제후들이 추대로써 천자를 선출한다는 것을 의미했다.[129] 이것은 그가 '천자천명설'과 '왕권신수설'을 정면에서 부정했음을 의미했다.

정약용은 군주가 교체될 수 있다는 견해도 제시했다. 평화적인 교체를 선호했으나 무력에 의한 교체도 인정했다. 여기서 평화적 교체는 제후의 추대에 의한 재선출을 의미했으며, 무력에 의한 교체는 '천명에 근거한 혁명'을 의미했다. 군주의 지위를 이렇게 설정한 정약용에게 군주는 결코 절대적인 존재가 될 수 없었으며 행정의 단독 주체도 될 수 없었다. 『경세유표』에서, 그는 행정의 실질적 주체는 군주가 아니라 상호 견제와 균형이 잘 유지되면서 능력을 위주로 하는 관료체제 그 자체라고 보았다.[130]

정약용의 사상과 이론을 이렇게 분석할 때, 강화학파에 속했던 구한말의 학자였고 항일우국지사였던 이건방(李建芳)이 정약용의 저술들을 통독한 뒤 "다산(茶山)이 몽테스키외나 루소에 미치지 못함이 있겠는가? 다만 저들은 시대를 만나 시용(施用)되었고, 다산은 그렇지 못했으니 나는 그를 슬퍼할 뿐이다."라고[131] 말한 것은 어느 정도 공감을 불러일으킨다. 그러나 여기서 상기돼야 할 사실은 몽테스키외는 다산보다 약 100년 전에 균형과 견제에 입각한 삼권분립론을 제창했고 루소는 다산보다 약 50년 전에 주권재민론을 제창했다는 사실이다. 발상에 있어서 정약용은 몽테스키외보다도 늦었고 루소보다도 늦었다. 특히 정약용의 발상은 군주정체를 넘어선 것은 결코 아니었다는 점이 강조되어야 할 것이다.

정약용과 황종희의 관계. 비록 그렇다고 해도, 정약용의 주권재민론

● ● ● ● ●

129 조광(趙珖), 「정약용의 국민주권론」, 윤사순 편, 『정약용』, 222-240쪽.

130 조성을, 「실학파의 정치사상」, 685-687쪽.

131 신복룡, 『한국정치사상사』, 제27장 「후기 실학사상」, 1쪽에 인용됐다.

은 조선 정치사상사의 큰 흐름 속에서 탁월한 이론이었다. 그렇다면 그것은 정약용의 독창적 이론이었을까? 다시 말해, 자신의 독창적 사유(思惟)를 통해 그러한 관념에 도달했던 것일까? 그러했다고 말할 수 있다. 그러나 정약용의 정치사상은 명말청초(明末淸初)의 황종희(黃宗羲 : 1610-1695)나 고염무(顧炎武 : 1613-1682) 등의 군주전제에 대한 비판으로부터 영향을 받았을 개연성도 부인할 수 없다. 황종희나 고염무의 이름은 정약용의 저술들에 나타나는데, 정약용은 그들에 대해 주체적 비판적 수용의 자세를 취하고 있다.[132]

그러면 황종희의 사상은 무엇이었나? 황종희는 자신이 출생했을 때의 왕조인 명에 대한 충성을 다짐하면서 명이 만주족에 의해 멸망한 직후 만주족에 저항해 싸웠다. 때때로 그는 반청무력운동에 참여하기도 했다. 그러한 정신의 연장선 위에서, 그는 청왕조의 부름을 받고도 응하지 않았다. 그의 대표작인 『명이대방록』은 "현자가 어두운 세상에서 고난을 참으며 살다가 현군을 만나면 자신의 밝은 지혜를 펼친다"는 뜻이다. 그는 이 책의 「원군(原君)」「원신(原臣)」 등의 편에서 맹자의 민본사상과 혁명론에 근거해 군주중심의 정치체제를 비판하면서 민주주의적인 정치사상에 근접했다. 그러했기에, 청의 6대 황제 건륭제는 이 책을 금서로 규정했다.

『명이대방록』을 정약용이 직접 보았다는 증거는 그의 저술에 나타나지 않는다. 특히 그것이 청에서도 금서였기 때문에 조선의 정약용이 보기가 어려웠을 것이다. 그럼에도 불구하고 정약용의 군주정체론을 대표하는 「원목(原牧)」, 「탕론(蕩論)」 등은 그 표현이나 내용이 『명이대방록』을 방불함으로써 둘 사이의 연관성을 짐작케 하기에 충분하다.

이 책의 주지(主旨)는 황종희보다 다소 후배인 고염무 등에 의해 수용됐다. 고염무는 자신의 관점이 황종희의 『명이대방록』과 열에 일곱

132 황원구, 「'여유당전서' 소인청학관계기사고」, 『동아시아연구』, 324-331쪽.

여덟이나 같다고 자술하였다. 고염무는 「군현론」에서 지방수령들의 권한과 책임을 강조함으로써 군주정체를 극복하려 하였고, 「생원론」에서는 당시의 과거제와 지식인의 폐단을 통렬히 비판했는데, 그것들은 정약용의 『경세유표』 등에 직접 인용되고 있다.[133]

백성을 우민으로 보았던 정약용. 정약용의 사상은 발상에 있어서 몽테스키외와 루소보다 늦었을 뿐만 아니라 그 내용에 있어서도 모든 것이 찬양만 받을 것은 아니었다. 신복룡 교수가 상기시켰듯, 정약용은 홍대용을 포함한 다른 실학자들과 마찬가지로 "기본적으로 우민(愚民)의 논리에서 벗어나지 못했고, 백성을 준맹(蠢氓)으로 취급했다." 준맹은 '벌레 같은 서민'이란 뜻이다.

이 사실을 뒷받침하는 자료로, 신 교수는 오늘날 많은 사람들에게 정약용을 대표하는 책으로 각인된 『목민심서』에서의[134] '목민(牧民)'을 지적했다. '목민'의 '목(牧)'은 기본적으로 양이나 소나 말과 같은 동물들을 대상으로 사용하는 말이며, '목민'이란 말 자체가 백성을 관리가 거느리면서 보살피고 길들이는 대상으로 여기는 뜻으로 쓰였다는 것이다. 달리 말해, 치민(治民)이라는 뜻으로 목민이라는 단어를 썼다는 것이다. 신 교수는 이어 『여유당전서』 가운데 「전론(田論)」에 나오는 다음 구절을 인용했다.

133 황종희와 고염무의 생애와 사상에 대해서는 다음에서 자세히 설명됐다. 소공권(蕭公權) 저·최명(崔明) 손문호 역, 『중국정치사상사』(서울: 서울대학교출판부, 2004, 초판 3쇄), 976-996쪽 및 996-1005쪽.

134 『목민심서』는 다음과 같이 출판됐다. (1) 정약용 저·이을호 역, 『현대인을 위한 목민심서』(서울: 현암사, 1972). 이 책에는 홍이섭·이항녕·김두헌·황산덕·이만갑·홍순옥·유훈·백현기·민병천·이병용·김영호(金泳鎬: 고려대)·고영복·박동서 등 13명의 평설이 포함됐다. 이 책은 1977년 현재 6쇄를 기록했다. (2) 정약용 저·노태준(盧台俊) 역해, 『신역(新譯) 목민심서』(서울: 홍신문화사, 1981 초판, 1992 중판). (3) 정약용 저·조수익(趙洙翼) 역해, 『목민심서』(서울: 일신서적출판사, 1994). (4) 정약용 지음·민족문화추진위원회 편, 『목민심서』(서울: 솔출판사, 1998) 1권 및 2권.

> 백성을 전지(田地)로써 경계를 만드는 것은 양(羊)을 우리[籬]에 가두는 것과 같은 것인데, 이제 많은 사람을 자유로이 왕래하도록 하니 이것은 마치 새나 짐승이 서로 쫓아다닌 것과 같게 된다. 백성을 새와 짐승이 서로 쫓아다니는 것과 같이 두게 하는 것은 바로 난(亂)의 근본이다. 그러나 이 방법을 시행한 지 8-9년이 지나면 백성은 대략 고르게 되고, 10여 년이 지나면 백성이 아주 고르게 될 것이다. 백성이 아주 고르게 된 다음에 호적을 만들어서 그 가옥과 주거를 등록시키고 문권(文券)을 만들어 이주하는 것을 관리하여 한 백성이 오는 것을 받아두는 데에 제한이 있게 하고 한 백성이 가는 것을 허가하는 데에도 한절(限節)이 있도록 한다.[135]

이러한 맥락에서, 신복룡 교수는 정약용을 포함한 후기 실학자들이 '민중들에게 연민을 가졌던 것은 사실'임을 충분히 인정하면서도, "실학사상의 본질을 애민으로 보려는 종래의 역사학계나 철학계의 학설이나 주장은 사실과 많이 다르다. 한국사상사는 그들의 애민적 가치를 과대평가했고, 사회과학은 역사학에서 저지른 그와 같은 오류를 비판 없이 수용하는 과오를 저질렀다."라고 논평했다.[136]

'영토 정치학'의 씨앗. 앞에서 살폈듯, 북학파학자들은 화이론적 세계관에서 벗어나 조선의 독자성과 개별성을 인정하고 그 바탕 위에서 사유하고 행동하는 경향을 보여 주었다. 그러한 흐름의 연장선 위에서, 유득공과 정약용은 조선반도 북방에 위치했던 발해를 중국의 역사가 아니라 조선의 역사로 인식하기에 이르렀다. 정약용의 저서 『아방강역고』가 말하듯, 그들은 조선의 영토에 대해 관심을 갖게 된 것이다.

이러한 관심은 조선반도의 동방으로도 기울어져, 울릉도와 우산도(于山島)에 대한 연구로 나타났다. 이 우산도가 오늘날의 이름으로 독도다. 대체로 숙종치세부터 그때 일본을 통치하던 도쿠가와막부(德川幕府 : 덕천

135 이 구절은 다음에서 읽을 수 있다. 정약용 지음·민족문화추진회 옮김, 『여유당전서』 11권 「전론」(4). 「전론」에는 모두 7편이 있다.

136 신복룡, 『한국정치사상사』, 제27장, 17쪽.

막부)는 이 두 섬들의 영유권을 놓고 조선조정을 상대로 '쟁계(爭界)', 곧 국경분쟁을 일으켰다. 특히 대마도 도주가 나서서 울릉도도 자신의 영토이며 그때의 이름으로 우산도(于山島) 역시 자신의 관할지역이라고 주장하면서 이 두 섬들에 대한 일본의 영유권을 확인하고자 한 것이다. 도쿠가와막부의 외교공세에 밀려, 숙종치세의 어느 시점에서 조선조정은 우산도에 대해서는 물론이고 울릉도의 영유권에 대해서조차 애매모호한 입장을 취했다. 대조적으로, 이때 울산과 부산 일대에서 뱃사공으로 어로에 종사하며 일본에 대해서도 눈을 떴던 민간인 안용복(安龍福)이 두 차례에 걸친 도일활동(渡日活動)을 통해 울릉도는 말할 것도 없고 우산도 역시 일본의 섬이 아니라 조선의 섬임을 분명하게 논증했다. 안용복의 대담한 활동과 공적은 이미 이익에 의해 인정돼 그의 『성호사설』에 자세히 기록됐다.

그 이후 조선조정은 공식적으로 여러 차례 울릉도와 그 일대에 대한 일련의 조사들을 실시했으며 이러한 조사들을 통해 울릉도와 우산도가 별개의 섬들이고 모두 조선의 영토에 속한다는 사실을 거듭 확인했다. 그리하여 영조치세의 문신으로 『강계고(疆界考)』를 썼던 신경준(申景濬)은 자신이 편찬에 참여한 『동국문헌비고(東國文獻備考)』의 「여지고(輿地考)」에서 우산도는 울릉도와 별개의 섬이며 울릉도는 물론 우산도 역시 조선의 영토에 속한다고 명백히 기록했다. 아무리 늦게 잡는다고 해도 대체로 이 무렵까지면 도쿠가와막부는 울릉도에 대한 영유권주장을 공식적으로 포기했다. 그러나 우산도에 대한 종래의 영유권주장과 관련해서는 종전의 입장을 유지하거나 애매모호한 표현을 남겼다.

이러한 도쿠가와막부의 태도에 맞서서 조선조정은 여러 관찬문헌에서 신경준의 그 기록에 부합되는 기록을 되풀이했다. 예컨대, 순조 8년인 1808년에 왕명으로 편찬된 『만기요람(萬機要覽)』은 안용복의 활동을 사실 그대로 기록하면서 우산도는 울릉도와 별개의 섬이며 그 영유권이 조선에 있음을 분명히 나타냈다.[137] 이렇게 볼 때 숙종과 영조 때

조선에서도 '영토의 정치학'이 시작된 것이다. '영토의 정치학'은 현대 정치학에서 중요한 분야다.[138]

이 '영토의 정치학'을 계승한 실학자가 오주(五洲) 이규경(李圭景 : 1788-1856)이다. 그는 우리가 앞에서 이미 살펴본 규장각 사검서들 가운데 한 사람이던 이덕무의 친손자로, 학문에 있어서 '민족적 자각'을 강조했다. 그는 특히 국문과 국사와 국토에 대한 강렬한 애정으로써 자신의 학문을 심화시키고자 했다.

이규경은 자신의 저술 『오주연문장전산고(五洲衍文長箋散稿)』에서 우선 한글의 탁월함을 칭찬했다. 그는 국문이 알기 쉽기 때문에 오히려 지식인들이 그것을 멸시하고 연구하지 않는 현실을 개탄하면서 세계의 어느 문자보다도 우수한 국문의 연구와 보급을 제의했다. 그는 이어 국사를 '전사(全史)'로서 새로이 자주적으로 체계화할 것을 제의했다. 특히 중국역사학자들이 중국의 시각에서 조선의 역사를 왜곡·서술한 데 대해 날카롭게 비판했다. 예컨대, 이른바 기자가 세운 나라가 조선반도 안에 위치했었다는 중국사서들의 서술을 배척했으며, 발해를 중국역사의 일부로 볼 것이 아니라 고구려의 후계국으로 정당히 평가해 조선의 역사에서 서술해야 한다고 역설했다.

이규경은 마지막으로 조선의 국토에 대한 심층적 연구를 제의하면서, 『대동여지도』를 제작한 김정호(金正浩)를 높이 칭찬했다. 널리 알려졌

---

137 송병기(宋炳基), 『울릉도와 독도, 그 역사적 검증』(서울 : 역사공간, 2010), 131-138쪽.

138 한국정치학회 회원들 가운데 이 분야에서 연구실적을 발표한 대표적 정치학자로 배진수(裵珍洙) 박사를 지적할 수 있다. 배진수, 「세계의 도서영유권 분쟁사례와 독도」, 『국제정치논총』 제38집 제2호(1998년 12월), 109-130쪽. Chinsoo Bae, "Island Sovereignties of East Asia : A Comparative Colonial Legacy," in Chinsso Bae, Unto Vesa, Yucel Acer, Jimmieung Li, David Forrest, Kijoon Hong and Pirjo Jukarainen, *Territorial Issues in Europe and East Asia : Colonialism, War Occupation, and Conflict Resolution* (Seoul : Northeast Asian History Foundation, 2009), pp. 12-13.

듯, 김정호는 1861년에 『대동여지도』를 제작해 초간본을 간행함으로써 조선의 강역을 분명히 밝혔을 뿐만 아니라 1860년대의 어느 시점에서 『대동여지노정전도(大東輿地路程全圖)』를 제작하면서 우산도를 울릉도의 동쪽에 위치한 별개의 섬으로 정확히 그려 넣었다. 이규경은 울릉도 그리고 오늘날 우리가 독도라고 부르는 우산도에 대한 고증을 상세히 한 뒤 이 섬은 조선의 고유한 영토임을 변증했다.[139] 지난날에 제작된 조선의 어느 지도들에 우산도가 그려지지 않은 사실을 시인하면서, 우산도가 작은 섬이기 때문에 그려져 있지 않을 뿐이라는 변호도 덧붙였다. 이익으로부터 이규경에 이르기까지, 우리가 토론한 북학파학자들은 모두 화이관에서 벗어나 조선의 개별성을 옹호함으로써 그 이후 나타나는 근대민족주의의 기초를 닦았다.

139 신용하, 「한국근대민족주의의 기원」, 24-28쪽에서 다시 인용.

제4장

조선왕조의 개항을 전후한 시기에 서양정치에 관한 지식이 들어오다: 서양정치학 수용의 예비단계

제1절 영조와 정조: 새로운 군주론을 정립하다

제2절 경세치용의 실학사상이 발전하다

제3절 이용후생의 북학론이 성장하다

제4절 주권재민의 관념이 싹을 보이다

제 1 절 초기 개화사상가들로의 징검다리: 김정희와 유신환 및 최한기

조선의 또는 한국의 역사에서 '근대'의 기점을 언제로 설정하느냐에 대해서는 학계에서 많은 논쟁이 전개됐다. 조선이 개항한 1876년을 지목하기도 하고, 동학농민운동이 시작되고 그것이 갑오경장(甲午更張)으로 연결된 1894년을 지목하기도 하며, 조선왕조가 국체를 대한제국으로 바꾸고 이른바 광무개혁(光武改革)을 추진하기 시작한 1897년을 지목하기도 한다. 늦게 잡는 학자들은 일제강점기에 조선에서 전국적 항일운동으로 3·1운동이 일어난 1919년을 지목하기도 한다. 이러한 여러 설들을 검토한 뒤, 신용하 교수는 1853-1860년에 개화사상이 형성됐음에 주목하면서 1850-1860년대를 '근대의 기점'으로 설정했다.[1]

바로 이 시기에, 어떤 지식인들은 조선의 개국이나 개화를 염두에 두면서 그 과제를 위해 힘쓸 제자들을 길러냈고, 어떤 다른 지식인들은 서양정치에 관한 지식을 받아들이면서 그것을 소개하는 저서들을 출판했다. 앞의

1 신용하, 『한국근현대사회와 국제환경 : 제국주의시대 열강의 동아시아정책과 한국민족』(서울 : 나남, 2008), 22쪽.

대표적 지식인들이 김정희(金正喜)와 유신환(兪莘煥)이며 뒤의 대표적 지식인이 최한기(崔漢綺)다.

김정희. 호를 추사(秋史) 또는 완당(阮堂)이라고 했던 김정희(金正喜 : 1786-1856)는 23대 순조와 24대 헌종 및 25대 철종 시대에 걸치는 조선 후기의 걸출한 학자요 서예가였다. 학문으로는 금석학과 고증학에서 그 시대 최고의 석학이었고, 서예로는 우리나라 4대 명필들 가운데 한 사람으로 꼽힌다. 특히 서예에 있어서, 그 시대의 청나라 서예가들 가운데 그에 필적할 만한 사람을 찾기 어려울 정도로 높은 경지에 이르렀다. 이러한 위상 때문에, 그에 대해서는 이미 국내외에서 수많은 연구들이 출판됐다.[2] 그의 금석학과 고증학 및 서예는 이 책의 주제를 벗어난다. 이 책의 주제는 어디까지나 구한말에 서양정치학이 누구를 통해 어떻게 어떤 내용으로 수용됐는가에 있다. 이 점을 염두에 두고 구한말의 서양정치학 수용과정에 그가 간접적으로라도 연관된 부분이 있다면 그것을 설명하고자 한다.

이렇게 시작하면서도 우선 토론해야 할 것은 김정희가 실학자냐 아니냐다. 이 대목에서 우리는 먼저 경성제국대학과 동경제국대학에서 각각 교수를 역임한 동양철학자 후지쓰카 지카시(藤塚鄰 : 등촌린)의 연구를 검토할 필요를 느낀다. 그는 학자로서의 일생을 청조의 학문과 사상이 어떻게 조선과 일본에 전래됐던가를 연구하면서 그 과정에서 김정희

2 김정희의 저서들은 (1) 민족문화추진회 편·임정기 역, 『국역 완당전집』 1(서울 : 솔출판사, 1995) ; (2) 민족문화추진회 편·신호열(辛鎬烈) 편역, 『국역 완당전집』 2(서울 : 솔출판사, 1988) ; (3) 민족문화추진회 편·신호열 편역, 『국역 완당전집』 3(서울 : 솔출판사, 1986) ; (4) 민족문화추진회 편, 『국역 완당전집』 4(서울 : 솔출판사, 1996) 등으로 묶여 있다.

김정희에 관한 국내에서의 저서로 대표적인 것은 다음이다. 유홍준(兪弘濬), 『완당평전』 1(「일세를 풍미하는 완당바람」)(서울 : 학고재, 2002) ; 2(「산은 높고 바다는 깊네」)(서울 : 학고재, 2002), 3(「자료·해제 편」)(서울 : 학고재, 2002). 이 책 제3권의 283-298쪽에 김정희에 관한 자료들과 저서들 및 논문들이 자세하게 소개됐다.

가 수행한 역할을 정력적으로 구명했으며 그 결과가 그의 1936년도 동경제국대학 문학박사학위논문 「조선조에 있어서 청조문화의 이입(移入)과 김완당」으로 나타났다.[3] 후지쓰카 교수는 김정희를 실사구시(實事求是)를 실현한 학자, 곧 실학자로 규정했다.

우리나라 학계에서도 김정희를 실학자로 평가하는 경향이 지배적이었다. 예컨대, 김정희를 깊이 연구한 한국어문학자 정후수(鄭後洙) 교수는 1997년에 발표한 논문에서 그를 실학자로 단정했다.[4] 그러나 2004년 11월에 서울에서 열린 동양고전학회의 김정희에 관한 학술토론회는 그를 실학자로 보기 어렵다는 결론을 내렸다.[5] 그가 유학자였으나 동시에 선종(禪宗) 계통의 불교도였는데, "실학에서는 모든 사물을 철저하게 실증적으로 관찰하고 판단하는 것을 전제로 하는 학문인 반면, [특히 교종(教宗)이 아닌 선종불교의] 입장은 그렇지 않기 때문"이라는 것이었다.[6] 특히 불교학자 김약슬(金約瑟) 교수는 그를 유학자라기보다는 불교학자였다고 보았다.[7]

이 논쟁을 이 책은 다루지 않기로 하겠다. 다만 김정희가 연행(燕行)을 통해 청의 문물을 깊이 배웠으며 그것에 근거하기도 하고 스승 박제가의 가르침을 받아들여 북학을 심화시켰다는 점을 강조하고자 한다. 그리고 그러한 학문에 바탕을 두고 후학들을 길렀는데, 그들이 개화사상을 갖게 되고 현실정치에 반영시켰다는 점을 설명하고자 한다.

● ● ● ● ●

3 이 논문은 그의 아들의 편집을 거쳐 다음과 같이 출판됐다. 藤塚鄰 저·藤塚明直 편, 『清朝文化東傳의 연구 : 嘉慶·道光學壇과 李朝의 金阮堂』(동경 : 국서간행회, 1975). 이 책은 다음과 같이 역간됐다. 박희영(朴熙永) 역, 『추사 김정희 또다른 얼굴』(서울 : 아카데미하우스, 1994).

4 정후수, 「추사는 불교를 어떻게 받아들였나」, 『백련불교논집』 제7집(1997). 이 논문은 정후수, 『추사김정희 논고』(서울 : 한성대학교 출판부, 2008), 184-215쪽에 수록됐다.

5 위와 같음, 71쪽.

6 위와 같음, 185쪽.

7 유홍준, 『완당평전』 제1권, 17쪽에 인용됐다.

그때의 조선지식인들 대부분이 그러했듯, 김정희 역시 성장과정에서부터 연행을 꿈꾸고 있었다. 더구나 그가 스승으로 모셨던 박제가가 세 차례에 걸쳐 북경을 다녀오는 가운데 100명을 넘는 청의 일류 지식인들과 교류하면서 자신에게 뛰어난 제자 김정희가 있다는 사실을 알렸다는 얘기를 듣고는 연행에 대한 기대를 높였다.[8] 마침내 기회가 왔다. 그가 23세 때이던 순조 9년 1809년 10월에 부친이 동지사절단(冬至使節團)의 부사(副使)로 북경 사행(使行)에 오르게 되자 자제군관(子弟軍官)의 자격으로 부친을 따라 북경을 방문할 수 있었던 것이다. 그의 북경체류기간에 대해서는 40일설과 60일설이 있는데, 비교적 길었던 이 시기에 그는 그 시대 청에서 금석학의 대가로 꼽히던 옹방강(翁方綱) 및 대학자로 꼽히던 완원(阮元)을 비롯해 몇몇 학자들을 만나 학문적 대화를 나누기도 했으며 가르침을 받기도 했다.[9]

김정희는 귀국한 때로부터 6년 뒤인 1816년에 「실사구시설(實事求是說)」을 발표했다. '실사구시'라는 말은 청나라 고증학의 개조 고염무(顧炎武)가 주창한 표어로 "사실에 의거하여 사물의 진리를 찾는다"는 뜻이다. 김정희가 이 논문을 발표한 이후 조선의 지식인사회에서는 그 말이 널리 전파됐다. 이제 실학은 경세치용의 학풍에서 이용후생의 학풍으로, 그리고 마침내 실사구시의 학풍으로 발전해 간 것이다.

김정희는 귀국한 이후에도 청의 학자들과 교신을 계속했다. 그 통로들 가운데 중요했던 것은 조선의 역관들이었다. 특히 김정희를 존경하고 그에게서 배우고자 한 역관들인 이상적(李尙迪)·오경석(吳慶錫)·김석준(金奭準) 등이 그와 청의 학자들 사이에 편지와 서적이 오가도록 도왔다. 그들 가운데서 특히 이상적은 그가 제주도로 유배됐던 때도 연결의 끈을 이어주었다.[10] 이 과정에서 그들 사이에는 조선이 청의 문물은 물론 청에 전래된

8 위와 같음, 72-74쪽.

9 정후수, 『추사김정희 논고』, 11-33쪽.

10 유홍준, 『완당평전』 제1권, 295-296쪽 및 393-394쪽.

서양의 문물을 적극적으로 그러나 선택적으로 수용해야 한다는 관념이 공유됐다. 김정희에게 배우고자 한 또 다른 사람들 가운데 대표적인 사람이 우선 이하응이었다. 이 시절에 이하응은 왕실의 종친이라는 이유 때문에 집권세력인 안동김씨의 세도에 눌려 낙백생활을 하고 있었다. 이어 신헌(申櫶)을 꼽을 수 있다. 신관호(申觀浩)로도 불렸던 신헌은 무관이었지만 유학에 조예가 깊었으며 김정희로부터 유학은 물론 금석학을 배우기도 했다.[11] 우리가 제3절에서 보게 되듯, 조선이 개항을 하게 될 때 신헌이 중요한 역할을 수행한 것은 결코 우연이 아니었다. 그는 김정희를 통해 바깥세계에 눈을 뜨고 있었던 것이다. 마지막으로 강위(姜瑋)를 지적할 수 있다. 그에 대해서는 알려진 것이 많지 않다. 다만 기성사회에 비판적인 비주류(非主流)의 시인으로서 열렬한 개화론자였으며 제주도로까지 찾아가 김정희를 스승으로 모시며 배웠고 김정희가 뒷날 함경도 북청으로 유배됐을 때 거기까지 찾아와 배움을 청했다는 기록들이 그에 관한 기록들 가운데 대부분을 차지한다. 그 역시 조선의 개항 때 일정한 역할을 수행한다.[12]

여기서 반드시 지적해야 할 점이 있다. 그것은 "그때로서는 조선에서 가장 박식하고 넓은 견문을 지녔다는 평을 듣던 김정희조차도 그때 진행되던 서세동진(西勢東進)의 서구제국주의의 본질은 모르고 있었다"는 사실이다. 그는 "여전히 문명의 이상적 모델로 청나라를 생각하고" 있었을 뿐이다.[13]

그러면 김정희에 대해 우리가 앞부분에서 제기했던 질문, 곧 구한말의 서양정치학 수용과정에 그가 수행한 역할이 있었던가에 대해 대답해보기로 하자. 김정희에게 이 질문 자체가 부당할 것이며 따라서 그가 아무런 역할을 수행하지 않았다고 해도 전혀 이상하지 않다. 그러

11 위와 같음, 295-296쪽 및 387-393쪽.

12 위와 같음, 제2권, 490-494쪽.

13 위와 같음, 423쪽.

나 비록 직접적이지는 않았지만 그의 역할이 아주 없지는 않았다. 그가 길러낸 제자들이나 그와 교류하던 지식인들 가운데 일부가 조선의 개국과 개화에 힘을 썼기 때문이다. 개국과 개화가 실현됐기에 서양정치학의 수용이 가능할 수 있었던 것이 아니겠는가?

유신환. 정약용이 유배의 길에 오르던 순조 1년인 1801년에 유신환이 태어났다. 성리학사의 위치에서 유신환은 정약용이나 최한기에 비해 덜 중요하다. 그렇지만 그 시대의 대석학으로 꼽히던 그가 1838년부터 작고한 1859년까지 약 20년에 걸쳐 가르친 제자들 가운데 거의 모두가 조선왕조가 개항한 1876년 이후 조선을 친청(親淸)의 입장을 유지하면서 개화를 온건하게 이끌던 시기에 중추적 역할을 수행했다는 사실은 중요하다. 그 대표적인 제자가 바로 우리가 앞으로 자세히 살필 김윤식(金允植)이다. 유신환의 제자들 가운데는 민태호(閔台鎬)·민규호(閔奎鎬)·민영목(閔泳穆) 등 민씨척족가문의 자제들이 포함됐는데, 그들은 대체로 온건한 개화론을 지지했거나 실제로 친청적 온건개화 정책을 집행했다.

유신환은 우리가 제3장 제1절에서 살핀 호락논변의 계보에서 낙론계에 속했다. 다시 말하거니와, 낙론계는 대의명분을 따짐에 있어서 호론계에 비해 유연했으며, 그 스스로도 정통 성리학자들과는 달리 정통 성리학자들이 이단으로 간주했던 불교와 노장사상을 수용했다. 같은 맥락에서, 그는 유학자들이 국가가 어려움에 빠질 때는 사환해야 한다는 데 동의했다. 그러한 배경에서, 그는 제자들이 시대의 흐름에 맞게 개화론을 수용하고 개화를 추진하는 조정에서 사환하는 것을 격려했을 것이다.

김윤식은 뒷날 스승 유신환을 회상하면서 유신환이 도덕과 문예 그리고 '정치술(政治術)'을 가르쳤다고 썼다.[14] 김윤식은 '정치술'이 어떤

● ● ● ● ●

14 위와 같음, 143쪽.

내용을 지녔던 것인지 전혀 말하지 않았다. 그러나 이 시점이면 청으로부터 청에 들어와 있던 서양의 학문들이 조선으로 전해졌을 것이고, 그리하여 서양의 '정치학' 역시 전래된 가운데 '정치술'로 이해됐을 것이다.

여기서 토론돼야 할 주제는 『해국도지(海國圖地)』다. 1840년에 시작돼 1842년에 끝난 아편전쟁에서 청은 영국에게 패배하고 굴욕적인 남경조약에 조인했다. 불평등조약의 대표적 사례로 꼽히는 이 조약을 통해, 청은 영국에게 막대한 배상금을 지불했으며 홍콩을 할양했다. 그것들에 더해, 청은 상해를 포함해 다섯 항구들을 영국에 열어 주었다. 여기에 충격을 받아 청의 지식인들 사이에서 서양을 알아야겠다는 운동이 전개됐으며, 그 일환으로 위원(魏源)은 1844년 12월에 서양세계를 소개한 지리책으로 『해국도지』를 출판한 것이다. 이 책은 곧바로 조선으로 들어왔다. 1845년 3월에 사은사 겸 동지사로 청을 방문한 호조참판 권대긍(權大肯)이 귀국 길에 이 책을 가져온 것이다.[15] 이 책이 당시 조선의 지도층에 널리 알려진 사실에 미뤄, 유신환 역시 이 책에 접했을 것이다. 동시에 그는 이 책을 자신의 제자들에게 가르쳤을 것이다.

서양의 책들을 소화한 최한기. 정약용이 유배지로 떠난 때로부터 2년 뒤인 순조 3년(1803)에 혜강(惠岡) 최한기가 태어났다. 최한기의 유학사에서의 위치에 대해 유학계와 철학계 및 정치학계는 논쟁을 벌였다. 유학계의 금장태 교수는 그를 '후기 실학파의 마지막 학자'로 보았으며, 정치학계의 신복룡 교수와 안외순 교수 역시 그렇게 보았다.[16]

15 전상숙(田上淑), 「문헌 DB구축을 통해서 본 한국 초기 '사회과학'의 문제의식과 특성」, 이화여자대학교 한국문화연구원 SSK '한국 사회과학' 연구사업단 편, 『근대 전환기 '한국 사회과학' 수용의 주체와 문제의식』(서울: 이화여자대학교 한국문화연구원, 2011), 11쪽.

16 학계의 논쟁은 신복룡 교수에 의해 잘 요약됐다. 신복룡, 『한국정치사상사』(서울: 지식산업사, 2011년 출간예정), 제27장, 3-4쪽의 각주 5. 금장태, 「혜강(惠岡) 최한기 철학의 근대적 성격」, 『제3회 국제학술회의논문집』(서울: 한국정신문화

그러나 유학계의 권오영(權五榮) 교수는 그를 초기 개화파에 속하는 학자로 보았다.[17] 이 방면의 문외한인 나로서는 다만 그가 서양과 서양 정치에 관한 지식과 정보를 사실상 최초로 조선사회에 전한 책들을 저술한 학자임에 틀림없다는 의견을 제시하고자 한다.

최한기는 조선이 개항한 때로부터 1년 뒤인 1877년에 별세했는데, 익명의 평민으로 보낸 74년의 생애 가운데 20대 이후의 대부분을 책읽기와 글쓰기에 바쳤다. 그는 그때의 기준으로 볼 때 비교적 부유했던 양부(養父)의 도움을 받아 자신의 성장기에 북경을 거쳐 조선에 들어오는 이른바 태서신서(泰西新書)들을 과감히 사들이면서 소화했다. 그때 사람들은 서양을 '태서'라고 부르고 서양에서 출판됐으나 중국에서 한역된 책들을 '태서신서'라고 불렀다. 그 책들은 "그로 하여금 주자학적 사유를 근본적으로 극복하고 '근대적' 수학·농학·지리학·공학은 물론 경험철학을 유가적(儒家的) 사유체계로 재해석하는 새로운 패러다임을 구축할 수 있게 한 지적 동력이 되었던 것이다."[18]

이렇게 말한다고 하여, 최한기가 서양의 학문을 일방적으로 수용했던 것은 아니다. 그는 서방의 저서가 동방과 남방 및 북방의 학문에 도움을 주는 것처럼 동방의 저서도 서방과 남방 및 북방의 학문에 도움을 줄 수 있고 남방 및 북방의 저서도 서방과 동방의 학문에 도움을 줄 수 있다는 신념에서 자신이 동서양의 철학이론을 종합해 저술한 『기측체의(氣測體義)』를 1836년에 북경의 인화당(人和堂)에서 자비로

연구원, 1984), 416쪽. 안외순, 「유가적 군주정과 서구민주정에 대한 조선실학자의 인식 : 혜강 최한기를 중심으로」, 『한국정치학회보』 제35집 4호(2001년 겨울), 67-85쪽. 김한식 교수는 최한기가 후기 실학파에 속하는가 초기 개혁파에 속하는가에 대해서는 말하지 않은 채 '19세기 중엽에 활동했던 우리나라의 대표적인 사상가의 한 사람'으로 보았다. 김한식, 「혜강 사상에 나타난 근대성논리의 구조」, 『한국정치학회보』 제34집 4호(2000년 겨울), 9-22쪽.

17 권오영, 『최한기의 학문과 사상 연구』(서울 : 집문당, 1999), 358-359쪽.

18 안외순, 「유가적 군주정과 서구민주정에 대한 조선철학자의 인식」, 70쪽.

출판했다.[19]

조선의 사상계에서 이러한 위상을 지닌 최한기에 대한 연구는 북한에서 먼저 시작됐다. 그것은 곧 박종홍(朴鍾鴻) 교수를 비롯한 남한의 철학자들에게 자극을 주었으며,[20] 그 이후 남한의 철학계와 사학계에서는 물론이고 정치학계에서도 그에 대한 연구를 심화시켰다.[21] 그 연구들 가운데 여기서는 정치학적 담론들만을 다루기로 한다.

'비교정치론'을 제창한 최한기. 첫째, 최한기는 이황 이후 처음으로 '정치'라는 단어를 사용했다. 우리가 앞에서 여러 차례 살폈듯, 중국에서나 조선에서 유학자들은 '정'과 '치'를 분리해서 사용했다. 우리나라의 경우, 이황이 1568년의 「무진육조소」에서 '정'과 '치'를 합쳐 '정치'라는 단어를 사용한 것이 우리나라 유학자들의 문헌에서 '정치'라는 단어가 등장한 첫 사례였는데, 그때로부터 289년이 지난 1857년의 시점에 그는 자신의 『기학(氣學)』에서 '정치'라는 단어를 다시 쓴 것이다. 예컨대, 최한기는 '강론정치(講論政治)' '약거불선정치(若擧不善政治)'

19 기학설을 포함한 최한기의 사상 전반에 대한 분석은 다음에서 읽을 수 있다. 김용옥(金容沃), 『독(讀) 기학설』(서울: 통나무, 1990).

20 박종홍, 「최한기의 경험주의」, 『아세아연구』 제8권 제4호(1965년 12월), 1-41쪽; 「최한기의 과학적인 철학사상」, 박종홍, 『한국의 사상적 방향: 그 몇가지의 고찰』(서울: 박영사, 1968), 101-163쪽.

21 신복룡, 『한국정치사상사』, 제27장, 3쪽의 각주 5. 신 교수가 지적한 북한에서의 연구는 다음이다. 정진석 정성철 김창원 공저, 『조선철학사』(평양: 조선민주주의인민공화국 사회과학원 역사연구소, 1960).

최한기에 대한 남한 유학계에서의 소개는 이우성 교수에 의해 주도됐다. 이우성 교수는 1970년에 다음과 같은 짧은 글을 발표했다. 이우성, 「최한기」, 동아일보사 『신동아』 편집실 편, 『한국근대인물 백인선(百人選)』(서울: 동아일보사, 1970, 『신동아』 1970년 1월호 부록), 12-14쪽. 이 책은 1979년에 단행본으로 재간됐다. 이우성 교수는 최한기의 글들을 편집해 『명남루전집(明南樓全集)』(서울: 여강출판사, 1986)으로 영인출판했다. 최한기에 대한 전문적 연구서들로서는 다음을 지적할 수 있다. 권오영, 『최한기의 학문과 사상 연구』; 최영진(崔英辰) 외, 『조선말 실학자 최한기의 철학과 사상』(서울: 철학과현실사, 2000).

‘정치지술(政治之術)’ 등의 용어들을 사용한 것이다.[22]

최한기의 ‘정치’에 대한 담론은 전통적 담론에 대한 비판에서 출발했다. 그는 우선 전통적 담론을 “예로부터 정치를 논하기를 ‘정자정야(政者正也)’ 또는 ‘인군(人君)이 마음을 올바르게 함으로써 나라를 바로잡게 한다’ 또는 ‘인주(人主)가 마음을 올바르게 하면 곧 천하의 일 가운데 이 올바른 마음에서 나오지 않은 것이라고는 없다’라고 일러왔다”라고 요약했다. 그는 그것을 다음과 같은 말로써 비판했다 : “정(正)을 측정하는 방법은 처음과 끝을 서로 재어보고 안과 밖을 서로 시험해 본 다음이라야 가능한 일이다.”[23]

최한기의 이러한 자세에 대해, 배병삼 교수는 최한기가 전통적 주자학의 핵심인 ‘정’을 단순히 도덕적 차원에서의 의(義)로서가 아니라 처음과 끝 그리고 안과 밖을 비교한 뒤에 파악될 수 있는 상대적 가치로 이해했다고 보았다. 여기서 한 걸음 더 나아가, 배 교수는 “최한기의 정치는 윤리적 패러다임을 벗어나서 양(量)으로 측정하고 기술적으로 조정하는 비교과학의 영역으로 전환되는 단초를 보여 주고 있다”고 평가했다.[24]

최한기가 오랫동안 쓰이지 않았던 단어인 ‘정치’를 되살려냈듯, ‘인민’이라는 단어 역시 되살려냈다. 이종은 교수의 고증에 따르면, ‘인민’이라는 단어는 춘추시대의 『시경』과 『맹자』에서 나타났으며, 조선왕조의 『고려사절요(高麗史節要)』에서도 나타났다. 아마 조선왕조의 다른 문헌에서도 나타났을 것이다. 그런데 최한기는 『기측체의』에서 ‘인민’이라는 단어를 다시 썼다.

최한기의 『지구전요』. 둘째, 최한기는 철종 8년인 1857년에 『지구

22 배병삼, 「한국 정치학의 기원과 정체성 탐사」, 『한국정치학회보』 제37집 2호(2003년 여름), 95-96쪽. 안외순, 「혜강 최한기의 정치사상」, 이재석 편, 『한국정치사상사』, 352쪽의 각주 26.

23 배병삼, 「한국 정치학의 기원과 정체성 탐사」, 96쪽.

24 위와 같음, 97쪽.

전요(地毬典要)』를 편술했다. 그는 청의 서계여(徐繼畬)가 1848년에 출판한 『영환지략(瀛環志略)』이라는 지리책과 그리고 청의 위원이 1852년에 중간한 『해국도지』를 기초로 삼았다. 앞에서 이미 말했듯, 이 책들은 모두 청이 아편전쟁에서 영국에게 패배한 뒤 청의 지식인들 사이에서 서양을 알아야겠다는 운동이 전개되는 과정에서 출판된 것들이었다. 최한기는 그 책들 가운데 취할 것은 취하고 버릴 것은 버리면서 『지구전요』를 상재했던 것이다.[25]

최한기는 이 책을 통해 서구를 비롯한 세계의 인문지리적 정보를 조선사회에 소개했다. 이러한 점에서, 그는 북아묵리가미리견합중국(北亞墨利加 米利堅合衆國)·영길리국(英吉利國)·불랑서국(佛郎西國)·아라사(峩羅斯)·일이만열국(日耳曼列國)·보로사국(普魯士國)·오지리아국(奧地利亞國)·토이기국(土耳其國)·하란국(荷蘭國)·포도아국(葡萄牙國) 등, 서구열강의 입법부와 행정부 및 사법부 등의 정치제도들을 조선사회에 최초로 설명한 정치학자로 간주될 만하다. 배병삼 교수는 최한기에서 '비교정치학의 기원'을 찾았다.[26] 같은 맥락에서, 정용화(鄭容和) 교수는 "조선에서 입헌민주주의에 대한 관심은 최한기의 『지구전요』로부터 시작됐다"고 썼다.[27]

위에 열거된 나라들은 오늘날의 호칭으로 미국·영국·프랑스·러시아·독일·프로이센(영어로는 프러시아)·오스트리아·터키·네덜란드·포르투갈이다. 이것들 가운데 러시아는 중국에서 '俄羅斯'로 쓰이는 것이 일반적이었는데 여기서는 '峩羅斯'로 쓰였다. 독일은 당시 하나의 통일국가가 아니었다. 여러 공국(公國)들과 후국(侯國)들 및 왕국들로 구성

25 권오영, 『최한기의 학문과 사상 연구』, 214쪽 ; 안외순, 「유가적 군주정과 서구 민주정에 대한 조선실학자의 인식」, 69쪽의 각주 4.

26 배병삼, 「한국 정치학의 기원과 정체성 탐사」, 95쪽.

27 정용화(鄭容和), 「조선에서의 입헌민주주의 관념의 수용 : 1880년대를 중심으로」, 『한국정치학회보』 제32집 2호(1998년 여름), 105-123쪽. 인용된 구절은 이 논문의 105쪽에 있다.

됐으며 프랑스사람들은 그 나라들을 구성한 사람들이 제르만이라는 사실을 염두에 두고 알레마뉴(Allemagne)라고 불렀다. 이것에 연유해, 이 나라는 일이만열국으로 번역됐다.

우선 이 책에서 최한기는 우리가 오늘날 사용하는 '의회'를 '공회소(公會所)'로 번역했으며, '선거'를 영어의 '일렉트(elect)'로부터 차음(借音)하여 '의력다(依力多)'로 표기한 뒤 '공거(公擧)'로 번역했다. 영국의 상원은 작위를 가진 귀족계급의 대표자들로 구성됨에 유의해 '작방(爵房)'으로 번역했으며 하원은 시민계급의 대표자들로 구성됨에 유의해 '향신방(鄕伸房)'으로 번역했다. 오늘날 우리는 영국내각의 수장(首長)을 수상(首相)이라고 부르는데, 최한기는 그를 수상이라고 번역하지 않고 그저 '상(相)'으로 번역했다.

미국의 프레지던트(president)를 그 발음에 비슷하게 '발열서령(勃列西領)'이라고 표기한 뒤 '대총령(大總領)'으로 번역했다. 안외순 교수는 "미국의 '프레지던트'의 본의에 충실하자면 '대통령'이 아니라 최한기의 번역처럼 '대총령'이 더 적합할 것이다"라고 논평했다.[28] 최한기는 오늘날 우리가 주지사라고 부르는 미국 각 주의 행정최고책임자를 '소총령(小總領)'으로 번역했다.

여기서 우리가 유의해야 할 것은 최한기의 번역어들은 거의 모두가 『영환지략』과 『해국도지』에 나온 번역어들이었다는 사실이다. 그러나 그가 그 책들의 번역어들과 다른 번역어들을 사용한 사실에 주목하게 된다. 『영환지략』과 『해국도지』의 '양이(洋夷)'와 '토만(土蠻)'을 모두 '양인(洋人)'과 '토인(土人)'으로 고쳐 쓴 것이다. 또 '미리견이(米利堅夷)'라든가 '영길리이(英吉利夷)'라는 번역어에서 모두 '이'를 빼고 '인'으로 대체한 것이다. 이것은 그가 '이(夷)'라는 개념을 완전히 극복했음을 의미했으며, 지구상의 모든 나라들과 백성들은 평등하다는 인식에

28 안외순, 「혜강 최한기의 정치사상」, 349쪽의 각주 17.

도달했음을 의미했다. 그는 『영환지략』이 미국대통령 조지 워싱턴의 직함을 '추장(酋長)'이라고 쓴 것과는 달리 '장관(長官)'으로 표현했다. 이것 역시 미국은 오랑캐들이 사는 나라가 아니라는 인식을 반영한 것이다.[29]

최한기는 영국의 정치제도를 자세히 설명했다. 국왕이 하원에서 다수를 차지한 정당의 지도자에게 수상직을 맡기며 수상은 하원의 견제를 받지만 다른 한편으로 하원을 해산할 수 있다는 사실을 지적했다. 상원보다 하원이 더 많은 권한을 갖고 있다는 사실도 지적했다. 영국의회에서의 예산심의과정에 대해서도 자세하게 설명했다. 최한기는 영국의 속령을 속부(屬部)라고 부르면서 속부의 직제에 대해 설명했다. 당시 영국의 속령이던 캐나다는 상(上)과 하(下)로 나뉘어 있었다. 그는 상캐나다에는 총령 1인 아래 영사 1소(所)가 개설됐으며 거기에 관리 34인이 일하고, 하캐나다에는 부총령 1인 아래 영사 1소가 개설됐으며 거기에 관리 17인이 일한다고 설명했다. 그는 상캐나다와 하캐나다 모두에 하원이 개설됐음을 아울러 지적했다.[30]

그런데 최한기는 영국의 입헌군주제적 민주정보다는 미국의 대통령제적 민주정을 더 높이 평가했다. 그는 미국에는 군주가 없으며 대통령직이 종신직(終身職)이 될 수 없을 뿐만 아니라 세습직(世襲職)도 될 수 없다는 점을 강조했다. 대통령의 임기가 4년이며 국민의 투표에 의해 선출된다는 점 역시 강조했다. 특히 대통령의 권한이 상하 양원으로 구성된 의회에 의해 견제를 받는다는 점을 상기시켰다. 그는 미국의 주정부(州政府)들이 운영되는 방식에 대해서는 물론, 연방정부의 수준과 주정부의 수준에서 실시되는 사법제도와 경찰제도에 대해서도 자세히 설명했다. 종합적으로, 그는 미국의 정치제도가 민의의 대변 및 존중과 특권계급의 부인 그리고 비밀투표에 근거한 경쟁적 선거를 통

29 권오영, 『최한기의 학문과 사상 연구』, 214-215쪽.

30 위와 같음, 219-220쪽.

한 공직자의 선출 등을 그 기본으로 삼는다고 보았다.

최한기의 『인정』. 최한기의 서구민주주의적 정치관(政治觀)은 그가 1836년에 시작해 1860년에 완결한 『인정(人政)』에서[31] 더 자세히 부연됐다. 이 책은 「측인(測人)」·「교인(敎人)」·「선인(選人)」·「용인(用人)」의 네 부문으로 구성됐는데, 여기서 우선 주목되는 부분은 「측인」이다. 왜냐하면 여기서 그는 "국정이 치(治)로 가느냐 난(亂)으로 가느냐는 측인이 밝으냐 혹은 밝지 못하느냐에서 말미암는다"라고 말함으로써, 박충석 교수의 표현으로는, "통치에 있어서 피치자를 어떻게 조작할 것인가 하는 것이 통치자의 가장 중요한 과제들 가운데 하나라는 생각"을 보여 주었기 때문이다. 쉽게 말해, 다시 박충석 교수의 표현을 빌리건대, "그는 통치의 지주(支柱)를 통치자의 통치기술에 추구하고 있었던 것이다."

같은 맥락에서, 최한기는 "무릇 치국평천하에 유익한 것은 먼저 스스로 이를 행하고 치국평천하에 무익한 것은 먼저 스스로 이를 버리니 그사이에 취사(取捨)와 절충(折衷)이 생(生)하는 것이다. 이것이 인주(人主)의 학문의 대권(大權)이라는 것이다."라고 썼다. 이것은, 다시 박충석 교수의 표현으로, 그가 통치를 하나의 술(術)로 독자화하려고 했음을 뜻하며, 여기서 "그의 정치에 대한 리얼한 인식을 찾아볼 수 있다."[32]

최한기는 『인정』에서, 조선정치체제의 개혁방향을 제시하는 가운데 공치론(共治論)을 제시했다. 그 핵심은 그의 표현으로, "한 나라의 일은 마땅히 그 나라의 사람들과 공치해야 한다. 한 두 친한 사람들과 더불어 욕심을 채우는 다스림은 안 된다"는 데 있다. 안외순 교수가 지적했듯,

31 『지구전요』는 이제까지 국역되지 않았음에 비해 『인정』은 국역됐다. 『국역 인정』(서울: 민족문화추진위원회, 1980)이 그것인데, 이 책에 게재된 금장태 교수의 「해제」는 최한기의 사상과 이론을 적절히 설명하고 있다.

32 박충석, 『한국정치사상사』 제2판(서울: 삼영사, 2010), 426-427쪽.

이것은 그가 맹자의 공치론적 사유의 전통을 계승했음을 의미했다.[33]

그러면 공치는 어떻게 해야 하는가? 최한기의 대답은 우선 공론(公論)에 의한 정치로, 그 핵심은 "한 나라의 공론에서 지망하는 사람을 취하여 관직을 맡기고 그 성공을 책임지우는 것이 곧 나라사람[國民 : 국민]들과 더불어 공치하는 것이다. 공론이란 곧 공동으로 추구하는 의론이다. 공론이 아니고서야 어찌 나라사람들의 마음을 하나로 모으겠는가"라는 그의 주장에 있다. 안외순 교수가 지적했듯, 이러한 공론정치론은 멀리는 맹자의 여민동락론(與民同樂論)을 계승한 것이었고 가까이로는 이율곡 이래 조선에서 전통적으로 이상화한 언로확대론을 계승한 것이었다. 이어 토론에 의한 정치다. 최한기는 전문가들에 의한 토론과 그것에 기초한 다수결의 정책결정방식을 공치의 또 다른 측면으로 보았다.[34]

최한기는 공론에 의한 공치론에서 더 나아가 대담한 발상을 제시했다. "[포악한 군주와 포악한 다스림에 항의해] 백성들이 집단으로 소요를 일으키는 기회를 틈타 치민(治民)과 안민(安民)[이 두 단어를 합친 단어가 치안(治安)이다 : 나의 주]의 덕을 소유한 자가 백성들의 추대를 받아 왕업을 이룬다면 이는 바로 하늘의 법칙에 따른 용인(用人)이다"고 말한 데 이어, "만약 치안(治安)의 덕이 없으면서 권위를 빌려 찬탈을 행한다면 곧 용인을 잘하지 못한 여독이 다하지 않은 것으로, 장차 난을 다스리고 세상을 구제하는 인재가 나타나기를 기다려야 한다"고 말한 것이다. 이 발상에 대해 권오영 교수는 다음과 같이 논평했다 :

> 이처럼 최한기는 민요(民擾)가 팽배하는 사회상황에서는 '치안'의 덕을 갖춘 인물을 백성의 추대에 의해 옹립할 수 있다는 주장을 폈다. 이러한 그의 견해는 1850년대 후반 조선사회에서는 명백히 체제부정적인 것이지만, 민심

33 안외순, 「혜강 최한기의 정치사상」, 352쪽.

34 위와 같음, 354쪽.

의 향배에 의하여 최고통치자까지도 교체할 수 있다는 사상으로 발전하였으니 매우 선각적인 견해라 하지 않을 수 없다. 따라서 그가 백성의 참정권의 요구와 함께 저항권을 인정하여 통치권력에 제한을 가할 것을 주장한 것은 제한적이긴 하지만 근대민주주의사상의 토양을 마련하는 계기가 되었다고 할 수 있다.[35]

권오영 교수의 그러한 해석은 최한기의 사상과 이론을 과찬한 것이라는 논평도 뒤따랐다. 이 문제에 대해서는 우리 학계가 더 신중하게 다룰 필요가 있을 것이다.

최한기의 정치론은 세계평화론으로 이어졌다. 그는 "남극과 북극의 사람들도 깨우치고, 극동과 극서의 백성들까지 인도함으로써 모두 감통(感通)하는 기미를 낳는 정치, 그리하여 4대주의 백성을 천민(天民)이 되게 하고 4대주의 정치를 천정(天政)이 되게 하는 정치, 나아가 세계평화를 구축하는 대도의 정치로 대기운화(大氣運化)를 승순(承順)하는 정치"를 제시한 것이다. 그는 세계평화를 위한 윤리로 전통적인 다섯 윤리[五倫 : 오륜]에 '조민화합(兆民和合)'을 추가했다.[36]

그러면 최한기가 접하고 소화한 서양의 정치제도들에 대한 지식은 연하(年下)의 개화지향적 인사들에게 전해졌을까? 최한기가 『해국도지』와 『영환지략』을 그들에게 전달한 것은 사실이었다.[37] 그러나 최한기 스스로의 저작들이 그들에게 전달됐는지는 알 수 없다. 아마도 그들은 최한기의 저서들을 알지 못했던 것 같다. 출신을 중시한 당시의 정치사회적 분위기는 평민에 지나지 않는 그의 저술들에 관심을 갖게 하지 않았을 것이다. 그리하여 그의 선진적 지식은 그 한 사람의 지식으로 끝났던 것 같다. 여기서 우리는 유신환과 최한기의 차이를 발견하게 된다. 유신환은 친개화적이거나 개화에 적극적이던 후학들

35 권오영, 『최한기의 학문과 사상 연구』, 198-199쪽.
36 안외순, 「혜강 최한기의 정치사상」, 357-359쪽.
37 신복룡, 『한국정치사상사』, 제27장, 3쪽.

을 제자들로 두었기에 자신의 친개화적 발상들을 그들에게 전할 수 있었던 것이다.

제2절 서양에 대한 국내에서의 저항: 동학운동과 척사위정운동

조선의 극소수 지식인들 사이에서 책들을 매개로 서양에 대한 구체적 연구가 진행되던 때, 조선에서는 정권교체가 발생했다. 1864년 1월(양력)에 26대 고종이 즉위하면서 그의 아버지 흥선군(興宣君) 이하응(李昰應: 1820-1898)이 대원군(大院君)으로 — 그가 바로 역사에 유명한 흥선대원군이다 — 섭정을 맡은 것이다. 44세의 장년으로 패기만만한 흥선대원군은 60년에 걸쳤던 반동적 세도정치를 종식시키고 영조와 정조가 추진했다가 순조·헌종·철종 때 좌절된 개혁에 착수했다. 이것은 조선이 새로운 전환의 계기를 잡았음을 의미했다.[38]

서양열강에 대한 청의 연전연패

그러나 조선을 둘러싼 국제환경은 새 정권을 압박했다. 우선 중국을 비롯한 동아시아에 대한 영국과 프랑스의 침공은 더욱 격심해졌다. 청은 1840년에 시작돼 1842년에 끝난 영국과의 아편전쟁 — 이것을 제1차 아편전쟁이라고 부른다 — 에서 패배한 데 이어, 1856년에 애로(Arrow)호 사건을 계기로 영국과 프랑스의 군사적 및 외교적 압박에 굴복했다.

38 구한말의 시기에 역점을 두고 조선의 정치를 분석한 미국의 한국사학계에서 대표적인 저서는 다음이다. James B. Palais, *Politics and Policy in Traditional Korea* (Cambridge, MA.: Harvard University Press, 1975). 이 책의 국역본으로 다음이 있다. 이훈상(李勛相) 옮김, 『전통 한국의 정치와 정책』(서울: 신원문화사, 1993), 한국학술진흥재단 번역총서 136.

이것을 제2차 아편전쟁이라고 부른다. 게다가, 우리가 제3장 제4절에서 이미 보았듯, 1851년에 시작된 태평천국의 난이 진행돼, 청은 글자 그대로 내우외환에 시달리고 있었다.

이러한 약점을 이용해, 영국과 프랑스의 연합군은 1858년에 청의 수도 북경의 입구에 위치한 천진을 점령했으며, 1860년 10월에 북경마저 점령한 뒤 청조의 위신을 짓밟기 위해 의도적으로 황실의 별궁인 원명원(圓明園)을 불사르고 중국의 보화들을 약탈하기도 했다. 다급해진 함풍제(咸豐帝)는 열하로 피신하기에 이르렀다. 이 사건은 러시아의 중재로 청이 영국과 프랑스를 상대로 엄청난 배상금을 지불할 뿐만 아니라 북경에 공사관을 개설할 권한을 부여하는 등 굴욕적인 조항들을 포함시킨 조약에 응하는 것으로 겨우 매듭을 지었다. 이 조약이 북경조약이다. 그 결과, 청의 위신은 심각하게 실추됐으며 중국인들 모두에게 엄청난 충격을 주었다. 이 소식은 조선인들에게도 충격적으로 전달됐다. 조선의 지도층은 서양열강에 대한 엄청남 두려움을 갖게 된 것이다.[39]

위기로부터 새롭게 각성한 청의 일부 고위관리들은 한족출신의 고관들인 증국번(曾國藩)과 이홍장(李鴻章) 및 좌종당(左宗棠) 등의 지도를 받으며 새 황제 동치제(同治帝)가 즉위한 1861년부터 '중흥(中興)'을 외치며 양무운동(洋務運動)을 전개했다. 중국이 서양으로부터 배울 것은 배워야 한다는 정신으로 서양의 선진문물을 수용하기 시작했는데, 그 초점은 서양의 군사기술을 도입하는 데 맞춰졌다. 동치제는 서양열강을 상대로 하는 외교의 중요성에 인식해, 총리아문(總理衙門)을 개설했으며 그 산하에 외교관양성전문학교로 동문관(同門館)을 세웠다.

이렇게 양무운동을 시작하면서, 한족은 만주족과 태평천국의 난에 공동으로 대처해 1864년에 종식시킬 수 있었다. 친서방정책으로 전환

39 신성곤 윤혜영 지음, 『한국인을 위한 중국사』(서울 : 서해문집, 2004), 281-291쪽.

하기 시작한 동치제의 새 정권을 돕겠다는 취지에서 영국과 프랑스가 종전의 중립정책을 버리고 태평천국에 대해 공격적인 입장을 취한 것도 난의 종식에 기여했다. 일본이 받은 충격 역시 컸다. 그것은 1868년에 막부체제(幕府體制)를 타도하면서 새로운 제정체제를 수립한 명치유신(明治維新)으로 이어졌다. 일본의 일부 지도자들은 곧바로 정한론(征韓論)을 전개하면서 조선을 자신의 식민지로 만들려는 일련의 단계적인 계획들에 착수했다. 당시 일본사람들은 조선을 조선으로 부르기도 했지만 삼한(三韓)이나 한국(韓國)으로도 불렀으며, 그래서 '정한'이란 말을 썼다.

동학운동의 정치사상

최제우. 이러한 국가적 위기 앞에서 그것을 극복하려는 첫 번째의 조직적 대응은 동학운동으로 나타났다. 오늘날의 경상북도 경주시 출신인 수운(水雲) 최제우(崔濟愚 : 1824-1864)는 철종 말기이던 양력 1860년 5월 7일(음력으로는 4월 5일)에 '깨달음'을 얻어 그것을 '시천주(侍天主 : 하느님 모심) 주문(呪文)'으로 반포했다. 이것으로써 뒷날 천도교(天道敎)로 발전하는 동학(東學)이 개창된 것이다.

여기서 우리는 개창의 시점이 1860년 5월임에 주목할 필요가 있다. 1854년 3월에 미국은 제국주의시대의 전형적인 방식이던 이른바 함포외교(gunboat diplomacy)로써 일본을 개항시켰고, 1854년 4월에 러시아함대는 조선조정의 허가 없이 조선의 거문도에 약 열흘 동안 상륙한 뒤 동해를 항해했으며, 1856년 7월부터 9월까지 프랑스함대는 역시 조선조정에 전혀 알리지 않은 채 동해와 남해 및 서해를 탐사했다. 1857년부터 영국과 프랑스는 연합군을 형성해 중국의 광동성을 공격했으며 그 이후 북상을 계속해 1860년 초에 중국의 수도 북경을 포위했다. 이 소식들은 조선에도 전해졌고 자연히 서양에 대한 공포심을 키웠다. 동학이 개창된 때로부터 5개월 뒤에 영불연합군은 북경을 함락시킨다.

이러한 사회심리적 분위기 속에서, 최제우는 서학으로부터 우리 민족 고유의 사상과 사회를 지켜야 한다는 뜻을 담아 동학을 개창한 것이다. 여기서 서학이라고 할 때 그것은 단순히 천주교 하나만을 의미한 것은 아니었다. 그때 사람들이 천주교를 천주학이라고도 부르고 서학이라고도 불렀던 것은 사실이지만, 최제우가 서학이라고 했을 때 그것은 '서세동점'의 '서세'를 의미했다. 그러한 맥락에서, 그는 자신의 가르침을 동학의 경전인 『동경대전(東經大全)』의 「포덕문(布德文)」에서 동학이라고 스스로 불렀던 것이다.[40]

● ● ● ● ●

40 동학에 대한 연구는 최동희(崔東熙) 교수를 비롯한 철학자들에 의해 선도됐다. 최동희 교수는 자신이 이미 발표했던 논문들을 모아 『동학의 사상과 운동』(서울: 성균관대학교 출판부, 1980)을 출판했다. 국사학계에서는 한우근(韓沽劤) 교수의 『동학란 기인(起因)에 관한 연구: 사회적 배경과 삼정의 문란을 중심으로』(서울: 서울대학교 한국문화연구소, 1971)를 동학에 관한 선구적 저서들 가운데 하나로 간주한다.

정치학계에서는 석사학위논문에서 박사학위논문에 이르기까지 동학을 주제로 삼았던 신복룡 교수가 이끌었다. 『동학당 연구』(서울: 탐구당, 초판 1973; 증보판 1979)와 『동학사상과 한국민족주의』(서울: 평민사, 1978) 등이 이 주제에 관한 신 교수의 선구적 연구들이다. 정치학자에 의한 가장 최근의 박사학위논문은 오문환(吳文煥), 「해월(海月) 최시형의 생활정치사상 연구」(연세대학교, 1995)다. 오 박사는 이 논문에 기초해 『해월의 뜻과 사상: 사람이 하늘이다』(서울: 솔, 1996)를 출판했으며, 이어 「동학의 정치사상」, 이재석 편, 『한국정치사상사』, 441-477쪽 및 「동학사상에서의 자율성과 공공성」, 『한국정치학회보』 제36집 2호(2002년 여름), 7-24쪽을 출판했다. 정경환 교수는 동학의 평화사상을 연구했다. 정경환, 「동학의 평화론에 관한 연구」, 『한국정치외교사논총』 제31집 2호(2010년 2월), 75-102쪽.

유교·불교·천주교 등 우리나라의 종교들이 지닌 정치사상 그리고 마르크시즘·자유민주주의·사회민주주의의 정치사상 등이 구한말 이후 한국의 근대화에 미친 영향에 대해서는 다음에서 다각적으로 검토됐다. 『한국근대화의 이념과 방향: 동국대학교 개교60주년기념학술심포지움 논문집』(서울: 동국대학교 출판부, 1967). 이 논문집은 605쪽의 방대한 책이다. 민석홍·황성모·신일철·김태길·오병헌·이기영·최석우·최동희·이우성·김준보·장원종·주종환·박희범·이정식·민병기·정범모 등이 참여했다. 이 책에 대한 대표적 서평으로 다음이 있다.

이렇게 말한다고 해서, 최제우가 오로지 배외주의에서나 외국공포증에서 동학을 창도한 것으로 오해돼서는 안 될 것이다. 그는 그때 조선의 국가체제와 사회질서가 본질적인 문제들을 지녔으며 그 문제들을 해결하지 못함으로 말미암아 해체의 과정을 밟고 있다고 진단했다. 조선의 국가체제와 사회질서는 성리학이라는 이데올로기로 무장하고 있었다. 그 이데올로기는 기본적으로 차별을 전제로 했다. 신분·계급·남녀·노소·적서(嫡庶)·지역 등 사회구성원들의 여러 부문들에서의 차별을 뒷받침하는 이데올로기가 성리학이었으며, 따라서 그것은 자연히 지배자들의 이데올로기였다. 최제우는 이 이데올로기를 정면으로 부정하면서 동학을 창도한 것이다.

우선 최제우는 만인평등을 제창했다. 사람은 그 무엇에 의해서도 차별되지 않는 평등한 존재임을 선언한 것이다. 그는 거기서 한 걸음 더 나아가 "사람이 곧 하늘이다[인내천 : 人乃天]"라고 말하면서, "사람 섬기기를 하늘 섬기기처럼 하라[事人如天 : 사인여천]"고 외쳤다. 여기서 유의해야 할 것은 최제우가 사람과 '한울님[하느님의 최제우식 표현]'을 별개의 존재들로 파악하지 않고 동일의 존재로 파악했다는 사실이다. 하느님은 인간 밖에 별도로 존재하는 외적 실체가 아니라 인간의 본성에 자리 잡은 채 존재하는 내적 실체라고 그는 보았다. 그러므로 하느님을 모신다는 것은 각 인간이 자신의 마음 속 깊이 존재하는 본성을 모시는 것이다. 그의 이러한 사상은 영어로는 흔히 휴머니즘으로 명명된 인간중심주의를 선언한 것이나 다름없었다.

그러면 인간의 본성은 어떤 것일까? 최제우에 의하면, 바로 천심(天心)이며 신성(神性)이다. 그의 표현으로, '내유신령(內有神靈)'이다. 신령이 있는 곳이 바로 마음의 중심이다. 그러므로 사람은 모두 '수심정기(守心正氣)'해야 한다. 풀어 말해, 그 본래의 마음[本心 : 본심]을 지키고

● ● ● ● ●

윤근식, 「학계의 대표적 견해를 집약」, 『신동아』 1967년 10월호, 369-376쪽.

그 본래의 기(氣)를 바르게 해야 한다. 이러한 최제우에게, 다른 사람을 해치고 착취하며 다른 사람의 재물을 빼앗는 것, 그리고 다른 나라를 침략하고 그 나라 백성들을 수탈하는 것 등은 물론이고 그것들에 유사한 행위들 모두는 인간 본심으로부터 멀어져 가는 것이다.

최제우는 인간이 인간의 본심으로부터 멀어져 가는 행위를 저지르게 되면 그것은 사회적 공공성을 해체시킨다고 보았고, 그것은 또한 역사의 후퇴를 가져온다고 보았다. 반대로, 인간이 인간의 본심의 중심으로 가까워지는 행위를 하게 되면 — 그것이 인간 본성의 심화(深化)다 — 그것은 사회적 공공성을 확장시킨다고 보았고, 그것은 또한 역사의 진보를 가져온다고 보았다. 이러한 맥락에서, 최제우는 인간의 본성을 나쁜 쪽으로 이동시켜서는 안 된다는 뜻으로 '불이(不移)'를 제창했다. 보다 적극적으로, 인간의 본성을 가로막고 인간의 본래의 공공성을 분열시키는 사상과 조직 및 정치와의 투쟁을 '불이'라고 보았다.[41]

최제우는 제도적 차별에 근거한 사회질서는 반드시 붕괴한다고 믿었으며 조선의 유가적 질서 역시 멀지 않아 망할 것이라고 예언했다. 그 이론적 근거로 그는 무왕불복론(無往不復論)을 정립했다. "가서 돌아오지 않는 것이 없다"는 이 논리는 결국 순환론을 의미했다. 이것에 근거해, 그는 "부하고 귀한 사람 이전 시절 빈천(貧賤)이오 빈하고 천한 사람 오는 시절 부귀로세. 천운(天運)이 순환하사 무왕불복하시나니"라고 가르쳤다.[42]

최시형. 최제우의 이러한 가르침은 양반신분질서로 요약되는 봉건체제에 억눌려 살던 많은 사람들에게 큰 복음이어서 최제우가 동학을 세운 곳인 경주를 중심으로 하는 경상도에 빠르게 전파됐다. 이것은 그때 조선의 지배계급과 조정에게는 심각한 도전이었다.

이 무렵에 미국에서는 아메리카합중국(United States of America)으로

41 오문환, 「동학의 정치사상」, 451-452쪽.

42 위와 같음, 455쪽.

부터 이탈하려는 남부의 11개 주들이 아메리카연합국(Confederated States of America : 한자권에서는 흔히 '남부연합'으로 번역됐다)을 출범시켰다. 16대 링컨(Abraham Lincoln) 대통령은 그들의 분리운동으로부터 아메리카합중국이라는 통일체를 수호하기 위한 전쟁을 1861년 4월에 시작했다. 이것이 1865년 4월에 아메리카연합국의 항복으로 끝난 이른바 남북전쟁이다. 이 전쟁이 진행되던 때인 1863년 1월 1일에 링컨 대통령은 역사적인 「노예해방선언」을 발표했다. 이 선언은 이미 1855년에 미국과 수교한 일본에 전해졌으나, 조선사회에도 곧바로 전해졌는지 그리고 전해졌다면 어떤 영향을 주었는지 확실하지 않다. 그러나 그것이 곧바로 전해졌다면 당시 조선사회에서 진행되던 신분철폐운동을 크게 자극했을 것이다.

동학의 도전에 직면해, 고종은 즉위한 때로부터 3개월밖에 되지 않은 때인 1864년 3월에 최제우를 혹세무민(惑世誣民)의 죄로 참형에 처했고 동시에 동학을 탄압했다. 그가 "세상사람들을 속여 미혹하게 하고 세상을 어지럽혔다"는 것이었다. 이에 따라, 이미 1863년에 최제우로부터 도통을 이어받은 해월(海月) 최시형(崔時亨)은 지하에 숨은 채 포교를 계속했다. 1870-71년에 동학교도 이필제(李弼濟)가 오늘날의 경상북도 영덕군(盈德郡) 영해면(寧海面) 일대를 중심으로 민중봉기를 유도했다가 실패했을 때도 — 이것이 이른바 이필제의 난이다 — 최시형은 자중했다. 최시형은 스승의 가르침을 이론적으로 더 구체화시키는 데 몰두했던 것이다.

우선 최시형은 신분제라는 불평등구조의 비판에 역점을 두었다. "적서(嫡庶)의 구별은 집안을 망치는 근본이요 반상(班常)의 구별은 나라를 망치는 근본이니, 이것이 우리나라의 고질이니라"라고 역설하면서, 이러한 구별의 철폐를 요구했다. 그는 또 "사람은 하늘이라 평등이요 차별이 없나니 사람이 인위(人爲)로써 귀천을 분별함은 곧 천의(天意)에 어기는 것이니 제군은 일체 귀천의 차별을 철폐하여 선사(先師)의 뜻을 이어가기로 맹세하라"고 부연했다. 이렇게 신분에 의한 차별을 폐지할 때, 무엇으로써 체제와 조직을 구성할 것인가? 그는 '자격(資格)'을 기준으로 삼아 사람을 가려 뽑아야 한다고 제의했다. 이것은 '능력과 도덕이 기준이 되는 새로운 생활양식'을 제의한 것이다.[43]

최시형은 최제우의 인간평등주의를 발전시켜 평등을 인간에 대해서 뿐만 아니라 모든 생명들과 무생물들에 대해서도 적용시켰다. 이것이 동학의 인본주의를 서양의 인본주의와 구별하게 하는 중요한 관점이다. 서양에서는 인간중심주의가 인간이성주의(Logocentrism)로 흘러 신을 부정함과 아울러 자연을 정복하는 방향으로 전개됐다. 그러나 동학은 특히 최시형에 이르러 사람들 사이에서의 평등만이 아니라 생명을 가진 것들 모두 그리고 심지어 생명을 갖지 않은 것들 모두 사이에서의 평등을 강조했다. 이것은 자연을 인간과 같은 것으로 여기게 만들고 따라서 자연의 파괴를, 최제우의 표현으로는, 인간 본심으로부터 멀어져 가는 것으로 여기게 만들었다.[44] 우리가 앞으로 보게 되듯, 최시형은 1892년에 지하에서 나와 본격적으로 동학운동을 전개하게 된다.

척사위정운동의 정치사상 : 이항로와 김평묵 및 최익현

동학운동에 이어 유학자들을 중심으로 배외운동이 일어났다. 사(邪)를 배척하고 정(正)을 지킨다는 뜻의 척사위정(斥邪衛正)이 그것이다. 이것은 우리가 제3장 제1절에서 살핀 벽사위정론의 연장선 위에서 전개된 것이었다. 더 소급한다면, 우리가 제2장 제4절에서 살핀 존주양이론이나 화이론에서 그 근원을 찾을 수 있다. 이렇게 볼 때, 동학과 척사위정은 그 논리적 출발에서 상반된 입장을 보였다. 동학이 성리학적 질서를 부인했다면, 척사위정은 성리학적 질서를 옹호한 것이다. 그러나 공통점이 있다. 동학과 척사위정은 모두 조선을 외세로부터 지키자

43 위와 같음, 454쪽.

44 위와 같음.

는 정신에서 출발했다.

그러나 척사위정운동의 직접적 계기는 병인양요에 의해 마련됐다. 앞에서 이미 살폈듯, 고종의 섭정이던 흥선대원군은 고종이 즉위한 때로부터 2년 지난 1866년 1월에 천주교금압정책을 강화한다는 뜻을 보이기 위해 서울에서 은밀하게 포교하던 프랑스신부들과 조선인신도들을 처형했다. 이것이 이른바 병인박해(丙寅迫害) 또는 병인사옥(丙寅邪獄)이다. 이 사실을 뒤늦게 인지한 프랑스정부는 1866년 10월에 함대를 파견해 서울에 인접한 섬인 강화도를 포격하게 했다. 조선의 저항이 예상 밖으로 완강하게 나타나자, 프랑스 함대는 11월에 후퇴했다. 이것이 바로 병인양요(丙寅洋擾)였다.[45] 그때로부터 5년 뒤인 1871년 신미년(辛未年)에 미국은 강화도를 침공했다가 물러갔다. 이것이 바로 신미양요(辛未洋擾)였다.

이항로. 당시 서울과 경기도를 지역적 기반으로 삼은 학자들은, 매우 단순화된 형태로 말할 때, 호론을 계승한 쪽과 낙론을 계승한 쪽으로 나뉘어 있었다. 그 가운데 명분론에서 비교적 강경했던 호론의 흐름은 화서(華西) 이항로(李恒老)를 정점으로 하는 화서학파(華西學派)가 계승하고 있었고, 명분론에서 비교적 유연했던 낙론의 흐름은 임헌회(任憲晦)를 거쳐 그의 제자 간재(艮齋) 전우(田愚)를 중심으로 한 간재학파(艮齋學派)가 이끌고 있었다. 이 두 학파들 가운데 병인양요에 대해 가장 적극적으로 대응한 쪽은 화서학파였다.[46]

이항로는 이미 1835년에 「우탄(憂歎)」이라는 시(詩)를 통해 서양을 '귀신이며 도깨비'로 단정했는데, "우려하며 탄식한다"는 뜻의 이 시를

45 병인양요에 관한 재불 한국학자의 프랑스어 및 한국어 저술로 대표적인 것은 다음이다. Minje Byeng-sem PARK, *Achives Royales des Joseon et Expedition des Francais en Corée*, 박병선(朴炳善), 『병인년, 프랑스가 조선을 침노하다』(경기도 파주시 : 태학사, 2008).

46 권오영, 『조선후기 유림의 사상과 활동』, 177쪽.

척사론의 기점으로 평가하는 학자들도 있다. 이항로는 1863년에 「벽사록변(闢邪錄辨)」을 쓰면서 서양의 학문과 문물제도를 배척할 것을 다시 제의했다.[47] 서양의 물건들은 인간의 본성을 외면한 채 음란하고 요사스러우며 편리만을 추구하는 도구일 뿐이며 따라서 사용을 금지시켜야 한다는 이른바 양물금단론(洋物禁斷論)을 제기했던 것이다. 이러한 이항로에게 병인양요는 서양이라는 귀신과 도깨비에 의해 저질러진 국가적 위난이었다. 따라서 그는 선비로서의 의(義)를 행한다는 뜻에서 상소를 올렸던 것이다.

이렇게 '외양(外攘)'을 앞으로 내세우면서 이항로는 군주에게 '내수(內修)'를 역설했다. 군주가 마음을 바르고 단단하게 먹고 국정을 제대로 이끌어야 한다고 제의한 것이다. 이것은 마치 병자호란이 끝난 뒤 송시열을 비롯한 조선의 유학자들이 제의했던 내수외양론의 반복이었다고 하겠다.

이항로를 정점으로 하는 화서학파는 그 이후에도 상소나 거의(擧義)를 통해 척사론을 적극적으로 전개한다. 반면에 간재학파는 학문을 지키는 쪽에 치중해 행동으로서의 저항을 자제한다. 이 때문에 화서학파는 간재학파를 비난한다. 이항로와 동시대인으로 이항로처럼 척사위정론을 전개한 또 한 사람의 유학자가 호남의 노사(蘆沙) 기정진(奇正鎭)이었다. 그리고 역시 이항로의 제자인 충청도의 의암(毅菴) 유인석(柳麟錫)이 뒷날 척사위정론에 가담한다.

김평묵. 이러한 화서학파를 배후에서 실질적으로 이끌어간 사람은 이항로의 제자들 가운데 한 사람인 중암(重菴) 김평묵(金平默)이었다.[48]

47 이항로의 전기로 다음이 있다. 유현종, 『화서 이항로 : 불멸의 횃불』(서울 : 사단법인 화서학회, 2010). 이항로에 대해 영어로 쓰인 대표적 저서는 다음이다. Chai-sik Chung, *A Korean Confucian Encounter with the Modern World : Yi Hang-no and the West* (Berkeley, CA. : University of California Press, 1995).

48 이택휘, 「조선후기 정치사상 연구 : 이항로와 김평묵의 척사사상을 중심으로」, 서울대학교 정치학박사학위논문, 1983. 이 논문의 요지는 다음에서 읽을 수 있

그의 척사론은 그가 우선 1866년에 완성한 「벽사변증기의(闢邪辨證記疑)」에 잘 나타났다.

여기서 김평묵은 여타의 척사론자들과 마찬가지로 통화(通貨)와 통색(通色)에 대해 심각한 우려를 표시했다. 통화의 풍속이 이뤄지면 경제적 궁핍은 심각해질 것이고, 국내에 존재하는 많은 유식층(遊食層)은 통화의 설에 매혹돼 그 세력이 날로 번성해질 것이라고 보았다. 또한 통색은 남녀 사이의 분별을 없게 함으로써 인류를 '금수(禽獸)'로 바꿔 놓을 것이라고 경고했다.[49]

여기서 '금수'란 단어는 단순히 '짐승'을 뜻하는 것이 아니다. 전통적인 성리학자들은 세계의 국가들을 문명의 등급에 따라 셋으로 나눴다. 이때 문명이라고 하면, 그것은 성현의 가르침이 실현된 상태를 말한다. 그리하여 성현의 가르침에 따라 도리(道理)가 서있는 국가가 '중화'이며, 절반정도는 도리가 서 있고 절반정도는 도리가 없는 그 주변의 국가가 '이적'이고, 도리가 전혀 없는 국가가 '금수'다. 이 구분에 따르면, 성현의 가르침을 모르며 따라서 도리가 없는 서양은 '금수'에 속한다. 그들은 국제관계를 이 세 등급의 국가들 사이의 긴장관계로 파악했다.

김평묵을 대표적 척사론자로 결정적으로 자리매김해 준 것은 그가 1866년에 서양의 조선진출을 막아야 한다는 뜻으로 집필한 「어양론(禦洋論)」이었고, 1876년에 일본을 상대로 한 개항이 현실로 다가온 시점에서 유생들과 함께 시도한 이른바 병자연명유소(丙子聯名儒疏)다. 이 글들에서 그는 왜양일체론(倭洋一體論)을 제시하면서 서양과 왜(倭)를 모두 그 본질에서 동일한 '이적'으로 취급했다. 그는 스승 이항로와 마

다. 이택휘, 「조선후기 척화논의의 전개와 그 의의」, 『한국정치외교사논총』 제4집(1987년 11월), 163-201쪽 ; _____, 「1890년대의 사상사적 흐름」, 『한국정치외교사논총』 제12집(1995년 3월), 43-63쪽.

49 권오영, 『조선후기 유림의 사상과 활동』, 181쪽.

찬가지로 양물금단론을 전개했다.[50]

유중교. 이항로의 제자였으며 그 이후 김평묵의 제자가 된 선비가 성재(省齋) 유중교(柳重教)였다. 그는 척사에 있어서 이항로나 김평묵에 비해 덜 강경했다. 그러나 이 책의 주제와 관련해 우리가 중요한 의미를 부여하게 되는 것은 유중교의 왕조 분류다. 그는 왕조의 정통을 중심으로, (1) 진정한 정통인 통일왕조, (2) 정통이라는 기준에 들지만 통일을 이루지 못해 다른 성격의 왕조와 병존하는 왕조, (3) 하나로 통일을 달성했으나 정통에 들지 않는 왕조로 구별했다. 이 셋 가운데 세 번째 왕조는 '이적'으로 대해야 한다고 그는 제의했다.[51]

최익현. 이항로의 제자인 면암(勉庵) 최익현(崔益鉉) 역시 열렬한 척사위정론자였다. 그는 개항이 임박한 시점에서 「지부복궐척화의소(持斧伏闕斥和義疏)」를 올렸다. "도끼를 옆에 끼고 대궐 앞에 엎드려 척화할 것을 주장하는 상소"라는 뜻이다. "내 상소가 부당하다고 해서 받아들이지 않으려면 차라리 내가 가지고 온 이 도끼로 내 목을 쳐라"는 비장한 각오를 담았을 정도로 그는 강경한 입장을 보였다.

최익현의 상소 내용은 김평묵의 논리와 사실상 같았다.[52] 최익현은 이어 「병인의소(丙寅擬疏)」를 올렸다. 거기서 그는 왜양일체론을 반복하고 일본이나 서양이나 똑같은 '금수들'이라고 단정했다. 그는 "우리의 물화(物貨)는 한정이 있는데 저들의 요구는 끝이 없어서 한 번이라도 맞추어 주지 못하게 되면 사나운 노기(怒氣)가 뒤따르며 침해·약탈하며 유린하여 [우리는 결국] 멸망할 것입니다."라고 경고하고, "저들의 물화는 손에서 생산되어 한이 없는 것이지만 우리의 물화는 땅에서

50 최창규, 『근대한국정치사상사』(서울: 일조각, 1972), 40-46쪽 및 105-115쪽. 최창규 교수는 면암 최익현의 5대손이다.

51 이재석, 「척사위정론자의 정치사상」, 이재석 편, 『한국정치사상사』, 378쪽.

52 권오영, 『조선후기 유림의 사상과 활동』, 188쪽. 최익현의 글들은 다음에서 모두 읽을 수 있다. 면암선생기념사업회 편, 『면암집』(서울: 면암선생기념사업회, 1970). 민족문화추진위원회 편, 『국역 면암집』(서울: 민족문화추진위원회, 1978), 전3권.

나온 것으로 한이 있는 만큼, 서로 물화상통을 하게 되면 결국 한이 있는 것이 한이 없는 것을 당해 내지 못하고 망하게 될 것입니다."라고 부연했다.53

최익현은 여타의 척화위정론자들과 마찬가지로 내수외양론을 반복했다. 그는 군주가 마음을 바로 잡고 국내정치를 바르게 이끌면서 '양기(洋氣)를 소청(掃淸)할 것'을 건의한 것이다. 그는 그 이후에도 척사위정의 노선을 이론과 행동의 두 측면에서 고수했으며, 1905년에 이른바 을사보호조약이 강제로 맺어지자 의병을 일으켜 맞서는 등 목숨을 걸고 저항했다. 일제에 의해 대마도로 끌려갔던 그는 거기서 순국한다. 역시 의병을 일으킨 유인석은 만주의 간도로 망명해 그곳을 거점으로 독립운동을 전개한다.

제 3 절 개화사상 및 개화운동에 나타난 서양정치학의 이론들

서세동점을 목격하면서 서세에 대해 강경한 대응을 모색한 동학운동이나 척사위정운동의 지도자들과는 달리 조선이 하루빨리 나라의 문을 열어 서양문물을 받아들이면서 스스로의 힘을 키워야 한다고 믿는 지식인들도 나타났다. 그들은 이른바 개화사상을 지닌 지식인들로, 안으로는 북학파의 정치사상을 계승했고 밖으로는 청의 양무운동이 나타낸 정치사상으로부터 영향을 받았다. 그러나 동학운동이 궁극적으로 만인평등의 사상 아래 조선의 근대화를 지향했듯, 개화운동 역시 주권재민의 사상 아래 조선의 근대화를 지향했다. 이 점에서, 동학운동과 개화운동에는 공통점이 있다.

그러면 개화사상과 개화운동이란 무엇을 의미하는가? 이 본질적 문제에 대해, 특히 우리나라의 국사학계는 많은 토론을 전개해 왔다. 그

53 김갑천(金甲千), 「최익현의 경장론」, 김영국 편, 『한국정치사상』, 169-170쪽.

토론의 내용을 여기에 자세히 소개하기는 어렵다. 다만 "[개화사상이라는] 것은 당시의 서양 및 일본 세력의 도전에 대응하려고 한 시대적 조류로서 서양문물의 수용에 의해 근대화하려는 것을 의미하는 것이었다. 19세기 중엽 이후, [조선]사회는 안으로 양반정치체제의 붕괴, 밖으로 자본주의열강의 침략이라는 위기에 직면하게 되자 이 위기를 극복하기 위한 사상이 대두되었는데, 그것이 곧 개화사상인 것이다"는 이완재(李完宰) 교수의 정의를**54** 소개하는 것으로 마치려고 한다. 개화운동은 그러한 사상을 실천에 옮기는 운동을 말하는 것임은 물론이다.

개항 이전의 시기

박규수. 개화사상의 선구자로 흔히 환재(瓛齋) 박규수(朴珪壽)가 꼽힌다. 그러나 그의 학자적 위상에 대해서는 의견이 분분하다. 어떤 연구자들은 그를 '북학파의 계보에 인계(引繼)되는 실학자'로 보는가 하면, 어떤 다른 연구자들은 그를 '북학파와 개화파를 결절(結節)시킨 중심인물'로 평가한다. 다른 한편으로, 그를 '선진적 개화사상가'로 보는가 하면 '단순한 개국통상론자'로 보기도 한다.**55** 나는 이 주제에 관해서는 깊이 토론하지 않겠다. 다만, 그가 개화사상에 호감을 가진 채 그러한 방향으로 후학들을 길러냈을 뿐만 아니라 정부를 '개국(開國)'으로 유도했다는 점에서, 그를 "조선 최초의 극소수 개화사상가들 가운데 한 사람으로 자리매김할 수 있다"고 말하고자 한다.

박규수는 박지원의 손자로 오늘날의 서울특별시 종로구 가회동에서 태어났다. 이것은 그가 이웃에 위치한 왕궁의 사람들과 어려서부터 교유할 수 있었음을 의미하는데, 실제로 순조의 아들인 효명세자(孝明世

54 이완재, 『한국근대초기개화사상의 연구』(서울 : 한양대학교 출판원, 1998), 30-31쪽. 이 책은 1989년의 초판 『초기개화사상의 연구』를 개정증보한 것이다.

55 위와 같음, 54-55쪽 ; 이광래, 『한국의 서양사상수용사』(서울 : 열린책들, 2003), 194쪽의 각주 151.

子)와 우정을 쌓았다. 동시에 박규수는 아버지로부터 직접 할아버지의 북학에 대해 배웠다. 그는 자신이 배운 북학을 세자에게 가르쳐 주기도 했다. 세자가 1827년부터 부왕의 뜻에 따라 대리청정(代理聽政)하기 시작하면서 국정쇄신의 기운이 높아지자, 그는 세자를 통해 자신의 뜻을 피고자 했다. 그러나 세자가 1830년에 갑자기 죽자 그는 실망과 슬픔 속에 묻혀 출사할 뜻을 버렸으며, 칩거하면서 오로지 독서에 전념했다.**56**

박규수가 사로(仕路)에 나선 때는 그가 42세가 된 1848년 현종 14년으로, 증광시(增廣試)에 급제함으로써 사간원 정언(正言)에 임명됐던 것이다. 그는 그 이후 중앙과 지방의 관직들을 맡으며 역량을 발휘해 신망을 얻었다. 그러나 조선왕조의 운명은 심각하게 기울어갔다. 국내에서는 민란이 속출했으며, 서양의 군함들은 계속해서 조선의 해안에 출몰하면서 통상과 개항을 요구했다. 이러한 흐름을 타고, 대체로 1859년에, 이미 들어온 『해국도지』 이외에도 『영환지략』 및 『박물신편(博物新編)』 등이 국내에 반입되면서 일부 지식인들 사이에서 호의적으로 널리 읽혔다. 박규수도 이 책들을 이때 읽었을 것으로 짐작된다.

철종 12년이던 1861년 1월에 박규수는 청을 방문할 기회를 얻었다. 우리가 앞 절에서 보았듯, 1860년 10월에 청의 수도 북경은 영국과 프랑스의 연합군에 유린되며 황제는 열하로 피난했다. 이 계제에 조선조정은 황제에게 위문사(慰問使)를 파견하면서, 박규수를 부사(副使)로 임명했던 것이다. 그는 약 5개월에 걸쳐 열하와 북경을 여행하면서 서양열강에 의한 중국침략의 실상을 목격했으며, 동시에 조선 역시 그들의 희생이 될 수 있다는 위기의식을 지녔다.

오경석. 비슷한 시점에 똑같은 위기의식을 지닌 채 개화사상을 '형성'하던 사람이 있었다. 그가 바로 역관 오경석이었다. 신용하 교수는

56 이완재, 『한국근대초기개화사상의 연구』, 제2장 「박규수의 생애와 실학사상 : 실학에서 개화사상에로의 전회(轉廻)의 일단」, 53-89쪽.

박규수에 앞서서 "가장 먼저 개화사상을 형성한 이는 오경석이었다"고 단정했다.[57]

오경석은 유서 깊은 역관집안에서 태어난 중인이었다. 그는 김정희의 제자였던 역관 이상적으로부터 한학을 배워 1846년에 역과시험에 합격했으며, 그 이후에도 이상적으로부터 한학과 금석학 및 서화를 배웠다. 그는 역관집안에 장가들어, 아들 오세창(吳世昌)을 얻었는데 오세창은 뒷날 3·1운동을 비롯한 민족운동에 헌신한다. 역관의 가계였으나, 오경석의 아버지는 박제가의 학문을 높이 평가해 후손들에게 박제가의 저작들을 반드시 읽고 배우도록 가르쳤다. 오경석 스스로 박제가를 가장 숭상했으며, 이 전통은 오경석의 아들 대까지 계속됐다.[58] 이렇게 볼 때, 오경석이 조선에서 개화사상을 제일 먼저 형성했다는 것이 놀라운 일만은 아니었다.

오경석이 박제가의 저작들을 통해 긍정적으로 수용하고 있었던 북학론은 그가 북경을 처음 방문하고 체류했던 1853년과 1854년 사이에 개화사상으로 형성됐다. 이때 새로운 문물에 접하고 중국 동남지방출신의 지식인들과도 교유하면서 개화의 필요성을 절감하게 된 것이다. 그 뒤에도 그는 열세 차례에 걸쳐 북경을 왕래하면서 중국이 서양열강의 침략으로 붕괴되어 가는 것을 목격하고 그것이 조선에게도 닥쳐오는 민족적 위기임을 인식했다. 그는 이 위기를 극복하기 위해서는 서양으로부터 배워야 한다는 믿음을 갖고, 그때 청에서 출간된 많은 새로운 책들을 구입해 귀국한 뒤 친구 유홍기(劉鴻基)에게 전해 주면서 함께 개화사상을 형성했다. 유홍기는 역관의 아들로 역관의 딸을 아내로 맞이한 중인계급의 한의사였다. 호가 대치(大致 또는 大癡)여서 유대치로도 알려졌다.[59]

57 신용하, 「오경석의 개화사상과 개화활동」, 『역사학보』 제107집(1985), 107쪽.
58 위와 같음, 120-121쪽.
59 유대치에 대한 대표적인 연구는 다음이다. 이광린, 「숨은 개화사상가 유대치」,

박규수와 오경석의 의기투합. 박규수와 오경석이 언제 어떤 경로로 서로 만나 의기투합했는지 정확히 말해 주는 자료는 아직 발굴되지 않았다. 이 문제를 깊이 연구한 신용하 교수는 "오경석과 박규수의 관계는 1860년대에 들어와서부터 자료에 분명하게 나타나고 있다"고 단언하고, 그 배경에 대해 다음과 같이 설명했다:

> 오경석은 정례(定例)의 진하겸사은사(進賀兼謝恩使)의 역관으로 1860년 10월에 서울을 출발해 북경에 가서 1861년 3월에 귀국했고, 박규수는 열하사(熱河使)로 1861년 1월에 출발해 열하와 북경을 다녀 6월에 귀국했으므로, 길이 어긋나서 동행을 하지는 못했다. 그러나 두 사람이 모두 1860년 영불연합군의 북경점령사건의 충격을 바로 현장에서 체험하고 관찰했으므로 귀국한 뒤에는 자연히 가까워지게 됐다고 추정된다.[60]

고종 3년인 1866년에 조선은 서양의 무력이 개입된 두 개의 커다란 대외사건을 동시에 경험했다. 7월에는 이른바 제너럴셔먼호사건이 일어났다. 미국의 무장상선 제너럴셔먼(General Sherman)호가 평양 근처 대동강을 항해하며 무례하면서도 무리한 행동을 하는 데 항의하는 평양의 군민(軍民)에 의해 불타고 침몰됨과 아울러 승무원 전원이 죽은 것이다. 이때 평안도관찰사였던 박규수는 이 사건을 잘 다뤘다고 해서 조정으로부터 공훈을 인정받았다.[61] 이때로부터 3개월 뒤, 프랑스군함은 조선조정의 프랑스신부처형에 항의하면서 강화도를 점령하고 조선군을 공격한 이른바 병인양요를 일으켰다. 이 시점에 오경석은 조선조정의 뢰자관(賚咨官)으로 북경에 체류하면서 프랑스정부의 동향을 살

● ● ● ● ●

이광린, 『개화당 연구』(서울: 일조각, 1973; 중판 1981), 67-92쪽.

60 신용하, 「오경석의 개화사상과 개화활동」, 126쪽.

61 이 사건에 있어서 박규수의 역할은 다음에서 자세히 분석됐다. 김명호(金明昊), 『초기 한미관계의 재조명: 셔먼호사건에서 신미양요까지』(서울: 역사비평사, 2005), 제1장.

피고 있었다. '뢰자관'이란 자문에 응해 주는 관리란 뜻이다.

아마도 이 두 사건을 겪으면서, 박규수와 오경석은 서양열강에 대한 경각심을 더 크게 갖게 됐을 것이며 그러한 위기에 직면한 조선의 활로에 대해 훨씬 더 심각하게 고민하게 됐을 것이다. 이 점을 상기시키면서, 신용하 교수는 다음과 같이 부연했다: "[이 두 사건을] 전환점으로 하여 오경석과 박규수는 급속히 사상적으로 연계됐으며, 박규수가 제너럴셔먼호사건을 처리하고 평안도관찰사로부터 1869년 음력 4월에 한성판윤(漢城判尹)으로 전임되어 상경하고 오경석이 북경에서 귀국한 이 해 말부터는 완전히 사상적 동지로 결합되어 구국의 문제를 의논하게 됐다고 분석된다."[62]

박규수가 오경석과 함께 개화사상을 형성해 가게 되자 1869년을 기점으로 서울 가회동에 위치한 박규수의 사랑방에는 개화의 꿈을 키워 가던 젊은이들이 모여들기 시작했다. 그 대표적 젊은이들이 김옥균(金玉均)과 박영효(朴泳孝)였다. 이른바 명문대가의 후손으로 중망을 받던 김옥균은 곧 알성문과(謁聖文科)에 장원급제하고 사간원 정언에 임명되며, 박영효 역시 곧 철종의 부마가 된다. 대체로 1870년을 전후한 시점에 오경석은 김옥균을 만나 개화사상을 논의했던 것 같다. 여기에 유홍기도 참여했다. 이처럼 지체가 높던 양반자제들과 중인계급인 오경석·유홍기가 어울려 개화사상을 토론했다는 사실은 확실히 시대적 변화의 한 면을 보여 주었다.

박규수는 이처럼 젊은이들에게 개화사상을 고취시키면서 오경석과의 관계를 공식화시켰다. 박규수가 1872년 7월에 진하겸사은사의 정사로 연행하게 됐을 때 오경석을 수역(首譯)으로 수행하게 한 것이다. 이제 오경석은 박규수의 공식적 참모로 그 모습을 드러낸 셈이었다. 그들은 청이 서구열강의 침략에 대응해 개혁을 추진하려는 목적에서 진

62 위와 같음, 126쪽.

행되던 양무운동으로부터 깊은 감명을 받고 귀국했다. 다른 한편으로, 오경석과 유홍기의 관계는 더욱 돈독해졌다. 1871년에 오경석이 아들 오세창의 역과시험준비를 위한 교사로 유홍기를 초빙하고 유홍기가 그것에 응한 것이 그 사실을 말해 주었다.[63]

박규수의 제자들. 이 무렵인 1873년 11월에 고종은 대원군의 섭정을 종식시키고 친정(親政)에 들어갔다. 세상사람들은 최익현이 고종의 비(妃)인 민비(閔妃) 및 그 척족과 기맥을 통하는 가운데 대원군의 하야를 촉구하는 소를 올린 것이 그러한 변화의 직접적 계기가 됐다고 말했다. 그러나 그 과정을 사료들을 통해 면밀히 검토한 미국의 워싱턴대학교 한국사 교수 제임스 팔레(James B. Palais) 박사는 고종 스스로의 결심과 결정이 가장 중요했다고 주장했다.[64] 그 경위야 어떠했든, 이제 조선에서는 고종의 친정시대가 열렸으며 대원군의 '쇄국정책'은 전환점을 맞이하게 되었다.

앞에서 보았듯, 박규수는 젊은 나이에 죽은 효명세자와 아주 친했다. 고종은 익종(翼宗)으로 추존된 효명세자의 대통을 이으며 즉위했기에, 박규수를 중용했다. 그리하여 그는 고종의 친정체제에서 우의정에 임명됐다. 그러나 그는 곧 조정에서 나와 자신의 사랑방에서 젊은 양반자제들을 상대로 세계정세의 변화를 가르치면서 개국개화의 필요성을 역설하는 일에 전념했다. 이때 그의 사랑방을 출입했던 사람들이 기존의 김옥균과 박영효 말고도, 홍영식(洪英植)·박영교(朴泳教)·서광범(徐光範)·김홍집(金弘集)·김윤식·유길준(俞吉濬)을 비롯한 개화론자들이었다.[65] 박규수를 비롯해 그들 모두는 노론계사람들이었다. 이 사랑방

63 위와 같음, 126-128쪽.

64 James B. Palais, *Politics and Policy in Traditional Korea* (Cambridge, MA. : Harvard University Press, 1975). p. 198. 사료들을 면밀하게 검토한 김영수(金永壽) 교수 역시 고종의 주도적 역할을 강조했다. 김영수, 「대원군의 하야와 고종의 정치적 역할」, 김영국 편, 『한국정치사상』, 111-155쪽.

65 박규수의 일가사람이던 박영효의 회고에서는 김옥균·홍영식·서광범·밤영교-

에서 박규수가 젊은이들에게 지구의(地球儀)를 돌려보이면서, "오늘에 중국이 어디에 있는가? 저리 돌리면 미국이 중국이 되고 이리 돌리면 조선이 중국으로 되니, 어떤 나라도 가운데로 오면 중국이 된다"고 말하며 개화의식에 눈을 뜨게 했다고 한다.[66]

개항 이후의 시기

조일수호조규의 체결. 박규수는 6월에 대원군을 상대로 일본과 국교를 수립함으로써 개국할 것을 역설했다. "삼면의 바다로 둘러싸인 나라로서 백성을 보호하기 위해서도 일본과 국교를 다시 열어야 한다"고 제의한 것이다. 박규수는 2개월 뒤 일본이 군함 운양호(雲揚號)를 강화도 앞바다에 파견하는 등 무력시위를 했을 때 조정을 상대로, "이렇게 작은 섬나라로부터 공갈과 위협을 받는 것은 분한 일이지만 분함을 참고 일본과 수교할 것"을 건의했다.[67] 이 무렵 '종주국'으로서 '속방(屬邦)' 조선에 강력한 영향력을 행사하던 청의 대외정책을 책임진 북양통상대신(北洋通商大臣) 겸 직예총독(直隷總督) 이홍장(李鴻章)은 고종에게 일본과 수교할 것을 권고했다. 마침 고종을 둘러싼 중신들은 대체로 개항에 호의적인 낙론계 노론이었다. 민비 스스로 시아버지 대원군을 정치적으로 약화시키기 위해서도 그의 '쇄국정책'을 바꿀 필요를 느끼고 있었다.

이러한 요인들이 겹쳐, 고종은 마침내 판중추부사(判中樞府事) 신헌(申櫶)을 전권대관으로 임명해 강화도에서 일본사신들을 상대하게 했으며 그리하여 1876년 병자년 2월 26일에 두 나라 사이에는 조일수호조규(朝日修好條規)가 체결됐다. 이것이 이른바 병자수호조약이다. 이

박영효 형제만이 거명됐다. 이광래, 『한국의 서양사상수용사』, 194쪽에 인용됐다.

66 이완재, 『한국근대초기개화사상의 연구』, 307쪽. 박규수의 그 말은 신채호의 저술에 처음 나타났다. 이 점에 대해서는 신용하, 『한국 개화사상과 개화운동의 지성사』(서울: 지식산업사, 2010), 91쪽에서 토론됐다.

67 김갑천, 「최익현의 경장론」, 169쪽.

로써 조선은 국제사회를 향해 문을 열기에 이르렀다. 신헌은 교섭과정을 일기형식으로 남겼다. 『심행일기(沁行日記)』가 그것이다. 그때 조선은 강화를 '심'이라고 불렀으며, 따라서 『심행일기』는 '강화 행차의 일기'라는 뜻이다.[68]

우리가 제1절에서 이미 보았듯, 신헌은 김정희를 통해 바깥세상을 이해하고 있었으며 개국의 필요성을 인식하고 있었다. 신헌은 이 교섭에 임하면서 자신을 막후에서 도울 사람으로 김정희에게 배운 강위를 기용했다. 강위는 교섭과 관련한 자신의 관찰들을 모아 『심행잡기』로 남겼다.[69] 이 기록을 읽어 보면 그가 개항에 얼마나 열성적이었나를 알 수 있다. 그는 개항 이후에 조정의 사신들을 수행해 일본과 중국을 방문한다.

김홍집 : 『조선책략』. 일본과 수교한 뒤 조선조정은 1876년 4월에 예조참의 김기수(金綺秀)를 수신사(修信使)에 임명해 일본에 파견했다. 그는 귀국 즉시 고종에게 「문견별단(聞見別單)」을 올렸다. 자신의 복명기인 이 글에서 그는 자신이 관찰한 일본국민들의 넉넉한 생활을 포함한 일본국가의 발달된 모습, 그리고 무기의 선진화를 비롯한 일본군대의 정예함 등 부국강병의 실상을 기술했다. 이것은 일본을 서양과 같은 수준의 '금수'로 분류했던 조선의 지식인들 가운데 일정한 부분에 대해 일본에 대한 관념 그리고 더 나아가 서양에 대한 관념이 바뀌게 하는 데 영향을 미쳤다.[70]

그 다음 해인 1877년에 서울에 주재하는 일본공사관의 공사대리 하나부사 요시나타(花房義質 : 화방의질)는 조선조정의 예조판서 조영하(趙寧夏)에게 한역판 『만국공법』을 주었다. 이 책은 미국의 국제법학자 헨

68 신헌 지음·김종학 옮김, 『심행일기 : 조선이 기록한 강화도조약』(서울 : 푸른역사, 2010).

69 위와 같음, 316-357쪽.

70 이원영, 「개화파의 정치사상」, 이재석 편, 『한국정치사상사』, 407쪽.

리 휘튼(Henry Wheaton)이 1836년에 출판한 『국제법의 요소들(*Elements of International Law*)』을 북경에서 활동하던 미국인선교사 윌리엄 마틴(William Martin)이 1864년에 중국어로 번역해 동문관에서 『만국공법』으로 간행한 것으로, 조선에 이미 전래되어 있었다. 그런데도 일본의 외교관이 이 책을 조선조정의 외교책임자에게 주었다는 사실은 시사적이다. 일본은 조선조정에게 자신은 국제법을 준수하는 나라라는 인상을 깊이 심어 주면서 조선은 앞으로 국제법을 따르라고 강조함으로써 조선조정을 그때로서는 유명무실한 국제법에 대한 맹신의 틀 안에 가두려고 했을 것이다. 국제법이란 믿을 것이 되지 못한다는 현실을 조선조정은 뒷날 깨닫게 된다.

조선조정은 1880년 7월에 제2차 수신사로 예조참의 김홍집(金弘集)을 파견했다. 그는 동경에 머무른 1880년 7월 15일부터 8월 3일 사이에 일본주재청국공사관의 간부들과 여섯 차례에 걸쳐 필담을 나눴다. 그들은 공사 하여장(何如璋)과 부사(副使) 장사계(張斯桂), 그리고 참찬관(參贊官) 황준헌(黃遵憲)이었다. 황준헌은 김홍집에게 자신이 집필한 『사의조선책략(私擬朝鮮策略)』을 주었다. 흔히 『조선책략』으로 알려진 이 책은 조선의 외교정책을 논한 것으로 조선조정에 대해 '친중국 결일본 연미국(親中國 結日本 聯米國)'을 권고했다.[71]

여기서 '친중국 결일본 연미국'은 19세기의 상황에서 글자 그대로 따질 때 무슨 뜻인가? 이종은 교수의 설명을 들어보자. '친'은 혈연관계나 가족관계와 같은 나라들 사이에서 쓰이는 말로, '친'·'결'·'연' 가운데 결속과 유대에서 가장 강한 표현이다. 따라서 '친중국'은 중국을 혈연이나 가족처럼 아주 가깝게 대하라는 뜻이다. '결'은 교린관계

71 황준헌 저·조일문(趙一文) 역주, 『조선책략』(서울 : 건국대학교 출판부, 1판 1쇄 1977 ; 2판 1쇄 2001). 이 역서에 『독립운동 문류(文類)』, 김옥균 저·조일문 역주 『갑신일록』, 홍대용 저·조일문 역주 『임하경륜(林下經綸)·의산문답(醫山問答)』이 포함됐다.

(交隣關係)의 나라들 사이에서 기존의 관계를 더욱 강화시키라는 뜻이다. 조선은 왕조의 개창 이후 일본과 교린관계를 유지했다. 따라서 조일수호조규의 체결을 계기로 일본과의 교린관계를 더욱 돈독히 하라는 뜻이었다. '연'은 무관했던 먼 존재와의 관계를 끌어들여 연관을 맺는다는 뜻이다. 따라서 이제까지 관계가 없던 먼 나라 미국과 관계를 맺으라는 뜻이었다.

이렇게 볼 때, 표면적으로는 이미 수교한 일본 말고도 미국에 대해서도 개항하도록 권고한 것이지만, 『조선책략』은 조선조정에 대해 "중국의 지배를 감수하라는 함의를 내포하는 강압적인 요소가 있었다."[72] 다른 한편으로, 이 책은 조선조정에 대해 러시아를 경계하고 멀리하도록 하는 방아론(防俄論)의 확산을 유도하고 있다. 방아론은 아라사를 막으라는 주장인데, 그때 조선에서는 러시아를 아라사라고 불렀다.

『조선책략』에 대한 반응은 두 갈래로 나타났다. 영의정 이최응(李最應)과 좌의정 김병국(金炳國) 등 대신들은 이 책에 담긴 건의를 부분적으로는 비판하면서도 대체적으로는 수용하는 쪽으로 기울었다.[73] 그리하여 김홍집과 김윤식의 실무적 주도 아래 우선 '연미국'의 방향으로 움직였다. 김윤식은 청의 천진에서 북양대신 이홍장을 만나 이 문제를 논의했는데, 이홍장은 당연히 '연미국'을 적극적으로 뒷받침했다. 실제로 1882년 5월에 조선은 미국과 수호통상조약을 체결했다. 이것은 그동안 조선과의 수교를 추구하던 유럽의 열강을 자극했다. 그 결과 조선은 1883년 11월 26일에 영국 및 독일을 상대로, 1884년 7월 7일에 러시아를 상대로, 7월 26일에 이탈리아를 상대로, 그리고 1886년 6월 4일에 프랑스를 상대로, 각각 수호통상조약을 체결했다.

72 김두진(金斗鎭), 「동아시아 화이론의 변용과 조일(朝日)의 만국공법 수용의 타자인식」, 『한국정치학회보』 제44집 3호(2010년 가을), 19쪽.

73 이 건의가 「제대신헌의(諸大臣獻議)」라는 제목으로 황준헌 저·조일문 역주, 『조선책략』에 수록됐다.

다른 하나의 흐름은 척사론의 전국적 확산이었다. 영남의 유림은 1880년 10월부터 조직적으로 움직이기 시작해 1881년인 신사년(辛巳年) 2월에 퇴계의 후손인 유생 이만손(李晚孫)을 비롯한 1만여 명의 연서로 『조선책략』과 이 책을 갖고 들어온 김홍집을 탄핵하는 소(疏)를 고종에게 올렸다. 이것이 이른바 영남만인소(嶺南萬人疏)였다.[74] 곧이어 관동의 유생들을 비롯해 경기·호서·호남의 유생들이 동조해, 이른바 신사척사론이 확산됐다.

김홍집 : 『이언』. 김홍집은 『조선책략』을 갖고 들어오면서 동시에 청의 정관응(鄭觀應)이 1880년 그해에 간행한 『이언(易言)』을 갖고 들어왔다. "『시경』은 '군자무이유언(君子無易有言)', 곧 "군자는 말을 가벼이 하지 않는다"고 가르쳤지만, 나는 쉽게 말하려 한다"는 취지에서 책이름을 『이언』이라고 붙였다. 정관응은 영국의 선교사들로부터 영어를 배운 뒤 홍콩과 상해의 외국인 상사들에서 30년에 걸쳐 일한 이른바 매판(買辦)이었다. 따라서 서양세계에 대해 밝았다.

정관응은 이 책을 통해 군사제도를 비롯한 서양세계의 문물제도들과 기기(機器)들을 소개하고 중국은 하루 빨리 그것들을 배워 서양을 이겨낼 힘을 기를 것을 역설했다. 또 무역을 활성화시켜 부력(富力)을 키울 것을 역설했다. 그는 자신은 중국의 전통적 정신을 지킨다는 원칙 아래 서양의 근대적 문물을 수용하자는 뜻을 밝힌 것이라고 썼는데, 이 책에 발문을 쓴 왕도(王韜) 역시 정관응이 바꾸려고 하는 것은 기(器)이지 도(道)가 아니라고 뒷받침해 주었다.

이 책은 조선인의 지식인들 사이에서 비교적 호의적으로 받아들여졌으며, 그리하여 고종은 이 책의 복각과 보급을 지시했다. 조선의 개화과정을 깊이 연구한 이광린(李光麟) 교수는 개화파인사들의 사상내용을 풍부히 하는 데 이바지하고 다른 한편으로 국민대중에게 개화사

74 한문원문과 국역문이 위와 같음에 함께 수록됐다.

상을 보급하는 데 이 책이 가장 큰 영향을 주었다고 평가했다.[75]

신사유람단과 영선사. 서양의 새로운 문물을 연구시키기 위해 조선조정은 1881년 4월에 일본에 신사유람단(紳士遊覽團)을 파견했다. 신사유람단은 다른 명칭으로는 조사시찰단(朝士視察團)으로 불렸다. 같은 취지에서 조선조정은 1881년 9월에 중국에 영선사(領選使)를 파견했다. 그들은 귀국해 고종에게 보고서를 올렸는데, 신사유람단의 보고서는 입헌민주정치체제에 대해 언급했다.[76] 박정양(朴定陽)은 일본에 삼권분립제도가 있다고 했고, 민종묵(閔種默)은 일본이 명치유신을 계기로 '군민동법(君民同法)'을 지향하고 있다고 했는데 '군민동법'은 입헌군주정치를 뜻하는 것이었다. 그는 또 정치체제의 종류로 '군민공치(君民共治)'·'입군독재(立君獨裁)'·'귀족정치'·'공화정치'가 있다고 소개했다. 그는 정치에 있어서 최강국은 '군민공치'의 영국이라고 강조했는데, '군민공치'는 입헌군주제를 가리키는 것이었다.

미국과 수교한 뒤 조선조정은 1883년 가을에 민씨척족세력의 핵심인물인 민영익(閔泳翊)을 전권대신으로 하는 보빙사(報聘使)를 미국으로 파견했다. 보빙사의 사절들 가운데 제일 먼저 귀국한 전권부대신 홍영식(洪英植)은 1883년 12월 21일에 고종에게 복명하는 가운데 미국의 정치제도를 자세히 설명했다. (1) 국가의 권력이 '의법지권(議法之權)·행정지권(行政之權)·사법지권(司法之權)의 셋'으로 나뉘어 있다는 것, (2) "대통령은 4년마다 한 차례씩 교체된다"는 것, (3) 상원의 임기는 6년이나 하원의 임기는 2년이라는 것, (4) "행정부의 관원도 대통령이 교체될 때마다 수시로 교체 임명된다"는 것, (5) 민주주의국가에는

75 이광린, 『한국개화사 연구』(서울 : 일조각, 초판 1969 ; 개정증보판 1974), 제1부의 「『이언』과 한국의 개화사상」.

76 이하 보고서의 내용은 다음에 요약되어 있다. 정용화, 「조선에서의 입헌민주주의 관념의 수용 : 1880년대를 중심으로」, 『한국정치학회보』 제32집 2호(1998년 여름), 108쪽.

'계급차별'이 심하지 않다는 것, 그리고 (6) 유럽의 제도는 미국의 제도와 차이가 있다는 것 등등이 그 사례들이다. 홍영식은 이때 고종에게 '자유'라는 단어를 소개했다. 조선의 문헌에서 이 단어가 등장한 것은 이 경우가 처음이었다.[77]

영선사를 이끌고 청을 방문한 김윤식은 청의 양무운동을 면밀히 관찰했다. 그는 일찍부터 자강론(自强論)을 세우고 나라의 힘을 키워야 '보국(保國)'할 수 있다고 주장했었는데, 방청을 통해 자신의 자강론에 대한 믿음을 더욱 굳게 했다. 그의 자강론은 '병강(兵强)'에서 시작해 '부민(富民)'과 '교민(敎民)'으로 이어졌다. 김윤식은 처음에는 유신환의 문하에서 배웠다. 그러다가 박규수의 사촌인 자신의 숙모의 주선으로 16세부터 박규수로부터 배웠다.[78] 김윤식은 언제나 "명분을 버리고 실리를 취한다"는 사명취실(捨名取實)의 입장에서 국정운영과 국정개혁을 구상했다. 같은 취지에서, 그는 서양으로부터는 기술만 배우면 된다고 생각했으며 천주교에 대해서도 매우 비판적인 시각을 보였다.[79]

김윤식의 자강론은 뒷날 그 내용에 있어서 변화를 보였다. 그는 조선이 자강을 하겠다고 중국식의 '강병(强兵)'을 따라가다가는 백성들의 부담이 너무 커져 백성들의 생활은 곤궁해질 것이고 나라는 붕괴할 우환에 빠질 것이라고 경고하면서, 조선은 염치를 숭상하고 휼민(恤民)하며 조약을 근면히 지키는 것에서 자강을 구해야 한다고 주장한 것이다. 그는 또 '부민'을 중심으로 국가의 상업을 일으켜 '호부(豪富)'를 실현해야 된다고 주장했다.[80]

● ● ● ● ●

77 위와 같음, 108-110쪽.

78 이광래, 『한국의 서양사상수용사』, 200쪽.

79 김윤식에 대한 체계적 분석은 다음에서 읽을 수 있다. 정옥자, 『조선후기지성사』(서울: 일지사, 1991), 제3부(「19세기 지식인의 분화」)의 제2장(「운양[雲養] 김윤식의 개화론과 문학」).

80 신동준(申東埈), 『개화파 열전: 김옥균에서 김가진까지』(서울: 푸른역사, 2009), 62-89쪽.

곽기락과 지석영. 이러한 책들과 보고서들의 영향으로 조선의 유학자들 사이에서도 서양의 학문과 문물을 수용할 것을 제의하는 움직임이 나타났다. 고종 18년인 1881년 7월(양력)에, 사헌부 장령(掌令)이던 곽기락(郭基洛)은 척사위정의 정신은 옳으나 『조선책략』의 건의들 가운데 국익에 도움이 되는 것은 채택하는 것이 마땅하다고 건의했다. 그의 뒤를 따라 재야의 선비들 가운데도 조선의 기본적인 정신을 지키되 조선의 부강을 위해 서양문물을 받아들이는, 이른바 개화를 하는 것이 바람직하다고 제의하는 선비들이 나타났다. 그들 가운데는 뒷날 종두법의 개발로 천연두의 예방과 치료에 큰 도움을 준 지석영(池錫永)이 포함됐다.[81]

이러한 발상을, 뒷날 한우근 교수는 '동도서기(東道西器)'로 명명했다. 서양문물의 전래와 수용에 대해, 중국에서는 중국의 몸은 지키되 그 위에 서양의 기술은 받아들인다는 취지의 '중체서용(中體西用)'이 등장했고, 일본에서는 일본의 혼 위에 서양의 문물을 받아들인다는 취지의 '화혼양재(和魂洋才)'가 등장했는데, 조선에서는 동양의 도덕은 지키고 서양의 문명을 받아들인다는 취지의 '동도서기'가 등장했다는 뜻이었다.[82]

이른바 동도서기론적 발상은 1882년 12월 12일자 윤선학(尹善學)의 상소에서 더 구체화됐다. 그는 서법(西法), 곧 서양 기계의 정교함을 칭찬하면서 백성을 편하게 하고 나라를 이롭게 하기 위해 '서법'을 받아들여야 한다고 역설했다. 그는 "형이상자(形而上者)를 도(道)라고 하고 형이하자(形而下者)를 기(器)라고 한다"는 유교의 '도기론(道器論)'을 원용해, 주자학적 가치이념을 지키되 사양의 과학기술을 받아들여야 한다고 주장한 것이다.[83] 이러한 발상은 그의 독창적인 발상이 아니라

81 곽기락의 상소문과 지석영의 상소문은 그 전문이 다음에 수록됐다. 이완재, 『한국근대초기개화사상의 연구』, 263-265쪽 및 266-267쪽.

82 한우근, 『한국개항기의 상업 연구』(서울: 일조각, 1970), 349-354쪽.

김윤식을 비롯한 당대의 친개화적 지식인들이 공유하던 것이다.

제 4 절 개화당의 정치사상

개화당의 형성과 정치사상. 조선이 일본 및 미국과 국교를 수립하고 그것을 계기로 서양문물의 수용 여부를 둘러싼 논쟁이 전개되는 상황 속에서, 이른바 개화당이 성장하고 있었다. 개화당의 성립시기가 언제였느냐에 대해 학계에서는 논쟁이 계속됐으나 대체로 고종 11년인 1874년으로 간주하는 해석이 통설로 세워진 것 같다. 개화를 지지하는 인사들이 김옥균을 중심으로 비밀정치조직인 '충의계(忠義契)'를 결성한 것을 바로 개화당의 성립으로 간주하는 것이다. 여기서 개화당이라고 할 때 그것은 그러한 공식적 명칭의 정당이 설립되어 있었다고 말하는 것은 아니다. 사람들은 개화를 추진하겠다는 뜻을 가진 젊은이들이 자주 모여 천하대세를 논하는 것을 보고 그들의 모임을 개화당이라고 불렀던 것이다.[84]

개화당의 핵심적 인물은 이른바 명문대가의 후손으로 홍문관(弘文館) 부교리(副校理)로까지 빠르게 진출한 김옥균이었다. 그를 중심으로 철종의 부마인 박영효, 그리고 홍영식·서광범·서재필(徐載弼) 등 이른바 명문사대부집안의 자제들이 하나의 흐름을 형성하고 있었다. 조정 안에서는 김홍집·김윤식·어윤중(魚允中) 등이, 그리고 조정 밖에서는 오경석·유대치 같은 중인들 및 승려 이동인(李東仁) 등이, 그들과 기맥을 통하고 있었다. 이동인은 김옥균의 주선으로 일본을 시찰하고 돌아와 명치유신 이후 일본이 성취한 근대화의 실상을 개화당의 지도자들에게 높이 평가했다.[85]

● ● ● ● ●

83 이원영, 「개화파의 정치사상」, 409쪽.

84 이광린, 「개화당의 형성」, 이광린, 『개화당 연구』, 1-66쪽.

김옥균은 고종의 허락을 받아 서광범 및 유길준 등과 함께 1882년 2월부터 5개월에 걸쳐 일본을 시찰했다. 이 과정에서 그는 명치유신 이후 일본이 나아갈 길을 이론적으로 제시한 후쿠자와 유키치(福澤諭吉: 복택유길)을 비롯해 일본의 조야인사들과 의견을 나눴으며 동경에 주재하던 청국공사관의 간부들과도 의견을 나눴다. 그는 그것들을 바탕으로 『기화근사(箕和近事)』라는 작은 책을 썼다. 『기화근사』란 '조선[기자조선의 箕]과 일본[일본이란 뜻의 和]의 최근사정'이란 뜻이다. 이 책은 지금 일실돼 전모를 알 수 없다.[86] 그러나 『한성순보』 제15호(1884년 2월 21일)에 게재된 「논기화형세(論箕和形勢)」가 『기화근사』의 내용 일부인 것 같다. 이 내용은 지정학적으로 일본이 동양의 영국이라면, 조선은 이탈리아와 토지의 면적이나 인구의 수효도 같은 만큼 이탈리아와 비슷한 역할을 수행해야 한다는 것이었다. 그 시기에, 김옥균은 조선이 동양의 프랑스가 돼야 한다는 말을 하기도 했다. 김옥균의 발상은 "당시의 국제적 갈등 속에서 나라의 독립을 보전하기 위한 방책"이었던 것 같다.[87]

김옥균이 귀국길에 오르기 시작했을 때인 1882년 임오년(壬午年) 7월에 조선에서는 이른바 임오군란이 일어났다. 서울의 재래식군인들은 일본식군제도입에 대한 불만에 청에 의지한 민씨척족정권의 부패에 대한 울분이 겹쳤던 터에 몇 달씩 밀렸던 봉급으로 모래가 섞인 쌀이 주어지자 군변을 일으킨 것이다. 이 과정에서 자신의 며느리 민비

● ● ● ● ●

85 이용희, 「동인승(東仁僧)의 행적: 김옥균과 개화당의 형성에 연하여(상)」, 『서울대학교 국제문제연구소 논문집』 제1권 제1호(1973년), 7-47쪽. 이 논문은 (상)으로 끝났다. 이동인에 대한 개척적인 연구는 다음이다. 이광린, 「개화승 이동인」, 이광린, 『개화당 연구』, 93-110쪽. 이 논문은 원래 『창작과비평』 1970년 가을호에 게재됐다.

86 신용하, 「김옥균의 개화사상」, 『동방학지』 46·47·48 합집(1985), 153-230쪽.

87 이광린, 「김옥균의 저작물」, 이광린, 『개화당 연구』, 185-207쪽. 인용된 부분은 188쪽에 있다. 이 논문은 원래 『문학과지성』, 1972년 여름호에 게재됐다.

와 적대적이던 대원군은 반란군을 격려했을 뿐만 아니라 궁정으로 들어가 정권을 장악했다. 청은 곧바로 군대를 보내 상황을 장악함과 동시에 대원군을 이홍장의 본영으로 납치했다. 이에 따라 민씨척족정권이 되살아났다.[88]

이것은 그동안 청으로부터의 자주독립을 염원하면서 민씨척족세력을 제거한 뒤 개혁을 추구하려던 젊은 개화당지도자들을 분노하게 만들었다. 특히 김옥균은 청이 대원군을 납치해 간 것은 조선의 국토를 유린하고 국민을 모욕하며 조선의 왕실을 노예로 간주한 행위로 단정하고 친청정권의 타도를 결심했다. 그는 그 이후에도 두 차례 더 방일했으며, 그것들에 바탕을 두고 1882년 11월에 「치도약론(治道略論)」을 썼다. 이 글에서 그는 조선이 '부강(富强)해지기' 위해 '경장(更張)'이 필요하다고 전제하고, 그것을 위해 우선 반드시 해야 할 일들은 (1) 인재를 널리 쓰고, (2) 재용(財用)을 절약하며, (3) 사치를 억제하고, (4) 해금(海禁)을 풀어 다른 많은 나라들과 선린을 도모하는 것이라고 건의했다. 특히 그는 모든 일을 '실사구시'의 정신으로 추진할 것을 권했다. 그는 이어 조선에서 급하게 추진돼야 할 일들로 그는 도로를 정비하고 철도를 부설하며 기선을 도입할 것들을 제의했다. 이 글에서 그가 '국가'와 '정치'라는 단어들을 사용하고 있음을 보게 된다.[89] 그는 1884년 5월에 한 일본정치인에게 「조선개혁의견서」를 제출했다. 서한의 형식을 취한 이 짧은 글에서 그는 조선이 청의 굴레로부터 벗어나 '독전자주의 나라(獨全自主之國)'를 수립해야 한다는 뜻을 밝히면서, 그렇게 하기 위해 조선은 '자수자강(自修自强)'을 시도해야 한다고 말했다.[90]

● ● ● ● ●

88 임오군란에 대해서는 다음을 참조했다. 김용구(金容九), 『임오군란과 갑신정변』(인천광역시 : 원, 2004).

89 김옥균의 저술들은 한국학문헌연구소 편, 『김옥균전집』(서울 : 아세아문화사, 1979)에 수록됐다. 이 책은 분량이 많지 않다. 「치도약론(治道略論)」을 비롯해 모두 아홉 편의 글들이 수록됐다. 『갑신일록』 역시 이 전집에 수록됐다. 이 전집의 「해제」는 이광린 교수가 집필했다. 이 전집의 성격을 쉽게 풀이했다.

『한성순보』와 『한성주보』 이처럼 우여곡절을 겪으면서도 한 단계씩 성숙되어 가던 개화사상은 1883년 10월 31일(음력으로는 1883년 10월 1일)의 『한성순보(漢城旬報)』 창간을 계기로 새로운 단계에 접어들었다. 김옥균과 박영효를 비롯한 적극적 개화론자들과 김윤식을 비롯한 온건한 개화론자들은 정부가 주관하는 출판기관을 세워 국민을 계몽시킬 수 있는 책들을 발간해야 한다고 고종에게 건의했고, 고종이 이 건의를 적극적으로 받아들임에 따라 마침내 1883년 8월에 외아문(外衙門) — 오늘날의 외교통상부 — 안에 박문국(博文局)이 세워졌다.[91] 개화론자들은 박문국을 통해 열흘[旬 : 순]에 한 차례 발간되는 『한성순보』를 발행하기 시작한 것이다. 이 신문은 창간사를 통해 화이론적 세계관을 완전히 청산하고 서양의 개화되고 진보된 문명을 배워야 할 것을 제창했으며, 그러한 취지에서 서양에 대한 소식과 정보를 전달했다. 말하자면 이 신문을 통해 서양의 문물제도에 대해 국민을 계몽하고자 했던 것이다.

창간사의 뜻에 맞게, 이 신문은 「각국근사(各國近事)」라는 고정란을 두고 서양 각국의 최근 소식을 전했다. 이 신문 제2호(1883년 11월 10일)는 유럽의 국가들은 인민 각자의 권리를 존중하며 인민의 대표기관인 '민회(民會)'가 국사를 결정함으로써 '부강(富强)'을 이뤘다고 설명했으며, 제10호(1884년 1월 30일)는 서양에 '의원(議院)'이라는 제도가 있음을 상기시키고 의원이 크고 작음을 막론하고 정사(政事)를 다루며 타협을 거쳐 결정을 내리는 데 비해 중국은 그렇지 못하다고 설명했다. 이 글은 서양이 '군민공치(君民共治)'를 실시하고 있다고 덧붙였다.

이 신문 제7호(1883년 12월 29일)의 한 논설은 "서양에 양민을 보호하고 흉도(凶徒)를 징벌하기 위해 법률이 있다"고 쓰면서, "헌(憲)을 맡은

90 이 원고의 전문은 『김옥균전집』, 117-119쪽에 수록됐다.

91 이태진, 「서양 근대정치제도 수용의 역사적 성찰 : 개항에서 광무개혁까지」, 『진단학보』 84(1997), 77쪽.

자에게 생살예탈(生殺豫奪)의 도구와 국가의 치란득실(治亂得失)이 달려 있다"고 덧붙였는데, '헌'은 오늘날의 '헌법'에 해당되는 것으로 풀이된다. 이 논설은 "법률에는 […] 불문율(不文律)·성문율(成文律)·순전율(純全律)이 있다"고 설명했다. 이 논설은 또 영국의 재판제도를 소개하면서 배심원들이 평결을 주도한다고 설명했다.[92] 이 신문 제11호(1884년 2월 7일)는 서양의 정치제도를 설명하는 가운데 '민주(民主)'라는 말을 썼다. 개화기의 간행물들에서 '민주'라는 말이 처음 쓰인 경우인 것으로 추정된다. 이 신문 제20호(1884년 5월 5일)는 "국가의 대권은 민회에 귀속되어 있어서 군주가 전제하는 정치를 하지 못한다"고 썼다. 이때의 민회는 물론 국회를 말하는 것이었다.[93]

이 일련의 논설들에서 공통적으로 나타나는 흐름이 있었다. 그것은 국민의 대표기관이면서 국가의 입법기관인 '민회'의 존재를 강조하면서도 군주의 존재 그 자체를 부인하지 않은 채 일정하게 군주의 권한을 인정하는 흐름이다. 조선의 개화사상가들은 아직 군주의 존재 그 자체를 부인하기 어려웠던 것이다. 그들은 대체로 입헌군주제에 호감을 나타내는 경향을 보였으며, 특히 일본의 입헌군주제에 호의적인 논조를 보였다. 그러나 미국의 대통령제에 대해서도 관심을 보였다. 1884년 8월 31일자에 게재된 「미국 대통령」이라는 논설은 대통령제의 이론과 실제를 자세히 설명했으며, 역대 미국대통령들을 소개했다. 김효전 교수는 "이 논설은 미국의 대통령제에 대해 한국에서 최초로 체계적으로 서술하고 있다"고 평가했다.[94]

『한성순보』는, 우리가 곧 살필 1884년 12월 4일의 갑신정변을 계기로 발간이 중단됐고, 이 사건이 수습된 뒤인 1886년 1월 25일에 『한성

92 김효전, 『서양헌법이론의 초기 수용』(서울: 철학과현실사, 1996), 115-116쪽.

93 김석근(金錫根) 조진만(趙眞晩), 「19세기 말 조선의 'franchise'(참정권) 개념에 대한 인식과 수용」, 『한국정치학회보』 제35집 2호(2001년 여름), 54-55쪽.

94 김효전, 『서양헌법이론의 초기 수용』, 214-215쪽.

주보(漢城週報)』로 제호를 바꿔 다시 출발한다. 열흘에 한 차례 발간하는 순보의 체제로는 소식의 전파와 국민의 계몽이 미흡하다고 느꼈을 것이다. 어떻든 이 두 신문을 통해 조선에는 서양의 의회제도와 정당정치 이외에 '경제학'이 소개되며, 영국의 경제학자 '말자(抹剌 : 말서스)'의 인구론도 소개된다. 또 제정러시아에서 전개되던 '인민으로의 운동'과 그 운동에 참여한 '인민주의자들'도 소개됐으며, 유럽의 사회주의운동도 소개됐다. 사회주의에 대해 '귀천과 빈부를 평등하게'를 주의(主義)로 삼는다고 설명하며, 사회주의운동에 대해 '빈천한 사람들'로 구성됐다는 설명이 뒤따랐다.[95]

그러면 이 신문들은 어디서 그러한 정보들과 지식들을 얻었을까? 오늘날 우리나라의 학계 일각에는 "『한성순보』와 『한성주보』 역시 후쿠자와의 영향을 많이 받았으며 심지어 일본신문의 번역판이라는 주장도 있다."[96] 그러나 문중섭(文重燮) 교수는 "『한성순보』는 외국에 관한 게재기사의 자료를 대부분 중국에서 발간된 신문들로부터 구했다"고 보았다.[97]

사흘 만에 끝난 갑신정변. 한편으로는 개화노선으로 지지자들을 결집시키고 다른 한편으로는 『한성순보』 등을 통해 개화론을 보급시키던 김옥균과 박영효를 비롯한 개화추진세력은 1884년인 갑신년(甲申年) 12월 4일(양력)에 마침내 쿠데타를 일으켰다. 김옥균이 제3차 일본시찰을 끝내고 돌아온 때로부터 7개월이 지나서였다. 그는 11개월에 걸쳐 일본에 체류하면서 조야의 지도적 인사들과 만나 쿠데타계획을 세웠던 것이다.

김옥균이 귀국했을 때, 조선의 국내정치상황은 개화추진세력에게

95 이호룡(李浩龍), 『아나키스트들의 민족해방운동』(충청남도 천안시 : 한국독립운동사편찬위원회, 2008), 6쪽.

96 이나미, 『한국 자유주의의 기원』(서울 : 책세상, 2001), 154쪽에 인용됐다.

97 문중섭, 『한말의 서양정치사상 수용』(부산광역시 : 경성대학교 출판부, 1998).

불리하게 돌아가고 있었다. 개화추진론자들에게 비교적 호의를 보이던 민씨척족세력은 그들이 급진적인 방향으로 움직인다고 판단하면서 경계하고 있었던 것이다. 그러나 1884년 6월에, 베트남에서 프랑스군에 패전을 거듭하던 청이 조선주둔군의 절반을 빼내가고 서울에서 청군병사들과 청국상인들이 조선인들을 폭행한 사건이 일어나 조선사람들 사이에 반청분위기가 높아진데다가, 조선주재일본공사가 쿠데타를 부추기자, 김옥균은 박영효 및 홍영식 등과 함께 거사한 것이다.

김옥균은 사전에 고종을 알현하고 자신의 뜻을 넌지시 비쳤으며 고종이 반발하지 않았기에 고종의 묵인을 받았다고 생각했다. 따라서 정변을 일으킨 직후 정변세력은 고종으로 하여금 "일본공사가 와서 자신을 호위하라"고 지시하게 했다. 그러나 상황판단에서 침착하면서도 정파적 계산에서 매우 영리했던 친청의 민비가 고종을 옆에 낀 채 청군을 불러들였다. 청군이 우세한 병력으로 일본공사관의 소수 병력을 패퇴시키자 정변은 사흘 만에 끝났다. 이것이 이른바 삼일천하(三日天下)다. 김옥균·박영효·서광범·서재필 등은 일본으로 망명했으며, 홍영식과 박영교는 청군에 의해 척살됐다.**98**

김옥균의 정치사상. 갑신정변을 주도한 개화세력의 정치사상은 그들이 쿠데타 직후에 발표한 14개조의 혁신정강에 잘 나타났다. 그것은 우선 청에 납치된 대원군의 환국을 요청하고 청에 대한 조공의 폐지를 다짐했다. 이것은 갑신세력의 지론인 청으로부터의 '독전자주'를 구체화한 것이었다. 흔히 갑신정강이라고 불렸던 이 정강은 이어 문벌폐지와 능력에 따른 인재등용을 제시했다. 이것은 인민평등권을 전제로 한 것이었다. 박충석 교수의 표현으로, "조선조시대에 있어서 전통적으로 사회조직의 골격을 이루고 있었던 문벌-신분제도를 폐지하고 '인민평등권'을 정치·경제·사회조직의 기초로 삼는다는 것이다."**99** 갑신정강

98 갑신정변에 대해서는 많은 저술들이 출판됐다. 나는 대체로 다음에 의존했다. 김용구, 『임오군란과 갑신정변』.

은 또 왕실비용의 제한, 정부 및 왕실 재정의 호조(戶曹)로의 단일화, 그리고 탐관오리의 처벌 등을 다짐했다. 이것들은 군주권의 제한을 초래하는 것으로, '인민평등권'을 기반으로 하는 부국강병책의 구상이라고 할 수 있다.[100]

김옥균은 일본으로 망명한 뒤 정변을 일으키게 된 배경과 그 과정에 관해 『갑신일록(甲申日錄)』이라는 이름으로 저술했다. 이 저술이 김옥균의 저술이 아니라 일본인들의 저술이라는 주장도 있으나 학계는 대체로 김옥균의 저술로 받아들이고 있다.[101] 여기서 기억돼야 할 것은 날짜를 음력이 아니라 양력으로 표기했다는 사실이다. 이 한 작은 사례에서 보이듯, 갑신정변세력은 조선을 중국의 제도로부터 해방시키고 서양의 문명권에 편입시키고자 했던 것이다.

이 책에서 김옥균은 갑신정변의 목표가 조선을 문명개화에 의한 부국강병의 나라로 만들려는 데 있었음을 다시 밝혔다. 같은 맥락에서, 그는 1885년에는 망명지 일본에서 「거문도사건에 대한 상소문」(일명 「지운영사건규탄상소문(池運永事件糾彈上疏文)」)을 고종에게 바쳤다. 영국해군이 거문도를 불법점령한 사건을 보면서, 그는 "외(外)로는 널리 구미각국과 신의로써 친교하고 내(內)로는 정략(政略)을 개혁하여 우매(愚昧)의 인민을 교(敎)하되 문명의 도(道)로써 하고, 상업을 흥기하여 재정을

99 박충석, 『한국정치사상사』 제2판, 500쪽.

100 위와 같음.

101 종래의 『갑신일록』은 몇 개의 필사본들이 유포되어 왔다. 조일문 교수는 일본 동양문고본과 이선근박사소장사본을 대조하면서 오자 등을 검토·판별하고 역주했다. 이 역주본이 황준헌 저·조일문 역주, 『조선책략』에 수록되어 있다. 『갑신일록』이 위작이라는 주장은 다음에서 읽을 수 있다. 야마베겐타로(山邊健太郎 : 산변건태랑), 「갑신일록의 연구(일어)」, 『조선학보』 제17집(1960년 10월). 이 논문에 대한 반론이 다음이다. 이광린, 「김옥균의 『갑신일록』에 대하여」, 이광린, 『개화당 연구』, 113-134쪽. 이 논문은 원래 『진단학보』 33집(1972년 6월)에 게재됐다. 위작이라는 최근의 주장은 다음에서 제기됐다. 강범석(姜範錫), 『잃어버린 혁명 : 갑신정변 연구』(서울 : 솔출판사, 2006).

정리하고, 병(兵)을 양(養)할 것"을 건의한 것이다. 이 구절에서 특히 주목되는 부분은 '상업을 흥기하여'이다. 그는 "방금 세계가 상업을 주로 하여 서로 생업의 다(多)를 경(競)할 시(時)에"라고 쓰면서[102] 조선 역시 상업을 일으켜야 한다고 역설했다. 이것과 관련해, 그는 상공업종사자들에 대한 양반들의 착취를 엄금시키고 한 걸음 더 나아가 양반제도를 폐지할 것을 제의했다. 그의 이 발상은 우리가 곧 살필 박영효에서도 나타난다.

이 상소문에서 이 책의 주제와 관련해 주목되는 점은, 김옥균이 '국가'·'인민'·'국민'이라는 단어들을 썼다는 사실이다. 그가 '국가'라는 단어 대신에 때로는 '가국(家國)'이라는 단어를 썼고, '인민'이라는 단어보다는 '생민(生民)'이라는 단어를 더 자주 쓴 것은 사실이다. 그러나 '국가'라는 단어를 자주 썼다는 것은 이 시점에서 이 단어가 그 이전에 비해 훨씬 널리 자리를 잡았음을 의미했다.

김옥균은 1886년 7월 7일(양력)에는 일본에서 청의 이홍장에게 편지를 보내 청나라황제가 '구미각대국(歐米各大國)'과 함께 협의해 조선을 '중립지국(中立之國)'으로 만들 것을 제의했는데,[103] 이것은 조선인에 의한 최초의 조선중립화 제의였다.[104] 김옥균은 1890년 11월에는 이른바 삼화주의(三和主義)를 제창했다. 일본과 조선 및 중국이 평화로운 관계를 유지하면서 서양제국주의세력에 공동으로 대처하자는 뜻을 담았다.[105]

102 전문은 동아일보사 신동아 편집실 편, 『근대한국명논설집』(서울: 동아일보사, 1979), 8-11쪽에 수록됐다. 전문은 또 「지운영사건규탄상소문」이라는 제목으로 『김옥균전집』, 141-148쪽에 수록됐다.

103 「여이홍장서(與李鴻章書)」라는 제목의 이 편지는 한문으로만 쓰였다. 매우 짧은 글이다. 전문은 『김옥균전집』, 151-152쪽에 수록됐다. 조선을 중립국으로 만들어달라는 제의는 이 편지의 끝에 보인다.

104 신용하, 『한국 개화사상과 개화운동의 지성사』, 173-174쪽.

105 김옥균이 조선의 중립화를 제의하고 삼화주의를 제의한 사실은 다음에서 자세히 논의됐다. 신동준, 『개화파 열전』, 44-46쪽.

박영효의 정치사상. 갑신정변의 또 다른 주역인 박영효는 1888년 1월에 망명지 일본에서 「조선국 내정에 관한 건백서(建白書)」를 작성해 고종에게 올렸다. 「국정개혁에 관한 상소문」으로도 알려졌으며 1만 3,000여 자에 이르는 이 장문(長文)에서 그는 우선 자신과 동지들이 정변을 일으킨 이유를 설명했다. 그것은 '찬역'도 아니었고 '난국(亂國)'도 아니었으며 오직 '충군애국'의 마음에서 나라를 개혁해 '중흥'시키고자 했다는 뜻을 밝힌 데 이어, 그는 앞으로 조선조정이 걸어야 할 길의 구체적 방안을 제시했다.[106] 박영효의 이 「건백서」는 김옥균의 『갑신일록』과 우리가 앞으로 제5장에서 자세히 살필 유길준의 『서유견문』과 더불어 개화주도세력의 정치사상을 파악하는 데 중요한 문헌이다.[107] 따라서 한국과 일본에서는 물론이고 여러 나라들에서도 전문가들에 의해 자세히 분석됐다.[108]

박영효는 우선 그때의 국제사회를 약육강식의 무법사회로 인식하고, 우리가 오늘날 국제법이라고 부르지만 그때의 용어로 만국공법이라고 불렀던 국제적 규범으로나 세력균형으로나 또는 공의(公義)로는 국가의 독립을 지킬 수 없다고 단언했다. 강대국들은 기회만 생기고 조건만 맞으면 약소국들을 침탈하거나 분할점령하는 것이 오늘날의

106 이 글의 전문은 다음에서 읽을 수 있다. 강재언, 『조선근대사 연구』(동경 : 일본평론사, 1970), 권말사료편.

107 정용화, 「조선에서의 입헌민주주의 관념의 수용」, 114쪽.

108 유근호, 『조선조 대외사상의 흐름 : 중화적 세계관의 형성과 붕괴』(서울 : 성신여자대학교 출판부, 2004), 335-337쪽 ; 김석근 조진만, 「19세기 말 조선의 'franchise'(참정권) 개념에 대한 인식과 수용」, 54쪽 ; 이원영, 「개화파의 정치사상」, 428-431쪽 ; 김현철(金顯哲), 「박영효의 『1888년 상소문』에 나타난 민권론의 연구」, 『한국정치학회보』 제33집 4호(1999년 겨울), 9-24쪽. 박영효에 관한 그의 철저한 분석은 다음에서 읽을 수 있다. 김현철, 「박영효의 근대국가구상에 관한 연구 : 개화기 문명 개화론자에 나타난 전통과 근대를 중심으로」, 서울대학교 정치학박사학위논문, 1999년 ; 정용화, 「안과 밖의 정치학 : 19세기 후반 개화개혁론에서 국권·민권·군권의 관계」, 『한국정치학회보』 제34집 2호(2000년 여름), 15-16쪽.

상황이라고 그는 평가했다. 박충석 교수가 이미 정확히 지적했듯, "그는 국제사회에 대한 인식에 있어서 철두철미하게 정치적 현실주의에 의거하고 있다."[109]

이러한 권력정치의 비정한 상황에서 조선이 살아남으려면 독립과 부국강병을 실현해야 하는데, 그것을 위해서는 무엇보다 '치(治)'를 잘 해야 하고 '불치(不治)'를 해서는 안 된다고 그는 주장했다. 그러면 '치'를 잘 해야 하고 '불치'를 해서는 안 된다는 것은 무슨 뜻인가? 여기서 먼저 지적해야 할 것은 그가 간혹 '정치(政治)'라는 말을 썼다는 사실이다. 그는 '정치'를 바르게 해야 한다고 강조하면서 그것을 '정정치(正政治)'라고 명명했다.

박영효는 '치'와 '불치'의 구별을 정치체제의 본질에서 찾았다. '민(民)'을 노예처럼 보아 인의예지(仁義禮智)와 문학재예(文學才藝)로써 이끌지 않는 정치체제에서는 '민'이 외국에게 점령을 당해도 부끄럽게 생각하지 않는데, "이것은 정부의 잘못이지 민의 잘못이 아니다"라고 그는 단언했다. 이러한 관점으로부터, 그는 여덟 조목의 정치적 과제를 제시했다.

박영효는 우선 조선이 정치체제를 왕정으로부터 민주정으로 바꾸는 것이 급선무라고 제의했다. 이것과 관련해, 그는 주(周)의 강태공(姜太公)의 말을 인용해 "나라는 제왕의 나라가 아니요 인민의 나라며 제왕은 나라를 다스리는 직인(職人)이다."라고 썼는데, '직인'이란 오늘날의 표현으로는, '공복(公僕)'에 해당된다. 그는 "통치자가 나라의 이(利)를 인민과 같이 하면 나라를 얻고 나라의 이를 제 마음대로 하면 나라를 잃는다"고 말하면서, 따라서 정부가 목표로 하는 것은 '보민'과 '호국'이라고 역설했다.

박영효는 '민국'이라는 단어를 여러 곳에서 쓰면서 구체적으로, 군

---

109 박충석, 『한국현대정치사』 제2판, 504쪽.

권무한(君權無限)의 전제정치를 고쳐 입헌군주의 내각책임정치를 해야 한다고 제안했다. 또 그는 전통적인 정부의 산림(山林 : 여기서는 지방에서 은일하는 학덕 높은 선비들)과 부현(府縣)의 좌수(座首)를 민망(民望)에 따라 선발하여 '민국'의 일을 협의하게 할 것을 제의했다. 또 그는 형벌의 가혹함을 비판하면서 법치주의를 도입할 것을 제의했다. 전반적으로, 박영효는 민권의 중요성을 반복적으로 강조하면서 정부가 민의 권리를 보호하지 않고 민의에 반한다면 민이 정부를 변혁시킬 수 있다는 뜻을 표시했다. 정용화 교수의 표현으로, 이것은 '한국정치사상의 한 획을 긋는 것'으로 평가된다.[110] 그의 이러한 제의들은 우리가 앞으로 살필 유길준의 『서유견문』에서 훨씬 더 구체적으로 나타난다.

박영효는 서양정치사상에서의 중요한 개념들 가운데 하나인 '자유'에 대해서도 언급했다. 그는 "자유란 그가 옳다고 생각하는 바를 행하는 것"이라고 말했는데, 이것은 그가 자유를 의로움에 연결시켜 해석했음을 보여 주었다. 다른 시각에서 보면, 그가 후쿠자와의 영향을 받았음을 뜻했다. 후쿠자와는 박영효에 앞서 "자유는 자신이 옳다고 생각하는 바를 행할 수 있는 것"으로 정의했었다. 이 정의에 관련해, 이나미 박사는 다음과 같이 해석했다 : "자유를 자신이 옳다고 생각하는 바를 행하는 것으로 이해하는 것, 즉 자유를 의로움과 관련지어 보는 것은 여전히 지나친 자유를 두려워하고, 유교적 '옳음', '의로움[義]'에서 벗어나지 못하고 있는 중국과 일본에서의 초기 자유 개념의 특징을 보여 주는 것이다."[111]

『만국정표』 : 출판의 배경. 갑신정변으로부터 2년 뒤이며 박영효의 「건백서」로부터 2년 전인 1886년에 박문국은 『만국정표(萬國政表)』를

110 정용화, 「조선에서의 입헌민주주의 관념의 수용」, 114-117쪽 ; 정용화, 「안과 밖의 정치학 : 19세기 후반 개화개혁론에서 국권·민권·군권의 관계」, 16쪽.

111 이나미, 『한국 자유주의의 기원』, 52-53쪽. 박영효가 후쿠자와로부터 영향을 받았다는 주장은 다음에서도 보인다. 문중섭, 『한말의 서양정치사상 수용』, 84쪽.

출판했다. 이 책은 그 중요성에도 불구하고 그러한 책이 현재까지 보존되어 있다는 사실만 소개됐을 뿐 그 내용은 알려지지 않았다. 따라서 그 내용을 다음에서 자세히 소개하기로 하겠다.[112]

이 책은 네 개의 '권(卷)'으로 구성됐는데, 이때의 '권'은 오늘날의 안목에서는 '장(章)'에 해당된다. 이 책은 모두 한문으로 띄어쓰기가 없이 작은 활자체로 인쇄됐기에 읽기가 여간 어렵지 않다. 그렇지만 당시 이 책을 출판한 박문국을 직접 관장하던 통리교섭통상아문(統理交涉通商衙門)의 독판 — 오늘날의 표현으로는 외교통상부 장관 — 김윤식이 쓴 「서(序)」는 이 책의 성격을 쉽게 말해 준다. 이 짧은 서문에서, 김윤식은 이 책이 영국에서 발간된 '연보(年報)'를 일본의 이노우에(井上: 정상)가 번역한 것을 기본으로 삼았다고 밝혔다. 이노우에가 누구이며 이노우에가 사용한 번역의 원본이 어떤 책인지 김윤식은 전혀 말하지 않았다. 그러나 이때 박문국에서 고문으로 근무하며 일본의 서적들을 조선에 소개하고 조선의 사정을 일본정부에 보고하던 일본인이 이노우에 가쿠고로(井上角五郎: 정상각오랑)였음을 상기하면,[113] 김윤식이 말한 이노우에는 바로 이 사람이라고 단정할 수 있다.

김윤식에 이어 통리교섭통상아문의 주사이던 정헌시(鄭憲時)가 「서(序)」를 썼다. 그는 "인민을 보호하고 나라를 바르게 하는[保民靖國: 보민정국] 기본은 지구에 존재하는 나라들의 성쇠를 살피고 모든 나라들의 강약을 알아야 하는 데 있다는 성상(聖上)의 뜻에 따라" 이 책을 편찬하게 됐다고 밝혔다. 이 두 개의 서문에 이어 편찬자들은 이 책에 나오는 자료는 조선과 중국을 제외하고는 모두 1886년에 영국에서 간행

112 『만국정표』에 대한 최근의 해설은 다음에서 읽을 수 있다. 김성혜(金成惠), 「문헌해제 『만국정표』」, 『개념과 소통』(강원도 춘천시: 한림대학교 한림과학원) No. 7(2011년 여름), 233-242쪽.

113 이노우에 가쿠고로에 대해 나는 다음에서 자세히 설명했다. 김학준, 『서양인들이 관찰한 후기조선』, 202-205쪽.

된 '정치연감(政治年鑑)'에서 나온 것이라고 밝혔다. 그나마도 완역이 아니라 초역이라고 인정했다. 이 모든 것들을 종합하면, 『만국정표』는 영국에서 출간된 연감을 일본인이 일본어로 번역한 것을 박문국이 한문으로 중역한 책이었음을 알게 된다.

『만국정표』: 세계 각국 명칭의 한문번역. 이 책은 당시 6대주(亞細亞·歐羅巴·亞非利加·北亞米利加·南亞米利加·大洋洲: 오늘날의 표현으로, 아시아·유럽·아프리카·북아메리카·남아메리카·오세아니아)에 존재하던 51개국과 그리고 미국·영국·프랑스·스페인·포르투갈·독일·네덜란드·벨지움 등 서양열강이 차지한 '속지(屬地)'들과 '보호지(保護地)'들의 현세에 대해, 위치·기후·면적·인구·정치체제·종교·재정·화폐·병력·농업·공업·상업·교육 등을 중심으로 소개한 것이다. 간단한 지도가 첨부됐는데, 이 시점에서 남극·북극·남빙양·북빙양·태평양·대서양·인도양·동반구·서반구 등 오늘날 우리가 쓰는 지리학적 용어들이 쓰이고 있었음을 다시 확인하게 된다. 대조적으로, 이 책은 우리가 오늘날 흔히 쓰는 '식민지'라는 단어를 전혀 쓰지 않고 그것 대신에 '속지' 또는 '보호지'라는 단어를 썼다.

나라이름을 일본식 한자로 표기했는데, 그 방식은 대체로 세 가지였다. 첫째, 그 나라의 이름을 발음에 따라 표기했다. 예컨대, 영국은 영국의 모체인 잉글랜드를 염두에 두고 영길리(英吉利)로, 프랑스는 법란서(法蘭西)로, 이탈리아는 이태리(伊太利)로, 홀랜드는 하란(荷蘭)으로, 스위스는 서서(瑞西)로, 스웨덴은 서전(瑞典)으로, 노르웨이는 나위(那威)로, 스페인은 서반아(西班牙)로, 포르투갈은 포도아(葡萄牙)로, 루마니아는 라마니(羅馬尼)로, 각각 표기했다.

러시아(Russia)는 머리글자 R을 강하게 읽는 경우 '우러시아'로 들리게 됨에 따라 아라사(俄羅斯)로 표기했다. 시베리아를 서비리아(西比利亞)로 표기했으며 '아국(俄國) 속지'라는 설명을 덧붙였다. 오늘날 우리가 그리스(Greece)라고 부르는 나라는 희랍(希臘)으로 표기했다. 그리스

사람들은 자신들을 그리스신화에 나오는 프로메테우스의 손자 헬렌(Hellen)의 후손이라고 생각해, 자신들의 나라를 헬라스(Hellas)라고 부른다. 희랍은 이 헬라스를 한자로 표기한 것이다. 그러면 그리스라는 이름은 어디서 나온 것인가? 고대 로마가 헬라스를 지배한 뒤 헬라스 사람을 '노예'라는 뜻에서 그리크(Greek)라고 불렀으며 거기서 그리스라는 말이 나왔다. 그래서 헬라스사람들은 그리스라는 이름을 좋아하지 않는다.

독일에 대해서는 프랑스어에서 따왔다. 프랑스사람들은 독일을 '알레마뉴(Allemagne)'라고 불렀는데, 이것을 일이만(日耳曼)으로 표기했다. 다른 한편으로 독일어 '도이칠란트(Deutschland)'에서 덕일(德逸)을 따왔다. 이것이 뒷날 독일(獨逸)로 바뀐다. 당시 도이칠란트는 하나의 통일된 독립국이라기보다는 25개의 크고 작은 후국·공국·왕국들로 느슨하게 연결되어 있었다. 그것들 가운데 프로이센왕국이 가장 강대했다. 이 나라를 『만국정표』는 보로사(普魯士)로 표기했다. 오스트리아는 오지리(墺地利)로 표기하면서, 오지리의 황제가 흉아리(匈牙利 : 오늘날의 헝가리)의 국왕을 겸하고 있다고 덧붙였다.

아시아의 경우, 터키는 토이기(土耳其)와 토이고(土耳古)로 표기했고, 페르시아는 파사(波斯)로 표기했다. 북아메리카와 남아메리카의 경우, 멕시코는 묵사가(墨士哥)로, 페루는 비로(秘魯)로, 칠레는 지리(智利)로, 그리고 당시 영국의 속지인 캐나다는 가나다(加拿多)로, 영국과 프랑스가 반씩 나눠 속지로 삼았던 남아메리카의 기아나는 기아나(奇亞那)로, 각각 표기했다.

둘째, 그 나라의 이름을 뜻에 따라 표기했다. 예컨대, 그린란드(Greenland)는 녹지(綠地)로 표기했으며, 아이슬란드(Iceland)는 빙도(氷島)로 표기하거나 빙주도(氷洲島)로 표기했다.

셋째, 그 나라의 이름을 음과 뜻을 섞어 표기했다. 예컨대, 뉴질랜드는 신서란(新西蘭)으로, 뉴기니아는 신기내아(新幾內亞)로, 그리고 당시

연방국이던 알젠친(오늘날의 아르헨티나: 알젠친은 영국식 발음이다)은 아연정합중국(亞然丁合衆國)으로 표기했다.

『만국정표』: 세계 각국의 현황설명. 각국의 현황에 대한 설명은 아시아로부터 시작했다. 중국은 '전제제치(專制帝治)'를 실시하고, 조선은 '전제왕치(專制王治)'를 실시하며, 일본은 '천황전제(天皇專制) 아래서의 내각책임제'를 실시하고, 섬라(暹羅: 오늘날의 태국)는 '전제왕치'를 실시한다고 설명했다.

면전(緬甸: 오늘날의 미얀마)·인도(印度)·석란도(錫蘭島: 영국식 발음으로 세일론, 원주민 발음으로 스리랑카)·향항(香港: 오늘날의 홍콩)·신가파(新嘉坡: 오늘날의 싱가포르)·아정(亞丁: 오늘날의 예멘의 수도 아덴)은 영국의 속지이고, 오문(澳門: 오늘날의 마카오)과 인도양의 여러 섬들은 포르투갈의 속지이며, 교지지나(交趾支那: 오늘날 베트남의 남부)를 비롯한 오늘날의 베트남 전체, 그리고 간포채(柬埔寨: 오늘날의 캄보디아)는 프랑스의 속지라고 썼다. 오늘날의 인도차이나 전체를 법속인도(法屬印度)로 표기하기도 했다.

오늘날의 필리핀에서 가장 큰 섬인 루손을 포함한 그 주변의 섬들을 여송제도(呂宋諸島)라고 표기했으며 스페인의 속지로 분류했다. 오늘날 인도네시아를 구성하는 섬들 가운데 가장 큰 섬인 수마트라를 소마다랍(蘇麻多拉)으로, 셀레베스를 서례혜사(西禮惠斯)로, 자바를 과와(瓜哇)로, 각각 표기하고 그 섬들 모두를 홀랜드의 속지로 분류했다. 말라카와 그 주변의 섬들을 막려가제도(莫呂家諸島)로 표기하고 뉴기니아와 함께 역시 홀랜드의 속지로 분류했다.

유럽에 대해 설명하면서, 영국과 이탈리아는 '입헌왕치(立憲王治)'를 실시하고 오스트리아와 독일은 '입헌제치(立憲帝治)'를 실시한다고 썼고, 프랑스는 '공화정치(共和政治)'를 실시한다고 썼다. 희랍(希臘)·비리시(比利時: 오늘날의 벨지움)·몽저니(夢底尼: 오늘날의 몬테네그로)·색이유(塞爾維: 오늘날의 세르비아)·백포리(伯布里: 오늘날의 불가리아)에 대해서도 설명했다. 지중해에 위치한 영국의 속지 일파랍태(日巴拉太: 지브랄탈) 항구 및 마이태도(馬爾太島: 몰타 섬)에 대해서도 간단히 언급했다.

아프리카에 대한 설명은 애급(埃及: 오늘날의 이집트)으로부터 시작했다. 이 나라는 왕이 모든 것을 결재하지만 재상이 보좌하고 있으며, 1879년 이래 영국과 프랑스가 각각 두 명씩 파견한 합계 네 명의 관리들이 내정과 외교를 '감찰'하고 있다고 설명했다. 가장 큰 도시는 아력산득(亞歷山得: 알렉산드르)이고 그 인구는 약 200만이라고 소개했다. 지중해와 홍해를 연결하는 '소사운구(蘇士運溝: 수에즈운하)에 대해서도 자세히 설명했다.

애급에 이어, 이 책은 마락가(摩洛哥: 오늘날의 모로코)·남아비리가공화국(南亞非利加共和國: 오늘날의 남아프리카공화국)·리비리아(利卑里亞: 오늘날의 라이베리아)·보어인(Boer)들이 세웠으나 뒷날 남아프리카공화국으로 통합된 오랜지자유방(自由邦: Orange Free State) 등을 소개했다.

"아프리카의 동해에 위치한 섬에 흑인종이 세웠으며 현재 인구가 15만 명으로 회교도가 대부분을 차지하고 기독교도가 소수를 차지하는 추장국가"로 삼급파이(三給波爾)가 소개됐다. 이 나라는 여러 가지 설명으로 미뤄 오늘날의 잔지바르(Zanzibar)로 추정된다. 이 나라는 1886년 당시 잔지바르술탄국(Sultanate: 술탄이 통치하는 나라)이라고 불렸는데, 술탄을 추장으로 번역한 것 같다. 영국의 보호를 받는 노예집산지로 유명했던 이 섬나라는 바다 건너에서 역시 영국의 보호를 받다가 독립한 탕가니카(Tanganyika)와 1964년에 통합해 탄자니아(Tanzania)연방공화국을 형성하며, 그 이후 탄자니아연방공화국의 한 자치주가 된다. 이렇게 작은 나라인 잔지바르에 대해서도 설명하면서, 유구한 역사를 지닌 독립국 '아비시니아(오늘날의 에티오피아)'에 대해서는 전혀 언급하지 않았다.

이 시기에, 아프리카에는 유럽열강의 속지들이 많았다. 영국의 속지로 서이랄례온(西伊剌禮穩: 오늘날의 시에라리온)이, 프랑스의 속지로 공액(公額: 오늘날의 콩고)이 그리고 역시 프랑스의 보호지로 마달가사가(馬達加斯加: 오늘날의 마다가스카르) 및 색내강비(塞內岡比: 오늘날의 세네갈) 등을 소개했다. 포르투갈의 속지로 아프리카 서해안 쪽의 안고납(安古拉: 오늘날의 앙골라)을 소개했다.

마지막으로, 살합라(撒哈羅: 사하라) 사막과 소단(蘇丹: 오늘날의 수단) 일대에도 사람들이 많이 살고 있다고 덧붙였다. 소단과 관련해, 이 책은 남소단과 북소단으로 나눠 설명했다. 2011년 7월 9일에 수단의 남쪽은 남수단공화국으로 분리독립했으며 7월 14일에 국제연합에 193번째 회원국으로 가입했다. 이것에 미뤄, 이 나라는 일찍부터 분단이 자연스러운 것으로 여겨졌던 것 같다.

북아메리카는 미리견(米利堅)에 대한 설명으로 시작됐다. 아메리카에서 첫 글자인 '아'가 역음(弱音)이어서 제대로 듣지 못하면 아메리카는 메리카로 들리게 되며, 그래서 미리견이라는 이름이 나왔고 미리견의 약칭으로 미국이 쓰이게 됐다. 우리가 오늘날 사용하는 중미(中美)라는 단어는 이 책에서는 나타나지 않았다.

코스타리카는 고수도리가(古修都利加)로, 과테말라는 과태마랍(瓜太馬拉)으로, 아이티(Haiti: 프랑스어발음으로는 아이티, 영어발음으로는 하이티)는 영어발음을 기준으로 삼아 해지(海地)로, 혼두라스는 관도랍사(關都拉斯)로, 나카라과는 니가랍가(尼加拉加)로, 산살바돌은 삼살와다(三薩瓦多)로, 산도밍고는 삼토민각(三土民各)으로, 각각 표기됐다. 이 나라들은 모두 '공화정치'를 실시하고 있다고 덧붙였다. 그 밖의 많은 섬들은 모두 영국·프랑스·덴마크·스페인 등의 속지로 분류했다. 오늘날의 쿠바는 고파(古巴)로 표기했으며 스페인의 속지로 분류했다.

남아메리카에 대해서는 아르헨티나에 대한 설명으로 시작했다. 이 나라에 이어 파리비(玻里非: 볼리비아)·지리(智利: 칠레)·고륜비(古倫比: 콜럼비아)·액과다(厄瓜多: 에콰도르)·파랍괴(玻拉乖: 파라과이)·비로(秘

魯 : 페루) · 오랍괴(烏拉乖 : 우루과이) · 위내서랍(委內瑞拉 : 베네수엘라)를 설명하면서, 이 나라들은 모두 '공화정치'를 실시하고 있다고 덧붙였다.

브라질은 파서(巴西)로 표기했다. 포르투갈의 식민지였던 브라질은 1822년에 포르투갈황실의 한 갈래를 대표한 페드루에 의해 독립이 선언됐고, 그 이후 페드루황실이 이 나라를 이끌었다. 『만국정표』가 이 나라를 '입헌제치(立憲帝治)'로 분류한 까닭은 헌법에 바탕을 두고 황제가 통치한다는 사실에 있다. 그런데 『만국정표』가 출판된 그 다음해에 이 나라는 혁명을 통해 공화제로 바뀐다.

대양주에는 오태리아(澳太利亞 : 오스트레일리아) · 신서란 · 포와(布哇 : 하와이) · 비지(比芝 : 피지) · 비사마극제도(比斯馬克諸島 : 비스마르크제도) · 달사마니(達斯馬尼 : 타스마니아) 등이 포함된다고 이 책은 썼다. 이때 오스트레일리아 · 뉴질랜드 · 타스마니아 · 피지 등은 모두 영국의 속지였다. 하와이는 독립된 왕국을 형성하고 있었다.

이 책은 각국의 '정치'를 설명하면서, 우리가 오늘날 흔히 쓰는 '헌법' · '입법권' · '행정권' · '사법권' · '의원(議院)' · '상 · 하 양원' · '국회' · '내각' · '총리' · '선거' · '투표' · '정당' · '정치가' 등 민주정치의 여러 제도들에 관한 명칭들을 자주 썼다. 1886년의 시점에서 이 단어들은 적어도 서양문물에 관심을 가진 지식인들 사이에서 꽤 알려졌을 것이다.

제5장

유길준의 서양정치학 수용(1):『중립론』과『서유견문』을 중심으로

제1절 국사학계와 정치학계에서의 기존 연구들

제2절 서양의 정치학을 수용하게 된 배경

제3절 우리나라 최초의 국제정치학논문『중립론』

제4절 우리나라 최초의 정치학 책『서유견문』

제4장에서 살폈듯, 대체로 철종치세이던 1850년대로부터 고종치세이던 1880년대까지의 약 30년의 시기에 세계 각국의 인문지리와 정치제도 및 정치현황 등에 대한 자료들은 중국과 일본을 거쳐 비교적 광범위하게 조선의 지식인들에게 전래됐다. 그러한 흐름의 연장선 위에서 마침내 서양정치학의 주요한 개념들과 이론들 및 저술들이 1880년대 중반과 후반에 조선의 지식인들 사이에 수용됐다.

유길준은 그 시점에 서양정치학을 도입한 선진적 지식인이었다. 그의 『서유견문』과 『정치학』은 서양에서 성립되고 발달한 정치이론들을 자신의 일본 및 미국에서의 독서와 견문을 통해 소개한 이 방면의 최초의 저술들이었다. 우리는 그의 서양정치학 수용을 다음의 두 개 장(章)을 통해 살피기로 한다.

제 1 절 국사학계와 정치학계에서의 기존 연구들

구당(矩堂) 또는 천민거사(天民居士) 유길준(1856-1914)은, 우리 모두가 잘 알고 있듯, 구한말의 개화운동에 주도적으로 참여했던 학자이며 사상가였고 정치가였다. 우리나라 최초의 근대화운동이라고 볼 수 있는 구한말의 개화운동에서 차지하는 그의 역사적 위치로 말미암아 그에 대한 연구는 이미 활발히 진행됐다.

주로 국사학자들이 이끌어 온 연구. 우선 1차 자료로, 유길준전서편찬위원회에 의해 『유길준전서』 전5권이 1971년에 일조각(一潮閣)을 통해 출판됐으며,[1] 1987년에는 집안동생뻘인 유동준(俞東濬)에 의해 『유길준전』 역시 일조각을 통해 출판됐고,[2] 1988년에는 국사학자 허동현(許東賢) 교수가 유길준이 한문으로 쓴 논소(論疏)들 가운데 일곱 편을 뽑아 우리글로 옮겨 모은 뒤 단행본으로 출판했다.[3]

이어 연구실적들을 살펴본다면, 국사학계가 훨씬 앞섰다. 이광린(李光麟) 교수는 유길준만을 다룬 글을 1968년부터 계속해서 발표했고,[4] 그의 제자 윤병희(尹炳喜) 박사가 뒤를 따랐으며,[5] 강만길(姜萬吉) 교수

1 제1권은 『서유견문(西遊見聞)』이고, 제2권은 『문법 · 교육편』이며, 제3권은 『역사편』이고, 제4권은 『정치 · 경제편』이며, 제5권은 『시문(時文)편』이다. 제5권에는 유길준의 연보가 실려 있다.

2 이 책이 나오기 전에 유길준의 생애를 다룬 전기로는 큰아들 유만겸(俞萬兼)이 쓴 『선친약사(先親略史)』(집필연대 미상), 『공도(公道)』 제1호 제2집(1914)에 실린 「구당거사(矩堂居士) 약전」, 유치웅(俞致雄)(편), 『기계(杞溪) 문헌』(서울: 부운장학회, 1963)에 실린 이희승(李熙昇)의 「구당 약전」 등이 있다.

3 허동현, 『유길준논소선』(서울: 일조각, 1987). 이 책에는 「과문폐론(科文弊論)」, 「언사소(言事疏)」, 「중립론」, 「답청사조회(答淸使照會)」, 「세제의(稅制議)」, 「지제의(地制議)」, 「어채론(漁採論)」 등이 번역되어 있다. 원문은 원문대로 실려 있다.

4 이광린, 「미국 유학시절의 유길준」, 『신동아』, 1968년 2월. 이 논문은 이광린, 『한국개화사 연구』, 개정판(서울: 일조각, 1974)에 실려 있다. 이 책은 1989년에 『개정판 한국개화사 연구』(서울: 일조각)로 다시 출판됐다. 이광린, 「유길준의 개화사상: 『서유견문』을 중심으로」, 『역사학보』 75 · 76합집, 1977. 이 논문은 이광린, 『한국개화사상 연구』(서울: 일조각, 1979)에 실려 있다. 이광린, 「일본 망명시절의 유길준」, 『신동아』 1986년 10월. 이 논문은 이광린, 『개화파와 개화사상 연구』(서울: 일조각, 1989)에 실려 있다. 이광린, 「유길준의 영문서한」, 『동아연구』 제14집(1988). 이 논문은 이광린, 『개화파와 개화사상 연구』에 실려 있다. 마지막으로, 이광린, 『유길준』(서울: 동아일보사, 1992).

는 중립론을 분석한 논문을 발표했고,[6] 홍이섭(洪以燮) 교수는 유길준의 자본주의정신을 분석한 짧은 논설을 발표했으며,[7] 유영익(柳永益) 교수는 유길준의 점진개혁론을 발표했고,[8] 김원모(金源模) 교수는 유길준의 미국사신시절을 분석한 논문을 발표했다.[9] 국사학계에서는 그 뒤에도 박사학위논문이 세 편이 더 나왔다.[10] 경제학계와 법학계도 뒤를 이어 유길준을 중요하게 분석했다.[11] 다른 한편으로, 유길준은 북한에

● ● ● ● ●

5 윤병희, 「유길준의 입헌군주제도론 : 미정고(未定稿) 『정치학』을 중심으로」, 『동아연구』 제13집(1988년 2월), 45-67쪽 ; 윤병희, 「대한제국 말기 유길준의 사상과 행동」, 1993년도 서강대학교 문학박사학위논문 ; 윤병희, 「일본 망명시절 유길준의 쿠데타음모사건」, 『한국근현대사 연구』, 제3집(1995) ; 윤병희, 『유길준 연구』(서울 : 국학자료원, 1998). 윤병희의 이 책에는 앞의 세 논문이 모두 포함되어 있다.

6 강만길, 「유길준의 한반도 중립화론」, 『창작과비평』 1973년 겨울. 이 논문은 강만길, 『분단시대의 역사인식』(서울 : 창작과비평사, 1978), 102-117쪽에 실려 있다.

7 홍이섭, 「유길준의 자본주의 정신」, 『한국사의 방법』(서울 : 탐구당, 1979), 286-290쪽.

8 유영익, 「갑오경장 이전의 유길준 : 1894년 친일개혁파로서의 등장 배경을 중심으로」, 『한림대 논문집』 제4집(1986). 이 논문은 유영익, 『갑오경장 연구』(서울 : 일조각, 1990), 88-133쪽에 실려 있다. 유영익, 「『서유견문』과 유길준의 보수적 점진개혁론」, 『한국사 시민강좌』 제7집(1990), 127-156쪽. 이 논문은 유영익, 『한국근현대사론』(서울 : 일조각, 1992), 117-148쪽에 실려 있다.

9 김원모, 「견미 조선보빙사 수원 유길준 연구」, 『죽당(竹堂) 이현희(李炫熙) 교수 화갑기념 한국사학논총』(서울, 1997).

10 김봉렬, 「유길준의 개화사상의 연구」, 1989년도 경희대학교. 이 논문은 『유길준 개화사상의 연구』(경상남도 마산시 : 경남대학교 출판부, 1998)로 출간됐다 ; 박기서, 「유길준과 복택유길의 정치사상 비교연구」, 1989년도 홍익대학교 ; 임길성, 「유길준의 교육사상과 그 실천에 관한 연구」, 1990년도 성균관대학교.

11 김영호(金泳鎬), 「유길준의 개화사상」, 『창작과비평』 1968년 가을, 476-492쪽 ; 김병하(金炳夏), 「유길준의 경제사상」, 『동양학』 제4집(1974). 이 논문은 그의 『한국경제경영사상사』(대구 : 계명대학교 출판부, 1989)에 포함되어 있다. 전봉덕(田鳳德), 「『서유견문』과 유길준의 법률사상」, 『학술원논문집 : 인문사회과학편』 제15집(1976). 이 논문은 전봉덕, 『한국근대법사상사』(서울 : 박영사, 1981), 188-

서도 일찍부터 학문적 관심을 받았으며[12] 일본에서도 중요하게 논의됐다.[13]

2000년대에 들어와서도 유길준에 대한 연구는 더욱 활발히 계속됐다. 예컨대, 허동현 교수는 유길준이 사회진화론을 수용하는 과정에 관한 연구를 발표했으며,[14] 현광호(玄光浩) 교수는 유길준이 동아시아에 대해 지닌 인식과 구상에 관한 연구를 발표했다.[15]

정치학계의 뒤늦은 연구. 이처럼 활발한 유길준에 관한 연구들 가운데, 정치학도의 시각으로 보건대, 중요한 부분이 미진한 상태로 남아 있었다. 그것은 유길준의 서양정치이론 부분이다. 유길준은 한인(韓人)으로 서양정치학을 가장 처음 수용하고 소개한 사람이다. 한인으로 정치학이란 이름이 들어간 책을 처음 출판한 이는 1907년에 『정치원론』을 출판한 안국선이지만, 정치학에 관한 글을 처음 쓴 이는 비록 번역이기는 하지만 1896년부터 1907년 사이의 어느 시점에, 아마도 1896년에, 『정치학』을 미출간 원고로 남긴 유길준인 것이다. 비단 『정치학』뿐이 아니다. 유길준의 여러 저술들, 예컨대 저서 『서유견문』, 논문 「국권」과 「중립론」, 그리고 역서 『크리미아전쟁사』와 『프러시아 대왕 7년

252쪽에 수록됐다.

12 김희일, 「1880년대 개화사상 연구 : 『서유견문』을 중심으로 하여」, 『력사과학』 1965년 제6호 및 1966년 제1호.

13 하라다 다마키(原田環 : 원전환), 「조선의 근대화구상 : 유길준과 박영효의 독립구상」, 『사학연구』(히로시마 사학회, 1979) ; 쓰키아시 다쓰히코(月脚達彦 : 월각달언), 「개화사상의 형성과 전개 : 유길준의 대외관을 중심으로,」, 『조선사연구회 논문집』 28(1991) 및 「조선개화사상의 구조 : 유길준 『서유견문』의 문명론적 입헌군주제론」, 『조선학보』 159(1996).

14 허동현, 「1880년대 개화파인사들의 사회진화론 수용양태 비교 연구 : 유길준과 윤치호를 중심으로」, 『사총(史叢)』 55(2002년 9월), 169-193쪽.

15 현광호, 「유길준의 동아시아 인식과 구상」, 성균관대학교 BK21 동아시아학융합사업단 편, 『근대 동아시아 지식인의 삶과 학문』(서울 : 성균관대학교 출판부, 2009), 54-86쪽. 이 논문의 56쪽 각주 2에 1998년 이후 출판된 유길준에 관한 저술들이 자세히 소개됐다.

전사』 등에 나타난 그의 정치에 대한 관념과 이론은 그를 우리나라 최초의 정치학자라고 부르기에 충분한 근거를 뒷받침한다.

그런데도 우리 정치학계가 유길준의 정치이론들을 분석하기 시작한 것은 1980년대 중반에 이르러서였다. 우선 우남숙(禹男淑) 교수의 1982년도 이화여자대학교 정치학석사학위논문 「유길준의 정치사상」을 꼽을 수 있으며, 이어 우리나라 정치학의 뿌리를 유길준의 『정치학』에서 찾을 수 있다고 주장한 이홍구(李洪九) 교수의 논문을 지적할 수 있다.[16]

1990년대에 들어서서는 유길준에 대한 정치학적 연구가 활발해져, 한석태(韓錫泰) 교수의 『유길준의 정치학 편석(編釋)』,[17] 김봉진(金鳳珍) 교수의 1991년도 일본 동경대학 박사학위논문 「동아시아 지식인의 국제질서관 : 정관응(鄭觀應)·후쿠자와 유키치(福澤諭吉 : 복택유길)·유길준의 비교고찰」, 이호재(李昊宰) 교수의 「유길준의 중립론」,[18] 이원영(李元榮) 박사의 「문명사관과 문명사회론 : 유길준의 『서유견문』을 중심으로」,[19] 김용구(金容九) 교수의 유길준에 관한 연구,[20] 하영선(河英善) 교수의 「유길준의 문명개화론 : 전통과 근대의 복합화」,[21] 장인성(張寅性) 교수의 「유길준에 있어서의 도덕과 정치 : 자기·타자 인식의 정치적 사유」,[22] 정용화(鄭容和) 교수의 1998년도 서울대학교 정치학박

16 이홍구, 「근대 한국정치학 백년 : 그 한계성의 극복을 위한 자성」, 『한국정치학회보』 제20집 제2호(1986년 12월), 5-10쪽.

17 도서출판 한나라, 1991. 이 책은 한석태 역주, 『유길준의 「정치학」』(마산 : 경남대학교 출판부, 1998)로 다시 출판됐다. 나는 이 『유길준의 「정치학」』을 사용하고자 한다.

18 이 논문은 이호재, 『한국인의 국제정치관 : 개항 후 100년의 외교논쟁과 반성』(서울 : 법문사, 1994), 제1장의 제3절을 구성하고 있다.

19 『한국정치학회보』 30집 4호(1996년 겨울), 135-152쪽.

20 김용구, 『세계관 충돌의 국제정치학 : 동양 예(禮)와 서양 공법(公法)』(서울 : 나남출판, 1997) 가운데 제4장.

21 한국정치학회 1997년 9월 월례발표회 발표논문.

사학위논문 「유길준의 정치사상 연구: 전통에서 근대로의 복합적 이행」 등이 발표됐다.

이로써 유길준의 정치학이론은 거의 모두 분석된 셈이다. 나 스스로 유길준의 저술들을 다시 읽음과 동시에 기존의 연구들을 참고하면서 유길준의 정치학이론을 구한말 정치학의 수용이라는 관점에서 설명하고자 한다.

제 2 절 서양의 정치학을 수용하게 된 배경

유길준의 생애에 관해서는 참으로 많은 연구들이 발표됐기에 우리는 또 하나의 설명을 요구하지 않아도 된다. 그러나 그가 서양의 정치학을 수용하게 된 배경을 이해하기 위해 여기서는 유길준의 지적 성장과정과 그것이 현실에서 행동으로 나타난 과정을 설명하기로 한다.

유길준의 한학 수학. 우리나라의 역사에서 문운(文運)이 한창 번창하던 때로 국사학자들은 영조 말에서 정조를 거쳐 순조 초에 이르는, 말하자면 1770년대 말에서 1810년에 이르는 30여 년을 꼽는다. 유길준은 이 시기에 지도적 문호들 가운데 한 사람이던 저암(著庵) 유한준(兪漢雋)의 5세손이다. 유한준은 우리가 제4장 제1절에서 살폈던 유신환의 아버지가 학문적 토론의 상대로 여겼던 유학자들 가운데 한 사람이었다. 유신환이 개화기를 이끌어 간 지도자들을 길러냈음을 상기할 때, 유한준은 그러한 집안의 친개화적 분위기를 이해하고 있었을 것이며, 아마도 후손들에게 그 분위기를 호의적으로 전했을 것이다. 그 시대에 유한준과 쌍벽을 이뤘던 또 한 사람의 문호가 바로 연암 박지원이었다. 그의 손자가 한말의 석학으로 조선의 개화에 앞장을 섰던 환재 박

22 한국정치학회 1997년 9월 월례발표회 발표논문.

규수였음은 널리 알려진 사실이다. 앞으로 보게 되듯, 유길준은 박규수에게서도 배운다.[23]

유길준은 철종치세이던 1856년 10월 24일에 아버지 유진수(俞鎭壽)와 어머니 한산(韓山)이씨의 둘째 아들로 서울 북촌(北村)의 계동(桂洞)에서 태어났다. 본관은 기계(杞溪)이며 — 유신환의 본관 역시 기계였다 — 자(字)는 성무(聖武)였고 구당과 천민거사는 아호였다. 형은 회준(會濬)이었고 동생은 성준(星濬)이었다.

유길준이 태어났을 때, 조선왕조는 해체의 과정에 깊이 빠져들어 있었다. 안동김씨의 세도정치가 계속되는 가운데 매관매직은 높은 벼슬에서 낮은 벼슬에 이르기까지 관례로 굳어졌으며, 벼슬아치들은 그들대로 백성을 수탈하는 데 몰두했다. 그리하여 관리들의 탐학의 대상으로 전락한 백성들의 삶은 극도의 빈곤과 불안 그 자체였다. 국왕이던 철종은 안동김씨의 집안과 환관들의 손에서 놀아날 뿐 한낱 허수아비에 지나지 않았다.[24] 그리하여 시대는 글자 그대로 거세개탁(擧世皆濁)이었지만 유길준의 집안은 대대로 청렴한 양반의 전통을 지켰다. 유길준의 아버지는 진사에 급제해 동부승지(同副承旨) 등을 거쳐 가선대부(嘉善大夫) 동지중추원사(同知中樞院事)에 증직됐지만 집안 살림은 점점 어려워졌다. 게다가 병인양요가 일어나자 가족을 이끌고 경기도 광주(廣州)로 이사했다. 그래서 유길준은 어린 시절을 시골에서 보내며 서당에서 전통적인 유학을 공부했다.

유길준이 서울로 돌아온 때는 만 13세이던 1869년이었다. 그는 목은(牧隱) 이색(李穡)의 후예인 외할아버지 이경직(李敬稙) 밑에서 공부했

23 박규수의 개화사상에 대한 가장 최근의 연구로 다음이 있다. 이완재(李完宰), 『한국근대초기개화사상의 연구』(서울: 한양대학교 출판원, 1998).

24 이 시대애 조선을 방문하고 조선의 병폐를 지적한 서양인들의 관찰들은 다음에서 읽을 수 있다. 김학준, 『서양인들이 관찰한 후기조선』(서울: 서강대학교 출판부, 2010).

으며, 외할아버지를 통해 이미 대제학과 우의정을 지낸 당대의 석학 박규수에게 소개됐다. 박규수는 유길준이 장차 큰 인물이 될 것임을 알아보고 학문에 힘쓰도록 가르쳤다. 유길준은 곧 집안어른인 유만주(俞萬柱)에게서 유학을 익히며 같은 문하생인 민영익(閔泳翊)과 교우하게 됐다. 민영익은 당대의 척신 거물인 민태호(閔台鎬)의 아들로 뒷날 세도를 잡자 유길준을 벼슬길에 끌어올리려고 힘을 쓴다.

유길준의 시무학 접촉. 유길준의 학문에서 전환의 계기는 만 17세이던 1873년에 마련됐다. 대원군이 물러나고 고종의 친정이 시작된 것을 계기로 민비척족의 발언권이 커진 이 해에, 그때 정부 안에서 서양의 신지식과 개화에 뜻을 둔 최초의 인물이란 평을 듣던 박규수로부터 중국의 위원(魏源)이 쓴 『해국도지(海國圖志)』를 받아 해외에 눈을 뜨게 됐던 것이다. 박규수는 "『해국도지』는 세계의 지리와 역사에 관한 저술로서 특히 선진적인 해방사상(海防思想)을 고취한 내용도 실려 있어, 앞으로 밀려드는 외국세력에 우리나라가 대처하는 데 많은 참고가 될 만한 책인 만큼 소중히 여기고 읽어보라"고 말했으며, 유길준은 "흥분이 좀처럼 가라앉지 않아 잠도 잘 이루지 못하고 뜬눈으로 밤을 새우며 읽었다"고 한다.[25]

이 일을 계기로 유길준은 과거응시를 포기하고 박규수의 사랑을 자주 찾으며 외국어와 만국공법(萬國公法) 등 이른바 시무학(時務學)에 힘쓰면서 바깥세상의 형편에 큰 관심을 쏟게 됐다. 만국공법은 오늘날의 용어로 국제법이다. 우리가 제4장 제3절에서 이미 보았듯, 미국의 국제법학자 휘튼이 1836년에 출판한 『국제법의 요소들』을 북경에서 활동하던 미국인선교사 마틴이 1864년에 중국어로 번역해 『만국공법』으로 간행하면서, 이 용어가 동양의 한자권에 널리 알려지게 됐다.[26] 그것에 못지않게 중요했던 것은 박규수의 사랑에서 뒷날 개화운동의 주역이

25 유동준, 『유길준』, 22-23쪽.

26 유동준, 『유길준전』, 155쪽 및 이광린, 『유길준』, 85쪽.

되는 김옥균을 만나게 됐으며 그를 통해 어윤중 등의 개화파인사들과 친해졌다.

유길준의 병자수호조약체결과정 관찰. 유길준이 만 20세가 된 1876년(병자년)은 조선으로는 큰 전환의 해였다. 일본의 함포외교에 굴복해 강화도에서 일본과 이른바 조일수호조약을 맺음으로써 '은둔의 왕국'에서 벗어나 개국의 길에 들어선 것이다. 이때 유길준은 개인적으로 무척 중요한 경험을 갖게 됐다. 이 조약의 체결과정에 조선의 대표단을 위해 역관으로 활동한 오경석의 배려로, 강화도로 가서 두 나라 사이의 협상을 관찰하게 된 것이다.[27]

우리가 익히 알고 있듯, 이 조약의 제1조는 조선이 '자주독립국'임을 명시했다. 이것은 일본이 조선과 청 사이에 유지되던 전통적인 관계를 단절시킴으로써 조선침략을 보다 더 쉽게 하려는 속셈의 산물일 뿐이었다. 그러나 다른 개화파지식인들이 그렇게 해석했듯, 그 역시 이 조약은 일본이 조선의 독립을 인정한 것이라고 인식했다. 그리하여, 다른 개화파지식인들과 마찬가지로 그 역시 일본에 대한 믿음을 갖게 됐던 것 같다. 그는 1894년 10월에 일본을 방문했을 때, 1876년의 교섭 때 일본의 특명전권판리대신으로서 군함을 이끌고 강화도에 나타났었던 구로다 가요타카(黑田淸隆: 흑전청륭)를 만났는데, 이 자리에서 그는 구로다가 조일수호조약을 체결해 비로소 조선의 독립을 천하에 드러냈다고 치하한 것이다.[28]

이러한 태도는 뒷날 『독립신문』에서도 나타난다. 이 신문은 1896년 4월 18일의 논설에서 "일본서 두 해 전에 청국과 싸워 이긴 후에 조선이 분명한 독립국이 되었으니 그것 조선인민이 일본에 대하여 감사한 마음이 있을 터이나 […]"라고 쓴 것이다.[29]

27 현광호, 「유길준의 동아시아 인식과 구상」, 61쪽.

28 위와 같음.

29 이나미, 『한국 자유주의의 기원』, 64쪽에 인용됐다.

유길준의 일본유학 조일수호조약의 체결로부터 5년 뒤 유길준은 일본을 방문할 수 있는 기회를 갖기에 이르렀다. 이 조약체결의 연장선 위에서 조선은 1880년을 앞뒤해 개화정책을 활발히 추진하게 됐으며, 일본에 1876년에 이어 1880년에도 수신사를 파견하고 1881년 4월에는 신사유람단을 파견했다. 박정양·어윤중·민종묵·홍영식·이헌영·심상학(沈相學) 등 중진급 인사들이 조사(朝士)의 명칭을 받았고, 그들을 수행하는 사람들은 수원(隨員)의 명칭을 받았다. 유길준은 민영익의 배려로 이 신사유람단의 조사인 어윤중의 수원이 되어 일본을 방문하게 됐다. 유길준이 만 25세 때의 일이었다.[30]

여기서 잠시 지적돼야 할 점은 어윤중의 네 명의 수원들 가운데 뒷날 구한말의 개화운동에서 일정한 역할을 수행하게 되는 좌옹(佐翁) 윤치호(尹致昊)가 포함됐다는 사실이다. 그리고 그 네 사람은 처음부터 일본유학을 목적으로 선발됐던 것으로 보인다. 그리하여 유길준은 자신의 매부이면서 같은 수원인 유정수(柳定秀)와 더불어 동경에 도착한 때로부터 14일밖에 지나지 않은 6월 8일에 게이오 기주쿠(慶應義塾 : 경응의숙)에 입학했고, 곧이어 윤치호와 김양한(金亮漢)은 각각 도진샤(同人社 : 동인사)와 조선소(造船所)에 들어갔다. 이로써 유길준은 윤치호 및 유정수 등과 함께 조선역사에서 최초의 일본유학생이 됐다.[31]

유길준이 유학한 대학이 게이오였다는 사실은 그의 지적 성장과 관

30 이 시찰단에 대한 연구로 다음이 대표적이다. 허동현, 「1881년 조사시찰단(朝士視察團) 연구」, 고려대학교 문학박사학위논문, 1994.

31 유영렬(柳永烈), 『개화기의 윤치호 연구』(서울 : 한길사, 1985), 23쪽. 윤치호가 입학한 동인사는 그 때 동경에서 손꼽히던 명문 사학이었다. 이 점에 대한 자세한 분석은 Donald N. Clark, "Yun Ch'i-ho (1864-1945) : Portrait of Korean Intellectual in an Era of Transition," Occasional Papers on Korea (Seattle : University of Washington, 1975). 또 유길준과 윤치호의 일본유학에 관해서는 Kenneth M. Wells, *New God, New Nation : Protestants and Self-Reconstruction Nationalism in Korea, 1896-1937* (Honolulu : The University of Hawaii Press, 1990), pp. 48-56.

련해 중요한 의미를 가진다. 막말(幕末)·명치(明治) 시기에 일본의 저명한 계몽사상가로 일본사회에 대해 커다란 영향력을 행사하던 후쿠자와 유키치는[32] 1858년에 홀랜드[和蘭 : 네덜란드]를 연구의 대상으로 삼은 난학숙(蘭學塾)을 개설했다가 그것을 1868년에 게이오의숙으로 개명했다. 이 학교는 곧 명치일본의 개화사상의 요람이 됐다.[33]

유길준은 게이오에 정규학생으로 등록하지 않고, 후쿠자와의 집에 기숙하면서 게이오에 청강했다. 비록 청강생이었지만, 배움의 소득은 컸다. 게이오는 1868년부터 영국을 집중적으로 연구하는 영학(英學)에 치중해 영어로 써진 교재들을 쓰기도 했으며, 특히 1880년 이후 두 명의 미국인교사들을 초빙해 영어를 가르쳤다. 그러했기에, 유길준은 게이오에서 약 18개월에 걸쳐 공부하면서 우선 영어를 익힐 수 있었다. 거기에 더해, 그는 서양의 역사·지리·정치·경제·법률 등에 관해 수강함과 동시에, 그때 일본에서 널리 읽히던 후쿠자와의 『서양사정』(1870) 및 가토 히로유키(加藤弘之 : 가등홍지)의 『입헌정체략(立憲政體略)』(1868) 등 '신견기문(新見奇文)'의 책들을 많이 읽었던 것이다.[34]

게이오는 1880년대에 이미 미국인 프랜시스 웨일랜드(Francis Wayland)가 1837년에 출판한 『정치경제학의 요소들(*The Elements of Political Economy*)』을 가르치고 있었다. 유길준은 분명히 이 책에 접했을 것이다. 그는 또 프랑스의 자유민주주의사상가 루소의 『사회계약론』을 『민약역해(民約譯解)』라는 제목으로 역간함으로써 그때 일본 지식인사회에서 무르익던 자유민권운동을 부채질한 나카에 주민(中江兆民 : 중강조민)의 사상과 영향에도 접했을 것이다.

유길준의 후쿠자와로부터의 영향. 그러면 '일본의 볼테르(Voltair)'로

32 그에 관해서는 *The Autobiography of Yukichi Fukuzawa*, revised translation by Eiichi Kiyooka with a Foreword by Carmen Blacker (New York : Schocken Books, 1972).

33 유영익, 『한국근대사론』, 121쪽.

34 위와 같음.

알려진 후쿠자와로부터는 어떤 사상적 영향을 받았던가? 이 물음에 답하기 위해, 우리는 이때 후쿠자와의 사상적 경향이 어떠했는지 먼저 살피는 것이 좋겠다.

1868년의 명치유신 이후 일본의 지식인들 사이에서는 일본을 서구처럼 문명개화국을 만들어야 한다는 이른바 문명개화운동이 전개됐다. 이 운동에서 이론적으로 선도자의 역할을 수행한 지식인이 바로 후쿠자와였다. 그는 『서양사정』(1870)과 『학문에의 권장』(1872) 및 『문명론의 개략』(1875)[35] 등의 저술들을 통해 그 운동에 큰 영향을 주었다. 빅토리아왕조의 영국에서 확산된 개인주의적 정치사상 및 자본주의적 경제사상을 일본에 도입하면서 자유민권론을 전개한 사상가이었기에, 후쿠자와는 1869년부터 1875년 사이에 일본의 과격한 지도자들이 내세운 정한론(征韓論)을 배격했다. 일본이 한국을 정벌하는 경우 서양은 곧바로 일본을 침략주의적 국가로 인식할 것이며 그것은 일본에 대해 해롭다고 본 것이다. 그는 서양의 동아시아침략에 대비해 일본을 맹주로 하는 일본·한국·중국의 연대를 성사시켜야 한다고 제의했는데, 그의 이른바 아시아연대론은 그때 중국과 조선의 지식인들로부터 호의적인 반응을 얻었다.

그러나 후쿠자와의 아시아연대론은 1876-1877년을 계기로 바뀌었다. 그는 1877년에 '조선정체론(朝鮮停滯論)'을 제시하면서, 조선은 현재 후퇴하고 있지는 않지만 진보하고 있지도 않은 채 그저 정체에 빠져 있을 뿐이라고 진단했다. 이러한 조선은 결국 독자적으로는 서양세력의 침략을 막아내지 못할 것이고, 조선이 서양세력의 침략에 굴복해 서양세력의 지배를 받게 되면, 그것은 일본의 안전에 위협이 된다는 뜻을 비쳤다. 이러한 발상은 유길준이 일본에 도착한 1881년에는 '조선보호론'으로 확대됐다. 일본을 '석조건물'에 비유하고 조선을 '목조

35 이 책의 국역본은 다음이다. 정명환(鄭明煥) 옮김, 『문명론의 개략』(서울: 홍성사, 1996).

건물'에 비유하면서, '목조건물'에 불이 붙으면 그것이 전소하는 것으로 그치지 않고 이웃 '석조건물'로까지 번지게 된다고 주장한 후쿠자와는 일본으로의 연소(連燒)를 막기 위해 일본은 조선을 점령해 보호하면서 그 목조건물을 파괴하고 석조건물로 개축해 줄 의무와 권리가 있다고 말한 것이다. 이것은 그의 '조선정체론'이 조선에 대한 군사개입의 발상으로 구체화됐음을 보여 주었다.

이처럼 변질된 발상 아래, 후쿠자와는 1882년 3월에 동경에서 스스로 『시사신보(時事新報)』라는 신문을 창간하고 이 신문을 통해 일본정부의 대륙진출을 적극 옹호하기 시작했다. 그러한 맥락에서, 4개월 뒤에 조선에서 반일적인 성격도 지닌 임오군란이 일어났을 때, 후쿠자와는 일본군대를 파견해 수습하고 일본정부의 특별고문관을 주재시키라고 권고하기도 했다.[36] 일본은 1905년에 조선을 자신의 '보호국'으로 만들면서 군대를 주둔시키고 '고문관'들은 물론 '통감'을 주재시키는데, 그 기본적 발상은 이미 후쿠자와의 이 권고에서도 보였다.

후쿠자와의 이러한 주장들에 대해 유길준이 어떤 반응을 보였던가를 말해 주는 자료는 아직 발굴되지 않았다. 따라서 추측이 가능할 뿐이다. 후쿠자와가 이러한 논설을 발표한 때는 유길준이 그의 집에서 기숙하기 시작한 때로부터 1년 남짓 지난 시점이어서, 유길준으로서는 비판보다는 관망의 자세를 취했을 개연성이 크다. 또 유길준은 후쿠자와가 조선내정의 개혁에 역점을 두고 그러한 구상을 발표했을 것이라고 생각했을 개연성이 크다. 간단히 말해, 이 시점에서 유길준은 후쿠자와가 조선에 대해 침략주의적 구상을 지녔다고 생각하지는 않았을

36 후쿠자와의 이러한 변화과정을 나는 다음 논문에서 자세히 설명했다. Hakjoon Kim, ""“A Devil Appears in a Different Dress” : Imperial Japan's Deceptive Propaganda for the Rationalization of Making Korea Its Colony."(2010년 11월 5일 워싱턴대학교 한국학연구소 주최 「일본의 조선식민지배에 관한 국제학술회의」에서 발표한 논문) ; In K. Hwang, *The Korean Reform Movement of the 1880s : A Study of Transition in Inter-Asian Relations* (Cambridge, MA : Schenkman Publishing Co., 1978), p. 100.

것이다. 또는 유길준이 민씨척족세력의 친청정책에 비판적이었고 일본에 대해 호의적이었던 만큼, 후쿠자와의 권고에 일리가 있다고 판단했을 수도 있다.

유길준의 사회진화론 인식. 게이오에 유학했지만, 유길준이 후쿠자와로부터만 배운 것은 아니었다. 유길준은 우선 서유럽의 유명한 정치학자들이나 사회학자들에 대한 강의들, 예컨대, 영국의 사회철학자로 사회진화론을 제시한 허버트 스펜서, 프랑스의 정치사상가이며 법사상가로 삼권분립론에 입각해 민주헌정론을 제시한 몽테스키외, 역시 프랑스의 정치사상가로 시민민주론을 제시한 토크빌 등에 대한 강의들도 들었다.[37]

여기서 잠시 토론돼야 할 대상이 유길준이 사회진화론을 어떻게 인식했느냐의 문제다. 유길준이 게이오에서 수학하던 때 일본의 지성계는 사회진화론의 강력한 영향 아래 놓여 있었다. 일본은 서양세력의 동아시아에 대한 군사적 진출과 위협에 직면해 명치유신을 단행했으며 이것을 계기로 일본이 어떻게 해야 국가로서의 생존을 유지하고 한걸음 더 나아가 서양열강을 따라갈 수 있을 것인가에 문제에 몰두하고 있었던 만큼, '우등한' 세력과 '열등한' 세력 사이에서는 치열한 약육강식(弱肉强食)의 생존경쟁이 벌어지고 거기서는 '우등한' 세력만이 살아남게 마련이라는 취지의 사회진화론의 영향을 강하게 받고 있었던 것이다. 실제로 일본은 정부의 차원에서건 사회의 차원에서건 생존경쟁에서의 살아남기를 최우선가치로 설정하고 모든 정책의 수립과 집행을 그 방향으로 이끌었다.[38]

이러한 배경에서, 일본의 지도적 인사들은 조선의 신사유람단 일행에게 사회진화론을 힘주어 설명했다. 그들은 "현재의 세계란 인의(仁義)의 세계가 아닌 완력(腕力)의 세계다. 양(陽)으로는 공법을 내세우지

37 이광린, 『한국개화사상사 연구』(서울 : 일조각, 1979), 52쪽.
38 허동현, 「1880년대 개화파인사들의 사회진화론 수용양태 비교 연구」, 173쪽.

만 음(陰)으로는 힘으로 시위한다. 그러므로 위력이 있어야만 공법의 효력이 있다"고 강조하면서, "이른바 약한 자의 고기를 강한 자가 먹는다는 것[약육강식]이 바로 여기에 있다"고 결론을 내렸다. 이 설명에 접했기에, 어윤중은 귀국한 뒤 고종이 "오늘날은 오로지 부강만을 도모하던 전국시대와 동일하더냐?"라고 질문하자 "진실로 그러합니다. 춘추전국은 바로 소전국(小戰國)이며 오늘날은 바로 대전국(大戰國)입니다."라고 대답하고 부강만이 국가를 지킬 것이라고 건의했던 것이다.[39]

어윤중의 수원이었던 유길준 역시 같은 설명을 들었고, 같은 결론을 내렸다. 그러했던 그가 게이오에서 수강하면서, 사회진화론의 세례를 더욱 강하게 받았던 것은 당연했다. 그가 1883년 초에 귀국한 직후 집필한 「세계대세론」 및 「경쟁론」 등에서 그 점은 두드러지게 나타난다. 예컨대, 「경쟁론」에서 그는 '구래쇄폐(久來鎖閉)'와 '쇄양고립(鎖壤孤立)'이라는 용어들을 쓰면서, 조선이 500년에 걸쳐 바깥세계에 문을 닫고 살며 외국과 경쟁을 하지 않았기에 경쟁에 대한 체질을 기르지 못해 쇠락했다고 진단한 것이다.[40]

유길준은 정규적인 강의 외에도 게이오가 개설한 여러 특별강의들을 열심히 들었다. 그는 특히 서양학자들의 특강은 빠짐없이 듣고자 했는데 이 과정에서 미국의 생물학자로 찰스 다윈(Charles Darwin)의 진화론을 일본에 처음 소개한 에드워드 모스(Edward S. Morse) 교수의 강의를 감명 깊게 들었다.

유길준은 또 폭넓은 독서를 통해 자신의 지식을 넓혀 갔다. 그 결과는 '양학(洋學)', 곧 서양학문에 대한 깊은 이해와 수용으로 나타났다. 『서유견문』의 「서문」에서 밝혔듯이, 그는 "일본사람들 가운데 견문이 넓고 학식이 높은 사람과 이야기를 주고받을 때에 그들의 의견들을 듣

39 위와 같음, 174쪽.

40 「경쟁론」의 전문은 다음에 수록됐다. 『유길준전서』 제4권, 47-60쪽.

고, 또 새로 나온 책들을 보며 되풀이하여 생각하는 동안, 그 사정을 살펴보고 실제 모습을 들여다보며 진상을 파헤쳐 보니, 그 제도나 법규가 서양의 그것을 모방한 것이 대부분이라는 사실을 알게 된 것이다."[41]

동경에서 개화파인사들과의 토론. 유길준이 게이오에 입학한 때로부터 9개월이 지난 1882년 4월에 김옥균과 서광범을 비롯한 개화파인사들이 동경을 방문했다. 김옥균은 서광범을 대동하고 후쿠자와를 만났다. 통역은 유길준이 맡았다. 김옥균이 명치유신 이후 일본의 발전에 크게 감명을 받았다고 말한 데 대해, 후쿠자와는 자신이 조선에 큰 관심을 갖고 있다고 말한 뒤 자신의 아시아연대론을 설명하면서 동양 세 나라의 합심협력을 강조했다. 이 자리에서 후쿠자와는 김옥균을 일본정부의 외무경(外務卿 : 오늘날의 외무상)이면서 정계실력자이던 이노우에 가오루(井上馨 : 정상형)에게 소개했다. 이 일을 계기로 후쿠자와와 이노우에는 1884년 12월에 김옥균을 중심으로 일어나는 갑신정변을 비롯해 조선문제에 대해 큰 영향력을 행사하게 된다.[42]

위에서 살폈듯, 후쿠자와를 만나 의기투합을 보았다는 점에서 고무된 김옥균과 그의 일행은 유길준의 안내를 받으며 그 뒤 8월까지 약 5개월에 걸쳐 일본의 정계인사들을 비롯한 저명인사들을 접촉하고 공공기관은 물론 신문사와 학교 및 병원 등 근대적 시설들을 시찰했다. 그때의 일본신문들에 따르면, 그들은 일본의 발전상을 보고 심취했으며 "국내에서 말로 듣던 것보다는 개화와 문명이라는 것을 눈으로 실감하면서 우리도 장차 어떻게 해야 되겠다는 것을 생각했다."[43]

그사이에, 그들은 조선이 미국과 영국 및 독일 등과 수호통상조약을 맺은 사실을 일본신문들의 보도를 통해 알고 조선이 새로운 국면에 들

41 유길준 지음·구인환(丘仁煥) 엮음, 『서유견문』(서울 : 신원문화사, 2005), 13쪽.
42 유동준, 『유길준전』, 63-64쪽.
43 위와 같음, 64-65쪽.

어섰다고 생각했다. 일본방문이 마무리되던 시점인 7월에 서울에서 임오군란이 일어났다는 소식, 그리고 이 군란을 계기로 개화에 반대하던 대원군이 하야한 때로부터 9년 만에 다시 정권을 잡았으나 청(淸)의 적극적인 간섭으로 중국으로 납치되는 등 조선의 정국이 복잡한 양상을 띠게 됐다는 소식에 접하고 모두 당황했다. 그리하여 김옥균과 서광범을 먼저 귀국하게 해 사태수습에 나서도록 했다.[44]

임오군란은 집권세력인 민씨정권에 대한 반발에 일본의 조선침투에 대한 저항이 겹친 것이어서 서울에 상주하던 일본공사관에 대한 조선 민중의 습격으로 이어졌었다. 그리하여 일본은 군대를 이끌고 와 조선 조정을 위협하며 협상을 요구했고 이에 따라 1882년 9월에 굴욕적인 제물포조약이 체결됐다. 조선은 이 조약의 이행을 위해 1개월 뒤 수신사를 동경으로 보냈는데, 정사에 박영효가 임명됐으며 김옥균과 서광범 및 민영익 등이 수행하게 됐다. 동경에 머물던 유길준은 자연히 그들을 돕게 됐다. 이때 박영효 일행은 국왕의 명령에 따라 자신들이 머물던 호텔에 자신들이 처음으로 만든 태극기를 내걸었다. 조선조정은 양력으로 1883년 1월 27일에 태극기를 국기로 제정하여 전국에 반포한다.[45]

이 과정에서 박영효는 유길준을 높이 평가하게 됐다. 유동준에 따르면, "한국인으로 일본말에 가장 능통하고 일본정세와 국제지식에도 밝았으며, 더욱이 당시 일본조야에 영향력이 컸던 후쿠자와의 절대적 신임을 받던 유길준을 박영효는 재인식했으며 하루도 보이지 않으면 그를 불러냈다."[46] 이러한 배경에서 유길준은 귀국하는 수신사 일행을 따라 1882년 12월에 유학을 중단한 채 귀국했다.

유길준의 귀국 이후의 활동. 이 무렵 조선조정은 다시 민씨척족의

●●●●●

44 위와 같음, 65쪽.

45 신용하, 『한국 개화사상과 개화운동의 지성사』(서울 : 지식산업사, 2010), 151쪽.

46 유동준, 『유길준전』, 70쪽.

장악 아래 개화운동에 박차를 가하고 있었으며, 그 일환으로 1883년 1월에 근대적 의미에서의 외교와 통상을 다루는 기구로 통리교섭통상사무아문(統理交涉通商事務衙門)을 두고, 군사와 내정을 다루는 기구로 통리군국사무아문(統理軍國事務衙門)을 두었으며 2월에 그 진용을 발표했다. 흔히 외아문(外衙門)이라고 부른 앞의 아문에는 장관격인 독판(督辦)에 조영하(趙寧夏)를, 차관격인 협판(協辦)에 민영익과 김홍집을, 국장격인 참의(參議)에 김옥균과 김만식(金晩植)을 각각 임명했고, 흔히 내아문(內衙門)이라고 부른 뒤의 아문에는 독판에 민태호를, 협판에 김윤식을, 참의에 홍영식과 어윤중을 각각 임명했다. 유길준은 앞의 아문에 종6품 관직인 주사로 임명됐다. 이 두 아문에 임명된 사람들은 뒷날 조선의 정치에서 모두 큰 역할을 하게 된다.[47]

유길준은 곧 상소를 올려, 내정과 외교의 전반에 걸쳐 잘못된 점들을 비판했다. 구체적으로, 그는 내치에서 과거제도를 없애고 '교육의 실도(實道)'에 힘쓰며 널리 인재를 뽑을 것을 강조하고 외교에서 러시아의 남하정책을 경고했다. 그는 일본을 통해 전파된 방아론에 매달려 있었던 것이다. 그는 또 김옥균·홍영식·박영효·서광범 등 개화파인 사들과 자주 어울려 국정전반에 걸친 개혁안을 만들었다.

이렇게 바쁘게 지내는 가운데, 유길준이 가장 큰 힘을 기울인 일은 한성판윤의 중책을 맡은 박영효의 지휘 아래 『한성순보』라는 우리나라 최초의 근대적 신문을 창간하는 일이었다. 그는 「한성부 신문국 장정(章程)」을 만들기도 했고 창간사를 쓰기도 했다.[48] 그러나 『한성순보』는 그가 미국으로 떠난 뒤인 그해 10월에 창간된다. 여기서 주목되는 것은 그가 이미 국민대중의 계몽을 위해 국한문혼용을 주장하고 실천했다는 사실이다. '계몽주의 정치사상가로서의 면목'을 이때부터 보여주었던 것이다. 그뿐 아니라, 그는 신문은 문명국에서는 반드시 필요하

47 위와 같음, 78쪽.

48 『유길준전서』 제4권(「정치경제편」), 3-18쪽.

며 신문의 역할은 '극히 넓고 크다[極廣且大 : 극광차대]'고 지적해 신문의 중요성을 일깨웠다. 예컨대, 그는 영국에서 『런던 타임스』가 정치적으로 얼마나 큰 영향력을 행사하고 있는가에 대해서도 언급했다.

유길준의 창간사에서 주목되는 것은 그가 이미 '인민'·'정치'·'정부'·'민심'·'내치'·'외교'·'공보'·'문명'·'문화' 등등의 단어들은 쓰면서도, '국가'라는 단어는 전혀 쓰지 않은 채 그저 '국(國)'이라는 단어만 썼다는 사실이다. '국가'라는 단어는, 이종은 교수의 고증에 따르면, 이미 중국 춘추시대 때 『맹자』의 양혜왕(梁惠王)편에 나왔으며 신라시대 때 최치원의 『계원필경(桂苑筆耕)』에서도 나왔고 고려시대 때 어느 한 문집에서도 나왔으며 조선시대 때 정도전의 『삼봉집』에서도 나왔다. 그런데도 개화기의 저술들에서는 '국가'라는 단어가 드물게 나타났다. 이 단어는 대체로 1880년대 중반부터 보편적으로 널리 쓰인다.

유길준의 미국유학. 개화를 통한 국정개혁에 열의를 갖고 일하던 유길준에게 뜻밖에 미국유학의 길이 열렸다. 1883년 7월에 조선정부가 1년 전에 맺은 조미수호통상조약에 따라 사절단을 처음으로 미국에 파견하게 됐을 때 — 이 사절단을 보빙사(報聘使)라고 불렀다 —, 그는 이 사절단의 전권대신 민영익의 수원으로 미국으로 동행한 뒤 11월에 민영익의 지시에 따라 국비유학생으로 미국에 남아 공부할 수 있게 됐던 것이다. 이로써 그는 조선사람으로 첫 번째 일본유학생이었으면서 첫 번째 미국유학생이 된 셈이었다. 이러한 유길준의 미국유학시절은 이광린 교수가 쓴 「미국유학시절의 유길준」, 그리고 새로 발굴한 자료들을 중심으로 앞의 논문을 보완한 유영익 교수의 「『서유견문』과 유길준의 보수적 점진개혁론」에 자세히 설명됐기에 여기서는 되풀이하지 않고 그 글들에 의존해 설명하기로 하겠다.

유길준은 우선 게이오시절에 특강을 들었던 생물학자 모스 교수를 만나게 되어 모스 교수의 주거지인 매사추세츠주 세일럼(Salem)시에 정착해 그의 지도를 받게 됐다. 그때 이곳의 피바디박물관(The Peabody

Museum) 관장이던 모스 교수는 다윈의 진화론분야의 대가로 "대학자로서의 모든 자질을 갖춘 분이었으며, 따라서 유길준이 그와 같은 훌륭한 학자 밑에서 개인지도를 받게 됐다는 것은 정녕 행복한 일이라 하지 않을 수 없었다."[49] 유길준은 1884년 9월에 모스의 주선으로 세일럼시에서 내륙으로 30마일 정도 떨어진 바이휠드(Byfield)라는 곳에 위치한 사립고등학교 가버너 덤머 아카데미(Governor Dummer Academy) 3학년에 입학했다. 만 28세의 나이에 10대 고등학생들과 함께 공부하게 됐지만 그는 보람 있게 생각했다.

유길준은 학업을 마치지 못한 채 귀국하게 되는데, 그러면 유길준은 미국유학을 통해 어떤 사상적 영향을 받았던가? 유영익 교수의 고증에 따르면, 그는 특히 모스 교수로부터 진화론과 사회진화론의 영향을 많이 받았던 것으로 보인다. 진화론은 기독교의 창조론을 비판한 무신론이었으며, 그리하여 "모스는 유길준으로 하여금 — 유길준에 이어 미국에 유학한 서재필·윤치호·김규식(金奎植)·이승만(李承晩) 등의 인물들과는 달리 — 기독교에 귀의하지 않도록 '방임'했던 것으로 판단된다. 한 가지 분명한 것은 유길준은 미국유학기간에 기독교에 관해 깊이 연구했지만 결국 기독교를 수용하지 않고 유교를 고수했다는 사실이다."[50] 그 명칭이 말해 주듯, 진화론은 점진적 개혁론으로 이어진다. 그러므로 모스는 "유길준에게 조선의 개혁을 추진함에 있어 점진적으로 할 것을 충고했을 것으로 판단된다. […] 유길준이 개혁가로서 보수적·점진적 입장을 택하게 하는 데 상당한 영향력을 발휘한 것으로 판단된다."[51]

그러나 유길준은 넉 달 만인 12월에 놀라운 소식에 접하게 됐다. 서울에서 자신의 개화파동지들인 김옥균과 홍영식 및 서광범 등이 중심이 되어 일으킨 갑신정변이 삼일천하로 실패했으며 김옥균 등은 일본

49 이광린, 『한국개화사 연구』, 283쪽.
50 유영익, 『한국근현대사론』, 126-127쪽.
51 위와 같음, 126쪽.

으로 망명했다는 소식을 학우가 전한 신문으로부터 알게 된 것이다. 그는 자신의 꿈이기도 했던 개화운동이 좌절됐다는 사실에 상심하면서 동시에 자신의 안위에 대해 걱정했다. 실제로 조선정부는 그가 자신의 개화파동지들에게 보낸 편지들을 모두 들춰내 조사했다. 그러나 그 편지들에서 의심 가는 부분이 전혀 나오지 않았다.

유길준 스스로 자신의 부모와 친구들에게 "혁명주의자들은 임금님과 나라에 충성을 다할 때는 저의 좋은 벗들이었지만 그들이 역적들이 되어 나라에 큰 해를 끼친 이상 이제는 저의 큰 원수입니다."라는 편지를 보냈다. 그의 회고에 따르면, "이러한 편지들은 저에 대한 조선정부의 의심을 해소시키기에 충분했고 또 임금님과 부모님을 기쁘게 만들었다."[52] 조선정부는 확실히 유길준을 신뢰했다. 1885년 봄학기에도 등록해 공부하던 그에게 고종으로부터 귀국하라는 내용의 친서와 함께 그동안 밀린 유학경비로 미화 1만 달러를 조선의 뉴욕명예총영사 프레이저(Everett Frazar)를 통해 받아쓰라는 분부가 내려진 것이다. 프레이저는 단순한 상인이었는데, 조선이 파견한 보빙사들과 접촉한 것이 인연이 돼 보빙사의 전권대신 민영익에 의해 그 자리에 임명됐던 것이다.[53]

당시 외교통상부장관격인 김홍집 교섭통상사무독판을 비롯한 조선조정의 고관들은 유길준을 귀국시켜 궁중의 '전어관(傳語官)'으로 삼고자 한 것이다. '전어관'은 오늘날의 표현으로는 통역관인데, 이 직무를 수행할 사람으로는 그가 적임이었던 것이다. 그리하여 그는 1885년 9월 이후의 어느 시점에 미국을 떠났다. 그동안 그는 2년가량의 미국생활을 경험했고 약 18개월에 걸쳐 고등학교정규교육을 받았던 셈이다.[54]

52 위와 같음, 124-125쪽.

53 프레이저에 대해 나는 다음에서 자세히 설명했다. 김학준, 『서양인들이 관찰한 후기 조선』, 205-206쪽.

유길준의 후쿠자와 및 김옥균과의 재회. 유길준은 뉴욕항에서 우선 영국행 기선을 타고 런던에 들러 관광을 끝낸 뒤 영국을 떠났다. 이어 이집트의 세이드(Said)항을 거쳐 홍해를 지난 뒤 싱가포르와 홍콩을 거쳐 1885년 11월에 동경에 도착했다. 그는 우선 후쿠자와를 만났다. 후쿠자와는 "김옥균 등에 대한 조선정부의 격분은 갑신정변으로부터 1년이 지난 오늘날에도 조금도 누그러지지 않을 뿐 아니라 가일층 더해 가고 있으며, 일본에 대해 계속 김옥균 등을 인도하라는 항의가 빗발치고 있고, 김옥균을 암살하려는 자객도 뒤를 이어 일본에 건너오고 있다"고 말했다. 후쿠자와는 이어 "일본에 유학하고 있던 조선유학생 전원에게 소환령이 내려 대부분 귀국했는데, 일본에서 다소라도 김옥균과 접촉을 갖던 사람은 귀국 즉시 엄중한 조사를 받았거나 또는 처형됐다는 소문이 들린다."라고 덧붙였다.[55]

유길준은 곧 후쿠자와의 주선으로 김옥균을 만날 수 있었다. 김옥균은 갑신정변과 관련해 "거사 자체는 어느 정도 계획대로 갔다"고 말한 뒤 "다만 일본의 힘을 너무 믿었던 것이 패인이라면 패인이었지. 그러나 희생이 너무 컸어. 이것이 모두 내 잘못이요 내 책임이 아니겠나." 하며 스스로 탄식했다. 그러고 나서 유길준에게 귀국하는 것은 위험한 일이라고 경고한 뒤 될 수 있으면 일본에 머물러 자기와 같이 지내자고 권했다. 다른 한편으로, 김옥균은 자신을 비롯한 개화파인사들이 그렇게 존경했던 후쿠자와도 변했다고 개탄했다.[56]

후쿠자와가 변한 것은 사실이었다. 그 점은 그가 갑신정변으로부터 약 백 일 뒤인 1885년 3월 16일자 『시사신보』에 발표한 「탈아론(脫亞論)」에서 이미 드러났다. 이 유명한 논설에서 그는 자신이 외쳐 왔던 조·중·일의 아시아연대론을 정면으로 부정했다. 조선과 중국은 여전히

54 유영익, 『한국근현대사론』, 125쪽.
55 유동준, 『유길준전』, 121-122쪽.
56 위와 같음, 126쪽.

미개한 상태에 머물러 있을 뿐 진보를 전혀 하지 못하고 있으며, 따라서 서방문명국가들의 동방으로의 진출이 활발한 세계적 흐름 속에서 자신의 독립을 유지할 것 같지 않으므로 일본에 아무런 도움이 되지 않는 만큼 “우리 일본은 동아시아의 이 나쁜 친구들과의 관계를 끊어야 한다”고 주장한 것이다. 그는 조선을 중국과 더불어 일본이 문명세계로 가는 길에 ‘걸림돌’이 된다고까지 썼다. 그는 이어 마치 서유럽국가들이 조선과 중국을 다루는 방식으로 일본 역시 조선과 중국을 다뤄야 한다고 덧붙였다.

후쿠자와는 이어 일본이 문명의 세계로 가기 위해 “옛것을 버리고 새로운 것을 얻어야 하는데, […] 그렇게 하기 위해 가장 핵심적인 것은 아시아를 벗어나는 것”이라고 제의했다. 일본이 우선 “아시아를 벗어난[脫亞 : 탈아] 다음에 […] 서구사회로 들어가야[入歐 : 입구]”한다고 덧붙임으로써, 그는 이른바 탈아입구론의 제창자가 됐다. 이 논설은 명치시대의 일본인들에게 긍정적으로 수용되면서 큰 영향을 끼쳤다. 그러나 아시아연대론을 제창했던 그가 탈아론을 제창하는 변질로 말미암아, 그는 프랑스의 소설가 스탕달(Stendahl)의 소설 『붉은 것과 검은 것[赤과 黑]』의 기회주의적 야심가 줄리앙 소렐(Julien Sorel)에 비유됐다.[57]

그러면 후쿠자와의 탈아론에 대해, 그리고 이것에 나타난 후쿠자와의 변질에 대해, 유길준은 어떻게 반응했을까? 이 물음에 직접적으로 대답해 주는 자료 역시 발굴되지 않았다. 그러나 그 이후 유길준이 쓴 글들을 근거로 유영익 교수는 유길준이 후쿠자와에 대해 ‘선택적’인 반응을 보였을 것이라고 추론했다. 우리가 앞으로 검토할 『서유견문』에서, 유길준이 자신에게 학은을 베푼 사람들을 밝히면서도 후쿠자와의 이름을 거론하지 않았다는 사실을 유 교수는 지적한 것이다.[58]

57 Hwang, *The Korean Reform Monement*, p. 101.
58 유영익, 『한국근현대사론』, 122쪽.

유길준의 귀국과 구금. 김옥균이 계속해서 유길준의 귀국을 만류했지만 유길준은 귀국하기로 결심했다. 유길준은 우선 자신의 안위를 걱정해 주는 김옥균을 '형님'이라고 부르면서 감사의 뜻을 표시했다. 그러나 유길준은 귀국의 뜻을 분명히 밝혔다. 자신은 갑신정변과 관련해 한 일이 아무것도 없음을 상기시키면서, 이러한 자신을 조정이 함부로 다루지는 않을 것이라는 자신감을 내비치기도 했다. 그렇지만 귀국해서 혹시 어려운 일이 생겨도 자신이 혼자 감당하겠다고 반복적으로 말하면서, "그렇다고 제가 형님들과 관련이 없다고 변명할 생각은 전혀 없습니다."라고 다짐했다.

유길준의 자세는 확고했다. "아무것도 한 일이 없는 저로서 까닭 없이 일본에 앉아 나라의 불행한 현실을 바라보고만 있을 수는 없지 않겠습니까?"라고 반문하고, "어쨌든 들어가서 한번 부닥쳐 볼 작정입니다"라고 비장한 어조로 말했다. 그는 귀국 이후에 자신이 할 일에 대해서도 구체적으로 설명했다. "요행히 살아남아 발붙일 곳이 마련된다면 저는 국민을 계몽하는 일부터 시작하겠습니다."라고 거듭 다짐한 데 이어, "이렇게 해서라도 제가 국내에 교두보를 마련하는 것이 장차 형님에게도 재기하시는 데 꼭 필요한 발판이 되지 않겠습니까."라고 말했다.[59]

김옥균의 만류도 소용이 없자 이번에는 후쿠자와가 나서서 거듭 만류했다. 그러나 유길준은 뜻을 굽히지 않았다. 그리하여 유길준은 1885년 12월 12일에 일본을 떠나 12월 15일에 인천에 도착했다. 2년 반이 지난 시점에 그리던 고국의 땅을 밟은 것으로, 만 29세 때의 일이었다. 그러나 그는 남대문 밖에 이르렀을 때 체포되어 포도청에 구금됐다.

그러면 한때는 중용할 생각조차 가졌던 조선조정이 왜 이 시점에서는 구금했던 것일까? 이유는 여러 가지였겠으나 가장 중요한 이유는

59 유동준, 『유길준전』, 127쪽.

청의 영향력이 커진 현실에서 찾을 수 있겠다. 갑신정변을 계기로 조선조정을 다시 장악하게 됐다고 판단한 청은 개화파에 대해서는 뿌리를 뽑아야 한다는 믿음으로 개화파를 미워하는 민씨척족들을 자극하면서 유길준 같은 사람까지 처형하려 했던 것이다.

그래도 조선조정 안에서는 유길준처럼 국제사회에 밝고 일어와 영어 모두에 능통한 인재를 죽일 수는 없다는 동정론이 힘을 얻어 그를 포도청의 우포장(右捕長) 한규설(韓圭卨)의 집에 유폐시키는 선에서 매듭지었다. 한규설은 유길준과 동갑으로 무과급제를 거쳐 벼슬길에 오른 뒤 민영익의 배려로 우포장의 지위까지 올랐다. 한규설은 갑신정변 때 친형 한규직(韓圭稷)이 개화파의 손에 죽임을 당한 아픔을 겪어 개화파라면 상종할 수 없는 사람으로 알았으나 유길준에 대해서는 호의로써 대했다. 한규설은 뒷날 대한제국의 국무총리격인 참정대신에 올라 1905년의 을사늑약 때 일제의 요구를 끝까지 거부한다. 그리고 1910년 경술국치 직후에 일제가 작위와 은사금을 내렸을 때 유길준과 더불어 끝까지 받지 않는다.

제 3 절 우리나라 최초의 국제정치학논문 「중립론」

비록 유폐됐다고는 하나 유길준의 지적 활동마저 정지된 것은 아니었다. 그는 독서와 집필에 착수했으며, 그리하여 유폐 직후에 「중립론」이란 논문을 썼다. 말하자면, 이 논문은 그의 귀국 이후의 첫 저술인 셈이다.

시대적 배경. 유길준의 「중립론」을 제대로 이해하기 위해 우리는 그 때의 시대적 상황을 이해하지 않으면 안 된다. 결론부터 말해, 이때는 조선을 둘러싼 열강의 각축이 두드러지게 진행되고 있었다. 이 논문을 집필하기 3년 전에 임오군란이 일어났을 때 조선민중이 서울에 주재하는 일본공사관을 습격해 불사르고 일본거류민을 살상한 일을 빌미로, 일본정부는 조선정부로 하여금 제물포에서 조일조약을 맺게 해 조선정부에 '배상금'을 지불하게 했다. 이 논문을 집필하기 1년 전에는 갑신정변의 발발을 계기로 조선에서 일본의 세력이 약화되고 청국의 세력이 강화됐다. 그러나 일본은 갑신정변 직후 조선민중이 파괴한 일본공사관의 건축비용의 절반을 조선정부가 부담하도록 하고 일본공사관의 호위병력을 유지시킨다는 내용의 조약체결을 강요했으며, 그 결과 두 나라는 이른바 한성조약(漢城條約)을 맺기에 이르렀다. 한성은 물론 오늘날의 서울을 말한다.

일본은 거기서 한 걸음 더 나아갔다. 곧바로 2개 대대의 병력을 조선에 파견한 데 이어, 청과 일본 사이에 무력충돌의 위험이 커진 만큼 이것을 예방하기 위해 두 나라 사이에 합의가 필요하다는 명분 아래 이토 히로부미(伊藤博文 : 이등박문)를 전권대사로 천진에 파견해 이홍장을 상대로 이른바 천진조약을 성립시켰다. 그때 청의 외교는 천진을 본거지로 삼은 북양대신 이홍장이 사실상 전결하고 있었던 만큼, 이 시기에 청이 일본뿐만 아니라 서양열강과 조약을 맺을 때는 천진에서 맺는 것이 상례였다.

1885년 4월에 체결된 이 조약을 통해 청과 일본은 각각 자신의 군대를 조선으로부터 철수시킨다는 데 합의했다. 그러나 조선에서 이후 변란을 포함한 중요사건이 일어나 두 나라 가운데 어느 한 나라가 파병할 경우 먼저 문서로 연락하고 사태가 진정되면 다시 철병한다고 합의한 데 이어 그 연장선 위에서 두 나라는 사실상 조선에 대한 동등한 파병권을 갖는다고 합의했다. 이것은 조선에 대한 일본의 영향력을 증대시켰다. 조선에 대해 월등한 군사적 영향력을 확보하고 있던 청과 동등한 파병권을 부여받았기 때문이다.

조선에 대한 두 나라의 각축이 심각해지자, 조선조정은 러시아를 끌어들여 그것을 견제해 보고자 시도했다. 그 과정에서 조선조정은 러시아의 장교들을 조선군의 훈련교관으로 초빙하는 문제를 논의했다. 그 결과 서울의 외교가에는 조선과 러시아가 비밀협정을 맺었다는 소문이 나돌았으며, 이것은 어느 나라보다도 러시아와 경쟁관계에 있는 영국을 자극했다. 그 결과 영국은 러시아의 진출을 견제한다는 명분으로 1885년 4월에 전라도의 거문도를 불법점령했다. 청은 곧바로 군함을 거문도로 보내 영국을 견제하고자 했다. 확실히 조선을 둘러싼 조선의 국제상황은 긴박하기만 했다.

부들러의 중립론. 이러한 상황에서, 조선주재독일부영사이던 부들러(H. Budler, 어떤 책은 Buddler라고 표기했으나 Budler가 맞다)는 1885년 2월(음력)에 조선의 외교통상부장관격인 교섭통상사무독판 김윤식에게 외교문서로써 중립화를 권고했다. 한자로 卜德樂(복덕락)으로 불린 부들러는 자신의 상관인 총영사 젬부쉬(Zembush : 曾額德[증액덕])의 뜻을 받들어 갑신정변 직후 한성조약체결을 위해 전권대신으로 서울에 온 일본의 외무경 이노우에를 여러 차례 방문해 조선의 중립화에 관한 독일정부의 의견을 전달한 뒤 동의를 얻게 되자 조선정부에 전달했던 것이다.

그러면 부들러의 중립론 내용은 무엇이었나? 이광린 교수는 다음과 같이 정리했다:

> 서양에 2-3의 소국이 있는데 각 대국이 서로 입약(立約)하여 보호함으로써 영원히 편안하고 무사하게 되었다. 이에 따라 그 소국이 받는 이익은 참으로 크다. 만약에 타일(他日) 양대국이 혹 교전을 한다 해도 소국은 단지 1,000여 명을 변계(邊界)에 주둔시켜 자국을 지키게 하고, 적병이 국경을 통과하려고 하면 금지(禁止)임을 명시해 국경을 넘어 들어오지 못하게 한다. 설혹 국경을 넘어 들어오는 군인이 있으면 소국정부는 적국에게 공한을 보내고 그 군인의 무장을 해제하고 억류시켰다가 양국이 싸움을 피하고 국교를 수복했을 때 석방귀환하게 한다. 그러므로 국인(國人)은 놀랄지라도 걱정할 것이 없으며 국왕도 또한 마음이 편하고 무사할 수 있다. 이는 대국이 서로 입약하여 보호하

므로 얻게 되는 이익이다.[중략]

지금 조선의 실정으로 말하면 청국이 군대를 파견해 세비(歲費)를 써 가며 이 나라에 주둔하고 있는데 그 까닭은 대체로 경내를 지키지 못해 강한 인국(隣國)이 침입할 것을 두려워하고 있기 때문이라고 생각된다. 분명히 파악할 수는 없지만 이치는 그럴는지도 모른다. 그러나 조선은 청국의 후정(後庭)이자 또한 러일 양국과 더불어 변계를 연접해 있어서 반드시 서로 다투는 곳으로 되어 있다. 비록 천만 인을 조선에 주둔시킨다 해도 무슨 이익이 있을 것인가.

이에 어리석은 의견을 말한다면 서양에서 실시하고 있는 법에 따라 청·러·일 3국이 서로 입약해 영원히 조선을 보호하는 것이다. 설혹 뒷날 타국이 공벌(攻伐)한다 해도 조선에서 길을 빌려 주지 않으며 동시에 조선이 스스로 수천 명의 군대를 파견해 국경을 지키게 하고 한편 조약을 체결한 나라와 통상을 하면 조선은 영원히 큰 이익을 얻을 것이다. 청국도 타국이 길을 빌려 달라는 것을 면할 수 있을 것이니 어찌 또한 좋지 않겠는가.[중략][60]

요컨대 부들러는 조선과 인접하고 있는 청·러·일 세 나라가 조선의 중립을 승인하고 조선을 보호해야 된다는 것이었다. 그러면 독일은 왜 중립론을 제시했고 일본은 왜 이에 동의했던가? 다시 이광린 교수에 따르면, "독일은 다른 유럽열강보다 아시아진출이 늦었던 관계로 중립론을 제창해 조선정부의 동의를 얻으면 발언권이 강해져 자기 나라의 지위를 높일 수 있을 것이라는 생각이었고 일본은 임오군란 이후 청국세력이 크게 뻗쳐 있어 그것을 배제하여 자기나라의 세력을 조선에 다시 부식시켜 보려 하고 있었다."[61]

이러한 맥락에서, 교섭통상사무독판 김윤식은 부들러의 제의를 거절함과 아울러 원본을 독일과 일본에 반환하고 그 사본을 만들어 청국의 이홍장에게 보냈다. 이 중립론을 청이 어떻게 받아들였는가에 대해

60 이광린, 『한국사강좌』 V(근대편), 수정중판(서울: 일조각, 1984), 211쪽.

61 이광린, 『유길준』, 83-84쪽.

서는 알려지지 않고 있다. 그러나 부들러의 중립론이 제의된 지 얼마 안 돼 조러밀약사건이 터지고, 이에 따라 청이 적극적으로 조선에 손을 뻗쳐 내정을 간섭했으므로 중립론을 가치 없는 것으로 보았을 것이다.[62]

이처럼 열강 사이에 조선의 중립론이 설왕설래되던 시점에 한규설은 정부의 요청이라고 하며 유길준에게 중립론에 대해 의견을 물었다. 한규설은 당시 크게 대두하고 있는 문제인 중립론에 대해 독판 김윤식이 이를 거절하고 사본을 이홍장에게 보냈다는 이야기를 하면서 이에 대한 의견을 물었고, 이에 응해 유길준은 순한문으로 「중립론」이라는 비교적 짧은 논문을 썼던 것이다.[63]

유길준의 「중립론」 유길준의 「중립론」은 주변 열강의 조선정책에 대한 분석으로 시작된다. 그는 우선 일본에 대해 "일본도 우리에 대해 뜻이 없는 것은 아니지만 그 세(勢)가 미치지 못해 자보(自保)하기에 여념이 없고 따라서 감히 중국과 항쟁하지 못하는 것이라"하여, 일본의 입장을 정확히 파악했다.[64] 그러나 유길준은 "일본군이 지금 철수해도 우리가 기뻐할 것이 아니요 백 년 동안 주둔하고 있다 해도 우리가 더 근심할 일이 못 된다. 왜냐하면, 그들이 비록 오늘 물러가더라도 내일 또 오고 싶으면 올 수 있을 것이다. 그들이 오고 싶으면 무슨 핑계를 대지 못하겠는가. 이후부터는 비단 일본만이 그런 것이 아니라 군대를 가진 모든 나라가 이와 같을 것이므로 오늘 잠깐 철병하더라도 다만 눈앞의 군대가 물러갈 뿐이요, 이 나라들의 침략욕이 없어지는 것은 아니다."라고 씀으로써 일본의 조선에 대한 침략욕을 경계했다.

유길준의 경계심은 러시아에 대해서도 나타났다. 그는 이미 1883년

62 이광린, 『한국사강좌』, 212쪽.

63 이광린, 『유길준』, 84쪽. 이 논문의 전문은 다음에 수록됐다. 『유길준전서』 제4권, 319-328쪽.

64 강만길, 『분단시대의 역사인식』, 105쪽. 이하 유길준의 「중립론」 한문 문장은 강만길 교수의 번역을 참조했다.

에 쓴 「언사소(言事疏)」에서 "러시아가 조선을 호시탐탐한 지 여러 해가 됐지만 아직 구체적인 침략을 하지 않고 있는 것은 트집을 잡을 만한 특별한 사건이 벌어지지 않았기 때문이다."라고 쓰면서 러시아를 경계했었던 것인데,[65] 「중립론」에서는 보다 더 구체적으로 다음과 같이 비판했다:

> 러시아는 거칠고 추운 땅에 위치하고 있으면서 백만 명의 정병으로 그 영토를 확장하기에 여념이 없다. 중동아시아지역의 작은 나라들을 꾀어서 또는 보호국으로 만들기도 하고 또는 그 독립권을 인정하기도 했지만, 그 조약문이 마르기도 전에 그 땅을 합병하고 그 인민을 노예화했다. 강한 나라가 약한 나라를 삼키고 큰 나라가 작은 나라를 삼키기를 앞을 다투는 세상이지만, 러시아는 그 가운데서도 특별히 무도하기가 심해서 천하가 탐욕스럽고 포악한 나라로 지목하고 있다.[66]

유길준의 이러한 러시아관(觀)은 자신이 방문했던 영국과 미국 및 일본 등의 러시아관에 직접 영향을 받은 결과일 것이다. 그러나 어느 나라보다도 일본의 러시아관으로부터 가장 큰 영향을 받은 결과일 것이다. 그때 일본에 팽배했으며 일본의 전파에 따라 조선에서도 만연됐던 '방아론(防俄論)'을 정확히 반영하고 있었던 셈이다.[67]

그러면 유길준은 미국을 어떻게 보았던가? 유길준 이전에 조선의 지식인들은 황준헌(黃遵憲)의 『조선책략』의 영향을 받기도 하고 이홍장의 '한 쪽 오랑캐로써 다른 쪽 오랑캐를 통제한다는 논리'인 이이제이론(以夷制夷論)의 영향을 받기도 해 미국을 중시했다. 황준헌이 강조했듯, 조선반도를 통한 러시아의 남하정책을 저지하기 위해 조선이 미국과 연관을 맺어야 한다는 취지에서, 그리고 이홍장이 강조했듯, 조선에

65 「언사소」의 원문은 『유길준전서』 제4권, 63-72쪽에 수록됐다.

66 위와 같음, 107쪽. 원전의 이 부분은 『유길준전서』 제4권, 321쪽에서 읽을 수 있다.

67 김용구, 『세계관충돌의 국제정치학』, 247쪽.

대한 일본의 세력확장을 견제하기 위해 미국을 조선에 끌어들여야 한다는 취지에서, 조선정부는 호의와 기대를 갖고 미국에 접근했던 것이다.

그러나 미국을 2년 동안 체험한 유길준의 생각은 달랐다. 그는 "혹 말하기를 합중국은 우리나라와 우의가 두터워서 원조를 기대할 수 있다 하지만 그렇지 않다. 합중국은 대양을 사이에 두고 멀리 있으며 우리와는 별로 심중관계(深重關係)가 아니다. 더구나 만로약(蔓老約: 먼로주의를 의미) 이후에는 유럽이나 아시아의 일에 간섭할 수 없게 되어 혹 우리나라가 위급해지더라도 그들이 말로는 도움을 줄 수 있을지언정 병력을 써서 구원해 줄 수는 없다"고 분석했다.[68] 여기서 먼로주의란 1823년에 미국의 5대 대통령 제임스 먼로(James Monroe)가 의회에 제출한 연두교서에 밝힌 미국의 외교방침이다. 이것은 (1) 미국의 유럽에 대한 불간섭, (2) 유럽의 미국에 대한 불간섭, (3) 유럽의 식민지건설배격 등을 기둥으로 삼았다. 유길준은 이 먼로주의를 상기시키면서 "미국은 통상의 상대로 친할 수 있을 뿐 군사적인 우방으로 기대할 바가 못 된다"고 결론지었다.

일본·러시아·미국 세 나라에 대해 그렇게 평가하면서, 유길준은 '중국이 주동이 되고 관계국들이 보장하는 조선의 중립'을 구상하게 됐다. 중국이 조선의 중립화를 지지하고 또 그것을 실현시키기 위해 주동적 역할을 하지 않을 수 없는 이유로 유길준은 다음과 같은 세 가지를 지적했다:

> 첫째, 중국은 조선과 4,000년의 오랜 관계를 맺고 있는 나라이며, 그동안 작은 규모의 내란이 일어나도 서로 도와왔으므로 흥망과 관계되는 외우를 당하여 가만히 보고만 있지 않을 것이다.[조선이 흥망과 관계되는 외우, 즉 어느 강대국의 침략을 받는 것을 미리 방지하기 위해 중국은 그 중립화를 적극

68 『유길준전서』 제4권, 323쪽.

지지할 것이다.]

둘째, 러시아와 같은 강대국이 조선을 침략하는 경우 중국은 스스로의 안전을 위해서도 이를 저지해야 하는데, 침략이 시작되고 난 뒤에 원군을 파견하면 때가 이미 늦을 것이요 그렇다고 조선의 국경지대에 미리 군대를 주둔시키면 오히려 러시아에게 침략의 구실을 주게 될 뿐만 아니라 일본의 망동을 유발할 우려가 있다.[다시 말하면 어떤 경우에도 중국이 단독적인 군사력으로 강대국의 조선침략을 저지할 수 없을 것이며, 그러므로 조선의 중립화를 지지하고 그것을 실현시키기 위한 주동적 역할을 담당하지 않을 수 없다.]

셋째, 미얀마나 베트남이 영국과 프랑스의 침략을 받은 것은 중국의 위신을 떨어뜨리는 결과를 가져왔을 뿐이지만 조선이 만약 러시아의 침략을 받게 되면 중국의 위신문제에 그치지 않고 그 국가의 안보상 치망순위(齒亡脣危 : 이가 없어지면 입술 역시 위태로워진다)의 위기를 당하게 된다.[결국 중국은 스스로의 군사력만으로는 조선침략을 저지할 수 없음에도 불구하고 조선이 침략을 받는 경우 자기 나라의 안전이 위협을 받게 되므로 조선을 중립화시켜 열강의 침략권 밖에 둠으로써 스스로의 안전을 보장할 수밖에 없다.][69]

이러한 분석에 기초해 유길준은 "대저 우리나라가 아시아의 중립국이 된다면 러시아를 방어하는 큰 기틀이 될 것이고 또한 아시아의 여러 대국들이 서로 보전하는 정략도 될 것"이라고 믿었다. 그래서 그는 "오직 중립이라는 한 가지 일만이 실로 우리나라를 지키는 방책"이라고 단언하면서, "우리 스스로가 중립을 제창할 수는 없는 만큼 마땅히 중국에 청해 성사시켜야 될 것"이라고 제의했다. 그는 다음과 같이 결론을 내렸다 : "만일 중국이 혹시 어떤 일로 즉시 들어주지 않는다면 거듭거듭 청해서 중국이 맹주가 되어 영국· 프랑스·일본·러시아 같은 아시아에 관계있는 여러 나라들과 회합하고 우리나라를 참석시켜 같이 중립조약을 체결토록 해야 될 것이다. 이것은 비단 우리나라만을

69 강만길, 『분단시대의 역사인식』, 110쪽. [ ]의 앞부분은 유길준의 한문문장을 강만길 교수가 번역한 것이고, [ ] 안의 부분은 강만길 교수가 덧붙인 해석이다.

위한 것이 아니라 중국의 이익도 될 것이고 여러 나라가 서로 보전하는 계책도 될 것이니 무엇이 괴로워서 하지 않겠는가."[70]

부들러 중립론과의 유사점. 그러면 유길준의 중립론과 부들러의 중립론 사이에는 어떤 유사점과 어떤 차이점이 있는가? 이 물음에 대해서는 강만길 교수가 자세히 대답했기에, 여기서는 강 교수의 설명을 요약해서 소개하기로 한다.[71]

우선 이 두 중립론은 모두 조선의 지정학적 위치에 근거를 두고 조선의 영세중립화를 구상하고 있는 점에서 유사점이 있다. 앞에서 이미 살폈듯이, 부들러는 "조선은 중국의 뒤뜰과 같은 위치에 있으면서 또 러시아나 일본과 국경이 닿아 있어서 그 형세가 어쩔 수 없이 분쟁을 일으키게 되어 있다"는 인식 아래, 그것을 미연에 방지하기 위해서는 서양의 전례를 따라 중국과 러시아 및 일본이 상호조약을 맺고 조선을 영원히 보호하되 뒷날 이 나라들 사이에 전쟁이 일어나도 그들의 군대가 조선을 지나는 일이 없게 할 것이며 조선은 스스로 약간의 군대를 보유해 국경수비와 국내치안을 유지하고 밖으로 여러 나라들과 영원히 평화적인 통상관계를 맺음으로써 자주적 발전을 이룰 수 있을 것이라고 보았다. 말하자면 그는 조선의 영세중립을 추구하고자 했던 것이다.

유길준의 경우도 조선의 영세중립을 염두에 두었던 것으로 해석된다. 중립화의 방법으로 '전시중립(戰時中立)'과 '항구중립(恒久中立)'이 있음을 상기시킨 뒤, 그는 '항구중립'에 대해 "어느 한 나라가 강대국의 이해관계가 상충하는 요충지대에 위치해 스스로 자주권을 지키지 못하고 특정한 강대국의 손 안에 들어감으로써 국제정세에 큰 영향을 미치고 이웃나라에 화를 미칠 우려가 있을 때 여러 나라들이 협의해 그 나라를 중립국으로 만들고 평화 시나 전쟁 시를 막론하고 다른 나

70 『유길준전서』 제4권, 327-328쪽.

71 강만길, 『분단시대의 역사인식』, 111-116쪽.

라의 군대가 그 국경을 넘지 못하게 하는 조약을 맺으며, 만약 이 조약을 어기는 나라가 있으면 여러 조약국들이 공동으로 이것을 공격하는 것"이라 정의하고, "우리나라는 지리적으로 아시아의 인후[목구멍]에 위치하고 있다"라고 한 것이 그러한 해석의 근거다.

부들러 중립론과의 차이점. 부들러와 유길준이 모두 조선의 영세중립을 지향했고 또 각각 그 방법론을 제시했지만 그들이 모형으로 제시한 기존의 중립국은 서로 다르다. 부들러가 스위스를 염두에 두었음에 비해, 유길준은 '비리시(比利時 : 오늘날의 표현으로 벨지움)'와 '발가리아(發佳利亞 : 오늘날의 표현으로 불가리아)'를 각각 염두에 두었던 것이다. 스위스의 경우, 나폴레옹의 실각으로 1815년에 프랑스의 보호국적 위치에서 벗어나 영세국외중립화(永世局外中立化)했다. 그 뒤 스위스의 중립은 계속 지켜져서 1870년에 일어난 보불전쟁(普佛戰爭), 곧 프로이센과 프랑스 사이의 전쟁 때도 전화(戰禍)를 피할 수 있었으므로 부들러는 보불전쟁 때의 스위스의 중립의 성공과 그것이 낳은 국가적 이익을 보기로 들면서 조선의 중립화를 권고했던 것이다.

한편 벨지움은 유럽열강의 세력이 상충하는 지점에 자리를 잡아 스페인·오스트리아·프랑스·홀랜드 등에게 번갈아 병합됐다가 1839년에 영국·프랑스·프로이센·오스트리아·러시아 등의 공동보장 아래 영세국외중립국이 됐다. 다른 한편으로, 불가리아는 발칸반도의 요충지대에 위치해 일찍이 비잔틴제국과 터키의 오스만제국에게 병합됐거나 예속됐고 근대 이후에는 러시아의 남하정책으로 말미암아 러시아와 터키 사이에서 분쟁의 요인이 됐으며, 1877-1878년에 일어난 러시아와 터키 사이의 전쟁의 결과 1878년에는 터키 주권 밑의 자치공국(自治公國)이 되어 독자적인 헌법을 제정했다. 그러나 이 시기의 불가리아는 발칸반도에 대한 러시아의 남하정책을 막으려는 영국과 프랑스 등의 외교정책에 의해 일종의 완충지역으로서의 역할을 수행하고 있었으며, 이 때문에 터키와의 종속적 관계에 불구하고 터키군의 불가리아주둔이 금지됐다.

바로 이 점을 유길준은 주목했던 것으로 생각된다. 이러한 맥락에서, 유길준은 우선 "조선이 지리적으로 아시아의 인후에 위치하고 있는 것은 유럽에서의 벨지움의 경우와 같고 그 국제적 지위가 중국의 공방(貢邦 : 조공을 바치는 나라)인 점은 불가리아와 터키 사이의 관계와 같다"고 보았다. 그는 "그러나 조선은 세계각국과 '동등지례(同等之禮)'로 조약을 맺고 있지만 불가리아는 그렇지 못하며, 또 조선이 다른 나라의 [곧 중국의] 책봉을 받는 점에서는 벨지움과 같지 못하므로 결국 조선의 국제정치적 위치는 벨지움과 불가리아 두 나라의 경우를 겸하고 있는 것"이라고 보았다. 그리하여 그는 "불가리아의 중립화는 유럽 강대국들의 러시아남하정책에서 나왔고 벨지움의 중립화는 유럽 강대국들 사이의 자기안보책에서 나왔음에 비춰, […] 우리나라가 아시아의 중립국이 되는 것은 러시아의 남하정책을 저지하는 큰 계기가 될 것이며 또 아시아 강대국들의 안전을 보장하는 정략이 될 것"이라 하여 조선의 중립화가 가져오는 국제정치적 효과 역시 벨지움과 불가리아의 경우를 종합한 것과 같을 것이라고 내다보았다.

이렇게 볼 때, 부들러의 중립론과 유길준의 중립론 사이에는 차이점이 분명히 드러난다. 강만길 교수가 이미 지적했듯, "전자가 주로 조선에서의 중국과 일본의 대립 내지 분쟁을 예상하고 그것을 미연에 방지할 목적으로 구상된 것인데 반해, 후자는 러시아의 남하정책을 저지하려는 데 그 주된 목적이 있는 것이었다."[72] 부들러의 중립론은 그것을 주도할 나라를 특정적으로 지적하지 않았다. 그러나 유길준의 중립론은, 우리가 앞에서 이미 보았듯, 중국의 주도를 전제했다. 이 점에서도 차이가 있다.

유길준은 자신이 이 「중립론」을 집필하던 때가 조선의 중립화를 실

72 위와 같음, 114쪽.

현하기 위한 가장 적절한 시기라 믿었던 것 같다. 그래서 이 논문의 결론에서 "지난날에는 그 기회가 없었으나 지금에는 적당한 시기라고 할 수 있다. 우리나라가 이 기회를 놓치지 않고 중국에 청하면 가히 이뤄질 수 있을 것이다."라고 하여 그 실현가능성에 무게를 두었다.

유길준의 중립론에 대한 평가. 이상에서 유길준의 중립론을 살폈거니와, 여기서 덧붙여야 할 것은 그때 개화파인사들에게는 조선의 중립화 방안이 큰 호응을 얻었다는 사실이다. 예컨대, 김옥균은 망명지 일본에서 1886년 7월 7일(양력)에 청의 이홍장에게 보낸 서한에서 조선의 중립화를 논하고 있다. 김옥균은 "각하는 어찌 대청국황제폐하를 천하의 맹주로 추대해 구미 각 대국에 공론(公論)을 선포하고 이들과 함께 연속(連續)하여 조선을 중립의 국가로 만들어서 만전(萬全)하고 위험이 없는 지역으로 만들지 않습니까?"라고 물었던 것이다.[73]

1883년 10월에 『한성순보』로 출발했다가 1884년 12월에 일어난 갑신정변의 실패와 더불어 사라진 뒤, 1886년 1월에 『한성주보』로 바뀐 개화파 중심의 이 신문도 균세지법(均勢之法)과 아울러 국외권(局外權)을 소개하면서 조선의 중립론에 대해 긍정적인 반응을 보였다. 그것을 '소국(小國)의 보국책(保國策)'으로 보았던 것인데,[74] 균세지법이란 오늘날의 표현으로 세력균형론이며 국외권이란 오늘날의 표현으로 중립선언권이다.

그러면 이 시점에서 유길준의 중립론은 과연 유길준이 생각했던 것처럼 실현가능했을까? 대답은 매우 신중할 수밖에 없겠다. 학자들 가운데는 조선왕조 집권층의 판단과 노력에 따라 가능할 수 있었다고 보기도 한다. 강만길 교수의 경우, 집권층이 외세에 의존하지 않고 열강

73 김옥균, 「여이홍장서(與李鴻章書)」, 한국학문헌연구소 편, 『김옥균전집』(서울: 아세아문화사, 1979), 152쪽.

74 이태진, 「서양근대정치제도 수용의 역사적 성찰: 개항에서 광무개혁까지」, 『진단학보』 84(1997), 78쪽.

사이의 힘의 균형을 적절히 이용했더라면 적어도 청일전쟁이 일어난 1894년 이전의 시기에는 중립화를 성사시킬 수 있었을 것이라고 주장한다.[75] 수긍이 가지 않는 것은 아니지만, 현광호 박사는 부정적으로 보았다. 무엇보다 유길준이 조선의 중립화를 위해 주도적 역할을 수행해 줄 것으로 기대한 청은 이 시점에서 조선을 자신의 실질적인 속방으로 편입시킬 것을 구상하고 있었던 것이다. 이것은 유길준이 청의 조선정책을 간파하지 못하고 있었음을 말해 준다.[76]

그 이후에 조선을 둘러싸고 전개된 국제관계나 열강관계를 보아도, 자신의 힘이 다른 나라들에 비해 강하다고 믿는 쪽 모두 조선의 독점적 지배를 궁극적 목표로 삼고 있었다. 그러므로 1894년에 청일전쟁이 일어나기 직전에, 그리고 1904년에 러일전쟁이 일어나기 직전에, 각각 전쟁발발의 방지책으로 조선의 분할이 제의됐거나 조선 일부의 중립화가 제의됐지만 그때마다 승리를 예견하는 국가에 의해 거절됐다. 그 사이인 1896년에 아관파천이 일어난 직후에도 조선분할이 제의됐지만 조선조정을 장악한 러시아에 의해 거절됐다.[77]

이렇게 볼 때, 조선을 어느 누구의 지배에도 두지 않는다는 조건 아래서의 중립화에 과연 조선을 단독으로 장악할 수 있다고 믿는 강국이 동의할 수 있었겠느냐는 의문을 갖게 된다. 더구나 청의 국력은 계속해서 쇠퇴하고 있었기 때문에 조선의 중립화를 유지시킬 능력을 지니지 못했다. 이러한 요인들을 종합적으로 고려해 볼 때, 설령 중립화가 잠정적으로 성립됐다고 해도 그것은 결코 오래 가기 어려웠을 것이다.

또 하나 토론돼야 할 점은 유길준을 포함한 그 시대의 조선의 지도자들이 가졌던 '공로증(恐露症)'이 타당한 것이었느냐 하는 점이다. 이

75 강만길, 『분단시대의 역사인식』, 116-117쪽.

76 현광호, 「유길준의 동아시아 인식과 구상」, 64쪽.

77 이 문제에 관해서는 다음 졸저에 자세히 설명되어 있다. Hakjoon Kim, *Unification Policies of South and North Korea : A Comparative Study*, 3rd. ed. (Seoul : Seoul National University Press, 1992), pp. 4-8.

시기에 러시아는 조선에 대해 세력팽창이나 심지어 침략의 구체적 정책을 갖고 있지 않았는데도 일본이 조선에 공로증을 전파하고 그렇게 함으로써 조선의 지도자들로 하여금 일본에 의지하려는 심리를 조장하려 했다는 해석이[78] 사실이라면, '방아론'에 입각한 유길준의 「중립론」은 그 출발점에서 문제를 지녔다고 하겠다.

그렇다고 해서 유길준의 중립론을 탁상공론으로 격하시킬 수는 없다. 유길준 스스로 '큰 계획'이라고 부른 조선의 중립론은 건의로 끝났을 뿐 실현되지 않았지만, 열강의 각축을 바라보면서 이 정도의 안이라도 구상했다는 것은 그의 정치가적 경륜을 말해 주기에 충분했다. 그것뿐만 아니라, 그의 중립론은 그 이후 한반도의 중립화통일을 구상하는 사람들에게 하나의 이론적 출발점을 제공했으며, 이 점에서도 그의 선구자적 위치가 확인된다.[79]

유길준의 일본관(日本觀). 이 대목에서 우리는 유길준의 일본관을 간단하게나마 살필 필요가 있다. 그것은 그 뒤 그가 걷게 되는 길을 이해함에 도움을 주기 때문이다.

유길준은 「중립론」에서 일본의 조선에 대한 침략욕을 지적하기는 했으나 기본적으로 일본을 좋게 보았다. 일본이 명치유신을 계기로 서양선진국들의 문물제도를 받아들여 문명국이 됐다고 여기고 조선은 그러한 일본을 발전의 모델로 삼아야 한다는 뜻을 품었다. 이러한 인식은 그로 하여금 일본의 침략욕을 어느 정도 인정하면서도, 일본의 대외정책 전반은 물론이고, 일본의 조선정책도 대체로 이해하는 쪽으

78 M.N. Pak with Wayne Patterson, "Russian Policy toward Korea before and during the Sino-Japanese War of 1894-95," *Journal of Korean Studies*, Vol. 5 (1984), pp. 109-119.

79 이 문제와 관련해서는 이호재, 「유길준의 중립론」, 41-50쪽을 참고함이 좋겠다. 또 In Kwan Hwang, "A Translation and Critical Commentary on Yu Kil-Chun's 'On Neutrality'," *Korean Studies*, Vol. 9 (1985) 및 In Kwan Hwang, *The United States and Neutral Reunified Korea : Search for a New Basis of American Strategy* (Lanham, MD. : University Press of America, 1990), pp. 23-24.

로 기울어지게 만들었다. 그는 조선이 취약해서 주변 열강의 침략을 특히 러시아의 침략을 막아내지 못하면, 조선과 순치관계(脣齒關係)에 있다고 믿는 일본이 곧바로 위협을 느끼게 되며, 일본은 바로 그러한 인식에서 조선에 개입하고자 하는 것이라고 파악했다. 이것은 유길준이 일본의 논리를 그대로 받아들였음을 말해 주었다. 일본은 야마가타 아리토모(山縣有朋 : 산현유붕) 총리대신이 1890년에 조선을 자신의 '국익을 지켜 주는 선(線)'이라고 정의하면서, 이러한 조선이 러시아를 비롯한 인접국가들의 침략과 지배를 받게 되면 일본의 국익이 위협을 받기 때문에 조선이 인접국가들의 침략과 지배를 받지 못하도록 해야 한다고 주장했다.

그러면 그 구체적인 방법은 무엇인가? 일본정부는 일본이 조선의 내정에 적극적으로 개입해 조선을 개혁시키고 그 결과로 조선을 부국강병의 나라로 만들어주는 것이 조선을 있을 수 있는 인접국가들의 침략과 지배를 막아 주는 논리를 전개했다.[80] 유길준은 이 논리를 받아들이면서, 조선이 일본의 협력을 받는 가운데 조선의 내정을 개혁하고 조선의 부국강병과 실력배양을 실현한다는 구상을 추진하게 됐다. 이 점에서, 일본의 조선침략가능성에 대한 그의 경계에는 결정적인 한계가 있었던 것이다.

이러한 유길준의 일본의 '방어적' 조선진출론 밑에는 바로 앞에서 지적한 공로증이 깔려 있었다. 우리가 앞으로 깊이 연구해야 할 소재가 이 공로증이다. 제정러시아의 대외정책과 대외행태에서 침략적인 요소들을 찾을 수 있음은 사실이나, 조선에 대해서도 그러했던가? 그때 러시아는 조선을 '가난하고 작은 나라'로 파악하고 이러한 나라를 놓고 일본이나 중국과 다툴 필요가 없다고 보았으며 그리하여 조선을 침략할 의도가 없었던 것으로 보인다.

80 최문형(崔文衡), 『한국 근대의 세계사적 이해』(서울 : 지식산업사, 2010), 104쪽.

그런데도 앞에서 말했듯, 일본은 조선을 침략하고 지배하기 위한 심리전의 차원에서 조선사회에 러시아공포증을 널리 확산시켰다. 예컨대, 1885년 4월에 영국해군이 거문도를 불법점령했을 때 영국정부는 조선에 대한 러시아의 남진정책을 견제하기 위해 그렇게 했다고 주장했는데 영국정부의 그 주장은 전혀 근거가 없는 것이었다. 이 사건을 원자료들에 근거해 면밀히 연구한 김용구 교수는 그때 러시아는 조선에 남진할 능력도 의도도 없었는데 영국이 자신의 행위를 정당화하기 위해 그러한 주장을 폈다고 평가했다. 그런데 그때 일본정부는 영국정부의 주장을 전면적으로 뒷받침하면서 일본 안에서와 조선 안에서 공로증이 확산되게끔 시도했던 것이다.[81] 그러한 시도의 연장선 위에서, 일본정부는 조선사람들로 하여금 "백인종인 러시아에 먹히느니 같은 황인종인 일본에 먹히는 것이 낫겠다"는 생각을 갖게 만든 것이다. 유길준 역시 일본의 간교한 심리전에 동요됐다는 비판을 받을 만하다.

제4절 우리나라 최초의 정치학 책『서유견문』

유길준은 곧『서유견문』을 집필하게 됐다. 이 책은 우리나라 최초의 본격적인 국한문병용서다. 이 사실만으로도 이 책은 국문학자들의 관심을 불러일으키기에 충분했다. 이 책은 또 우리나라 최초의 근대적 인쇄서(印刷書)다. 더구나 이 책은 "우리나라 최초의 일본 및 미국 유학생이 저술한 초유의 서양견문록이란 점에서는 물론 조선왕조가 위기에 처했던 시기에 개화파정치가로서 포회했던 그의 경륜을 담은 글이라는 점에서 특별한 관심을 끈다."[82] 특히 이 책은 우리나라 최초의 정

81 김용구,『거문도와 블라디보스토크: 19세기 한반도의 파행적 세계화과정』(서울: 서강대학교 출판부, 2008).

82 유영익,『한국근현대사론』, 118쪽.

치학 저술로 평가된다는 점에서 정치학도들의 각별한 관심을 불러일으킨다.

『서유견문』의 집필에 참고된 책들. 한규설의 집에 유폐됐던 유길준의 생활여건은 어느 정도 개선됐다. 1887년 가을에, 오늘날의 종로구 가회동에 해당되는 백록동(白鹿洞)에 위치한 취운정(翠雲亭)에서 생활하도록 결정이 내려진 것이다. 취운정은 민영익의 산장으로, 이 모든 변화는 민영익이 배려한 결과였다. 이 취운정에서 유길준은 부인 충주 이(李)씨와 재회해 맏아들 만겸(萬兼)을 얻게 된다. 이 부인은 1870년에 결혼했던 경주 김(金)씨가 1874년에 별세함에 따라 1880년에 재혼한 부인이었다.

그러나 그러한 사실보다 중요하게, 이 취운정에서 유길준은 『서유견문』을 완성하게 된다. 이 책의 「서문」에 따르면, 그가 이 책의 집필을 결심한 때는 일본유학시절이던 1882년으로 보인다. 그는 자신이 배운 서양을 우리나라에 소개하고 싶었던 것이다. 그러나 우리가 앞에서 이미 보았듯, 몇 달 뒤 임오군란의 발발을 계기로 귀국해 조정에서 관리로 봉직하게 되자 그 일은 순조롭지 못했다. 그 뒤 미국유학을 마치고 세계의 여러 나라들을 돌아보며 배운 것을 그때그때 기록해서 궤짝 속에 넣어 두었다. 이제 취운정에서 훨씬 자유로운 시간을 얻게 되자 곧바로 집필에 전념하기에 이르렀다. 마침 궤짝 속에는 몇 권의 참고 서적들이 남아 있었다. 영국의 경제학자 포세(Henry Fawcett)의 『부국책(富國策)』과 미국의 법학자 휘튼의 『국제법의 요소들』 및 후쿠자와의 『서양사정』 등이 그것들이었다. 그러나 그 책들에만 의지하지는 않았다.

첫째, 유길준이 일본과 미국에서 읽었던 책들 가운데는 우선 후쿠자와의 저서들은 물론이고 가토 히로유키의 『입헌정체략(立憲政體略)』을 비롯한 일본인들의 저술들이 포함됐다. 또 후쿠자와의 『서양사정』의 대본으로 알려진 챔버스(Robert Chambers)의 교재용 저서 『정치경제학

(Political Economy, for Use in School, and Private Instruction)』, 그리고 웨일랜드(Francis Wayland)의 『도덕과학의 요소들(*The Elements of Moral Science*)』(1835) 및 『정치경제학의 요소들(*The Elements of Political Economy*)』(1837) 등이 포함됐던 것 같다.

둘째, 『서유견문』 제3편의 「방국(邦國)의 권리」는 고종의 외교고문이던 미국인변호사 데니(Owen N. Denny)가 1888년에 집필한 영문책자 『중국과 조선(*China and Korea*)』을 전면적으로 원용한 것이다. 널리 알려져 있듯, 조선이 독립국이 아니며 청의 속방이기 때문에 청의 내정간섭을 받아야 한다는 청의 주장을 반박하기 위해 데니는 그 작은 책을 영문으로 저술해 서울에 주재하는 서양열강의 외교관들과 언론인들에게 배포했던 것이다. 『청한론(淸韓論)』으로 불린 이 소책자를 통해 데니는 조선이 청에 조공을 바치는 나라인 것은 틀림없지만 그렇다고 하여 조선을 청의 속방으로 볼 수는 없고 당당한 독립국으로 보아야 한다고 주장했다.[83]

셋째, 이러한 자료 이외에 유길준은 『경사자집(經史子集)』을 비롯한 동양의 고전은 물론 1880년 이후 조선에 유포된 중국인 왕도(王韜)의 『보법전기(普法戰紀 : 프로이센과 프랑스 사이의 전쟁기록)』 및 중국인 정관응(鄭觀應)의 『이언』 등을 참고했다. 이처럼 『서유견문』은 유길준이 조선과 일본 및 미국에서 배우고 읽은 것들을 집대성한 저술이다. 그러한 점에서, 이 책은 "한국 역사상 초유의 '국제적' 연구서적이었다고 말할 수 있다." 우리가 아래에서 보게 되듯, 이 책은 또한 "세계인문지리서이면서 구미의 정치·사회·교육제도 등을 소개하는 일종의 폭넓은 정치학교과서다." 유길준은 특히 서구의 제도들을 소개하고 서술하면서 군데군데에서 자신의 논평을 가했는데, 이 점이 이 책의 이채로운 부분이다. 유영익 교수가 적절히 지적했듯, "바로 이러한 논평을 통

83 데니의 경력과 데니가 이 책을 쓴 배경은 다음에 요약되어 있다. 김학준, 『서양인들이 관찰한 후기 조선』, 250-280쪽.

해 […] 자신의 개혁사상을 […] 조심스럽게 표출시키고 있는 것이다. 다시 말하면, 『서유견문』은 갑오경장 이전에 유길준이 지녔던 개혁사상을 담았다."[84]

『서유견문』의 출판. 유길준이 『서유견문』의 집필을 끝냈던 때는 1889년 늦은 봄, 곧 양력으로 4월이었다. 따라서 약 1년 6개월에 걸쳐 집필한 셈이다. 비록 탈고를 했다고 해도 그는 일종의 국사범이었기에 공식적으로 출판하기는 어려웠다. 그러다가 1892년 11월에 7년 동안의 유폐에서 풀리고 1894년에 갑오경장과 더불어 정부에 중용되면서 출판을 서둘렀다. 후쿠자와의 도움을 받아 동경의 교순사(交詢社) 편집으로, 한글활자를 보유했던 인쇄소 수영사(秀英社)에서 1895년 4월 25일에 출판됐다. 표지에 '유길준 집술(輯述)'이라고 써서 이 책이 자신의 저술이 아니라 여러 책들을 읽고 그것들을 원용해 서술한 것임을 밝혔다. 책은 1,000부를 찍었다. 유길준은 한 부도 팔지 않고 하나하나 서명해서 정부의 고관들을 비롯한 그때의 유력자들에게 기증했다. 일반국민들에게 읽히려던 방침을 바꿔 먼저 정부고관들부터 계몽시키는 것이 바람직하다고 생각했기 때문이었다.[85]

불행히도 이 책이 출판된 때로부터 10개월 정도 지난 1896년 2월에 유길준은 다시 일본으로 망명하게 되며 1907년이 되어서야 귀국하게 된다. 이 때문에 『서유견문』은 초판으로 출판이 끝났다. 후쿠자와의 『서양사정』이 일본에서 해적판을 포함해 약 2만 5,000부가 출판됐었음에 비해 『서유견문』이 그렇게밖에는 읽히지 않았다는 사실은 매우 대조적이다.

『서유견문』이 복각(復刻)되는 것은 서울의 경인문화사에 의해 1969년에 이르러서이며,[86] 1971년에 『유길준전서』 5권이 간행됐을 때 제1

84 유영익, 『한국근현대사론』, 132-133쪽.

85 이광린, 『유길준』, 82쪽.

86 이 복각본에 「『서유견문』 해제」가 포함되어 있다. 이 해제는 김영호, 「유길준의

권을 형성했다. 『서유견문』은 국한문혼용체라고는 하지만 한글은 토씨를 다는 데 쓰였을 뿐 사실상 거의 전부가 한문으로 써진 책이어서 번역이 요청됐으며, 여기에 부응해 다섯 종(種)의 번역이 출판됐다. 첫째, 김태준(金泰俊) 교수의 번역인데 법률과 경제 등 주요한 부분들을 생략했다. 둘째, 최근덕(崔根德) 교수의 번역인데 절반 정도를 생략했다. 셋째, 구인환(丘仁煥) 교수의 번역인데 이것 역시 생략한 부분들이 적잖다. 내가 파악하기로, 완역본으로는 두 가지가 있다. 첫째가 채훈(蔡壎) 교수의 번역이고, 둘째가 허경진 교수의 번역이다.**87**

『서유견문』의 구성과 내용. 『서유견문』의 구성과 내용에 대해서는 전봉덕 박사를 비롯해, 유영익·이광린·김용구·정용화 교수 등이 각각 개별적으로 자세히 분석했다. 나 스스로 원전을 다시 읽고 선학(先學)들의 연구들을 참고하면서, 이 책에 대해 설명하기로 하겠다.

『서유견문』은 총 20편이며 각 편이 몇 개의 항목으로 나누어져 모두 71개 항목으로 구성됐다. 개화기의 문체인 국한문혼용체로 쓰인데다가 어려운 숙어들이 많이 섞여 이해하기 어려운 구절들이 적잖다. 또 논술의 전개에서도 사상적 모순과 대립이 엿보이며 편별(編別)의 분류도 이론적이라기보다는 즉흥적 나열에 그친 느낌을 준다. 이 점들을 염두에 두면서 살피기로 한다.

제1편은 지구에 대한 설명으로부터 시작했다. 여기서 유길준은 지구는 여덟 유성(遊星)들 가운데 하나로 둥글며 자전하고 있다는 사실을 설명했다. 유길준은 이어 지구는 동반구와 서반구로 나뉘며, 동반구에는 아세아주(亞細亞洲)·구라파주(歐羅巴洲)·아불리가주(阿弗利加洲)·

개화사상」의 대부분을 전재한 것이다. 해제로서는 내용이 충실하다.

87 김태준의 번역본은 1976년에 박영사에서 박영문고로 출판됐으며, 최근덕의 번역은 1986년에 삼성미술문화재단 출판부에서 출판됐고, 구인환의 번역은 2005년에 신원문화사에서 출판됐다. 채훈의 번역은 1978년에 대양서적(大洋書籍)에서 출판됐고, 허경진의 번역은 1995년에 한양출판에서 출판됐다.

대양주(大洋洲) 등 4개주가 있고, 서반구에는 북아미리가주(北阿美利加洲)·남아미리가주(南阿美利加洲) 등 2개주가 있다고 설명했다. 그는 조선·청국·일본이 영어로는 코리아·창이나·잡판으로 불린다고 썼다. 그는 그때 세계에 존재하던 많은 나라들의 이름들을 모두 한문과 영어 발음으로 표기했는데, 예컨대 영국을 의미하는 그레이트 브리튼은 대불열전(大不列顚)과 그렛트 브뤠텐으로 표기했으며, 미국을 합중국과 화기국(花旗國)으로 표기하면서 유나이트 스텟즈를 병기했다. 그는 이어 세계의 주요한 산들과 고원들에 대해서도 상세히 설명했다.

제2편은 '세계의 해(海)'라는 항목으로 시작하면서, 태평양·대서양·인도양·남극해·북극해를 오대양(五大洋)으로 명명했다. 유길준은 한류와 난류에 대해 설명하면서 특히 멕시코난류의 중요성을 설명했다. 그는 "대서양에서 선회하는 난류의 한 갈래가 멕시코만을 돌아나와 유럽주의 북쪽에 이르면 그 지방의 차가운 기운을 덜어 주어 자연환경이 사람들에게 알맞게 되고 온갖 생물이 잘 자라게 해 준다."라고 설명한 뒤, "영국 같은 지방이 만약 선회하는 난류 근처에 있지 않았더라면 오늘날처럼 부강한 나라가 되기는커녕 사람이 살지도 못했을 것이다"고 부연했다.[88] 제2편은 또 세계의 '강하(江河)'들과 '호(湖)'들에 대해 자세히 설명했다. 세계의 '인종'들에 대해서는 '황색인'·'백색인'·'흑색인'·'회색인'·'적색인(赤色人)' 등 다섯으로 나눴으며, 이 다섯 인종을 모두 합쳐 그 시점에서의 세계인구를 13억 5,100만으로 보았다.[89]

제2편은 마지막으로 세계의 물산들에 대해서도 자세히 설명하면서, 국민의 부지런함과 게으름이 생활의 풍요함과 빈곤함에 연결된다고 설명했다. 국민이 부지런하면 비록 천연자원이 적더라도 다른 나라들에서 천연자원을 사들여 재주와 공력으로 가공품을 많이 만들어 몇 배나 비싼 값을 덧붙여 다른 나라들에 내다 팔아 넉넉하게 살지만, 국민

88 『유길준전서』 제1권(「서유견문」), 62쪽.
89 위와 같음, 65-67쪽.

이 게으르면 '재교(才巧)와 지력(智力)'을 개발하지 않아 아무리 천연자원이 많아도 가공품들을 만들어 내지 못해 가난하게 산다고 그는 보았다. 아프리카를 그 한 보기로 들었다. 아프리카에는 지하자원이 풍부한데도 사람들이 게을러 그것들을 개발하지 못해 가난하게 산다는 뜻이었다. 그는 다음과 같이 매듭을 지었다: "이렇게 본다면, 한 나라의 부강은 국민이 부지런한가 게으른가에 달려 있는 것이지, 물산이 넉넉한가 모자라는가에 달려 있지 않다. 오늘날 서양의 여러 나라들이 세계의 상권(商權)을 잡고서 마음대로 흔드는 것도 이러한 진리에 기초했을 뿐이다."**90** 이 관찰이 아주 틀린 말은 아니고 대부분 옳은 말이다. 그러나 이 관찰은 그때 서양세계를 휩쓸던 자본주의적 사고(思考)를 아무런 비판 없이 그대로 수용한 기초 위에서 성립된 것이라는 지적을 받을 만하다.

종합적으로 말해, 이 책의 서론에 해당되는 이 두 편을 통해, 유길준은 중국이 세상의 중심이 아니며, 따라서 조선은 중국 중심의 세계관에서 벗어나야 한다는 뜻을 암시했다. 그는 또 세계는 넓다는 인식을 심어주고 싶었을 것이다.

제3편은 「방국(邦國)의 권리」와 「인민의 교육」으로 구성됐다. 여기서 '방국'은 '국가'라는 뜻이다. 「방국의 권리」에서 유길준은 '국가'라는 단어를 한 차례 썼을 뿐, '방국'이라는 단어와 '국(國)'이라는 단어를 훨씬 더 많이 썼다. 유길준은 또 '인민'이라는 단어를 쓰면서 동시에 '국인(國人)'이라는 단어와 '국민'이라는 단어도 때때로 썼다.

「방국의 권리」에서는 주권과 국가의 기본적 권리를 설명했고, 「인민의 교육」에서는 인민에게 새로운 세계지식을 중심으로 가르쳐야 할 것임을 강조했다. 「방국의 권리」에 대해서는 앞으로 자세히 설명하기로 하고 여기서는 「인민의 교육」에 대해 간단히 설명하기로 한다. 어떤

90 위와 같음, 88-89쪽.

사람들은 국가가 '국민'의 자제들을 상대로 교육을 실시하는 것은 '인가(人家)의 사사(私事)'에 대한 간여라고 논하면서 반대하는 사실을 상기시킨 뒤, 유길준은 "정부는 '인(人)'을 처벌할 권리가 있는 한편 '인'을 교육하는 권리도 있다"는 말로써 반박했다.[91]

제4편은 「인민의 권리」를 설명한 데 이어 「인세의 경려(人世之競勵)」를 설명했다. 「인민의 권리」에 대해서는 따로 설명하기로 하고, 여기서는 '인간세상의 경쟁'이라는 뜻의 「인세의 경려」에 대해서만 간단히 설명하기로 한다. 기본적으로 유길준은 사람들이 모여 사는 세상에서 '경려'는 피할 수 없다고 보았다. "사람이 자기 집을 떠나서 세상사람들과 서로 사귀게 되면 […] 저마다 자기의 직분에 힘써야 하고, 자기가 좋아하거나 싫어하는 바에 따라 자기의 의도를 달성하려고 앞을 다투게 되니, 이것이 바로 세상사람들의 경려이다."라고 쓴 그는 "만약 세간에 경려하는 마음이 없다면, 마음과 힘을 기울여 공명을 이루려하고 사업을 경영하는 자의 그림자가 끊어질 것이다"라고 단언했다. 그렇다고 그가 경쟁을 무조건 좋다고만 말한 것은 아니다. "경려에 강기(綱紀)가 없어서는 안 된다"고 주장하면서, 어느 한 사회에 '경려의 강기'가 세워지려면 그 사회구성원들에 대한 교육이 필요하다고 덧붙였다. 결론적으로, 그는 다음과 같이 말했다: "경려라고 하는 것은 논쟁하고 다투는 분경(紛競)이 아니라 훌륭한 경지로 나아가는 면려(勉勵)를 가리킨다. 경려하는 방법을 선용(善用)하면 인간세상에 큰 복을 이루지만, 경려하는 방법을 오용(誤用)하면 인간세상에 큰 화를 빚게 된다. 그러므로 좌우를 취사하는 것이 인간세상에 화와 복의 축이 될 것이다."[92]

제5편은 정부론이고 제6편은 정부의 직분론이다. 제5편과 제6편을 종합하면, 세계각국의 정치체제를 비교한 뒤 특히 영국정부의 각종 문

91 위와 같음, 124-125쪽.

92 위와 같음, 134쪽.

명제도와 그리고 고아원과 양로원을 비롯한 사회후생시설을 후쿠자와의 설명을 원용해 자세히 설명했다. 다만 정치체제론에서는 후쿠자와의 설명 외에도 가토의 설명을 많이 활용했다. 이 두 편에 대해서는 앞으로 따로 설명하도록 하겠다.

제7편과 제8편은 정부의 재정과 납세에 관해서고, 제9편은 교육제도와 양병제도(養兵制度)에 관해서다. 제10편은 화폐론과 은행론, 그리고 법률론과 경찰론이며, 제11편은 정당론·직업론·보건위생론이다. 제12편은 애국론이고, 제13편은 서양학문사와 군제사(軍制史) 및 종교사, 그리고 동양에는 없는 서양의 학문들에 대한 설명 등이다. 제14편은 무역론, 그리고 개화의 등급(等級) 등이며, 제15편은 혼인과 장례를 포함한 예절론이고, 제16편은 외국의 예의와 풍속 등이다. 제17편은 노인원(老人院)·유아원(幼兒院)·고아원·기아원(棄兒院)·병원·치아원(痴兒院)·광인원(狂人院)·맹인원(盲人院)·아인원(啞人院)·교도원(教導院)·동물원·식물원·수족관 등을 포함한 사회복지시설과 도서관과 신문 등을 포함한 대중교육시설론이고, 제18편은 증기기관과 전신기 및 회사 등에 관한 소개다. 제19편은 미국과 영국의 큰 도시들에 대한 소개이고, 제20편은 유럽의 큰 도시들에 대한 소개다. 여기서 '수도(首都)'를 '경성(京城)'으로 표기했다.

『서유견문』의 핵심적인 부분은 「방국의 권리」로 시작되는 제3편에서 「개화의 등급」으로 끝나는 제14편까지다. 이 부분은 모두 합쳐 약 300쪽에 이른다. 여기서 유길준은 우선 서양의 근대적 학문들을 소개했다. 인문사회과학에서는 정치학·법률학·철학·종교학·고고학·언어학·종교학·기계학·인신학(人身學)·지리학·병학(兵學)을 소개했고, 자연과학에서는 농학·의학·산학(算學)·물리학·화학·광물학·식물학·천문학 등을 소개했다. 인신학은 인체학(人體學)과 같은 말이다.

이러한 학문들을 소개하면서, 동시에 그 방면의 학자들을 소개했다. 예컨대, 胡邁(호매)·喜老道(희로도)·秋時伊(추시이)·皮宅高(피택고)·偲

嗜賴(시기뢰)·弼賴士(필뢰사)·阿利秀(아리수)·裵坤德(배곤덕)·葛逸人遨(갈일인오) 등을 소개했다. 그들은 호머·헤로도토스·투키디데스·피타고라스·소크라테스·플라톤·아리스토텔레스·베이컨·갈릴레오 등이다. 지난 백 년 사이의 학자들로는 惠質(헤질)·米逸(미일)·秀遍瑞(수편서) 등을 소개했는데, 그들은 헤겔·밀·스펜서 등이다. 유길준은 밀을 '정치학자'로 분류했다.

유길준은 또 야소교(耶蘇敎 : 예수교)와 천주학을 소개했는데, 이 과정에서 마르틴 루터(Martin Luther)가 전개한 종교개혁운동을 자세히 설명했다. 유길준은 또 서양의 근대적 제도들과 사상들을 소개했다. 여기서 그는 논평형식으로 자신의 의견을 간접적으로 표현하기도 하고 직설적으로 표현하기도 했다.

방국의 권리론. 그러면 『서유견문』에서 전개된 유길준의 정치이론은 어떻게 설명될 수 있을까? 우선 「방국의 권리」를 살피기로 하자. 다시 말하지만, 방국은 오늘날의 용어로 국가를 의미한다. 유길준은 '국(國)'을 '일족(一族)의 인민들이 한 지방의 산천에 할거하여 정부를 건설하고 다른 나라의 관할을 받아들이지 않는 존재'라고 정의했다. 그는 '국'의 권리를 '내용(內用)하는 주권'과 '외행(外行)하는 주권'의 두 종류로 분류했다. 오늘날의 용어로 앞의 것은 '대내주권(對內主權)'에 해당되고 뒤의 것은 '대외주권(對外主權)'에 해당된다. 주권은 독립과 평등의 원리로, 외국과의 교섭을 보수(保守)하는 것이며, '국'의 형체의 강약이나 그 기원의 선부(善否)나 토지의 다과(多寡)나 인민의 다과를 따질 것 없이 세계의 어떤 나라든지 다른 나라가 보유한 주권을 똑같이 보유한다.

여기서 유길준의 국가평등론이 보인다. 그는 이미 유폐 직후에 집필한 짧은 글인 「국권」에서,[93] "대국(大國)도 일국(一國)이고 소국(小國)도

93 이 논설의 원문은 『유길준전서』 제4권, 25-46쪽에 수록됐다.

일국으로, 천하에는 나라에 상국(上國)이 없고 또한 나라에 하국(下國)도 없다. 일국이 나라인 권(權)은 조금도 피(彼)와 차(此)가 다름이 없다."라고 썼었는데,[94] 이러한 관념이 「방국의 권리」에서 부연된 것이다. 이러한 맥락에서, 유길준은 큰 나라와 작은 나라가 평등한 관계를 유지하는 국제질서, 곧 국가와 국가 사이에 위계질서가 없는 국제질서를 상정한 것이다.[95]

개별적 주권국가가 구체적으로 지니는 '국권' 또는 '방국의 권리'로 유길준은 일곱 가지를 꼽았다. 자보권(自保權)·독립권·호산권(護産權)·입법권·교린파사통상권(交隣派使通商權)·강화결약권(講和結約權)·중립권 등이 그것들이다. 이러한 '국'의 권리는 "본래부터 있는 권리이며 국의 국 되는 권리이자 입본(立本)하는 권리이기 때문에 그 가운데 한 가지라도 결여하면 국이 될 자격이 없다"고 했다. 이른바 주권의 불가분리성을 말하고 있는 것이다.[96]

한편 유길준은 「국권」에 앞서 1883년에 저술한 「세계대세론」에서 국권의 기본을 셋으로 나눠 설명했었다. 외국인을 자국의 법으로써 재판하는 일국주재권(一國主裁權), 내정에 타국의 일체의 간섭과 침해를 허락하지 않는 일국독립권(一國獨立權), 그리고 대소강약에 상관없이 각국이 동등하다는 일국동등권(一國同等權) 등이 그것이다. 유길준에 따르면, 이 세 가지 대권을 합해 일국의 권리라고 말하는 것은 모든 신문논설들이나 저서들에 나타나 있으며, 따라서 오늘날의 세상을 인권국권세계(人權國權世界)라고 부른다.

● ● ● ● ●

94 위와 같음, 31쪽.

95 장인성, 「토포스와 아이덴티티 : 개국기 한일 지식인의 국제정치적 사유」, 『국제정치논총』 제37집 3호(1998년 8월), 43쪽.

96 정용화, 「유길준의 정치사상 연구」, 114쪽. 정용화의 이 박사학위논문의 핵심적 부분은 다음에 나타나 있다. 정용화, 「유길준의 '양절'체제론 : 이중적 국제질서에서의 '방국의 권리'」, 『국제정치논총』 제37집 3호(1998년 8월), 297-318쪽. 또 정용화, 「다시 읽는 『서유견문』」, 『동아시아비평』 제3호(1998), 40-51쪽.

그런데 조선의 현실은 어떠한가? 유길준은 치외법권의 허용과 세권(稅權)의 상실, 그리고 외국공사병력인솔권의 허용 등으로 위의 세 가지 대권이 상실됐다고 개탄하면서, 조선이 이 지경에 이른 것은 병력이 없기 때문이라고 분석한 뒤 부국강병론을 주장했다.[97] 앞에서 이미 지적했듯, 이 주장의 바탕에는 그가 일본에서 선택적으로 수용했던 사회진화론이 깔려 있었던 것이다.

양절체제론. 유길준은 이어 조선의 국제법적 지위를 밝히기 위해, 또는 조선이 청의 주장처럼 청의 속국이 아님을 입증하기 위해, 주권이 불완전한 국가들에 대해 다음과 같이 설명했다. 첫째가 증공국(贈貢國)으로, 조공국(朝貢國) 또는 진공국(進貢國)이라고도 부른다. 쉽게 말해, 조공을 바치는 나라다. 둘째가 속방이다. 자신이 섬기는 나라의 정령과 제도를 하나같이 떠받들어 지킴으로써 나라 안팎의 모든 일에 자립하는 권리가 전혀 없는 나라다. 특히 국제법상 대외관계에서 다른 나라의 권력에 승복하고 있는 나라다.

셋째가 수호국(守護國)이다. "나라 위에 나라가 없고 나라 아래에 역시 나라가 없어 한 나라의 나라 되는 권리는 저 나라나 이 나라나 똑같은 지위에 있어 평등한 것"이기는 하지만, 국제사회의 현실에는 국가의 대소와 강약의 형세에 차이가 나는 까닭으로 경우에 따라서는 강대국이 평등의 공도(公道)를 돌아보지 않고 침략을 일삼는다. 이러한 상황에서, 약소국이 스스로를 지키는 수단으로 다른 나라의 보호를 받는 경우 이것이 수호국이라고 정의했다.

그러면 조선의 경우는 어디에 속하는가? 유길준은 조선이 청에 대해 증공국이기는 하나 청의 속방은 아니며 엄연히 독립국이라고 주장했다. 유길준의 한문문장을 김용구 교수는 다음과 같이 번역했다:

> 대개 속방은 그가 복종하는 국가의 정령과 제도를 하나같이 받들고 내외의

97 김용구, 『세계관충돌의 국제정치학』, 254-255쪽.

모든 사무에 자주하는 권리가 전혀 없는 것이고, 증공국은 강대국의 침벌(侵伐)을 면하기 위해 그가 대적할 수 없는 형세를 스스로 생각해 비록 본심에는 합치되지 않더라도 약장(約章)을 준수해 공물을 증유(贈遺)하고 그가 향유한 권리의 분수와 정도로 독립주권을 얻어 갖는 것이니 이런 까닭에 증공국이 다른 모든 독립국들이 보유한 여러 권리를 행할 것이니 세계 가운데 당당한 한 독립주권국이다.

그러나 속국은 조약을 체결하는 권리가 없으며 증공국은 다른 독립국들과 동등한 수호항행 및 통상의 여러 조약들을 의정한다. 속국은 영사 및 무역사무관 이외에는 총영사도 파견하는 권리가 없으며 증공국은 그가 체결한 약관에 비추어 준수해 조약을 체결한 국가에 각급 사절들을 파견하고 교전과 결화(決和)를 선고하는 권리가 있으나 속국은 이것이 없다.

증공국은 인방(隣邦)이 전쟁을 하는 때를 당해 중립하는 권리를 갖고 있으나 속국은 그가 복종하는 국가에 대해 이런 권리가 없다. 증공국은 그 수공국과 사절 및 영사를 서로 파견하는 권리가 있으나 속국은 그가 복종하는 국가에 대해 이 권리가 없다.[98]

유길준의 설명은 다음과 같이 이어진다. 약소국이 강대국의 일시적인 협박으로 불평등한 관계가 형성돼도 약소국이 이것을 승인하지 않으면 결코 속국이 될 수 없다는 점, 약소국 정부의 무지한 관리가 속방의 체제를 자인하는 경우에도 이것은 법적인 효과가 전혀 없다는 점, 조공관계는 두 나라 사이에 교섭하는 예도(禮度)와 법례(法禮)를 정해 둔 것이고 다른 나라들이 이에 간섭할 수 없다는 점, 따라서 공물을 주고받는 것은 공법상 나라의 권리와는 아무런 관련이 없다는 점 등을 역설했다. 따라서 유길준에 따르면, 조공관계에 있는 두 나라 사이의 관계는 종속관계는 아니며 이 두 나라 사이의 관계와 이 두 나라와 기타 국가들 사이의 관계는 두 개로 접혀 있는 이른바 양절체제(兩截體制)라는 것이다. 다시 말해, 조선과 청의 관계는 조공관계와 더불어 근

98 위와 같음, 251쪽.

대적인 국제법관계를 공유하는 특수한 관계인데 이러한 특수한 관계 때문에 조선은 결코 속국이 아니며 당당한 독립국이라는 것이다.

유길준은 실제로 이러한 논리를 사용해 조선정부로 하여금 청에 회답하게 했다. 여기서 상기돼야 할 것은 유길준 혼자만이 그러한 근대적 인식을 지녔던 것은 아니었다. 김용구 교수의 고증에 따르면, "1882년 9월 박영효 일행과 동경주재영국공사와의 대화, 11월 러시아 공사와의 대화에서 개화파인사들은 전통적인 사대질서와 근대적인 국제법 질서 사이의 본질적인 차이점을 이미 정확하게 인식하고 있었다." 그러나 다시 김용구 교수의 고증에 따르면, "이런 인식을 '양절체제'라는 개념으로 이론화하고 조공관계와 국제법관계를 근대적인 언술로 표현한 것은 유길준이 처음인 것이다. 따라서 유길준은 이 「방국의 권리」라는 한 편의 글로써도 국제법적인 견지에서 높이 평가돼야 할 것이다."[99]

인민의 권리론. 국가의 권리를 설명한 데 이어 유길준은 인민의 권리를 설명했다. 그는 우선 서양의 근대적 인민의 권리론인 천부인권론을 전면적으로 받아들였다. 그는 우선 "인민의 권리는 그 자유와 통의(通義)를 말한다"고 전제했다. 여기서 '통의'는 오늘날의 용어로 '정의(正義)'에 해당된다.[100]

유길준은 이어 "인(人)의 권리는 하늘이 준 공도(公道)이므로 인이 인되는 이치는 천자로부터 필부에 이르기까지 조금만큼의 차이가 없다"고 전제하고, "인상인(人上人)도 없고 인하인(人下人)도 없으며, 천자도 인이요 필부도 역시 인이다"라고 표현했다. "인상인도 없고 인하인도 없다"는 구절은 오늘날의 표현으로는 "사람 위에 사람 없고 사람 아래 사람 없다"인데, 일본에서는 후쿠자와가 처음 써서 유명해진 구절이

99 위와 같음, 253쪽.

100 정용화, 「유교와 인권(Ⅰ): 유길준의 '인민의 권리'론」, 『한국정치학회보』 제33집 4호(1999년 겨울), 68-69쪽.

다. 유길준은 이어 "인(人)이 세상에 태어남에 인(人)되는 권리는 현우(賢愚)·귀천·빈부·강약의 분별없이 똑같다"고 강조하고, 이러한 '인'의 권리는 어느 누구도 빼앗을 수 없고 어느 누구도 굴복시킬 수 없다고 역설했다.[101]

유길준은 인간의 권리를 구체적으로 셋으로 나눠 보았다. 첫째가 일신을 안온히 보호하는 권리, 곧 생명권이다. 둘째가 일신을 자유롭게 하는 권리, 곧 자유권이다. 셋째가 사유(私有)하는 권리, 곧 재산권이다. 생명권과 관해 그는 신체의 자유를 함께 논하면서 '신명(身命)의 권리'라는 표현을 쓴 뒤, 신명의 권리는 천부의 권리로서 법으로써만 이 권리를 제약할 수 있을 뿐 군주라고 해서 이 권리를 제약할 수 없다고 주장해 죄형법정주의의 개념을 도입하고 있다.

재산권에 관해서도 유길준은 절대로 침범될 수 없는 천부의 권리임을 역설했다. 이어 금전과 전토(田土) 및 재화의 소유자는 자유롭게 대차(貸借)해 이자와 지대를 수익할 수 있다는 계약자유의 원칙을 이해하고 국가가 공공복지를 위해 사적 소유권을 침해할 경우에는 정당한 가격으로 보상해야 한다는 손실보상의 근대적 제도도 아울러 설명했다. 그는 이어 앞에서 말한 세 가지 천부인권 이외에 영업의 권리·집회의 권리·종교의 권리·언사(言詞)의 권리·명예의 권리 등 다섯 가지의 천부인권을 소개했다.[102]

정치체제론. 비교정치학의 관점에서 『서유견문』 가운데 핵심적인 부분은 정치체제론이다. 유길준은 미개한 시대에는 "인품(人稟)의 차등으로 생민(生民)의 화해(禍害)가 컸다"고 보고 그러한 상황에서 모든 사람들의 권리와 평등을 지켜 주기 위해 국가와 정부를 세우게 된다고 설명했다. 아프리카주 남방에 '보시만(保時滿 : 부시맨을 의미)'이라는 사람들이 모여 사는 곳에서도 정부가 있으며, 아메리카주의 적인종(赤人

101 『유길준전서』, 134쪽.

102 위와 같음, 137-138쪽.

種)들도 부락마다 그 우두머리의 절제를 받고, 뉴질랜드 같은 곳에도 왕이 몇 사람이 있었음을 상기시키면서, 그는 “대개 인종이 모여 살게 되면 어떠한 종족이든지 반드시 정부의 제도를 조직하여 그 법률을 행하게 되니, 이것은 천지의 자연스러운 이치다.”라고 단언했다.[103] 보다 구체적으로, 그는 정부의 제도가 제왕의 정부이건 대통령의 정부이건 “정부설치의 참뜻은 인민을 위함”이라고 주장해 위민(爲民 : for the people)사상을 강조했다. 그러나 의민(依民 : of the people, by the people)사상을 명시적으로 표현하지는 않았다.

유길준은 이어 세계각국의 정부의 형태를 다음과 같이 다섯 가지로 분류했다. 첫째가 '군주천제(君主擅制)하는 정체'이니 군주가 제 마음대로[獨擅 : 독천] 다스리는 정체를 말한다. 여기서는 “군주의 권(權)은 한정한 계역(界域)이 없고 그가 행하는 것이 정령과 법률이 되며 자기의 사욕에 따라 인명의 생살과 민산(民産)의 여탈이 정해지는 이것을 기탄(忌憚)하는 곳이 없다.” 둘째가 '군주명령하는 정체' 또는 '압제정체'이니, 여기서는 “나라의 법률과 정령을 군주 한 사람이 독단하되 신하의 공론을 따르므로 군주의 권세에 한계가 있다.” 아시아에는 조선·중국·일본·섬라·서역·안남·페르시아 등이 있고, 유럽에는 러시아와 터키 등이 있으며, 아프리카에는 마다가스카르·튀니지·모로코·잔지바르·오만 등이 있다고 나열했다. 셋째가 '귀족이 주장하는 정체'다.

넷째가 '군민공치(君民共治)하는 정체' 또는 '입헌정체'이니, “나라의 정령과 법률을 공론에 의해 정치하는 체제로, 의회가 중요한 역할을 수행한다.” 유길준은 이 정체가 '가장 아름다운 규모'라고 찬양했다. 유럽에는 영국·독일·홀랜드·벨지움·오스트리아·이탈리아·스웨덴·덴마크·희랍·포르투갈·스페인 등이 있고, 남아메리카에는 브라질과 호주 및 하와이 등이 있다고 지적했다. 대양주 또는 오세아니아주를

103 위와 같음, 155-156쪽.

따로 말하지 않고, 호주를 하와이와 더불어 남아메리카에 포함시킨 것은 그때의 관행이다. 유길준은 그들 가운데 "영국의 정체가 가장 아름답고 가장 잘 갖춰졌으며 세계에서 제일이다."라고 극찬했다.

다섯째가 '국인(國人)이 공화하는 정체' 또는 '합중체제(合衆體制)'다. 유길준은 북아메리카에서는 미합중국과 멕시코 등이 있고, 유럽에는 프랑스와 스위스 등이 있으며, 아프리카에는 라이베리아와 오렌지자유국 등이 있고, 남아메리카에는 과테말라·엘살바도르·온두라스·에콰도르·코스타리카·페루·칠레·콜롬비아·아르헨티나·파라과이·베네수엘라·우루과이·산토도밍고(도미니카) 등이 있다고 지적했다.

종합적으로, 그는 첫 번째와 세 번째의 정체는 오늘날에는 존재하지 않는다고 보았다. 그리고 아시아에는 '군주명령하는 정체'가 많고, 유럽에는 '군민공치하는 정체'가 많으며, 남아메리카와 북아메리카에는 '국인이 공화하는 정체'가 많다고 보았다.[104]

조선정치제제의 변혁론. 유길준의 정치체제론은 단순한 정치체제의 분류가 아니다. 그는 이 분류를 통해 조선의 전통적 정치체제가 변혁돼야 한다는 주장을 펴고자 했던 것이다.[105] 그에 따르면, 조선은 '군주명령체제'에 해당하는데, 이 체제에서는 국민들의 애국하는 충성이 부족하기 때문에 변혁해야 한다는 것이다. 좀 더 부연하면, 이 체제에서는 국민들이 국가의 위급한 사태가 일어나도 알지 못하고 국가의 수치가 있어도 분노하는 기운이 일지 않는다. 왜냐하면, 정부와 국민 사이에 정의(情意)가 통하지 않기 때문이다. 정의가 통하지 않는 이유는 국민이 정부를 믿지 못하고 원망하기 때문이다. 이 체제에서는 빈부와 귀천의 차등이 심하고, 법률이 공평하지 못해 세력 있는 사람은 법을 위반해도 처벌하지 않고 약한 사람은 죄가 없어도 불안에 떨어야 한다. 그렇기 때문에 국민은 성격이 활달하지 못하게 되고 정부를 등한

104 위와 같음, 163-174쪽. 『서유견문』 원전으로는 142-154쪽.

105 정용화, 「유길준의 정치사상연구」, 158쪽.

히 여기며 우국하는 성의가 없어지게 된다는 것이다. 유길준의 이 견해는 우리가 제4장 제4절에서 살폈던 1888년도 「건백서」에 나타났던 박영효의 견해와 일치한다.

여기서 유길준은 조선이 지향해야 할 정치체제로 '군민공치체제', 곧 입헌군주제를 지목했다. 이 체제에서는 우선 나라의 법률과 정사를 군주 한 사람이 독단하지 않고 의정대신들과 반드시 먼저 상의해 결정하고, 결정된 것은 군주의 명령으로 시행한다. 여기서 의정대신이란 국회의원으로서 내각의 장관을 겸한 사람을 의미한다. 입헌군주제는 영국이나 일본에서처럼 의원내각제를 채택하고 의원내각제에서는 의원들로써 내각을 구성하는데, 유길준은 이것을 염두에 둔 것이다. 이러한 맥락에서, 그는 의정대신들은 인민이 천거해 정부의 각료가 되는 만큼 의정대신들은 인민을 대신해 사무를 행하는 것이라고 썼다.

유길준은 이어 이 체제에서는 국가의 권력이 (1) 의정·행정·사법으로 삼권이 분립되어 있으며, 군주는 원수(元首)의 지위를 차지하고, (2) 군주의 권세는 법으로 정해진 범위 안에 한정되고, (3) 나라의 정령과 법률을 여중(輿衆)의 공론으로 결정하며, (4) 국민 가운데 인구비율로 덕 있는 사람을 뽑아 의회를 구성하고, (5) 이 의회는 군주의 정치를 돕고 인민의 권리를 지켜주며 행정부와 사법부의 직무를 감찰하고 정령과 법률을 논란하며, (6) 군주로부터 평민에 이르기까지 모든 사무는 공정하게 처리하고 사정(私情)으로 행하지 않는다고 썼다. 정용화 박사가 적절히 요약했듯, 유길준이 이해한 입헌군주제의 우위성은 '사'적 권력을 제어하고 '공'적 권력을 극대화함으로써 민심이 정부에 집결되는 것이었다.[106]

보수적 점진개혁론. 유길준의 정치체제변혁론은 보수적 점진개혁론이었다. 유길준은 『서유견문』의 제14편 「개화의 등급」을 통해 그 점을

106 위와 같음, 159쪽.

분명히 드러내고 있다.[107] 이 유명한 개화등급론에서, 유길준은 인류의 역사와 문화의 발전을 보면 '미개화(未開化)'와 '반개화(半開化)' 및 '개화(開化)'의 세 단계로 나뉜다고 주장한 뒤 조선은 '반개화' 단계에 머물러 있다고 파악했다. 그는 조선이 '반개화' 단계로부터 '개화' 단계로 발전해야 한다고 제의하면서, 그렇게 하려면 시의에 맞는 제도개혁을 단행해야 한다고 강조했다.

그러면 시의에 맞는 제도개혁의 내용과 방향은 무엇인가? 유길준은 우선 조선의 전통적 유교윤리체계를 존중하고 보수해야 한다고 주장함으로써 자신이 보수주의적 입장을 견지하고 있음을 명백히 했다. 그가 일본과 미국에서 서구의 자유주의와 개인주의 등에 접했던 것은 사실이지만, 유학기간이 모두 합쳐 3년 6개월 정도에 지나지 않았기에 조선에서 지녔던 유교적 세계관이 쉽게 씻겨지지 않았던 것이다. 게다가 이 기간에 그가 읽은 책들은 대체로 일본지식인들에 의해 번역된 것이었는데, 그 번역은 일본적으로 변형된 것이었다. 따라서 그는 '번역된 근대(translated modernity)'와 '삼중으로 번역된 근대(triple-translated modernity)'의 '미로' 속에서 서구의 근대적 이념에 접했던 것이다. 이것 역시 그의 유교적 세계관을 '충분히 세척'시키지 못하게 했다.[108]

유길준의 보수주의적 입장은 미국식 공화제 또는 미국식 대통령제의 도입을 강하게 반대한 데서도 확인됐다. 뿐만 아니라, 그는 자신이 그렇게 극찬한 영국식 입헌군주제의 도입에 대해서도 유보론이나 시기상조론을 폈다. 다른 나라의 제도를 들여올 때는 들여오는 쪽의 '인민의 풍속'과 '국가의 경황(景況)'을 살펴서 준비를 시켜야 한다는 것이었다. 말하자면 '인민의 지식이 부족한 나라'에서 인민의 지식수준이 매우 높아야 성공할 수 있는 제도를 어떻게 쉽게 채택할 수 있겠느냐

107 유영익, 『한국근현대사론』, 137-147쪽.

108 허동현, 「1880년대 개화파인사들의 사회진화론 수용양태 비교 연구」, 179쪽.

는 뜻이었다. 이것과 관련해, 유길준의 주장을 들어보기로 하자. 그는 다음과 같이 썼다:

> 국민의 지식이 부족한 나라에서는 갑자기 국민들에게 국정참여권을 주어서는 안 된다. 만약 배우지 못한 국민들이 학문을 먼저 닦지도 않고서 다른 나라에서 시행되고 있는 훌륭한 정치체제를 본받으려고 한다면, 나라 안에 커다란 변란이 싹틀 것이다. 그러므로 당국자들은 국민들을 교육하여 국정에 참여할 지식을 갖추게 한 뒤에 이러한 정치체제에 대해 의논하는 것이 옳다. 이러한 정치체제가 실시된 뒤에야 그 나라가 개화되기를 바랄 수 있다. 이렇게 하면 이 정치체제가 나라를 보전하는 커다란 길이며, 임금을 사랑하는 정성이 될 것이다.[109]

유길준은 이어 "한 나라의 정치체제는 언제나 그 국민들의 학식 정도에 따라 제도의 등급이 이뤄지기 때문에, 정치체제의 종류가 어떠하든지 간에 사실은 그 나라 국민이 스스로 성취한 것이다."라고 쓴 뒤, "서양의 옛날 학자가 말하기를 '착한 국민 위에 나쁜 정부가 없고, 나쁜 국민 위에 착한 정부가 없다' 하였으니, 이 말이 참으로 맞는 말이다."라고 결론을 내렸다.[110]

여기서 유길준의 정치개혁론은 국민교육우선론으로 이어지게 된다. 그가 『서유견문』 여러 곳에서 "천하의 가장 급한 일로 학교를 세우는 일보다 앞서는 것이 없다."라고 썼거나 "국가의 대본(大本)은 교육하는 도(道)에 있다."라고 썼던 까닭이 거기에 있었다. 같은 취지에서, 그는 "한 나라의 빈부·강약·치란·존망은 그 나라의 국민교육이 높은가 낮은가, 있는가 없는가에 달렸다"고 썼다. 그는 국민교육과 관련해 도덕교육과 재예교육(才藝教育) 및 공업교육을 '교육의 3대 대강(大綱)'으로 꼽으면서 이 세 가지는 실학에서 강조되는 '정덕(正德)·이용(利用)·후

109 위와 같음, 149-150쪽.
110 위와 같음, 150쪽.

생(厚生)'의 취지와 부합한다고 부연했다.[111] 유영익 교수가 지적했듯, "이 점으로 미루어 교육과 정치에 관한 그의 기본사상은 유교적 실학이었음을 알 수 있다."[112]

유길준이 보수적 점진적 개혁사상을 지녔음을 보여 주는 또 하나의 보기는 그의 실상개화론이다. 『서유견문』에서 그는 개화를 '허명개화(虛名開化)'와 '실상개화(實狀開化)'로 나눈 뒤, 우선 남의 것이 좋다고 우리 것을 모독하면서 남의 것을 그냥 따라가는 것을 '허명개화'라고 불렀다. 이러한 분류에 기초해, 그는 '허명개화'를 배격해야 한다고 단언하면서 개화당이라고 하는 사람들이 그렇게 하고 있다고 비난했다. 그가 옹호한 것은 '남의 장기(長技)는 취하되 자신의 미사(美事)를 지키는 득중(得中)'의 개화, 곧 실상개화의 추구였다. 여기서 그가 개화당과 수구당의 중간에 위치하고 있었음을 깨닫게 된다. 그리고 달리 표현해, 그가 '개화'를 '서구화'로 인식하지 않고 있었음을 깨닫게 된다.[113]

「지제의」와 「세제의」 등. 『서유견문』의 집필을 끝내고도 유길준은 계속해서 주요한 논문들을 썼다. 1891년 한 해에 탈고된 「지제의(地制議)」와 「세제의(稅制議)」가 대표적이다. 이 논문들은 모두 실학의 정신 위에 서 있다. 앞의 논문에서 그는 유형원의 전제개혁론을 상기시키면서 유형원이 균전제(均田制)를 내놓은 뜻을 '가장 공평한 생각에서 나온 어진 정치의 근본'이라고 인정했다. 그러나 현실적으로 지주의 소유지를 빼앗을 수가 없다고 주장하면서 다른 실학자들이 내놓았던 '소작지의 균분화(均分化)'론을 지지했다. 뒤의 논문에서는 세제개혁을 제안했다.

1892년에는 「어채론(漁採論)」을 써서 일본어민들로부터 피해를 입는

111 유길준 지음·허경진 옮김, 『서유견문』, 111쪽.

112 유영익, 『한국근현대사론』, 142쪽.

113 이 점에 대한 자세한 토론은 다음에서 볼 수 있다. 정용화, 「유교와 인권(Ⅰ)」, 67쪽.

제주도의 어민들을 보호하고자 했다. 이 글 역시 실학의 정신을 반영했다. 이상의 세 논문들에서도 보이듯, 그의 관심은 언제나 현실적인 국가적 과제에 연관됐다.

제6장

유길준의 서양정치학 수용(2): 『정치학』을 중심으로

제1절 갑오개혁의 참여로부터 일본으로의 망명까지

제2절 『정치학』의 구성과 특징들

제3절 『정치학』의 이론들

제4절 지방자치의 구현에 힘쓴 만년

앞 장에서 살폈듯, 유길준은 「중립론」이라는 논문으로 우리나라 최초의 국제정치학 논문을 썼으며 『서유견문』이라는 책으로 우리나라 최초의 정치학 책을 썼다. 그것들만으로도 유길준은 우리나라 최초의 정치학자로 불리기에 모자람이 없다고 하겠는데, 그러한 평가는 그가 『정치학』을 집필함으로써 더욱 확실해졌다. 이 장에서는 그가 『정치학』을 집필하게 된 배경, 그리고 『정치학』의 내용을 아울러 살피기로 한다.

제 1 절 갑오개혁의 참여로부터 일본으로의 망명까지

유길준이 『정치학』을 집필한 시기는 그가 갑오개혁을 계기로 정부에서 중책을 맡아 일하다가 아관파천(俄館播遷) 직후 일본에 망명해 거기서 생활하던 시기다. 따라서 이 절을 통해 그가 일본에 망명하기 직전까지 조선조정에서 활약하던 시기의 그의 사상과 행동을 돌이켜보기로 하겠다. 그러나 이 책이 유길준의 사상과 행동 그 자체가 아니라 유길준의 서양정치학 수용에 초점이 주어진 만큼 이 시기의 그의 사상과 행동에 대한 설명은 개괄적일 수밖에 없겠다.

유길준의 등용과정. 유길준이 유폐로부터 풀린 때는 1892년이었다. 정확한 시점에 대해, 유동준과 이광린은 1892년 11월이라고 보았었으며, 유영익은 1892년 봄이라고 보았다.[1] 유폐된 때로부터 7년만의 일이었다.

그때로부터 1년 4개월 뒤인 갑오년(甲午年, 1894)에 김옥균이 홍종우(洪鍾宇)의 손에 암살됐으며, 비슷한 시점에 동학농민군이 봉기했다.[2] 전라도 고부군(古阜郡 : 오늘날의 전라북도 정읍시[井邑市] 고부면)의 군수 조병갑(趙秉甲)의 탐학에 견디다 못한 농민들은 동학교도인 전봉준(全琫準)의 지휘 아래 봉기해 전라도 감영(監營)이 위치한 전주성(全州城)을 장악했다. 농민군은 곧 전주성 안에는 대도소(大都所)를 설치하고 호남 대부분의 군현에는 집강소(執綱所)를 설치해, 그동안 잘못된 정책들의 개혁을 추진했다. 이른바 폐정개혁안(弊政改革案)이라고 불린 농민군의 정책방향은 동학이 제시한 방향에 부합됐으며, 특히 전통적인 반상구별의 철폐와 청춘과부개가금지의 철폐 및 관리채용에서의 지벌 철폐 등에 비춰 볼 때 '근대지향적'이었다.

동학농민군의 봉기를 보고, 그동안 파병의 빌미를 찾던 청국과 일본은 1885년의 천진조약을 인용하면서 각각 조선에 경쟁적으로 군대를 보냈다. 위급한 정세의 전개에 당황한 조선조정은 우선 6월에 유길준

1 유동준, 『유길준전』(서울 : 일조각, 1987), 176쪽 ; 이광린, 『유길준』(서울 : 동아일보사, 1992), 92쪽 ; 유영익, 『갑오경장의 연구』(서울, 일조각, 1990, 초판 : 1997, 재판), 제3장(「갑오경장 이전의 유길준」), 107쪽.

2 동학농민군의 봉기에 대해서는 많은 연구들이 국내외에서 출판됐다. 한국정치학회의 회원들 가운데 신복룡 교수가 이 주제에 대한 저서들을 출판했다. 『전봉준의 생애와 사상』(서울 : 양영각, 1982) 및 『동학사상과 갑오농민혁명』(서울 : 평민사, 1985) 등이 그 보기들이다. 다음의 책에는 여러 논문들이 포함됐다. 동학농민전쟁기념사업회 편, 『농학농민혁명과 사회변동』(서울 : 한길사, 1994). 전봉준의 전기로 다음을 지적할 수 있다. 이이화, 『녹두장군 전봉준』(서울 : 중심, 2006).

을 통리교섭통상사무아문의 주사로 임명해 일본당국과 접촉하게 했다. 유길준이 일본의 실정도 잘 알고 국제법에도 밝다는 것을 조선조정이 인정했기 때문이었다. 그러나 거기에는 일본을 긍정적으로 이해하면서 민씨정권에 반대하는 개혁파인사들을 조선조정에 포진시키려던 일본정부의 정책이 개입됐던 것도 사실이다.[3] 그는 곧 오늘날의 기준으로 말할 때 중앙행정부서의 국장(局長)에 해당되는 참의(參議)로 승진한다.

다른 한편으로, 유길준이 본격적인 활동을 벌이게 되는 것은 그 달에 갑오경장(甲午更張)이라고 부르는 갑오개혁이[4] 시작되는 것을 계기로 민씨정권이 퇴진하고 대원군을 앞세운 '친일적' 김홍집내각이 들어서면서부터였다. 이때의 '친일적'은 뒷날 비난받는 '친일파'와는 다르다. 새 정권은 내정개혁을 추진할 핵심기관으로 군국기무처(軍國機務處)를 두면서 유길준을 군국기무처를 구성하는 17명의 회의원(會議員)들 가운데 한 사람으로 기용했다. 이때 그와 함께 회의원이 된 사람들 가운데 우포장(右捕長) 안경수(安駉壽)가 있었다.[5] 유길준은 김가진(金嘉鎭)[6] 및 안경수 등과 군국기무처가 다룰 많은 의안들을 기초하게 되는데, 안경수의 양자가 제8장에서 살피게 될 안국선이다.

갑오개혁에서의 유길준의 역할. 새 정권은 또 유길준을 영의정 겸 군국기무처총재인 김홍집의 비서관 두 명 가운데 한 사람으로 중용했다. 김홍집은 곧 영의정이 총리대신으로 바뀌면서 그 자리에 취임한다. 이에 따라 유길준은 내각사무처장에 해당되는 내각총서(內閣總書)에 임명됐으며, 1895년 5월에 김홍집이 총리대신에서 물러나 내부대신 박

3 유영익 『갑오경장의 연구』, 113-124쪽.

4 이 주제에 관해서는 유영익, 『동학농민봉기와 갑오경장』(서울: 일조각, 1998)이 대표적이다.

5 이광린, 『한국사강좌』, V(근대편), 수정증판(서울: 일조각, 1984), 316쪽.

6 김가진의 전기로 다음이 있다. 김위현(金渭顯), 『동농(東農) 김가진전』(서울: 학민사, 2009).

영효가 총리대신서리를 맡았을 때 내무부차관격인 내부협판으로 임명됐다. 이 일련의 과정에서 유길준은 여러 개혁안들을 제의했기도 했고 추진하기도 했다. 관제개혁과 과거제도폐지, 그리고 인재등용에서의 문벌타파 등은 그의 발안들이었다. 다른 한편으로, 계급의 타파·문무존비(文武尊卑)의 폐지·과부재혼의 허용·노비법의 혁파·인신매매의 금지 등 「11개항의 사회개혁안」에는 그의 발안들이 포함됐다.

고종은 1895년 1월에는 정치적 기본강령으로 「홍범(洪範) 14조」를 반포했다. 학자에 따라서는 우리나라 최초의 '헌법'이라고도 평가되는 「홍범 14조」는 청국과의 전통적 종주국-속방관계의 공식적 절연, 국왕의 친정과 이에 따른 법령준수, 왕비와 종친 등의 정치간여배제 등을 규정했다. 이 중요한 국가적 업무에 유길준도 참여했다. 그는 자신의 정치적 신념인 서구식의 자유민주주의 이념과 제도를 부분적이면서도 단계적으로 조선에 도입하면서, 특히 국왕을 국가의 상징적인 존재로 떠받들고 내각을 권력의 중심으로 바꾸려고 노력함으로써, 영국식 입헌군주제에 가까운 제도를 확립하고자 시도했던 것이다. 다른 한편으로, 유길준은 일본을 방문해 국채를 얻고자 활동하기도 했다. 그 활동은 결실을 맺지 못했다. 그러나 우리가 제5장 제4절에서 이미 보았듯, 그는 이때 자신의 『서유견문』을 일본에서 출판하게 된다.

여기서 우리가 상기해야 할 점은 그때 유길준은 총리대신 김홍집 및 군부대신 조희연(趙羲淵)과 더불어 이른바 갑오경장파를 형성하고 있었다는 사실이다. 이들은 비교적 온건한 방식의 개혁을 추구했다. 이들에 대조되는 세력이 '급진적 개혁정치가'로 불리며 고종의 미움을 사던 박영효가 이끌던 세력이었다. 박영효는 이미 1895년 7월에 고종을 폐위시키고 민비를 제거한 뒤 일본정부의 지원 아래 조선의 내정과 외교를 급진적으로 바꾸려던 혐의를 받고 일본에 다시 망명하고 있었다.

노선에서 차이를 보이던 유길준과 박영효의 합작으로 서재필의 귀국이 실현됐다는 것은 흥미로운 일이다. 갑신정변의 주역들 가운데 한 사람인 박영효, 그리고 갑신정변에 참여하지는 않았으나 호의적이었던 유길준은 갑신정변의 주역들 가운데 한 사람인 서재필을 귀국시켜 갑오개혁에서 일정한 역할을 수행하게 하고 싶었던 것이다. 그리하여, 갑신정변에 연루돼 역적으로 단죄된 탓에 일본을 거쳐 미국으로 망명해 온갖 역경을 이겨내며 공부함으로써 미국의 시민권과 의사자격을 획득한 서재필은 1895년 12월 26일에 서울에 도착했으며, 그때로서는 유명무실했던 중추원의 고문으로 임명됨으로써 고국에서 일할 발판을 확보했던 것이다.[7]

유길준의 일본관을 다시 살핀다. 이 대목에서 우리는 유길준의 일본관을 다시 살피기로 한다. 친일적 김홍집내각에 참여해 여러 요직들을 맡아 대체로 일본의 제도를 염두에 두고 조선의 개혁을 추진하던 때 그는 일본을 어떻게 인식하고 있었던가?

결론부터 말해, 그의 일본관은 우리가 제5장 제3절에서 살폈던 초기의 그것으로부터 크게 달라지지 않았다. 그는 일본의 조선에 대한 침략욕은 어느 정도 인정하면서도 그러나 조선이 내정개혁을 통해 부국강병의 나라로 자리 잡으면 일본이 가장 경계하는 러시아는 물론 중국도 조선을 지배하기 어렵게 되기 때문에 일본은 마음을 놓게 되리라고 믿었던 것으로 보인다. 그는 일본은 조선이 취약한 탓에 러시아나 중국의 지배를 받게 되면 그 상황이 일본의 안전에 위협을 주는 만큼 그 위협을 예방하는 차원에서 조선의 내정에 개입하고자 한다고 판단했던 것이다. 이러한 판단에서, 그는 조선 스스로 내정을 개혁하는 것이 일본이 조선의 내정에 개입할 수 있는 원인을 제거하는 길이라고 믿었다.

유길준의 이러한 인식은 분명히 잘못된 것이었다. 그는 정미년(1907)에, 이미 조선의 외교권과 재정권을 뺏은 일제가 내정권마저 뺏는 일

7 이광린, 「서재필의 『독립신문』간행에 대하여」, 『진단학보』 39(1975년 4월), 71-104쪽. 귀국하는 과정은 71-76쪽에서 설명됐다.

곱 조항의 조약을 강제로 맺게 하는 것을 보고서야 비로소 일제를 비난하기 시작한다.

아관파천 직후 역적으로 몰려 일본으로 망명하다. 그사이 국내외정세는 빠르게 바뀌었다. 1894년 7월에 청국과 일본 사이에 조선에서 전쟁이 일어났으며 이 전쟁은 1895년 2월에 노대국(老大國)의 패전으로 끝났다. 그 결과 조선에 대한 일본의 발언권은 더욱 커져, 사사건건 내정에 간섭했을 뿐만 아니라 조선을 일본의 보호국으로 만들려고까지 했다. 이에 맞서, 조선조정은 '일본을 거부하고 러시아를 끌어들이는 정책[拒日引俄策 : 거일인아책]'으로 기울어 갔다. 당황한 일본은 을미년인 1895년 10월에 그동안 일본의 조선정책에 적극적으로 반대해 온 민비를 시해한 이른바 을미사변을 일으켜 정세를 반전시킨 뒤, 조선의 개혁을 뒷받침한다는 미명 아래 조선의 내정에 더욱 깊이 간섭했다.

이 무렵 춘생문사건(春生門事件)이 일어났다. 이 사건은 시종원경(侍從院卿) 이재순(李載純)과 전(前) 군부대신 안경수 등이 합작모의하고 이범진(李範晉)과 이완용(李完用) 및 윤치호 등이 호응해 군대를 동원함으로써 시작됐다. 그들은 고종을 궁성 밖으로 모셔 나와 친일정권을 타도하고 새 정권을 세우고자 경복궁의 신무문(神武門) 밖에 위치한 춘생문에서 담을 넘어 입궐을 기도했으나 실패로 끝났다.

그러면 이범진과 이완용 및 윤치호는 왜 이 음모에 가담했던 것일까? 세 사람 모두 그 경력에서 미국이라는 공통점이 떠오른다. 이범진은 조선정부의 주미공사를 역임했고 이완용은 주미참찬관을 역임했으며, 윤치호는 미국유학생출신으로 조선주재미국공사관과 매우 가까웠다. 이 시점에서 그들은 모두 애국적 입장을 유지하고 있었으며, 일본의 조선침략을 막기 위해 조선은 미국 및 러시아와 협력해야 한다고 믿고 있었다. 그들은 미국공사관과 러시아공사관이 위치한 정동(貞洞)을 근거로 하나의 구락부(俱樂部)를 형성하고 있었기에 정동파(貞洞派)로 분류됐다.

관련자들은 대부분 체포되어 처벌을 받았다. 안경수는 태(笞) 100대와 징역 3년의 처벌을 받았다. 그는 경무사(警武使) 출신으로 1895년 8월에 김홍집 총리대신 아래서 군부대신으로 승진했었는데 을미사변 때 왕비의 시해를 막지 못한 책임을 지고 해임됐었다. 원래 친일파로 출발했던 그는 어느 사이 정동파의 중심인물들 가운데 하나가 됐던 것이다.[8]

을미사변과 춘생문사건을 겪으면서도 이른바 김홍집 3차 내각은 몇 가지 개혁들을 추진하고자 했다. 유길준은 이때 내부대신으로 승진해 건양(建陽)이라는 연호의 채택과 태양력의 실시 등을 포함한 몇 가지 개혁안들을 추진했다. 그러나 국민들은 이 개혁을 별로 좋게 생각하지 않았다. 하루아침에 오랜 관습을 없애버리고 새로운 법으로 갈아치우는 데에 따른 반발이 컸을 뿐만 아니라 이 개혁에는 일본인고문들이 참여하고 있었기 때문이다.[9]

그런데도 그해 말에 유길준의 주도로 남자들에게 상투를 자르게 하는 단발령이 내려지자 국민들의 원성이 높아졌고, 새해 들어 그동안 을미사변으로 격앙된 유림을 중심으로 의병이 일어나기조차 했다. 자연히 서울에 주둔하던 주력부대가 지방으로 출동하게 됐으며 수도의 경비는 소홀해졌다. 을미사변 이래 친일내각에 포위된 채 불안과 공포의 나날을 보냈으며, 그리하여 서울주재러시아공사관으로의 피신을 여러 차례 호소했던 고종은 이것을 좋은 기회로 보아 러시아공사의 묵인 아래 1896년 2월에 정동의 러시아공사관으로 피신했다. 이것이 이른바 아관파천이었다.

고종은 곧 친일내각의 대신들을 역적으로 규정하고 포살령(捕殺令)을 내렸다. 이에 따라 총리대신 김홍집과 탁지부(度支部 : 지난날 대한민국정부직제로는 재무부) 대신 어윤중 등이 군중의 손에 타살됐으며,[10] 유

8 위와 같음, 365-375쪽.

9 위와 같음. 376쪽.

길준은 조희연 등과 더불어 일본인들의 보호를 받아 일본으로 망명했다. 유길준이 만 40세 때의 일이었다. 따지고 보면, 지난 20개월은 그에게 득의의 세월이었다. 주사로부터 시작해 대신에 이르렀을 뿐만 아니라, 개혁정치의 선봉장과 같았기 때문이었다. 한편 러시아공사관에서 생활하며 조정을 이끌었던 고종은 1897년 2월에 환궁해 연호를 광무(光武)로 바꾼 뒤 10월에 국호를 대한제국으로 고치고 스스로 황제의 자리에 오른다.

『독립신문』의 정치학 중요성 강조. 아관파천에 따른 조선에서의 일본세력약화는 서재필의 활동공간을 넓혀 주었다. 서울주재일본공사관이 반대하던 『독립신문』의 창간이 가능해진 것이다. 서재필은 1896년 4월 7일에 『독립신문』을 창간했고 이어 1896년 7월에는 독립협회를 결성해 국민계몽운동에 앞장섰다. 서재필은 차차 국권수호운동으로 노선을 바꿨다. 그 초점은 러시아에 대한 경계와 반대에 집중됐다.[11]

독립협회의 회장 격인 '회의의장 겸 회계장'에는 안경수가 선출됐다. 독립협회의 활동은 1898년에 절정에 도달해, 만민공동회를 개최하고 정부에 대한 국정개혁의 추진과 민권의 신장을 요구하는 대중적 정

10 김홍집의 피살에 대한 역사적 평가에 대해서는 우선 임종국(林鍾國) 지음·반민족문제연구소 엮음, 『실록 친일파』(서울: 돌베개, 1991), 66-67쪽. 또 신복룡, 『한국의 정치사상가: 전기정치학(傳記政治學)을 위한 시론』(서울: 집문당, 1999), 부록의 세 번째 글인 「백 년 전의 세 김씨」, 296-310쪽. 이 글은 원래 『뿌리깊은 나무』 1980년 6·7월호에 실렸었다.

11 서재필과 『독립신문』에 대해서는 참으로 많은 저술들이 출판됐다. 이것과 관련해, 다음이 가장 철저하게 조사했다. 정진석 편저, 『독립신문·서재필 문헌해제』(서울: 나남출판, 1996). 서재필에 대해 매우 호의적인 전기는 임창영 지음·유기홍 옮김, 『위대한 선각자 서재필 박사 전기』(서울: 공병우글자판연구소, 1987). 객관적인 전기는 이정식, 『구한말의 개혁·독립투사 서재필』(서울: 서울대학교출판부, 2003). 서재필의 국문자료집으로 다음이 유일하다. 최기영(崔起榮), 『서재필이 꿈꾼 나라』(서울: 푸른역사, 2010). 이 자료집에는 (1) 서재필이 국문으로 집필한 논설·서한·공함·축사·성명, (2) 서재필이 영문으로 집필한 원고의 국역 등이 포함됐다.

치운동을 크게 벌였다. 이 과정에서 1898년 여름에 안경수의 정변미수 사건이 일어났다. 안경수가 급진개혁적인 친일정치인 박영효와 연계한 뒤 대원군의 손자 이준용(李埈鎔)을 앞세워 고종의 양위를 도모한 사건이 그것인데, 역모의 주동자로 지목된 안경수는 일본으로 망명하게 됐다. 그러자 정부는 독립협회의 회원들을 안경수의 도당으로 몰아 탄압하면서 그 운동을 짓밟고 1898년 12월에는 독립협회마저 강제로 해산시켰다. 그사이인 1898년 5월에 서재필은 미국으로 돌아갔으며, 1899년에 『독립신문』은 정부에 매수되면서 폐간된다.[12]

비슷한 시점에 『황성신문(皇城新聞)』이 일간지로 창간됐다. 중인계급출신의 민족주의자 남궁억(南宮檍)을 비롯한 우국지사들은 1898년 9월 5일에 국민계몽을 위해 국한문혼용으로 이 신문을 발행한 것이다. 『독립신문』이 폐간된 뒤에도 발간을 계속한 이 신문은 서양의 문물과 학문을 받아들이는 데 대해서는 찬성하면서도, 조선의 전통적인 '미법양규(美法良規)'를 지켜야 한다고 역설했다. 우리가 제2장 제3절과 제4절에서 살폈던 남인계 실학자들의 개혁론을 자주 소개하면서, 군주권을 강화해 그 군주가 개혁을 추진해야 한다고 제의했다.[13]

서재필이 『독립신문』과 독립협회를 통해 조선의 개혁운동을 전개하던 때, 유길준은 일본에 망명하고 있었다. 유길준이 만일 서울에서 활동하고 있었다면, 그는 서재필을 적극적으로 도왔을 것이다. 그들 사이에는 몇몇 공통점들이 있었다. 첫째, 그들은 미국에서 유학하며 민주정치체제의 우수성을 인식했다. 그러한 인식의 기초 위에서, 그들은 일찍

12 이하 독립협회에 관한 자료는 특별히 출전을 밝히지 않는 한 신용하(愼鏞廈), 『독립협회연구: 독립신문·독립협회·만민공동회의 사상과 운동』(서울: 일조각, 1976)에 의존했다.

13 전상숙, 「문헌 DB구축을 통해서 본 한국 초기 '사회과학'의 문제의식과 특성」, 이화여자대학교 한국문화연구원 SSK '한국 사회과학' 연구사업단 편, 『근대 전환기 '한국 사회과학' 수용의 주체와 문제의식』(서울: 이화여자대학교 한국문화연구원, 2011), 21-22쪽.

부터 조선의 개국과 개화를 지지했으며 민주주의적 정치체제의 수립을 지향했다. 둘째, 그들은 민씨척족세력이 이끌던 친청정책을 반대했다. 셋째, 그들은 방아론의 노선을 걸었다. 넷째, 그들은 민중계몽을 위해 신문의 역할이 중요함을 인정했다.

무엇보다도 『독립신문』은 '정치학'의 중요성을 강조했다. 『독립신문』은 '치국(治國)'에 필요한 학문으로 '정치학'을 지목하고, '정치학 교육'의 중요성을 반복적으로 강조한 것이다. 구체적으로, 이 신문은 "정치학은 문명개화한 나라에서는 여러 천년을 두고 여러 만명이 자기 평생에 주제로 생각하고 공부하야 만든 학문"이라고 소개하고, '정부의 관인(官人)'은 이 학문을 배워야만 한다고 역설했다.[14] 우리가 곧 보게 되듯, 유길준 역시 정치학의 중요성을 강조하면서 그 보급에 진력한다.

『태서신사』의 출간. 대체로 이 무렵인 1896년에 조선조정의 학부(學部 : 지난날의 대한민국정부직제로는 교육부) 편집국은 『태서신사(泰西新史)』를 역간했다. 영국의 로버트 맥캔지(Robert McKenzie)는 1877년에 런던에서 『19세기의 역사(*The Nineteenth Century : A History*)』를 출판했는데, 중국 상해에서 활동하던 영국의 침례교선교사 티모디 리처드(Timothy Richard : 1845-1919)는 중국의 선비 채이강(蔡爾康)의 협조를 얻어 그 책을 『태서신사람요(泰西新史攬要)』로 역간했다. 맥캔지는 마간서(馬懇西)로 표기됐고, 역자는 이제마태(李提摩太)로 표기됐다. 이 책을 학부 편집국은 원문 그대로 복각함과 동시에 『태서신사』라는 제목 아래 한글로 역간한 것이다.

이 책은 유럽의 역사를 중심으로 19세기의 세계사를 상세히 소개해, 조선의 지식인들에게 세계사의 전개과정에 눈을 뜨게 했다. 그리고 이 책에 포함된 설명들은 뒷날, 우리가 제7장 제4절에서 살필 『만국사기』를 비롯해 조선의 지식인들이 서양을 알리기 위해 쓴 책들에 활용된

14 위와 같음, 17쪽.

다. 이 책은 또 유럽의 중요한 정치사상가들을 소개했다. 예컨대, 몽테스키외와 볼테르 및 루소를 각각 '몽특사구(蒙特斯邱)'와 '복록특이(福祿特爾)' 및 '라색(羅索)'으로 소개했다. 볼테르는 그 이후 대한제국의 출판물들에서 월태야(越太爺)와 발태야(發太耶)로 표기됐다.[15] 한 가지 더 추가할 것은 이 책이 로마자로 쓰인 서양의 고유명사들을 한자로 표기하는 방식을 처음으로 국내에 소개했다는 사실이다.

일본에서의 쿠데타구상. 이러한 시대적 배경에서, 유길준이 동경에 도착한 때는 『독립신문』 창간 직후인 1896년 4월 22일이었다. 그는 다시 후쿠자와의 도움을 받으면서 동경에 유학하는 조선의 학생들을 돌보았다. 동시에 그는 우리글에 대한 체계적인 연구서로 『조선문전(朝鮮文典)』을 집필했는데, 이 책은 1909년 6월에 『대한문전』으로 서울에서 출판된다. 이 책은 서구어의 문법을 국어에 적용한 최초의 문법책으로 평가된다.

유길준의 망명생활은 매우 고달팠으며 글자 그대로 파란만장했다.[16] 첫째, 안경수의 귀국자수사건의 여파였다, 안경수는 일본에 망명해 생활하다가 주한일본공사 하야시 곤스케(林權助 : 임권조)의 막후교섭에 따라 살려준다는 약속을 받고 자수하기 위해 1900년 2월에 귀국했다. 그러나 대한제국정부는 그를 오늘날의 고등법원에 해당되는 평리원(平理院)에 넘겨 심하게 고문한 끝에 상주(上奏)의 절차도 생략한 채 3월에 교수형에 처했다.[17] 이로써 대한제국정부와 일본제국정부 사이에 외교분쟁이 일어났다. 그렇지만 대한제국 정부의 입장은 거세어, 유길준을 비롯한 망명객들의 인도마저 강력히 요구했다. 이것은 유길준을 비롯한 망명객들을 곤란하게 만들기도 했으며 격분하게 만들기

---

15 김효전, 『서양헌법이론의 초기 수용』(서울 : 철학과현실사, 1996), 383-398쪽.

16 이광린, 『유길준』, 132-156쪽.

17 서진교(徐珍教), 「대한제국기 고종의 황제권 강화책과 경위원」, 『한국근현대사연구』 제9집(1998), 83쪽.

도 했다.

둘째, 그리하여 그들은 쿠데타계획을 세우기에 이르렀다. 마침 동경에는 정부의 방침에 따라 일본 육군사관학교에 입학해 4년 과정을 졸업했으나 배일(排日)로 입장이 바뀐 본국정부로부터 버림받아 울분의 나날을 보내는 21명의 청년장교들이 있었다. 그들은 일심혁명회(一心革命會) 또는 혁명일심회라는 비밀단체를 만들어 때를 기다렸다. 유영익 교수에 따르면, 일심혁명회는 유길준이 1900년에 동경에서 조직했다.[18]

1902년에 들어가 유길준과 그의 망명동지들은 이들과 연계해, "황상(皇上)을 받들어 정부를 조직한다"는 대의명분 아래 쿠데타를 모의했다. 원래 일심혁명회 회원들은 고종황제와 황태자를 폐하고 고종의 아들들 가운데 한 사람으로 뒷날 의친왕(義親王)으로 격상되는 의화군(義和君) 이강(李堈)으로 하여금 그 위를 대신하게 하는 구상을 가졌다. 그러나 유길준이 국가의 정통성을 유지하기 위해 황제는 그대로 두고 그 주변에 있는 인물들을 숙청하는 쪽으로 방향을 돌려 관철시켰던 것이다. 그리하여 김형섭(金亨燮)을 비롯한 회원들의 대부분이 귀국해 쿠데타계획을 추진했다. 그러나 이 계획은 곧바로 누설돼 김형섭을 포함한 핵심간부들은 처형됐고 나머지는 유배됐다.[19]

대한제국정부는 일본정부에 대해 유길준을 비롯해 망명자들의 인도를 요구했다. 입장이 난처해진 일본정부는 1902년 6월에 유길준을 오가사와라(小笠原 : 소립원) 제도(諸島) 가운데 하하시마(母島 : 모도)로 유배시켰지만, 1년 뒤 동경에 가까운 하치조시마(八丈島 : 팔장도)로 유배

18 유영익, 『젊은날의 이승만 : 한성감옥생활(1899-1904)과 옥중잡기 연구』(서울 : 연세대학교 출판부, 2002), 31쪽.

19 이치가와 마사아키(市川正明 : 시천정명) 편, 「김형섭대좌 회고록」, 『일한외교사료』 제10권(동경 : 하라쇼보[原書房 : 원서방], 1981), 197-207쪽. 이 조직에 대해서는 다음에서도 설명됐다. 이기동(李基東), 『비극의 군인들 : 일본육사출신의 역사』(서울 : 일조각, 1982), 51-107쪽.

지를 옮겨 주었으며, 대한제국의 외교권과 재정권을 빼앗은 을사조약이 강제로 체결된 때로부터 4개월 뒤인 1906년 3월에 이르러 비로소 동경으로 돌아오게 해 주었다.

을사조약과 정미조약에 대한 유길준의 입장. 그러면 유길준은 을사늑약에 대해 어떤 태도를 취했던가? 이 늑약을 그는 뒤늦게라도 알았을 것이다. 그러나 그가 거기에 항의했다는 기록은 아직 발견되지 않았다. 그렇다고 찬성했다는 기록도 아직 발견되지 않았다. 일본에 대해 호의적이었고 러시아에 대해 부정적이었던 그로서는 우선 이 늑약에 앞서 일본이 러시아를 패전시킨 것을 다행스럽게 받아들였을 것이다. 그리고 이 전쟁을 마무리지은 포츠머스(Portsmouth)조약을 통해 미국이 조선에 대한 일본의 지배를 사실상 공인했으며 영국이 그것을 곧바로 지지한 것을 목격하면서, 그는 대한제국이 일제의 '보호'를 받으며 명맥이나마 유지하는 것이 낫겠다고 생각했을지 모른다.

정미년(丁未年)인 1907년 6월에 고종황제는 네덜란드의 수도 헤이그에서 열리는 만국평화회의에 이상설(李相卨)·이준(李儁)·이위종(李瑋鍾) 등 3명의 밀사들을 파견해 을사조약이 일제의 강박에 의해 맺어져 처음부터 무효인 것임을 폭로하게 했다. 불행히도 일본의 방해로 그들의 회의참가는 좌절됐다. 오직 영어·러시아어·프랑스어에 능통했던 이위종이 여러 차례의 기자회견을 통해 늑약의 불법성을 폭로할 수 있었다. 그는 주미공사와 주러공사를 지낸 아버지 이범진을 따라 미국과 러시아에서 생활하면서 서양어들을 익혔던 것이다.

일본은 이 사건을 빌미삼아 고종의 퇴위를 강요했고, 1907년 7월 20일에 양위식이 거행됐다. 그러나 이 양위식에는 황위를 물려줄 고종황제는 물론이고 황위를 이어받을 황태자도 참석하지 않았다. 이태진 교수가 발굴한 자료에 따르면, 내시 두 사람이 퇴위하는 황제와 즉위하는 황제의 역할을 대행했을 뿐이다. 이 자료 등을 고려해, 고종의 황위를 계승했다는 순종(純宗)은 대한제국의 황제로 간주될 수 없다는 국제

법학자 김영구(金榮球) 교수의 주장은 주목을 받기에 충분하다.[20]

양위식이 열렸던 때로부터 나흘 뒤인 7월 24일에 일본은 대한제국 정부를 강요해 이른바 일곱 조항의 조약을 체결했으며, 이른바 이 정미7조약을 통해 대한제국의 내정권마저 박탈하고 내정에 일일이 간섭하기에 이르렀다. 을사늑약의 경우와는 대조적으로, 유길준은 이 늑약에 강력히 반대하는 뜻을 공개적으로 나타냈다. 그러나 일본정부는 그를 포함한 망명자들의 귀국과 특사를 주선해 주었으며, 그리하여 그는 11년에 걸쳤던 망명생활을 청산하고 1907년 8월 13일에 동경을 떠나 16일에 서울에 도착할 수 있었다.[21]

망명생활 가운데의 번역활동. 11년에 걸친 망명생활 동안 유길준은 『영법로토제국가리미아전사(英法露土諸國哥利米亞戰史 : 영국·프랑스·러시아·터키 크리미아전쟁사)』와 『보로사국 후례두익대왕 7년전사(普魯士國厚禮斗益大王七年戰史 : 프로이센왕국 프리드리히대왕 7년전쟁사)』 등을 번역했다. 앞의 책은 1895년에 마쓰이 고키치(松井廣吉 : 송정광길)가 썼고, 뒤의 책은 1896년에 시부에 다쓰오(澁江保 : 삽강보)가 쓴 것이었다.

앞의 책은 귀국한 뒤인 1908년에 서울 휘문관(徽文館)에서 출판됐고, 뒤의 책은 같은 해 서울 일한인쇄주식회사(日韓印刷株式會社)에서 출판됐다. 제목이 그대로 말해 주듯, 이 책들은 국제관계사와 전쟁사에 관계된 책들이었다. 이 책들을 통해 그는 만국공법이라고 불리는 국제법은 믿을 만한 것이 되지 못하고 그러므로 조선이 독립을 유지하려면 자강해야 하며 각국의 외교정책을 정확히 파악하고 적절히 대처해야 한다는 뜻을 전파하고자 했다.

20 김영구, 『잘 몰랐던 한일과거사문제 : 한일과거사에 대한 국제법적 조명』(서울 : 다솜출판사, 2010), 제1장(「순종은 대한제국의 황제가 아니다」), 5쪽.

21 서영희(徐榮姬), 『대한제국정치사 연구』(서울 : 서울대학교출판부, 2003 ; 2005, 초판 3쇄), 375쪽.

유길준은 또 『파란쇠망전사(波蘭衰亡戰史)』와 『이태리독립전사(伊太利獨立戰史)』라는 미출간 원고를 남겼다. 앞의 것은 1895년에 발간된 마쓰이의 책을 번역한 것이고, 뒤의 것은 역시 1895년에 발간된 시부에의 책을 번역한 것이었다. 앞의 책 제목의 파란은 물론 강대국들의 권력정치에 여러 차례 희생된 폴란드를 말한다. 유길준은 폴란드처럼 열강에 둘러싸인 약소국 조선이 어떻게 해야 권력정치 위주의 비정한 국제사회에서 생존할 수 있을 것인가에 관해 교훈을 주고자 번역했을 것이다. 뒤의 책은 사분오열된 채 주변열강의 이해관계에 좌우되던 이탈리아가 독립운동가들과 국민들에 의해 간난신고를 겪으며 마침내 독립과 통일을 성취하는 과정을 묘사했다. 유길준은 독립의 유지를 위해서는 자기희생적 투쟁이 긴요함을 역설하고자 이 책을 번역했을 것이다.[22]

제 2 절 『정치학』의 구성과 특징들

『정치학』의 집필시기. 일본망명시기에 집필된 것으로 구한말 서양정치학의 수용을 연구하는 학도들에게 가장 큰 관심을 불러일으키는 책은 역시 『정치학』이다.[23] 『정치학』은 원래 1886년으로부터 1905년에 이르는 20년 사이에, 특히 1886년께, 집필된 것으로 추정됐었다.[24] 그러나 여러 자료들을 종합해 보면, 망명시기에 썼음이 확실하다.

윤병희 박사는 "『정치학』의 처음 부분이 『만세보(萬歲報)』 1907년 3

22 김용구, 『세계관충돌의 국제정치학 : 동양 예(禮)와 서양 공법』(서울 : 나남출판, 1997), 247-249쪽.

23 이 책에 대한 나의 개괄적인 설명은 다음에 있다. 김학준, 「자료소개 : 한국정치에 관한 몇 가지 자료들」, 『한국과 국제정치』 제5권 제1호(1989년 봄), 303-308쪽.

24 예컨대, 이홍구, 「근대 한국정치학 백년 : 그 한계성의 극복을 위한 자성(自省)」, 『한국정치학회보』 제20집 제2호(1986년 12월), 5-10쪽.

월 7일자에 게재된 적이 있으므로 그 이전의 어느 시기에 [번역이] 이루어졌다는 것만은 확실하게 알 수 있다"고 덧붙였다. 보다 자세하게 그는 다음과 같이 추론했다:

> 유길준이 망명생활을 청산하고 귀국해 서울에 도착한 날은 1907년 8월 16일이었다. 그러므로 『만세보』에 『정치학』이 게재된 시기는 유길준의 망명생활의 말년에 해당된다. 그리고 망명 직전에는 『서유견문』이 간행된다. 이상의 상황으로 미루어, 『정치학』은 유길준이 망명생활을 하는 동안에 번역한 것으로서 이것을 누군가 역시 유길준이 망명생활을 하는 동안에 일본에서 가져와서 『만세보』에 실은 것이라고 생각할 수 있을 것이다.[25]

한편, 이광린 교수는 "일본에 망명한 첫 해인 1896년에 저술했던 것 같다"고 추론했다.[26]

『정치학』의 원전과 저자. 한때 『정치학』은 유길준의 저술인 것으로 추정됐었다. 그러나 윤병희 박사는 이것이 번역일 것이라고 정확히 추론했다. 그 근거로 윤 박사는 이 원고가 이탈리아 남쪽의 섬으로 한때 왕국을 이뤘던 시실리(Sicily)의 입헌군주제를 설명한 다음에, "역자는 말한다. 시실리국은 오늘날 이탈리아의 일부이다. 독립국이 아닌데도 여전히 그 헌법을 여기에서 논술한 까닭은 이 나라가 18세기에 이탈리아가 독립하기 전에는 독립국가로서 헌법을 발포했기 때문이다."라고 덧붙인 점을 지적한다.[27]

그렇다면 『정치학』은 누구의 어떤 책을 번역한 것일까? 이 물음에 관해 윤병희 박사는 "이 문제를 명확하게 구명할 수 있을 만한 자료를 아직 발견하지 못했으나, 다만 『정치학』이 서구학자들의 정치·사회이

25 윤병희, 「유길준의 입헌군주제론: 미정고(未定稿) 『정치학』을 중심으로」, 『동아연구』 제12집(1987), 48-49쪽.

26 이광린, 『유길준』, 178쪽.

27 윤병희, 「유길준의 입헌군주제론」, 47쪽.

론 및 여러 나라의 정치형태 등에 관해서 주로 얘기하고 있으면서 그 가운데는 일본에 관한 언급이 간혹 섞여 나오는 점으로 미루어보아 이 책의 원본은 일본인의 저술일 것이라는 짐작을 가능하게 할 뿐이다." 라고 조심스럽게 대답했다.[28]

그런데 마침내 의문이 풀렸다. 김용구 교수는 "『정치학』은 독일의 카를 라트겐(Karl Rathgen)이 1892년까지 동경제국대학에서 행한 강연을 리노이에 류스케(李家隆介 : 이가륭개)와 야마사키 데쓰죠(山崎哲臧 : 산기철장)가 일본어로 번역한 것을 다시 유길준이 국한문혼용체로 번역한 것이다."라고 단정한 것이다.[29] 그렇다고 하면, 유길준이 『정치학』을 집필한 시기는 1892년 이후가 된다. 따라서 1886년께 집필한 것 같다는 추정은 더 이상 유지될 수 없게 됐다.

유길준이 라트겐의 책을 완역한 것은 아니었다. 상권 「국가편」, 중권 「헌법편」, 하권 「행정편」 가운데 상권 「국가편」을, 그것도 전부가 아니라 끝부분의 부근까지 번역한 것이다.

그러면 라트겐은 어떤 사람이었나? 그는 독일의 바이마르 태생으로 1882년에 동경제국대학의 초청을 받아 1892년에 귀국할 때까지 정치학과 행정학 및 경제학을 강의했고 역사파경제학을 전수했다. 그는 일본사람들로부터 '우리나라 정치학의 비조(鼻祖)'라는 칭송을 들을 정도로 일본의 정치학계에 큰 영향을 미쳤다. 독일로 귀국한 뒤, 마그데부르크대학교와 베를린대학교 및 하이델베르크대학교 등에서 교수직을 맡았다. 『독일에서의 시장(市場)의 성립』(1881), 『일본의 국민경제와 국가재정』(1891), 『근대일본의 성립』(1897), 『일본인과 경제발전』(1905), 『일본의 국가와 문화』(1907), 『국민경제에서의 일본인』(1911) 등의 저서들을 남겼다.[30]

28 위와 같음, 48쪽.
29 김용구, 『세계관충돌의 국제정치학』, 247쪽.
30 정용화, 「유길준의 정치사상 연구 : 전통에서 근대로의 복합적 이행」, 서울대학

이렇게 볼 때, 독일의 정치학이 일본을 거쳐 대한제국에 소개된 셈이었다. 그런데 여기서 토론돼야 할 대목은 라트겐의 『정치학』에서, 그리하여 유길준의 이 원고에서, 독일의 국가학교수였던 요한 카스페르 블룬츨리(Johann Kasper Bluntschli, 1808-1881)가 때때로 인용되고 있는 부분들이다. 한문으로 백륜지리(佰倫知里) 또는 불운추리(佛雲抽利)라고 표기된 그는 스위스에서 태어나 독일의 베를린대학교와 본대학교에서 법학을 전공했고 스위스로 돌아와 대학교수와 정치가로 활약했다. 그러나 자유주의적 보수주의자였던 그는 1847년을 고비로 스위스의 정세가 점차 급진주의자들에게 유리하게 돌아가자 정계를 은퇴한 뒤 1848년에 독일의 뮌헨대학교 법학교수로 자리를 옮겨 국가학과 국법학에서 많은 학문적 업적을 남겼다.[31]

블룬츨리의 저술에 일관된 국가론은 이른바 유기체적 국가론 또는 국가유기체론이었다. 이 이론은 영국의 토머스 홉스와 존 로크 및 프랑스의 장 자크 루소로 이어지는 자연법적 국가론에 대조됐다. 자연법적 국가론은 자연법사상과 천부인권론 및 사회계약설에 기초해 주권재민의 원칙을 지키는 가운데 인간의 자유의사에 따라 국가가 성립됐으며 따라서 폭군을 방벌할 수 있다고 주장해 시민혁명론의 이론적 원천이 됐음에 비해, 유기체적 국가론은 자연법적 국가론의 원자론적 국가론을 부정하고 유기적 전체로서의 국가를 중시했던 것이다.[32] 우리가 앞으로 보게 되듯, 이러한 블룬츨리의 국가론은 자연히 유길준의 『정치학』의 원고에 반영됐다.

『정치학』의 구성. 『정치학』은 붓글씨로 세로로 써 놓은 것이다. 『유길준전서』 제4권의 393쪽부터 767쪽까지가 이 원고의 영인본이다. 국

교 대학원 외교학과 정치학박사학위논문, 1998년 2월, 22쪽.

31 전복희, 『사회진화론과 국가사상 : 구한말을 중심으로』(서울 : 한울아카데미, 1996), 56-57쪽.

32 김도형(金度亨), 『대한제국기(期)의 정치사상 연구』(서울 : 지식산업사, 1994), 100쪽.

문과 한문을 섞어 썼는데, 띄어쓰기가 전혀 되어 있지 않고 고어투인데다가 때로는 먹물이 흐리거나 너무 짙기까지 해, 우리 고문과 한문에 밝지 않고는 읽기가 어렵다. 다행히 한석태 교수가 역주본(譯註本)을 내놓아[33] 이제는 읽기가 훨씬 편해졌다.

우선 이 원고의 양을 헤아려본다. 『유길준전서』를 놓고 따져 보면, 매 쪽에 띄어쓰기가 없는 채 대체로 220자가 포함됐음을 감안할 때 전체 자수는 8만 2,500자 정도에 이르며, 이것은 200자 원고지로 413매 분량이다. 그러나 띄어쓰기를 채택한다면 600매 정도의 분량이 된다. 한석태 교수의 역주본을 놓고 따져 보면 735매 정도의 분량이 된다. 말하자면 문고판 분량이다.

『정치학』은 2편 4장으로 구성됐다. 제1편은 「국가의 요소」로, 제1장 「자연적 요소」와 제2장 「사회적 요소」로 구성됐다. 제2편은 「국가의 생리」로, 제1장 「국체 및 정체」와 제2장 「국권의 범위」로 구성됐다. 이상에서 보듯, 이 원고는 국가론의 기초 부분에 해당된다. 머리말이나 맺음말도 없고, 각주와 참고문헌목록 역시 없다. 따라서 이 원고만으로는 유길준이 어떤 사람들로부터 영향을 받았으며 어느 책들을 참고했는지 알기 어렵다. 이 원고의 구성을 자세히 소개하면 다음과 같다.

제1편 국가의 요소
- 제1장 자연적 요소
  - 제1절 기후, 제2절 지형, 제3절 지질, 제4절 인민(제1관 인민과 국가의 관계, 제2관 인민의 자연적 분류)
- 제2장 사회적 요소
  - 서론, 제1절 가족, 제2절 지방단체(제3절은 나타나지 않음), 제4절 사회 : 협의의 사회(제1관 태고의 사회, 제2관 중고의 사회, 제3관 근세의 사회), 제5절 족민

33 한석태 역주, 『유길준, 「정치학」』(마산 : 경남대학교 출판부, 1998).

제2편 국가의 생리

제1장 국체와 정체

서론: 국체, 정체, 헌법

제1절 국체의 이론적 분류

제2절 국체의 역사적 분류

제1관 고대국가(제1항 가족국가, 제2항 신권국가, 제3항 시부국가, 제4항 봉건국가)

제2관 근세국가(제1항 천제군주제, 제2항 입헌군주제, 제3항 대의공화제, 제4항 연방제)

제2장 국권의 범위

제1절 국가의 목적, 제2절 정부행위의 범위, 제3절 국권의 제한, 제4절 국가의 연원, 제5절 국가의 성질(제1관 국가의 개념, 제2관 국가의 이상)

『정치학』 원고는 여기서 중단됐다. 따라서 앞에서 이미 말했듯, 『정치학』은 미완성의 원고라고 하겠다.

『정치학』의 특징들. 비록 미완성의 원고라고 해도, 『정치학』은 다음과 같은 몇 가지 특징들을 보여 준다. 첫째, 이 원고가 초고인 탓인지 구성에서 균형과 일관성이 모자라는 경우가 때때로 보인다. 예컨대, 어떤 절에서는 관으로 나뉘고 어떤 관에서는 항으로 나뉘어야 할 사항이 그대로 길게 기술됐다. 또 어떤 사항에 대한 설명이 다른 사항에 대한 설명에 비해 지나치게 길기도 하다.

둘째, 이 원고에서 유길준은 『서유견문』에서와는 달리 '국'이라든가 '방국'이라는 단어를 전혀 쓰지 않고 일관되게 '국가'라는 단어를 썼다. 이것은 이 시점에서 '국가'라는 단어가 보편적으로 수용됐음을 의미한다. 셋째, 역어(譯語)나 조어(造語)가 오늘날의 관행과 다른 것들이 가끔 눈에 띄어 이 원고가 확실히 우리나라 초기의 정치학 저술임을 실감나게 한다. 예컨대, 우리가 오늘날 민족(民族)이라고 사용하는 이

용어를 족민(族民)으로 번역했다. people을 인민으로, 국가구성원으로서의 인민을 국민으로, 그리고 nation을 족민으로 각각 번역함으로써 세 단어가 모두 민(民)으로 끝나게 하려는 세심한 배려에서 나온 듯하다. 그 밖에 시부국가(市府國家)란 말은 물론 도시국가를 말함이 확실하고, 천제군주제(擅制君主制)란 물론 전제군주제를 말함이 확실하다.

넷째, 이 원고는 기본적으로 구미적(歐美的)이며, 더 좁혀 말해 서유럽적이다. 이 원고에서 소개되고 설명되고 비교되는 나라들은 거의 전부가 오늘날의 서유럽국가들인 것이다. 이 가운데서도 이 원고가 가장 많은 관심을 보인 나라는 영국이다. 영국의 입헌군주제에 대한 설명이 40쪽을 차지하는데 이것은 전체 원고의 1할에 가까운 분량이다. 영국의 입헌군주제에 대해서는 호감을 나타냈으며, 이것과 흐름을 같이하는 것이 공화주의체제와 공화주의이론에 대한 호감이다. 다섯째, 이 원고는 주국(主國)과 속국, 주국과 부용국, 주국과 식민지 사이의 관계에 대해서 비록 짧지만 기본적 설명을 제시한다. 오늘날의 국제정치학의 분야에 대해서도 싹을 보였다고 할 것이다.

여섯째, 이 원고는 서양의 정치학을 소개하면서 서양사상가들의 이름을 될 수 있는 대로 우리 발음에 맞도록 표기하려는 노력을 보여 주었다. Plato는 布羅道(포라도), Aristotle은 阿利斯土突(아리사토돌), Montesquieu는 文太士規(문태사규), Hegel은 惠傑(혜걸), Bentham은 邊淡(변담), Mill은 米逸(미일), Hobbes는 翕壽(흡수), Rousseau는 婁昭(루소) 등으로 표기한 것이다. 이러한 표기방법은 이미 일본과 중국에서 개발됐으며 조선에도 들어왔다. 그렇다고 해도, 이러한 노력은, 이홍구 교수가 이미 지적했듯, 서양이론의 재수입(再輸入)이라는 한계 속에서도 부분적이나마 독자적 관점을 제시하려는 노력으로 평가된다.

제 3 절 『정치학』의 이론들

그러면 『정치학』은 구체적으로 어떤 이론들을 소개하고 있는가? 제1편과 제2편으로 나눠 설명하기로 한다.

제1편 국가의 요소

자연적 요소. 이 부분은 제2편에 비해 훨씬 덜 중요하다. 우선 제1장에서 국가의 구성에 영향을 주는 '자연적 요소'로 '기후'와 '지형' 및 '지질'을 꼽았는데, 이 부분을 읽다 보면 현대정치학의 정치문화론에 어느 정도 접근한 점을 느끼게 된다. 한 나라의 정치체제와 정치제도는 그 나라의 기후와 지질 및 지형 등에 영향을 받는다고 주장한 점이 바로 그렇게 느끼게 만드는 근거다. 이와 관련해, 이 원고는 다음과 같이 쓰고 있다:

> 추위와 더위, 사계절의 변화 등 모든 기후상의 현상이 오래도록 사람들의 성질형성에 영향을 주게 되고 또한 국가의 성질 및 제도에도 영향을 미치게 되는 것이 무릇 적지 아니하다. 즉, 고도한 문명의 발달과 복잡한 정치적 생활은 유독 온대기후의 사람들에게만 한하는 현상이고, 매우 춥거나 더운 기후에 사는 사람들에게는 바라기 어려운 일이다.[34]

> [···] 열대(熱帶) 인민에 적당한 제도는 반드시 한대(寒帶) 인민에게는 맞지 않으며 한대 인민에 적당한 제도는 반드시 열대 인민에게는 맞지 않는다.[35]

인용된 이 부분은 우리가 몽테스키외의 『법의 정신』에서 읽었던 몇몇 구절들을 연상시킨다. 예컨대, 몽테스키외는 늘 무더운 지방에서는 사람들이 역시 무더운 곳일 수밖에 없는 장소에서 열리는 모임에 참석

34 위와 같음, 9쪽.
35 위와 같음, 11쪽.

하기를 꺼리며 따라서 토론과 집회를 전제로 하는 민주주의가 운용되기 어렵다는 취지로 말했던 것이다. 아주 추운 지방에 대해서도 같은 취지의 말을 할 수 있다. 이러한 점들을 고려해 몽테스키외는 온대지방의 국가들에서 민주주의제도가 발전할 수 있다는 취지를 제시했었는데, 『정치학』 역시 이 논지를 전개했다.

이 원고는 오늘날의 용어로 정치지리학의 면모를 보여 주었다. 또 다음과 같은 주장이 그 보기다:

> 산악과 평야는 중앙집권과 지방분권의 척도가 된다. 한 나라에 평야가 많으면 자연히 중앙집권의 경향이 있으며 산악이 많으면 자연히 지방분권의 경향이 있다. [...] 유럽 여러 나라 가운데 평야가 많고 산악이 적은 곳으로는 영국이 대표적인데, 영국은 유럽에서 봉건제도가 붕괴되고 중앙집권제도가 일찍이 자리 잡아 마침내 입헌제도의 발달을 보여 주게 됨으로써 그 종주국이 되었다.
>
> 스위스는 가장 작은 나라이나 지리상으로는 산악국으로서 그 이름이 매우 높고 정치적으로는 분권의 전통이 뚜렷한 것이다. 독일은 북부에는 평야가 많아 집권제가 행해졌고 남부에는 산악이 많아 분권제가 행해졌다. 일본은 산악이 많기로 세계에서도 찾기 힘들 정도이며, 따라서 분권제도의 영속됨도 또한 세계적으로 드문 나라이다.[36]

이 원고는 평야와 산악이 국민의 성질에 대해서도 영향을 준다고 주장했다. 특히 산악의 경우는 그 영향이 매우 커서 "고산준령이 비구름 속에 솟아 있고 심심유곡이 바람과 구름을 토해 내는 데에서는 사람들로 하여금 뜻과 기개를 고상하게 하고 감정을 활발하게 하는 경향이 있으며 또한 산 속의 생활은 평야에 비해 매우 어려워 노동력을 많이 쓰게 되어 육체가 더욱 강해지고 기력이 더욱 세어져서 촌락사회를 구성하고는 은연중 독립국이 되기에 이른다"고 보았다. 여기서 이 원고

---

36 위와 같음, 12쪽.

는 중요한 관찰을 적시했다. "무릇 이같이 발달한 유래를 고찰하건대, 하나같이 자유의 정신이 충만했다는 점이다"가 그것이다.[37] 독립국이 되려면 국민이 '자유의 정신'을 지녀야 한다는 뜻을 강조한 것이다.

이 원고는 이어 수리(水利)의 국가흥륭과의 상관관계를 설명했다. 강이나 바다를 낀 민족과 국가는 흥륭했다는 주장이다. 이 원고의 표현으로 "대개 물가의 인민은 의식주의 방도가 매우 쉽고 운수와 교통의 편리도 또한 커서 능력과 사유의 발달이 신속함으로써 국가의 구성도 빠른 것이 자연스런 일이다." 이 원고는 다음과 같이 부연했다:

> 고대에 고도의 문명을 이루어 완벽한 국가를 세운 곳은 대개가 장강대하(長江大河)의 출구에 위치하니, 그 예로 중국제국의 황하 및 양자강이며 앗시리아와 바빌로니아 양국의 티그리스강 및 유프라테스강이며, 인도왕국의 갠지즈강 및 인더스강이며 이집트왕국의 나일강이 뚜렷한 것들이다.[38]

이 원고는 이어 강이나 바다를 끼고 생활하는 "인민은 선박을 건조하여 물길을 통하며 수상생활을 영위하는 일이 항상 많음으로써 마침내 큰 바람을 업어 고래등 같은 파도를 헤쳐 나가기에 이른다"고 지적했다. 그러한 관찰로부터, 이 원고는 "유럽주에 예부터 대업을 성취하고 그 이름을 천하후세에 드날린 것은 모두 바다를 낀 국민이었다"고 결론을 내리면서, 그 사례들로 고대에 있어서는 그리스와 로마를 지적했으며 근대에 있어서는 스페인·포르투갈·네덜란드·영국 등을 지적했다.[39] 이 원고는 이어 "중세기에 유럽정치의 역사적 발자취는 대개 유럽의 이름 있는 큰 강의 양안(兩岸)에 있었다"고 설명하고, "독일의 라인강과 이탈리아의 포우강, 프랑스의 로온강과 세느강의 양안은 언

37 위와 같음, 12-13쪽.
38 위와 같음. 13쪽.
39 위와 같음.

제나 유럽정치의 중심무대가 되었다"고 부연했다.[40]

이 원고는 연해선의 장단과 국가의 발달과의 상관관계를 통계숫자까지 제시하며 설명했다. "연해선이 길면 길수록 운수와 교통의 편리 또한 크게 증대된다"고 주장하면서, 이 원고는 "토지의 면적에 대해 연해선의 길이는 그 진보의 속도를 나타내는 척도이며, 진보의 속도는 해안선에 비례하고 면적에 반비례한다"는 명제를 제시했다. 이 원고는 결론적으로 "해안이 국가의 부강과 사회의 발달에 필요하다"고 주장했다.

이 원고에 따르면 바다를 갖는다는 것이 그만큼 중요하기 때문에 바다를 갖지 못한 나라는 바다를 가지려고 노력한다. 예컨대, 해안선을 하나도 갖지 못했던 러시아는 "강역을 사방으로 개척하여 서쪽으로는 핀란드와 기타 지방을 약탈하여 흑해와 발트해에 이르고, 동쪽으로는 시베리아를 잠식하여 캄차카해에 도달하고 바야흐로 지금은 남쪽으로 인도양과 아라비아해에까지 간격을 메우려 한다." 그 결과, "이것은 영국과 터키 양국에 대해 늘 갈등을 일으키게 되는 사단이 된다."[41]

이 원고가 "국토가 지나치게 비옥한 것은 국가의 발달에 유해하다"고 주장한 것이 이채롭다. "국토가 지나치게 비옥하면 재산 분재의 불균형을 불러 결국 우려할 일들이 생기게 된다. 의식(衣食)을 얻기 쉽고 생활하기에 어려움이 없게 되니 인구가 번식하게 되고, 인구가 번식하면 결국 의식이 부족하여 빈민이 증가하게 되는 것은 자연스런 이치인 것"이라고 분석한 뒤, "이렇게 되면 위로는 놀고먹는 귀족과 승려가 있어 인민의 고혈을 빨아먹고 아래로는 비굴하게 곤란을 겪는 세민(細民)과 노예가 이어 구렁텅이에서 배고픔과 추위로 신음하게 되어 마침내 상하 간에 단절이 생기고 귀천이 두드러져서 나라는 흙이 무너지고 바람에 날리는 듯한 참극을 보여 주고 만다"고 주장했다.[42]

40 위와 같음, 13-14쪽.
41 위와 같음, 15쪽.

그러나 "국토의 척박함이 지나쳐도 국가의 창조에 유해하다." 백성들이 먹고살기에 너무 바빠 때로는 곳곳을 흘러다니게 되기 때문이다. 그래서 이 원고는 "국가의 발달에 가장 적당한 것은 다소의 비용과 근로를 요하는 옥토이다."라고 매듭지었다. 이와 관련해, 이 원고는 다음과 같이 주장했다:

> 무릇 고래로 일세를 석권해 우주를 진동시킨 영웅은 모두 척박한 땅으로부터 옥토에 들어간 이들이다. 옥토에서 척박한 땅에 들어간 자로 영웅이 된 이는 한 사람도 없다. 알렉산더 대왕이 그리스와 동부아시아로, 북게르만왕이 로마로, 몽고인이 중국과 인도 및 투르키스탄으로, 들어간 것이 모두 그러한 예다. 이로 미루어볼 때 세력의 중심은 옥토로 옮기는 것이라 해도 지나친 말이 아닐 것이다.[43]

이 대목은 영국의 세계적 역사학자 아널드 조셉 토인비(Arnold Joseph Toynbee)가 1961년에 완간한 『역사의 연구(*A Study of History*)』의 논지를 떠올리게 한다. 토인비는 '변방의 창조적 소수'가 변방의 악조건이 제기하는 '도전(challenge)'에 적절히 '응전(response)'함으로써 새 역사를 만들어 왔다고 주장했던 것이다.

인민과 국가의 관계. 이 원고는 이어 인민과 국가와의 관계를 설명했다. 우선 "인민의 많고 적음은 국력의 강약을 표시한다"고 말하고, "유럽의 여섯 대국이라 칭하는 나라는 그 인구가 다른 이웃 나라들에 비해 빼어나게 많은 까닭에 국력이 유럽 전체를 움직이기에 족해 유럽의 안위는 이들 여섯 대국의 수중에 있다"고 보았다.

"인구의 수는 국력의 강약을 나타낼 뿐 아니라 인구와 면적의 비교수, 즉 인구밀도는 국가발달에 미치는 영향이 크다"고 주장하면서, 이

42 위와 같음, 16-17쪽.
43 위와 같음, 18쪽.

원고는 "인구의 밀도와 문명의 속도와는 서로 비례하는 까닭에 일정한 정도까지는 인구가 조밀할수록 그 나라의 발달이 빠르고 인구가 희소할수록 늦어진다"는 명제를 제시했다.[44] "인구가 조밀하면 의식주의 방도가 매우 어려워 생존경쟁도 역시 치열하지 않을 수 없고 생존경쟁이 치열함으로써 발달을 재촉하게 되기 때문이며 인구가 희소하면 의식주의 방도가 따라서 쉬우므로 생존경쟁 또한 치열하지 않게 되어 진보가 더디게 되기 때문"이라는 것이다. 이 원고는 다음과 같이 부연했다: "벨지움은 인구가 매우 조밀하여 1평방킬로미터에 174인의 비율이며, 노르웨이는 인구가 매우 희소하여 1평방킬로미터에 6인이 평균인 바, 전자는 나라가 작으나 아주 부유하고, 후자는 나라가 크나 아주 가난하다. 또한 영국은 1평방킬로미터에 112인의 인구를 가지며 러시아는 겨우 16인을 가질 뿐으로, 이 두 나라 사이의 빈부와 문명수준의 차이는 비교하지 않아도 역시 분명한 것이다."[45]

이 원고는 인구밀도가 한 나라의 정치에도 영향을 준다고 주장하면서 다음 두 가지 명제를 제시했다. 첫째, "인구가 희소하면 법률과 명령의 보급이 어렵다." 예를 들어, "러시아의 남부와 미국의 서부는 인적이 희소해 수백 리 안에 개나 닭 우는 소리를 들을 수 없는 곳이 있으니 이런 곳에서는 중앙과 같이 법령의 전파나 정치의 전달을 기대할 수 없는 것이다." 둘째, "인구가 지나치게 조밀하면 사회적으로나 정치적으로 해악을 면하지 못하게 된다." 왜냐하면, "인구가 번식하고도 의식의 공급이 뒤따르지 못하면 나라에 아사(餓死)를 면치 못하는 자가 생겨 [···] 다른 나라에 이주하는 사람들이 늘어나기 때문이다."[46] 이 경우의 사례로, 이 원고는 19세기 중반의 아일랜드를 지적했다. 1847년의 기근에 4만여 명이 사망한 일을 계기로, 국민들이 북미와 기타 여

44 위와 같음.
45 위와 같음, 19쪽.
46 위와 같음, 18-19쪽.

러 나라들로 이주했다고 설명했다.

'사회적 요소.' 제2장에서는 국가의 구성에 영향을 주는 '사회적 요소'를 토론했다. 여기서 이 원고는 사람을 '사회적 동물'이라고 정의한 뒤, "국가는 사회가 생장하고 발달한 무형의 총합체로서 사회의 위에 서서 독립의 생활을 갖는 존재다."라고 정의했다.

이 대목은 현대정치학의 시각에서 다시 토론될 만하다. 현대정치학의 민주주의이론에 따르면, 국가는 사회 안에 존재한다. 사회라는 큰 테두리 안에서 국가가 성립되고 존재하며 국가라는 큰 테두리 안에서 정부가 성립되고 기능한다. 말하자면, 사회와 국가 및 정부는 세 개의 동심원(同心圓)을 형성한다. 외곽의 가장 큰 원이 사회이고, 그 안의 원이 국가이며, 그 안의 원이 정부다.

대조적으로, 이 원고는 국가가 사회의 위에 서 있다고 썼다. 그것은 앞에서 이미 토론됐듯, 이 원고는 독일의 국가학을 반영했기 때문이다. 자유민주주의 이념적 기초 위에 성립된 영국이나 프랑스의 정치학과와는 달리, 독일의 국가학은 국민중심의 이념적 기초 위에서가 아니라 국가중심의 이념적 기초 위에 성립됐다. 당시 일본의 명치정부는 국가중심의 정치이론을 선호했으며, 그러했기에 동경제국대학은 라트겐을 교수로 초빙했던 것이다.

제2장은 이어 국가를 구성하는 '사회적 요소'로 '가족'과 '지방단체'와 '사회' 및 '족민'을 꼽았다. 국가와 이들과의 관계를 이 원고는 이렇게 설명했다: "국가는 가족, 지방단체 및 족민의 사회조직과 가장 친밀한 관계를 가지며 혹은 자기 목적을 위해 이 같은 조직을 이용하기도 하고 혹은 이 같은 조직을 위해 스스로 사용되기도 한다."[47] 여기서 주목하게 되는 대목은 국가가 "자기 목적을 위해 이 같은 조직을 이용하기도 한다"이다. 이 대목은 확실히 국가중심적 독일정치학의 특성을

47 위와 같음, 22쪽.

반영하는 하나의 사례라고 하겠다.

이 원고는, 개인이 아니라 가족을 구성요소로 간주했던 고대국가에 비해 '오늘날의 국가'는 가족이 아니라 개인을 구성요소로 간주한다고 보았다. 그렇기에, "오늘날 국가는 개인에게 직접 명령을 발하고 그 한 사람으로써 책임을 지게 하지 가족에게 연대책임을 지게 하지 않는다"고 지적한 뒤, "근세의 법률은 모두 이 같은 원칙에 기초한다"고 단언했다.[48]

이 원고는 지방단체에 대해서도 설명했다. 이 원고는 우선 "지방단체는 일종의 유기체로서 단체구성원의 권리 및 의무와 지방의원의 지명이나 선거 그리고 단체의 공유재산 등에 관한 강행권(强行權)을 가진다."라고 정의했다. 여기서 강행권은 오늘날의 용어로 강제권에 해당된다. 이 원고는 이어 "따라서 지방단체는 일종의 강행체이니 그 단체에 생활하는 자는 반드시 그 단체의 일원이 되며 또한 단체 안에 생활하는 자에게 반드시 그 단체의 규칙을 따르게 하는 특권을 가진다."라고 설명하고, "이리하여 지방단체는 국가와 거의 같은 성질을 가진다 할 것이나, 단체의 권력은 국가로부터 전수받으나 국가의 권력은 스스로 고유한 것이기 때문에 다르다."라고 부연했다.[49]

여기서 주목되는 부분은 "국가의 권력은 스스로 고유한 것이다."라는 대목이다. 자유민주주의적 정치학은 국가의 권력은 국민으로부터 나온다는 데서 출발한다. 그러나 독일의 국가학은 국가의 권력을 '국가의 고유한 것'으로 간주한 것이다.

그러면 국가와 지방단체의 관계는 어떤가? 이 원고는 다음과 같이 대답한다:

> 국가와 지방단체의 경계는 변화가 무상해 양자 사이에 일정한 경계를 획정

48 위와 같음, 24쪽.

49 위와 같음, 26쪽.

할 수 없다. 근세의 국가는 지방단체를 그 명령 아래 두고 지방행정과 지방경찰, 조세, 징집과 징병사무, 교육사무 등 일체의 국가공무를 지방단체를 통해 사용하고 있다. 지방단체의 독립과 국가행정과의 권한, 즉 지방분권과 중앙집권과의 경중 여하는 근세 정치학적으로 일대 문제로서 학설이 아직 일정한 틀에 미치지 못하고 있는바, 어떤 나라는 지방단체를 단순한 행정구획으로 간주하여 도회 및 촌락사회 간에 존재하는 자연적·역사적인 구별을 없애버려 전혀 이를 고려하지 않는가 하면 또 어떤 나라는 국가의 목적 및 통일을 파괴할 수 있는 과도한 자치와 독립을 지방단체에 허용하기도 하기 때문이다.**50**

이 원고는 이어 사회에 대해 설명했다. 우선 '태고(太古)의 사회'에 대해 설명하면서, 이 사회의 본질을 노예제도에서 찾았다. 이 시대에 '자유인'만이 인간이었고 노예는 인간이 아니라 '재산'에 불과했다고 설명하면서, 이 원고는 "노예제가 일정한 시기에 있어서는 사회의 발달에 매우 필요했으나 일정한 정도의 진보가 이루어진 뒤로는 노예의 필요가 이미 없어져 도리어 해(害)는 있되 익(益)이 없어지기에 이르렀다"고 논평했다. 그는 그러한 보기로 로마제국을 지적했다. "로마가 그 문명이 고도의 수준에 도달하고 난 뒤로는 다수의 노예가 국내에 존재함으로써 마침내 붕괴의 환(患)을 면치 못했던 사실이 그것이다."라고 쓴 것이다.**51**

그러면 이 노예제는 어떻게 소멸된 것인가? 이 원고는 다음의 두 이유를 지적했다. 첫째, 게르만의 영향이다. "게르만족은 원래 자유와 평등의 정신이 풍부하고 또한 그들에게는 예부터 노예제가 발달하지 않았기 때문에 게르만족의 민법 즉 습관법은 또한 주인에 대해서 노예를 크게 보호해 주도록 되어 있다"고 설명하면서, 이 원고는 "게르만인이 로마의 망명노예를 관대히 대하여 국내 각지에서 해방시켜 타인의 방

50 위와 같음, 26-27쪽.

51 위와 같음, 31쪽.

해를 받지 않고 일정한 토지를 경작할 수 있도록 허용하자 상황은 크게 변하여 세월이 흐른 후로는 노예상태에서 점차 벗어나기에 이르렀던 것이다."라고 부연했다.[52]

둘째, 기독교의 영향이다. 기독교의 교리는 "사람은 하느님 앞과 사원 안에서는 모두 동등하다"고 가르쳤으며, "기독교를 모시는 사람을 회교인에게 팔아서는 안 된다"고 가르쳤다. 이러한 교지(敎旨)는 노예제와 양립할 수 없다고 지적하면서, 이 원고는 "자유와 해방에 관해 기독교인이 기울인 노력은 지극히 컸다. 이것으로 미루어, 기독교의 노예제박멸에 관한 공적은 결코 적잖다."라고 결론을 내렸다.[53]

이 원고는 이어 '중고(中古)의 사회'를 설명했다. 우선 '중고의 사회'에서는 노예제를 대신하여 '속농제(屬農制)'가 나타났다고 지적하면서, "속농은 완전한 자유인은 아니나 노예와는 달리 인격을 가지고 생명과 재산은 법률의 보호를 가지며 수확의 얼마간을 주인에게 바친다"고 설명했다. 이 원고는 이어 "유럽의 속농제는 1848년에 이르러 점차 소멸하게 되었다"고 설명하고, 그런데도 제정러시아에서는 속농제가 계속됐다고 지적한 뒤 알렉산더2세에 와서야 비로소 속농제를 폐지했다고 부연했다.

그러면 '중고의 사회'는 계급의 관점에서 어떻게 구성됐던가? 이 원고는 제1급의 승족, 제2급의 귀족, 제3급의 시민, 제4급의 농민으로 구성됐다고 보았다. 이 원고는 귀족을 고등등족과 하등귀족으로 나누고 하등귀족을 사족(士族)으로 요약했다. 이어 고등등족이 국회의 상원을 조직하며 하등귀족이 국회의 하원을 구성한다고 설명했다. 이 원고는 제3급의 시민에 주목했다. "시민은 지주·상인·관리·하등귀족 등 동일 시내에 거주하는 각종 인민의 총합체"라고 정의한 뒤, 이 원고는 "시민은 정치사상이 일찍이 발달하여 자유를 사랑하고 권리를 귀히 여

52 위와 같음, 31-32쪽.

53 위와 같음, 32쪽,

겨 후세에 들어 헌정체(憲政體)를 불러오기에 이르렀다. 이리하여 시부(市府)는 실상 국가의 모범이 되고 시민권은 국민권의 기초가 되었다"고 주장했다.[54]

이 원고는 이어 '근세의 사회'를 설명하면서, '근세의 사회'에는 네 개의 등족(等族)이 존재한다고 말했다. 첫째, 주치자계급(主治者階級)이다. 군주제국가의 황족이나 공화제국가의 대통령이 여기에 속한다. 둘째, 귀족계급이다. 셋째, 이른바 제3계급으로, 학술가·기술가·제조가·상업인·지주·신사·신상(紳商) 등이 여기에 속한다. 넷째, 서민계급으로 "국민 가운데 최하 지위에 있다." 이들은 제2계급인 귀족같이 사회적인 권위도 갖고 있지 않으며, 제3계급인 신사같이 지식이나 재산도 없다. 그러나 "이들 제4계급은 국민 가운데 최대의 숫자로서 위의 세 계급을 훨씬 능가하는 부류이다."[55]

마지막으로, 족민에 관해 이 원고는 우선 "대개 인류는 신체와 정신적인 공동 성질, 그 가운데 특히 혈통·용모·사상·언어·기술 및 소질 등에 관한 공동 성질로 말미암아 자연히 수많은 중합체(衆合體)로 분열하게 되니 이들 복잡한 개개의 중합체를 일러 족민이라 한다."라고 정의했다. 여기서 '중합체'는 오늘의 용어로 '집단'에 해당된다. 이어 "족민과 국민의 이름은 서로 비슷하나 그 뜻은 다르다. 족민은 종족이 서로 같은 일정한 인민의 무리를 말함이고, 국민은 같은 나라에 거주하는 일정한 인민의 갈래를 말함이다."라고 설명했다.

족민에 관한 이 원고의 설명 가운데 주목되는 부분은 "여러 족민이 한 나라에 존재하게 되면 서로 알력하여 국가의 안정을 파괴하게 되고 마침내 우등족민이 세력을 차지하여 열등족민을 압박하고 학대하는 결과를 빚게 된다"는 설명이다.[56] 그 한 보기로 영국에서의 영국족민

54 위와 같음, 35-37쪽.

55 위와 같음, 38-39쪽.

56 위와 같음, 43쪽.

과 아일랜드족민의 갈등을 지적했다. "양족이 서로 배격함으로써 영국의 평화를 교란한다"고 지적한 뒤, 세계의 역사에서 "모든 족민의 경계를 압도하고 천하를 호령한 자는 오직 로마인일 뿐이다."라고 이 원고는 지적했다.[57]

이 설명은 우선 지난날의 체코슬로바키아를 연상시킨다. 슬로바키아사람들은 체코사람들이 지배적 위치를 차지한 채 자신들을 천대한다고 주장하면서 분리운동을 전개했으며, 그리하여 마침내 1993년에 두 나라로 나뉘었다.

이 설명은 또 발칸반도의 어떤 나라들을 연상시킨다. 1945년에 성립됐다가 1991년에 해체된 유고슬라비아사회주의공화국연방이 그 한 보기다. 세르비아사람들·크로아티아사람들·슬로베니아사람들·알바니아사람들·헝가리사람들·마케도니아사람들을 비롯해 수많은 인종들과 민족들로 구성됐던 이 나라는 우세한 민족과 열세한 민족들 사이의 갈등이 내전으로 확대되면서 몇 단계에 걸쳐 부분적으로 분리되더니 결국 완전히 해체됐다. 그 과정에서, 연방의 지배적 국가였던 세르비아의 지배적 민족인 세르비아사람들은 연방의 소수민족이던 보스니아의 회교도들을 이른바 인종청소라는 이름으로 집단학살했다. 또 연방이 완전히 해체된 뒤 세르비아공화국으로 출발하면서 이 나라의 지배적 민족인 세르비아사람들은 세르비아 안의 소수민족인 알바니아사람들에 대한 종전의 학살을 계속했다. 그 과정에서 세르비아 안에서 알바니아계 사람들은 꾸준히 독립운동을 전개했으며 마침내 2008년 2월에 코소보(Kosovo)로 독립했다.

제2편 국가의 생리

국체와 정체. 이 원고는 제2편 '국가의 생리' 제1장에서 국체(國體)

57 위와 같음, 43-44쪽.

와 정체(政體)를 설명한다. “국체는 국가의 형식을 이르는 개념으로 […] 주권의 주체가 군주 1인에게 있고 객체는 국민 전체로 성립하는 것을 군주국체라 말하고, 주권의 주체가 국민의 총의에 있고 객체는 개개 국민으로 성립하는 것을 민주국체라 말한다. 현재 문명한 제국(諸國)의 국체는 천차만별의 차이가 있는 듯하나 법리적으로 분류할 때는 위의 두 국체를 벗어나지 않는다.”[58]

다른 한편으로, “정체는 주권을 집행하는 형식을 이르는 개념이다.” “현재 세계상의 각국이 서로 정체를 달리하는 듯하나, 법리적으로 분류할 때는 두 가지 정체에 불과하다. 국가가 주권을 작용할 때, 자기의 의지에 따르는 경우는 독재정체라고 말하고 이미 정해진 헌법에 근거하는 경우는 입헌정체 또는 제한정체라 말한다.”[59]

결국 구별의 기준은 정해진 헌법이 있느냐 없느냐인데, 그렇다면 헌법은 무엇인가? 이 원고는 헌법을 “근세국가에서 주권의 본체와 아울러 그 작용에 관한 원칙들 가운데 국가에 가장 긴요한 것을 골라내어 전체를 아우르는 통전(通典)이다.”라고 정의했다. 달리 표현해, “헌법은 국가와 정부의 형식을 규정하는 법전의 전체이다.”[60] 이러한 헌법에 두 가지 형식이 존재한다. 하나는 성문헌법이고, 다른 하나는 습관헌법이라고 명명한 뒤, 이 원고는 독일과 일본 등의 헌법을 성문헌법으로 분류하고 영국과 오스트리아 등의 헌법을 습관헌법으로 분류했다.

이 원고는 헌법은 나라마다 다르게 마련이라고 주장했다. “국가와 정부의 형식은 자연적·사회적·교화적(敎化的) 요소들이 역사적으로 발달한 결과이므로 고금동서(古今東西) 각국의 헌법은 같지 않다”는 것이다. 이 점에 대해, 이 원고는 다음과 같이 부연했다 : “그 외형은 서로 비슷한 것이 없지 않으나 실질에 있어서는 서로 크게 다르고 또는

58 위와 같음, 47쪽.
59 위와 같음, 47-48쪽.
60 위와 같음, 48-49쪽.

혹 일시적으로 비슷한 헌법을 가진 나라라도 점차 서로 차이를 나타내지 않을 수 없다. 동일한 나라에서도 지난 시대의 국체와 정체가 오늘날의 그것과는 조직을 서로 달리하는 경우도 있고, 설령 동일한 국체를 가졌다 하더라도 그 사이에 차이가 현격하게 나타나기도 한다." 그러한 사례들로, 이 원고는 러시아와 페르시아를 지적했다. 두 나라는 모두 전제군주의 정체이나 러시아에서는 인민의 생명·재산·자유가 일정하게 보호를 받음에 비해 페르시아에서는 그것들이 어떠한 보호도 받지 못한다고 설명했다.[61]

그렇기 때문에 국체와 정체에 절대적인 선악은 있을 수 없다고 이 원고는 주장했다. 이 원고의 표현으로, "고금(古今) 여러 시대를 통해, 동서(東西) 여러 나라에 걸쳐, 완전무결한 정체를 구성하고자 하는 것은 철학자류의 오류나 공허한 관념에 불과하다. 무릇 정부형식의 좋고 그름은 역사상 발달한 정도나 현재 성립된 사정에 의지하는 것이다. 그 형식은 완미해도 처한 사정과 정도에 절실하지 못한 것은 선량한 정체라 할 수 없다." 그리하여 "정체가 선하거나 그렇지 못하다는 것은 특정한 국가에 한해 관련되는 용어에 지나지 않는다. 곧 특정국가에게 마땅히 선하다거나 선하지 않다거나 말할 수 있는 정체는 없는 것이다."[62]

결국 한 나라의 문명 및 미개 수준에 맞춰 국체와 정체가 결정될 수밖에 없다는 논리였다. 그의 표현으로, 정치적 자유는 문명한 인민에게는 적당하나 미개한 인민에게는 적당하지 않다는 것이다. 같은 논리에서, 공화제가 구미의 문명제국에서는 인민의 복록을 보호해 줄 수 있어도 남미의 반개(半開)한 나라들에서는 폭력과 억압을 불러일으켜 과두제보다도 못하다고 주장했다.[63]

61 위와 같음, 49쪽.
62 위와 같음.
63 위와 같음. 49-50쪽.

이 대목은 유길준의 정치사상과 관련해 중요한 대목이다. 그는 이것과 비슷한 관점을 이미 『서유견문』에서도 제시했었던 것이다. 『서유견문』 가운데 「정부의 종류」에서 그는 "각국의 정치체제가 서로 다른 것은 시세와 인심에 따라 자연히 익힌 습관에 기인한 것이니, 아무리 지력(知力)이 좋아도 그 변화를 일조일석에 이룰 수 없다"고 말했는데, 바로 앞 문단에서 검토한 구절은 『서유견문』에서의 구절과 사실상 같은 내용을 담고 있는 것이다.

국체의 이론적 분류. 이러한 전제 아래, 이 원고는 '국체의 이론적 분류'를 다음과 같이 소개했다. 첫째가 '국체의 주관적 분류'다. (1) 우선 주권자의 수로써 국체분류의 기준을 세운 아리스토텔레스의 분류이니, "국가의 주권이 군주 1인에게 있어 군주가 국가를 대표하는 것을 일러 군주국체라 하고, 국가의 주권이 귀족 수인(數人)에게 있어 귀족이 국가를 대표하는 것을 일러 귀족국체라 하며, 국가의 주권이 국민 전체에게 있어 국민의 총의가 국가를 대표하는 것을 일러 민주국체라 한다." (2) 이어 주권자의 목적으로써 국체분류의 기준을 세운 아리스토텔레스의 분류이니, 앞에서 말한 군주국체와 귀족국체 및 민주국체는 모두 국가의 목적이 국민의 행복을 도모하는 데 있다는 점에서 '정체국가(正體國家)'인 반면에, 이 '정체국가'들이 각각 공익은 도모하지 않고 주권자 각자의 사익만을 도모하고자 할 때는 '변체국가(變體國家)'가 되어, 가령 "국가의 주권이 군주 1인에게 있으면서 자기의 행복을 목적하는 폭군국체, 국가의 주권이 귀족 수인에게 있으면서 각기 행복을 목적하는 과인국체(寡人國體), 국가의 주권이 인민 수인에게 있으면서 각기 행복을 목적하는 폭민국체(暴民國體)" 등이 나타난다고 보았다.[64]

'정체국가'와 '변체국가'라는 번역어는 아리스토텔레스가 사용한

64 위와 같음, 51-53쪽.

'순수형'과 '타락형'으로부터 왔을 것이다. 아리스토텔레스는 군주국체와 귀족국체 및 민주국체 모두를 '순수형'과 '타락형'으로 나눠, 각각의 국체가 본래의 뜻에 맞게 운영될 때 그것을 '순수형'으로 보았고 각각의 국체가 본래의 뜻에서 일탈했을 때 그것을 '타락형'으로 보았던 것이다. 이 원고는 이 대목에 이르러 아리스토텔레스의 혼합국체론을 소개했다. "혼합국체는 군주·귀족·민주국체의 세 국체가 혼합해 성립하는 것이나 어쩌면 귀족과 서민의 두 사회적 요소로써 군주를 제한하는 제한적 군주국체라고 보는 것이 옳을 것이다"라는 설명이 그것이다.

이 원고는 이어 주권자의 목적으로써 국체분류의 기준을 세운 또 하나의 분류인 몽테스키외의 분류를 설명했다. "주권자가 명예를 주의(主義)로 삼는 것을 군주국체라 하고, 주권자가 덕의(德義)를 주의로 삼는 것을 민주국체라 하고, 주권자가 온화(溫和)를 주의로 삼는 것을 귀족국체라 하고, 주권자가 협하(脅嚇)를 주의로 삼는 것을 압제국체라 한다"는 것이다.[65]

둘째가 '국체의 객관적 분류'다. "국민 전체가 복종의 의무는 있으나 참정권이 없는 것을 무자유국체(無自由國體)라 하고, 국민 다수가 복종의 의무는 있으나 참정권이 없는 것을 반자유국체(半自由國體)라 하고, 국민 전체가 참정권을 가진 것을 자유국체(自由國體)라고 한다"고 설명한 뒤, "그러나 순수한 자유국체는 이상에 불과할 뿐이며 실제 존재하지는 않는다"고 논평했다.[66]

국체의 역사적 분류. 이 원고는 이어 '국체의 역사적 분류'를 시도하면서 고대국가와 근세국가를 대비했다. 우선 '고대국가'로, 가족국가·신권국가·시부국가·봉건국가를 지적했다. 이 원고의 설명을 다음에서 요약해 소개하기로 한다.

65 위와 같음, 53쪽.

66 위와 같음, 53-54쪽.

가족국가는 '가장(家長)의 중합(衆合)'으로 성립된다. 따라서 가족국가에서 통치의 주체는 가장회의(家長會議)에 있다. 가족국가는 평상시에 군주를 추대하지 않으며, 간혹 군주를 추대한다고 해도 그의 권력은 미약하다. 게르만족의 경우, 평상시에는 군주라 칭할 만한 자가 없으나 내란이나 외침이 발생할 경우 원수(元帥)를 선출해 군대를 통수하게 했다. 뒷날 병란이 그치지 않게 되자 그 원수가 군주로 자리를 잡아 국가의 주권을 장악하고 군국의 사무를 총람하게 됐다.[67]

신권국가는 통치의 주체를 상제(上帝)로 삼고 국토와 국민을 통치의 객체로 삼아 성립됐다. 상제의 명령이 곧 군주의 명령이며, 상제의 종교가 이 나라의 법률이다. 종교가 금하는 것은 법률의 금지와 마찬가지로, 따라서 종교상의 범죄는 곧 법률상의 범죄가 된다. 고대에는 신권국가의 융성이 극에 이르렀다. 아메리카대륙의 경우 멕시코와 페루가 대표적 신권국가였으며, 아시아와 중동의 경우 인도와 유태가 대표적 신권국가였다. 유태의 경우, 마서(馬西 : 모세를 뜻한다)의 십계명이 바로 법률이었다. 유럽에서는 로마교황이 신권국가체제를 세운 때가 있었고, 제정러시아의 황제는 러시아정교의 수장을 겸함으로써 신권국가체제를 지향했다.[68]

신권국가는 주권자의 성격에 따라 세 종류로 나뉜다. (1) 몇몇 승려들이 상제를 대표해 국가의 주권을 장악한 경우, (2) 한 사람의 군주가 상제를 대표해 국가의 주권을 장악한 경우, 그리고 (3) 군주가 곧 상제로서 국가의 주권을 장악한 경우다. 고대의 페루에서는 한때 군주가 스스로 상제라 칭해 자신의 궁궐을 신전처럼 꾸몄다.

시부국가는 통치의 주체가 시민 전체로 이뤄지고 통치의 객체는 시부 및 시민 각개로 이뤄진다. 상세(上世)에는 그리스와 로마에 존재했고, 중세에는 유럽대륙의 여러 나라들에 산재했다. 시부국가는 군주시

67 위와 같음, 54-57쪽.

68 위와 같음, 57-59쪽.

대 → 귀족시대 → 패자시대(霸者時代) → 서민시대로 변천했다. 순수한 시부국가는 서민시대의 국체다. 재산으로써 국법상·사회상 표준을 만들어 재산의 크기가 국법상으로는 정권의 크기를 판별하게 하고 사회적으로는 계급의 상하를 나타내게 했으므로, 이때의 국가를 다른 한편으로는 부민국가(富民國家)라고 불렀다.[69]

상세의 시부국가는 중세에 와서 여전히 시부국가로 불리지만 본질에서는 자유도부(自由都府)였다. 자유도부는 원래 봉건국가의 행정구역에 지나지 않았으나 병란의 시대에 통상과 무역에 종사함으로써 경제적으로 크게 성장한 상태에서 중앙정부가 쇠약해진 틈을 타 사실상 자유를 얻어 형성됐다. 중세의 자유도부들 가운데 이탈리아의 몇몇 개만이 국가라 칭할 만했고, 스페인과 네덜란드에서는 그러한 수준에 도달한 것들이 없었다. 이 자유도부들은 뒷날 근세에 이르러 국민국가로 바뀐다.

그러면 봉건국가란 무엇이었나? 서양에서는 봉건국가를 제일 먼저 세운 나라는 프랑스였다. 그때는 대체로 서기 900년 안팎이었다. 그 다음으로 1020년부터 1030년 사이에 이탈리아가 봉건국가를 세웠으며, 1066년에 영국이 뒤를 따랐고 거의 같은 시기에 스페인이 뒤를 따랐다. 봉건국가의 본령은 지방분권에 있었기에, 점차 중앙정부는 능멸을 받고 지방제후는 발호하면서 거의 독립하는 상태를 보였다. 중세 유럽의 각국에서 군주와 사회의 여러 계급들 사이에 서로 알력하고 갈등을 일으킴으로써 봉건국가는 파괴되고 근세의 군주국가가 성립하게 되었다.

이어 근세국가와 관련해, 이 원고는 근세국가의 첫 번째 형태로 근세천제군주제(近世擅制君主制)를 설명했다. 이 용어는 근대서양의 절대군주제나 절대왕정을 뜻하는데, 이 원고는 근세천제군주제가 사라지

69 위와 같음, 59-61쪽.

면서 입헌군주제가 나타났다고 지적했다. 이 원고는 근세국가의 두 번째 형태인 입헌군주제에 대해 자세히 설명하는 가운데 입헌군주제의 특질들을 다음과 같이 지적했다.

첫째, 군주권의 제한이다. 둘째, 군주권을 제한하기 위해 국민의 대의기관을 설치한다. 이 대의기관의 대의사(代議士)는 선거구민을 대표할 뿐만 아니라 국민 전체를 대표한다. 여기서 대의사라는 단어는 일본에서 자주 쓰이는 단어로, 오늘날 우리가 쓰는 단어로서는 국회의원이다.

국회의원이 자신을 선출한 선거구민을 대표하는 존재냐 아니면 국민 전체를 대표하는 존재냐에 대한 논쟁은 특히 영국에서 정치적 논쟁들 가운데 하나였다. 이 논쟁에서 18세기 영국의 보수주의적 정치가이면서 정치이론가인 에드먼드 버크(Edmund Burke : 1729-1797)는 국회의원이 비록 개별적 선거구를 단위로 선출됐다고 해도 국민 전체를 대표하는 존재로 보아야 한다고 주장했는데, 오늘날까지도 버크의 이 주장이 통설로 받아들여지고 있다. 그러나 유길준은 이 원고에서 이 논쟁을 전혀 언급하지 않았다.

셋째, 대의기관에 의한 군주권의 제한은 입법권에 그치며 행정권은 군주 자신이 대신(大臣)의 보필을 받아 재단한다. 넷째, 그러나 행정권 가운데서도 법률의 설정 및 개폐, 그리고 재정(財政)은 대의기관과의 협동 및 일치를 요구한다.70

입헌군주제가 발달한 역사. 이 원고는 이어 영국에서, 그리고 유럽대륙 여러 나라들에서, 입헌군주제가 발달한 과정을 대비시켰다. 이 원고는 영국의 입헌군주제를 다음과 같이 높이 평가했는데, 우선 "영국 헌법의 발달은 유럽대륙 제국(諸國)의 헌법과는 차서(次序)를 전혀 달리하여 강물이 흐르듯 봉우리가 이어지듯 함으로써 비록 조그만 파란

70 위와 같음, 78-79쪽.

과 기복은 있었으나 고금 천 년 이상 넓고도 길다란 진로를 중지하지 않으면서 오늘의 융성하고도 완비한 모습을 보여 주게 된 것이다."라고 칭찬했다.

이 원고는 영국에서 입헌군주제가 성립되고 발전한 과정을 다음과 같이 부연했다:

> 영국의 헌법은 최초로 앵글로색슨왕조 때 발생해 점차 노르망디왕조와 튜더왕조 및 스튜어트왕조에 거쳐 발달하고, 이후 1688년의 명예혁명 당시 백척간두의 위기를 일보(一步) 뛰어넘음으로써 엘리자베스여왕 대에 와서 마침내 그 정점에 달했던 것이다. 그사이 폭군과 간웅이 잇달아 일어나 혹은 천제군주제를 설립하고자 꾀한 자도 있고 혹은 공화민주제를 창립하고자 도모한 자도 있었으나, 이들 사변은 영국헌법의 발달을 방해하거나 구애시킨 것이 아니라 중세의 봉건제를 벗어내던지고 오늘의 입헌제를 창립하는 데 적절히 좋은 단계와 가장 훌륭한 매개물이 된 것이었다.[71]

반면에 이 원고는 유럽대륙의 여러 나라들이 채택한 헌법들에 대해서는 다음과 같이 낮게 평가했다. 이 원고는 "유럽대륙 제국의 헌법은 대개 광풍과 매운 비를 만난 것처럼 흩날리고 삶겨서 형해조차 변하고 그 명맥이 단절되는 것이 얼마나 되는지조차 알 수 없다"고 서술한 데 이어, "따라서 혹은 수백 년간 주저하다가 다시 걸음을 내딛는 것도 있고 혹은 겨우 촌보 나아가다가 갑자기 다시 퇴보하는 것도 있으니, 이들과 영국헌법을 함께 비교해 살핀다는 것은 진실로 무리다"라고 매듭을 지었다.[72]

이 원고는 이어 영국에서 명예혁명을 계기로 입헌군주제가 크게 발달하게 된 요인들을 지적했다. 그 요인들 가운데 세습군주제의 확립과 입법권의 확장이 지적된 뒤 지방자치의 발달과 의회정치의 발달이 강

71 위와 같음, 79-80쪽.

72 위와 같음, 80쪽.

조됐다. 이 원고는 우선 “국가생활은 수목의 생활과 같다고 할 수 있으니 의회정치는 국가의 꽃과 열매요 지방자치는 국가의 근본이다.”라고 문학적인 표현을 사용했다. 이 원고는 이어 “꽃과 열매가 풍요로움은 근본의 튼튼함에 기인하는 것처럼 의회정치의 건전한 운행은 지방자치의 올바른 처리에 의하는 것이다.”라고 설명하고, “지방자치제의 기초가 튼튼하지 못한 채 유독 의회정치만을 모방하고자 하는 것은 근본이 튼튼한지 취약한지도 살피지 않고 단지 꽃과 열매가 풍부해질 것을 바람에 다름 아니다.”라고 부연했다.[73]

입헌군주제와 관련해 마지막으로 이 원고는 강조점을 찍어 가면서까지 그 장점을 다음과 같이 강조했다:

> 입헌군주국의 목적은 국가 전체에 유기적 조직 및 능력을 부여함과 사회 각 부분에 적당한 권리를 나누어 주는 데 있으니, 군주에게는 충분한 존귀와 영광을, 귀족에게는 위격(位格)과 권력을, 평민에게는 평화와 자유를 주는 것에 다름 아닌 것이다. 군주의 권력이 귀족보다 항상 위에 있었기 때문에 군주와 귀족 간에 권력의 균형을 찾고 있는 것이 현금의 판도이다. 그러나 평민의 일 계급을 만족케 하는 제도는 아직 발견할 수 없다. 따라서 장래 입헌군주제를 구현하기에 이르려면 군주·귀족·평민 간의 권력균형을 비로소 보유하게 되어 유럽대륙의 입헌군주국은 오래도록 안녕을 얻을 수 있으리라.[74]

이상에서 보듯, 이 원고는 입헌군주제의 구성요소로 군주와 귀족 및 서민의 세 계급을 지적했다. 그리고 이 세 계급이 상호견제함으로써 정권의 균형을 유지할 수 있다고 보았다. 이 원고는 이어 그러한 견제와 균형이 잘 잡혀진 나라로 영국을 꼽고, 그렇지 못한 나라로 프랑스와 독일을 꼽으면서, 영국은 독일과 프랑스에 비해 국가의 안정 속에서 큰 발전을 이룩했다고 평가했다.

73 위와 같음, 86쪽.

74 위와 같음, 111쪽.

세습군주제의 찬양. 이 대목에서 중요하게 토론돼야 할 논점이 있다. 그것은 이 원고가 세습군주제를 찬양했다는 점이다. 유길준은 『서유견문』에서 '부자상전(父子相傳)의 세습군주제'는 '만대(萬代)에 고칠 수 없는 대법(大法)'이라고 주장하면서 세습군주제를 유지할 때 분쟁의 폐단을 막을 수 있다고 보았고, 『파란쇠망전사』에서는 국왕을 공선(公選)하던 제도가 폴란드 멸망의 첫 번째 원인이라고 분석하면서 붕당 사이의 알력을 격화시키고 국내의 인심을 통일시킬 수 없는 이 제도를 버리고 국왕세습제를 채택해야 한다고 제의했었다. 유길준은 이러한 입장을 이 원고에서도 되풀이한 것이다.

유길준의 선거제에 대한 불신은 국왕의 선거제에 대해서뿐만 아니라 다른 공직들의 선거제에 대해서도 마찬가지였다. 그리하여 유길준은 이 원고에서 예컨대 미국이나 스위스 같은 나라들이, 전체적이지는 않고 부분적이지만, 판사를 선출하는 데 대해서도 부정적인 견해를 나타냈다. 이렇게 세습군주제를 옹호했다고 해서 유길준이 절대군주제를 옹호한 것으로 이해돼서는 안 된다. 그는 군주권은 헌법에 의해 제약돼야 한다고 보았던 것이다.

이 원고는 근세국가의 세 번째 형태로 대의공화제를 지적했다. "국민이 의원을 통해 간접적으로 [입법에 대한] 참여권과 [행정에 대한] 감독권을 시행하는 것"이 근세의 대의공화제라고 설명한 뒤, 이 원고는 미합중국제도와 스위스공화국제도 및 프랑스공화제 등을 예시했다. 그 셋 사이에 차이가 있으나, 성문헌법을 가지고 있는 것, 삼권분립의 원칙을 엄격히 지키는 것, 사법권의 독립을 확립한 것, 지방자치제를 발달시킨 것 등의 공통점이 있다고 지적했다.[75]

연방제. 이 원고는 근세국가의 네 번째 형태로 연방제를 설명했다. "여러 나라가 함께 존립하여 하나의 국가를 세우는 것"이 연방제라고

75 위와 같음, 111-116쪽.

풀이한 뒤, 연방제를 두 가지로 나눴다.

첫째는 연방에 속한 각국의 권력이 같지 않은 경우다. 이 경우는 다시 세 갈래로 나뉜다. (1) 주국과 속국과의 관계로, "속국은 주국의 관할에 모두 소속되어 그 명령을 받들고 추호도 독립적인 권력을 갖지 아니하며 또한 자치하는 자유도 갖지 않는다. 유럽의 여러 강국들과 아시아·아프리카에 있는 영지(領地) 간의 연방제는 이 유형에 속한다." (2) 주국과 부용국과의 관계로, "부용국은 주국의 보호와 간섭에 의뢰해 존립하는 것으로, 속국에 비해서는 독립하는 지위를 조금 가지나, 마찬가지로 주국을 떠나서 확실한 대권을 갖지 못한다. 안남과 프랑스 사이의 관계, 그리고 발칸반도 제국과 터키 사이의 관계가 이 유형에 속한다." (3) 본국과 식민지와의 관계로, "식민지가 독립국이 아님은 재론을 요하지 않으나 거의 완연한 국가로까지 발달한 것도 있다. 대개 식민지의 내치는 실제 독립할 것을 밝혔으나 명의상으로는 본국의 보호를 바라지 않을 수 없기 때문에 식민지는 본국의 주권을 승인하는 것이다. 영국과 캐나다와의 관계가 이 유형에 속한다."[76]

둘째는 연방에 속한 각국의 권력이 같은 경우다. 이것을 오늘날의 정치학용어로는 국가연합제다. 영어로 연방은 federation이고 국가연합은 confederacy다. 국가연합의 경우, 가입한 정치적 단위들 또는 영토적 단위들은 주권을 보유한다. 오늘날의 국제연합과 유럽연합(European Union)이 국가연합의 대표적 사례들이다.

국권의 범위. 이 원고는 제2편의 제2장에서 '국권의 범위'를 설명했다. 우선 국가의 목적을 (1) 일정한 도덕의 실천에 국가의 목적이 있다는 도덕설, (2) 신의 가르침의 실현에 국가의 목적이 있다는 신교설(神敎說) 또는 왕이 신으로부터 통치권을 받았다는 왕권신수설에 입각해 왕이 신의 가르침을 실현하는 데 국가의 목적이 있다는 설, (3) 국민의

76 위와 같음, 117쪽.

최대다수에게 최다량의 행복을 주는 데 국가의 목적이 있다는 최대행복설, (4) 국민의 천부인권을 보호하는 데 국가의 목적이 있다는 권리보호설 등으로 나눠 설명한 뒤, 근세의 학설로 다음 세 가지를 꼽았다. 외국의 침략으로부터의 자위, 정의와 안녕의 유지, 문명의 진취 등이 그것들이다.

그렇게 말하면서도, 이 원고는 "그러나 국가의 목적은 만세불변하는 것이 아니기 때문에 국가가 힘써야 할 범위도 또한 만세불변한 것이 아니다."라고 설명했다. 이 원고는 결론적으로 "국가의 목적은 시세의 변천에 따라 사정의 차이에 따라 그치지 않고 변하는 것이기 때문에 응용정치학에 있어서는 전술한 것과 같은 정식(定式)의 목적을 논하지 않는 것을 통례로 삼는다."라고 강조했다.[77] 이 구절에 등장한 '응용정치학'이라는 용어가 흥미롭다. 그것이 정확히 무엇을 의미하는지 이 원고는 말하지 않았다.

이 원고는 이어 정부행위의 범위를 설명하는 가운데 국민의 자유를 자세히 소개했다. 신교 및 사상의 자유, 언론 및 출판의 자유, 집회 및 결사의 자유, 청원의 자유, 직업선택의 자유 및 이주의 자유, 공평한 법률의 보호를 받을 권리, 사유재산의 안전, 국민의 사권(私權) 향유 등이 그것들이다.

참정권 역시 국민의 자유 가운데 중요한 자리를 차지한다. 그러나 유길준은 모든 국민에게 똑같이 참정권을 주는 데 대해 우려를 표시했다. 어느 정도의 재산과 지식을 가진 '중등사회'의 국민에게는 줄 수 있으나 그렇지 못한 '하등사회'의 국민에게는 줄 수 없다는 것이다. 이러한 주장은 『서유견문』과 『파란쇠망전사』에서도 이미 제시됐었다. 그렇다고 해서 그가 '하등사회'의 국민을 아주 무시한 것은 아니었다. 그는 그들에 대한 교육을 강조했다.

77 위와 같음, 122쪽.

사회계약설에 대한 비판. 이 원고는 마지막으로 국가의 기원을 논했다. 우선 '필요한 악'으로 국가가 만들어질 수밖에 없었다는 국가필요설, 신이 국가를 만들었다는 국가신조설, 그 이론의 연장 위에서 제시된 왕권신수설, 그리고 우승열패의 결과로 실력을 지닌 사람에 의해 국가가 만들어졌다는 국가실력설 등을 철저히 부인했다.[78] 이어 영국의 토머스 홉스와 존 로크, 그리고 프랑스의 장 자크 루소 등이 정립한 사회계약설을 소개했다.

이 원고는 사회계약설을 비판하는 논지를 전개했다. 이 원고는 우선 "요컨대 계약설은 국가 및 그 제도를 각자 수의(隨意) 제조물로 인정하며 또한 여하한 시대든지 당시 인민의 의지에 따라 이를 들어 타인에게 매각할 수도 있으며 이를 부수어 버리는 물건처럼 파괴할 수 있고 또한 하고자 하는 바대로 어떤 모양으로 처분하든지 모두 다 옳다고 인정하는 것이다."라고 설명하고, "따라서 이 학설은 국가의 관념을 파괴하며 국법의 기초를 유린하고 인민을 선동하여 헌법을 위반하는 운동을 야기하게 하여 국가를 누란의 위기로 몰고 가는 것이다."라고 정의했다. 이러한 맥락에서, 이 원고는 "그러므로 이 학설은 실제 정치에 대해서 지극히 위험하고 해독스런 성질을 가진다. 이를 정치이론이라고 하기보다는 무정론(無政論)이라고 부르는 것이 도리어 적당할 것이다."라고 비난하면서, "국가를 해독(害毒)시킴이 이 학설 같은 것이 일찍이 없었다."라고 극언하기까지 했다.[79]

그러나 이 원고는 사회계약설이 지닌 설득력을 인정했다. 자연이나 신이 국가를 만들어 낸 것이 아니라 인간이 국가를 만들어 냈다는 주장, 그리고 사회계약설이 기본적으로 국민 개개인의 천부인권 및 자유를 국가로부터 지켜 주려는 데서 나왔다는 사실 등이 이 학설의 생명을 유지하게 한다고 이해한 것이다. 여기서 이 원고는 다시 천부인권

78 위와 같음, 133-142쪽.

79 위와 같음, 147쪽.

설에 대한 지지를 표시했다.

그러면 국가의 기원에 관해 이 원고는 어떤 이론을 지지했던가? 그것은 이 원고의 표현으로 '국가인성설(國家人性說)'이다. 이 원고는 우선 사람은 출생 이후 가정교육과 학교교육을 받는 등 수많은 양육의 과정을 밟아 독립과 자치를 할 수 있다고 보았다. 마찬가지로 "사람들이 모여 사는 곳에서 지력(知力)과 용력(勇力)이 뛰어난 자가 출현해 주치자(主治者)라 자칭하고 나머지 사람들은 그를 공경하고 두려워하여 우러르면서 수장(首長)으로 추대하고 자신들은 그의 명령을 받드는데, 그 이후 시대가 흐르면서 경험이 쌓이고 사회가 진보하면서 그 수장이 국가의 관념에 도달해 국가의 의지를 구성하고 그것을 자신의 명령을 따르는 사람들에 보급하면서 국가가 성립됐다"는 것이다.[80]

국가의 구성요소. 마지막으로, 이 원고는 국가의 개념을 설명하면서 우선 국가의 구성요소들을 지적했다. 첫째 인민이니, 인민이 국가에 필요함은 재목이 가옥에 필요함과 같은 것이다. 가옥은 짚·흙·나무·돌의 집합으로 이루어지고 국가는 사농공상(士農工商)의 집합으로 이루어진다. 둘째, 일정한 강토이니, "강토가 국가에 필요함은 주춧돌이 가옥에 필요함과 같은 것이다. 가옥의 성립은 초석의 지탱에 말미암은 것이며 국가의 존재는 강토의 유지에 말미암은 것이다." 셋째, 정치조직이니, "국가는 반드시 일정한 정치조직을 가져야 한다. 정치조직은 국가의 통치기관이다."

넷째, 공동목적이다. "국가는 반드시 두 개의 큰 목적을 가지지 않을 수 없다. 그 하나는 국가의 직접적 목적으로 공동의 안녕질서를 보호해 국가 자신의 생활을 보전하는 것이다. 다른 하나는 국가의 간접적 목적으로서 인민 각 개인의 권리를 보호해 행복을 증진하는 데 있는 것이다." 다섯째, 독립주권이다. "대개 완전한 국가는 안으로 인민에

80 위와 같음, 148-150쪽.

대해 최고무한(最高無限)의 자유권을 가지며 밖으로 열국에 대해 불기독립(不羈獨立)의 대등권을 가지지 않으면 안 되는 것이다. 그러므로 국가의 주권은 내외 두 종류로 나누게 된다." 종합하건대, "국가는 다수의 인민이 공동의 목적을 달성하기 위해 일정한 강토에서 조직한 정치적 단체로서 독립·무한한 주권을 가진 자이다. 만약 이를 또 줄여본다면, 국가는 독립적 정치단체라 할 것이다."[81]

『정치학』에 대한 종합적 평가. 이상에서 『정치학』의 구성과 특징 및 내용을 살펴보았다. 이 과정에서 이미 이 원고가 갖는 의미가 드러났지만, 나의 평가를 제시하기로 한다.

첫째, 이 원고는 서양정치학의 개론적 이론들을 주로 국가의 성립과 발전의 역사적 과정, 그리고 정부형태론을 중심으로 소개한 것이다. 방법론의 시각에서 말할 때, 역사적 접근방법과 법적·제도론적 접근방법을 취한 것이었다. 따라서 오늘날의 안목에서 보면 초보적이다. 대학 1학년 학생에게 가르치는 정치학개론 교과서의 앞부분 정도에 해당된다고 말할 수 있다. 둘째, 이 원고에 담긴 정치학이론들이 당시 조선에 꼭 새로웠던 것은 아니었다. 이 정도 수준의 이론들은 아무리 늦게 잡아도 1870년대 이후 조선에 부분적으로 단계적으로 들어왔다. 앞 장에서 살핀 『서유견문』에도 들어와 있었다. 그러나 여러 이론들을 체계적으로 정리해서 설명했다는 데 의미가 있다.

셋째, 이 원고는 기본적으로 근대 유럽에서 성장한 민주주의정치이론을 기둥으로 삼았다. 주권재민론과 천부인권론을 비롯해 사회계약론·참정권이론·선거론·입헌군주제론·의회론 및 정당정치이론 등이 그 점을 말한다. 넷째, 이 원고는 독일의 국가학에 크게 의존했다. 그렇기에, 영국과 프랑스에서 성장한 자연법적 국가론보다는 독일에서 성장한 유기체적 국가론에 기울어져 있다. 국가기원에 관한 사회계약설

81 위와 같음, 151-154쪽.

을 혹독하게 비판한 것이 그 한 증거다. 같은 맥락에서, 완전참정권이론보다는 제한참정권이론을 지지했다.

다섯째, 이 원고는 영국의 입헌군주제를 조선의 이상적인 모형으로 상정했다. 이미 『서유견문』에서 나타났듯, 유길준이 입헌군주제를 일관되게 지지한 사람이었음에 비추어 그것은 당연했다. 여섯째, 이 원고는 오늘날 우리가 국제정치학이라고 부르는 정치학의 한 분야에 대해서도 다뤘다. 식민지와 속국의 지위에 대한 토론, 그리고 영연방을 구성하는 나라들이 영국과 갖는 국제관계에 대한 토론 등이 그 보기들이다.

마지막으로 이홍구 교수의 다음과 같은 평가를 덧붙이기로 한다.

> 『정치학』의 이러한 포괄적 내용을 살펴보면서 100년 전에 진행된 유길준의 선구자적 작업이 지닌 '근대성'에 놀라지 않을 수 없다. 이 경우의 '근대성'이란 유길준의 『정치학』이 전통적 학문과는 방식을 달리하는 신학문의 시발점을 마련했다는 뜻도 있지만 그로부터 100년이 지난 오늘의 정치학과 별로 다를 것이 없다는 뜻이 더욱 강하다. 지난 100년간, 적어도 지난 40년간, 한국정치학은 많은 발전을 하였다는 자부심이 없지 않으면서도 유길준의 『정치학』이 오늘의 정치학과 그 성격이나 내용에서 크게 다를 바가 없다는 것을 발견할 때 우리는 놀라움과 함께 당황하지 않을 수 없다. 따라서 근대정치학 100년을 맞는 이 시점은 우리에게 자축(自祝)보다는 자성(自省)의 계기가 될 수밖에 없는 것이다.[82]

이홍구 교수가 지적했듯, 유길준의 『정치학』에 담긴 정치이론들은 오늘날의 정치이론들과 본질적으로 큰 차이들을 나타내지 않는다. 물론 20세기 이후 미국에서 발전한 정치체계론과 정치행태론 및 정치발전론, 그리고 두뇌공학적 정치이론과 합리적 선택론 및 게임이론 등을 유길준의 『정치학』은 전혀 다루지 못했다. 더구나 정치현상에 대한 계

82 이홍구, 「근대 한국정치학 100년」, 7쪽.

량적 분석을 포함한 다양한 정치연구방법론은 전혀 다루지 못했다. 국제정치학에서도 통합론과 상호의존론 및 국제기구론 등을 비롯해 많은 이론들이 개발됐는데, 이러한 현대적 이론들 역시 전혀 다루지 못했다. 비록 그렇다고 해도, 그것은 유길준의 잘못이 아니다. 그의 『정치학』은 오늘날 정치학도들이 정치현상과 관련해 고민하는 대상들을 기초적이면서도 소략하게나마 다뤘다.

정치학연구방법으로서의 해외여행

여기서 우리는 정치학연구방법에 있어서 해외여행이 갖는 가치를 생각하게 된다. 우리가 제3장과 제4장에서 다뤘던 홍대용·박지원·박제가·김정희·오경석·박규수 등은 청나라라는 외국을 여행하면서 '타자(他者)'를 관찰할 수 있었고, 그것을 통해 자신과를 비교할 수 있었으며, 하나의 깨우침에 도달할 수 있었다. 그들은 북경에서 서점가를 의미하는 유리창(琉璃廠)을 찾아가 한역출판된 서양의 책들을 읽었고 청의 저명한 학자들과 토론을 가짐으로써 자신들의 학문적 시야를 넓혔다. 이덕무의 경우는 청나라뿐만 아니라 일본도 여행했다. 이 사실들은 정치학연구방법으로서 해외여행의 가치와 유효성을 말해 준다.[83]

돌이켜보면, 교통수단과 의사소통수단이 미비하던 시기에 인지(人知)를 향상시키고 발전시킨 중요한 수단들 가운데 하나는 여행이었다. 우리나라 역사를 보면, 신라 33대 성덕왕(聖德王 : 702-737) 때 불교승려 혜초(慧超 : 704-787)는 당나라를 거쳐 오늘날의 인도에 해당되는 천축국(天竺國)의 다섯 나라들을 방문하고 『왕오천축국전(往五天竺國傳)』이라는 기록을 남겼다. 이 기록이 1908년에 프랑스의 동양학자 폴 펠리오(Paul Pelliot : 1878-1945)에 의해 중국의 돈황(敦煌)에서 발굴됨으로써

83 이 점을 상기시켰던 선대(先代)의 정치학자들이 민병태 교수와 김영국 교수였다. 두 선생님들의 말씀의 일단이 다음에 엿보인다. 민병태 김영국 공저, 『정치학 요강』(서울 : 삼중당, 1962), 34-44쪽.

혜초가 순방한 당시의 중국과 인도의 상황에 대한 우리의 인식을 높여 주었다.

이어 이탈리아사람 마르코 폴로(Marco Polo : 1254-1324)는 원제국에서 황제 쿠빌라이의 신하로 봉직하다가 1295년에 귀향한 뒤 자신이 원에서 보고 들은 것을 책으로 남겼다. 이것이 유명한 『마르코 폴로의 여행기』 또는 『동방견문록』이다.[84] 당시의 어떤 사람들은 이 책에 소개된 얘기들이 황당하다고 느꼈으며 심지어 마르코 폴로가 꾸며낸 것들이라고 생각했다. 그래서 그들은 사기꾼이나 허풍장이를 '마르코 폴로 같은 사람'이라고 부르기도 했다. 반대로 어떤 다른 사람들은 자신들이 생활하는 유럽의 밖에 '거대하고 넓으며 금은보화가 넘치는 중국'이라는 나라가 존재한다는 확신을 갖게 됐고 거기서 한 걸음 더 나아가 중국을 비롯한 동아시아에 대해 큰 관심을 갖게 됐다. 콜럼버스도 이 책을 읽고 인도와 중국을 찾아가야겠다고 결심하고 새 항로를 찾아 항해하다가 마침내 아메리카대륙을 '발견'하기에 이르렀던 것이다.

오늘날의 모로코에 속하는 지중해연변의 한 항구에서 태어난 이븐 바투타(Ibn Battuta : 1304-1368)는 아라비아반도와 그리고 소말리아·케냐·탄자니아를 비롯한 동부아프리카를 순방했다. 그는 1353년에 귀국한 뒤 자신의 여행기를 남겼다. 흔히 『이븐 바투타의 여행기』로 알려진 이 책은 유럽사람들에게 이슬람세계와 아프리카에 대한 관심을 높였다.

미국의 신문기자였으며 소설가였던 마크 트웨인(Mark Twain : 본명 Samuel L. Clemens)은 미시시피강 유역에서의 생활을 바탕으로 1876년에 『톰 소여의 모험(*The Adventures of Tom Sawyer*)』을 출판한 데 이어 1883년에는 『미시시피강에서의 생활(*Life on the Mississippi*)』을 출판했고 1884년에는 『허클베리 핀의 모험(*The Adventures of Huckleberry Finn*)』을 출판했다.

84 김호동(金浩東) 역주, 『마르코 폴로의 동방견문록』(서울 : 사계절, 2000).

이 이른바 미시시피 삼부작은[85] 미국인들 사이에 미시시피강 유역에 대한 새로운 관심을 불러일으켰으며, 한 걸음 더 나아가, 문명에 오염되지 않은 자연과 자연인들에 대해 눈을 뜨게 만들었다.

이러한 사례는 이미 서양의 정치학발달사에서도 나타났다. 우선 정치학의 시조로 일컬어지는 아리스토텔레스는 그리스반도의 수많은 도시국가들을 포함해 무려 158개국을 여행하면서 각국의 정치제도들을 비교연구했다. 그 결과, 그는 세계정치학사에서 전범(典範)으로 간주되는, 매우 소중한 선구적 저서 『정치학』을 남길 수 있었다.[86] 이어, 니콜로 마키아벨리(Niccolo B. Machiavelli : 1469-1527)를 생각해 보자. 사분오열되어 있던 이탈리아의 한 부분인 피렌체공화국의 외교관이었던 그는 역시 이탈리아의 부분들이던 나폴리왕국과 베네치아공화국 및 로마교황청을 방문하면서 교섭에 참가했으며, 로마냐공국을 방문해 강력한 통치자 체사레 보르자를 만나 회담하기도 했다. 그는 또 프랑스와 스페인을 방문하기도 했다. 이러한 여행들에서 얻은 경험이 그로 하여금 세계정치학사에서 높은 지위를 확보한 『군주론』의 집필을 가능하게 했던 것이다.

그 다음으로, 프랑스의 샤를 몽테스키외(Charles Montesquieu : 1689-1755)를 예로 들어보자. 프랑스의 귀족이면서 법률가였고 계몽사상가였던 그는 경제적으로 비교적 유족했다. 그러했기에 그는 영국·오스트리아·이탈리아·네덜란드·독일·헝가리를 비롯해 유럽의 여러 나라들을 순방할 수 있었다. 그 여행들은 학문적인 여행은 아니었고 유람을 위한 여행이었다. 그러나 거기서 얻은 지식과 깨달음은 그가 1734년에 『로마의 흥망성쇠원인론』을 출판하고 1748년에 『법의 정신(*De*

85 마크 트웨인의 미시시피 3부작 가운데 다음 둘이 국역됐다. 김병철, 『톰소여의 모험』(서울 : 범우사, 1989 ; 재판 1997). _____, 『허클베리 핀의 모험』(서울 : 범우사, 1989 ; 재판 1997).

86 민병태 김영국, 『정치학 요강』, 35쪽.

L'esprit des lois)』을 출판함에 있어서 도움을 주었다. 어느 한 나라의 정치제도와 법률은 그 나라의 여러 대내외적 조건들의 산물이며, 따라서 그 조건들을 무시한 채 그 나라의 정치제도와 법률을 논하는 것은 무의미하다는 취지의 발상을 제시할 수 있었던 배경에는 그의 풍부한 해외여행경험들이 깔려 있었던 것이다.**87**

또 한 사람의 프랑스인 알렉시스 드 토크빌(Alexis de Tocqueville : 1805-1859)의 경우도 비슷한 사례를 제시한다. 몽테스키외와 마찬가지로 귀족이면서 법률가였던 그는 1831년에 당시로서는 신생국가이던 미국을 방문하고 1832년에 귀국한 뒤 『미국의 민주주의(*Democracy in America*)』 전2권(제1권은 1835년, 제2권은 1840년)을 출간했다.**88** 이 책은 미국의 공화제민주주의를 그 뿌리로부터 분석하면서 미국민주주의의 장래를 낙관적으로 전망했다.

여기서 중요하게 지적돼야 할 것이 있다. 몽테스키외와는 달리, 토크빌은 학문적 목적을 위해 연구대상인 미국을 여행했던 것이다. 거기에 더해, 그는 '여행의 가설'을 세우고 그 가설의 타당성 여부를 검증하기 위해 현장에서의 면접조사를 실시했으며, 그 결과를 서로 비교검토한 뒤 결론을 내리곤 했다. 바꿔 말해, 그는 '체계적인 관찰'을 시도했던 것이다. 이러한 맥락에서, 민병태 교수와 김영국 교수는 "토크빌의 『미국의 민주주의』는 정치학의 발달사상 새로운 단계를 구획한다. [⋯] 토크빌에 이르러 관찰방법은 새로운 단계에 이르게 되며 사실상의 과학성을 띠게 된다."라고 논평했다.**89**

이 책에 대조되는 것이 프랑스의 또 다른 귀족인 퀴스틴 후작(The Marquis de Custine)이 쓴 『1839년의 러시아(*La Russie en 1839*)』다. 그는

● ● ● ● ●

87 몽테스키외 지음·하재홍(河在洪) 옮김, 『법의 정신』(서울: 동서문화사, 2007). 이 책의 말미(702-720쪽)에 하재홍 교수의 「몽테스키외 생애와 사상」이 포함됐다.

88 이 책은 다음과 같이 역간됐다. 임효선(林孝善) 박지동(朴智東) 공역, 『미국의 민주주의』(서울: 한길사, 1997), 상권 및 하권.

89 민병태 김영국, 『정치학 요강』, 41쪽.

니콜라이1세의 치세이던 1839년에 제정러시아를 방문한 뒤 이 책을 써서 1843년에 네 권으로 출판했다. 이 책은 러시아의 역사 및 정치제도와 법률 등에 대해 자세히 썼지만, 러시아의 부끄러운 부분들을 그대로 그려냈다. 자연히 러시아에서는 금서가 됐다. 그러나 미국의 세계적 러시아전문가로 1950년대 초에 소련대사를 역임한 조지 케난(George F. Kennan) 교수는 이 책을 토크빌의 『미국의 민주주의』와 비교할 만한 가치가 있다고 역설했다. 제정러시아의 완강한 반동세력들, 곧 현상(現狀)의 변화를 전혀 바라지 않는 정부관료·귀족·군경간부 등에 대해 가장 잘 쓴 책이라고 격찬하면서 이 책에 묘사된 러시아에서 이미 스탈린시대 소련의 냄새가 완연히 난다고까지 썼다.[90]

제정러시아에서의 혁명사상도 여행을 통해 발아됐다. 1812년에 나폴레옹의 러시아침공에 직면하자 러시아는 영국·오스트리아·프로이센 등과 제휴해 유럽대륙으로 진공하고 마침내 승전국의 일원이 됐다. 이때 유럽대륙으로 진공했던 제정러시아의 젊은 육군장교들은 프랑스혁명 이후의 유럽세계를 목격할 수 있었다. 그것은 민권과 헌법, 그리고 의회가 존재하는 '비교적 자유로운' 세계였다. 이것을 체험한 러시아의 장교들은 자신들이 러시아의 황제체제를 수호해야 할 명문귀족의 후예들인데도 자신들의 조국 역시 '비교적 자유로운' 국가로 바뀌어야 한다는 믿음을 갖고, 반군주제적인 입헌정치체제를 구상했던 것이다. 그들 가운데 일부는 1825년 12월에 마침내 헌법을 외치며 반란을 일으켰으나 진압됐다.[91]

20세기에서의 사례를 들어보자. 영국의 세계적 정치학자 해럴드 래스키(Harold J. Laski)는 1948년에 『미국의 민주주의(*American Democracy*)』

---

90 George F. Kennan, *The Marquis de Custine and His Russia in 1839* (Princeton, NJ.: Princeton University Press, 1971). 이 부분은 다음에서 자세히 설명됐다. 김학준, 『러시아혁명사』 수정증보판(서울: 문학과지성사, 1999), 108-109쪽.

91 위와 같음, 93-105쪽.

를 출판했다. 이 책 역시 그의 미국에서의 4년에 걸쳤던 교수생활, 그리고 그 이후 여러 차례에 걸쳤던 미국여행과 그때의 관찰들에 근거한 것이었다.

유길준의 『서유견문』과 『정치학』 역시 해외여행의 산물들이었다. 그가 일본과 미국을 여행하면서 일정한 기간에 걸쳐 생활하는 가운데 그 나라들의 정치와 사회를 관찰하지 않았더라면 그러한 저서들의 출간은 사실상 매우 어려웠을 것이다.

제 4 절 지방자치의 구현에 힘쓴 만년

거듭 말하거니와, 유길준의 『정치학』은 비록 미완성의 번역이었다고 해도 근대사회의 선진적인 민주주의적 정치이론과 정치사상을 담았다. 그 핵심은 영국적인 입헌군주제와 의회민주주의의 실현을 통한 민권의 신장에 있었다. 그러나 그것이 그냥 얻어지는 것은 아니며 거기에 걸맞게 국민의 의식수준이 높아져야 한다는 뜻도 담았다.

유길준은 이러한 이론과 사상에 충실해, 귀국한 뒤 벼슬길에 오르기를 거부한 채 국민계몽운동에 진력해 1907년 11월에는 흥사단(興士團)을 창단했으며 1908년 7월에는 『노동야학독본』을 출간했다. 『노동야학독본』에서는 인민의 권리가 천부인권임을 자세히 설명하면서, 국민들이 권리의식을 갖도록 강조했다.

유길준은 1908년 11월에는 한성부민회(漢城府民會)를 조직했다. 그가 주도적으로 만든 「한성부민회 규약」은 그의 지방자치에 대한 개념들을 잘 보여 준다. 첫째, 제1조는 '한성주거민의 […] 자치사상을 계발하기 위해' 한성부민회를 발족시킨다고 밝혔다. 이것은 그의 의도가 주민들의 '자치사상'을 함양한다는 데 있었음을 보여 주었다. 둘째, 제31조는 부민회 '의원'의 선출방식을 설명했는데, 각 방(坊)을 하나의 선거구로 삼아 1,000가구에서 1인을 '선거'한다고 규정했고 1,500가구가 넘는 경우 2인을 '선거'한다고 규정했다. 만일 어느 방의 가구 수가 1,000에 미달될 때는 유사한 다른 방과 '연합하여' 하나의 선거구를 구성하지만, 지리적 조건으로 말미암아 '연합'이 불가능할 때는 그 방 단독으로 1인의 의원을 선거한다. 의원은 '명예직'이며 임기는 2년이다. 제43조는 부민회의 예산은 주거민의 회비와 어떤 단체들의 보조비로 충당한다고 규정했다.[92]

유길준은 또 「한성부민회 조례」를 만들었다. 여기서는 주로 「사립학교에 관한 규정」과 「방민회(坊民會)에 관한 규정」을 두었다. '방민회' 또는 '방회'를 개설할 정도로 그는 지방자치에 대해 굳은 신념을 보였던 것이다.

유길준의 애국활동은 계속됐다. 1909년 12월에 친일매국집단 일진회(一進會)가 이른바 한일합방을 지지하는 상소를 올리자 반박건의서를 써서 내각에 제출했다. 그는 일진회를 '극악'한 단체이며 일진회의 상소를 '흉소(凶疏)'라고 단언했다. 동시에 그는 일진회의 해산, 그리고 일진회의 기관지인 국민신보사의 폐쇄 등을 강력히 제의했다.[93] 그의 이러한 활동은 그에 대한 고종의 의심을 풀게 만들었을 뿐만 아니라 국민의 신뢰를 높였다. 사람들은 그의 친일이 매국을 위한 친일이 아니라 개화와 개혁을 위한 친일이었음을 인정했던 것이다.

그러면 유길준이 이토 히로부미(伊藤博文: 이등박문)의 장례식에 참석한 사실은 어떻게 평가될 수 있을까? 대한인(大韓人) 의병대장 안중근(安重根)은 1909년 10월 26일에 중국 흑룡강성에 위치한 국제도시 하얼빈의 역두(驛頭)에서 한민족의 국적(國賊) 이토를 총격으로써 처단했다. 국내외의 한민족들 가운데 거의 모두가 위대한 애국자 안중근 의사의 의거를 칭송했지만, 극소수의 조선인들은 11월 4일에 동경의 히

92 『유길준전서』 제4권(「정치경제편」), 287-295쪽.

93 위와 같음, 349쪽.

비야고엥(日比谷公園 : 일비곡공원)에서 열린 이토의 국장에 참석했는데 거기에는 유길준 역시 포함됐다. 그는 한성부민회 대표의 자격으로 도일해 조의를 표했던 것이다.

대한제국 황제는 일본 천황과 이토의 집으로 각각 조전을 보냈으며, 장례식에 황제의 공식사절단을 파견함과 아울러 이토에게 문충공(文忠公)이란 시호를 내렸고 거액의 조의금마저 보냈다.[94] 유길준은 그러한 분위기 속에서 참석했던 것 같다. 어떻든 『실록 친일파』의 저자 임종국(林鍾國) 선생은 유길준의 이 행위를 비판했다.[95]

1910년 8월에 마침내 대한제국은 원천무효에 해당되는 이른바 병합조약을 통해 국권을 상실했으며 5천년 역사의 조선은 일제의 판도 안에 편입됐다. 일제는 조선의 지배층을 회유하고자 귀족령을 만들고 78명에게 작위와 은사금을 내렸다. 유길준에게도 남작의 작위와 은사금이 결정됐으나 그는 완강히 거절하고 어느 것도 받지 않았다. 1911년 5월에 그는 단군교에서 대교정(大敎正)으로 추대받음을 계기로 국조 단군의 존재와 사상의 전파에 힘을 기울여 단군을 중심으로 한 민족혼을 지켜 나가려 했고, 1913년 11월에 계몽운동가들이 중심이 돼 서울에 세운 중앙학교의 교장으로 선임되자 후진의 교육에 정력을 기울였다.

그러나 지병인 신장염이 깊어 갔으며 1914년 9월 30일에 향년 59세로 서울 노량진 조호정(詔湖亭)에서 별세했다. 10월 7일에 용산역에서 사회장이 거행됐으며 운구행렬이 인산인해를 이룬 가운데 이튿날 경기도 광주군 동부면(東部面) 덕풍리(德豊里)에 안장됐다. 뒷날 무덤 일대에 주택이 들어섬에 따라 1986년 6월에 경기도 하남시 창우동(倉隅洞) 산 1번지 16호로 이장됐다.[96] 자손으로 만겸(萬兼)·억겸(億兼)·조겸

94 송우혜, 『황태자의 동경인질살이』(서울 : 푸른역사, 2010), 342-344쪽.

95 임종국, 『실록 친일파』, 81쪽.

96 이광린, 『유길준』, 제9장 ; 유동준, 『유길준전』, 269-310쪽.

(兆兼)의 세 아들을 두었다.

유길준은 만년에 이르러 기독교를 사실상 받아들였다. 이미 1906년에 쓴 글에서 공자를 '정치도덕의 성(聖)'이요 예수를 '종교도덕의 신(神)'이라고 부르며 유교와 기독교를 조화시키고자 했던 그는 때때로 교회에 나가고 교회집회에도 참석했으며 맏아들의 결혼식도 교회에서 거행했다. 임종에 이르러서는 주위의 가족들에게 『신약성서』를 읽게 하고 누워서 들었다.[97]

97 유동준, 『유길준전』, 306-307쪽.

제7장

1905년과 1908년 사이 서양정치학의 수용과 교육

구한말의 서양정치학 수용에 있어서 1905년부터 1908년 사이의 약 3년은 새로운 성장을 뒷받침한 전환의 시기였다. 왜 그러했던가?

1905년은 일제가 대한제국을 자신이 '보호하는 국가'로 전락시킨 을사조약이 강제로 맺어진 해였으며, 1908년은 일제가 강제로 고종황제를 퇴위시키고 순종황제를 즉위시킨 뒤 대한제국에 대한 내정간섭을 더욱 극심하게 만든 정미조약이 강제로 맺어진 때로부터 1년이 지난 해였다. 말하자면, 대한제국의 국권이 결정적으로 제약되고 침탈되면서 망국이 내다보이던 시기였다.

이 절망적 상황에 직면해, 강자가 약자를 지배하는 것이 피할 수 없는 현실이라고 체념하면서 현실을 수용한 지식인들이 나타났다. 반면에 망국을 피하려면 뒤늦게라도 선진국의 정치제도를 받아들여 대한제국을 개혁해야 하며 그 개혁을 통해 대한제국을 부강하게 만들어야 하고 국민을 그러한 방향으로 계몽해야 한다고 주장하는 지식인들도 나타났다. 뒷날 이 시대를 연구한 학자들에 의해 '애국계몽운동가들'이라고 명명되는 후자들 가운데 일부는 구국의 마지막 일념에서 서양의 정치사상과 정치제도를 중심으로 하는 서양정치학을 폭넓게 받아들이기에 이르렀다. 그들은 거기서 한 걸음 더 나아가 서양정치학을 학교에서 가르치기 시작했다. 이 장은 그 과정과 내용을 설명하기로 한다.

제 1 절 1890년대 말과 1900년대 초 대한제국 지식인들의 정치 사상 동향

일제가 청국과의 전쟁에서 승리한 것을 계기로 조선에 대한 침략의 고삐를 더욱 거세게 쥐게 된 1895년 이후 조선의 지식인들 사이에서는 위기의식이 더욱 확산됐으며 구국의 방략을 찾으려는 노력으로 서양의 정치·사회사상과 정치·사회제도에 대한 연구과 토론이 더욱 열기를 갖게 됐다.[1] 그 가운데 가장 자주 나타난 주제들이 사회진화론과 문명개화론이었다.

다윈의 진화론. 사회진화론의 모체로 이용된 것은 영국의 생물학자 찰스 다윈(1809-1882)이 제창한 생물세계에서의 진화론이었다. 잘 알려져 있듯, 원래 의학도로 출발했던 다윈은 케임브리지대학교 신학대학을 졸업한 해인 1831년에 영국해군의 측량함 비글(Beagle)호의 세계일주항해에 승선해 5년에 걸쳐 남아메리카의 섬들과 해안을 비롯해 남태평제도와 오스트레일리아의 해안을 조사했다. 1836년에 귀국한 뒤 그 조사를 정리한 그는 생물은 출산을 많이 하고 그래서 지나치게 번식하기 때문에 '생존경쟁'이 일어나는데, 그 과정에서 환경에 적합한 변이(變異)를 일으킨 종(種)들은 보존되지만 적합하지 못한 변이를 일으킨 종들은 사라진다는 결론에 도달했다. 그는 그 모든 과정이 '자연선택(natural selection)'이며, 그 결과로 적합한 것만이 생존하면서 진화해 왔

1 지식인들의 토론내용의 한 측면은 다음에 보인다. 이태진(李泰鎭), 「서양 근대정치제도 수용의 역사적 성찰: 개항에서 광무개혁까지」, 『진단학보』 84(1997), 87-121쪽.

다는 이른바 적자생존론(適者生存論)을 제시했다. 그는 이 이론을 1858년에 다른 생물학자와의 연명 아래 논문으로 발표했고, 1859년에 자신의 단독저서로 『종의 기원에 대해(*On the Origin of Species*)』로 출판했다.[2]

이 책이 불러일으킨 충격은 컸다. 우선 그것은 고대그리스의 철학자 플라톤이 제시했던 '모든 종(種)들의 영원불변설'에 대한 중대한 도전이었다. 플라톤은 생물이든 무생물이든 세상에 존재하는 만물의 종들은 영원불변의 완벽한 이데아(idea)나 전형(type)으로 이뤄져서 바뀔 수가 없다고 믿었다. 예컨대, 금(金)이라는 종이 은(銀)이라는 종으로 바뀔 수 없다는 것이었다. 이 설은 기독교신학에 의해 더욱 강화됐다. 『구약성서』의 제1장 「창세기」가 말한 '하느님에 의한 우주만물창조설'은 생물이든 무생물이든 모든 만물은 유일신(唯一神) 야훼=여호와께서 창조한 것으로 변화할 수 없다는 믿음에서 출발하기 때문이다. 다윈의 진화론은 따라서 창조론을 신앙의 큰 기둥으로 삼는 기독교신학에 대한 중대한 도전이기도 했다.

여기서 우리가 기억해야 할 점은 이 시기에 영국은 제국주의적·침략주의적 정책으로써 세계 곳곳에 진출하고 있었으며 그 일차적 무기는 해군력이었다는 사실이다. 다윈이 영국해군의 함정을 타고, 영국사람들의 고정관념으로는 '미개한 인종들이 거주하는' 지역들을 상대로 조사와 연구에 몰두했다는 사실에서, 어떤 사람들은 '제국주의적 냄새'를 느끼기도 한다. 이렇게 말한다고 해서, 다윈이 제국주의를 옹호했다고 시사하는 것도 아니고 그가 제국주의적 목적에서 자신의 연구를 수행했다고 암시하는 것도 아니다. 그는 순수한 학문적 관심을 지닌 채 연구를 수행해 인류의 지성사에 빛나는 업적을 쌓은 위대한 과학자다.

제국주의를 뒷받침한 사회진화론. 다윈의 자연세계에서의 생물진화

---

2 국역본으로 다음이 있다. 송철용(宋哲鏞), 『종의 기원』(서울 : 동서문화사, 2009).

론을 인간세계에 적용한 사람이 영국의 사회철학자 허버트 스펜서(1820-1903)였다. 그는 1860년부터 1896년까지 『종합적 철학(*The Synthetic Philosophy*)』 전10권을 순차적으로 출판했는데, 거기에 일관하는 주제는 진화(evolution)였다. 여기서 그는 인간세계에서도 생존경쟁이 치열하게 벌어지고 있으며 부적자(不適者)는 자연도태되고 적자(適者)만이 생존해 진화한다는 이른바 사회진화론을 제창했던 것이다. 이 사회진화론이 토론의 대상으로 떠오른 뒤 '약육강식'이라는 말이 자주 등장했는데, 다윈은 이 용어를 전혀 쓰지 않았었다.

이렇게 말한다고 해서 스펜서가 다윈의 용어들과 이론들을 마구 차용한 것으로 오해돼서는 안 된다. 스펜서는 이미 1851년에 '적자생존'이라는 말을 썼던 것이다. 또 '생존경쟁'이란 말은 스펜서에 앞서 영국의 경제학자 토머스 맬서스(Thomas Malthus)가 1789년에 출판한 자신의 『인구론(*Essay on Population*)』에서 썼던 것이다. 이렇게 볼 때, 오히려 다윈이 맬서스로부터 '생존경쟁'이라는 말을 빌렸고 스펜서로부터 '적자생존'이라는 말을 빌린 셈이라고 하겠다. 그런데 중요한 것은 다윈이 생물진화론을 인간사회에 적용하는 것에 반대했지만 스펜서는 그렇지 않았다는 사실이다.

스펜서의 이론을 사람들은 다윈의 진화론에 결부시켜 '사회적 다윈이즘(social Darwinism)'이라고 명명했다. 다시 강조하지만, 스펜서의 사회진화론 그리고 그것의 여러 변형으로서의 사회진화론은 대부분이 다윈의 이론들 가운데 일정한 것들을 자의적으로 선택하고 심지어 왜곡시킴으로써 성립될 수 있었다. 스펜서의 사회진화론 그 자체도 때로는 왜곡된 채 전파됐다. 이렇게 볼 때, 스펜서의 사회진화론을 '사회적 다윈이즘'이라고 부르는 것은 잘못이라는 비판을 받을 수 있다.[3]

그러했지만, 사회진화론은 유럽에서 산업혁명이 어느 정도 마무리

3 신용하, 「구한말 한국민족주의와 사회진화론」, 『인문과학연구』(동덕여자대학교 인문과학연구소) 창간호(1995), 5-35쪽.

되면서 자본가들에 대한 노동자들의 저항이 격심해졌을 때 그것을 약화시키거나 무마시키기 위한 도구로 악용됐으며, 뒷날에는 서구제국주의가 아시아와 아프리카 및 라틴아메리카 등 후진국들에 침략해 들어갈 때 그것을 합리화하기 위한 도구로 악용됐다. 특히 발상지인 영국에서보다도 미국에서 더 큰 영향력을 발휘했다. 강자가 약자를 지배하는 것은 당연하며 따라서 약자는 강자의 지배를 받아들이는 것이 순리라는 단순화된 강자의 논리가 이 사회진화론의 기둥이었던 것이다. 그것은 특히 인종주의와 연결되면서 '열등한' 유색인종을 '우월한' 백인종이 지배하는 것이 정당하다는 논리로, 심지어 우생학(優生學)의 모태로, 악용되기에 이르렀다. 나치독일이 이 이론을 자신의 대내적 지배와 대외적 침략에 활용한 사례가 대표적이다.[4]

일본과 중국에서의 사회진화론 수용. 동북아시아에서 사회진화론을 제일 처음 받아들인 나라는 명치시대의 일본이었다. 그 배경에는 1877년부터 1886년까지 동경대학에서 철학을 강의한 어네스트 페놀로사(Ernest Fenollosa) 교수가 개입되어 있었다. 그는 사회진화론을 긍정적으로 평가했던 것이다.[5] 그리하여 1880년대에 일본에서는 생존경쟁과 약육강식 및 우승열패(優勝劣敗)와 같은 사회진화론적 개념들은 일반적으로 쓰이는 어휘들이 됐다.

이때 일본의 대표적 사회진화론자로 등장한 사람이 우리가 앞의 장들에서 부분적으로 살폈던 가토 히로유키 교수였다. 그는 『입헌정체략』을 썼을 때만 해도 천부인권론에 바탕을 둔 근대국가관을 제시했으나, 1875년 이후 사회진화론의 영향을 받으면서 천부인권론을 비난하기에 이르렀다. 그리고 그 이후에는 '강자의 권리'론을 강조하며 명치정부

4 전복희, 『사회진화론과 국가사상: 구한말을 중심으로』(서울: 한울아카데미, 1996), 18-28쪽.

5 최기영(崔起榮), 『애국계몽운동 Ⅱ-문화운동』(충청남도 천안시: 한국독립운동사편찬위원회, 2009), 9쪽.

의 절대주의국가의 확립과 대외진출을 변호하고, 결국 만년에는 사회유기체설을 기반으로 천황주권을 변호하는 동시에 '입헌적 족부통치론(族父統治論)'을 내세워 천황제국가에 대한 국민의 맹목적 복종을 강요하기도 했다.[6]

가토 히로유키의 사상은 중국의 양계초(梁啓超 : 량치차오, 1873-1929)로 하여금 사회진화론을 받아들이는 데 일정하게 영향을 주었다. 양계초는 변법자강운동을 이끌던 강유위(康有爲)의 제자였다. 이들은 모두 일본과의 전쟁에서 청이 패배한 것을 보고, 1861년 이후 동치제의 주도로 추진된 양무운동, 이른바 동치중흥 역시 파탄이 났다고 판단하면서 그 대안으로 자신들이 1880년대 후반 이후 개시했던 변법자강운동을 촉진시키려고 결심했다. 청의 낡은 법률들과 제도들로써는 도저히 서양과의 생존경쟁에서 승리할 수 없는 만큼 그것들을 고쳐서 스스로를 강하게 만들어야 한다는 뜻이었다.

마침 동치제의 후계자인 광서제(光緖帝)가 그 뜻을 받아들여 그들을 정부로 불러들이면서 1898년 무술년(戊戌年) 4월에 이른바 유신개혁운동(維新改革運動)을 시작했다. 그러나 광서제의 모후인 서태후(西太后)와 서태후를 둘러싼 반동세력은 위협을 느껴 그 운동이 시작된 때로부터 백일이 된 시점에 그 운동을 불법화했다. 이에 양계초는 스승과 함께 일본으로 망명했다. 이것이 이른바 백일유신(百日維新) 또는 무술정변이었다. 일본에서 양계초는 사회진화론을 전파함과 아울러 청조를 상대로 입헌군주제로의 전환을 촉구했다.[7]

6 전복희, 『사회진화론과 국가사상』, 52쪽 ; 가토 히로유키는 요한 카스파 블룬츨리(Johann Caspar Bluntschli, 1808-1881)의 *Allgemeines Staatsrecht* (München : Literarisch-Artistische Anstalt, 1868)를 역간했다. 이에 대해서는 다음에서 자세히 설명됐다. 박근갑(朴根甲), 「요한 카스파 블룬칠리, *Allgemeines Staatsrecht*, 가토 히로유키, 『국법범론(國法汎論)』」, 『개념과 소통』 No. 7(2011년 여름), 243-269쪽 및 홍선영(洪善英), 「가토 히로유키, 『국법범론』」, 위와 같음, 269-278쪽.

7 신성곤 윤혜영, 『한국을 위한 중국사』(서울 : 서해문집, 2004), 314-320쪽.

다른 한편으로, 사회진화론은 엄복(嚴復: 옌후 또는 옌푸, 1853-1921)에 의해서도 수용됐다. 엄복은 양무운동이 전개되던 때 동치제가 개교한 해군학교에서 공부하다가 영국으로 유학해 서양의 제도와 사상을 깊이 공부했다. 영국의 철학자 토머스 헉슬리(Thomas H. Huxley)가 1894년에 출판한 『진화와 윤리』를 1896년에 『천연론(天演論)』으로 역간하면서 거기에 자신의 반박을 덧붙이는 가운데 사회진화론을 중국에 소개한 것이다. 그는 이 과정에서 진화와 자연도태를 각각 천연과 물경천택(物競天擇)이라고 번역했다. 엄복은 또 아담 스미스(Adam Smith)의 『국부론』을 『원부(原富)』로 역간했으며 몽테스키외의 『법의 정신』을 『법의(法意)』로 역간했다. 이러한 활동을 통해, 그는 서양근대사상을 중국에 지속적으로 도입했다. 그의 지향점은 사회진화론에 바탕을 둔 중국사회 전반의 개혁이었다.[8]

그런데 엄복의 구상은 국가들 사이의 경쟁에서의 윤리성(倫理性)을 인정하지 않은 데서 출발했다. 헉슬리는 자연세계에서는 생존경쟁을 위한 적자생존의 원칙이 통용되지만 인간세계에서는 그것과는 달리 윤리적 진보가 가능함을 강조했는데, 엄복은 그 견해를 거부하면서 중국이 열강의 무자비한 비윤리적 침탈로부터 살아남고 이겨내기 위해서는 중국 내부에서 개인적·집단적·계급적 경쟁을 피하고 단합해야 한다고 역설했다.[9] 그러한 취지에서, 그는 1919년 5월 4일에 북경에서 대학생들을 중심으로 역사적인 반제국주의적·민족주의적 운동이 일어났을 때, 이 5·4운동에 반대했다.

이들 밖에도 중국에서 활동하던 서구선교사들이 번역한 책들도 중국에 사회진화론을 소개한 매개체들이 됐다. 그러나 그들의 영향은 매우 제한적이었다.[10]

8 위와 같음.

9 최기영, 『애국계몽운동 Ⅱ』, 10쪽.

10 전복희, 『사회진화론과 국가사상』, 51-78쪽.

조선에서의 사회진화론 수용. 이러한 배경에서, 사회진화론은 조선에도 흘러들어오게 됐다. 그 경로는 다양했다. 일본유학생들을 통해 들어오기도 했고, 미국유학생들과 조선 안의 미국인선교사들을 통해 들어오기도 했으며, 양계초를 비롯한 중국의 변법자강파와 중국의 서양선교기관들이 발행한 책들 및 신문들을 통해 들어오기도 했다.[11]

그리하여 우선 1880년대에는 유길준이 유폐생활 가운데 쓴 「경쟁론」을 통해 이 이론을 소개됐다. 1890년대 후반에는 『독립신문』과 『황성신문』이 각각 이 이론을 소개했는데, 특히 『독립신문』이 열성적이었다. 유길준의 경우에는 사회진화론적이라기보다는 계몽적이면서 자유주의적인 경향이 훨씬 더 강했다. 그러나 두 신문의 경우에는, 특히 『독립신문』과 『독립신문』의 주필인 윤치호의 경우에는, 사회진화론적 경향이 훨씬 강했다. 윤치호는 인도국민이 영국의 지배를 받는 것이 인도정부의 잘못 때문이며 영국의 지배를 받은 이후 인도국민은 그 이전에 비해 훨씬 '태평하게' 산다고 보았으며, 『독립신문』은 조선의 백성 개개인이 지난날처럼 상업을 천시할 것이 아니라 오히려 존중하고 돈벌기에 나서야 가난을 면할 수 있고 생존에서 이길 수 있음을 역설했다.[12]

다른 한편으로, 철저하게 사회진화론에 입각한 양계초의 『음빙실전집(飮氷室全集)』이 1900년대 중반에 조선의 유교지식인들에게 널리 읽히면서 사회진화론은 조선의 지식인들 사이에서 대중화됐다. 양계초는 자신의 자(字)를 음빙실주인(飮氷室主人)이라고 했으며, 따라서 자신의 문집을 『음빙실전집』이라고 명명했던 것이다. 이 문집은 그때 제정러시아에서 전개되던 반(反)짜리즘의 혁명운동에 대해서도 소개했다. 특히 러시아의 니힐리즘(nihilism)을 '허무주의'라고 번역하고, 러시아

---

11 박찬승(朴贊勝), 『한국근대정치사상사연구 : 민족주의 우파의 실력양성운동론』(서울 : 역사비평사, 1992), 38쪽.

12 전복희, 『사회진화론과 국가사상』, 112쪽.

의 허무당(虛無黨)은 짜리즘체제에 대해 '암살'을 비롯한 여러 테러행위들을 활용한다고 설명하면서 테러행위 그 자체를 찬양했다.[13]

양계초의 테러행위찬양이 조선의 지식인사회에 어떤 영향을 끼쳤는지 밝혀지지 않았다. 그러나 그의 사회진화론을 포함한 그 자체는 많은 영향을 주었다. 조선의 지식인들은 국제정치가 사회진화론의 명제대로 강자지배와 약육강식의 논리로 전개되는 현실을 인정했다. 예컨대, 『독립신문』의 영문판인 *The Independent*는 1896년 11월 12일의 논설에서 "자연과학은 약자와 우둔한 자는 언제나 강자와 지적인 자의 노예라고 우리에게 말해 준다. 그리고 인간의 힘으로 자연의 법칙에 기인하는 결과를 변경하는 것은 불가능하다."라고 강조했다. 전복희 박사가 지적했듯, "이 관점은 인간이 무조건적으로 자연법칙에 순종하기를 강요하며, 자연법칙에 대한 인간의 어떠한 대항도 쓸모없는 것이라는 사회진화론적 관점을 잘 대변했다."[14]

여기서 기억돼야 할 것은 『독립신문』의 논설들에서 사회진화론은 인종주의적 성향과 결합됐다는 사실이다. 이 논설들은 우선 국제사회에서 전개되는 인종들 사이의 갈등과 국가들 사이의 싸움을 모두 약육강식의 논리로써 설명했다. 좁혀 말해, 힘에서 우세한 백인종이 힘에서 열등한 흑인종이나 황인종을 지배하려는 과정에서 갈등이 빚어졌다는 취지로 이해한 것이다. 여기서 이른바 백인종의 침략적·수탈적 성격을 더 강조하면서 백인종에 대한 경계심을 유발시키는 백화론(白禍論)이 전파되기 시작했다. 이 논설들은 이어 "당시의 세계를 황인종과 백인종이 대결하는 시기로 보고 아시아에서 백인종의 세력확대를 막아내기 위해서 황인종의 단합과 아시아의 연대가 필요하다고 강조했다."[15]

13 이호룡, 『아나키스트들의 민족해방운동』(충청남도 천안시 : 한국독립운동사편찬위원회, 2008), 6쪽.

14 전복희, 『사회진화론과 국가사상』, 117-118쪽.

15 위와 같음, 118쪽.

윤치호가 열렬히 지지한 '백인종에 대항하기 위한 황인종의 연대'는 뒷날 그가 일제의 조선침략을 받아들이는 출발점이 된다.

독립협회와 『황성신문』의 역할. 그렇다면 조선의 지성계는 강자의 지배논리에 그대로 승복했다는 것인가? 그렇지는 않았다. 조선의 지식인들은 개화자강론(開化自强論)을 내세웠다. 박찬승 교수의 표현으로, "이처럼 우승열패와 생존경쟁을 사회진화의 철칙으로 받아들일 때, 그 경쟁의 사회에서 살아남을 수 있는 유일한 길은 스스로의 실력을 갖추는 것, 즉 자강운동밖에 없다는 결론이 나오게 됐던 것이다."[16] 거기서 한 걸음 더 나아가, 그들은 그 자강은 개화를 통해서만 실현될 수 있다고 확신하면서 개화운동을 전개했다.

그러면 그들이 말한 개화란 무슨 뜻이었나? 『황성신문』의 경우, 개화를 '개물성무 화민성속(開物成務 化民成俗)'으로 이해했다. "물적(物的) 개화로서의 개물(開物), 곧 산업의 근대화, 그리고 인적(人的) 개화로서의 화민(化民), 곧 인간의 의식과 지식의 근대화를 결합한 것"으로 이해했다.[17] 물질문명의 발전과 정치법률제도의 완비 및 인륜에 기초한 행실의 실천 등으로 받아들인 것이다. 그것들 가운데, 인륜도리를 행하는 것은 시대가 바뀌어도 변할 수 없으나 물질문명과 정치법률제도는 시대가 바뀌면 역시 변하는 것으로 생각했다. 여기서 바로 '변통론(變通論)'이나 '변법론(變法論)'이 제기됐다. 그리고 그것은 간혹 구법을 버리고 신법을 채택하자는 '기구종신(棄舊從新)'의 주장으로까지 이어지거나 동서고금의 제도를 참작하고 절충하자는 '동서고금의 참작절충'의 이념으로까지 확대됐다.[18]

이러한 배경에서 이 시기에 나타난 가장 조직적인 운동은 우리가 앞

16 박찬승, 『한국근대정치사상사연구』, 37쪽.

17 강재언(姜在彦), 『조선의 개화사상(일본어)』(동경: 이와나미쇼텡, 1980), 177쪽. 유영렬(柳永烈), 『애국계몽운동 Ⅰ』(충청남도 천안시: 한국독립운동사편찬위원회, 2007), 24쪽.

18 위와 같음, 39-41쪽.

장 제1절에서 살핀 독립협회에 의해 주도됐다. 독립협회는 우선 이념과 관련해, "나라의 자주독립과 부강은 그것을 구성하고 있는 국민의 낱낱이 자립부강한 개인이 되어야 하며, 그를 위해서는 침범당하지 않는 민중의 권리를 신장시켜야 한다"고 보고 자유민권사상을 전개했다.[19] 독립협회는 또 국민이 각각 자신의 일자리를 확보하고 부지런히 일을 해 돈을 벌어야 한다는 발상을 전파했다. 각자 자신의 일자리를 갖고 일을 해 돈을 벌어 생계를 유지하는 것이 바로 개인적 수준에서의 독립이라고 역설했다. 이것은 박제가로 대표되는 북학파의 상업진흥론이 되살아났음을 의미했다. 독립협회는 이어 정체와 관련해, 입헌군주제를 지향했다. 독립협회가 지향한 입헌군주제가 영국을 모형으로 삼았느냐 프로이센을 모형으로 삼았느냐에 대해서는 토론이 있을 수 있다. 그러나 그것이 대체로 불철저하게나마 인민주권에 바탕을 둔 영국식 입헌군주제를 염두에 두었다는 점에 대해 학계의 합의가 성립됐다고 해서 무리가 아닐 것이다.[20]

『황성신문』의 경우도 개화자강을 위한 구체적 계획들에서 독립협회와 다르지 않았다. 이 신문은 우선 신지식과 신학문의 교육을 강조했다. 보다 구체적으로, "부국(富國)에 아무런 도움이 되지 못하는 허학(虛學)에서 벗어나 실용적 학문, 즉 무비(武備)와 격치(格致)와 제조(製造)와 농상(農商)과 의광(醫鑛)과 상술(商術) 등의 학(學)을 교육해야 한다"고 역설했다. 이러한 논리형성에는 장지연(張志淵)과 박은식(朴殷植) 및 류근(柳瑾)과 같은 개명된 유교지식인들의 역할이 컸다.[21]

19 신용하, 『독립협회 연구 : 독립신문·독립협회·만민공동회의 사상과 행동』(서울 : 일조각, 1976), 175-176쪽. 독립협회의 노선 및 지향과 관련해 긍정적인 특면과 아울러 비판적인 측면에 대해서도 지적한 연구로 다음을 지적할 수 있다. 주진오(朱鎭午), 「19세기 후반 개화개혁론의 구조와 전개 : 독립협회를 중심으로」, 연세대학교 사학과 문학박사학위논문, 1995.

20 유영렬, 『개화기의 윤치호 연구』(서울 : 한길사, 1985), 200쪽.

21 위와 같음, 41쪽.

여기서 중요하게 지적돼야 할 것은 다음의 두 가지다. 첫째, 이 유교 지식인들은 실학의 전통을 계승하면서 국학운동을 전개했다는 사실이다. 예컨대, 장지연은 자신의 학문적 계보를 이익과 정약용에 두었고 특히 정약용의 학문을 '경장유신(更張維新)의 뜻을 가진 학문'으로 높이 평가했다. 박은식 역시 정약용의 학문을 섭렵했으며, 신채호는 실학자들의 사학을 비판적으로 계승하면서 실학의 비판정신·개혁성·실증성·근대성을 수용했다.[22] 그들은 일부 개화론자들이 조선의 전통적 학문을 유치한 것으로 간주하고 서양의 최근 학문을 높이 평가하면서 그것의 수입을 일방적으로 역설하는 경향에 반발한 것이다.

둘째, 대체로 1895년과 1900년 사이에, 그들은 그사이 따로 떼어 쓰던 경향을 보였던 '국(國)'과 '민(民)'을 연결해 '국민'이라는 단어를 보편적으로 쓰기 시작했다는 사실이다. 마찬가지로 따로 떼어 쓰던 경향을 보였던 '국(國)'과 '가(家)'를 연결해 '국가'라는 단어를 보편적으로 쓰기 시작한 것도 대체로 이 무렵이었다. 물론 그 이전에도 '국민'과 '국가'라는 단어가 간혹 쓰이기는 했었다.

해외유학생들의 역할. 개화자강론의 또 하나의 줄기는 해외에서 유학하고 귀국한 지식인들이었다. 유길준·서재필·윤치호·안창호(安昌浩) 등이 그 대표적 인물들이었다. 안창호의 경우, 정규의 학교를 다니지는 않았으나 주로 샌프란시스코와 로스앤젤레스에서 동포들을 지도하는 가운데 미국사회를 관찰했다. 특히 일본유학의 경험을 가진 이갑(李甲)·유동열(柳東說)·지석영·유성준·석진형(石鎭衡) 등이 개화자강론의 열렬한 지지자들이었다. 아직 귀국하지는 않았으나 일본에서 공부하며 국내의 학술단체나 잡지 등에 연관을 맺었던 이들도 국내의 개화자강론을 뒷받침했다.[23]

22 유영렬, 『애국계몽운동 Ⅰ』, 23-24쪽.

23 위와 같음, 42쪽.

제 2 절 헌정연구회의 활동과 서양정치학의 보급

지식인들이 서양정치학에 주목하다. 지식인들의 연구와 토론은 1900년대에 들어서면서 더욱 활발해졌다. 그것은 여러 갈래들로 나뉘었고, 그 갈래들 가운데 하나로 황제의 절대권을 인정하는 가운데 민권도 일정하게 보장받는 형태로서의 '외견적(外見的) 입헌군주제'나 '개명군주제(開明君主制)'를 구상하는 지식인들도 있었다. 『황성신문』의 장지연이 그 대표적 논자였다. 그는 대한제국의 황제제도를 인정하고 광무황제, 곧 고종을 적극적으로 뒷받침했다. 그러나 큰 흐름은 근대국가건설론이었으며 그것은 정체와 국체의 변혁론으로 이어졌다.

이 시대 지식인들의 사상동향을 깊이 연구한 김도형(金度亨) 교수에 따르면, "그들의 대부분은 당시 국권상실의 원인이 전제정치에 있다고 지적하고, 전제정치를 계속 유지하는 것으로는 국권을 회복할 수 없다고 생각했다." 풀어 말해, "전제정치 아래서 인민은 국왕의 노예적 지위에 불과한 하나의 물건이므로, 백성이 정부를 도적처럼 대하고 정부는 백성을 구적(仇敵)처럼 여겨 서로 용납하지 않는 현상이 바로 망국의 큰 원인이라고 그들은 지적했다."[24] 같은 맥락에서, 그들은 심지어 지방의 '폭도'나 의병도 전제정치의 폐단에서 발생했다고 주장했다.

이러한 인식은 미국의 샌프란시스코에서 1905년에 안창호와 이대위(李大偉) 등을 중심으로 결성된 항일단체 공립협회(共立協會)의 지도자들에 의해서도 공유됐다. 이 단체의 기관지 『공립신보(共立新報)』에 게재된 논설 「권고아국내유림(勸告我國內儒林)」(1907년 11월 29일)과 「국민론」(1908년 12월 9일) 등이 그 점을 말해 주었다. 그 논설들은 망국의 원인이 전제정치로 말미암은 폐습에 있다고 파악하고, 나라를 되찾는 일

● ● ● ● ●

24 김도형, 『대한제국기(期)의 정치사상 연구』(서울: 지식산업사, 1994), 97쪽. 이 책은 그의 1988년도 연세대학교 문학박사학위논문 「대한제국말기의 국권회복운동과 그 사상」에 바탕을 두었다.

은 근본적으로 전제정치를 공화주의정치로 바꾸는 데서 시작해야 한다고 주장했다.[25] 『공립신보』가 『대동공보』를 흡수해 샌프란시스코에서 새롭게 출범시킨 또 하나의 항일신문 『신한민보(新韓民報)』는 거기서 한 걸음 더 나아갔다. 「대호국민(大呼國民)」이라는 1909년 8월 4일의 논설은 국민의 권리를 찾기 위해서는 임금을 살해하고 새로운 국민적인 정부를 세우는 국민혁명도 가능하다고 주장한 것이다. 그들은 자신의 논거를 맹자와 루소에서 찾았다.[26] 이제 한인들의 논설에서 서양의 정치사상가 루소가 등장한 것이다.

이러한 문제의식에서, 그들은 입헌(立憲)의 필요성과 정치체제의 변혁을 거론했다. "입헌은 문명부강(文明富强)의 주물(主物)이고 문명부강은 입헌의 종물(從物)이다."라고 말하면서, 그들은 입헌적 사상이 결핍된 국가는 독립을 유지할 수 없으며 추락된 국권도 회복하기 어렵다고 단정했다. 그들은 당시의 과제를 '입국(立國)과 강국(强國)'으로 규정하고, 입국은 민족정신과 민족사상의 함유로 가능하며, 강국은 서양정치제도의 수용과 정체의 정비로 가능하다고 강조했다. 서양정치제도를 논함에 있어서 그들은 지방자치제에 대해서도 언급했다. '지방회(地方會)'를 실현해, 전국적인 대의제를 이끌어내야 한다고 제의한 것이다.[27]

여기서 대한제국의 지식인들은 자연히 서양정치학에 주목하게 됐다. "서양정치학의 수학(修學)을 통해 국리민복을 추구하는 것이 후진국의 의무요 이익이다."라고 그들은 믿었던 것이다. 그 대표적 논객이 김성희(金成喜)였다.[28] 그는 대한제국 이전의 조선조정에서는 홍주부(洪州府)의 주사로 봉직했고 대한제국의 정부에서는 중추원 의관(議官)

25 위와 같음, 426-427쪽.
26 위와 같음, 427-428쪽.
27 위와 같음, 97쪽.
28 위와 같음.

으로 봉직했다. 1907년 이후 서울의 외국어학교에서 가르치면서 서양의 다양한 정치이론들에 근거해 많은 논설들을 썼다. 그는 민족이 강해야 애국심이 나오는데 민족이 강하려면 헌법을 비롯한 헌정기관들을 완비해야 한다고 주장하면서 그것을 연구하기 위해 정치학을 연구해야 한다고 제의했다.

서양의 정치가들에 대한 관심. 서양정치학의 수학을 강조하면서, 그들은 국가를 부강시킨 서양의 정치가들에 대해서도 주목했다. 그들이 자주 인용한 서양의 대표적 정치가는 프로이센의 철혈재상(鐵血宰相) 비스마르크(Otto von Bismarck)였다. 그들은 우선 비스마르크의 전기를 일본어책으로부터 번역하거나 편술해 단행본으로 출판했다. 황윤덕(黃潤德)이 번역하고 1907년에 보성관(普成館)이 출판한 『비사맥전(比斯麥傳)』이 그 대표적 보기다. 그들은 또 그의 전기를 역시 일본어책에 바탕을 두고 짧은 글들로 정기간행물에 게재했다. 박용희(朴容熙)가 『태극학보』 제5-10호(1906-1907)에 게재한 「비사마-ㄱ(比斯麥)전」, 그리고 SK생이 1909년 11월에 출판된 『대한흥학보(大韓興學報)』에 게재한 논설 「정치론」 등이 그 대표적 사례였다. SK생은 자신의 논설에서 "비사맥(俾斯麥)은 오른쪽으로 독일제국건설의 대사업을 성(成)함과 아울러 왼쪽으로 하층민의 무육(撫育)에도 성공해 마침내 연방독을제국(聯邦獨乙帝國)의 패업을 완전케 했다"고 높이 평가했다. 이 논설은 독일을 '독을'로도 표기했다. 그런데 여기서 주목되는 것은 비스마르크가 그러한 위업을 이룩하게 된 배경에는 그가 '국가흥망의 대원리(大原理)를 가르치는 정치학'을 터득함이 있었다고 강조한 사실이다.[29] 이제 정치학은 '국가흥망의 대원리를 가르치는 학문'으로 존경을 받기에 이르렀다.

비스마르크 다음으로, 그 시대의 대한제국 지식인들이 주목한 정치

29 비스마르크에 관해서는 다음에서 읽을 수 있다. 김효전, 『서양헌법이론의 초기 수용』, 245-246쪽.

가는 프러시아의 프리드리히 대왕이었다. 그들은 '후례두익대왕(厚禮斗益大王)'을 대한제국의 황제가 지향해야 할 '개명군주'의 모범으로 삼았다.[30] 예컨대, 우리가 제6장 제1절에서 보았듯, 1908년에 유길준은 프리드리히 대왕의 전기를 역간했던 것이다.

비스마르크와 프리드리히 대왕 만큼은 아니었으나 미국의 '국부' 워싱턴도 큰 관심을 받았다. 우선 1884년 8월 31일의 『한성순보』가 "약일이 화성돈(若日耳 華盛頓)이 의병장(義兵將)으로 국내의 영국군을 상대로 7년 동안 전쟁을 해서 마침내 독립국을 세웠으며 헌법을 정해 공화정치를 실시했다"고 썼다. '약일이 화성돈'은 물론 조지 워싱턴을 한자로 표기한 것이다. 『황성신문』은 1907년 2월 20일의 한 논설에서 '화성돈'이 '북미합중국'을 독립시킨 위인인데도 국내에서 연구가 부족하다고 지적하면서 연구의 필요성을 강조했다. 이러한 흐름 속에서, 신소설의 작가로 알려진 이해조(李海朝)는 1908년에 『화성돈전』을 역간했다.[31]

사분오열된 이탈리아의 통일을 주도한 이른바 삼걸(三傑)도 관심의 대상이었다. 이 주제에 관해, 신채호가 역술해 1907년에 출판한 『이태리건국삼걸전(伊太利建國三傑傳)』이 대표적이다.[32] 장지연이 교열을 맡은 이 책의 대본은 양계초의 『의태리건국삼걸전(意太利建國三傑傳)』이다. 이 역술본에서 신채호는 19세기에 있어서 이탈리아의 국민적 애국주의의 상징적 존재이며 통일이탈리아국민국가건설운동을 주도한 마찌니(Giuseppe Mazzini)와 가리발디(Giuseppe Garibaldi) 및 카부르(Camilo Benso di Cavour)의 활동을 찬양했다. 그들은 馬志尼(마지니)와 加里波的(가리파적) 및 加富爾(가부이)로 각각 표기됐다. 신채호는 뛰어난 애국

30 위와 같음, 246쪽.

31 위와 같음, 213-214쪽.

32 단재신채호전집편찬위원회 편, 『단재 신채호 전집』 제4권, 567-617쪽. 이 책은 광학서포에서 출판됐다.

심으로써 민족과 국가를 위해 헌신한 그들의 생애를 국한문을 섞어 서술했다. 이처럼 대한제국의 말기에, 우리나라에서는 정치학의 한 작은 분야인 정치전기학(政治傳記學)이 시작됐다.

헌정연구회의 발족. 이러한 배경에서, 1905년 5월 24일에 서울에서 장기렴(張基濂)·이준·윤효정(尹孝定)·양한묵(梁漢默)·심의성(沈宜性) 등이 중심이 되어 조선사람들의 정치적 힘을 결집시키려는 목적에서 헌정연구회를 발기했다. 이준은 1895년에 고종의 칙령으로 개설된 법관양성소를 제1회로 졸업했고, 1896년부터 1898년까지 일본에 건너가 서양법에 접했으며 귀국한 뒤에는 한성재판소 검사보로 일했다. 한때 그가 동경전문학교 법과에서 법학을 전공했으며 그 학교를 졸업했다는 설명도 뒤따랐으나, 그것은 사실이 아니었던 것 같다.[33] 비록 그렇다고 해도, 그는 그때로서는 보기 드문 근대서양법학의 수용자였음에 틀림없다.

이준은 1905년 9월에 일본을 방문해 박영효를 만나 일본이 가까운 장래에 대한제국을 자신의 '보호국'으로 만들려는 방침을 세웠다는 소식을 듣고 귀국한 뒤 11월 초에 상해로 나갔다. 거기서 '보호조약'의 체결소식, 그리고 그것에 항의한 민영환(閔泳煥)의 자결소식을 듣고 12월 상순에 귀국했다. 귀국과 더불어, 그는 평리원의 검사로 승진했다. 그러한 이유들 때문에 그는 헌정연구회 일에는 전념하지 못했다.[34] 그는 1907년에 헤이그에서 열린 만국평화회의에 고종의 밀사들 가운데 한 사람으로 참석해 대한제국의 독립을 호소하고자 했다. 그러나 일제의 방해로 참석 자체가 좌절되자 숙소인 헤이그의 한 호텔에서 분사하게 된다.[35]

33 김효전, 「안국선의 와세다(早稻田) 시대」, 『동아법학』 제47호(2010년 5월), 403-452쪽. 이준에 관한 부분은 416-417쪽에 있다.

34 박찬승, 『한국근대정치사상사연구』, 49쪽.

35 이기항(李基恒) 송창주(宋昌姝), 『아! 이준열사 : 이준열사 순국100주년 해아밀사 보고서』(서울 : 공옥출판사, 2007).

윤효정(1858-1939)은 조선왕조가 마지막으로 실시한 과거시험에 합격해 관직에 진출한 뒤 탁지부의 주사로 승진했다. 그러나 그는 곧 독립협회에 참여했다가 1898년에 안경수가 주동이 된 정변기도사건에 연루돼 일본으로 망명했다. 그는 일본에 체류하면서 사회진화론을 열렬히 받아들였으며 그것에 입각한 자강론자가 됐다. 1902년에 사면되자 귀국한 뒤, 대한제국도 일본식의 정당정치와 의회정치를 실시하면서 전면적인 개혁을 추구해야 국권의 유지가 가능하다고 믿었다.

양한묵은 대한제국 이전의 조선조정에서, 특히 갑오경장정부에서, 봉직하다가 일본에 유학했던 동학교도였다. 동학 안에서 송병준(宋秉畯)과 이용구(李容九) 등이 친일로 돌아서며 1904년 8월 20일에 친일매국단체 일진회(一進會)를 조직하자 손병희(孫秉熙)를 비롯한 정통세력은 그들을 제명하면서 1905년 12월 1일자로 동학교를 천도교(天道教)로 개편했다. 이때 손병희는 최제우와 최시형에 이어 천도교의 3대 교주로 공인됐는데, 양한묵은 그의 핵심참모들 가운데 한 사람으로 활동했다. 이러한 인연의 연장선 위에서, 그는 기미년(己未年)인 1919년의 3월 1일에 일어나는 한민족의 거족적 독립운동의 선언서에 서명하며 그것으로써 손병희를 필두로 하는 서명자 33인 가운데 한 사람이 된다. 그는 33인 가운데 유일하게 옥사한다.[36]

이 단체는 회장에 전 황실시위대 대대장 육군참령 장기렴을 선출한데 이어, 부회장과 평의장(評議長)에 각각 이준과 윤효정을 선출했다.

36 양한묵의 생애는 다음에서 자세히 설명됐다. 최기영(崔起榮), 『한국근대계몽사상 연구』(서울: 일조각, 2003), 262-292쪽.

실학사상-위정척사-농민운동-동학-개화운동-갑신정변-독립협회-1910년까지의 민족해방운동에 대한 러시아 학자의 저술은 한국에서 다음과 같이 역간됐다. G. D. 짜가이 저·김병린 역, 『한국부르조아민족주의이데올로기 형성: 실학에서 일제강점기까지』(모스크바: 동방학연구소, 1983; 서울: 인간사, 1990). 동방학연구소 수석연구원인 짜가이는 주로 19세기의 조선사를 전공했으며, 1971년에 『후기 본건시대에 있어서의 조선의 사회사상』을 출판했다.

이 단체는 곧 약 50명으로부터 100명 사이의 회원을 확보했다. 그 가운데는 이준과 윤효정처럼 독립협회 회원이었던 사람들이 많았으며, 또 1904년에 결성돼 황실의 지원을 받으며 일진회의 타도를 시도했다가 1905년 2월에 해산된 단체인 공진회(共進會)의 회원이던 사람들도 포함됐다. 다른 한편으로, 개신유학자들도 참여하고 있었다.[37]

『헌정요의』의 출판. 헌정연구회는 1905년 7월에 『헌정요의(憲政要義)』라는 작은 책을 출판했다. 이 책의 내용은 『황성신문』 1905년 7월 15·18·20·22·24·27·28일 및 8월 2·3일에 나뉘어 연재됐다. 그러나 이 책의 제5장(「국민 및 정부의 관계」)과 제8장(「국민의 권리」)은 게재되지 않았다. 아래에서 이 책의 내용을 살피기로 한다.[38]

우선 이 책의 「서두」에서, 평의장 양한묵은 이 책이 헌정의 연구에 앞서 국민의 정치에 대한 관심을 일깨우기 위해 저술됐음을 밝혔다. 이어 「국가의 본의(本義)」에서는 국가는 군주 1인의 사유물이 아니라 국민 모두의 공동체(共同體)임을 강조했다. 우리가 오늘날 흔히 쓰는 '공동체'라는 단어가 이미 이 글에 등장했음을 확인하게 된다. 「국가의 본의」는 이어 "토지가 국(國)이오 인민이 가(家)이니 이 두 가지를 합쳐 국가라 한다"고 설명했다. 그러나 "토지와 인민이 있어도 국가라 부르기 어려우니, 반드시 정치조직이 정해져야만 한다." 그 정치조직이 바로 정부인데, "군주국에는 제왕이 있고 공화국에는 통령(統領)이 있으며 그 아래에 모든 정령(政令)을 거행하는 대소관리(大小官吏)를 두어 국가의 사무를 판리(辦理)하게 한다"고 부연했다. 토지와 인민이 있어도 정치조직이 뒤따르지 않으면 "물과 풀을 따라 옮겨 다니는 부락오합인중(部落烏合人衆)과 같다"고 덧붙였다.

「국가와 황실의 분별(分別)」은 군주가 국가를 통치하지만 국가와 황

37 최기영, 「헌정연구회에 관한 일(一)고찰」, 조항래(趙恒來) 편저, 『1900년대의 애국계몽운동 연구』(서울: 아세아문화사, 1993), 2-5쪽.

38 위와 같음, 20-24쪽; 김효전, 『서양헌법이론의 초기 수용』, 411-413쪽.

실이 동일한 것이 아님을 강조하고, 군주를 국가의 상등공용인(上等公用人)이며 국고(國庫)의 관리자에 비유한 18세기 프로이센왕국의 프리드리히 대왕을 인용해 계몽군주를 소개했다. 여기서 공용인은 영어의 public servant를 번역한 것으로, 이 번역어는 그 이후 공복(公僕)으로 바뀐다.

「국가와 정부의 관계」는 정부가 군주의 명령을 받아 국가의 사무를 집행하지만 국민에게 책임져야 한다고 역설했다. 「군주와 정부의 권한」에서는 군주가 일국의 최존위(最尊位)이면서 최대권을 가지나 그것은 국민이 존재하므로 가능한 일이라고 설명하고, 정부의 대신은 군주로부터 권한을 위임받은 존재이므로 군주도 그 권한을 함부로 침탈할 수 없다고 주장했다.

「국민과 정부의 관계」는 국민이 있어야 정부가 존재하므로 정부는 국민을 위해 세워진 것임을 강조했다. 「군주의 주권」에서는 국가가 중민(衆民)의 합성체이므로 주권은 중민의 합성력이라고 정의했다. 이어 주권의 소재에 대해, 민주국에서는 의회가, 입헌군주국에서는 군주와 의회가, 그리고 군주가 국가를 대표하는 전제군주국에서는 군주가, 각각 주권을 지닌다고 설명했다. 「국민의 의무」에서는 정당한 법률과 명령에 복종하는 국민의 의무로 납세의 의무와 병역의 의무를 지적했다.[39]

이상과 같은 내용의 『헌정요의』에 대해 최기영 교수는 이 책이 "저술자의 특별한 주장이라기보다, 서구 국가학·정치학의 원론적인 소개가 주를 이루고 있었다"고 이해하면서, "그러나 저술의 기본적인 입장은 입헌군주국에서 군주권의 제약과 민권의 확대에 대한 관심이었다"고 지적했다. 그는 다음과 같이 부연했다:

> 국가가 군주의 사유물일 수 없고, 군주의 통치권도 국민이 존재하므로 가

39 최기영, 「헌정연구회에 관한 일 고찰」, 21-22쪽.

능하며, 정부의 정무집행권이 확보되어야 한다는 것은 결국 군주권의 제약을 의미하는 것이었다. 반대로 국가를 국민의 공동체[합성체]로 인식하고, 국민의 존재가 전제되고서야 군주와 정부가 존재하며, 정부가 국민에게 책임을 져야 한다는 논의, 그리고 주권을 국민의 합성력으로 이해하는 논의는 민권의 확대를 사사한다고 보아도 좋을 듯하다. 군주권의 제약과 민권의 확대는 같은 내용의 다른 표현이었던 것이다.

따라서 『헌정요의』는 군주국의 입헌정치의 수행을 주된 관심으로 하여 작성되었고, 그 입헌정치의 형태는 군주와 국민의 협의에 의한 '군민입약지헌(君民立約之憲)'으로 전개돼야 한다고 믿었던 것 같다.[40]

요약한다면, 『헌정요의』의 내용은 민권의 확대를 전제로 하는 입헌군주정을 제의한 것이었다.

헌정연구회의 회원들은 1905년 11월 18일에 을사조약이 강제로 체결되자 대체로 반대의 입장을 표시했다. 특히 헌정연구회를 주도하던 윤효정은 중요한 대신들에게 조약체결을 막지 못한 죄를 따지며 자결하라는 뜻에서 칠성판을 보내면서까지 통렬히 비난했다. 이 일로 말미암아 그는 경무청에 체포됐다. 이어 헌정연구회의 평의원 윤병(尹秉)이 상소를 올려 이 늑약에 조인한 '반역배의 주살(誅殺)'을 청했다. 이러한 일들로 헌정연구회는 당국의 탄압을 받아 해산되기에 이르렀다.[41]

일본인의 「헌정쇄담」. 『헌정요의』가 출판된 시기와 거의 비슷한 시기에, 리용자(利龍子 : 리루시 또는 도시타쓰?)라는 이름의 한 일본인이 헌정연구회의 취지에 찬동한다는 뜻에서, 「헌정쇄담(憲政瑣談)」을 『황성신문』에 1905년 6월 12일부터 6월 21일까지 여섯 차례에 걸쳐 연재했다. '쇄담'이란 단어는 '자질구레한 이야기'란 뜻이다. 이 단어가 말해주듯, 「헌정쇄담」은 신원이 누구인지 확인되지 않은 한 일본인이 헌정에 대해 말한 것을 기고의 형식으로 게재한 것이다.

40 위와 같음, 22쪽.
41 위와 같음, 33쪽.

「헌정쇄담」에 일관되게 흐르는 것은 군주의 독단과 전제는 불가하며, 따라서 군주는 덕의(德義)로 헌법을 제정해야 한다는 주장이었다. 바꿔 말해, 『황성신문』 1905년 6월 15일에 게재된 제2회의 글이 보여주었듯, 그는 흠정헌법(欽定憲法)의 채택을 제의한 것이다. 그는 "헌법을 흠정할 때는 반드시 정부의 법제국(法制局)에서 실무작업을 하게 되는데, 법제국에서 흠명(欽命)을 받드는 사람들은 반드시 문명각국의 헌법을 살피되 본국전례(本國典禮)를 참조할 것이므로 군주의 덕의를 손상시키는 헌법을 만들지 않을 것"이라고 장담했다. 반면에 그는 국민의 뜻에 따라 만드는 '민약헌법', 그리고 군주와 국민이 함께 만드는 '국약헌법'에 대해서는 반대했다.

이 「헌정쇄담」에서 주목되는 점은 서구의 헌정경험에 대해서는 전혀 언급하지 않은 채 일본의 헌정 초기에 대해서는 오쿠마 시게노부(大隅重信 : 대우중신)와 이토 히로부미를 비롯한 여러 정치가들을 거명하며 설명한 사실이다. 필자인 일본인은 이 글을 통해 일본이 조선과는 다른 선진개명국임을 강조하면서 조선은 일본의 법과 제도를 모방해야 할 것이라는 뜻을 암시하고자 했을 것이다. 특히 그가 현재 대한제국에서 여러 정치단체들이 활동하고 있으나 일진회 하나만이 영속할 것이라고 말함으로써 자신의 뜻이 어디에 있는가를 분명히 했다.[42] 이렇게 볼 때, 『황성신문』이 어째서 그러한 글을 게재했던 것인지 의아스럽다. 「헌정쇄담」은 '끝'이라는 표시도 없이 제6회로 끝났는데, 아마 그러한 의문이 독자들 사이에 제기됐기 때문이 아니었나 추측하게 된다.

『명이대방록』의 도입. 대체로 1905년의 어느 시점에 청의 사상가 황종희가 쓴 『명이대방록』의 발췌본이 여남섭(呂南燮)에 의해 대한제국에 도입됐다. 우리가 제3장 제4절에서 보았듯, 이 책은 1663년에 완결

42 김효전, 『서양헌법이론의 초기수용』, 414-420쪽.

됐으나 군주제를 비판하고 주권재민론을 제창했기에 중국에서 금서로 지목됐고, 따라서 조선에 전래되기가 어려웠다. 그러나 양계초를 비롯한 청말의 변법자강운동가들이 이 책의 중요성을 인식하고 황종희를 '중국의 루소'로 격찬하면서, 1897년에 이 책의 발췌본을 대량으로 인쇄해 배포함에 따라 민주공화제의 이론이 대중에 확산됐는데, 뒤늦게나마 대한제국으로 들어온 것이다.

이 책은 전제군주제의 폐해를 철저히 폭로했다. 이 책은 "천하가 주인이고 군주는 손님이다."라고 썼는데, 여기서 천하는 인민을 말하는 것으로 해석됐다. 이 책은 또 세론(世論)이 의회를 통해 반영돼야 한다는 민본주의적 주장을 담았다. 이러한 내용의 이 책은 당시 대한제국의 개혁지향적 지식인들에게 큰 영향을 주었을 것이다. 그러나 구체적으로 어떤 영향을 주었는지는 아직 구명되지 않은 만큼, 앞으로의 연구과제라고 하겠다.

저자 미상의 『국민수지』. 비슷한 시기에 『헌정요의』의 내용과 별다른 차이가 없는 책들이 여기저기에서 출판됐다. 그것들 가운데 대표적인 것들을 소개하면 다음과 같다.

1905년과 1906년 사이에 『국민수지(國民須知)』가 출간됐다. 책의 이름은 물론 '국민이 반드시 알아야 할 것'이라는 뜻이다. 저자를 비롯해 출간연도와 출판사 등 간기(刊記)가 전혀 소개되지 않았다. 다만 전직 군수 김우식(金宇植)이 인간(印刊)했다는 사실이 『황성신문』 1906년 4월 25일자에 소개됐다.

이 책의 내용은 『헌정요의』와 거의 같으며 다음과 같은 8개 장으로 구성됐다.[43] 제1장 「국가의 본의(本義)」, 제2장 「국가와 황실의 분별」, 제3장 「국가와 정부의 관계」, 제4장 「군주와 정부의 관계」, 제5장 「국민과 정부의 관계」, 제6장 「군주의 주권」, 제7장 「국민의 의무」, 제8장

43 위와 같음, 420-431쪽.

「국민의 권리」 등이 그것들이다.

여기서 주목되는 것은 우선 국가와 황실의 구별을 명백히 선언했다는 사실이다. 어느 특정한 황실이 사라진다고 해서 그 국가가 망한 것이 아님을 역설한 것이다. 그 보기로 영국과 프랑스를 지적했다. 영국과 프랑스 모두에서 어느 특정한 황실은 사라졌으되 국토와 국민이 다른 나라의 관할에 들어가지 않았기에 그 국가는 존속하고 있다고 설명했다. 그러면 국가가 망했다는 것은 어떤 경우일까? 이 책은 폴란드를 보기로 들었다. "그 국토가 나뉘어 다른 나라의 군현(郡縣)이 되고 그 국민이 노예로 나뉜 채 다른 나라의 신첩(臣妾)이 된 경우를 국가가 망했다고 한다"고 부연했다. 이것은 달리 말해 이씨왕조(李氏王朝)가 망해도 조선의 국토와 국민이 남의 나라의 관할에 들어가지 않는다면 조선은 망하는 것이 아니라는 뜻이었다.

이 책에서 주목되는 또 하나는 제8장 「국민의 권리」에 나오는 "오늘날 만국중(萬國中)에 인민권리의 최대 존중하는 자는 영국이라"는 구절이다. 이 장은 "그러므로 천하만방에 가장 강력하고 가장 부유한 나라는 역시 영국이니, 영국사람들은 '영국왕의 위(位)로 따지면 만승의 천자이며 육해군의 대원수로되 만일 한 터럭만큼이라도 우리 인민의 권리를 침손(侵損)하고자 한다면 우리 영국인민은 자신들의 권리를 스스로 지킬 수 있는 권리를 발동해 […] 그것을 허락하지 않을 것'이라고 말한다"고 매듭지었다.[44] 영국을 가장 강력하고 가장 부유한 나라로 간주한 이 견해는, 우리가 제4장 제3절에서 보았던 1881년도 신사유람단의 보고에 나타난 견해와 일치한다. 그것뿐만이 아니다. 이 시기에 국내에서 출판된 책들은 거의 모두가 영국을 조선이 지향해야 할 하나의 모델로 삼는 경향을 보여 주었다.

『국가학』의 출판. 『헌정요의』와 『국민수지』의 뒤를 이어, 석능(石能)

44 위와 같음, 431쪽.

나진(羅瑨)과 수송(壽松) 김상연(金祥演)의 역술(譯述)로 『국가학』이 1906년에 출판됐다.[45] 이 책은 번역의 대본이 밝혀지지 않았으나, 독일의 국가학교수 블룬츨리의 이름과 그의 국가학이론이 곳곳에서 나오는 것으로 미루어, 독일학자의 국가학 책을 초역한 일본의 번역서를 중역한 것으로 보인다. 김효전 교수에 따르면, "이 책은 서구의 국가학을 한국에서 체계적으로 소개한 최초의 책이 아닌가 생각된다. 개화기에는 이미 상당수의 법학과 정치학 관계 서적이 발간됐으나 이와 같이 단행본의 형태로 국가학을 소개한 것은 드물다."[46]

우선 역자들을 살펴본다. 나진은 관비유학생으로 1899년부터 1903년까지 동경의 명치대학(明治大學)에서 법률을 전공하고 졸업한 뒤 귀국해 사립 흥화학교 교사를 지내다가 평리원 검사와 법관양성소 교관을 겸임했고 대구지방재판소 판사를 역임했다. 김상연은 역시 관비유학생으로 1899년부터 1902년까지 동경의 와세다대학에서 정치학을 전공하고 졸업한 뒤 귀국했다. 농상공학교 교관으로 출발해 『제국신문』 기자를 거쳐 『황성신문』 부사장과 법관양성소 교관을 역임했다. 이렇게 볼 때, 역자들은 "조선의 개화기에 최초로 서구식 법학교육을 체계적으로 받은 인사들이었다."[47]

두 사람 가운데 법학계에서 업적이 더 큰 사람은 김상연으로 『국법학』(1907)과 『상법요의(商法要義)』(1907)와 『회사법』(1907) 및 『헌법』(1907년과 1908년 사이) 등을 출판했으며, 다른 분야에서는 『정선만국사(精選萬國史)』(1906)와 『보통교육학』(1909) 및 『경제학』(1910) 등을 출판했다. 그는 홍주 군수와 용천 부윤을 지내기도 했으며, 경술국치 이후에도 조선총독부 관리로 남았다.

45 이 책은 1986년에 부산의 민족문화사에서 영인됐다. 이 책에는 김효전 교수의 해설이 첨부됐다. 나는 이 해설에 전적으로 의존했다.

46 김효전, 「해설」, 『국가학』(영인본), 2쪽.

47 위와 같음, 3쪽.

『국가학』의 구성. 이 책은 모두 21장으로 구성됐다. 제1장 「국가의 정의」, 제2장 「국가학 그리고 그 연구법」, 제3장 「국가의 이상과 실상」, 제4장 「국가의 기원」, 제5장 「인민과 국민의 차별」, 제6장 「사회와 종족」, 제7장 「국가와 가족」, 제8장 「국가와 개인」, 제9장 「국가의 흥망」, 제10장 「국가는 목적인지 수단인지」, 제11장 「국가목적에 관한 잘못된 견해」, 제12장 「국가의 참 목적」이다. 이 장들은 국가에 관한 기본적 이론들을 소개한 것이다.

제13장 「정체의 구별」, 제14장 「주권」, 제15장 「정권의 구별」, 제16장 「전제군주정체」, 제17장 「입헌군주정체」, 제18장 「공화정체」는 오늘날의 정치학용어로 정치체제론이나 비교정치론에 속한다. 주로 서양의 의회제도와 정당정치 및 입헌정부 등을 소개했다. 이어 제19장은 「2국간의 병립관계(竝立關係)」이고, 제20장은 「2국간의 종속관계」이며 제21장은 「국가연합제」이다. 이 장들은 오늘날의 정치학용어로 국제정치학에 속한다.

이 책은 옛날식 표현과 함께 국한문혼용체로 쓰인데다가 띄어쓰기가 지켜지지 않아서 읽기가 매우 어렵다. 분량은 200자 원고지로 약 450매에 이른다. 이 책의 내용은 제6장에서 소개한 유길준의 『정치학』의 내용과 대체로 비슷하나, 충실도(充實度)에서는 거기에 미치지 못한 느낌을 준다.

이 책에 등장하는 서양의 정치사상가들은 '아리스도-도루', '시세로', '루-소', '홉부스', '롯구', '지욘 수쥬아-도 밀', '미루', '몬데스규-' 등이다. 그들 가운데 존 스튜어트 밀(John Stuart Mill)이 제창한 부인참정권을 자세히 소개했는데, 이것은 대한제국의 지식인사회 일각에 새로운 자극을 주었을 것이다. 여기서 주목되는 것은 그들을 한자로 표기하지 않고 우리말로 표기한 사실이다. 이것은 이미 이 시점에서 그 이름들이 대한제국의 지식인들 사이에 꽤 보편화됐음을 의미했다. '로이(路易) 14세'의 "짐은 국가라"와 '후리-도릿 대왕'의 "짐은 국가 제일의 종복(從僕)이라"가 대조적으로 인용됐으며, "시-싸루의 것은 시-싸루에게, 하나님의 것은 하나님에게"라는 예수 그리스도의 말씀 역시 인용됐다. 동시에 '나옹(那翁)' 및 '나파옹(拿破翁)'과 '모세스' 및 '역산대왕(歷山大王)' 등의 행적이 소개됐다.

이 책은 우선 '국가에 관한 학문의 총칭'인 국가학을 독일어의 '수다-아쓰잇센샤후도' 즉 'Staatswissenschaft'를 번역한 것으로 정치학과 동일한 용어라고 설명했다. 이어 국가학 가운데 국가에 관해서만 연구하는 학문은 국가학원리라고 설명하고 이것은 독일어의 '스닷-네-리' 즉 Staatslehre에 해당한다고 설명했다. 이 책은 국가학의 연구방법으로는 '철리적(哲理的) 연구법'과 '역사적 연구법' 등 두 가지가 있다고 설명했다. 앞의 것은 "사상을 기초로 삼아 그것을 사실에 맞춰본 뒤에 설명을 정하는 방법"이고, 뒤의 것은 "외부의 사실과 그 진화를 연구하는 방법"이라고 설명했다. "이 두 방법은 서로 보완한다"고 설명하면서, "이 두 방법은 실로 정치학의 좌우 우익(羽翼)이 되어야 한다"고 덧붙였다.

『국가학』의 내용. 『국가학』은 국가의 기원을 설명하는 이론에 '신학설'과 '사회설'과 '역사설'의 세 종류가 있다고 설명했다. 『국가학』은 이어 신이 국가를 세웠으며 따라서 신정주의(神政主義)를 채택해야 한다는 것이 '신학설'로, 이것은 '제왕신권론'으로 이어졌다고 설명했다. '사회설'은 사회계약설을 의미했다. 여기서는 홉스와 로크 및 루소의 사회계약설을 비교적 자세히 소개하면서, 사회계약설은 하나의 이론적 공상에 지나지 않는다고 비판했다.

『국가학』은 이어 '역사설'은 "인간은 정치적 동물 또는 사회적 동물이다."라는 아리스토텔레스의 명제에서 출발한다고 설명하고, 인간은 혼자서 고립되어 살 수 없는 존재로 무리를 지어 하나의 공동체를 조직해 살게 됐는데 시대의 경과와 더불어 그 조직을 점차 진보시켜 마침내 국가에 도달했다는 설명이라고 덧붙였다. 결론적으로 이 책은 이

설을 지지했다.

정체의 구별은 대체로 아리스토텔레스의 설명에 따랐다. 이어 정권의 구별에서는 몽테스키외의 삼권분립론을 소개했다. 입법권과 행정권 및 사법권의 삼권분립을 이 책은 정권의 구별로 본 것이다. 이어 전제군주정체와 입헌군주정체 및 공화정체를 각각 설명했다.

이어 국가를 국제정치의 안목에서 '세계국'·'대국'·'중립평화국'·'소국'으로 나눈 대목이 이채롭다. 여기서 "'세계국'이란, 그 일거일동의 영향이 국경 밖으로 멀리 미쳐 두 개의 대륙이나 또는 전 세계의 정치에 관계가 미치는 것을 말하는데, 이러한 나라는 특히 세계의 평화와 질서를 흔들어놓을 수 있다는 점에 주의해야 한다"고 이 책은 강조했다. 이 '세계국'은 반드시 해군의 힘이 강해야 하는데, 해군력이 약하면 해상의 세력을 차지할 수 없어 세계의 운명에 영향을 줄 수 없기 때문이라고 이 책은 설명했다. 그러나 '대국'은 해군의 힘이 약해도 되나 육군의 힘은 반드시 강해야 한다고 이 책은 덧붙였다.

이 시대에 공군은 존재하지 않았다. 육군과 해군이 있을 뿐이었다. '세계국'의 필수조건으로 해군을 꼽고 해군은 약하지만 육군이 강한 나라를 '대국'으로 분류하면서, '세계국'과 '대국'을 구분한 것이 흥미롭다. 이 분류에 따른다면, 러시아는 '세계국'이 아니라 '대국'일 뿐이며, 미국·영국·프랑스·일본 등이 '세계국'으로 간주될 수 있을 것이다. 이 책의 내용과 관련해 주목되는 것은 국가와 국가 사이의 관계에 대해 상당히 많은 관심을 쏟았다는 사실이다. 오늘날의 표현으로는 국제정치 또는 국제관계의 분야가 이미 성립되어 있었음을 말해 주는데, 그것은 대체로 다음 세 가지 측면에서 설명되고 있다.

첫째, 국가의 흥망성쇠와 관련해서다. 큰 제국이 쇠망하거나 패망함으로써 분열될 때 거기서 새로운 국가들이 성립한 역사적 사실들을 자세히 설명한다. "역산대왕(歷山大王)의 역(力)을 의(依)하여 결합한 일대 세계국이 기사(其死)와 공(共)히 분열함과 여(如)함이오. 나파옹(拿罷翁)

제국의 분열과 급(及: 그리고) 1830년에 백이의(白耳義: 벨지움)와 화란(和蘭: 홀랜드)의 분열이 역시야(亦是也)라."가 그 한 작은 보기다.

둘째, 국가의 '집합(集合)'과 '연합' 및 '연방'에 관련해서다. 이 책이 말하는 '집합'과 '연합' 및 '연방'은 오늘날 국제정치학의 용어로는 '통합(integration)'에 비슷하다. 그러나 이 책은 '집합'과 '연합' 및 '연방'을 구별했다. 근대적 국가들 사이의 결합을 국가연합이라고 정의하면서, 이 책은 1789년에 성립된 미국을, 그리고 1815년에 성립되어 1866년까지 지속된 독일연합을, 대표적 사례들로 보았다. 이에 비해, 근대적 국가라고는 보기 어려운 작은 군주령(君主領)들이나 작은 시정촌(市町村)들이나 작은 등족조직(等族組織)들이 하나의 계약이나 약속을 통해 만들어 낸 '공동단체'를 '집합국'이라고 정의하면서, 이 책은 서서(瑞西)라는 이름의 '서약단체(誓約團體)'와 '니델란도집합국'을 대표적 사례들로 지적했다.

다른 한편으로, 이 책은 '연합'과 '연방'을 명백히 구별했다. '연합'의 경우에는 연합 전체를 통할하는 하나의 독자적 중앙정부를 갖지 못하거나 설령 가졌다고 해도 통할력이 매우 약하지만, '연방'의 경우에는 연방 전체를 통할하는 하나의 독자적 중앙정부를 갖고 있고 그 통할력이 강하다고 설명했다. '아미리가합중국(亞米利加合衆國)'은 국가연합으로 출발해 연방으로 바뀌었으며, 스위스의 경우는 서약단체로부터 국가연합으로 발전했다고 이 책은 보았다. 여기서부터 이 책은 연방과 국가연합에서 권력의 배분이 제도적으로 어떻게 이뤄지는가를 설명한다. 미국의 경우, 양원제를 통해서, 특히 상원을 통해서, 각 주는 동등한 지위와 권리를 보장받는다는 사실을 자세히 설명했다. 이 책은 하원을 대의원(代議院)으로 명명했고, 상원을 귀족원(貴族院)으로 명명했다.

셋째, 국가와 국가 사이의 '동맹'에 관련해서다. '동맹'은 '공수동맹(攻守同盟)'이 전형적이다. 공수동맹은 '국제법상 동맹조약'에 의거하며 가입국 사이에 '쟁의'가 일어날 때는 '중재재판'에 의해 '조정'하는데, 이 동맹으로부터 국가연합이 탄생할 수 있다고 이 책은 설명했다.

『만세보』의 『국가학』. 『만세보(萬歲報)』는 그때 배일세력의 한 기둥이던 천도교가 일본에서 새로운 인쇄기계까지 수입해 1906년 6월 17일에 창간한 일간지로, 재정의 어려움 때문에 폐간된 1907년 6월 말까지 약 1년 동안 계속했다.[48] 우리가 제4장 제3절에서 이미 보았던 오경석의 아들 오세창(吳世昌)이 이 신문을 이끌었다. 원래 오세창은 권동진(權東鎭) 등과 함께 대한제국정부에 의해 '국사범'으로 몰려 일본에 망명한 가운데 손병희와 더불어 친일파의 제거를 통한 동학의 재건을 계획했었고, 아마도 황제의 재가를 받아 손병희가 귀국하는 길에 동행한 뒤 『만세보』의 사장으로 취임했었다. 『만세보』가 폐간되면서, 친일 이완용내각은 이 신문의 기존 시설들을 인수해 1907년 7월 18일에 『대한신문』을 창간했다. 이완용은 이 신문의 사장에 『만세보』의 주필이던 이인직(李人稙)을 임명하고 그 이후 그를 자신의 '한일합방' 계획을 뒷받침할 하수인들 가운데 한 사람으로 활용한다. 이 신문의 배경이 이러했기에 민중은 이 신문을 외면하다시피 했다.[49]

『만세보』는 1906년 9월 19일부터 11월 22일까지 『국가학』이라는 저서를 연재했다. 원전의 출처나 역자를 밝히지 않은 채 '아국제일학문가(我國第一學問家)의 번역'이라고만 기록했다. 김효전 교수는 "독일책을 토대로 한 중국 양계초의 저작을 한국식 한자로 옮긴 것"으로 추측했다.[50] 김효전 교수는 이 원고를 완역하고 주해를 붙였다.[51] 이것에 근거해, 이 책을 검토하기로 한다.

우선 이 책은 국가를 "토지는 국(國)이고 인민은 가(家)로, 이것을 합

48 최기영, 『대한제국시기 신문연구』(서울: 일조각, 1991), 제1편 제2장.
49 위와 같음, 88쪽.
50 김효전, 『서양헌법이론의 초기수용』, 434쪽.
51 『동아법학』 제7호(1988), 229-330쪽에 수록됐다.

쳐서 국가라고 부른다."라고 정의한 뒤, "그러나 토지와 인민이 있다고 해도 아직 정치를 갖추지 못했다면 그것은 국가가 될 수 없다"고 단언했다. 그 보기로 유목민들의 집결체로서의 부락을 들었다. 그들이 부락을 형성해 살고 있을 뿐 거기에는 정치가 없기 때문에 그것을 국가라고 간주하지 않는다는 것이다. 이 책은 "국가에는 반드시 원수(元首)가 있다"고 쓴 뒤, "그는 국가의 대권을 모두 장악하는데, 이 사람을 주권자라고 한다"고 설명했다. 이 책은 이어 "국가는 입법기관을 설치하여 국가의 의지를 결정하는데, 이를 국회라고 한다. 그리고 행정기관을 설치하여 국가의 운용을 맡기는데, 이를 정부라고 한다."라고 설명했다.

이 책은 국가의 기원을 논했다. 우선 "여러 사람들의 계약에서 국가가 시작됐다"는 루소의 사회계약설을 '거짓되고 허망한 것'이라고 비판했으며, 이어 "강자의 정복에 의해 국가가 시작됐다"는 루드비히 굼플로비츠(Ludwig Gumplowicz)의 정복설을 '한 곳으로 치우친 견해'라고 비판했다. 그러면 국가는 어떻게 성립된 것인가? 이 책은 "국가는 바로 사회의 한 현상이다."라는 사회학에서의 이론이 '가장 적합한 견해'라고 논평했다. 이 책은 다음과 같이 부연했다:

> 종족이 모여서 서로 도우며 사는 것은 인간의 천성이다. 그러나 천지간에 같은 것이 없음은 자연의 이치이다. 원시시대에는 사람들마다 그들이 바라는 것은 모두 달랐다. 부자는 가난한 사람을 부리고 지혜로운 사람은 어리석은 사람을 부려서 사회는 저절로 구성되었다. 그러나 그들이 발전하고 진화하는 동안 개인의 고립되고 한정된 힘으로는 광대무변한 자연을 도저히 감당할 수 없었다. 따라서 개인들은 대소와 강약으로 맺고 합쳐 하나의 큰 협력단체를 만들어 그들 각자의 생활목적을 발달시켰다. 이것이 국가의 이루어진 까닭이다. 요컨대, 국가는 여러 개인이 협력하여 그들의 목적을 진전시키는 기관이다.

국가에 대한 정의를 내리고 국가의 기원을 설명한 뒤, 이 책은 국가의 입법부·행정부·사법부에 대해 설명했다. 입법부에 관해, 중의원(하원)과 귀족원(상원)의 양원제를 설명하고, 입법부의 선출방식 및 기능을 설명했다. 행정부를 설명함에 있어서, 부(部)와 청(廳)을 구별했으며 행정권에 대해 해설했다. 특기할 것은 행정부와는 별도로, 국가의 원수(元首)에 대해 자세히 설명했다는 사실이다. 원수는 입법부와 행정부에 대해서는 물론 '국가정체'에 대해 권리를 갖는다고 강조했다.

이렇게 국가의 기관들에 대해 자세히 설명하면서, 삼권분립의 원리를 비판했다. 『국가학』 제1부 「국가전체론(國家全體論)」에서, 저자는 삼권분립의 원리를 '구학설(舊學說)'이라고 명명하면서 "그 내용은 이치에 맞지 않다"고 단언했다. 그는 다음과 같이 부연했다: "사법의 재판은 행정의 한 부(部)에 지나지 않는다. 재판소의 종류·위치·직제를 정하는 일은 모두 행정상의 사무에 속한다. 다만, 사법부의 재판 한 가지만 행정으로 간섭하지 않고 독립시켰을 뿐이다. 이러한 점으로 보면 사법은 독립된 것이 아니다."[52]

여기서 지적해야 할 것은 '국회'라는 단어의 등장이다. 유길준의 경우에는 이 용어가 보이지 않았다. 그때 일본에서 '국회'라는 단어는 비공식적으로 쓰일 뿐이었고 '제국의회'라는 명칭이 공식적으로 쓰였다. 패전 이후 1946년에 공포된 '일본국헌법'에서 비로소 '국회'라는 단어가 공식으로 채택된다.

블룬츨리의 『국가학강령』 및 『국가사상학』. 『국가학강령』은 블룬츨리의 국가학 일부를 『국조인물지(國朝人物誌)』의 저자이며 보성중학교 강사이던 안종화(安鍾和)가 번역해 1907년 광학서포(廣學書鋪)에서 52쪽의 작은 책으로 출간한 것이다. 제1장은 「국가의 개혁」, 제2장은 「국가의 주의」, 제3장은 「국가의 건립연혁과 멸망」, 제4장은 「입국(立國)의 연원」, 제5장은 「국가의 책무」다.[53]

52 김효전, 『서양헌법이론의 초기 수용』, 159쪽에 인용됐다.

53 위와 같음, 438-440쪽. 안종화에 대한 연구로 다음을 지적할 수 있다. 최기영,

『국가사상학(國家思想學)』은 블룬츨리의 국가학 일부를 정인호(鄭寅琥)가 한역(漢譯)으로부터 중역해 1908년에 우문관(右文館)에서 46쪽의 작은 책으로 출판한 것이다. 역자는 옥호서관의 주인으로 국민의 국가사상을 고취하는 데 이바지했다. 이 책은 본문에서 주로 유럽의 신구(新舊) 정치사상과 한국의 정치사상을 역사적으로 살핀 뒤 대한제국이 인민주권론에 입각해 인민이 국가의 주체가 되는 나라를 지향해야 한다고 주장했다. 이어 그때의 제국주의사상과 민족주의사상을 간략히 설명하고 나서 앞으로는 세계 각국이 '만국대동주의(萬國大同主義)'를 지향해야 한다고 역설했다.

이 책은 '각국헌법 략부(略付)'를 부록으로 첨부했다. 여기서 그는 헌법을 "구어(歐語)로 칭하기를 믹그나 좌타(Magna Charta : 오늘날의 표현으로 '마그나 카르타')라고 한다"고 설명하고, "헌법은 국가의 모든 법률의 근본의 대전(大典)이다"라고 부연했다. 그는 유럽에서는 러시아와 터키를 빼놓고는 어느 나라에서나 헌법이 있으나 아시아에서는 일본에서만 헌법이 있다고 지적하고, 헌법을 놓고 따질 때 영국이 가장 오래 됐고 가장 앞섰다고 논평했다. 영국인들은 자신들이 수백 년의 투쟁을 통해 헌법을 '진보'시켜 온 것에 자부심을 가지면서, 다른 나라들이 그러한 역사 없이 학자들의 얘기들을 듣고 헌법을 만든 것을 '종이 위의 헌법'이라고 비웃는다고 덧붙였다.[54]

이 책에 대해 김효전 교수는 다음과 같이 평가했다 : "한국의 구사상(舊思想)을 유럽의 신구사상(新舊思想)과 조목조목 비교하면서 그 문제점과 근대화를 철저하게 강조한다. 20세기에 맞는 새로운 국가사상과 사회개혁, 그리고 인습으로부터의 탈피 등 국민을 계몽하기 위해 힘쓴 저작이다. 당시의 문제상황을 극명히 나타내 주는 귀중한 문헌이라고 하겠다."[55]

『한국근대계몽사상 연구』, 제2부 제1장(「1900년대 전후 안종화의 역사인식」).

54 김효전, 『서양헌법이론의 초기 수용』, 124-125쪽.

유럽 헌법이론들의 소개. 이 세대의 지식인들은 개별적인 논설 등을 통해 영국·미국·독일·프랑스 등 유럽 선진국가들의 헌법과 헌법이론들을 소개했다. 이 나라들의 헌법과 헌법이론들에 대해서는 이미 『한성순보』와 『한성주보』 그리고 유길준의 『서유견문』 등을 통해 소개됐었다. 그러나 1906년과 1908년 사이에 헌정체제를 갖춤으로써 나라를 지킬 수 있다는 믿음이 확산되면서, 그것들에 대한 소개는 훨씬 더 활발해졌다.

우선 보성전문학교 법률과 1회 졸업생 조성구(趙聲九)가 역술해 1907년에 출판한 『헌법』은 (1) 국가, (2) 국체 및 정체, (3) 헌법, (4) 국가의 기초, (5) 국가의 직접기관(군주·섭정·의회·국무대신), (6) 국가의 작용(입법·사법·행정·명령·예산·국제조약) 등을 설명했다. 이 책이 우리나라 최초의 헌법책이다. 이어 유치형(俞致衡)이 『헌법』을 출판했다. 유치형의 아들이 대한민국의 첫 헌법을 기초했으며 고려대학교 총장을 역임한 헌법학자 유진오(俞鎭午) 박사다.

이 책은 서언에서 밝혔듯, 일본의 헌법학자 호즈미 야스카(穗積八束 : 수적팔속)의 강의를 자기 나름으로 서술한 것이다. 그래서 표지에 '유치형 강술'이라고 표기했다. 신해영(申海永)이 교열을 보았다는 사실도 밝혔다. 유치형은 이 책을 통해, '실질적 의의(意義)'의 헌법과 '형식적 의의'의 헌법을 비교하면서 전자의 사례로 영국의 헌법을 지적했고 후자의 사례로 '구주대륙제국(歐洲大陸諸國)'의 헌법과 일본의 헌법을 지적했다. 유치형의 뒤를 이어 김상연 역시 강술의 방법으로 1908년에 『헌법』을 출판하면서, 헌법을 '실질상 헌법'과 '형식상 헌법'으로 분류했다. 오늘날의 표현으로, 전자는 불문헌법(不文憲法)을 말하고 후자는 성문헌법(成文憲法)을 말한다. 그러나 이 시대에 '불문헌법'과 '성문헌법'이란 용어는 지식인들 사이에 널리 쓰였다.[56]

55 위와 같음, 440-446쪽.

56 위와 같음, 115-130쪽.

그 시대의 학자들은 대체로 일본의 헌법책들을 전거로 삼았다. 독일의 저명한 국법학 교수 게오르그 옐리네크(Georg Jellinek)를 소개한 미노베 다츠키치(美濃部達吉 : 미농부달길) 및 오다카 도모(尾高朝雄 : 미고조웅)의 해설들이 소개됐으며, 독일의 저명한 법학자 루돌프 폰 예링(Rudolf von Jhering)의 이론 역시 일본학자들의 해설들을 중심으로 소개됐다. 프랑스의 헌법이론은 몽테스키외의 이론부터 소개됐는데, 그는 몽특사구(蒙特斯邱)·문태사규(文太士規)·맹덕사구(孟德斯鳩) 등으로 다양하게 표기됐다. 그의 이론은 현공렴(玄公廉)의 「맹적사구전(孟的斯鳩傳)」(1907)이라는 짧은 글을 통해, 그리고 주정균(朱定均)의 『법학통론』(1908)이라는 저서를 통해 비교적 자세히 소개됐다. 보당(Jean Bodin)은 모담(慕擔)으로 표기되고 홉스는 호북사(胡北士)로 표기되면서 그들의 국가론을 소개하는 가운데 헌법의 필요성이 강조됐다.

루소 역시 다양한 글들을 통해 소개됐다. 그는 盧梭(노사)·羅索(라색)·路索(로색)·루-소 등으로 표기했는데, 자연법이론을 제창한 법철학자로 또는 민권론을 창도한 정치사상가로 소개됐다. 그의 사회계약론은 가토 히로유키에 의해 1893년에 일본에서 『강자(强者)의 권리경쟁론』으로 초역됐는데, 이것이 대한제국에서는 1908년에 번역됐다.[57] 또 가토 히로유키가 1882년에 출판한 『인권신설(人權新說)』이 김찬(金欑)에 의해 1908년에 같은 제목(『인권신설』)으로 역간됐는데, 우리나라에서 책이름에 '인권'을 붙인 것은 아마 이 책이 처음인 것 같다고 김효전 교수는 추측했다.[58]

57 위와 같음, 274-281쪽 및 367-397쪽.
58 위와 같음, 467쪽.

제 3 절 대한자강회와 대한협회 및 신민회 등의 활동에 나타난 서양정치학의 이론들

대한자강회의 활동. 우리는 앞 절에서 헌정연구회가 윤효정의 이른바 칠성판사건으로 사실상 해산상태에 들어간 사실을 지적했다. 그런데 윤효정은 1906년 2월에 석방되면서 헌정연구회의 재건에 관심을 두지 않고 새로운 단체의 조직에 전념해 1906년 3월 31일에 서울에서 자신과 장지연 등을 발기인으로 하는 대한자강회(大韓自强會)를 출범시킬 수 있었다. 장지연은 을사늑약 직후 『황성신문』에 이 늑약 그 자체는 물론이고 이 늑약에 조인한 대한제국의 대신들을 통렬히 비난한 논설 「시일야방성대곡(是日也放聲大哭)」을 발표했던 언론인이었다. "오늘 목을 놓아 큰 소리로 울다"라는 뜻이었다. 회장에는 윤치호가 선임됐지만, 회의 운영은 사실상 윤효정을 중심으로 이루어졌다. 결국 대한자강회는 헌정연구회의 맥을 이은 단체였다. 대한자강회는 곧 25개 이상의 지회와 약 1,500명의 회원을 갖춘 전국적인 조직으로 발전했다.[59]

대한자강회는 자신의 목적을 국민계몽에 한정했다. 그 점이 정치적 목적을 내세웠던 헌정연구회와의 차이였다. 을사늑약으로 대한제국이 일제의 보호국으로 전락했으며 서울에 일본의 통감부가 세워진 상황 아래 합법적 단체로 존속하기 위해서는 그럴 수밖에 없었을 것이다. 그러나 대한자강회의 활동이 국민계몽으로 한정되지는 않았다. 1907년에 일제가 고종을 강제로 양위시키고 정미7조약을 강요해 대한제국의 군대를 해산하는 등 국권을 사실상 형해화하자 대한자강회의 회원들은 다른 애국단체들의 회원들과 함께 격렬하게 싸웠던 것이다. 그리하여 1907년 8월 21일에 통감부에 의해 해산되고 만다.

그러나 17개월 동안에 대한자강회는 『대한자강회 월보(月報)』를 통

59 최기영, 「헌정연구회에 관한 일 고찰」, 34쪽.

해 서양정치학의 이론을 폭넓게 소개했다. 그 출발점은 역시 '사회진화론에 기초한 자강독립론'이었다. 유영렬 교수가 적절히 지적했듯, "대한자강회 회원들은 사회진화론을 '강자의 약자지배의 논리'로 인식함과 동시에 '약자의 강자화를 위한 논리'로 인식하고 활용했던 것이다."[60] 그런데 여기서 우리는 대한자강회의 자강독립운동 전반을 살피고자 하지 않는다. 우리의 관심은 어디까지나 서양정치학의 수용에 있다. 그러므로 대한자강회가 자강독립운동의 일환으로 서양정치학을 어떻게 받아들였던가에 초점을 맞춰, 대한자강회의 국가관과 정체관(政體觀)을 살피기로 하되, 이 문제에 관한 유영렬 교수의 분석을 내 나름으로 요약해 소개하기로 한다.[61]

첫째, 대한자강회 회원들은 '국가란 일정한 토지와 인민의 독립주권 아래 통치되는 단체'라고 정의하고, 토지와 인민과 주권을 국가를 구성하는 세 요소들로 파악했다. 오늘날 우리는 국가의 구성 3대 요소로 영토·국민·주권을 꼽는데, 이 개념은 이미 1900년대 말의 조선지식인 사회에 널리 보급됐던 것이다.

둘째, 그들은 "국가는 국민만성(國民萬姓)의 공동체니 군주 1인의 사유물이 아니며, 군주는 국가의 통치자일 뿐 국가의 사유자가 아니다."라고 인식했다. 따라서 그들은 "짐이 곧 국가"라고 말한 프랑스국왕 루이14세를 '대역무도(大逆無道)'하다고 비판한 반면에, "짐은 국가의 상등공용인"이라고 말한 프로이센국왕 프리드리히2세를 국가와 황실의 구분을 명확히 한 '만세의 귀감'이라고 극찬했다.

셋째, 이러한 근대적 국가관은 천부인권론과 사회계약론 및 인민주권론과 긴밀하게 연결됐다. 그들은 우선 "인간의 자유는 황천(皇天)이 인간에게 부여한 것으로, 부(富)·강(强)·귀(貴)·권(權)에서 나오는 것이

60 유영렬, 「대한자강회의 애국계몽운동」, 조항래(趙恒來) 편저, 『1900년대의 애국계몽운동 연구』(서울: 아세아문화사, 1993), 55-56쪽.

61 위와 같음, 73-80쪽.

아니고 오직 천부지초(天賦之初)에서 스스로 나온다"고 주장해 '천부자유권' 또는 '자연법적 천부인권'을 지지했다. 그들은 그 천부인권에 생명과 재산 및 자유에 대한 권한이 포함된다는 사실을 인정하고, "인간의 대소강약은 다르나 천부자유권은 동일하다"고 인식했다. 그런데 천부인권이라고 해도 법률이 뒷받침을 해 주지 않으면 '완력'에 의해 제한될 수 있다. 이러한 시각에서, 그들은 법부인권(法賦人權)을 강조했으며 법률을 제정하고 집행하는 기관으로서 국가의 중요성을 인정했다.

그러면 국가는 어떻게 성립되는가? 그들은 통치권 또는 주권을 가진 국민이 자신의 통치권 또는 주권을 국가에 위임함으로써 국가가 성립됐다고 파악했다. 바꿔 말해, 국민의 천부인권을 보호하기 위해 국가가 국민의 동의를 받아 성립됐다고 이해한 것이다. 그리고 국가는 국민으로부터 수임한 주권 또는 통치권의 행사를 위해 정부를 세웠다고 보고, 따라서 정부를 책임 맡은 대소 관리들은 국가의 발전과 국민의 행복을 증진시켜야 할 의무가 있으며, 국민은 정부가 그 의무를 제대로 수행하는지를 감독할 의무가 있다고 이해했다. "국민의 정부감독권은 국민의 정치참여를 통해 이뤄진다. 그러므로 국민은 민선의원을 두어 정무(政務)를 감독한다."라고 이 책은 설명했다.

넷째, 그들은 정체(政體)를 공화정체와 입헌정체 및 전제정체의 세 가지로 나눴다. 여기서 입헌정체란 '군민동체(君民同體)', 곧 입헌군주제를 의미한다. 이 세 가지 정체 가운데, 그들은 공화정체가 '가장 진보적이고 우월한 정체'임에 반해, 전제정체는 '군주의 사의(私意)에 운용되는 가장 미진(未進)한 체제'라고 규정한 뒤 '전제국은 무법국'이라고 매도했다. 이처럼 그들은 공화정체가 국민국가의 이상에 가장 부합되는 정치체제라고 인식했다. 그러나 그때 전제군주체제 아래서 비폭력적 점진적 개혁을 추구했던 만큼 공화정체가 당시 한국사회에서 실현이 가능한 정치체제로는 보지 않았으므로 전제정체에 대한 대안으로 입헌정체를 구상했다. 여기서 주목되는 것은 그들이 인민의 혁명권을 인정했다는 사실이다.

다섯째, 그들은 '인민의 자치정신'은 '국가의 독립실력'에 직결된다고 보았다. 그리하여 국가에 자치제도를 구비해 인민의 자치정신을 발휘하게 하는 것이 국가독립의 기본이라고 믿었다. 그리고 지방자치제는 국민으로 하여금 자기 지방과 국가에 일체감을 갖게 해 건전한 독립국을 조성하며, "군민일체(君民一體)와 상하일심(上下一心)을 이루게 함으로써 국권의 확장과 국력의 부강을 가능하게 한다"고 믿었다. 예컨대, 윤효정은 "먼저 지방자치제를 실시해 인민의 참정사상과 참정능력을 배양하고 이를 바탕으로 하여 입헌대의제를 실시해 국가 만년의 기초를 세워야 한다"고 주장했다.

여섯째, 그들은 영국형의 입헌대의제가 현실적으로 바람직한 정체라고 인식했다. 예컨대, 관립덕어학교(官立德語學校)와 한성사범학교 교관 출신의 김성희는 서양의 헌정사를 개관하는 가운데 영국을 헌정의 모국이라고 표현했던 것이다. 그는 지방자치와 경제학 및 정당 등에 대해서도 여러 논설들을 발표했다.[62]

대한협회의 활동. 대한자강회가 해산된 뒤 대한자강회의 간부들 가운데 일부인 윤효정과 장지연 등이 다른 우국지사들과 함께 서울에서 1907년 11월 10일에 애국계몽의 목적을 지닌 대한협회를 발기하고 11월 17일에 창립총회를 개최했다. 회장에는 항일민족주의자로 『황성신문』사장을 역임한 남궁억이 선출됐다. 부회장에는 오세창이 선출됐고 총무에는 윤효정이 선출됐다. 곧 전국에 약 67개의 지회가 세워졌으며 『대한협회 회보』를 월간으로 발행했다.

그런데 이 단체는 1908년 7월에 남궁억이 회장직을 사임하고 김가

62 이태훈, 「인물 DB구축을 통해 본 한국 초기 '사회과학' 수용주체의 구성과 성격」, 이화여자대학교 한국문화연구원 SSK '한국 사회과학' 연구사업단 편, 『근대 전환기 '한국 사회과학' 수용의 주체와 문제의식』(서울, 이화여자대학교 한국문화연구원, 2011) 36쪽.

진(金嘉鎭)이 회장직을 승계한 뒤 항일파와 친일파의 분화를 보였고 1909년 9월에 이르러서는 친일파가 친일매국단체 일진회와 제휴를 추진하기도 했다. 게다가 의병의 항일활동을 비판하기도 하고 많은 회원들이 일제의 '보호국'이 된 대한제국의 관직에 나아가자 국민들로부터 신뢰를 덜 받게 됐다.[63] 그러나 안용준이 적절히 지적했듯, "1908년 4월에 창간됐고 1909년 3월에 통권 11호로 폐간된『대한협회 회보』에 게재된 논설이나 각지에서의 강연활동은 애국을 전제로 한 교육과 산업을 강조하여 계몽적 역할을 했는데, 이것은 당시의 친일단체 일진회와 그 성격을 뚜렷하게 달리하는 것이었다."[64]

그러면 대합협회는 서양정치학의 수용과 관련해 어떤 역할을 수행했던가? 주로『대한협회 회보』에 게재된 논설들을 종합해 보면, 그들은 대체로 대한자강회 회원들이 소개했고 지지했던 서양정치학의 이론들을 되풀이했다. 그것은 대체로『헌정요의』와『국가학』등에 나타난 이론들의 인용이거나 반복이었다. 예를 들어, 국가의 주권은 국민에게 있다는 것, 국민의 대표로써 의회를 구성하고 의회를 통해 헌법을 제정해야 한다는 것, 공화제보다는 입헌군주제가 현실적으로 바람직하다는 것, 일본이 입헌군주제를 채택함으로써 동양의 패권을 장악한 데서 나타났듯 대한제국 역시 정체를 입헌군주제로 바꿈으로써 국세를 회복해야 한다는 것 등이 그것들이다. 국가의 기원론과 관련해서는, 자연법적인 국가론의 입장보다는 유기체적인 국가론에 기울어 있는 것도 마찬가지였다. 국가유기체설은 국가의 존속과 독립을 위해서는 개인의 권리보다 국가를 우선시해야 한다는 뜻이 함축되어 있는데, 그

63 이현종(李鉉淙),「대한협회의 조직과 활동에 관한 성격」, 조항래 편저,『1900년대의 애국계몽운동 연구』, 145-199쪽. 또 박찬승,『한국근대정치사상사연구』, 52-54쪽.

64 안용준(安容濬),「안국선의 정치학에 관한 연구 :『정치원론』을 중심으로」, 경남대학교 정치외교학과 석사학위논문, 1988, 14쪽.

점이 망국의 위기에 직면한 지식인들에게 더 큰 호소력을 발휘했을 것이다.

신민회의 활동과 신채호의 민족주의사학 출범. 이 시기에 존재했던 배일적이거나 항일적 성격의 전국적인 자강운동단체들 가운데 대한자강회와 대한협회 및 신민회가 가장 중요했다. 그것들 가운데 항일적 성격이 제일 강했던 단체는 신민회였다. 그러나 대한자강회와 대한협회가 공개적 단체들이었다면 신민회는 지하의 비밀단체였다.

신민회는 1907년 4월에 대체로 다섯 집단들이 연합해 발족시켰는데, 가장 큰 집단이 양기탁(梁起鐸)이 이끌었던 『대한매일신보』였다. 박은식과 신채호 및 장도빈(張道斌) 등이 그 신문을 이끌었고 또 양기탁과 함께 신민회를 이끌었다. 두 번째 집단이 이준·김구·전덕기(全德基)·이동녕(李東寧)·이회영(李會榮) 등 서울의 상동교회(尙洞敎會) 및 상동청년학원이었다. 세 번째 집단이 이동휘(李東輝) 등 무관출신의 집단이었다. 네 번째 집단이 평안도에서 활동하던 이승훈(李昇薰)과 안태국(安泰國) 등이었다. 다섯 번째 집단이 미주의 공립협회로 안창호 등이 이끌었다. 네 번째 집단과 다섯 번째 집단 사이에는 평안도라는 지역적으로 공통적인 끈이 있었다. 이들 가운데 무력에 의한 독립을 구상하는 지도자들은 만주나 연해주로 망명했으며 거기에 독립운동을 위한 군사기지의 설립을 추진했다.[65]

다른 한편으로, 신민회 지도자들 가운데 어떤 이들은 실력양성론을 전개했다. 어떤 다른 이들은 실력양성론을 전개하면서도, 그것이 문명개화론 한쪽으로 전개되는 경향에 대해 우려를 표시했다. 특히 『대한매일신보』계통의 사람들은 문명개화론이 '식민주의론'을 수입하는 길이 되는 것을 경계했다. 달리 표현해, 문명개화를 추구한다는 것이 '동화적(同化的) 모방'으로 흐르는 것을 경계한 것이다. 그러면 '동화적 모

65 신용하, 「신민회의 독립군기지창건운동」, 조항래 편저, 『1900년대의 애국계몽운동 연구』, 103-143쪽.

방'으로 흐르는 것을 어떻게 피할 수 있을 것인가?

신채호의 경우, '국가주의'와 '국수주의'를 제시했다. 우선 '국가주의'와 관련해, 국가를 민족의 독립정신과 국위선양정신을 그 본질로 하는 '정신적 국가'와 영토·주권·군주·정부·의회·관리·군함·대포·육군·해군 등의 집합체로서의 '형식적 국가'로 나눈 뒤, '정신적 국가'가 있은 뒤 '형식적 국가'가 있게 마련이라고 설명했다. 이어 '국수주의'와 관련해, 그 나라에 역사적으로 전래하는 풍속·습관·법률·제도 등의 정신을 지키는 주의라고 정의했다. 여기서 주의해야 할 것은 그가 말한 '국수주의'는 우리가 흔히 말하는 쇼비니즘이나 파시즘을 의미하지 않는다는 점이다. 그가 말한 '국수'는 오늘날의 표현으로 '민족문화의 정수'에 해당된다.[66]

신채호는 자신이 제창한 국가주의와 국수주의에 기초해, 조선의 역사에서 구국운동에 앞장을 섰던 조선의 지도자들의 전기들을 1908년부터 1909년까지의 시기에 정력적으로 출판했다. 우선 1908년 5월에 광학서포를 통해 『을지문덕』을 출판했으며, 1908년 5월 2일부터 8월 18일까지 『대한매일신보』에 국한문으로 「수군제일 위인 리순신」을 연재했고, 1908년 6월 11일부터 10월 24일까지 같은 신문에 한글로 「수군의 제일 거룩한 인물 리순신전」을 연재했다. 그는 1909년 12월 5일부터 1910년 5월 27일까지 같은 신문에 「동국거걸최도통(東國巨傑崔都統)」을 연재했다. '최도통'은 고려말의 명장 최영(崔瑩)을 말했다. 그는 고구려·고려·조선을 각각 대표하는 을지문덕·최영·이순신의 영웅전기 삼부작의 초를 마련했던 것이다.[67]

같은 맥락에서, 신채호는 1908년 8월 27일부터 12월 13일까지 『대한매일신보』에 「독사신론(讀史新論)」을 연재했다.[68] 이 논문은 미완으로

66 신용하, 『증보 신채호의 사회사상 연구』(서울: 나남출판, 2004), 128쪽; 박찬승, 『한국근대정치사상사연구』, 96-98쪽.

67 최홍규, 「해제」, 『단재 신채호 전집』 제4권, i-ii쪽.

끝났으나 그것만으로도 그때의 기준으로 혁명적 이론들과 해석들을 제시했기 때문에, 최남선은 이 논문을 자신이 주관하던 『소년』 1910년 8월호에 전재하면서 「역사사론(歷史私論)」으로 개제했다. 신채호의 '개인적 이론'임을 강조한 것이다.

이 논문을 통해, 신채호는 조선의 역사를 '중국을 주인으로 삼고 조선을 손님으로 삼아 서술한' 기존의 역사책들, 그리고 '조선반도 남과 북의 강한 민족이 언제나 조선을 지배했으며 따라서 조선은 독립을 유지한 때가 없었던 것으로 서술한' 일본학자들의 역사책들을 통렬히 비난하면서, 조선의 역사를 조선민족의 주체적 사관에 기초해 서술했다. 특히 그는 단군조선 이래 우리 민족의 '주족(主族)'을 부여족이라고 보았으며, 부여족이 살던 만주를 우리 민족의 영토로 간주했다. 단군조선의 정통이 부여로, 이어 고구려·백제·신라·가야로 계승됐다고 주장하고 발해를 고구려의 후손들이 고구려의 옛 땅에 세운 고구려의 후계국가라고 주장하면서, 그는 기자·위만·한사군은 모두 부여족의 역사에 부속시켰다. 그는 단군조선과 부여 및 만주를 조선역사의 시원으로 보았기 때문에, 이른바 삼국통일을 성취한 지도자들로 묘사됐던 김춘추와 김유신을 비판했으며 신라를 중심으로 삼국의 역사를 설명한 김부식을 매도했다. 이러한 맥락에서 역사학자들은 이 논문을 '민족주의 사학의 출발'로 평가한다.[69] 이 책에서는 '국가'·'조국'·'민족'·'인민'·'인류'·'국민'·'정치'·'중앙정부' 등등, 오늘날 우리가 쓰는 단어들이 보편적으로 등장했다.

학회들의 활동. 이 시기에 서우학회(西友學會)를 비롯해·한북흥학회(漢北興學會)·호남학회(湖南學會)·기호흥학회(畿湖興學會)·교남학회(嶠南學會) 등이 창립해서 애국계몽운동에 참여했다. 이 학회들 역시 자신들 각자의 회보를 통해 서양정치학의 이론들에 입각해 정치체제의 개

68 전문은 『단재 신채호 전집』 제3권, 309-340쪽에 수록됐다.

69 신용하, 『증보 신채호의 사회사상 연구』, 28-29쪽.

혁과 변경을 요구했다. 그 논지는 대한자강회의 논지 및 대한협회의 논지와 대체로 같았다.[70]

이 학회들에 가입한 회원들은 자신들의 전공에 따라 다양하게 견해를 나타냈다. 남궁식(南宮湜)은 1907년에 발표한 「자유론」을 통해 자유를 천부의 권리라고 설명하고 대한제국이 국민의 자유를 박탈한 것이 국가의 쇠퇴를 가져왔다고 주장했다. 다른 한편으로, 이상직(李相稷)은 일련의 논설들을 통해 인민은 모두 법률지식을 습득해야 하고 그것을 통해 개개인의 권리를 실현할 수 있을 때 국가의 부강이 이뤄질 수 있다고 주장했다.[71]

비슷한 시기에, '사회학'과 '경찰학'이 대한제국에 도입됐다. 그 내용은 사실상 우리가 이 장에서 살핀 국가와 정체 및 정부에 관한 이론들에 연결됐다. 그 분야의 저술들 가운데 주목되는 것은 동경전문학교 출신의 이인직(李人稙)의 「사회」(『소년한반도』 1호, 1906년 11월)라는 논설과 「사회학」(『소년한반도』 2호, 1906년 12월)이라는 논설이다. 이 논설들이 아마도 구한말의 시기에 사회학을 처음 소개한 사례들에 속할 것이다. 『혈(血)의 누(淚)』와 『은세계(銀世界)』 등 이른바 신소설을 썼던 그가 사회학을 소개하는 글도 쓴 것이다.[72]

현채의 『만국사기』 출판. 이러한 사회적 분위기 속에서, 우국지사 현채(玄采 : 1856-1925)는 『만국사기(萬國史記)』를 출판했다. 현채는 조선왕조 초기부터 중국어역관들을 배출한 전통적인 중인집안에서 태어났

70 그러한 학회들에 대한 연구들 가운데 하나로 다음을 지적할 수 있다. 이송희(李松姬), 「대한제국말기 애국계몽학회 연구」, 1986년도 이화여자대학교 문학박사 학위논문.

71 이태훈, 「인물 DB구축을 통해 본 한국 초기 '사회과학' 수용주체의 구성과 성격」, 35-36쪽.

72 전상숙, 「문헌 DB구축을 통해서 본 한국 초기 '사회과학'의 문제의식과 특성」, 이화여자대학교 한국문화연구원 SSK '한국 사회과학' 연구사업단 편, 『근대 전환기 '한국 사회과학' 수용의 주체와 문제의식』(서울 : 이화여자대학교 한국문화연구원, 2011), 28-29쪽.

다. 그 스스로 18세이던 1873년에 과거(科擧)의 '잡과(雜科) 한학(漢學)'에 급제해 역관으로서의 길을 걷기 시작했다. 부산항에서 역관과 교섭담당주사로 봉직했으며 곧 서울의 외국어학교에서 중국어를 가르치던 그는 1895년에 한성사범학교 부교관으로 임명됐으며, 곧 평강군수(平康郡守)로 전근됐다. 조선왕국이 대한제국으로 바뀐 1897년 이듬해부터 그는 대한제국 학부(學部)의 편집국에서 위원과 주사로 근무하며 교과서의 편찬 및 번역에 종사했다. 이때 청으로부터 서양에 관한 많은 책들이 들어왔는데, 이것들을 다루는 데 그만한 이가 드물었던 것이다.[73]

박문국은 1906년에 이 책을 출판하면서 상당한 의미를 부여했다. 대원군의 아들로 학부대신이던 이재극(李載克) 스스로 서문을 썼으며, 학부 참서관(參書官) 정교(鄭喬)와 황성신문사 사장 장지연 및 중추원 의관(議官) 안종화를 비롯해 당시 항일적이며 개혁추구적인 지식인들이 차례로 서문을 썼다는 사실이 그 점을 말한다.

현채 스스로 "나라의 기운이 떨치지 못하고 인민의 지식이 미개함에 나라가 기울어 간다"는 비분 속에서, 우리 국민이 서양을 제대로 알고 거기서 배울 것은 배워야 한다는 심경에서 이 책을 썼다. 그는 한문과 국어를 섞어 집필했는데, 국한문혼용이 그때 이미 통용되던 관례였다고 해도, 그로서는 더 널리 읽히기를 바라는 뜻에서 그렇게 했을 것이다. 또 같은 뜻에서, 박문국은 이 책을 서울의 김상만책사(金相萬册肆)와 평양의 대동서관(大同書觀) 두 곳에서 발매했을 것이다.

『만국사기』의 저본. 이 책은 현채의 독창적인 저술은 아니다. 서문에서 밝혔듯, 이 책은 약 15종의 책들을 현채의 편의에 따라 초역해서 구성한 것이다. 그런데 그 책들은 거의 모두가 영어로 출판된 것을 일본어나 중국어로 번역한 것이어서, 결과적으로 이 책은 중역의 산물이

73 이문원(李文遠), 『한국의 교육사상가』(서울: 문음사, 2002), 396-403쪽.

됐다. 그러했기에, 국명(國名)과 인명(人名) 및 지명(地名)의 표기에 서로 다른 경우들이 나타난다. 예컨대, 헝가리를 匈牙利나 恒加利로 표기했고, 이탈리아를 伊太利나 意太利로 표기했다. 덴마크의 경우 丁抹과 丹墨이 함께 쓰였으며 스위스도 瑞西와 瑞士가 함께 쓰였다. 모스크바의 경우 莫斯科와 墨斯科 및 木司寇가 함께 쓰였으며, 파리의 경우 巴里보다는 巴黎나 巴黎斯가 더 자주 쓰였다. 그린란드의 경우 『만국정표』가 녹지(綠地)라고 표기했던 것과는 달리 극림란(克林蘭)이나 가리란도(哥里蘭島)로 표기했으며, 아이슬란드의 경우 『만국정표』가 빙도(氷島)라고 표기했던 것과는 달리 애살란도(愛撒蘭島)로 표기했다.[74]

약 15종의 책들 가운데, 현채가 가장 많이 의존한 책들은 로버트 맥캔지의 『19세기의 역사』를 번역한 『태서신사』, 그리고 오카모도 간스케(岡本監甫 : 강본감보)가 역시 영어서적들을 바탕으로 편술한 『만국사기』였다. 이 두 책은 유럽을 중심으로 세계사를 서술했기에, 자연히 현채는 자신의 『만국사기』에서 유럽의 역사를 많이 다뤘다. 현채는 또 시게노 야스쓰쿠(重野安繹 : 중야안역)의 『일본유신사(日本維新史)』, 그리고 일본의 저명한 출판사 하카몬칸(博文館 : 박문관)의 『일로위국10년사(日露危局十年史)』에 크게 의존했기에, 자신의 『만국사기』에서 일본의 역사를 많이 다뤘다.

현채가 활용한 또 다른 책들에는 미국인 림락지(林樂知)가 영어로 저술한 책의 일역판인 『로득개교기략(路得改敎紀略)』을 비롯해 미국인 저서의 일역판들이 포함됐다. 『로득개교기략』은 독일인 로득(Luther : 루터)이 로마교황청의 면죄부판매를 비판함으로써 종교개혁의 횃불을 올린 일부터 시작해 마침내 개신교가 성립된 과정을 서술한 책이다. 림락지는 미국의 감리교선교사 영 알렌(Young J. Allen)이다. 그는 상해에서 『만국공보(萬國公報 : *The Globe Magazine*)』를 창간했으며 중서학원

74 『만국사기』 권28, 14쪽.

(中西學院 : The Anglo-Chinese College)의 원장을 맡고 있었다. 현채는 왕도의 『보법전기』와 양계초의 『무술정변기』 등 중국인 저술로부터도 초역했다. 그들 가운데 양계초는 림락지의 여러 저술들로부터 영향을 받은 것으로 알려졌다.

현채는 세계지도를 광범위하게 활용했다. 세계 전체를 한눈으로 파악할 수 있는 지도를 게재했고, 또 대륙별로 지도를 게재했다. 이 지도들을 보면, 세계 많은 나라들의 위치와 크기를 쉽게 알 수 있다.

『만국사기』의 내용. 이 책은 기본적으로 세계 각국의 역사를 비교적 자세하게 서술했다. 권1은 중국의 역사를 다뤘으며 권2는 일본의 역사를 다뤘다. 서양의 경우, 고대그리스의 역사에 대한 설명으로부터 시작했다. '아전(雅典 : 아테네)'과 '사파대(士帕大 : 스파르타)' 사이의 전쟁, 시인 '화묵이(和墨耳 : 호머)', 철학자 '삭극랍적(索克拉的 : 소크라테스)' 등을 설명했으며, '마기돈(馬其頓 : 마케도니아)'의 '아력산덕(亞歷山德 : 알렉산더)' 대왕이 고대그리스를 정복한 과정에 대해서도 설명했다.

기원전 3세기와 2세기 때 고대로마가 북아프리카 '가태기(迦太基 : 카르타고)'의 명장 '한니파(漢尼巴 : 한니발)'의 침공을 받아 전쟁을 벌였던 일도 자세히 썼다. 두 차례에 걸쳤던 이 전쟁에서 로마의 명장 '서비아(西比阿 : 스키피오)'가 승리함으로써 결국 '가태기'는 '망'했다고 덧붙였다. 공화정시대의 '라마(羅馬)'에 대해 설명하면서, 새살이(塞薩爾 : 세사르, 시저)의 뒤를 이어 불로다(不盧多 : 브루투스)와 안다니(安多尼 : 안토니우스)를 비롯한 여러 영웅호걸들이 패권을 다퉜으나 결국 '옥대유(屋大維 : 옥타비아누스)'에 황제권이 귀속됐다고 썼다.

영어로는 흔히 훈(Hun)족으로 불린 흉노족(匈奴族)의 유럽침공으로 게르만의 민족대이동이 발생하고 그 영향의 여파로 로마제국이 분열되는 과정을 상세히 서술했으며, 흉노족의 뒤를 이어 '철목진(鐵木眞 : 테무진)'이 나타나 '몽고달단(蒙古韃靼 : 몽골타타르)'을 통일했고, 그의 후계자를 자처하는 '첩목아랑(帖木兒郎 : 티무르)'이 서리아(西里亞 : 시리아)와 아자백(亞剌伯: 아라비아)을 포함한 서아시아 일대에 대제국을 세웠으며, 그 이후 만주족의 '애신각라(愛新覺羅: 누루하치)'가 청을 세웠다고 썼다.

이 책은 1492년에 가륜파(哥倫波: 콜럼버스)가 인도로 가는 새로운 해로를 찾아 항해하다가 길파(吉巴: 쿠바)를 비롯한 섬들을 '창견(創見)'하자 자신이 인도의 서쪽에 도착했다고 착각해 이 일대의 섬들을 서인도제도라고 명명한 사실도 상세히 기록했다. 또 1519년에 '포도아(葡萄牙: 포르투갈)'의 '맥절륜(麥折倫: 마젤란)'이 '일주지구(一周地球)'한 사실도 기술했다.75

프랑스에서 1789년에 대혁명이 일어나 국왕부부가 처형되는 과정도 서술했고, 그 이후 나파륜(拿破崙 또는 拿破倫: 나폴레옹)이 대권을 장악하는 과정을 서술했다. 이 책은 또 나파륜이 나파륜법전(拿破崙法典: 나폴레옹법전)을 제정한 것을 그의 큰 공로로 인정했다. 이 책은 나파륜이 러시아를 침공하자 러시아는 막사과(莫斯科: 모스크바)를 불태워 프랑스군으로 하여금 얼어 죽게 만들었다고 설명했으며, 나파륜이 결국 영국의 와림등(臥林登: 웰링턴) 장군 또는 혜령탄(惠靈呑: 웰링턴) 장군에게 '와철로(渦鐵路: 워털루)'에서 패배해 유배됨으로써 삶을 마감했다고 썼다. 나폴레옹전쟁이 끝난 뒤, 유럽열강은 1814-1815년에 유야납(維也納: 독일어로는 빈, 영어로는 비엔나)에서 국제회의를 열고 전후질서에 합의했으며, 그 결과 오지리와 흉아리는 '병립제국'을 유지하고 있다고 썼다. 이것은 물론 영어의 Austro-Hungarian Empire를 의미하는 것이었다.

이 책은 야소(耶蘇: 예수)가 야소교를 일으켰으나 로마제국에 의해 십자가형을 받게 된 뒤 그의 제자들을 통해 야소교를 전파하는 과정에 대해 자세히 썼다. 이 과정에서 '니라(尼羅: 네로)'와 같은 폭군이 나와

75 위와 같음, 권28 24쪽.

'라마'를 불태우고 야소교도들을 무참히 살해한 일에 대해 썼다. 이 책은 동시에 마합묵(摩哈黙 : 모하멧)이 '천사(天使)'를 자처하면서 이슬람교를 일으키고 전파한 과정도 상세히 서술했다. 두 종교가 충돌하면서 야소교를 신봉하는 유럽국가들이 이슬람국가들을 상대로 여러 차례 십자군을 보냈으나 성공하지 못했다고 기록했다.

아새아니아(阿塞亞尼亞 : 오세아니아)를 설명하면서는 이 일대의 섬들에는 야만인들이 많이 살고 있다는 사실을 반복했는데, 특히 파불아(巴不亞 : 파푸아)에서는 인육을 먹고 좋아하며 성(性)이 난잡하다고 썼다.[76] 아프리카주민들의 '야만성'에 대해서도 썼지만, 그것과 비교하면 남태평양주민들의 '야만성'을 더 자세히 묘사했다. 아프리카에 대해 설명하면서, 1886년의 『만국정표』는 에티오피아에 대해 전혀 언급하지 않았는데, 이 책은 이 나라를 이서아비(伊西阿比)라고 표기하면서 비교적 자세히 설명했다. 『만국정표』에서 '삼급파이(三給波爾)'로 표기했던 잔지바르를 이 책에서는 '상급파(桑給巴)'로 표기했다.

『만국사기』의 초점. 이 책은 조선의 위기상황을 염두에 두고 외세의 침략에 맞서 자강과 독립을 위한 노력과 투쟁의 과정에 역점을 두었다. 예컨대, 청국의 역사를 쓰면서 강유위(康有爲)의 변법자강운동에서 비롯된 무술정변(戊戌政變 : 1898) 그리고 서양열강의 중국침략에 대항했던 의화단(義和團)의 봉기(1900)를 호의적으로 자세히 썼다. 권29에서는 오스트리아의 압제에 시달리던 스위스가 13세기에 독립을 전취하는 과정에서 그 계기를 열었다는 전설적 영웅 '유렴탕이(維廉愓爾 : 윌리암 텔)'의 이야기도 소개했다. 또 15세기에 영국의 침략에 맞서 조국 프랑스를 위해 싸우다 죽은 '처녀 약안(處女 若安 : 잔다르크)'을 높이 평가했다.

같은 맥락에서, 돌궐(突厥 : 터키)의 압제를 견디다 못한 희랍과 그 주

---

76 위와 같음, 권29 1-14쪽.

변국가들이 독립을 위한 전쟁에 들어가 승리했다고 설명했으며,[77] 분열됐던 의태리(意太利)가 1815년부터 1871년 사이의 시기에 왕국 '살체니아(薩諦尼亞 : 사르데냐)'의 주도 아래 국내외의 많은 어려움들을 극복하며 통일을 성취하는 과정도 설명했다. 반면에 파란(波蘭 : 폴란드)이 주변 열강의 침략과 음모를 이겨내지 못해 두 차례에 걸쳐 분할됨과 동시에 망국하는 과정을 동정적으로 상세히 썼다.[78]

독립운동을 격려한다는 정신에서, 현채는 제27권에서 아미리가사(亞美理駕史)를 쓰면서, 당시 영국의 식민지이던 파사돈(波斯頓 : 보스턴)에서 시민들이 영국에 저항해 영국선박에 다량으로 선적된 차[茶]를 바다에 넣어버린 사건을 자세히 썼다. 이때 미국인들은 영국본토의 '파력문(巴力門 : 팔러먼트)'에 자신들의 대표들이 전혀 없음을 상기시키면서 "대표 없이 과세 없다"는 유명한 명제를 제시한 사실을 기록했다. 화성돈(華盛頓 : 워싱턴)과 불란극림(佛蘭克林 : 프랭클린)이 중심이 돼 독립운동을 시작해 성사시킨 과정에 대해서도 자세히 썼다.

이 과정에서 워싱턴이 11세의 소년이던 때 아버지가 사랑하는 벚꽃나무를 베었으나 그 사실을 감추지 않고 솔직히 고백해 아버지의 신임을 더욱 확실하게 얻게 됐다는 유명한 일화도 소개했다. 이 일화는 워싱턴을 미화하기 위해 후세에 조작된 것이었지만 현채는 그 사실을 알 수 없었기에 이 책에 자세히 썼을 것이다. 현채는 또 미국의 독립전쟁 때, 프랑스인들이 원조한 사실도 정확히 기술했다.[79]

현채는 미국의 남북전쟁에 대해 쓰면서, 그것을 '남북전쟁'으로 표기하기도 하고 '남북전쟁난'으로 표기하기도 했다. 그는 16대 대통령 '아백랍한 림근(亞伯拉罕 林根 : 에이브러햄 링컨)'이 '흑노(黑奴)'를 해방한 것을 크게 칭찬함과 아울러 미국연방을 유지하기 위해 연방으로부

77 위와 같음, 권29 18쪽.
78 위와 같음, 권19 73-77쪽.
79 위와 같음, 권28 32쪽.

터의 탈퇴를 선언한 남부연합을 상대로 링컨이 전쟁을 결행한 것 역시 크게 칭찬했다. 남북전쟁에서 승리한 링컨은 남부와 남부인들을 너그럽게 대했다. 이 사실을 현채는 다음과 같이 서술했다: "북인이 비록 대승하였으나 남인을 대하기 심후(甚厚)하고, 또 징벌치 아니하야, 오직 남북이 일가(一家)되기를 망(望)할 뿐이오, 또 본국뿐 아니라 병(幷)히 천하각국이 합코자 하니 차(此)는 림긍(林肯: 여기서는 林根이라고 하지 않고 林肯이라고 썼다) 군의 훈언(訓言)이러라." 이처럼 링컨에 대해 긍정적이고 호의적인 자세를 지녔기에, 현채는 링컨이 저격을 당해 마침내 숨을 거두는 과정을 동정적으로 자세히 묘사했다.[80]

현채는 남북전쟁에서 북군을 승리로 이끌었으며 18대 대통령이 된 '격란탈(格蘭脫: 그란트)'의 지도력을 높이 평가했다. 그의 대통령 취임을 계기로 미국은 세계의 최강대국으로 발전하기 시작했다고 지적했다. 그사이 미국이 러시아로부터 '아랍사가(亞拉斯加: 알래스카)'를 사들이면서 국토를 넓혀 간 사실도 기록했다. 여기서 현채는 알래스카 원주민들을 '혈지(穴地)에 거(居)하는' 사람들로 묘사하면서, "매혈(每穴)에 100여 인이 산다"고 덧붙였다.[81]

『만국사기』의 '군민공치' 옹호. 『만국사기』는 이처럼 북미를 비롯해 세계 많은 나라들의 역사를 상세히 소개했다. 그러나 이 책이 단순히 세계 각국에 대한 정보를 전달하는 데만 뜻을 둔 것은 아니었다. 이 책에는 일관되게 흐르는 논지가 있다. 그것은 이제 군주독재의 시대나 귀족정치의 시대는 끝났으며, 특히 권세를 앞세워 인민을 억압하는 경우 반드시 인민의 저항을 불러일으켜 스스로 멸망한다는 논지다.

그러한 논지의 연장선 위에서, 이 책은 일관되게 '군민공치'를 옹호했으며 영국의 입헌민주제를 높이 평가했다. '군민공치'를 위해서는 삼권분립이 긴요하다고 주장하면서, 이 책은 '몽특사구(蒙特斯邱: 몽테

80 위와 같음. 권27 52-94쪽.
81 위와 같음, 권28 17쪽.

스키외)'의 삼권분립론을 소개했다. 나폴레옹에 대해 설명하면서도, 나폴레옹은 자신이 정복한 '군주전제국'들을 모두 '군민공치국'들로 바꿨으며 교황의 권세도 크게 꺾어 유럽에 새 시대를 열었음을 강조했다. 현채는 또 '군민공치'의 국가들에는 '선거법'이 있다고 지적하고, 미국에서는 '정부통령'을 모두 이미 정해진 '선거법'에 의해 선출하며, 대통령이 '병고(病故)'하면 부통령이 승계한다고 덧붙였다. 인민은 관원(官員 : 오늘날의 용어로는 공무원)을 선출할 권리, 곧 선관권(選官權)을 가졌다는 사실도 적시했다.[82]

이것은 아무리 늦춰 잡아도 1906년의 시점에서 적어도 조선의 지식인들 사이에서는 세계의 역사와 지리 및 정치적 경제적 현황에 대한 정보가 널리 알려졌음을 의미한다. 또 이 시점에, 우리가 오늘날 사용하는 '혁명'과 '정권' 이라든가 '선거법' 및 '정부통령' 같은 단어들이 널리 쓰이고 있었음을 의미한다.

변영만의 제국주의에 관한 저술들. 현채의 『만국사기』 출판은 당시 대한제국 지식인들의 학문적 관심이 국제사회와 국제정치로 확산되고 있었음을 보여 주었다. 이러한 흐름 속에서, 변영만(卞榮晩 : 1889-1954)은 1908년에 『세계삼괴물(世界三怪物)』과 『20세기의 대참극 제국주의』 두 책을 동시에 역간했다. 제국주의라는 용어가 구한말에 처음 등장한 때는 대체로 1905-1906년을 전후한 시기였던 것으로 추정된다. 흔히 구한말의 시기에, 특히 대한제국의 시기에, 제국주의에 대해 관심을 보이면서 제국주의에 대한 반대이론을 전개한 대표적 지식인으로 신채호(申采浩)가 널리 알려져 있다. 그러나 최기영 교수는 "신채호보다 더욱 제국주의의 이해와 그 내용에 관심을 집중시킨 인물로 변영만을 제시할 수 있다"고 평가했다.[83] 최기영 교수의 고증에 따르면, 변영만은 한학을 공부한 뒤, 대한제국의 법관양성소에 입학해 1906년 1월에 졸

82 위와 같음, 권27 59쪽.

83 최기영, 『한국근대계몽사상 연구』, 57쪽.

업했으며 그때 유일한 법학전문사립학교인 보성전문학교 법률야학과(法律夜學科)를 1908년 1월에 졸업했다. 그사이인 1906년 12월에 판검사선발시험에 합격했으며, 1908년 12월에 판사로 임명됐다.

변영만은 판사로 임명되기 직전에 두 책을 역간했던 것 같다. 우선 『세계삼괴물』은 미국인이 쓴 책을 중국인이 한역한 것을 변영만이 축역한 것으로 보인다.[84] 이어 『20세기의 대참극 제국주의』는 (1) 일본의 대표적 출판사였던 하카몬칸이 발행한 『시대의 추세』 가운데 「제국주의」 항목을 초역한 것에 (2) 미국 위스콘신대학교의 정치학 교수 폴 라인쉬(Paul S. Reinsch)가 1900년에 출판한 『동양의 정세에 영향을 받은 19세기 말의 세계정치(*World Politics at the End of the Nineteenth Century as Influenced by the Oriental Situation*)』의 일역판을 초역한 것을 덧붙인 것이 확실하다. 후자의 경우, 와세다대학 총장을 역임한 다카다 사나에(高田早苗 : 고전조묘)가 1901년에 절반 정도로 축약해 『제국주의론』으로 번역했다.[85]

이 책들에 이어 변영만은 1908년과 1909년 사이에 제국주의에 관한 논설들을 계속해서 발표했다. 「상업적 분투」(『법정학계』 13, 1908년 6월)와 「제국주의의 별설(瞥說)」(『법정학계』 20, 1909년 1월) 및 「제국주의의 성질」(『법정학계』 21, 1909년 2월) 등이 그것들이다. 그러면 이러한 저술들을 통해 변영만은 제국주의를 어떻게 이해했던가?

첫째, 변영만은 서양열강이 각각 공업의 발달에 따라 상업이 발전하게 되자 해외에 상품을 비싸게 팔고 해외에서 원료를 싸게 사들이려고 하게 됐으며 거기서 제국주의가 발생하게 됐다고 보았다. 다른 각도에서 볼 때, 자본주의의 성숙에 따른 공업의 발달과 상업의 발전은 서구열강으로 하여금 자연히 해외식민지의 확보를 위한 경쟁에 뛰어들게 만들었고 그것에 따라 서구 각국에게는 식민지경영이 불가피하게 요

84 위와 같음, 66쪽.
85 위와 같음, 67-68쪽.

청됐는데 그것이 바로 제국주의로 나타나게 됐다고 보았다. 둘째, 변영만은 서양열강 내부에서 내셔널리즘이 성장해 자국의 이익추구와 확보를 위해 해외진출을 시도하게 됐으며 거기서 발생한 국제적 경쟁이 제국주의로 나타났다고 보았다. 내셔널리즘을 중국과 일본에서는 민족주의로 번역하거나 국민주의로 번역했는데, 변영만은 국민주의와 민족주의를 함께 쓰면서 민족주의를 더 많이 썼다.[86]

셋째, 변영만은 자신의 제국주의론을 설명함에 있어서 사회진화론을 부분적으로 활용했다. 쉽게 말해, 제국주의의 대두를 약육강식이나 적자생존의 현상으로 분석했던 것이다. 그러나 변영만은 제국주의를 국제법과 인륜에 어긋나며 부도덕한 침략행위로 단정하는 것을 잊지 않았다. 그가 제국주의와 군국주의를 동일한 것으로 이해한 까닭도 거기에 있다. 이것이 갖는 함의는 중요하다. 그것은 그가 일제의 무력을 앞세운 조선침략을 침략행위로 파악했음을 의미했다.[87] 그러했기에 대한제국이 국권을 잃게 되자 그는 중국으로 망명해 독립운동에 참여한다. 대한민국의 외무부장관으로 봉직했던 고려대학교의 변영태(卞榮泰) 교수와 수필가로 유명했던 성균관대학교의 변영로(卞榮魯) 교수가 그의 동생들이다.

신채호의 제국주의론과 민족주의론. 변영만과 거의 같은 시점에 제국주의의 본질을 침략주의로 이해하고 거기에 대항하는 유일한 수단으로 민족주의를 제창한 지식인이 신채호였다. 그의 논설 「기기괴괴(奇奇怪怪)한 회명(會名)」(『대한매일신보』 1908년 12월 7일)과 「제국주의와 민족주의」(『대한매일신보』 1909년 5월 28일) 등이 그의 사상을 보여 주는 사례들이다. 그는 우선 일본이 그때 표방하던 '동양평화'와 '동양주의'가 사실상 일본의 조선 및 중국을 침략하기 위한 논리임을 간파했다. 그는 일본이 '인종주의'를 내세워 러시아와 일본 사이의 전쟁을 백인

86 위와 같음, 66-78쪽.

87 위와 같음, 78-79쪽.

종에 대한 황인종의 승리라고 선전하면서 황인종의 단결을 부르짖음과 동시에 황인종의 동양국가들이 제휴해야 한다는 '동양주의'를 부르짖고, 일진회가 이 논리를 추종하는 것을 통박하면서, 그것들을 '술에 취한 소리' 또는 '잠꼬대 같은 소리'라고 매도했으며 '미신'으로 단정했다.[88]

신채호는 국제법도 강대국들의 약소국들에 대한 침략을 막지 못하는 현실을 직시했다. 그는 일제가 '보호'라는 이름 아래 대한제국을 침략하는데도 대한제국과 우호조약을 맺고 있는 국가들이 묵인하는 현실을 비판하면서, 유럽과 아시아 및 아프리카 등에 대해 불간섭주의를 선언했던 미국조차 전통적인 문라주의(門羅主義: 먼로주의)를 포기한 뒤 스페인과 전쟁을 일으켜 스페인의 식민지이던 필리핀을 차지하는 등 제국주의에 뛰어들었다고 지적했다. 그는 "이 세계는 제국주의의 세계라. 강(强)이 약(弱)을 식(食)하며 대(大)가 소(小)를 병(倂)함은 원시시대에 이미 있던 바라"라고 지적하고, "구주열강이 긴 채찍으로 세계에 횡행하여 동(東)으로 아세아를 침략하며 남(南)으로 아프리카를 나누며, 동남으로 대양주를 점령하여, 구인(歐人)의 발이 닿는 곳에 산하가 진(震)하고 구인의 기(旗)가 하는 처(處)에 천지가 변하는도다"라고 개탄했다.[89]

신채호는 제국주의를 '영토와 국권을 확장하는 주의'로 정의하고, "이 제국주의를 저항하는 방법은 무엇인가. 왈(曰) 민족주의(타민족의 간섭을 불수[不受]하는 주의)를 분휘(奮揮)함이 그것이니라"고 단언했다. 신채호는 "이 민족주의는 실로 민족보전(民族保全)의 불이적(不二的) 법문(法門)이라"고 선언하고, "이 민족주의가 강건하면 나파륜 같은 대영웅으로도 러시아수도에서 타오르다가 남은 화염에 궁한 귀신이 되고, 민족주의가 박약하면 아라비(亞喇飛) 같은 대걸남(大傑男)으로도

88 김도형, 『대한제국기의 정치사상 연구』, 82-83쪽.

89 위와 같음, 71쪽 및 81쪽.

스리랑카의 외로운 섬에 떨어져 울게 되나니, 오호라 민족을 보전코자 하는 자가 이 민족주의를 버리고 무엇을 당취(當取)하리오."라고 격동시켰다. 요약해, 그는 "민족주의가 웅장하면서도 끈질긴 광휘(光輝)를 떨치면 아무리 극악한 제국주의라도 감히 참입(參入)하지 못하나니 제국주의는 민족주의가 박약한 국(國)에만 참입하나니라"고 결론을 내렸다.

제 4 절 서양정치학의 교육기관들

마지막으로 토론돼야 할 대상은 이 시기의 정치학교육기관인데 이 주제에 관해서는 김효전 교수가 상세히 밝히는 데 성공했다. 다음은 그의 논문 「한국 개화기의 국가학교육」으로부터의[90] 요약이다.

관립학교. 조선조정은 1886년에 서울에 육영공원(育英公院)을 개설했다. 여기서는 국제법학과 경제학, 그리고 정치학을 가르쳤다. 특히 미국인 선교사로 고종 23년인 1886년에 내한한 헐버트(Homer B. Hulbert, 1863-1949)는 자신의 저서인 『사민필지(士民必知)』라는 책을 통해 세계의 역사와 지리를 가르치면서 각국의 정치제도와 법률 등에 관해 강의했을 것이다.[91] 이 책은 '사대부와 백성이 반드시 알아야 할 것'이라는 뜻이다. 이어 1891년에 세워진 관립 일어학교, 1894년에 세워진 관립 영어학교, 1895년에 세워진 관립 프랑스어학교, 1896년에 세워진 관립 러시아어학교, 1897년에 세워진 관립 한어학교(漢語學校), 1898년에 세워진 관립 독일어학교 등도 정치학을 강의했을 것이다.

90 이 논문은 『금랑(琴浪)김철수(金哲洙)교수 정년기념논문집 : 한국헌법학의 현황과 과제』(서울 : 박영사, 1998), 78-123쪽에 있다.

91 헐버트에 관해서는 이광린, 「헐버트의 한국관」, 『한국근현대사연구』 제9집(1998), 5-21쪽.

1895년에 세워진 법관양성소는 1908년부터 국법학을 가르쳤다.

사립학교. 서울에서 1898년에 한성의숙(漢城義塾)이 개교했다. 이 학교는 처음부터 법학 및 경제학과 함께 정치학을 가르쳤다. 이 학교는 곧 낙영학교(樂英學校)로 바뀌었는데, 고등과에서 정치학을 가르쳤다. 1898년에 민영환에 의해 서울에서 사립 흥화학교(興化學校)가 세워졌다. 이 학교는 1908년부터 국가학을 가르쳤다. 이어 1899년에 실무가를 양성하기 위한 학교로 게이오의숙 출신의 민영기(閔泳綺)가 시무학교(時務學校)를 세웠는데 1900년 중교의숙(中橋義塾)으로 바뀌면서 행정학을 가르쳤다. 1899년에 서울에 배영의숙(培英義塾)이 세워졌다. 이 학교는 개교 때부터 정치학을 가르쳤다.

1905년에 서울에서 한성법학교(漢城法學敎)가 개교했는데, 현채가 교장으로 봉직했던 이 학교는 법학의 많은 분야를 가르치면서 국가학도 가르쳤다. 1905년에 서울에서 항일애국자 이용익(李容翊)은 보성전문학교(普成專門學校)를 세웠다. 이 학교는 1910년부터 정치학을 가르쳤다. 역시 1905년에 서울에서 고종황제의 황귀비(皇貴妃)이며 영친왕(英親王)의 생모인 속칭 엄비(嚴妃)의 집안으로 육군참장(陸軍參將) 겸 군부대신서리를 지낸 엄주익(嚴柱益)에 의해 양정의숙(養正義塾)이 세워졌다.[92] 3년 과정의 이 전문학교는 1학년에서 국가학도 가르쳤다. 국가학의 강사는 안국선이었다.[93]

역시 1905년에 기독교교단은 서울에서 사립 국민사범학교를 세웠는데, 국가학 과목도 개설했다. 1906년에 서울에서 대원군의 후손인 이기용(李埼鎔)은 돈명의숙(敦明義塾)을 세웠다. 이 학교 역시 정치학 과목을 개설했다. 1908년에 조선의 귀족자제들을 교육하기 위해 서울에 대동전문학교(大東專門學校)가 세워졌다. 3년제인 이 학교는 2학년에서

---

92 양정 90년사편찬위원회(편), 『양정 90년사』(서울 : 양정중고등학교, 1995), 63-73쪽.

93 위와 같음, 75쪽. 안국선에 대한 최근의 연구로 다음을 지적할 수 있다. 최기영, 『한국근대계몽사상 연구』 제2부 제2장(「안국선의 생애와 계몽사상」).

법률 및 재정 관련 과목들과 함께 국가학과 행정학 및 정치원론을 가르쳤다. 일본 명치대학 법과를 졸업했으며 뒷날 중국으로 망명해 독립운동에 참여했던 사회주의 사상가 조소앙(趙素昻)이 이 학교에서 가르친 것으로 알려졌다. 1886년에 미국인 호레이스 그랜트 언더우드(Horace Grant Underwood) 목사가 서울에서 설립한 경신학교(儆新學校)는 1908년에 정부로부터 정식인가를 받으면서 국가학을 교과목에 포함시켰다.

지방의 몇몇 사립학교들도 국가학 또는 정치학을 교과목에 포함시켰다. 공주에서 1906년에 개교한 육영학원, 전주에서 1906년에 개교한 전주사립함육학교(全州私立涵育學校), 평양에서 1908년에 개교한 사립 대성학교(大成學校) 등이 그 보기들이다. 전반적으로 보아, 공립학교에서보다는 사립학교에서 정치학 또는 국가학 교육이 활발했다. 공립학교에서는 국민주권론이나 왕권제한론과 같은 민주주의이론을 가르치는 것이 사립학교에서보다 조심스러웠을 것이다.

제8장

안국선의 서양정치학 수용

앞 장에서 살폈듯, 1905년과 1908년 사이에 대한제국의 지식인들은 서양정치학을 활발하게 받아들였다. 그들 가운데, 적어도 저술활동을 기준으로 삼을 때 두각을 나타낸 이가 바로 안국선이었다. 이 장은 그의 정치학 수학과정 그리고 정치학에 관련된 그의 저술들을 살피기로 한다.

제 1 절 동경전문학교 정치과에서의 수학

가계와 유학배경. 안국선은 1878년 12월 5일에 경기도 안성군 고산면(古山面) 월향리(月香理) 171번지에 자리 잡은 평민의 집안에서 태어났다. 본관이 죽산(竹山)인 안직수(安稷壽)의 첫 아들이었다. 본명은 안명선(安明善)이었다. 안국선의 어린 시절은 기존 연구자들에 의해서도 거의 밝혀지지 않고 있다. 그에 대한 설명은 모두 그가 만 17세 때인 1895년에 관비유학생으로 선발돼 일본으로 유학하는 것으로부터 시작하고 있다. 그러나 그의 집안배경에 미루어, 그리고 곧 보게 될 그의 아들의 회고에 미루어, 그는 도일(渡日)할 때까지 전통유학의 교육을

받았음에 틀림없다.[1]

1895년은 조선에서 동학군의 봉기가 확산되던 가운데 갑오개혁이 시작되고 청국과 일본 사이에 전쟁이 일어난 역사적인 해인 1894년의 다음 해이다. 이 해에 청의 패전과 일본의 승전에 따라 이 전쟁을 마무리 짓는 조약이 일본의 시모노세키(下關 : 하관)에서 체결됐다. 이로써 조선에 대한 발언권을 강화하게 된 일본정부는 조선에 친일적인 새 체제를 확립시키기로 결정하고 그 사명을 조선주재일본공사 이노우에 가오루(井上馨 : 정상형)에게 맡겼다. 이노우에는 우선 조선정부에게 조선정부의 비용으로 일본에서 공부할 학생들을 파견하도록 제의했으며 조선정부는 이 제의를 받아들였다. 그 결과 두 나라 정부는 1895년 7월에 유학생파견에 관한 계약서를 맺기에 이르렀다.

그러면 이 계약서의 성격은 어떠했나? 전문 15조로 구성된 이 계약서는 조선국 학부대신 이완용과 일본 게이오의숙 숙장 후쿠자와를 대리한 가마다(鎌田樂吉 : 겸전낙길)의 합의로 성립됐다. 이 계약서는 (1) 조선국 학부는 조선국 학부의 재정부담으로 매년 게이오의숙에 일정한 수의 유학생을 유학시키되, (2) 첫 해의 유학생 수는 300명이고 그 이후는 서로 협의해서 결정하고, (3) 유학생의 경비는 1인당 매월 20엔

● ● ● ● ●

1 안국선의 생애에 관해서는 윤명구(尹明求) 교수에 의해 비교적 자세히 밝혀졌다. 윤명구, 「안국선 연구」, 서울대학교 대학원 국어국문학과 문학석사학위논문, 1974 및 윤명구, 『개화기 소설의 이해』(인천 : 인하대학교 출판부, 1986). 이것을 토대로 권영민(權寧珉) 교수는 안국선의 생애에 관해 더 자세히 밝혀냈다. 권영민, 「안국선의 생애와 작품세계」, 『관악어문(冠岳語文) 연구』 제2집(1977년 12월), 123-141쪽 ; 권영민, 「개화기 지식인의 환상 : 천강 안국선의 경우」, 『문학과 지성』 통권 34호(1978년 겨울), 1244-1259쪽 ; 권영민, 「안국선의 예술과 지조 : 상황과의 갈등 속에서 한 시대의 고아로」, 『월간 2000년』(1983년 5월), 92-94쪽 ; 권영민, 『한국근대문학과 시대정신』(서울 : 문예출판사, 1983), 제1장(「안국선과 개화기 지식인의 환상」), 212-228쪽. 최원식(崔元植) 교수의 논문 역시 안국선의 생애를 자세히 밝혔다. 최원식, 「『비율빈 전사(戰史)』에 대하여 : 아시아의 연대(連帶) Ⅱ」, 『문학과 역사』 제1집(1987), 244-258쪽.

으로 유학생은 이 돈을 게이오에 미리 예치하며, (4) 이 돈의 사용 및 유학생의 지도감독 등에 관한 모든 권한은 후쿠자와에게 맡기도록 한다는 데 합의했다.[2]

일본정부는 친일적 관리들과 기술자들을 양성할 목적에서 조선정부에게 관비유학생파견을 제의했던 것인데, 거기에 더해 그들에 대한 지도감독의 권한이 후쿠자와에게 주어졌다는 데서 이 제도의 문제는 처음부터 명백해졌다. 우리가 제5장과 제6장에서 이미 보았듯, 후쿠자와는 일본이 조선을 '보호하고 감독해서' 문명국가로 재조해야 한다고 주장하던 사람이었다. 임종국 선생이 이미 개탄했듯, "이러한 사람의 지도와 감독을 받으며 학문을 배운 구한말의 유학생들이 조국의 운명을 바르게 짊어지고 나설 턱이 없었다. 사대와 친일의 기수로, 식민지 관료의 중핵이 됐던 것이다."[3]

이러한 성격의 계약서에 따라 182명의 조선청소년들이 관비유학생의 자격으로 일본에 유학하게 됐는데, 거기에 안국선도 포함됐다. 뒷날 안국선의 양부가 되는 안경수는, 우리가 제6장 제1절에서 이미 보았듯, 그 무렵 조선조정의 권력자들 가운데 한 사람이었다. 일찍이 일본에 유학했고 동학봉기와 갑오개혁을 거치며 경무사와 탁지부협판 및 군부대신에 올랐던 그는 자신의 집안에서 기선(琦善) 및 창선(昌善)과 아울러 국선을 함께 관비유학생으로 주선했던 것이다. 기선은 뒷날 조선의 대표적 여성무용가인 최승희(崔承喜)의 남편이면서 일제강점기에 조선프롤레타리아예술가동맹(KAPF)의 맹원으로 활약한 안막(安漠)의 부친이며 창선은 안막의 양부다.

● ● ● ● ●

2 전상숙, 「문헌 DB구축을 통해서 본 한국 초기 '사회과학'의 문제의식과 특성」, 이화여자대학교 한국문화연구원 SSK '한국 사회과학' 연구사업단 편, 『근대 전환기 '한국 사회과학' 수용의 주체와 문제의식』(서울: 이화여자대학교 한국문화연구원, 2011년 5월 27일 발표논문모음집), 9쪽.

3 임종국(林鍾國) 지음·반민족문제연구소 엮음, 『실록 친일파』(서울: 돌베개, 1991), 59쪽.

정치학 수학. 안국선이 일본으로 떠나던 때의 모습을 그의 아들은 뒷날 다음과 같이 회고했다:

> 선친께서는 16세 시(時)에 에도(江戸: 강호)로 급(笈)을 부(負)하시었는데, 때마침 일·청전쟁의 전초전이 충청남도 아산군 하(下)에서 일어나 은은한 대포성(聲)으로, "맹자 견(見) 양혜왕(梁惠王) 하신대 수불원천리(叟不遠千里)하시고" 하시다가는 몇 번씩 놀래어 결심을 일층 공고히 하셨다고 자서전 초고에 적히어 있다. 남아가 한번 입지한 것을 위하여 향관(鄕關)을 떠나느냐 그렇지 않으면 난중에 부모님 슬하에 남아 효도를 다하느냐 하는 딜레마에서 한참 방황하신 것 같다.[4]

여기서 '에도'는 오늘날의 동경을 말하며, "급을 부하시었다"는 말은 '부급(負笈)'을 풀어쓴 것으로 이사한다는 뜻이다. 청국과 일본 사이에 전쟁이 시작된 아산은 안국선이 자라난 안성과 가까운 곳으로, 『맹자』를 학습하던 소년의 귀에 들려온 대포소리가 그의 일본유학을 결심하게 만들었다는 뜻이다.

다른 관비유학생들의 대부분이 그러했듯, 안국선은 계약서의 요구에 맞춰 우선 게이오의숙 보통과에서 수학했다. 그 뒤 1896년 9월에 3년제 동경전문학교 정치과에 입학하고 1899년에 졸업했다. 일본의 명치정부에서 총리대신을 역임한 오쿠마 시게노부가 1882년에 개교한 이 학교는 개교 20주년이 된 1902년에 학교가 위치한 곳인 와세다의 이름을 따서 와세다대학으로 개명해 오늘에 이르렀다.[5] 그가 와세다대학 졸업생으로 자처하고 또 그를 다룬 글들 가운데 간혹 그를 와세다대학 졸업생이라고 쓴 까닭이 거기에 있다. 이렇게 볼 때, 개화기의 한국사를 전공한 이광린 교수가 그를 '한국인으로서 정치학전공 제1호를

4 안회남(安懷南), 「선고유사(先考遺事)」, 『박문(博文)』 1940년 6월, 2쪽.

5 『인촌 김성수(仁村 金性洙): 김성수의 사상과 일화』(서울: 동아일보사, 1985), 79쪽.

기록한 인물'[6]이라고 자리매김한 것은 과장이 아니었다.

와세다대학에 보관되어 있는 안국선의 학적부에 따르면, 그는 1학년 때 국가론과 헌법을 비롯해 경제학·역사·경제사·지리 등 여섯 과목을 수강했고, 2학년 때 국가와 헌법 및 헌정사를 비롯해 재정학·비교헌법·민법·근대사 등 여섯 과목을 수강했다. 3학년 때 공법과 외교사를 비롯해 국가예산·현대사·국제통상·국제사법 등 여섯 과목을 수강했다. 3년 평균성적은 B^+수준이었다. 그는 일본학생들 및 한국학생들과 더불어 어떤 그룹을 조직하려고 했다고 와세다대학 대학사편집소(大學史編集所)의 자료는 밝히고 있다. 그러나 그 그룹의 성격에 관해서는 별다른 정보가 없다.

이 무렵 일본의 정치사상계는 국권론과 민권론이 대결하고 있는 양상을 보여 주었다. 국권론은 물론 국가에 권력이 집중돼야 한다는 이론이었고 민권론은 그것과는 반대로 국민의 주권을 옹호하는 이론이었다.[7] 정치학도로서 안국선이 어느 성향의 정치학에 영향을 받았는지 확실하지 않다. 그러나 그가 수학했던 게이오와 동경전문학교에서는 민권론이 우세했음을 상기할 필요가 있다. 그때 동경제국대학을 비롯한 국립대학들은 사회보다도 국가를 우선시하는 독일계 국가학을 강조했으며 자연히 국권론을 뒷받침했다. 반면에 게이오와 동경전문학교를 비롯한 사립대학들은 대체로 국가보다도 사회를 우선시하는 영국의 자유주의적 정치학을 강조했다. 특히 동경전문학교의 경우, 관학의 국가학의 경우와 달리 정치학을 법률학에서 독립시켰으며, 뒷날 와세다대학으로 발전한 뒤에는 정치학을 경제학과 묶어 정치경제학과로 개설했다. 이러한 학문적 성향 속에서, 이 학교는 자연히 민권론을 뒷받침했다.[8]

6 이광린의 말은 다음에 인용됐다. 조우석(趙佑石), 「한국정치학 뿌리 연구 활발」, 『서울신문』 1987년 7월 21일, 6쪽.

7 현대일본연구회 편, 『국권론과 민권론』(서울: 한길사, 1982).

이렇게 볼 때, 우리는 안국선이 민권론의 세례를 받았을 것으로 추정할 수 있다. 실제로 그가 유학생들의 출판물인 『친목회 회보』에 발표한 두 편의 논설은, 분명하지는 않다고 해도, 대체로 민권론을 지지한다는 인상을 준다. 예컨대, 이 회보 3호(1896년 1월)에 게재된 「정치의 득실」에서 그는 "데모크라씨가 과거에는, 악정체(惡政體)였지만 현재는 선정체(善政體)로 불린다"고 말했으며, 이 회보 5호(1897년 9월)에 게재된 「정도론(政道論)」에서 그는 "인민은 물과 같고 국가는 배와 같다"라고 말하면서 마치 물이 배를 뒤엎을 수 있듯 인민은 국가를 전복할 수 있다는 뜻을 비쳤다.[9] 이 말은 우리가 제2장 제3절에서의 보았던 조식의 복국론(覆國論)을 연상시킨다.

졸업은 했으나 곧바로 귀국하기는 어려웠다. 그의 집안어른이며 후원자인 안경수가 1896년에 발족한 독립협회에서 간부로 활약한 데 이어, 개화당의 거물인 박영효와의 연계 아래 1898년에 대원군의 손자 이준용을 앞세워 고종의 양위를 도모한 역모의 주동자로 수배돼 일본으로 망명했기 때문이었다. 이 무렵 동경에는 조선의 망명객들이 적잖았다. 1895년에 일어난 민비시해와 1896년에 일어난 아관파천 등은 친일개화파들의 입지를 제약했기 때문에 그들은 동경으로 피신하게 됐던 것이다. 따라서 조선조정은 요원들을 보내 개화파망명자들의 동태를 늘 감시했던 것인데, 안경수를 자주 만났을 것으로 짐작되는 안국선 역시 그 감시망에 잡혔을 것이다. 이 점이 안국선으로 하여금 귀국을 주저하게 만들었을 것이다.

귀국과 투옥. 그러한 가운데 1900년 2월에 안경수는 주한일본공사 하야시 곤스케의 막후교섭을 믿고 귀국해서 자수했다. 그러나 이미 1897년 10월에 국호를 대한제국으로 고친 조선조정은, 우리가 제6장

8 전상숙, 「문헌 DB구축을 통해서 본 한국 초기 '사회과학'의 문제의식과 특성」, 9쪽.

9 이와 같음, 14쪽.

제1절에서 이미 보았듯, 안경수를 교수형에 처했다. 대체로 이 무렵에 안국선은 귀국했다. 조선조정이 일본정부가 조선의 국사범들을 감싸고 있다고 비난하면서 망명객 전원의 인도를 강력히 요구하는 시점에 그가 어떤 동기에서 귀국을 결심했는지는 알 수 없다. 아마 안경수사건의 심리 및 재판 과정에 자신의 이름이 전혀 등장하지 않는 것을 보고 안심했을 수 있다. 반면에 망명객들도 망명생활을 더 이상 견디지 못해 차라리 죽음을 각오하고라도 귀국해 '권토중래의 계획'을[10] 세워야 한다고 마음먹던 때였던 만큼 20대 초의 젊은 그로서도 비장한 결심을 했을 수 있다.

안국선이 일본유학 길에 올랐을 때는 귀국하면 관계로 진출하겠다는 뜻을 품었을 것이다. 그러나 이제 상황은 바뀌었다. 그는 관직에 대한 꿈을 버리고 재야인사들과 접촉했다. 구체적으로 말해, 1898년 12월에 해산된 독립협회의 회원들과 교우한 것이다. 그러다가 안국선은 1902년 6월에(또는 1901년 3월에?) 한성감옥서(漢城監獄署)에 갇혔다. 조선조정은 전통적으로 형무소를 전옥서(典獄署)라고 불렀으나, 1894년의 갑오개혁 때 전옥서를 감옥서로 개칭했다. 이 감옥서의 원래 위치는 오늘날의 종로구 서린동 41번지였는데, 갑오개혁 직후 서소문(西小門) 안으로 잠시 옮겨졌다가 1900년 4월에 원래의 건물이 개수되자 그곳으로 환원된 것이다. 개수된 감옥서는 붉은 벽돌들로 지어진 사동(舍棟) 두 채로 구성됐다.[11] 그가 만 24세 때의 일이었다.

안국선의 아들이 남긴 짧은 회고에 따르면, "모종(某種)의 정치운동을 획책하셨는데 탄로되어 참형의 선고를 받으셨다"고 한다.[12] 그의 투옥에 관련된 자료는 이것뿐이어서 그가 어떤 사건으로 투옥됐는지

10 유동준, 『유길준전』(서울: 일조각, 1987), 234쪽.

11 유영익, 『젊은날의 이승만: 한성감옥생활(1899-1904)과 옥중잡기 연구』(서울: 연세대학교 출판부, 2002), 29-30쪽.

12 안회남, 「선고유사」, 2쪽.

는 오늘날까지도 밝혀지지 않았다. 다만 안국선의 옥중사진 두 장을 면밀히 검토하고 관련된 자료들을 분석한 최원식 교수는 그가 박영효와 유길준 등이 직접적으로나 간접적으로 개입된 '정변획책'에 연루돼서가 아니라 '이상재사건(李商在事件)'에 연루됐던 것으로 추론한다.13

독립협회의 회원이었으며 개화파의 일원이던 월남(月南) 이상재는 1902년 6월에 조작된 '개혁당사건의 주모자'로 지목돼 이완용이 설치한 특무기관인 경위원(警衛院)에 체포됐던 것으로, 안국선 역시 여기에 연루됐던 것 같다는 해석이다. 이 점과 관련해, 최 교수는 우선 안국선의 옥중사진 한 점을 검토했다. 모두 11명이 감옥의 벽을 배경으로 찍힌 이 사진에는 안국선을 비롯하여 김정식(金貞植)·이상재·유성준·홍재기·김인·이승린·유동근·이승만 등의 모습들이 보인다. 최 교수는 다음과 같이 설명했다:

> 그런데 이들은 같은 사건에 연루되어 동시에 투옥된 것이 아니다. 그중 이승만은 독립협회가 붕괴된 후 숨어 다니다가 1899년 2월에 홀로 체포됐고, 이승린(李承麟)은 망명객 박영효와 연락해 그 혁명자금을 모금하다가 이조현(李祖鉉)과 함께 1901년에 체포됐으며, 유길준의 동생 유성준은 망명 중인 유길준과 연락하여 정변을 획책했다는 죄목으로 1902년에 체포됐고, 유동근(柳東根)은 뒤늦게 민비시해사건에 관련된 사실이 밝혀져 1902년에 처형됐다. 뚜렷이 관련자들이 밝혀진 이상의 사건에 안국선은 연루되지 않았으나, 아마도 안국선은 이상재사건과 연관된 것 같다.

최원식 교수는 안국선이 포함된 또 하나의 감옥사진을 제시하면서, "1901년 11월에 찍힌 이 사진에는 안국선을 비롯해 이상재·이원긍·김정식·김인·이승만이 함께 하고 있다. 이 기념사진 역시 안국선의 이상재사건과의 관련을 더욱 깊게 증거해 준다."라고 논평했다.14

13 최원식, 「『비율빈 전사』에 대하여」, 347-348쪽.

14 위와 같음, 347-348쪽.

감옥생활은 악형으로 말미암아 매우 어려웠다. 어느 자료에 따르면, 안국선은 어떤 술자리에서 "매일 형벌을 가하는데 정강이가 엿가락처럼 늘어났다"고 회고했다고 한다.[15] 그래도 다행스러웠던 것은 곧 전라남도 진도에 유배되는 것으로 감형된 사실이다. 거기서 그는 한글도 모르는 토박이 섬처녀로 다섯 살 아래인 이숙당(李淑堂)과 '작열(灼熱)의 연(戀)'이 생겨 결혼하게 됐다.[16] 더욱 다행스럽게, 1904년 2월에 러시아와 일본 사이에 전쟁이 일어나면서 조선에 대한 일본의 영향력이 빠르게 커지는 등 정국이 바뀜에 따라 그는 이상재 등과 함께 1904년 3월에 유배가 풀렸다. 그러나 그는 이미 몇 달 전에 부인과 함께 진도를 탈출해 서울로 올라와 은신하고 있었다.

제 2 절 『외교통의』와 『정치원론』의 출판을 통한 서양정치학 소개

을사늑약에 대한 비판. 안국선은 석방된 동지들과 함께 1903년 10월에 윤치호와 민영환 등이 창립한 황성기독교청년회(YMCA)에 입회했다. 이 사실에 엿보이듯, 그는 이미 기독교도가 되어 있었다. 그는 감옥생활 때 다른 동지들과 함께 미국인선교사들의 인도로 기독교를 받아들였던 것이다.[17] 그 이후 안국선의 활동은 이 단체에 국한됐다. 그러나 1905년에 망국적인 을사조약이 강제로 체결되면서 조선의 지도층 사이에 애국계몽운동 또는 실력배양운동이 빠르게 성장하자 그도 여기에 참여했다.

안국선의 활동은 우선 1906년 11월 6일자 『대한매일신보』에 대한

15 김동석(金東錫), 『부르조아의 인간상』(서울: 탐구당서점, 1949), 13쪽.
16 안회남, 「나의 어머님」, 『조광(朝光)』 제6권 제6호(1940년 6월), 208-209쪽.
17 민족운동총서편찬위원회 편, 『종교·교육투쟁』(서울: 횃불사, 1980), 36쪽.

기고로 시작됐다. 이 신문은 1904년 7월에 영국인 배설(裵說 : E.T. Bethell)이 창간한 대표적 항일신문으로 결국 경술국치 때 일제에 의해 폐간되는데, 안국선이 이 신문에 기고했다는 것 자체가 이때의 그의 배일적 성향을 보여 주었다. 그 점은 그의 시론 「일본행위에 대한 국제법 해석」에서 다시 확인된다. 그는 우선 을사조약을 일본이 아한(我韓)을 '핍박'해서 맺은 조약이라고 규정하고, "아한은 사소한 일이라도 조약의 의무를 실행하지 않은 것이 없거늘 일본은 조약에 위반하는 부정행위를 저지르지 않은 것이 없다고 말하지 못할 것"이라는 표현으로 일본을 비판했다. 그는 특히 "몇몇의 일본순사들이 관금지척(官禁咫尺)에 돌입해 어좌근방(御座近傍)을 수색했으니 [… 이것은] 조약이 규정한 황실존엄담보를 확실히 위반한 것"이라고 지적하고, 이토 히로부미 통감이 그 책임을 피하려 하는 것을 힐난함과 아울러 대한제국정부가 침묵하는 것을 비판했다.

「민원론」. 안국선의 활동은 1907년 2월에 창간된 월간지 『야뢰(夜雷)』에 대한 왕성한 기고로 이어졌다. 그때의 대표적이던 이 대중계몽지는 일제 통감부의 강압에 따라 그해 7월에 폐간되는데, 그는 거의 매달 기고했다. 제1호에 「응용경제」를, 제2호(1907년 3월)에 「민원론(民元論)」을, 제3호(1907년 4월)에 「국채와 경제」를, 제4호(1907년 5월)에 「풍년불여흉년론(豊年不如凶年論)」과 「계연금주론(戒煙禁酒論)」을, 제5호(1907년 6월)에 「조합의 필요」를 각각 발표한 것이다.

이 논설들 가운데 정치학에 직접적으로 연관되는 것은 「민원론」으로 국가의 주권이 국민에 있으며 그렇기에 국가는 민주주의의 원리 위에서 운영돼야 한다는 점을 강조했다. 그렇다고 해서 국민과 국가를 대립적 관계로 보지 않았다. 그는 국가와 국민은 상호의존적이라고 파악하고, 국력이 있어야 민력이 길러지고 민력이 있어야 국력이 길러진다고 주장했다. 이렇게 활동하던 때인 1907년 4월에 그는 안국선으로 개명했다.

안국선은 이어 일제의 통감부가 해산시킨 대한자강회의 후신으로 1907년 11월에 결성된 대한협회에 평의원으로 가입했다. 그는 『대한협회 회보』를 통해 「회사의 종류」(제4호, 1908년 7월), 「민법과 상법」(제4호), 「정치가」(제5호, 1908년 8월), 「고대의 정치학과 근세의 정치학」(제6호, 1908년 9월), 「정부의 성질」(제7호 및 제8호, 제11호 및 제12호 연재)을 각각 기고했다. 안국선은 이어 1908년 2월에 창립된 기호흥학회(畿湖興學會)에 참여했다. 김윤식 등과 함께 월보저술원의 자격으로 이 단체의 기관지 『기호흥학회 월보』에 참여했는데, 그는 「정치학연구의 필요」(제2호, 1908년 9월) 및 「고대의 정치학」(제4호, 1908년 11월)을 기고했다. 그 밖에도 학생들의 글을 공모해 장학금을 주고 또 그들의 발표무대로 역할한 『장학월보』에 남궁억 및 김윤식 등과 함께 심사위원으로 참여해 항일교육운동에 이바지하기도 했다.

의회민주주의를 이상으로 여기다. 『대한협회 회보』와 『기호흥학회 월보』에 발표된 안국선의 정치학적 논설들은 모두 서구민주주의의 이론들에 바탕을 둔 것들이었다. 주권재민의 원리 위에서 선거와 정당 및 의회를 논하고 의회민주주의를 이상으로 삼고 있었다. 다른 한편으로, 근세 이후의 정치학을 과학적 정치학으로 평가한 것이 흥미롭다. 그는 이탈리아의 마키아벨리와 프랑스의 보당(Jean Bodin) 등이 과학의 진보에 바탕을 두고 정치학에 '일대생면(一大生面)'을 개시했다고 칭찬한 것이다. 반면에 로마시대에 대해서는 법학의 발달에는 이바지했으나 국가에 관한 학설의 발달에는 이바지한 것이 없으며 중세시대에 대해서는 속권(俗權)과 승권(僧權)의 충돌로 정치학이 발달하지 못했다고 논평했다. 더 면밀히 검토해 보아야 하겠으나, 마키아벨리가 구한말에 처음으로 소개된 것은 안국선을 통해서였던 것 같다.

이 논설들을 모두 읽은 권영민 교수는 우선 "이러한 논설 속에는 안국선이 근대적인 서구의 정치이론을 공부하면서 습득한 민주적인 정신이 잘 드러나 있다."라고 총평했다. 권 교수는 다음과 같이 부연

했다 :

국가의 존립이 국민의 원기에 달려 있고 국민은 또한 국가의 주권이 유지됨으로써 존재하는 것이라고 전제하고 있는 「민원론」에서는 당시 한말의 사회상을 비판하면서 국가의 주권 역시 공고해지지 못하고 있음을 개탄했다. 그는 정치가를 현철(賢哲)과 동일시하여 정치가의 임무는 덕행의 이상적인 표준에 적합한 국민을 양성함에 있다고 말하면서도, 평등의 개념에 따라 모든 국민은 누구나 그 국민의 가치에 비례하여 정치가의 지위에 설 권리가 있다고 했다. 특히 무단정치의 수단을 사용한다든지 권모술수의 방법을 따르는 것은 정치가의 도리가 아님을 역설함으로써 당시 열강제국의 침략야욕을 지탄했다.[18]

안국선의 이러한 주장은 전제군주제도를 완전히 부인하는 것이었다. 권영민 교수의 평가를 빌리건대, “모든 정부는 통치자의 권력에 의존하지 않고 그 백성들의 자유로운 동의에 의거해 움직일 때에만 올바른 정치가 행해질 수 있으며, 국민 다수의 의사에 바탕을 둔 헌법이나 법률을 기반으로 정치가 행해질 때 정부의 통치력이 강화될 수 있다”는 안국선의 주장은 확실히 진보적인 것이었고 이상론에 가까운 것이었다.

『외교통의』의 역간. 안국선의 출판활동은 잡지에 대한 기고에서 끝나지 않았다. 그는 그때 항일적 성격이 강했던 출판사 보성관(普成館)의 번역원으로 생계를 유지하면서 우선 1907년 5월 15일에 『외교통의(外交通義)』 상·하 두 권을 보성관에서 역간했다.

보성관은 원래 고종 때 친러파의 거두로 일제에 대해서는 철저히 비타협적 자세를 지켰던 이용익(李容翊)이 국권회복을 위한 장기적인 계획의 일환으로 인쇄소 보성사와 함께 세운 출판사였다. 그러나 이용익

18 권영민, 「개화기 지식인의 환상」, 1249쪽.

이 독립운동을 위해 블라디보스토크로 망명했다가 1907년에 급서하면서 손자 이종호(李鍾浩)가 물려받았는데, 이종호는 조부의 뜻을 받들어 보성관을 애국적 출판활동의 중요한 근거지로 키웠다. 이렇게 볼 때, 안국선이 보성관과 인연을 맺었다는 것은 그가 배일적 애국계몽운동의 대열에 참여했음을 의미했다.

다시 『외교통의』에 대해 살핀다면, 이 책은 일본의 외교관인 나가오카 하루가즈(長岡春一 : 장강춘일)가 1901년에 동경의 출판사 유희가쿠(有斐閣 : 유비각)에서 한 권으로 출판한 것이다.[19] 저자는 1877년생으로 1900년에 동경제국대학 법학부 불법학과(佛法學科)를 졸업한 뒤 같은 학과 대학원에 진학해 국제공법을 전공하다가 곧바로 외무성 참사관에 임명됐으며 일본국제법학회 간사로도 활약했다. 그는 1901년에 이 책을 출판한 뒤 「국제법에서 본 일러전쟁의 연구」라는 프랑스어 논문을 발표했으며 1908년에 법학박사학위를 받았다. 1907년에는 이준 열사의 분사로 유명해진 제2회 만국평화회의에 일본의 위원수행원으로 참가했고, 그때의 조약을 해설한 『성문 국제공법』을 1909년에 발간하기도 했다. 그 뒤 외무성·러시아·독일·벨지움·네덜란드 등에서 근무했으며, 외무성조약국장과 주독대사 및 상설국제사법재판소재판관을 역임했고 1949년에 72세로 병사했다.

이 책의 교열은 동경제국대학 법학부 교수이며 외무성 참사관인 법학박사 데라오 도오루(寺尾亨 : 사미형)가 맡았다. 그는 1884년에 일본의 사법성이 세운 법학교를 졸업한 뒤 1891년에 유럽에 유학했고 특히 파리대학교에서 국제법을 전공했다. 일본에 국제법학을 건설한 사람들 가운데 한 사람으로 꼽히던 그는 1911년에 동경제대교수를 퇴직하고 손문(孫文 : 쑨원)이 이끌던 중국혁명을 돕기 위해 중국으로 건너갔다.

김효전 교수가 지적했듯, 이 책도 역자인 안국선이 대학에서 배운

19 이 책과 저자에 대해서는 김효전, 『서양헌법이론의 초기 수용』, 451-457쪽에 자세히 소개됐다.

교과서들 가운데 하나였을 것이다. 그때 “조선에서는 국제법과 외교는 국권을 수호하는 방책의 하나이며 국민이 반드시 알아야 할 것임을 각종 신문의 논설이나 계몽잡지에서 누누이 강조하고 있다. 이 책은 시대적 요구에 잘 부응했으며, 『대한매일신보』 등 신문에 자주 광고가 나간 점으로 미루어 볼 때 식자층에 크게 인기가 있었을 것으로 생각된다.”[20]

그러면 이 책의 내용은 무엇인가? 「서론(緖論)」은 외교의 관념, 그리고 외교와 국제법을 다뤘다. 이어 「본론」은 모두 5편으로 구성됐다. 종합하면, 이 책은 외교와 국제법에 관한 기초적인 이론들의 해설이다. 국가란 무엇인가? 국가의 외교기관에는 어떤 것들이 있는가? 국가의 외교기관의 특권은 무엇인가? 외교의 예식은 어떻게 돼 있는가? 열국회의는 어떻게 성립되는가? 조약과 외교문서는 어떻게 작성되는가? 등의 물음들을 다룬 것이다.

안국선의 번역본을 원서와 대조한 김효전 교수는 안국선이 본론 제2편 제3장의 외무성 및 외교관 관제, 그리고 제4편 제5장의 외교담판 부분을 번역하지 않았음을 발견했다. 김효전 교수는 그 원인이 통감부의 검열정책에 있을 것이라고 추론했다.

『비율빈 전사』의 역간. 이 책에 이어 안국선은 같은 해 7월 22일에 역시 보성관을 통해 『비율빈 전사(戰史)』를 역간했다. 이 책에 대해서는 최원식 교수가 소상하게 분석했기에,[21] 이 분석에 바탕을 두고 핵심적인 부분만 소개하기로 하겠다.

『비율빈 전사』의 저자는 필리핀의 애국자 마리아노 폰세(Mariano Ponce)였다. 그는 필리핀의 불라칸(Bulacan)주 발리와그(Baliwag)에서 1863년에 태어나, 산 후안 데 레트란대학(Dolegio de San Juan de Letran)에서 문학사 학위를 받은 뒤 산토 토머스대학교(University of Santo

20 위와 같음, 453쪽.

21 최원식, 「『비율빈 전사』에 대하여」, 344-358쪽.

Thomas)에 진학했다. 그는 곧 스페인으로 유학해 마드리드중앙대학교(University Central de Madrid)에서 의학박사학위를 받았다. 스페인에 머무는 동안 그는 연대(連帶)라는 뜻의 잡지 『라 솔리다리다드(*La Solidaridad*)』의 편집장으로 활동했다. 1892년 2월에 스페인의 바르셀로나에서 로페스하에나(Graciano Lopez-Jaena)가 창간한 이 잡지는 '스페인통치 안에서의 필리핀자치'를 요구하는 필리핀의 민족주의운동가들을 대변했다. 이 잡지는 또 한 사람의 망명자인 민족주의자 마르첼로 델 필라르(Maecelo del Pilar) 변호사가 1899년 12월부터 편집장이 되면서 근거지를 마드리드로 옮겼는데, 호세 리살(José Risal)과 폰세 같은 필리핀의 우수한 지식인들이 속속 모여들었던 것이다.

폰세는 스페인에서 학업을 마친 뒤 1898년부터 1908년까지 일본에 머물면서 스페인정부와 필리핀혁명가들 사이에 믿을 만한 중재인 역할을 수행하는 가운데 필리핀의 자치와 독립을 위한 선전활동에 전념했다. 그 과정에서 중국의 민족주의혁명가 손문을 만나 감명을 받기도 했고, 홍콩에 망명 중인 필리핀의 독립투사 에밀리오 아기날도(Emilio Aguinaldo)를 만나 그의 충실한 지지자가 됐으며, 1901년에 『비율빈 전사』를 영어로 일본에서 출간했다. 그는 1908년에 귀국한 뒤 정계에 투신해 필리핀 국회에서 의원으로 활약했으며 만 55세이던 1918년에 폐결핵으로 죽는다.

『비율빈 전사』는 1896년부터 1898년까지 스페인을 상대로 전개된 필리핀사람들의 독립전쟁을 설명하는 데 초점을 맞췄다. 동시에 그 전쟁에 패배해 쫓겨나게 된 스페인을 대신해 필리핀을 지배하려는 미국을 상대로 1899년 2월에 시작된 필리핀사람들의 저항에 대해서도 설명했다. 필리핀사람들의 저항은 1902년에 참담한 패배로 끝난다.

『비율빈 전사』는 출간과 동시에 일역됐으며, 안국선은 물론 일역본을 읽었다. 강대국 제국주의의 침략성을 규탄하고 약소민족의 독립을 호소한 이 책은 일본제국주의의 조선침략에 가슴아파하던 안국선의 피를 끓게 했을 것이다. 그리하여 그는 일어본으로부터 중역해 이 책을 펴내면서 동포들의 항일의식과 독립열망을 일깨우고자 했을 것이다. 이러한 맥락에서 최원식 교수가 "제국주의의 본질을 폭로한 이 책의 번역을 통해서 한국인이 필리핀독립전쟁에 연대를 표시한 것은 곧 일제를 비롯한 모든 제국주의세력에 저항하는 국권회복운동의 한 표현이었던 것"이라고 지적한 것은 적절했다.

마지막으로, 이 책에는 스페인 식민당국에 의해 1898년 12월 30일에 비밀군법회의에서 반란죄로 처형된 호세 리살의 절명시(絕命詩)가 수록되어 있다. 이 점과 관련해, 최원식 교수는 다음과 같이 썼다:

> "사태는 희생자를 요구하고 있다. 나는 선택된 이 희생자로서 모든 죄를 한 몸에 떠맡으리라"는 유언을 남기고 처형된 고매한 민족주의자 리살은 무엇보다도 탁월한 문인이었다. 일찍이 25세 때 스페인의 지배 아래 암담한 필리핀의 현실을 다룬 첫 장편『놀리 메 탕헤레』를 써 식민당국과 천주교의 분노를 샀던 그는 1891년에 더욱 정치적인 제2의 장편『엘 필리부스테리모』를 썼거니와, 또한 그는 일류의 서정시인이었다. 이 절명시는 죽음을 앞두고 조국에 대한 고결한 격정을 아름답고 절실하게 노래한 도도한 산문시다. 안타까운 것은 구투의 국한문혼용체로 번역된데다 축약·오역이 많아 원시(原詩)의 아름다움이 많이 상한 점인데, 그럼에도 이 시가 1907년에 우리나라에 번역 소개됐다는 것은 매우 의의 깊다.[22]

최 교수는 라살의 이 시를 '우리나라에 소개된 최초의 본격적 근대 자유시'로 추정하면서, 이 시는 1920년대의 우리나라에서 유행한 낭만주의적 시들을 연상시키며, 특히 이상화(李尙火)의 시를 연상시킨다고 덧붙였다. 이상화의 본명은 李相和이며 尙火는 그의 호다. 1901년에 태어나 1943년에 별세했는데, 낭만적 경향에서 출발해 상징적인 서정시를 많이 썼다.「나의 침실로」,「빼앗긴 들에도 봄은 오는가」,「태양의

22 위와 같음, 356쪽.

노래」 등이 대표작으로 꼽힌다.

『정치원론』의 출판 왕성한 집필력을 이미 과시한 안국선은 『비율빈 전사』를 역간한 때로부터 석달밖에 지나지 않은 1907년 10월에 황성신문사에서 『정치원론』을 출간함으로써 다작의 저술가로서의 명성을 쌓았다. 『조양보(朝陽報)』 제2권 제12호(1907년 1월)의 15-19쪽에 『정치원론』의 일부가 게재됐음에 미뤄, 그는 이 책의 출판을 그때부터 준비했던 것으로 보인다. 출판연도를 기준으로 말한다면, 중국에서 최초의 서양정치학 저서로 간주되는 엄복(嚴復)의 『정치강의』(1905)와 비슷한 시점에 출판된 셈이다.

1990년대 중반까지 우리는 이 책을 안국선의 저술로 간주했다. 그러나 1996년에 이르러 김효전 교수는 이 책이 일본의 정치학자 이치지마 겐키치(市島謙吉 : 시도겸길)가 1889년에 동경의 후잔보쇼뎅(富山房書店 : 부산방서점)에서 출판한 『정치원론』의 번역임을 밝혀냈다.[23] 이치지마는 1860년에 태어나 1944년에 죽었다. 입헌개진당(立憲改進黨)에 입당해 1894년 이래 세 차례에 걸쳐 국회의원에 당선됐고, 그 이후 신문사 주필로 입헌개진당을 옹호하다가 투옥되기도 했다. 출옥한 뒤 와세다 대학교수를 지냈다. 이 원서의 첫 쪽에 '동경전문학교 참고서'라고 쓰여 있다. 실제로 원저자는 동경제국대학을 중퇴한 뒤 동경전문학교의 강사로 정치원론을 강의했다. 이 사실들에 비춰, 이 책 역시 안국선이 동경전문학교에서 공부하던 때 배웠던 책들 가운데 하나였음에 틀림없다.

원저자는 서문에 자신의 참고문헌을 "울시(Woolsey) 씨 정치학, 오스틴(Austin) 씨 법리학, 밀(Mill) 씨 대의정치론, 바조트(Bagehot) 씨 헌법론, 리발(Rivall) 씨 자치론, 칼훈(Calhoun) 씨 식민론, 아모스(Amos) 씨 정치학, 블룬츨리(Bluntschli) 씨 국법론, 토크비유(Tocqueville) 씨 자치

23 김효전, 『서양헌법이론의 초기 수용』, 447-451쪽.

론, 스펜서(Spencer) 씨 사회학, 글래드스톤(Gladstone) 씨 헌법론, 메이(May) 씨 헌법사, 토드(A. Todd) 씨 영국정치론"이라고 밝혔다. 이 목록이 말하듯, 원저자는 그때 세계의 정치학을 이끌던 영국학자들의 저서들에 주로 의존했으며, 독일과 프랑스의 학자들의 저서들에 부분적으로 의존했던 것이다.

그러면 그들의 어떤 책들을 참고한 것일까? 김효전 교수가 그 책들을 찾아냈다. 우선 미국의 국제법학자 울시(Thedore S. Woolsey : 1801-1889) 교수의 『정치학 : 이론과 실제에 있어서의 국가(*Political Science, or the State Theoretically and Practically Considered*)』(New York : Scribner, 1877)를 지적할 수 있다. 이어 영국 분석법학의 시조로 간주되는 오스틴(John Austin) 교수의 『법학에 관한 강의(*Lectures on Jurisprudence*)』(1832)를 지적할 수 있다. 밀(John S. Mill)의 『대의정부(*Representative Government*)』(1861), 배즛(W. Bagehot)의 『영국헌법(*English Constitution*)』(1867), 리버(Francis Lieber)의 『시민적 자유와 자치정부에 관해(*On Civil Liberty and Self-Government*)』(1853), 에이모스(Sheldon Amos)의 『영국의 헌법과 정부에 대한 안내서(*A Primer of the English Constitution and Government*)』(제4판, 1882) 및 『정치학(*The Science of Politics*)』(제3판, 1890), 블룬츨리(J. C. Bluntschli)의 『일반국가학(*Allgemeine Staatslehre*)』(1851), 스펜서(Herbert Spencer)의 『사회학의 원리들(*Principles of Sociology*)』(전3권, 1876-1896), 메이(Thomas Erskin May)의 『조지3세의 등극 이후 영국의 헌법사(*The Constitutional History of England since the Accession of George the Third*)』(전2권, 1861-1863), 그리고 토드(Alpheus Todd)의 『영국에서의 의회정부에 관해 : 그 기원과 발전 및 실제운영(*On Parliamentary Government in England : Its Origins, Development and Practical Operation*)』(전2권, 1888-1889) 등이 그가 참고한 책들이다.

그러면 이 책은 어떻게 구성됐던가? 그것은 모두 상·중·하 3편 24장으로 구성됐다. 상편은 제1장부터 제8장까지다. 제1장은 「정치학을 범론(汎論)함」이고, 제2장은 「정치의 목적을 논함」이며, 제3장은 「정치의 기원을 논함」이고, 제4장은 「주권론」이다. 이어 제5장부터 제8장까지는 정치체제론으로, 제5장은 「정체의 구별을 논함」이고, 제6장은 「1인정체론」이며, 제7장은 「소수정체론」이고, 제8장은 「다수정체론」이다.

이어 중편을 형성한 제9장부터 제17장까지는 정치의 제도들과 기구들을 다뤘다. 제9장은 「헌법을 범론함」이고, 제10장은 「대의제도를 논함」이며, 제11장은 「선거권의 구역을 논함」이고, 제12장은 「간선직선의 이해를 논함」이며, 제13장은 「소수대표법을 논함」이고, 제14장은 「투표법을 논함」이며, 제15장은 「대의사의 임기를 논함」이고, 제16장은 「의원론」이고, 제17장은 「정당론」이다.

이어 하편은 제18장부터 24장까지로, 그 가운데 제18장부터 제23장까지는 정부의 3부를 다뤘다. 제18장은 「정부의 3대 부국(部局)을 논함」이고, 제19장은 「입법과 행정의 관계」이며, 제20장은 「사법과 행정의 관계」이고, 제21장은 「대의원의 직무를 논함」이며, 제22장은 「중앙정부론」이고, 제23장은 「지방정치론」이다. 마지막 제24장은 「속국정치론」이다.

『정치원론』의 상편. 이 책의 구체적 내용에 대해서는 졸고를 통해 자세히 설명했다.[24] 따라서 여기서 되풀이하지 않고 개략적으로 소개한다면 다음과 같다.

우선 상편을 살핀다. 상편은 말하자면 정치학의 기초이론을 다루고 있다. 제1장 「정치학범론」은 정치와 정치학의 의미를 설명했다. 그는 우선 "일반적으로, 정치는 법률로 상하(上下)의 명분을 정해, 상에는 하를 다스리는 권(權)이 있고 하에는 상을 따르는 책(責)이 있음이다."라는 말로 정치를 정의했다. 여기서 그는 상하의 관계를 법률로 정한다는 구절을 강조했다. 예컨대, 가정에서나 혈족의 부락에서처럼 법률이

24 김학준, 「우리나라 정치학 도입기의 지도적 정치학자 안국선의 주요 저서 소개」, 『한국정치학회보』 제21집 제2호(1987년 12월), 238-244쪽.

아니라 도덕에 의해 상하의 관계가 유지될 때는 정치가 존재하지 않는다는 것이며, 법률로써 상하의 관계가 유지될 때만 정치가 존재한다는 것이다. 이처럼 법률이 정한 상하관계의 존재를 정치의 핵심이라고 보았기 때문에 그는 독립국과 독립국 사이에는 정치관계가 없다고 보았다. 이 점을 그는 이렇게 설명했다: "독립국과 독립국 간에는 정치관계가 없으므로 세계만국을 합하여 1개 정치사회라 칭하기 불능하도다. 만국공법이 비록 일종 법률이나 이 법률을 실행하는 정부가 없어 그 힘이 능히 상하의 명분을 정하지 못한다."

이러한 성격의 정치를 연구하는 학문이 정치학이라고 정의한 안국선은 정치학이 하나의 학문으로 성립할 수 있느냐의 논란이 있으나 정치학은 하나의 학문으로 성립할 수 있다고 단언했다. "왜냐하면, 정치사회에는 제일(齊一)한 현상이 있기 때문에 그 제일한 현상으로부터 정률(定律)을 추출할 수 있기 때문이다." 그렇다면 그 제일한 현상이란 무엇인가? 이 물음에 대한 해답은 "인간은 누구나 자신의 이욕(利慾)을 달성하고자 반드시 서로 경쟁하게 마련이다."라는 명제에서 출발한다. "이 경쟁이 극심해지면 다른 사람의 생명과 재산을 침탈하게 되므로 이것을 막기 위해 주치자(主治者)가 반드시 있어야 하는데 주치자도 역시 권세를 서로 경쟁하게 되므로 대권을 장악해 통솔하는 사람이 없을 수 없게 되며 그리하여 어느 나라를 막론하고 원수(元首) 1인이 반드시 있어서 정치를 통할한다"고 관찰한 다음, 그는 이것이 '정치사회의 제일한 현상'이라고 말했다.

안국선은 정치사회에 똑같은 현상이 있다는 자신의 주장을 뒷받침하기 위해 사람들이 마음을 함께 하는 일들이 있음을 강조한다. "사람이 마음을 함께 하는 일이 역시 많기 때문에 정치의 현상이 제일하다"는 것이다. 그러면 그것들은 무엇인가? 안국선의 설명을 들어본다.

첫째, 불가피한 사정이다. 각 사람의 사상과 행위는 비록 다르나 피난할 일을 만나게 되면 그 사상과 행위가 저절로 같아진다. 둘째, 습관이다. 어느 나라를 막론하고 그 땅에는 각종 습관이 반드시 있어서 그 땅에서 사는 사람은 그 습관을 따라야 한다. 그러므로 그 사상과 행위가 자연히 하나로 돌아가게 된다.

셋째, 교육이다. 교육은 습관보다도 힘이 크다. 교육은 정식(定式)의 모형으로써 인재를 양성한다. 그러므로 동일한 교육을 받은 사람은 매우 다른 사상을 만들어 낼 수 없다. 따라서 그 행위가 자연히 제일하다. 넷째, 도리이다. 도리의 힘이 가장 크다. 도리 앞에서는 누구나 따라야 한다. 따라서 도리는 인심(人心)을 제일하게 한다. 종합컨대, "인심에 일정한 규율이 있으므로 정치사회에 바꿀 수 없는 상칙(常則)이 있음을 확언할 수 있다."

그런데도 "오늘날의 정치학이 아직 진보하지 못한 데는 다음과 같은 세 가지 이유가 있다"고 안국선은 주장했다. 첫째, 정치학에 관계된 각종의 다른 학문이 진보하지 못했기 때문이다. 둘째, 정치학은 물리학이나 화학과는 달리 이론의 타당성을 검증할 실험을 할 수 없기 때문이다. 셋째, 정치학자는 정치가와 이격(離隔)이 깊고 멀기 때문이다. 풀어 말해, "정론(政論)을 강의하는 자는 정치학자라 부르고 정담(政談)을 진술하는 자는 정치가라 부르니, 즉 정론은 학문이요 정담은 시술(施術)이라 […] 학(學)이 강구해 낸 결과를 술(術)에 적용하고 술(術)이 실험한 결과를 학(學)이 복심(覆審)하여야 한다." 그렇게 해야만 학과 술이 사실에 부합되어 서로 어긋남이 없을 터인데, 그러나 현실적으로는 양자의 간격이 크다는 것이다.

이러한 이유들로 정치학의 발달은 더뎠지만 이제는 이 학문이 발달할 수 있게 됐다고 안국선은 전망했다. 그렇게 전망할 수 있는 근거로 그는 다음 세 가지를 지적했다. 그 첫째는 통계학의 발달이다. 국사(國事)와 정치에 관한 일반사항들을 모두 모아 놓았기에 정사를 함부로 처단하기도 어려워졌고 원인결과의 관계와 이치를 밝히기가 쉬워졌다고 그는 보았다. 그 둘째는 오늘날의 정치가는 정책을 세움에 있어서

'역래(歷來)'의 연혁을 심사하여 참조하고 또 '외국의 성적(成績)을 널리 찾아서' 따져보기 때문에 마음대로 하기가 어려워진 만큼 정치학도 '완전한 지위'에 이를 수 있게 됐다는 것이다. 그 셋째는 '고시(古時)에는 수화불상용(水火不相容)격이던' 정치가와 정치학자의 거리가 좁혀지고 특히 각국의 정부가 정치학의 중요성을 인식하게 되었다는 것이다.

제2장은 「정치의 목적」이다. 안국선은 "사람의 행복을 보전해 주고 사람의 행복을 증진시켜 주는 것"이 정치의 목적이라고 정의했다. 그런데 "중인(衆人)의 행복을 위해 1인의 행복을 다소간 제한해야 한다. 즉 다수를 위해 소수의 행복을 제한해야 한다"고 말하는 사람들도 있다. 그러나 "소수를 포함하지 않은 다수는 결코 진다수(眞多數)가 아니다. 그러므로 공중(公衆)의 행복을 편중하는 설은 이치에 맞지 않는다"고 반박하면서, 그는 "다만 공중의 행복에 모순하지 않는 방법으로 자기의 행복을 구해야 한다"고 결론지었다.

제3장은 「정치의 기원」이다. 안국선은 정치의 목적을 달성하게 하는 기관이 국가라고 전제한 뒤, 국가의 기원을 신명설(神命說)과 계약설(契約說) 및 심리설(心理說)의 시각에서 설명했다. 신명설은 국가의 기원을 신의 의지와 명령에서 찾으며, 계약설은 국가의 기원을 자연상태에서 안전을 확보하려는 인민들의 일반의사에 따른 계약에서 찾는다. 그는 이 두 개의 학설 이외에 "인류는 호군(好群)하는 천성이 상합하여 국(國)을 건(建)하고 군주를 선립(選立)하여 시정하는 대권을 위탁한다"고 설명했다. 이 세 학설을 설명하면서 그는 많은 학자들, 예컨대 合夫西(합부서), 錄久(록구), 盧騷(노소), 伯崙知理(백륜지리), 亞里士德路(아리사덕로, 亞利私杜迭里私 또는 亞理斯多列氏로도 표기했다) 등을 인용했다. 그는 또 烏路西(오로서)와 格羅沙士(격라사사) 등을 인용했다.

合夫西는 홉스를, 錄久는 로크를, 盧騷는 루소를, 伯崙知理는 블룬츨리를, 亞里士德路는 아리스토틀을 말함이 분명하다. 그렇다면 烏路西와

格羅沙士는 누구일까? 烏路西는 19세기 미국의 저명한 정치학자이며 국제법학자인 울시(Theodore Woolsey)를 말함이 틀림없다. 그렇다면 格羅沙士는? 박철희(朴喆熙) 교수는 그가 네덜란드의 국제법학자로 오늘날까지 '국제법의 아버지'로 불리는 그로티우스(Hugo Grotius)임을 밝혀냈다.

안국선은 앞에서 거론된 세 가지 학설들을 배척하고 진화론을 소개하면서 자신은 진화론에 입각해 국가의 기원을 설명할 수 있다고 말한다. "사람들이 야만시대에 법도 국가도 없이 흩어져 살다가 거처와 음식을 놓고 격렬한 전쟁을 하게 됐으며 이 가운데 대중의 연합에 능해 승전하는 이가 생겨나자 사람들은 살기 위해 그를 수령으로 옹대하게 되면서 지휘자나 피지휘자의 구분이 생겼고, 이것이 국가를 건설해 군주를 세우는 원인이 됐다"는 것이다. 여기서 그는 국가의 기원을 인간의 호군성(好群性)에서 찾았는데, 그 호군성은 생존경쟁에서 살아남기 위해 생긴 것이지 인간의 내재적 심리에서 생긴 것이 아니라고 보면서, "전투는 호군성을 발생시키는 일대원인이로다."라고 결론지었다.

제4장은 「주권론」이다. 안국선은 "주권이 독립불기(獨立不羈)하여 법률의 제한을 불수(不受)하나 도덕심에는 부득불 법률의 규정을 준수하느니라"고 결론지었다. 주권의 성질과 관련해, 그는 다섯 가지를 지적했다. (1) 한 나라의 주권은 하나뿐이라는 독일무이(獨一無二), (2) 주권은 최고무상(最高無上)한 권력이라는 의미에서 최고정권(最高政權), (3) 형체가 없는 권력을 표시하기 위해 살아 있는 모든 사람의 힘을 빌려 그 실행을 구해야 한다는 확구실행(確求實行), (4) 주권의 힘은 국가 전체에 골고루 영향을 미친다는 보급전국(普及全國), (5) 다수복종 등이 그것들이다.

마지막의 다수복종과 관련해, 안국선은 우선 "일국다수(一國多數)의 인민이 영구복종할 마음으로 복종해야 한다"고 말했다. 그러나 그는 식민지미국의 다수인민은 영국본국에 대해 영구복종할 마음이 없었기에 독립운동을 벌인 끝에 주권을 갖게 됐다고 부연하고, 나폴레옹이 패전한 이후의 프랑스가 1815년에 오스트리아의 수도 빈(Wien)에서 열린 열강의 회의에서 이 회의의 결정에 복종했으나 그것은 일시적이었기 때문에 독립을 잃지 않았다고 부연했다. 이로써, 은연중에 일제에 항거해 독립을 되찾아야 한다는 뜻을 비쳤다.

제5장은 「정체의 구별」이다. 그는 아리스토텔레스의 분류법과 몽테스키외의 분류법 및 伯路父(백로부)의 분류법을 소개한다. 伯路父가 정확히 누구를 말한지는 알 수 없다. 폴리비우스가 아닐까 하는 생각도 든다. 그러나 박철희 교수는 앞뒤 문맥으로 보아 그것은 플라토(Plato)의 일본식 차음일 것이라는 추론을 제시했다. 박철희 교수에 따르면, 플라토는 布喇度, 플라톤(Platon)은 佛喇東으로도 표기됐다. 정부분류론에서 반드시 거론되는 이 분류법들에 이어, 안국선은 이 기존의 분류법이 지닌 문제점들을 지적했다. 거기에 자기 나름의 변형을 제시했다.

제6장부터 제8장까지는 「1인정체론」과 「소수정체론」 및 「다수정체론」을 중심삼아 다양한 정치체제의 특성과 실례를 자세히 설명한다. 그는 다수정체, 그 가운데서도 동류다수정체(同類多數政體: 공화정체와 민주정체, 미국)보다 이류다수정체(異類多數政體: 입헌정체와 군민공치정체, 영국과 일본)가 좋다고 본다. 이 점에 대해 그는 이렇게 설명한다: “이류다수정체가 동류다수정체에 비해 우승한 까닭은 주권이 동류인민에게 전재(全在)함이 아니라 왕실과 귀족과 국회의원을 선거하는 자가 이 주권을 공유하기 때문이다.” 여기서 나타나듯, 안국선은 아리스토텔레스와 폴리비우스가 말한 혼합정부이론 또는 혼합정체이론을 지지했다. 폴리비우스를 보리보사(保利卑士)로 표기한 뒤 그를 인용하면서, 안국선은 “황실과 귀족과 평민의 3자가 상보상제(相補相制)하는 혼합정체가 최선의 정체”라고 보았다. 그러나 그는 어느 나라가 어느 정체를 선택하느냐의 문제를 따짐에 있어서는 그 나라의 국속(國俗)과 민정(民情)을 고려해야 한다고 주장했다. 같은 독재라도 중국에는 해로웠

으나 러시아에는 이로웠고, 같은 입헌정체라도 영국에는 이로웠으나 프로이센에는 해로웠다는 것이다.

『정치원론』의 중편. 중편은 주로 선거와 의회 및 정당을 다뤘다. 우선 제9장 「헌법범론」은 입헌정체를 유지하기 위해서는 '일국의 조직법'인 헌법이 존재해야 함을 강조했다. 이와 관련하는 안국선은 다음과 같이 썼다:

> 개인과 일국의 관계를 확정하며, 개인과 정부의 관계를 일정(一定)하며, 정부를 조직하는 각 부분의 관계를 제정하여 관리(管理)의 분한(分限)을 정하고 주치자의 포학을 막으며 피치자의 안도를 꾀하는 법전이 헌법이니, 그러므로 헌법은 정부와 인민의 약속이요 헌법이 존립함은 그 인민이 자유권리를 보전함을 가히 알 수 있을지로다.

그는 헌법을 적성헌법(積成憲法)과 제정헌법(制定憲法)으로 나누어 설명한다. 앞의 것은 관습헌법 또는 불문헌법을 뜻하며, 뒤의 것은 성문헌법을 뜻한다. 결론 부분에서 그는 주치자(主治者)가 헌법을 준수해야 할 것을 강조한다. "주치자가 헌법을 존중하는 도덕이 없으면 그 헌법이 능히 지구(持久)하지 못할 것이고, 헌법을 한 번 쉽게 변경하거나 또는 한 번 폐지하면 장래에 여러 번 변경·폐지하리니 가히 삼갈 바니라"고 경고한다.

제10장에서 「대의제도」의 필요성과 의미를 논한 다음, 제11장 「선거권의 구역」에서는 "선거권의 구역을 넓게 함이 가한가 좁게 함이 가한가, 또 선거권을 보통으로 함이 가한가, 제한함이 가한가"의 문제를 다뤘다. 그는 대체로 제한선거에 기울어지면서 "다만 인지(人智)의 진보를 따라 차차 신장시킴이 지당하다"는 입장을 보였다. 제12장 「간직선의 이해」는 국회의원을 직선하는 것이 좋은가 간선하는 것이 좋은가의 문제를 다뤘다. 그는 직선을 지지하는 입장이다. 제13장 「소수대표법」

과 제14장 「투표법」은 국회의원선거의 절차와 방식의 사례들을 상세히 설명했다. 제15장은 「대의사의 임기」를 논하고, 제16장 「의원(議院)」은 단원제와 양원제를 비교하면서 대체로 양원제를 지지하는 입장을 보였다.

제17장은 「정당론」이다. 안국선은 "입헌정체의 기관으로 반드시 연구해야 할 것은 정당"이라고 보고, 실제로 이 장에 상당한 지면을 썼다. "정치상에 의견이 같은 사람들이 단체를 결성하여 그 목적을 이루고자 하는 것이 정당"이라고 정의한 그는, '정당으로 불려지는 것'을 (1) 일시일사(一時一事)의 당파, (2) 지방종족의 당파, (3) 정체상의 당파, (4) 중립당의 당파, (5) 사회상의 당파, (6) 시정상(施政上)의 당파로 나누었다.

정체상의 당파란, "정체의 이동(異同)을 다투거나 또는 주권자의 계통을 변경하고자 하는 것이니, 즉 군주정체에 아래 있어 공화정체로 바꾸고자 하며 공화정체에 아래 있어 군주정체로 회복하고자 하는 것"이다. 중립당의 당파란, "일정한 주의(主義)를 미리 갖고 있지 않고 각 정당 중간에 개입하여 수시로 의견을 정해 그 목적을 관철하는 것이다." 사회상의 당파란, "사회 전체의 조직을 변경하고자 하여 단성(團成)함이니 사회당, 공산당, 허무당 등이 다 이 종류에 속한다." 한편 시정상의 당파란, "현존 정체 아래서 행정의 득실을 다투므로 그 다툼이 아무리 격렬할지라도 목적이 유형(有形)한 사람에 있음이 아니라 무형(無形)한 도리에 있어 초원격분(招怨激憤)으로 내란을 만들어 내는 환(患)은 없다." 따라서 안국선은 이 당이 '제일 선미(善美)한 정당'이라고 보았다. 이어 그는 영국의 내각책임제를 자세히 설명하고 그 성공의 열쇠가 정당정치에 있다고 평가했다.

『정치원론』의 하편. 하편은 대체로 정부론이라고 하겠다. 제18장 「정부의 삼대부(三大部)」는 주권의 실행이 입법부와 행정부와 사법부를 통해 이뤄짐을 설명한다. 제19장 「입법과 행정의 관계」와 제20장 「사법과 행정의 관계」는 삼부 사이의 권력관계 및 각 부의 기능을 설명함과 아울러 그들 사이의 균형과 견제의 중요성을 강조했다. 제21장 「대의원의 조직」은 입법부의 구성원칙과 그 권한을 설명했다. 제18장부터 제21장까지가 권력의 기능적 배분을 논한 것이라면, 제22장 「중앙정부」와 제23장 「지방정치」는 권력의 지역적 배분을 논한 것이다. 각국에서 중앙정부와 지방정부 사이에 권한이 어떻게 배분되어 있는가를 상세히 설명했다. 여기서 영국과 미국의 관행을 소개했는데, 특히 영국의 관행을 가장 자세히 소개했다.

제24장은 「속국정치」다. 이 장은 속국정치의 문제를 식민지문제와 정복국문제로 나누어 살폈다. 사람이 살지 않는 땅과 야만으로 나라를 세우지 못할 땅에 이민하여 이것을 관리하는 것이 식민지의 문제요, 한 나라가 다른 나라를 정복해 속국으로 삼아 다스리는 것이 정복국의 문제라는 것이다. 이 장은 식민정책의 역사를 자세히 설명하고, 다른 나라를 효과적으로 관리하는 방법에 대해서도 짧게 언급한다. 이 장에 따르면, 다른 나라를 효과적으로 관리하기 위해서는, "그 나라의 풍속과 민정(民情)을 상세히 알아야 하며 그 나라의 인민의 의심을 없애야 한다." 이 제24장은 국제정치학의 분야를 다룬 것이다.

그런데 여기서 중요하게 지적돼야 할 부분이 있다. 이 장은 "(1) 영국이 인도를 다스리는 것은 식민지제도가 아니라 인도인의 복리에 도움이 되며, (2) 영국이 150년 동안 미국을 보호통치하면서 나라를 부강시켰는데도 미국이 전쟁을 수행해 마침내 독립한 것은 배은망덕한 처사이고, (3) 식민지 시정국은 국력의 강약이나 국토의 대소와는 무관한 것이오, 피식민지 국가의 내치를 간섭하지 않고 자치를 허용하는 것이 지금의 추세이다."라는 취지의 해석을 전개한 것이다. 이 점에 관해, 신복룡 교수는 이 책이 출간되던 때가 이른바 정미7조약이 체결되어 조선이 사실상 망국의 단계에 들어가던 시점임을 주목해야 한다고 역설했다. 신 교수는 다음과 같이 부연했다 :

> 당초 이 글의 원저자인 이치지마 겐기치가 이 대목을 쓴 의도는 한일합병을 기정사실화하고 그 법리(法理) 내지는 정치적 정당성을 제시하기 위함이었다. 문제는 역자인 안국선이 그러한 의도를 몰랐을 리 없었음에도 불구하고 이를 역간했다는 점이며, 이것은 후일 그의 친일행각과 무관하지 않다는 사실이다. 더구나 이 책은 '경의시무(經義時務)의 사(士)를 시선(試選)하기 위하여 발표한' 참고도서였다는 점이다. 종래의 과거제도가 폐지되고, 공무원(문관) 선발고사에 경제학·법학·정치학과 같은 신학문이 도입된 당시에 이 책이 수험도서였다는 사실과 한국정신문화연구원에 소장되어 있는 원본이 융희 4년(1910) 양정의숙 경제과 졸업생 오명근(吳命根)에 대한 우등상품이었다는 점은 일본의 식민정책뿐만 아니라 안국선의 정치사학적 입지에 많은 암시를 준다.[25]

신 교수의 이 날카로운 지적에 어느 정도 공감하면서도, 나로서는 안국선을 변호하고 싶다. 그 시절에 『독립신문』과 같은 국민계몽지조차 지배를 하는 나라는 지배를 받는 나라의 은인이라고 주장했던 것이다. 예컨대, 『독립신문』은 1897년 3월 16일의 논설에서 제 나라를 제대로 다스리지 못해 인민이 고통스러움에 빠질 때 그 나라의 내정과 외교에 개입해 그 나라의 인민을 보호해 주는 것이 '문명화된 세계의 풍속'이라고 주장한 것이다.[26] 더구나 우리가 앞으로 검토할 『연설법방』은 안국선의 반일열정을 반영하고 있다.

『정치원론』의 요약. 이제 요약해 보기로 한다. 『정치원론』은 간단히 말해 자유민주주의 또는 입헌민주주의 입장에서 쓴 정치학개론이다. 이 책에는 참고문헌목록이나 각주가 전혀 없지만, 유럽의 고전적 정치사상가들의 정치이론들을 중심으로 국가기원론·사회계약설·정치목적론·주권재민의 원칙과 삼권분립의 원칙·정부분류론·혼합정부론·성문헌법 대 불문헌법·대통령중심제 대 내각책임제·권력분립론·단

25 신복룡, 『한국정치사』 제4판(서울: 박영사, 2003), 25-26쪽.
26 이나미, 『한국 자유주의의 기원』(서울: 책세상, 2011), 99쪽 참조.

원제의회 대 양원제의회·의회정치론·정당정치론 등을 설명했다. 이 책은 대체로 미국의 대통령제보다는 영국의 입헌군주제와 의원내각제에 대한 선호를 나타냈다.

이 책에서 특히 안국선과 관련해 주목되는 부분은 이 책이 사회진화론을 지지하는 경향을 보였다는 사실이다. 우리가 제7장에서 이미 보았듯, 자연의 세계에서 약육강식이 벌어지고 적자생존의 법칙이 적용되듯, 인간의 세계에서도, 그리고 국가와 국가 사이에서도, 약육강식과 적자생존의 법칙이 적용된다는 사회진화론은 그 당시 약소국의 일부 지식인들로 하여금 강대국의 약소국 침략과 착취를 부도덕한 것이기는 하지만 불가피한 현상으로 받아들이게 만드는 경향이 있었다. 그래서 의식적이건 무의식적이건 이 이론을 받아들인 구한말의 일부 지식인들 사이에서는 일본의 침략과 지배를 피하려면 스스로 국가와 민중의 힘을 길러야 한다고 믿었고 거기서 애국계몽운동 또는 실력배양운동이 자랐던 것이다.

다른 한편으로, 사회진화론을 수용한 일부 지식인들은 우리 민족을 후진적이고 무력한 존재라고 인식하면서 민족의 장래를 체념하고 적극적이든 소극적이든 일제에 투항하기도 했다.[27] 우리가 이미 보았듯, 안국선이 애국계몽운동가의 모습을 보인 것은 이러한 맥락에서 이해된다. 반면에, 우리가 앞으로 보게 되듯, 그가 잠시 친일의 길을 걷게 되는 것도 같은 맥락에서 해석된다.

안국선의 『정치원론』은 192쪽으로, 200자 원고지로 환산하면 500매가 채 안 된다. 이것은 그가 원서를 완역하지 않고 축역했음을 뜻한다. 그러나 구성은 원서 그대로 상·중·하 3편 24장으로 되어 있다. 안국선의 『정치원론』은 국한문으로 쓰였고 가격은 60전이었다. 자신의 아호를 천강(天江)으로, 별호를 농구실주인(弄球室主人)으로, 각각 표기했

27 김도형(金度亨), 『대한제국기(期)의 정치사상 연구』(서울: 지식산업사, 1994), 31-68쪽.

다. 이 책의 한 부가 오늘날에는 한국학중앙연구원으로 불리는 한국정신문화연구원에 소장되어 있는데, 이 책의 앞 쪽에 써진 붓글씨를 보면 이 책이 1910년 융희(隆熙) 4년에, 양정의숙 경제과 우등졸업생 오명근에게 상품으로 준 것임을 알게 된다. 앞에서 밝혔듯, 이 책은 융희 원년에 출판됐다. 그렇다면 이 책은 출판된 때로부터 몇 해 안에 학교의 우등졸업생에게 상품으로 주어질 정도로 성가를 쌓아올렸던 것 같다. 또는 이 무렵 안국선은 양정의숙에서 국가학을 담당한 강사였기에 자신의 저서를 상품으로 지정했을 개연성이 크다.

그러면 안국선은 어떤 배경에서 이 책을 출판했던가? 이 책의 서문을 보면 이 책의 출판배경을 쉽게 알 수 있다. 석옹(石翁) 조창한(趙彰漢)의 서(序)에 따르면, 안국선은 일본에 유학해 정치와 법률 및 경제 등 신학(新學)을 '다년간' 연구하고 귀국했으나 "세상의 뜻과 같지 아니하여 몇 해 동안 문을 닫고 자취를 감추고 있었다." 그러다가 어느 날 한 책자를 들고 나왔으니 그것이 바로 이 『정치원론』이었다는 것이다. 그러면 조창한은 어떤 사람인가? 이 물음에 답할 수 있는 자료는 아직 발굴되지 않았다.

다시 조창한에 따르면, 이 책은 "우리나라에서는 예전에는 없던 책이다." 그러므로 "국민을 위하는 사람은 반드시 연찬해서 지득(知得)하지 않으면 안 된다." 왜냐하면, 이 책은 "국가의 성쇠와 치란(治亂)이 전적으로 정치의 명(明)과 불명(不明) 여하에 달려 있음"을 깨닫게 해주며, 또 "국민을 위하는 사람이 정치적 관념을 가진 즉 그 나라가 부강하고 정치적 관념을 갖지 못한즉 그 나라가 능체(陵替)해졌음"을 깨닫게 해 주기 때문이다. 정치적 관념은 그만큼 중요하며 그것을 얻으려면 바로 정치학을 연구해야 한다고 역설한 조창한은 안국선의 『정치원론』은 그리스와 로마의 고대로부터 영국·미국·독일·프랑스 등 여러 나라들의 근대에 이르기까지의 만반의 제도를 빈틈없이 모두 잘 설명하고 있어서 "정치학의 원리와 원칙을 깨닫게 해 주고 각국 정치제도의 득실과 이폐(利弊)를 꿰뚫어 보게 해 준다"고 논평했다.

조창한의 이러한 평가는 물론 과장이다. 왜냐하면 첫째, 이 책이 나오기에 앞서 서양의 국가학과 정치학을 소개한 책들이 이미 출판됐기 때문이다. 우리가 이미 제7장에서 보았듯이, 1905년에 헌정연구회는 『헌정요의』를 출판했으며, 1905년과 1906년 사이의 어느 시점에 전라북도 금산군 군수 김우식은 『국민수지』를 출판했고, 1906년에 나진과 김상연은 역술(譯述)의 형태로 『국가학』을 출판했다. 이러한 책들은 안국선의 『정치원론』처럼 근대적 서양정치학의 시각에서, 특히 입헌민주주의와 의회정치 및 정당정치의 시각에서, 국가와 정치를 설명했던 것이다. 그렇다고 해서 『정치원론』의 역간이 갖는 의미가 과소평가될 수는 없다. 이 책은 그 무렵 대한제국의 지식인들 사이에 빠르게 보급되던 입헌민주주의와 의회민주주의 이론을 보다 더 체계적이면서 보다 더 자세히 설명함으로써 군주전제체제에 비판적이던 지식인사회의 분위기를 고조시키는 데 이바지했기 때문이다.

둘째, "세상이 뜻과 갖지 아니하여 몇 해 동안 문을 닫고 자취를 감추고 있었다가 어느 날 한 책자를 들고 나온 것"이 아니라 안국선이 출강하던 학교에서 강의의 교과서로 쓰기 위해 이 책을 역간했던 것이다. 김효전 교수가 밝혔듯, 안국선은 1906년 11월에 이기용이 설립한 돈명의숙의 교사로 정치원론을 강의했으며 1907년 2월에는 광신상업학교(廣信商業學校)의 교사로 상법과 행정법 등을 강의했다. 또 대동상회(大東商會)에서 회계를 보기도 했다. 김효전 교수가 적절히 지적했듯, "안국선은 이 시기에 교재의 필요성에서 『정치원론』과 『외교통의』 [···] 등을 정력적으로 번역한 것으로 보인다."[28]

이 책의 영향은 결코 적잖다. 『황성신문』 1907년 11월 2일자 및 『대한매일신보』 1908년 1월 5일자에 실린 한성부의 광고에 따르면, 이 책

28 김효전, 『서양헌법이론 초기수용』, 449쪽.

은 "경의시무(經義時務)의 사(士)를 시선(試選)하기 위하여 발표한" 참고 서명의 목록에 포함됐다. 과거제도가 폐지되고 그것을 대체한 관리선발시험에 경제학과 법학 및 정치학과 같은 신학문이 포함되면서 그러한 수요에 맞춰 이 책은 역간됐던 것으로 보인다.[29] 같은 맥락에서, 안국선은 1907년과 1908년 사이의 어느 시점에 『행정법』 상·하를 역술해 보성관에서 출판했다. 김효전 교수에 따르면, "원서도 밝히지 않고 있을 뿐만 아니라 역자 서문이나 발문도 없어서 정확한 것은 알 수 없지만 일본의 행정법교과서를 번역한 것으로 보인다. 특히 『정치원론』이나 『외교통의』 모두 [⋯] 동경전문학교의 교과서를 번역한 것으로 보아 일본유학 중에 배웠거나 사용한 교재 중의 하나일 것이다."

제 3 절 『연설법방』과 『금수회의록』의 출판을 통한 현실정치 비판

안국선은 『정치원론』을 역간한 때로부터 1개월 뒤인 1907년 11월에 탑출판사(塔出版社)를 통해 『연설법방(演說法方)』을 출간했다. 이 책은 모두 76쪽으로 『정치원론』의 40% 정도의 양이다. 200자 원고지로 환산하면 약 200매이며, 가격은 20전이었다. 3판이 이듬해 8월에 일한인쇄주식회사에서 나온 것으로 보아 이 책 역시 널리 읽혔던 것 같다.[30] 이 소책자의 서문 역시 조창한이 썼다. 여기서 그는 "아한(我韓)이 속박주의를 벗어나 석방주의를 채택하며 무단시대(武斷時代)를 지나 헌정시대로 들어가고 있다"고 전제하고, 따라서 "언론자유가 불가피하게 존중되는 시대를 맞이하고 있는 시점에서" 이러한 책이 나왔음을 치하

29 위와 같음, 450-451쪽.

30 이 책은 다음에 수록됐다. 안국선, 『금수회의록·공진회(외)』(서울: 범우사, 3판 3쇄, 2007), 129-199쪽.

했다. 이어 저자의 짧은 서언(緖言)이 있다. 여기서 저자는 농구실주인이라는 이름을 썼다.

『연설법방』의 정치학적 성격. 이 책은 (1) 웅변가의 최초, (2) 웅변가 되는 법방, (3) 연설자의 태도, (4) 연설가의 박식, (5) 연설과 감정, (6) 연설의 숙습(熟習), (7) 연설의 종결로 구성됐다. 책의 끝에 부록으로 「학술강습회의 연설」, 「낙심을 계(戒)하는 연설」, 「청년구락부에서 하는 연설」, 「정부정책을 공격하는 연설」, 「학도를 권면하는 연설」, 「부인회에서 하는 연설」 등의 연설 예문들을 실었다.

이 소책자를 정치학 분야의 책으로 규정지을 수 있을까? 안국선은 이 소책자를 통해 제목 그대로 연설의 방법론을 자기 나름으로 제시했을 뿐이다. 그러나 안국선은 "사회가 유(有)하고 정치가 유(有)한 이상은 웅변이 필요하다"고 말함으로써,[31] 정치와 연설의 밀접한 관련성을 강조했다. 이것은 바꿔 말해 정치에 참여하고자 하는 사람은 연설을 통해 국민의 지지를 얻어내야 한다는 뜻을 표시한 것이다. 거기서 한 걸음 더 나아가, 그는 현대정치학의 용어를 빌린다면 정치인과 국민 사이의 의사소통을 강조한 것이었다. 이 점에서, 그는 조선왕조의 초기부터 유학자들이 역설했던 '공론(公論)에 의한 정치'의 전통을 계승했다는 평가를 받을 만하다.

안국선은 동서양에 출현했던 저명한 정치가들이 어떠한 방식으로 연설함으로써 국민을 움직였던가를 예시했다. 동양에서는 중국 춘추전국시대의 세객(說客)들인 소진(蘇秦)과 장의(張儀)를 거명했으며, 서양에서는 10명 안팎의 정치가들을 거론했다. 이 점에 미뤄, 이 책은 동서양 정치사(政治史)에 연관된 책으로도 간주될 수 있다.

『연설법방』의 내용. 안국선은 뛰어난 웅변가가 되려면 "열심과 박식이 불가결한 요소"라고 강조했다. 우선 '열심'이다. 그는 '웨뿌스타

31 위와 같음, 144쪽.

구, 레-트'라는 사람이 처음에 소들과 말들을 자신의 청중으로 삼아 밤낮으로 연설하면서 자신의 웅변술을 향상시켜 마침내 '일세의 웅변가'가 됐다고 썼으며, '하린스'라는 미국인은 남부의 여러 주들을 여행할 때 기차가 정차할 때마다 군중을 향해 연설했다고 썼다.

안국선은 특히 고대그리스의 웅변가요 정치가였던 데모스테네스(Demosthenes)의 피눈물 나는 훈련과정을 상세히 설명했다. 청중이 자신의 연설을 비웃는 경우를 여러 차례 경험한 그는 자신의 목소리를 키우기 위해 숲으로 들어가 산을 바라보며 연설했으며 해변에서 바다를 바라보며 연설했다. 자신의 음성이 파도의 높은 소리를 이겨낼 때까지 연습을 거듭했다. 그는 또 몸짓을 멋있게 하려고 지하실에 내려가 거울을 바라보며 수없이 연습했다. 그 결과 그는 고대그리스에서 제일의 웅변가가 됐다고 안국선은 평가했다.[32]

안국선은 또 미국의 정치가로 1896년의 대통령선거에서 인민당의 후보로 출마했다가 공화당의 윌리엄 맥킨리(William McKinley)에게 패배한 윌리엄 브라이언(William Jennings Bryan)을 보기로 들었다. 변호사 출신으로 두 차례에 걸쳐 연방하원의원을 역임한 브라이언은 대통령선거에 임해 헤아리기 어려울 정도로 연설했으며, 투표가 임박한 시기에는 하루에 12시간씩 연설했다는 것이다. 브라이언은 1900년과 1908년에도 대통령선거에 입후보했는데, 그때마다 전국을 순회하며 정력적으로 연설했다. 그러나 뜻을 이루지 못했다. 1912년의 대통령선거 때는 민주당후보 우드로 윌슨(Woodrow Wilson)을 지원해 많은 도시들에서 연설했으며, 그 공로로 윌슨이 대통령에 당선되면서 국무장관으로 기용됐다. 안국선은 또 일본의 정치가로 '연설가의 태두'로 꼽히던 시마다 사부로(島田三郎 : 도전삼랑, 1852-1923)를 예로 들었다. 자유민권운동가들 가운데 지도적 위치를 차지했던 시마다는 다른 사람들이 행

32 위와 같음, 134-135쪽.

한 명연설들 가운데 약 20개를 완전히 외우고 있었고, 스스로 약 4,000회에 걸쳐 연설했다는 것이다.

안국선은 이어 '박식'의 중요성을 강조했다. '다독(多讀)과 다청(多聽)'을 통해 지식을 넓혀 연설의 내용을 풍부하게 해야 한다는 뜻이다. 안국선은 그 사례로 다시 브라이언을 꼽았다. 브라이언은 박식했기에 "연설할 때마다 사조(辭調)가 부동(不同)하고 취의가 개이(皆異)하여 중복한 설이 무(無)하다"는 평을 들었으며, 그래서 '이 세기 제일의 웅변가'라는 말을 듣는다는 것이었다.[33]

안국선은 연설로써 대중을 움직이기 위해서는 대중의 '감정을 동(動)케' 해야 한다고 역설했다. 감정을 움직이게 하지 못하는 연설은 아무리 '정당한 사(事)를 언(言)할지라도' 대중의 동정을 얻기 어렵기 때문이라는 것이었다. 안국선은 '감정을 동케'한 역사적 연설로 어느 무엇보다 독일의 마르틴 루터가 '척신(隻身)으로써 천하의 대세력인' 천주교를 공격한 연설을 꼽았다. "오, 전능하신 하나님이여, 지금 세상이 얼마나 무서운 세계이옵니까"로 시작된 이 연설에서 루터는 "오, 주여, 육신이 약한 제가 힘이 강한 악마를 상대로 싸워 이길 수 있도록 도와주시옵소서"를 반복함으로써 동정을 불러일으켰다는 것이다. "주여, 주는 지금 어느 곳에 계십니까? 세상에 악마가 충만할지라도, 이 몸이 비록 불속에 뛰어들어 회로 변성(變成)할지라도, 아! 주여, 저의 영혼은 주에게 속한 것이니, 주여 저를 도와주시옵소서."라는 연설은 대중으로부터 "아! 비참하다. 아! 불쌍하다."라는 생각을 일으키게 했으며 자연히 루터의 호소에 동정을 표시하게 만들었다고 안국선은 평가했다.[34] 이 연설은 루터가 천주교의 면죄부판매를 비판하면서 「95개조 논제」를 발표한 1517년과 그 논제로 말미암아 교황청으로부터 파문된 뒤 신성로마제국의회에 환문된 1521년 사이의 어느 시점에 행한 것으

33 위와 같음.

34 위와 같음, 155-157쪽.

로 추정된다.

안국선은 감정에 호소해 성공한 또 하나의 사례를 저 유명한 브루투스(Marcus Brutus)의 연설에 맞섰던 안토니우스(Marcus Antonius)의 연설에서 찾았다. 공화정로마의 시대에 공화정을 제정으로 바꿔 황제가 되고자 했던 케사르(Caesar)를 기원전 44년에 자신의 동지들과 함께 암살한 직후, 브루투스는 로마의 군중 앞에서 자신의 행위를 정당화한 연설을 했다. 이때 브루투스는 "제가 케사르를 덜 사랑해서가 아니라 로마를 더 사랑했기 때문에(Not because I love Caesar less but beacause I love Rome more.) 케사르를 죽였습니다."라는 명언을 남겼다. 브루투스에 이어 케사르의 옹호자인 안토니우스가 연설했다. 안토니우스는 이미 브루투스의 연설에 감동된 군중 앞에서 케사르를 변호해야 했기에, "저는 케사르를 찬양하기 위해서가 아니라 케사르를 묻어 주기 위해 여기에 왔습니다(I have come here not to praise Caesar but to bury him)."라는 겸허한 인사로 입을 열었다. 안토니우스는 "저는 눌변이요 천학(淺學)이라 브루투스에 비할 수 없소이다."라는 말로써 자신을 낮춘 뒤, "저는 감히 브루투스를 반박하고자 하는 것이 아닙니다. 다만 여러분 앞에 와서 케사르의 죽음에 조의를 표하고 케사르의 시체에 절을 올리며 케사르를 위해 호소할 뿐입니다."라는 말로써 자신을 어떤 정치적인 목적에서가 아니라 인간적인 도리에서 연설할 뿐임을 강조했다.

안토니우스는 청중이 자신의 연설에 귀를 기울이기 시작하는 기미를 포착하자, 태도를 바꿔 케사르를 찬양하기 시작했다. "여러분. 케사르는 가난한 사람이 찾아와 도움을 청하면 눈물부터 흘렸습니다. 케사르는 인자했기 때문입니다."라고 말한 것이다. 청중이 동조하자, 안토니우스는 "지금 관에 뉘여 있는 케사르가 입고 있는 옷은 케사르가 병사들과 함께 전장에서 싸우던 때 입었던 옷입니다. 여러분. 브루투스를 비롯한 자객들이 휘두른 칼들에 의해 찔린 저 칼자국들을 보십시오. 지금 눈물을 흘리지 않고 언제 눈물을 흘리려고 눈물을 아끼고 계십니까?"라고 선동했다. 결과적으로, 이성에 호소한 브루투스의 연설보다 감성에 호소한 안토니우스의 연설이 군중을 움직였다고 안국선은 평가했다.[35]

안국선은 이어 미국독립운동 당시의 지도적 인물들 가운데 한 사람이었던 패트릭 헨리(Patrick Henry)의 저 유명한 "자유가 아니면 죽음을 달라(Give me liberty or death.)"던 연설을 소개했다. 영국을 상대로 미국의 13주가 독립을 위한 전쟁을 시작해야 할 것인가 아니면 영국과 평화를 유지해야 할 것인가를 놓고 여론이 갈렸던 시점인 1775년 3월 23일에 헨리는 버지니아주 리치먼드시의 세인트 존 교회에서 열린 비합법 민중대회에 참석해 연설했다.

헨리는 영국이 해군과 육군을 미국으로 파견할 준비를 하고 있는 것은 "우리 미국의 천지를 암담케 할 전쟁을 준비함이 아닌가? 아! 해군과 육군이 친애와 화락에 무슨 필요가 있으리오!"라고 반문했다. 헨리는 이어 "해군과 육군은 교전하고 정복하는 기구이지 결코 화락하고 친애하는 데 사용할 것이 아니다."라고 스스로 대답한 뒤, "영국이 미국을 향해 무수한 해륙군을 파견하는 까닭은 오래 연단(鍊鍛)하던 철쇄로 우리 미국인을 견고히 속박하려는 데 있다"는 경고를 되풀이했다. 헨리는 영국에 대해 적개심을 불러일으키는 표현을 거듭 사용했다. 그는 "지금은 군신(軍神)에게 호소하는 것밖에는 달리 사용할 여지가 없다"고 선언하면서, 이것을 피하려는 것은 비겁한 것이면서 동시에 노예의 학대를 받으려고 하는 것과 마찬가지고 철쇄에 속박을 당하려고 하는 것과 마찬가지라고 격하게 반복했다. 그는 "목숨이 그렇게 중요합니까? 속박의 굴레를 받을지라도 평화라면 좋겠습니까? 아! 하나님이여, 우리 동포의 그러한 부패한 영혼을 고쳐 주시옵소서. 본인은 기도하면서 청합니다. 하나님이여, 저에게 자유를 주시옵소서. 아니면 죽

35 위와 같음, 158-164쪽.

음을 주시옵소서."라는 격정적인 표현으로써 자신의 연설을 마쳤다.[36]

안국선은 대중을 움직이기 위해 연설자는 연설에서 강약과 고저(高低)를 조절할 줄 알아야 한다고 주장했다. 그 사례로 미국 매사추세츠주 출신의 연방하원의원이었으며 연방상원의원이었고, 연방정부의 국무장관을 역임하면서 전국적 명성을 누리던 대니얼 웹스터(Daniel Webster)를 꼽았다. 웹스터는 연설할 때 높여야 할 부분은 '활발한 기운으로써' 높였으며 내려야 할 부분은 '조용히 흐르는 물처럼' 내렸다는 것이다. 힘을 주어야 할 대목에서는 손을 높이 들어 바람을 가르고 낮춰야 할 대목에서는 두 손을 잡았다고 그는 덧붙였다. 안국선은 또 브라이언을 예시했다. "브라이언이 힘을 줄 때는 얼굴이 불과 같이 뜨거워졌고 눈은 등불처럼 환해졌으며 그리하여 그의 정신이 빛을 발휘하고 그의 의기가 발동한 결과로 사람들은 사자의 용맹과 위엄을 갖춘 브라이언이라고 명명했다"고 덧붙였다.[37]

『연설법방』의 의도. 그러면 안국선은 어떤 의도에서 이 책을 썼을까? 그는 동경전문학교에서 정치학을 전공하면서 웅변과 연설에 대해 관심을 가졌을 것이며 이 방면의 책들도 읽었을 것이다. 이 책은 『외교통의』와 『정치원론』 등이 그러했듯, 아마도 일본에서 출판된 유사한 종류의 책을 저본으로 삼아 편술한 책일 개연성이 높다.

비록 그렇다고 해도, 이 책을 꼼꼼하게 읽어 보면 안국선의 의도가 느껴진다. 첫째, 이 책은 당시 한국으로 불리던 대한제국의 비참한 형편을 상기시키면서 '독립'을 향한 의지를 불러일으키고 있다. 「연설자의 태도」라는 부분에서, 안국선은 "아! 하나님이 참으로 계시면 우리 동포의 여차한 불행을 감찰하시겠습니다. 아! 하나님이여 어찌하여 우리 한국으로 하여금 여차한 지위에 이르게 하십니까. 아! 우리 한국인민이 어떻게 하면 독립자유의 복락을 얻겠습니까?"라고 썼는데, 이때

36 위와 같음, 145-149쪽.

37 위와 같음, 140-141쪽.

대한제국은 일본의 '보호를 받는 나라'로 전락한 상태였다. 안국선이 이 사실을 명시하지는 못했으나, 이 구절은 대한제국이 일본의 '보호를 받는 나라'로 전락한 상태에 대한 탄식이면서 동시에 그 상태에서 벗어나 독립과 자유를 얻고자 하는 염원을 담은 것이었다.

둘째, 안국선은 탄식에 머물지 않았다. 그는 "우리나라 장래의 독립은 운수를 기다릴 것도 아니고, 시세를 기다릴 것도 아니고, 타국의 원조를 바랄 것도 아니올시다. 대저 국가의 독립은 운수에 달린 것이 아니요, 시세에 달린 것도 아니요, 타국의 원조 여부에 달린 것도 아니요"라고 말한 뒤, "다만 여러 청년의 주먹에 달렸습니다."라고 힘을 주었다. 쉽게 말해, 청년의 궐기를 호소한 것이다.

그는 거기서 한 걸음 더 나아갔다. "구라파를 잡아 흔들던 나파륜은 어떠한 사람이오. 제군과 조금도 다르지 아니한 남자올시다. 여러분이여 분발하시오. 어찌 여러분의 전도를 막을 아루뿌스산[알프스산]이 있겠습니까!"라고 선동했다. 그는 다음과 같은 격동으로써 이 대목을 마쳤다 : "우리 청년의 주먹이 비록 소(少)하고 약하지마는 정의와 공도(公道)를 위하여 흔드는 데는, 저 가증하고 오만무례한 자를 가히 제복(制服)하리다."[38] 여기서 '저 가증하고 모만무례한 자'는 물론 일본을 의미한 것이었다.

셋째, 안국선은 청년만을 격동시킨 것이 아니었다. 그는 격동의 대상을 국민 전체로 확대했다. 「낙심을 계(戒)하는 연설」에서, 그는 "낙심은 독립의 회복을 방애(妨礙)하는 악마올시다. 낙심은 국가의 생맥을 아주 단절케 하는 것이올시다."라고 경고한 뒤, "동포 제군이여, 호(虎)에게 물려갈지라도 정신만 차리라 하는 속어를 망(忘)하였습니까? 우리나라가 금일 여차한 곤경을 당할지라도 낙심치 말고 더욱 분발하여 정신을 차려야 할 것이오."라고 격려했다. 같은 취지에서, 그는 "국가가 아주

38 위와 같음, 141-142쪽.

할 수 없는 지경에 이른다고 해도 국민은 더욱 발흥하여 원기를 진려(振勵)하여야 할 것이오. 동포 제군이여, 제군이 일심병력(一心並力)하여 어떠한 곤박에도 낙심치 아니하고 희망을 수(隨)하여 예진(銳進)하면, 결단코 이 국가는 망(亡)치 아니할 것이올시다."라고 역설했다.

안국선은 거기서 훨씬 더 나아갔다. 그는 한국이 4천년의 역사를 지닌 나라였으며 조선왕조만 따져도 500년을 넘긴 나라였음을 상기시키면서, 이 나라가 이름을 잃어버리게 되는 경우에는 이 나라의 동포가 묵과하고 있겠느냐고 반문했다. 그는 "어떠한 나라도 한국을 병탄하려면 우리 인민을 전멸하기 전에는 병탄치 못할 줄로 사(思)하시오"라는 말로써 사실상 일본에 대해 경고했다. 그는 "우리 한국민족의 성질이 대단히 유순하지마는 의리를 지(知)하는 민족이기 때문에 의리를 위하여 기(起)하는 처(處)에는 결코 사(死)를 외(畏)치 아니하는 민족이오."라는 말로써 사실상 일본에 대해 거듭 경고했다.[39]

넷째, 같은 맥락에서, 이 책은 외국의 침략에 직면한 나라에서 국민들을 향해 애국심을 호소한 웅변가들을 소개했다. 고대그리스의 도시국가시대에 아테네에서 활동했던 데모스테네스가 그 한 보기다. 마케도니아의 왕 필리포스2세(Philippos Ⅱ) — 그의 아들이 뒷날 유럽과 아프리카 및 아시아에 걸치는 대제국을 건설한 알렉산더 대왕이다 — 가 그리스를 침공했을 때 그리스의 여러 도시국가들은 굴복했다. 이때 데모스테네스는 '아전(雅典 : 아테네)'의 동포들을 향해 항전할 것을 요구하는 연설을 곳곳으로 뛰어다니며 되풀이했다. 그의 시도는 실패했으며 그는 결국 자살했다. 앞에서 소개한 패트릭 헨리의 경우도 본질적으로 같은 경우에 속했다. 영국의 침공을 앞두고 헨리는 미국인을 격동시키는 연설로써 결국 미국인을 독립을 위한 전쟁에의 참여로 이끌었다.

다섯째, 안국선은 대한제국 '정부의 정책'을 공격했다. 정부대신들

● ● ● ● ●

39 위와 같음, 170-171쪽.

의 무능과 부패로 국민의 생활을 도탄에 빠뜨렸으며 국가의 독립을 위태롭게 만들었다고 비난했다. 그는 “지금의 정책으로는 국가의 독립을 공고히 할 수 없다”고 경고하면서, 정부대신들을 ‘불신임’해야 한다고 제의했다.[40] 여섯째, 안국선은 국민을 상대로 단연을 권했다. 독일 베를린대학교 의과대학 교수의 이론을 원용하면서, 그는 니코친의 해독을 자세히 설명했다. 동시에 그는 국민 모두가 열심히 운동을 해서 체력을 키울 것을 제의했다. 안국선은 또 학도들을 상대로 열심히 공부할 것을 권했으며 용기를 기를 것을 역설했다. “용감한 인(人)이라야 능히 용감한 사업을 성(成)할 것이올시다. 비상한 인(人)이라야 능히 비상한 사업을 수행할 수 있겠습니다.”라는 말로써 그는 은연중에 일본에 저항해 싸울 수 있는 용기를 키울 것을 권고한 것이다. 그는 부인들을 상대로 지금의 시대는 남녀평등의 시대임을 상기시키면서 구습에서 벗어나 활동할 것을 권했다.[41]

『금수회의록』의 출판. 이 『연설법방』은 안국선이 항일적인 정신을 갖고 있었음을 증명한다. 그는 항일정신과 독립정신을 전파하기 위해 이 책을 집필했던 것이다. 그의 그러한 의도는 그가 1908년 2월에 황성서적조합을 통해 출판한 『금수회의록』을 통해 다시 확실하게 나타났다.

우리나라의 국문학계는 이 소설을 ‘신소설(新小說)’이라고 부른다. 1894년의 갑오개혁 이후 전개된 개화계몽기(開化啓蒙期)를 배경이나 주제로 삼은 소설을 신소설이라고 부르는 것이다. 학자에 따라서는 개화기소설이라고 부른다. 신소설의 효시로 꼽히는 소설이 이인직(李人稙)이 1906년에 출판한 『혈(血)의 누(淚)』다. 『춘향전』과 같은 재래의 소설을 구소설(舊小說) 또는 고전소설이라고 부르고, 이광수(李光洙)가 1917년에 『무정』을 출판한 이후 성립된 소설을 현대소설이라고 부르

40 위와 같음, 181-183쪽.

41 위와 같음, 185-199쪽.

는데, 신소설은 구소설과 현대소설 사이에 위치하는 과도기적 소설인 셈이다. 학자에 따라서는 이광수의 『무정』 이후 약 10년 동안 신소설의 출판이 계속됐으며 따라서 신소설의 존속기간을 20년 정도로 잡을 수 있다고 말한다. 정치학을 전공하는 나로서는 이 소설을 '정치소설'로 분류하고자 한다. 이 소설을 통해, 안국선이 서양정치학의 입장에서 당시의 현실정치를 어떻게 평가했던가를 살피기로 한다.

『금수회의록』에 대해서는 우선 그의 아들 안회남(安懷南)이 1940년에 발표한 짧은 회고기를 읽어보기로 하자. 안회남의 회고는 "30여 년 전에 박문관(博文館) 출판으로 『금수회의록』이란 책이 세상에 나왔다"는 말로 시작됐다. 아들의 회고에는 박문관에서 출판된 것으로 되어 있으나 서울의 범우사(汎友社)가 1983년에 펴낸 『금수회의록』에 실린 안국선의 연보에는 이 책이 황성서적조합에서 출판된 것으로 되어 있다.

아들의 회고는 "그때 그것이 매상 4만여 부를 돌파하고 그만 발금되었다 한다. 조선에서는 아직도 그것이 최고기록일 게라는 기사를 언젠가 『매일신보』지상에서 읽었다"는 말로 이어졌다. 이 회고에 보이듯, 『금수회의록』은 당대의 베스트셀러였다. 아들의 회고는 계속됐다:

> 어렸을 적에 나는 가끔 집안어른들에게서 이 책에 대한 이야기를 들었는데 내용은 금수의 회화를 빌어 당시의 부패한 세태와 물정을 야유한 것이다. 선친 저작이 10유여(有餘) 종임에도 불구하고 사람들이 항상 이것만 가지고 노노(呶呶 : 지껄이다)한 것을 생각하면 이 책이 어지간히 많이 읽혔다는 것을 헤아릴 수 있다.
>
> 기후(其後) 나는 아버님의 유고를 수집하는 한편 백방으로 『금수회의록』이라는 서책을 찾았으나 얻지 못하였고 도리어 작자에 대한 와전만 듣게 되어 저윽히 섭섭하던 차 임화(林和) 씨가 『조선일보』에 연재하고 있는 「신문학사(新文學史)」 속에서 취급하여 써 밝혀 주었다.[41]

41 안회남, 「선고유사(先考遺事)」, 『박문』 1940년 6월, 2쪽.

임화는 일제강점기던 1920년대 중반에 조선프롤레타리아예술가동맹, 이른바 카프(KAPF)의 창설과 그 이후의 활동에 적극적으로 참여했던 작가다. 임화는 조선이 해방된 뒤 서울에서 남조선로동당의 당원으로 활약하면서 흔히 남조선로동당의 비공식적 당가(黨歌)라고 말해지던 「인민항쟁가」를 작사했으며 1947년에 월북했다. 그는 1953년 7월에 김일성이 남로당계열을 숙청할 때 거기에 포함된다. 안회남은 임화가 선친의 『금수회의록』을 언급한 데 대해 '퍽 감사할 일'이라고 말하면서, 그러나 임화도 그 책을 읽어 보지는 못한 것 같다는 아쉬움을 표시했다. 안회남은 "그 당시 발행된 신문잡지 등속(等屬)의 광고문과 소개문을 가지고 미루어 [임화 씨가] 정치소설이라 명명하였으리라"고 추정했다.[42]

안국선의 준엄한 현실비판. 그러면 이 책의 내용은 어떠했는가? 200자 원고지로 140매 정도의 이 소설의 화자(話者)는 '나'다. 여기서 중요하게 지적돼야 할 것은 '나'의 준엄한 현실비판이다. 이때는 대한제국이 일제의 통감을 통해 일제의 '보호'를 받던 때였다. 이러한 상황에서, '나'는 "지금 세상사람을 살펴보니 애닯고, 불쌍하고, 탄식하고, 통곡할 만하도다."라는 표현으로써 사실상 대한제국의 현실을 개탄했다.

'나'의 현실비판은 더 격한 표현으로 이어졌다. '나'는 "지금 세상은 인륜이 결딴나서 도덕도 없어지고, 염치도 없어지고, 의리도 없어지고, 절개도 없어져서 […] 온 세상이 다 악하다"고 말한 데 이어, "슬프다! 착한 사람과 악한 사람이 거꾸로 되고 충신과 역적이 바뀌었도다. 이같이 천리(天理)가 어기어지고 덕의가 없어서 더럽고, 어둡고, 어리석고, 악독하여 금수만도 못한 이 세상을 장차 어찌하면 좋을꼬?"라고 탄식했다.[43]

42 위와 같음.
43 위와 같음, 18쪽.

'나'는 세상의 악(惡)을 근심하면서 성현의 글을 읽다가 잠에 빠져 꿈을 꾼다. '나'는 꿈속에서 "죽장망혜로 녹수를 따르고 청산을 찾아서 한 곳에 다다랐다. 사면에 기화요초는 우거졌고 시냇물소리는 종종하며 인적이 고요한데, 흰 구름 푸른 수풀 사이에 현판 하나가 달렸거늘 자세히 보니 다섯 글자를 크게 썼으되 금수회의소라 하고 그 옆에 문제를 걸었는데 「인류를 논박할 일」이라 하였다." 또 광고를 걸었는데, "하늘과 땅 사이에 무슨 물건이든지 의견이 있거든 의견을 말하고 방청을 하려거든 방청하되 각기 자유로 하라" 하였다. '나'는 큰 관심으로써 들여다보니, "길짐승, 날짐승, 버러지, 물고기, 풀, 나무, 돌 등물(等物) 다 모였더라."

'나'는 방청석에 앉았다. 곧이어 "회장인 듯한 물건이 머리에는 금색이 찬란한 큰 관을 쓰고, 몸에는 오색이 영롱한 의복을 입은 이상한 태도로 회장석에 올라서서 한 번 읍하고, 위의가 엄숙하고 형용이 단정하게 딱 서서 여러 회원을 대하여" 개회를 선언했다. 회장은 곧이어 자신의 견해를 발표했다. 그것 역시 현실에 대한 냉엄한 비판이었다. "지금 세상사람들이 하는 행위를 보니 그 하는 일이 모두 악하고 부정하여 하나님의 영광을 나타내기는 고사하고 도리어 하나님의 영광을 더럽게 하며 은혜를 배반하여 제반 악증(惡症)이 많도다."라고 말한 것이다. 회장은 세 개의 안건을 제시했다. 첫째는 "사람된 자의 책임을 의론하며 분명히 할 일"이고, 둘째는 "사람의 행위를 들어서 옳고 그름을 의론할 일"이며, 셋째는 "지금 세상사람 중에 인류 자격이 있는 자와 없는 자를 조사할 일"이다.**44**

이 회의에 여덟 종류의 동물이 연사로 나왔다. 첫 번째 연사는 까마귀였다. 까마귀는 다음과 같이 효도를 강조한다 : "우리 까마귀의 족속은 먹을 것을 물고 돌아와서 어버이를 기르며 효성을 극진히 하며 망

44 안국선, 『금수회의록·공진회(외)』(서울 : 범우사, 2007 3판 3쇄), 22-26쪽.

극한 은혜를 갚아서 하나님이 정하신 본분을 지키어 자자손손이 천만대를 내려가도록 가법(家法)을 변치 아니하는 고로 옛적에 [중국 당나라의 시인] 백락천(白樂川)이라 하는 분이 우리를 가리켜 새 중의 증자(曾子)라 하였고, 『본초강목(本草綱目)』에는 자조(慈鳥)라 일컬었으니, 증자라 하는 양반은 부모에게 효도 잘 하기로 유명한 사람이요, 자조라 하는 뜻은 사랑하는 새라 함이니, 부모는 자식을 사랑하고, 자식은 부모에게 효도함이 하나님의 법이라."

그런데 사람은 어떠한가? 까마귀가 보기에, "지금 세상 사람들은 말하는 것을 보면 낱낱이 효자 같으되, 실상 하는 행실을 보면 주색잡기에 침혹하여, 부모의 마음을 상케 하며 제 한 몸만 생각하고 부모가 주리되 돌아보지 아니하고 여편네는 학식이라고 조금 있으면 주제넘은 마음이 생겨 온화·유순한 부덕을 잊어버리고 시집가서는 시부모 보기를 아무것도 모르는 어리석은 물건같이 대접하고 심하면 원수같이 미워하기도 하니, 인류사회에 효도 없어짐이 지금 세상보다 심함이 없도다."45

두 번째 연사는 여우였다. 여우는 우선 "옛적에 음란한 계집이 죽어서 여우로 태어났다 하니, 이런 거짓말이 어디 또 있으리오. 사람들은 음란하여 별일이 많으되 우리 여우는 그렇지 않소."라고 스스로를 변호했다. 여우는 이어 "에 더러워, 천지간에 더럽고 요망하고 간사한 것은 사람이오. 우리 여우는 그렇지 않소. 저들끼리 간사한 사람을 보면 여우라 하니, 그러한 사람을 여우라 할진댄 지금 세상사람 중에 여우 아닌 사람이 몇몇이나 있겠소? 또 저희들은 서로 여우같다 하여도 가만히 듣고 있으되 만일 우리더러 사람 같다 하면 우리는 그 이름이 더러워서 아니 받겠소. 내 소견 같으면 이후로는 사람을 사람이라 하지 말고 여우라 하고, 우리 여우를 사람이라 하는 것이 옳은 줄로 아나이

45 위와 같음, 24-29쪽.

다.”라는 말로 연설을 마쳤다.[46]

세 번째 연사는 개구리였다. 개구리는 우선 ‘우물 안 개구리’라는 말로 화두를 삼았다. 사람들이 개구리를 가리켜 “우물 안 개구리가 알면 뭘 알겠느냐”고 흉을 보지만, 그렇게 말하는 사람은 개구리보다 뭘 더 알고 있느냐고 조롱했다. “동양의 성인 공자께서 말씀하시기를 아는 것은 안다 하고 알지 못하는 것은 알지 못한다 하는 것이 정말 아는 것이라 하였으니, 저희들이 천박한 지식으로 남을 속이기를 능사로 알고 천하만사를 모두 아는 체하니, 우리는 이같이 거짓말은 하지 아니하오. 사람이란 것은 하나님의 이치를 알지 못하고 악한 일만 많이 하니 그대로 둘 수 없으니, 차후는 사람이라 하는 명칭을 주지 않는 것이 대단히 옳은 줄로 생각하오.”라는 말로 개구리는 연설을 끝냈다.[47]

네 번째 연사는 벌이었다. 벌은 우선 구밀복검(口蜜腹劍)에 대해 말했다. 사람들이 벌에 대해 말할 때 “벌이란 입으로는 꿀같이 말을 달게 하고 배에는 칼 같은 마음을 지녔다”는 표현을 쓰는데, 이 표현은 부당하다는 것이다. “우리 입의 꿀은 남을 꾀이려 하는 것이 아니라 우리 양식을 만드는 것이오, 우리 배의 칼은 남을 공연히 쏘거나 찌르는 것이 아니라 남이 나를 해치려 하는 때에 정당방위로 쓰는 칼이오.”라고 스스로를 변호한 뒤, 구밀복검에 해당되는 것은 오히려 사람이라고 반박했다. 벌은 이어 “사람들이 서로 욕설하는 소리를 들으면 참 귀로 들을 수 없소. 별 흉악망측한 말이 많소.”라는 말로써 사람을 비난했다. “‘네밀 붙을 놈’ ‘염병에 땀을 못낼 놈’ 하는 욕설은 제 입을 더럽히고 제 마음 악한 줄을 모르고 얼씬하면 이런 욕설을 함부로 하니 얼마나 흉악한 소리요”라고 부연했다. 벌은 이어 “에, 사람의 입에는 도덕상 좋은 말은 별로 없고 못된 소리만 쓸데없이 지저귀니 그것들을 사람이라고? 그것들을 만물 중에 가장 귀한 것이라고?”라면서 사람을 비웃었

46 위와 같음, 30-33쪽.

47 위와 같음, 34-38쪽.

다.[48]

다섯 번째 연사는 게였다. 옛적에 중국 진(晋) 나라의 도가(道家)의 지도자였던 포박자(抱朴子)라는 사람이 게를 가리켜 무장공자(無腸公子), 곧 창자 없는 물건이라고 비웃었음을 상기시킨 뒤, "그래, 우리는 창자가 없고 사람들은 창자가 있소? 시방 세상사는 사람 중에 옳은 창자 가진 사람이 몇 명이나 되겠소? 사람의 창자는 참 썩고 흐리고 더럽소."라고 반격했다. 게는 이어 "사람이 의복은 능라주의로 지르르 흐르게 잘 입어서 외양은 좋아도 다 가죽만 사람이지 그 속에는 똥밖에 아무것도 없소. 좋은 칼로 배를 가르고 그 속을 보면 구린내가 물큰물큰 나오."라고 어조를 높였다. 게는 이어 "게도 제 구멍이 아니면 들어가지 아니한다."라는 속담이 있음을 상기시킨 뒤, "우리는 암만 급하더라도 들어갈 구멍이라야 들어가지 부당한 구멍에는 들어가지 않소."라고 자랑했다.

게는 마지막으로 "그러나 사람들을 보면 부당한 데로 들어가는 사람이 많소. […] 당연히 들어갈 데와 못 들어갈 데를 분별치 못하고 못 들어갈 데를 들어가서 화를 당하고 패를 보고 해를 끼치니 이런 사람들이 무슨 창자 있노라고 우리의 창자 없는 것을 비웃소?"라고 반문했다. 게는 "지금 사람들을 보면 그 창자가 다 썩어서 미구에 창자 있는 사람은 한 개도 없이 다 무장공자가 될 것이니, 이 다음에는 사람더러 무장공자라고 불러야 옳겠소."라는 말로 연설을 끝냈다.[49]

여섯 번째 연사는 파리였다. 파리는 우선 "사람이 우리 파리를 가리켜 말하기를, 파리는 간사한 소인이라 하니, 대저 사람이라 하는 것들은 저희 흉은 살피지 못하고 다만 남의 말은 잘하는 것들이오. 간사한 소인의 성품과 태도를 가진 것들은 사람들이오. 우리는 결단코 소인의 성품과 태도는 가진 것이 아니오."라고 입을 열었다. 파리는 이어 "세

48 위와 같음, 39-42쪽.

49 위와 같음, 43-46쪽.

상에 제일 더러운 것은 똥이라 하지마는, 우리가 똥을 눌 때 남이 다 보고 알도록 흰 데는 검게 누고 검은 데는 희게 누어서 남을 속일 생각은 하지 않소."라고 자신을 변호했다. 파리는 이어 "사람들은 똥보다 더 더러운 일을 많이 하지마는 혹 남의 눈에 보일까, 남의 입에 오르내릴까 겁을 내어 은밀히 하되 무소부지(無所不知)하신 하나님은 먼저 아시고 계시오."라는 말로 사람을 비난했다.[50]

일곱 번째 연사는 호랑이였다. 호랑이는 우선 "가혹한 정치가 호랑이 보다 무섭다[苛政猛於虎 : 가정맹어호]"는 공자의 말을 반박했다. "세상에 사람들이 말하기를 제일 포악하고 무서운 것은 호랑이라 하였으나 자고이래로 사람들이 우리에게 해를 받은 자가 몇 명이나 되느뇨? 도리어 사람이 사람에게 해를 당하며 살육을 당한 자가 몇 억만 명인지 알 수 없소"라고 공격했다. 호랑이의 공격은 거기서 끝나지 않았다. "옛적 사람이 말하기를 호랑이를 기르면 후환이 된다 하여 지금까지 양호유환(養虎遺患)이라 하는 문자를 쓰지마는, 되지 못한 사람의 새끼를 기르는 것이 도리어 정말 후환이 되는지라, 호랑이 새끼를 길러서 돈을 모으는 사람은 있으되 사람의 자식을 길러서 덕을 보는 사람은 별로 없소. 또 속담에 이르기를 '호랑이 죽음은 껍질에 있고 사람의 죽음은 이름에 있다'하니 지금 세상사람에 정말 명예 있는 사람이 몇 명이나 있소?"라고 비난한 뒤, "사람으로 못된 일 하는 자의 종자를 없애는 것이 좋은 줄로 생각하옵네다."라는 말로 매듭지었다.[51]

여덟 번째 연사는 원앙이었다. 원앙은 "인류의 제일 괴악(怪惡)한 일은 음란한 것이다."라는 말로 입을 연 뒤 남녀간의 부정(不貞)한 세태를 이렇게 비난했다 : "지금 세상 사람들은 괴악하고 음란하고 박정하여 길가의 한 가지 버들을 꺾기 위하여 백년해로하려던 사람을 잊어버리고 동산의 한 송이 꽃을 보기 위하여 조강지처를 내쫓으며 남편이 병

50 위와 같음, 45-46쪽.

51 위와 같음, 51-54쪽.

이 들어 누웠는데 의원과 간통하는 일도 있고, 복을 빌어 불공한다 가탁하고 중서방하는 일도 있고, 남편 죽어 사흘이 못 되어 서방해 갈 사람 주선하는 일도 있으니, 사람들은 계집이나 사나이나 인정도 없고 의리도 없고 다만 음란한 생각뿐이라 할 수밖에 없소." 이렇게 인간을 비난한 뒤 원앙은 "우리 원앙새는 천지간에 지극히 적은 물건이로되 사람과 같이 그런 더러운 행실은 아니하오."라고 자랑스럽게 말했다. 원앙은 마지막으로 "남녀의 법(法)이 유별하고 부부의 윤기(倫紀)가 지중한 줄을 아는 고로 음란한 일은 결코 없소."라고 장담했다.[52]

이상의 연설을 다 듣고 나서 '나'는 부끄러워졌다. '나'는 이제 '짐승의 아래가 된' 사람의 실체를 깨달았기 때문이었다. 그러나 그는 절망하지는 않고 사람의 '회개'를 촉구한다. 그는 "예수님의 말씀을 들으니 하나님이 아직도 사람을 사랑하신다 하니, 사람들이 악한 일을 많이 하셨을지라도 회개하면 구원 얻는 길이 있다 하였으니, 이 세상에 있는 여러 형제자매는 깊이깊이 생각하시오."라는 말로써 이 소설을 끝맺었다.

『금수회의록』의 정치현실 공격. 위에서 드러났듯, 이 소설은 기본적으로 우화소설이다. 이재선(李在銑) 교수에 따르면, "이와 같은 소설형태는 특별히 새롭다든가 또는 독창적인 것은 아니다." "비인격적인 대상인 짐승들을 인격화한다든가 의인화(擬人化)함으로써 이를 통해서 인간과 인간의 세계 또는 사회를 풍자하려는 의도를 잠재화시키고 있는 소설"인 우화소설은 "이미 고려조 문학의 한 형태인 가전(假傳)에서 그 원류를 찾을 수 있는 것"이기 때문이다.[53]

이재선 교수가 지적했듯, 역시 정치학자답게 안국선의 풍자는 "특히 정치적인 양상일 경우 가장 신랄하다."[54] 그 사실을 몇 분야로 나눠 살

52 위와 같음, 55-57쪽.
53 이재선, 「안국선론 : 풍자의 작가」, 위와 같음, 6쪽.
54 위와 같음, 8쪽.

피기로 하자. 첫째, 관리의 매국적 행위에 대한 공격이다. 그것은 우선 사회자의 개회사에서 시작됐다. 그는 "외국사람에게 아첨하여 벼슬만 하려 하고, 제 나라가 다 망하든지 제 동포가 다 죽든지 불고하는 역적 놈도 있으며"라고 말한 것이다. 여기에 호응해 우선 여우가 등단했다. 여우는 "외국의 세력을 빌어 의뢰하여 몸을 보전하고 벼슬을 얻어내려 하며, 타국사람에 부동(符同)하여 제 나라를 망하게 하고 제 동포를 압박하니 그것이 우리 여우보다 나은 일이오? 결단코 우리 여우만 못한 물건들이라 하옵네다."라고 연설했다. 이 연설에 "손뼉 치는 소리가 천지를 진동시켰다"고 '나'는 덧붙였다.[55]

이어 개구리가 연설했다. "어떤 사람은 제 나라 형편도 모르면서 타국 형편을 아노라고 외국사람에 부동하여 임군을 속이고 나라를 해치며 백성을 위협하여 재물을 도둑질하고 [⋯] 제가 외국사람인 체하여 제 나라 동포를 압제하며, 혹은 외국사람 상종함을 영광으로 알고 아첨하며, 제 나라 일을 변변히 알지도 못하는 것을 가르쳐 주며 여간 월급량이나 벼슬낱이나 얻어 하노라고 남의 나라 정탐꾼이 되어 애매한 사람 모함하기, 어리석은 사람 위협하기로 능사를 삼으니, 이런 사람들은 안다 하는 것이 도리어 큰 병통이 아니오?"라고 공격한 것이다.[56]

호랑이도 등단했다. 호랑이는 "앞문으로 호랑이를 막고 뒷문으로 승냥이를 불러들이는 자도 있으니 어찌 불쌍치 아니하리오. 옛적 사람은 호랑이의 가죽을 쓰고 도적질하였으나 지금 사람들은 껍질은 사람의 껍질을 쓰고 마음은 호랑이 마음을 가져서 더욱 험악하고 더욱 흉포한지라"라고 공격했다.[57]

둘째, 관리의 무지와 무능 및 부정부패에 대한 공격이다. 여우가 우선 등단해 관리들이 "각부 아문(衙門) 공청에서 기생 불러 노름하기"를

55 위와 같음, 31쪽.

56 위와 같음, 37쪽.

57 위와 같음, 53-54쪽.

공격했다. 개구리가 뒤를 이었다. "연전에 어떤 대관이 외국 대관을 만나서 수작할 새 외국 대관이 묻기를, '대감이 지금 내무대신으로 있으니 전국의 인구와 호수(戶數)가 얼마나 되는지 아시오?' 한데 그 대관이 묵묵무언하는지라 또 묻기를, '대감이 전에 탁지대신을 지내었으니 전국의 결총(結總)과 국고의 세출·세입이 얼마나 되는지 아시오? 한데 그 대관이 또 아무 말도 못하는지라, 그 외국 대관이 말하기를, 대감이 이 나라에 나서 이 정부의 대신으로 이같이 모르니 귀국을 위하여 가석하도다" 하였다는 일화로써 대한제국 정부의 대신들을 비웃었다. 개구리는 이어, "사람은 한 번만 벼슬자리에 오르면 붕당을 세워서 권리 다툼하기와 권문세가에 아첨하러 다니기와 백성을 잡아다가 주리를 틀고 돈 빼앗기와 무슨 일을 당하면 청촉 듣고 뇌물 받기와 나랏돈 도적질하기와 인민의 고혈을 빨아먹기로 종사하니, 날더러 도적놈 잡으라 하면 벼슬하는 관인들은 거반 다 감옥서감이요"라고 풍자했다.[58]

벌이 뒤따랐다. "사람들은 제 임군을 죽이고 역적의 일을 하며, 제 장수의 명령을 복종하지 아니하고 난병(亂兵)도 되며"라는 말로써 대신들을 포함해 높고 낮은 관리들을 힐난했다. 이러 다른 금수들의 연설을 들어보자:

> "지금 정부를 보면 깨끗한 창자라고는 아마 몇 개 없으리라. 신문에 그렇게 나무라고 사회에서 그렇게 시비하고 백성이 그렇게 원망하고 외국사람이 그렇게 욕들을 하여도 모르는 체하니 이것이 창자 있는 사람들이오? 그 정부에 옳은 마음 먹고 벼슬하는 사람 누가 있소? 한 사람이라도 있거든 있다고 하시오. 만판 경륜이 임군 속일 생각, 백성 잡아먹을 생각, 나라 팔아먹을 생각밖에 아무 생각 없소."[게의 연설]
>
> "사슴을 가리켜 말이라 하여 임군을 속인 것이 비단 조고(趙高) 한 사람뿐 아니라, 지금 망하여 가는 나라 조정을 보면 온 정부가 다 조고 같은 간신이

58 위와 같음, 37-38쪽.

오.”[파리의 연설]

“대낮에 사람을 죽이고 재물을 빼앗으며, 죄 없는 백성을 감옥서에 몰아 넣어서 돈 바치면 내어 놓고 세(勢) 없으면 죽이는 것과 임군은 아무리 인자하여 사전(赦典)을 내리더라도 법관이 용사(用事)하여 공평치 못하게 죄인을 조종하고 돈을 받고 벼슬을 내어서 그 벼슬한 사람이 그 밑천을 뽑으려고 음흉한 수단으로 정사를 까다롭게 하여 백성을 못 견디게 하니, 사람들의 악독한 일을 우리 호랑이에게 비하여 보면 몇만 배가 더 될는지 알 수 없소.”[호랑이의 연설]

셋째, 국민의 독립정신부족에 대한 공격이다. 게는 “남의 압제를 받아 살 수 없는 지경에 이르되 깨닫고 분한 마음 없고, 남에게 그렇게 욕을 보아도 노여할 줄 모르고 종노릇하기만 좋게 여기고 달게 여기며 […] 이것이 창자 있는 사람들이라 하겠소?”라고 공격했다.

국민의 독립정신 결여에 대한 이러한 공격은 안국선의 「민원론」에서 이미 발견됐었다. 「민원론」에서 그는 “한국인민은 무혼(無魂) 사물(死物)인가”라고 묻고, “분노해야 할 경우에 분노를 나타내지 아니하니, 분노심이 없은즉 분발심이 어찌 일어날 수 있겠는가”라고 개탄했었던 것이다. 이러한 개탄은 그로 하여금 국민의 정신적 자세의 무장을 중시하게 만들었다. 그리하여 그는 『연설법방』에서 “우리나라가 오늘날 이러한 궁경에 처하여 […] 사지를 꼼짝이지도 못하게 되었도다. 이에 낙심하지 아니할 자가 어찌 없으오리까? 그러나 낙심은 독립을 방애(妨礙)하는 악마올시다.”라고 호소한 것이다.

윤명구(尹明求) 교수가 지적했듯, “곤경에 처해 있으면서도 낙심하지 말고 애국심을 가지고 정신적 무장을 하여 국가독립을 찾아야 한다는 것이 그의 주장의 핵심이 된다.”[59] 그리고 그 연장선 위에서 그는 역시 『연설법방』을 통해 다음과 같이 교육의 중요성을 강조했었다 : “제군,

59 윤명구, 『개화기소설의 이해』(인천 : 인하대학교 출판부, 1986), 148쪽.

아국에 제일 급히 장려할 사(事)가 무엇입니까? 상업도 장려해야 할 것이요, 공업도 장려해야 할 것이요, 농업도 장려해야 할 것이지마는 본인은 교육 장려가 가장 초미의 급무로 사(思)합니다. 대저 교육이 무(無)하면 애국정신도 기(起)할 수 없고 의용봉공(義勇奉公)의 염(念)도 생할 수 없고 그뿐 아니라 혹은 직업을 태(怠)하고 혹은 악인군중(惡人群衆)에 입(立)하여 법망을 범하는 자가 다(多)할 것이올시다."[60]

넷째, 강대국의 약소국침략에 대한 공격이다. 우선 여우는, "나라로 말할지라도 대포와 총의 힘을 빌어서 남의 나라를 위협하여 속국도 만들고 보호국도 만드니, 불한당이 칼이나 육혈포를 가지고 남의 집에 들어가서 재물을 탈취하고 부녀를 겁탈하는 것이나 다를 것이 무엇 있소?"라는 말로써 강대국을 규탄했다. 이것은 앞뒤 문맥으로 보아 일제에 대한 묵시적인 규탄이었다. 여우의 규탄은 "각국이 평화를 보전한다 해도 하나님의 위엄을 빌어서 도덕상으로 평화를 유지할 생각은 조금도 없고, 전혀 병장기의 위엄으로 평화를 보전하려 하니 우리 여우가 호랑이의 위엄을 빌어서 제 몸의 죽을 것을 피한 것과 어떤 것이 옳고 어떤 것이 그르오?"로 이어졌다.

개구리가 뒤를 이었다. 개구리는 "조그만치 남보다 먼저 알았다고 그 지식을 이용하여 남의 나라 빼앗기와 남의 백성 학대하기와 군함·대포를 만들어서 악한 일에 종사하니, 그런 나라 사람들은 당초에 사람되는 영혼을 주지 아니하였더라면 도리어 좋을 뻔하였소."라고 비난했다. 벌과 게의 연설은 훨씬 더 직설적이었다. "서로 죽이고 잡아먹어서 약한 자의 고기는 강한 자의 밥이 되고, 큰 것은 작은 것을 압제하여 남의 권리를 늑탈하여 […] 남의 나라를 위협하여 망케 하니, 그 흉측하고 악독함을 무엇이라 이르겠소?"라고 말하자, 게는 "내가 한번 어느 나라에 지나다 보니 외국병정이 지나가는데 그 나라 부인을 건드려

60 안국선, 『금수회의록·공진회(외)』, 168쪽.

젖통을 만지려 하매 그 부인이 소리를 지르고 욕을 한즉 그 병정이 발로 차고 손으로 때려서 행악(行惡)이 무쌍한지라."라고 비난했다.

마지막으로 호랑이가 등단했다. 호랑이는 "오늘날 오대주(五大洲)를 둘러보면, 사람 사는 곳곳마다 어느 나라가 욕심 없는 나라가 있으며 어느 나라가 포학하지 아니한 나라가 있느뇨? […] 나라마다 진[秦]나라요, 사람마다 호랑이라."라고 외쳤다. 이때는 대양주를 남아메리카주의 일부로 보는 견해도 유행해서 5대주라는 표현을 많이 썼다.

정치소설로서의 『금수회의록』. 당시 대한제국의 정치적 현실에 대한 『금수회의록』의 비판과 풍자를 읽다보면 이 소설이 정치소설임을 직감하게 된다. 미국의 저명한 문예비평가 어빙 하우(Irving Howe) 교수는 "정치소설이란 정치적 이념이 지배적인 역할을 하거나 정치적 환경이 지배적인 배경이 되는 소설을 말한다"고 정의했다.[61]

우리나라의 경우, 우선 『홍길동전』이 정치소설에 속한다. 저자 허균은 조선왕조의 여러 부정적인 정치제도 및 정치관행을 소설의 형식을 통해 공격한 것이다. 가상적인 영웅 홍길동이 활빈당을 조직해 강력한 현실권력에 맞서 투쟁했다는 이야기가 그것이다. 이어 『임꺽정전』을 지적할 수 있겠다. 일제강점기에 언론인 홍명희(洪命憙)는 조선 명종 때의 도적 임꺽정을 '거대한 반민중적 집권세력'에 맞서 싸운 의적으로 묘사함으로써, '거대한 반민중적 집권세력'인 일제의 압제에 시달리는 조선백성들에게 카타르시스를 느끼게 한 것이다. 비슷한 사례가 『장길산(張吉山)』이다. 1970년대 후반에 작가 황석영(黃晳暎)은 조선 숙종 때의 도적 장길산을 민중을 대표해 부패한 권력에 맞서 싸우는 의적으로 묘사했는데, 이것 역시 당시의 빈부격차의 경제적 현실과 억압

61 Irving Howe, *Politics and the Novel* (New York : Horizon Press, 1957). 나는 New York : Fawcett World Library의 1967년본을 참고했다. 인용된 부분은 19쪽에 있다. 이 책의 국역으로 김재성, 『소설의 정치학』(서울 : 화다, 1988)이 있으며 인용된 부분은 11쪽에 있다.

적 정치체제에 울분을 품었던 일부 국민들에게 장길산을 '같은 시대의 투사'로 여기게 만들었다. 그런데 여기서 기억해야 할 것은 우리가 제3장 제3절에서 살폈던 성호 이익은 홍길동·임꺽정·장길산을 모두 의적들이 아닌 단순한 도적들로 보았다는 사실이다.[62]

영국의 『로빈 훗(*Robin Hood*)』에 대해서도 비슷한 말을 할 수 있다. 로빈 훗이 전설속의 인물이었느냐 실존했던 인물이었느냐에 대해서는 논란이 많았으나 여기서는 다루지 않겠다. 또 그를 주제로 한 소설도 여러 종이 나왔으며 전설이나 내용도 책마다 다른데, 많이 알려진 책들 가운데 하나가 '윈킨 드 보드'라는 인쇄공이 1510년에 인쇄한 것으로 믿어지는 『로빈 훗의 작은 모험담』이다. 이 책은 로빈 훗을 못된 권력자들 및 부자들에 맞서 농민들을 위해 싸우는 의적으로 묘사했다.

『금수회의록』처럼 동물의 세계를 빌려 현실정치를 풍자하고 비판했던 서양의 대표적인 정치소설로는 우선 영국의 작가 조너선 스위프트(Jonathan Swift)가 1726년에 출판한 『걸리버 여행기(*The Gulliver's Travles*)』 가운데 제4부 「마인국(馬人國)」을 지적할 수 있다. 여기서 말은 휴이넘(Houyhnhnm)이라고 불리는 고상한 존재로, 평등한 사회를 구성한 채 생활한다. 어떤 휴이넘이든 평등하기 때문에 권력과 부의 분배가 균등하고 전쟁을 모른다. 그들은 야후(Yahoo)라고 불리는 저능하고 탐욕적인 인간들을 노예들로 부리며 산다. 현실정치에 나갔다가 실패한 아일랜드 출신의 스위프트는 이 소설을 통해 현실정치의 부조리와 위선을 조롱하면서 이상적인 세계를 묘사했던 것이다.[63]

스위프트의 「마인국」이 사회주의적 이상사회를 그렸다면 영국의 작

62 정해렴 편역, 『성호사설 정선』 상(서울: 현대실학사, 1998), 71-72쪽. 그 세 '의적'들을 여러 자료들을 활용해 객관적으로 분석한 글은 다음이다. 이희근, 『주제로 보는 한국사』 3(서울: 고즈윈, 2005), 제5장 제16절(「조선 3대 의적의 진면목-그들은 과연 의적인가, 흉적인가」), 174-187쪽.

63 이 소설의 국어번역본으로 신현철(申鉉喆), 『걸리버 여행기』(서울: 문학수첩, 1992)를 지적할 수 있다. 역자의 해설은 369-384쪽에 수록됐다.

가 조지 오웰(George Orwell)은 사회주의적 평등사회의 허상과 기만을 그린 소설을 발표했다. 그가 1945년에 출판한 『동물농장(*Animal Farm*)』이 그것이다. 이 소설은 어느 농장의 동물들이 농장주의 횡포에 반항해 그를 내쫓고 스스로 '소비에트 방식'의 행정위원회를 조직해 농장을 관리하지만, 그러나 원래의 이상은 사라지고 특권계급이 발생하는 등 과두정치와 일인독재의 모순을 저지르는 모습을 그렸다. 그는 이 소설을 통해 평등을 부르짖는 전체주의적 사회주의의 허구를 폭로했으며 평등이 실현됐다는 소련의 허상을 은유적으로 비판했던 것이다.[64] 오웰은 『동물농장』의 주제를 발전시켜 독재자가 모든 국민들을 철저히 감시하는 사회의 도래를 경고한 『1984년』을 출판한다.

이처럼 『금수회의록』은 동물의 세계에 빗대어 정치의 현실을 풍자한 정치소설로서는 조선에서 꽤 앞선 것이었다. 그리고 그 풍자는 대단히 매서웠다. 이 소설이 그 무렵 베스트셀러가 될 수 있었던 것은 날카로운 풍자와 야유가 불러일으킨 공감 때문이었을 것이다. 그리하여 이 책은 출판된 때로부터 약 5개월밖에 지나지 않은 시점에서 통감부의 경시청에 의해 판금됐다. 『대한매일신보』 1908년 7월 18일자는 이 점과 관련해 다음과 같이 보도했다: "엊그제 하오 5시경에 경시청에서 각 분서에 지휘가 있었는데, 각 서포(書鋪)에 소유한 『금수회의록』이라는 책자를 일일이 수탐해 수거했는데 서적계의 압수함은 초유(初有)라더라." 그러나 이 책은 계속해서 읽혔다. 그래서 『황성신문』 1909년 5월 7일자 보도에 따르면 경시청은 1909년 5월에 다시 각 서점을 뒤지며 압수했다.

정치학 논설들의 지속적 발표. 이 시점에서도 안국선은 정치학에 관련된 논설을 계속해서 발표했다. 그는 우선 『대한협회 회보』 3-4호(1908년 6-7월)에 「정치정당론」을 발표했다. 이 논설에서 그는 대한제국

64 이 소설의 국어번역본으로 김병익(金炳翼), 『동물농장』(서울: 문예출판사, 1972; 재판 1999)을 지적할 수 있다.

정부가 지금이라도 정당정치를 허용하고 활성화해야 한다는 뜻을 밝혔다.

안국선은 이어 『대한협회 회보』 제6호(1908년 8월)에 발표한 「정치가」라는 논설에서 플라톤의 이론을 중심으로 군주권이 제한돼야 한다는 점을 역설했다. 어떠한 사람이든지, 어떠한 사람의 집합체이든지, 성문법이나 관습법보다 풍부한 정치적 사상과 경험을 가진 자(者)는 없으므로, 이러한 법률을 어기지 않는 것이 정부의 조직에서 가장 필요하다는 플라톤의 이론을 지지하면서, "무단정치(武斷政治)의 수단을 사용하여 권모술수의 방도를 숭상함은 정치가에 대한 오해라"고 단정했다. 풀어 말해, 정치가의 권력은 정부의 권력에서 나오고 정부의 권력은 국민다수의 의사에서 나오는 것이므로 무단정치의 수단이나 권모술수는 정치가가 취할 방도가 아니라는 뜻이다.

안국선은 『기호흥학회 월보』 제2호(1908년 9월)에 「흥학강구(興學講究): 정치학연구의 필요」를 발표하고, 입헌군주제의 채택을 다시 제의했다. "입헌정치는 군민동체이며 상하일치로 만기(萬機)를 공의(公議)에 의하여 결행하는 데 재(在)하니 그 운용 기초는 국민다수의 선량 공당공회(公黨公會)에 재(在)하다"는 것이었다. 이 글에서 주목되는 부분은 대한제국이 정당정치를 허용하고 활성화시켜야 한다는 그의 종래의 주장이었다.

같은 취지는 안국선이 『대한협회 회보』 제7호(1908년 10월)에 발표한 「정부의 성질」에서 되풀이됐다. 그는 정부는 주권자의 의사를 강행하기 위해 성립됐다고 파악한 뒤 그러므로 정부는 강력(强力)을 가지는데, 이것은 '일치한 국민다수의 강력'이기도 하다는 것이다. 그러므로 선량한 정부는 치자의 병력(兵力)에 의존하지 않고 오로지 피치자의 자유의사에 근거를 두고 정치기구를 운영해야 한다고 역설했다. 여기서 그는 전제군주의 권력은 사용에서 제한을 받아야 한다고 결론지었다.

이 일련의 논설들에서 두드러지게 드러난 것은 정당정치활성화에 대한 요구, 입헌민주주의실시에 대한 요구, 그리고 군주권제한에 대한 요구 등이었다. 안국선의 이러한 요구들의 밑에 깔려 있던 것은 정당정치의 요구였다. 그는 자신이 속한 대한협회가 정당으로 확대되기를 기대했던 것이다.

제 4 절 일제관리시절과 퇴관 이후 정치평론들

일제관리시절. 이처럼 선진적이면서 비판적인 지식인으로 문필을 통해 활약하던 안국선에게 변화가 일어났다. 역모의 주동자로 처형됐던 안경수의 신원이 이뤄져 1907년에 고종이 직접 의민(毅民)이라는 시호를 내리게 되자, 그에게도 관직에의 길이 열려 1908년 7월 20일자로 급6급봉(給六給俸)의 탁지부 서기관에 임명된 것이다. 그가 만 30세 때의 일이었다.

여기서 주목해야 할 것은 관직에 들어간 시기다. 우리가 제6장 제2절에서 보았듯, 1907년 6월 하순에 헤이그밀사사건이 일어났으며, 일제가 이 사건을 빌미로 고종을 압박함으로써 7월 18일에는 고종이 황태자에게 대리청정하게 했다. 이러한 배경에서 7월 16일부터 대한자강회를 비롯한 애국계몽운동단체들이 궐기해 서울 종로에서 민중대회를 열고 대한문 앞에서 일본경찰과 충돌했다. 7월 19일에 황태자 대리청정의 소식이 전해지자, 그들은 다시 종로에 모여 내각의 대신들을 성토하고, 결사회(決死會)를 조직해 격렬한 시위를 벌였다. 이 과정에서 일진회의 기관지 국민신보사와 종로파출소가 피습됐다. 그런데도 7월 20일에 황태자 대리식이 거행되자 애국계몽운동단체들의 회원들을 비롯한 수만 명의 시민들이 격렬한 항의시위를 벌였으며 일부 민중들은 총리대신 이완용의 집을 방화했고 시내의 경찰서들과 파출소들을 파괴했다. 그러나 7월 21일에 일제의 경찰과 헌병은 서울시내 요소들에 기관총을 가설하고 삼엄한 경비를 펴 시민들의 시위를 봉쇄했고 이러한 분위기 속에서 고종은 황태자에게 양위한 것으로 발표됐다.[65]

안국선은 이때로부터 꼭 1년 뒤의 시점에서 이완용내각의 관리로 벼슬길에 오르게 된 것이다. 따라서 그의 처신은 그동안 그의 애국계몽운동적 문필활동에 비추어 변절로 비쳤을 것이며, 자연히 그의 심정은 착잡했을 것이다. 그러나 박찬승 교수의 연구에 따르면, "대한자강회나 [안국선이 속했던] 대한협회의 많은 회원들이 개별적으로 관직에 나아갔고, 그러지 못한 회원들은 이를 몹시 부러워하는 것이 일반적 분위기였다."[66] 그들이 관리로 임명받아 출사하는 경우, 동료 회원들은 이를 '감축(感祝) 감축'하면서 축하해 주었다고 한다. 어떻든 안국선은 이 일로 '친일파'의 명단에 오르게 된다.[67]

실제로 그는 출사를 계기로 자신이 참여했던 사회단체들과의 관계를 끊고 사회비판적인 논설을 더 이상 발표하지 않았다. 이것과 관련해 권영민 교수는 다음과 같이 논평했다 : "일본유학에서 귀국한 직후 정치적인 사건으로 투옥되어 유배생활의 곤욕까지 겪었던 안국선의 야심은 관계로의 진출로 실현되었는데, 그의 비판적인 사회활동을 통해 늘 공격했던 권력층에 그 자신이 스스로 접근해 갔다는 것은 지식인의 현실참여라는 명분을 내세우기에는 석연치 않은 점이 많다."[68]

안국선의 관직생활은 순조로웠다. 2개월 뒤인 1908년 9월에 탁지부 이재국 감독과장으로 승진했고, 1909년 12월에 이재국 국고과장으로 전임된 채 1910년 8월에 망국을 맞이하게 됐다. 만 32세 때의 일이었다. 망국의 시점에서 그는 사임하지 않았다. 그리하여 조선총독부가 세

65 유영렬(柳永烈), 「대한자강회의 애국계몽운동」, 조항래(趙恒來) 편저, 『1900년대의 애국계몽운동 연구』(서울 : 아세아문화사, 1993), 95쪽.

66 박찬승(朴贊勝), 『한국근대정치사상사연구 : 민족주의 우파의 실력양성운동론』(서울 : 역사비평사, 1992), 53쪽.

67 예컨대, 박은경, 『일제하 조선인관료 연구』(서울 : 학민사, 1999), 225쪽.

68 권영민, 「개화기 지식인의 환상」, 1250쪽.

워진 뒤인 1911년 2월에 고등관 7등의 자리인 경상북도 청도군 군수로 임명됐다. 그러면 안국선이 조선총독부에서 군수로 임용됐다는 것은 일제의 조선인관료임용정책의 맥락에서 어떤 의미를 갖는가? 이 물음에 대답하기 위해, 우리는 우선 일제치하의 조선인관료를 치밀하게 연구한 박은경 박사로부터 인용하는 것이 좋겠다:

> 1910년 병합 직후 총 11,186명에 이르는 조선인이 조선총독부 관료로 충원되었다. 이는 전체 총독부 직원 중 60%에 이르는 비율이다. 그러나 식민정책의 핵심부서라고 할 수 있는 중앙부서나 경제기관에는 대부분 일본인 관료들이 임명되었으며, 주로 말단직에 조선인 관료가 몇몇 배치되었을 뿐이다. 특히 전략적으로 중요하다고 생각되는 철도국과 우편국에는 단 한 명의 조선인도 임용되지 않았다. [···] 조선인 관료가 가장 많이 임용된 곳은 지방기관과 자문기관이었다. [···] 부윤은 전원 일본인으로 임용되었으나, 병합 당시 군수는 전원 조선인이었다.[69]

그러면 왜 군수자리에 모두 조선인을 임용했을까? 다시 박 박사의 설명을 듣기로 한다:

> 이는 첫째, 군수의 지위가 조선시대에 갖고 있었던 경찰권과 재판권, 징세권이 박탈당하고 단순한 행정관의 지위로 고정되었기 때문이며, 둘째는 이미 1908년 이후 일본인에 의한 친일적 인물이 다수 군수로 임용되었던 점과, 셋째 통치의 효율성을 높이기 위해 조선 실정에 능하고 말이 통하는 조선인 관료가 직접 대민 접촉부서에 필요했으며, 넷째, 1910년 당시에는 아직 지방행정까지 일제가 완전히 장악하지 못하였기 때문이었다.[70]

이렇게 볼 때, 안국선은 일제 식민지통치의 초기에 이용만 당한 셈

69 박은경, 『일제하 조선인관료 연구』, 70-71쪽.

70 위와 같음, 71쪽.

이었다. 실제로 일제가 지방행정까지 장악하게 되면서 조선인 군수들을 대거 해임하거나 스스로 물러나게 했던 때 그도 거기에 포함되게 된다. 그리하여 만 35세가 된 1913년 7월에 군수직에서 떠나게 된다. 이것은 달리 말해 그가 제 발로 일제의 관리직에서 떠나지 않았음을 뜻한다.

퇴관 이후의 문필활동. 안국선은 곧 서울에 올라와 대동전문학교 등에서 주로 정치학과 경제학을 강의했다. 그 사이인 1911년 4월 14일에 이미 죽은 안경수의 양자로 입적하면서 호주상속을 했으며 상당히 많은 재산을 물려받았다. 원래 안경수와는 숙질간이었다. 같은 해에 첫 자녀인 아들 필승(必承 : 필명 회남)을 보았다.

안국선은 1915년 8월에 서울의 수문서관(修文書館)을 통해 『공진회(共進會)』를 출판했다. 이 소설은 여러 얘기들의 묶음으로, 실제로 「기생」과 「인력거꾼」 및 「시골노인 이야기」의 세 얘기로 구성됐다. 각각 200자 원고지로 약 65매와 75매 사이의 길이다.[71]

『공진회』는, 이재선 교수의 표현으로는, 안국선의 변질을 나타냈다. 첫째, 안국선 스스로 총독부가 1915년 9월 11일부터 10월 31일까지 50일에 걸쳐 '시정(施政)기념 5주년 행사'로 개최한 물산공진회와 자신의 소설을 '영합적인 관계'에서 파악했다. 그는 "아무쪼록 재미있게 성대한 공진회의 여흥을 돕고자 붓을 들어 기록한다."라고까지 말한 것이다. 공진회는 일제가 조선왕조의 정궁인 경복궁을 훼손하고 임시로 마련한 장소에서 일제의 조선통치의 근대성을 선전하기 위해 개최한 것이었다.[72] 그뿐 아니라, 이 단편집에 실린 작품들은 여주인공의 일본군 간호부로서의 참전, 그리고 남자주인공의 의병진압을 위한 관군에의 입대 등의 변모를 등장시키기도 한다.

71 이 단편들은 다음에 수록됐다. 안국선, 『금수회의록·공진회(외)』, 61-128쪽.

72 김인덕, 「시정 5년기념 공진회와 미술전시관에 대한 소고」, 『한국민족운동사 연구』 64(2010년 9월), 39-66쪽.

둘째, "『금수회의록』에서 작가가 보여 주었던 준엄하고 신랄한 풍자 의식의 문학관이 흥미위주의 오락적인 문학관으로 대치되고 있다는 사실이다." 바꿔 말해, "가르침의 정론적 성격에서 즐김의 성격으로 변이되고 있다는 사실이다."[73] 같은 맥락에서, 권영민 교수는 이 단편집이 '시대적 상황에 대한 작가의 동조 또는 일제의 식민지정책 속에서 패배하고 있는 작가의식을, 심지어는 친일적인 감정을' 보여 주었다고 주장했다.[74]

그러나 출판된 『공진회』에는 안국선이 쓴 두 편의 글들이 포함되지 못한 사실이 고려돼야 할 것이다. 「탐정순사」와 「외국인의 화(話)」가 그것들이다. 총독부 '경무총장의 명령에 의하여 삭제'됐다는 설명이 이 책에 붙어 있음을 감안할 때, 안국선이 전적으로 시대상황에 동조하는 듯한 글들을 썼던 것만은 아니었던 것으로 보인다. 또, 출판이 허락된 세 편의 글들을 보면, 거기에는 성춘향(成春香)과 논개(論介)가 등장한다. 새삼스럽게 설명할 필요 없이, 성춘향은 이도령에 정절을 지킨 기생이었고 논개는 왜장(倭將)을 끌어안고 진주의 남강(南江)에 투신한 애국적 기생이었다. 이들 밖에도, 이 짧은 글들에 등장하는 여성들은 모두 목숨을 걸고 정절을 지켰다. 안국선은 은연중에 정절과 충성의 미덕을 가르쳤던 것이다. 「인력거꾼」의 경우, 정직과 성실로써 집안살림을 일으켰다고 설명했다. 여주인공이 일본군의 간호부로 참전한 것에 대해서도 다른 각도에서 볼 수 있다. 그녀는 비록 일본군의 간호부였으나 일본적십자사 소속의 간호부였다. 그녀는 환자들을 간호하다가 그 가운데 '조선사람'이 있다는 말을 듣고는 '더욱 반가워서 정성껏 간호'했다는 것이다. 안국선은 비록 제한된 범위 안에서였지만, 조선의 애국자를 기리고 또 조선인의 미덕을 함양시키려는 뜻을 보였던 것이다.

『공진회』를 출간한 뒤 1년 지난 1916년에 안국선은 고향 안성으로

73 위와 같음.

74 권영민, 「개화기 지식인의 환상」, 1256-1257쪽.

낙향했다. 광산업과 미곡상 및 주식 등에 착수했으나 모두 실패해 가난만이 남아 있었다. 따라서 아들의 회고에 따르면, 그의 낙향시절은 "완전히 유인(幽人)이 되어 버리신 시절이었다." 아내를 위해 "심심하겠으니 소설이나 읽으라고 하시며, 『발섭기(跋涉記)』라는 상·하 2권으로 된 복수담과 『됴염라 전(傳)』이라는 애화(哀話)를 창작하여 주셨다."

그래서 아들은 "서당에 다녀온 후 매야(每夜) […] 어머님께 이것을 읽어 드리었다. 그 뒤 이 책들은 동리 머슴들의 손에서 녹아 없어졌다."[75] 아들의 회고는 다음과 같이 이어진다: "선친께서는 이때 부근의 청계(淸溪)에 나아가 낚시질하는 것으로 세월을 보내셨다. 저녁이 되면 어린애가 마중 나아가 종다래기를 들고 돌아오는 것이었는데 하루는 그것을 받자와 열고 보매 그 속에 저육(豬肉)이 구르고 있었다. 아버님께서 매일 조어(釣魚)를 일삼으심은 오로지 나의 반찬을 마련하려 하심이었다. 그날은 귀도(歸途)에 마침 주붕(酒朋)을 만나 몇 차례 경배(傾盃) 하심에 쓰시고 대신 도야지고기를 구득(求得)하여 오심이었다. 나는 이 일이 잊혀지지 않는다."[76]

안국선이 다시 서울로 이사한 때는 3·1 독립운동 1년 뒤인 1920년이었다. 아들의 회고에 따르면, "3대 독자인 나 하나의 교육을 위하여서였다." 그는 아내와 함께 장남 필승과 장녀 옥범(玉範)을 거느리고 착실한 기독교신자로 생활했다. 이와 동시에 안국선은 문필활동을 재개했다. 다행스럽게도 그는 어느 정도 비판적인 글들을 발표했다. 우선 바로 그해 4월 1일에 민족지로 창간된 『동아일보』에 6월 15일부터 18일까지 나흘에 걸쳐 「세계경제와 조선」을 발표했다. 이 글에서 그는 일본의 조선식민지정책을 제국주의적 경제침략이라는 개념을 밑바탕에 깔고 살핀 뒤 그것에 맞서기 위해 조선경제는 자립경제를 지향해야 한다는 뜻을 함축했다.

75 안회남, 「선고유사」, 3쪽.

76 위와 같음.

안국선은 『청년』에 여러 논설들을 발표했다. 이 월간지 제1호(1921년 3월)부터 제3호(1921년 5월)까지 연재된 「경제상으로 견(見)한 반도의 장래」를 보면 일본에 대한 비판이 두드러지게 나타난다. 일본의 조선에 대한 경제정책은 '일본의 부속적'인 것이었고 '조선의 경제를 본위로' 한 것이 아니었다고 지적한 뒤, "당국의 경제정책은 노골적으로 일본 경제의 종속[이었고] 조선을 일본의 연장(延長)"으로 삼았는데, 이것은 '당국의 오책(誤策)'이라고 비판했다.[77] 그는 이어 일제당국이 조선을 "일본 내지(內地)의 종속적 경제로 작(作) 함은 원대한 정치안목으로는 취하지 아니할 바라"고 강조하고, '조선인을 안목에 두지 아니'한[78] 일제의 식민지정책을 비판했다. 그는 결론적으로 조선이 '국민자족경제'를 추구해야 할 것을 제의했다.[79]

안국선은 사회주의를 논했다. 그는 자본주의가 불평등의 문제를 제기함에 따라 '공동주의'를 옹호하는 노동운동 또는 사회운동을 중심으로 사회주의가 등장했다고 설명한 뒤, 소비에트 러시아의 볼셰비즘은 그러한 사회주의의 한 줄기로 파악했다. 그러나 그는 볼셰비즘은 '극단의 공산주의' 또는 '과격사상'이라고 논평하고, 볼셰비즘과는 다른 '영국과 프랑스 등에서의 소시얼리즘'이 있음을 지적했다.[80] 그렇다고 해서 그가 사회주의나 볼셰비즘에 대한 찬반의 표시를 분명히 한 것은 아니었다. 그는 볼셰비즘도 합리와 정도를 밟는다면, 곧 "사람의 행복을 보전해 주고 사람의 행복을 증진시키는 것을 정치의 목적으로 삼고 실현시킨다면 종래에는 득승(得勝)할 것"이라고 전망했다. 그의 이 글을 바탕삼아, 안용준은 그를 '사회주의를 국내에 소개한 사람'으로 자리매김했다.[81] 그 자리매김이 반드시 틀린 것은 아니지만, 그의 사회주

77 『청년』 제1호(1921년 3월), 13쪽.

78 위와 같음, 제2호(1921년 4월), 21-22쪽.

79 위와 같음, 제3호(1921년 5월), 5-6쪽 및 6-7쪽.

80 위와 같음, 제1호, 11쪽 및 안국선, 「레닌주의는 합리한가」, 『청년』 제5호(1921년 7-9월호), 4-6쪽.

의에 대한 소개는 결코 전문적인 수준에는 이르지 못한, 평범한 초보적인 해설에 지나지 않았다.

이 무렵인 1921년 여름에 조선총독부는 식민지조선에 대한 산업정책을 새롭게 세우기 위해 산업조사위원회를 구성한다고 발표했다. 식민지 조선을 식량과 원료의 공급지, 상품의 소비시장, 자본의 진출대상지로서 만들기 위해서였다. 이 발표에 접한 조선인들은 1921년 7월 30일에 조선인산업대회를 열고 박영효를 위원장으로 하는 위원회를 구성함으로써 거기에 영향을 미치고자 했다. 이때 안국선은 27인위원회의 일원으로 선출됐다. 이 위원회는 조선인의 경제적 발달을 위해서는 조선인을 일본인과의 자유경쟁에 방임해서는 안 되고 조선인을 위한 특별한 보호조치를 취해야 한다고 주장했으며, 이 점에서 특히 『동아일보』가 앞장을 섰다.

그러나 1921년 9월에 공식 출범한 산업조사위원회는 "조선에서의 산업정책의 기본 방침은 일본제국의 산업정책에 순응해야 한다"는 결론을 내렸다. 이에 『동아일보』는 9월 22일자 보도와 9월 23일자 사설을 통해 일제의 정책을 강하게 비난했다.[82] 이 과정에서 안국선이 어떤 역할을 수행했는지는 아직 밝혀지지 않았다.

이 무렵 안국선은 이미 병약한 몸이었다. 아들의 회고로는, "구한말의 정치사상이 한참 팽배했을 때 붕지(鵬志)를 품어 보셨으나 좌절되고 그러면 누거(累巨)의 금력을 얻어 하고자 하는 사업에 나아갈까 하였으나 그것도 실패하시고 이제 도회의 홍진 속에 처자를 데리고 나섰으나 석일(昔日)의 형고(刑苦)와 과로로 말미암아 병상에 눕게 되신 것이다."[83] 그리하여 6·10만세사건이 일어난 때로부터 한 달 지난 1926년 7월 8

81 안용준, 「안국선의 정치학에 관한 연구 : 『정치원론』을 중심으로」, 경남대학교 대학원 정치외교학과 정치학 석사학위논문, 1988, 61쪽.

82 박찬승, 『한국근대정치사상사연구』, 191-193쪽.

83 안회남, 「선고유사」, 3쪽.

일에 병사했다. 향년 48세였다.

외아들 안회남은 해방 직후인 1946년께 월북했다. 그가 왜 북을 택했는지에 대해서는 알려지지 않았다. 그의 사촌인 소설가 안막 그리고 안막의 부인 무용가 최승희 등이 월북하는 것을 보고 따라갔을 개연성이 크다. 북에서의 생활에 대해서는 단편적으로 알려져 있다. 북에서 문예인으로 활동하다가 남쪽으로 귀순한 이철주(李喆周)의 회고에 따르면, 안회남은 월북한 이후 좌절감 속에서 술에 빠져 1954년 봄의 시점에서 알콜중독자로 낙인됐다. 게다가 그 무렵에 술에 취한 상태에서 친구의 부인을 범하려다가 실패하면서 사회적으로 매장됐으며 곧바로 행방불명됐다.[84] 이철주의 이 회고가 얼마나 사실에 근거한 것인지는 확인할 수 없다.

안국선은 국문학자들 사이에서 신소설의 개척자들 가운데 한 사람으로 높이 평가되고 있다. 그러나 그는 서양정치학의 초기 수용자로서도 높이 평가돼야 할 것이다. 물론 그의 역할은 어디까지나 수용자의 그것에 국한됐다. 그것도 일본에 이미 도입됐던 내용에 한정됐다. 그 자신의 이론이란 것은 찾아볼 수 없다. 그러나 그의 일본을 통한 재수입이 서구의 입헌민주주의 이념과 자유민주주의 제도를 대한제국기의 지식인들 사이에 널리 전파시키는 데 이바지했음은 사실이다. 이것은 분명히 그의 업적으로 평가된다.

일제 총독부시대의 개시와 더불어 조선에서 그러한 내용의 정치학마저 활발히 토론되지 못했음은 불행한 일이었다. 그것은 분명히 시대적 제약이었다. 다른 한편으로, 대한제국기에 드문 선구적 정치학자였던 안국선이 그 시대적 제약을 뛰어넘지 못했던 것 역시 불행한 일이었다고 하겠다.[85]

84 이철주, 『북의 예술인』(서울 : 계몽사, 1966), 199-204쪽.

85 안국선에 대한 또 하나의 평가는 다음에 있다. 최종고(崔鍾庫), 「한국의 법률가상 20 : 안국선」, 『사법행정』(1983년 11월), 64-71쪽.

제9장

이승만의 서양정치학 수용

제1절 미국의 개신교선교사들을 통한 서양정치사상 수용

제2절 감옥에서의 서양정치학 독학과 정치학 저술들

제3절 미국 대학교들에서의 정치학 수학

제4절 독립운동과 『일본내막기』,
그리고 해방 이후의 정치활동에 나타난 서양정치학의 영향

우리는 앞의 장(章)들에서 한말에 서양의 정치학이 받아들여지는 과정, 그리고 그렇게 받아들여진 서양정치학의 내용을 살폈다. 여기서 공통적으로 나타난 것은 그 수용이 일본을 매개로 이뤄졌다는 사실이다. 이것에 대조되게, 대한제국 말기에 미국의 대학교들에서 서양정치학을 공부해 학사·석사·박사 학위를 받은 선구적 정치학자가 있었다. 그가 바로 뒷날 대한민국 초대 대통령이 되는 우남(雩南) 이승만(李承晩)이다.

이 장은, 한인으로서는 최초의 정치학박사이기도 한 이승만의 서양정치학수용을 살피기로 한다. 다시 말하지만, 이 장의 초점은 이승만의 정치학 수학에 맞춰질 뿐 그의 독립운동과 해방 이후의 정치활동에 맞춰지지 않는다. 따라서 그 부분은 부차적이면서 제한적으로 토론될 것이다.

제 1 절 미국의 개신교선교사들을 통한 서양정치사상 수용

서당에서의 전통유학 수학. 우선 이승만의 지적 성장과정을 살피기

로 한다.[1] 이승만은 일제의 군함 운양호가 강화도에 함포사격을 가하

1 이승만의 자서전은 출판된 것이 없다. 다만 그가 태어나서부터 프린스턴대학교에서 박사학위를 받았을 때까지의 생애를 영어로 써서 초고로 남긴 것이 있다. 이 초고의 번역이 다음에 수록됐다. 이정식(李庭植), 『이승만의 구한말 개혁운동 : 급진주의에서 기독교입국론으로』(대전광역시 : 배재대학교 출판부, 2005), 이 책의 제5부(「이승만의 글 모음」)에는 「청년 이승만 자서전」을 비롯해 일곱 개의 글들이 게재됐다.

이승만의 전기로 최초의 것은 이승만이 대한민국 초대 대통령으로 취임한 이후 그의 회고를 구술받아 저술한 서정주(徐廷柱), 『이승만 박사 전기』(서울 : 삼팔사, 1949)다. 이승만은 이 책을 받아보고 잘못된 부분들이 적잖다고 평하면서 사실상 판금시켰다고 한다. 이 책은 1995년에 서울의 화산문화기획에서 『우남 이승만전』으로 새롭게 나왔다.

양우정(梁又正)의 『이대통령투쟁사』(서울 : 연합신문사, 1949), 박성하(朴成夏)의 『우남 이승만』(서울 : 명세당, 1953), 김장흥(金長興)의 『민족의 태양 : 우남 이승만 박사 평전』(서울 : 경찰도서출판협회, 1956), 허정(許政)의 『인간 이승만』(서울 : 태극출판사, 1970), 이원순(李元淳) 편저의 『인간 이승만』(서울 : 신태양사, 1965 ; 복간본 1988 ; 복간본 중판 1995) 등은 이승만에 대해 호의적이다. 그러나 한승인의 『독재자 이승만』(서울 : 일월서각, 1984) 등은 매우 비판적이다.

이승만의 독립운동과 건국운동에 대해서 매우 호의적이지만, 전반적으로 보아 비교적 객관성을 유지한 연구로는 조선일보사 기자 이한우(李翰雨)가 쓴 『거대한 생애, 이승만 90년』(서울 : 조선일보사 출판국, 1995) 상·하가 있다. 이 책은 그가 1995년에 『조선일보』를 통해 같은 제목 아래 연재했던 것을 묶은 것이다. 그는 이 책을 바탕으로 삼고 그 이후의 학계의 출판물들을 참고해 『우남 이승만, 대한민국을 세우다』(서울 : 해냄출판사, 2008)를 출판했다. 그는 이 책을 요약해 다음과 같이 출판했다. 『대한민국을 세운 독립운동가 이승만』(충청남도 천안시 : 한국독립운동사연구소, 2010).

매우 치밀한 학문적인 전기는 다음이다. 유영익, 『이승만의 삶과 꿈 : 대통령이 되기까지』(서울 : 중앙일보사, 1996). 유영익은 다음 논문에 이승만을 압축적으로 설명했다. 유영익, 「이승만 : 건국과 집권에 성공한 외교독립운동가」, 『한국사 시민강좌』 47(2010), 16-35쪽. 이승만에 관한 전문적 학자들의 논문들은 다음 책에 포함됐다. 유영익 편, 『이승만 연구 : 독립운동과 대한민국건국』(서울 : 연세대학교 출판부, 2000). 이 책은 13편의 논문으로 구성됐다. 이승만에 관한 가장 최근의 연구로 다음이 있다. 최종고, 『우남 이승만 : 대한민국 건국대통령의 사상록』(서울 : 청아출판사, 2011).

영문 전기로는 우선 Robert Oliver, *Syngman Rhee : The Man Behind the Myth* (New

면서 '은둔의 왕국' 조선에 개항을 강요했던 해인 1875년 3월 26일(음력으로는 2월 19일)에 황해도 평산군(平山郡) 마산면(馬山面) 대경리(大慶里) 능안골[陵內洞]에서 몰락한 양반 이경선(李敬善)과 김해김씨 사이의 6대 독자로 태어났다. 세종대왕의 맏형인 양녕대군의 16대손으로, 본관은 물론 전주(全州)였다. 어린이 때의 이름은 승룡(承龍)이었다. 유길준보다 19세 연하였고, 안국선보다 3세 연상이었다. 아버지는 이태 뒤 가족을 이끌고 서울로 이사했다. 이 사실은 중요한 의미를 지녔다. 그는 아주 어려서부터 서울에서 성장하고 활동했기에 자신을 서울사람으로 여겼고 따라서 이른바 지역색(地域色)에 물들지 않았다. 그러했기에 그는 독립운동 때도, 대한민국 대통령으로 선출된 이후에도, 출신지역을 고려하지 않고 인재들을 기용할 수 있었다.[2]

서울로 이사한 때로부터 5년 뒤인 1882년에 서울에서 임오군란이 일어났다. 그는 어린아이들과 함께 현장을 돌아다니며 구경했다. 다시 이태 뒤인 1884년에 갑신정변이 일어났다. 그는 정변의 여파로 청국의 병정들이 일본사람들을 죽이거나 그들의 기물들을 파손하는 현장들을 혼자서 구경했다. 그는 이때 "일본은 뭐고 청국은 뭐야?" 하는 문제의식을 가졌다.[3] 이러한 일들을 겪은 뒤인 1885년에 이 집안은 오늘날의 서울특별시 중구 도동(桃洞)의 우수현(雩守峴) 남쪽으로 이사했다. 이승만의 호 우남(雩南)은 여기서 나온 것이다.

아버지 이경선은 늘 왕족출신의 양반임을 자부하면서 돈을 벌 생각을 전혀 하지 않았다. 집을 나가면 보름이나 한 달이 지나서야 집에 돌

York : Dodd and Mead, 1954)를 지적할 수 있다. 사료로서의 가치가 큰 이 책은 이승만에 대해 호의적이다. 이 책의 한국어번역본으로 다음이 있다. (1) 황정일(黃征一), 『이승만 : 신화에 가린 인물』(서울 : 건국대학교 출판부, 2002) ; (2) 서정락, 『대한민국 건국대통령 이승만』(서울 : 단석연구원, 2009).

2 이주영(李柱郢), 『우남 이승만 그는 누구인가?』(서울 : 배재학당총동창회, 2008), 41쪽.

3 손세일(孫世一), 『이승만과 김구』 제1부 제1권(서울 : 나남, 2008), 62-65쪽.

아오곤 했는데, 여전히 빈손이었다. 그 때문에 살림은 전적으로 어머니의 손에서 이뤄졌다. 그녀는 아무 불만 없이 여러 허드렛일들을 하면서 어렵게 가계를 유지했다. 이러한 가난한 생활은 이승만으로 하여금 하층민들이나 서민들에게 친화감을 갖게 만들었으며 다른 한편으로 기존체제에 대한 저항의식을 키우게 했다.[4]

그동안 아버지는 아들이 과거시험에 합격해 벼슬길에 오르기를 바랐다. 그래서 이승만은 아버지의 뜻에 따라 낙동서당(洛洞書堂)과 도동서당(桃洞書堂)에서 전통유학을 공부하면서 발군의 실력을 길러 나갔다. 그는 뒷날 자신의 한학공부를 바탕으로 한문으로 많은 저술들을 남긴다. 그는 또 서예를 배웠는데, 뒷날 명필이라는 칭찬을 들을 정도의 많은 휘호들을 남긴다. 그는 사서삼경(四書三經)은 물론 『통감절요(通鑑節要)』 15권을 독파했는데, 흥미로운 것은 『삼국지연의(三國志演義)』와 『수호전(水滸傳)』도 즐겨 읽었다는 사실이다. 중화인민공화국 건국의 주역들 가운데 한 사람으로 초대 국가주석이던 모택동(毛澤東)이 어린 시절에 애독한 책들이 바로 『삼국지연의』와 『수호전』이었다는 사실은[5] 한자권(漢字圈)에서 이 책들이 지녔던 영향력을 말해 준다.

다른 한편으로, 어머니로부터는 전통유학을 배우면서도 불교의 영향을 많이 받았다. 어머니는 어린 아들에게 북한산 기슭의 문수암(文殊庵)을 다녀오게 하곤 했다. 이승만이 뒷날 기독교를 받아들였고 자연히 기독교와 관련된 생활을 하면서도 절을 찾아다녔고, "교회에 가면 어쩐지 남의 집에 간 것 같지만 절간에 들르면 제 집에 들어서는 것 같다"라고 토로한 배경에는 어머니의 영향이 짙게 깔려 있었다. 그는 뒷날 대한민국 대통령이 된 뒤 이제는 하나의 절로 승격한 문수사(文殊寺)를 방문한다.[6]

4 이주영, 『우남 이승만 그는 누구인가?』, 42쪽.

5 김상협(金相浹), 『모택동사상』(서울 : 지문각, 1967), 13-15쪽.

6 손세일, 『이승만과 김구』, 46쪽.

이승만은 만 12세 때인 1887년에 과거에 응시했으나 낙방했다. 이미 부패할 대로 부패한 조선조정의 과거시험 역시 힘과 돈에 좌우되고 있었던 것이다. 그의 과거시험 응시가 이것으로 끝났다는 설명도 있으나, 그 뒤에도 아버지의 간청에 따라 몇 차례 더 응시했던 것 같다. 그러나 결과는 마찬가지였다. 게다가 1894년에 일어난 갑오개혁이, 우리가 제6장에서 보았듯, 과거시험제도를 폐지하자 그는 과거를 통한 출사(出仕)의 꿈을 아예 접어 버렸다. 그사이인 1890년에 그는 같은 동네에 사는 음성(陰城)박씨(朴氏)와 결혼했다. 그녀는 뒷날 호적에 박승선(朴承善)이란 이름으로 오른다. 그녀는 1898년에 그들 사이의 유일한 혈육이며 아들인 태산(泰山)을 낳았다. 태산이라는 아명을 지녔던 그는 뒷날 봉수(鳳秀)라고 불렸다.[7]

배재학당에서의 서양학문 수학. 과거를 통한 출사의 길을 버린 그는 1895년 2월에, 미국의 감리교선교사 아펜젤러(Henry G. Appenzeller)가 1886년에 서울에 세운 배재학당(培材學堂) 영어과에 입학했다. 서당친구로 이미 배재학당에 다니던 신긍우(申肯雨)와 신흥우(申興雨) 형제의, 특히 신긍우의 끈질긴 권고의 결과였다.[8] 배재학당은 외국인이 설립한 한국 최초의 근대학교였을 뿐만 아니라 그때로서는 '대표적인 중등교육기관'이었다.[9]

이 학교의 중요성은 1894년 이후 더 커졌다. 이 해에 일어난 동학농민봉기와 청일전쟁 및 갑오개혁 등 일련의 사회변혁운동은 근대교육에 대한 인식을 바꿔 놓음으로써 향학열을 높이는 계기로 작용했기 때문이었다. 이 해에 관립교육기관인 육영공원이 폐교된 일도 배재학당을 비롯한 선교사들의 사립교육기관에 대한 관심을 높이게 했다. 더구

7 위와 같음, 88쪽.

8 위와 같음, 146-147쪽.

9 정영희(鄭英熹), 『개화기 종교계의 교육운동 연구』(서울 : 혜안, 1999), 164쪽. 나는 다음에서 아펜젤러와 배재학당에 대해 설명했다. 김학준, 『서양인들이 관찰한 후기 조선』(서울: 서강대학교 출판부, 2010), 271-278쪽.

나 배재학당은 1895년에 정부와 위탁생에 관한 계약을 맺음으로써 국고의 보조로 더욱 발전할 수 있는 여건을 확보했다.

그러나 그러한 일들에 비해 더욱 중요하게, 우리나라 지성사의 맥락에서 볼 때 배재학당의 중요한 전기는 1895년 12월에 마련됐다. 갑신정변으로 미국에 망명한 뒤 10년 동안 미국에 살면서 한인으로 처음 미국의 의사자격과 시민권을 얻고 조국을 미국식의 자유민주주의국가로 개혁하려는 열망을 품은 채 귀국한 서재필이 비상근강사로 이 학교에 부임했던 것이다. 서재필은 1896년 5월부터 매주 1회 지리학과 유럽정치사 및 정치학 등을 가르치면서 세계정세와 근대민주정치사를 소개함으로써 학생들에게 서구의 시민사회에 대한 이해를 높여 주었다.[10] 이 무렵 이승만은 우리가 제6장 제1절에서 보았던 춘생문사건에 연루됐다는 혐의를 받게 되자 잠시 피신했다가 무사해지면서 학교로 돌아왔다. 이승만은 열성적으로 서재필의 강의를 들었다. 이승만이 정치학이라는 학문이 있다는 사실을 처음 안 것이나 민주주의와 국회라는 용어들을 처음 배운 것도 그를 통해서였다.[11]

이승만은 곧 서재필의 충실한 제자가 됐으며, 그의 권장을 받아들여 1896년 11월에 학우들과 함께 배재학당의 선임교사 양홍묵(梁弘默)을 회장으로 모시고 협성회(協成會 : the Mutual Friesndship Society)를 조직했다. 이승만은 협성회의 중추적 자리인 서기로 선임됐다. 그는 이 일에 열정을 쏟았으며 학생들 사이에 지도자로 부각됐다.[12] 이승만의 정치지향 성격은 이미 이 시절에 드러났다. 그때 뒷날 한글학자로 대성하는 주시경(周時經)도 배재학당에 다녔는데, 급우들은 "주시경은 한글을

10 손세일, 『이승만과 김구』 제1부 제1권, 180쪽. 서재필과 이승만의 그 이후의 관계는 다음에 부분적으로 설명됐다. 송건호(宋建鎬), 『서재필과 이승만』(서울 : 정우사, 1980). 이 책은 이승만에 대해 매우 비판적이다.

11 이한우, 『우남 이승만, 대한민국을 세우다』, 44쪽.

12 Richard C. Allen, *Korea's Syngman Rhee : An Unauthorized Portrait* (Rutland and Tokyo : Charles E. Tuttle Co., 1960), p. 25. 이 책은 이승만에 대해 비판적이다.

연구하러 배재를 다니고, 이승만은 정치를 하러 배재를 다닌다"고 말했다고 한다.[13] 여기서 중요하게 지적돼야 할 것은 협성회가 4개월 이전에 결성된 독립협회를 적극적으로 지원했다는 사실이다. 이승만은 이미 배재학당의 학생이던 시절에 독립협회와 인연을 맺었던 것이다.

배재학당에서 공부하면서, 이승만은 다른 한편으로 미국인들에게 '조선말'을 가르쳤다. 그때의 기준으로 말할 때 왕립병원에 해당되는 제중원(濟衆院)의 처녀의사 화이팅(Georgiana E. Whiting)이 그의 학생들 가운데 대표적인 사례였다. 그는 이미 배재학당의 학술부장인 윌리엄 노블(William Noble) 박사로부터 영어를 배웠지만 그녀로부터도 영어를 배웠다. 그의 영어습득은 빠르게 진전했다. 그 결과 보조강사로 번역될 수 있는 튜터(tutor)에 임명돼 배재학당에서 신입생들을 상대로 영어를 가르치기에 이르렀다.

이것에 못지않게 중요했던 것은 이승만이 그때 제중원에서 의료선교의 역할을 수행하던 애비슨(Oliver R. Avison)으로부터 자유민주주의의 정치사상을 배웠다는 사실이다. 1893년에 조선에 온 애비슨은 1935년까지 조선에 머물면서 제중원의 후신이라고 볼 수 있는 세브란스의학전문학교와 연희전문학교의 교장을 차례로 역임하는 등 조선을 위해 의학과 교육의 두 방면에서 반생을 바쳤다. 이승만은 대한민국의 초대 대통령이던 때인 1952년 3월 1일에 그에게 외국인으로는 두 번째로 독립유공훈장을 수여하면서, 그 이유들 가운데 하나로 그가 '자유주의사상'을 조선에 전파한 사실을 지적한다.[14]

이승만이 배재학당에서 배운 것은 두말할 필요 없이 기독교의 가르침들이었다. 그는 학교가 베푸는 여러 예배행사들에 열심히 참석했으며, 특히 선교사들의 설교에 진지하게 귀를 기울였다. 그는 하나님 앞

13 이한우, 「거대한 생애, 이승만 90년」, 『조선일보』 1995년 1월 1일, 51쪽. 이 대목은 다음에서도 보인다. 이한우, 『우남 이승만, 대한민국을 세우다』, 36쪽.

14 손세일, 『이승만과 김구』, 159쪽 및 171쪽.

에서 누구나 똑같은 존재라는 만인평등의 사상을 받아들이면서 갖가지 제도적 및 사회적 차별에 시달리는 많은 동포들에게 연민의 정을 느꼈다. 다른 한편으로, 학교 밖에서 그는 일본과 중국 및 미국에서의 유학을 마치고 귀국한 윤치호 그리고 윤치호에게서 배우고자 하는 젊은이들과 어울렸다. 그들은 모두 '새로운 정치형태의 도입'에 관심이 컸다. 이승만은 그들과의 교류를 통해 '새로운 정치형태'에 대한 이해를 심화시켰다.[15]

이처럼 서양의 정치학과 정치사상에 접했으며 그때의 기준으로 서양적 성격의 단체에서 생활을 익히던 이승만은 1897년 7월 8일에 배재학당을 졸업했다. 신긍우는 어떤 이유에서였는지 알 수 없지만 졸업하지 않았다. 그러나 그의 동생이면서 이승만보다 연하인 신흥우(申興雨)는 함께 졸업했다. 대한제국조정의 대신들을 비롯해 미국선교사들과 서양외교관들을 포함해 약 1,000명이 참석한 가운데 거행된 이 학교의 제1회 졸업식에서 그는 「조선의 독립("Independence of Korea")」이라는 제목 아래 영어로 연설했다. 연설의 전문은 알려지지 않았다. 그러나 그가 조선의 중국과의 오랜 역사적 관계를 설명한 데 이어, 1895년에 청이 일본에게 패전함으로써 조선에 대한 '종주권'을 잃었으며 그 결과로 조선이 독립을 얻게 됐다는 취지로 연설했던 것 같다. 비록 단편적이나마, 이 사실에서 우리는 그가 그때 조선이 직면했던 국제관계에 대해 관심을 갖고 그 가운데서 독립의 길을 찾고자 했음을 확인하게 된다.[16]

하객들 모두가 그러했지만, 특히 서양인들은 모두 이승만의 영어연설을 칭찬했다. 내용도 좋았지만 영어가 아주 좋았다는 좋은 평을 한 것이다. 이 소문이 빠르게 퍼지면서 그는 일약 저명한 인사로 대접을 받기에 이르렀다. 그것보다 중요한 것은 그의 이날의 모습은 그의 뒷

15 유영익, 『젊은날의 이승만』, 7-8쪽.
16 손세일, 『이승만과 김구』, 187-188쪽.

날의 모습을 예고했다는 사실이다. 그는 외국인들 앞에서 또는 국제무대에서 해박한 지식을 담은 유창한 영어연설로 조선의 독립을 열정적으로 호소한다. 그의 그 이후의 생애에서 핵심적인 화두가 되는 「조선의 독립」이 이 졸업식에서 처음 공개적으로 선을 보였던 것이다.

신문사와 만민공동회에서의 정치활동. 이승만은 협성회를 이끌고 독립협회를 지원하면서 그의 표현으로 '혁명적' 사상을 지니기에 이르렀다. 1912년에 스스로 작성한 회고록 초본에서, 그는 자신이 배재학당에서 '정치적 자유의 개념'을 배웠다고 고백했다. 그의 고백은 다음으로 이어졌다 : "조선의 일반백성이 무자비하게 당하는 정치적 억압에 대해 조금이라도 아는 사람이라면 한 젊은이가 평생 처음으로 기독교국가에서는 국민들이 법률에 의해 지배자의 횡포로부터 보호받는다는 얘기들을 들었을 때 그의 마음속에 어떠한 혁명이 일어났을지를 쉽게 상상할 수 있을 것이다. 나는 속으로 '우리가 그와 같은 정치적 원칙을 채택한다면 나라의 핍박받는 동포들에게 커다란 축복이 될 것이다'라고 다짐했다."[17]

이승만은 배재학당을 졸업한 뒤, 이 다짐에 충실한 생활을 하고자 했다. 우선 졸업한 때로부터 6개월이 지난 1898년 1월 1일에 협성회의 초대 회장인 양홍묵과 함께 주간지 『협성회 회보』를 창간하고 그 주필이 됐다. 제호는 그때의 표기로는 『협셩회 회보』였다. 몇 달 뒤, 이 회보의 논조에 불만을 품은 대한제국정부의 항의에 직면하자 배재학당 당장(堂長) 아펜젤러는 이 신문에 실릴 원고들에 대해 사전검열을 받도록 요구했다. 이승만을 비롯한 협성회의 간부들은 그 요구를 거부하면서 이 신문을 버리고, 1898년 4월 9일에 일간지 『미일신문(每日新聞 : 매일신문)』을 창간했다. 이승만은 주필직과 사장직을 맡았다. 이 신문은 조선인이 만든 최초의 일간지였다. 그 뒤 협성회는 직제개편을 둘러싸

17 유영익, 『젊은날의 이승만』, 7쪽에 인용됐다.

고 내분을 겪는 과정에서 그를 제명처분했다. 그는 굽히지 않고 1898년 8월 10일에 이종일(李鍾一)과 함께 순한글의 『뎨국신문(帝國新聞 : 제국신문)』을 창간했으며 주필직에 취임했다. 이 신문은 부녀자들과 하층민들을 대상으로 기획된 신문으로서 1910년 8월 2일에 경술국치에 의해 폐간될 때까지, 국한문혼용체의 『황성신문』과 쌍벽을 이루면서 민중운동을 이끌었다.[18]

그러면 이승만은 언론활동을 통해 어떤 정치사상을 보여 주었던가?[19] 첫째, 그는 신문이 국가의 발전을 위해 필수불가결의 요소임을 강조했다. 『매일신문』 창간호의 논설이 그 점을 말해 주었다. 이 논설은 서양에서는 한 나라에 신문이 몇 개가 있느냐를 가지고 그 나라가 진보한 나라냐 그렇지 못한 나라냐를 가린다고 말하면서, 우리나라에서 처음으로 일간지를 출간하게 되어 우리나라의 '문명 진보'에 크게 기여할 것임을 자부했다. 이 논설은 이어 신문의 기능으로 (1) 국민계도의 기능, (2) 비평과 고발의 기능, (3) '합심'의 기능, 곧 국민통합의 기능을 제시했다.

둘째, 그는 서양열강의 대한제국에 대한 침탈의 야심을 폭로하고 비판했다. 예컨대, 『매일신문』은 1898년 5월 16일자에서 러시아와 프랑스가 대한제국정부를 상대로 이권을 요구한 사실을 폭로했다. 러시아공사와 프랑스공사가 대한제국의 외부(外部)를 상대로 기밀의 누설을 항의하고 외부가 그를 소환하자 그는 "우리는 대한의 신하요 신문기자는 대한의 백성이고 대한의 토지는 신하와 백성이 같이 관계되는 일이니 다른 나라 공사가 보도하라 말라고 할 권리가 없다"고 대답했다. 여기서 주목되는 것은 그가 국민에게는 '알 권리'와 '언론의 자유'가 있다는 관념을 지녔다는 사실이다.

셋째, 그는 서울에 체류하는 일본인들의 행패를 비난했다. 그는 특

18 위와 같음, 9쪽.

19 이하는 다음의 요약이다. 손세일 『이승만과 김구』 제1부 제1권, 317-360쪽.

히 러시아에 대해 강한 경계심을 나타냈다. 우리가 앞의 여러 장들에서 이미 보았던 '공로증'과 '방아론'은 그에게서도 나타난 것이다.

이러한 언론활동을 통해 이승만의 명성은 높아 갔으며 중앙정계에서 주목을 받는 청년으로 자리를 잡았다. 그의 명성을 더욱 널리 전파시킨 것은 만민공동회에서의 활동이었다. 그 첫 계기는 독립협회의 은밀한 계획으로 1898년 3월 10일에 종로 네거리에서 열린 우리나라 최초의 근대적 대중집회인 '민회(民會)'에서의 연설이었다. 약 1만 명이 참석한 것으로 추정된, 그래서 백성들 사이에서 흔히 만민공동회라고 불린 이 집회의 연사는 이승만·현공렴(玄公廉)·홍정후(洪正厚) 등 셋이었다. 현공렴은 우리가 제7장 제4절에서 보았던 『만국사기』의 저자 현채의 아들로, 일본에 유학한 뒤 귀국해 경성학당(京城學堂)에 다니면서 광무협회(光武協會)를 조직하고 그 회장을 맡고 있었다.[20]

이 집회의 목적은 러시아의 군사교관과 재정고문을 철수시키자는 여론을 조성하고 거기서 나온 결론을 정부에 문서로써 보내려는 데 있었다. 이승만이 이 집회에서 무슨 내용으로 연설했는지 정확히 알 수는 없다. 그러나 대체로 다른 연사들과 마찬가지로 방아론에 기초를 두고 러시아를 비판하면서, 대한제국은 자주독립을 원하는 만큼 러시아는 군사교관과 재정고문을 철수시켜야 한다고 주장한 것만큼은 틀림없었다. 그 결과 그는 '가장 인기 있는 웅변가'라는 중평을 얻었다. 이 집회는 이승만·현공렴·장붕(張鵬) 셋을 총대위원(總代委員)으로 선출하고 그들의 이름으로 그러한 뜻을 담은 편지를 작성해 외부에 전달하도록 했다. 물론 셋은 그러한 취지의 공한을 작성해 외부대신에게 보냈으며, 외부대신은 취지를 잘 알았으며 그렇게 하겠다는 뜻을 담은 답장을 보냈다.[21] 실제로, 러시아정부는 대한제국정부의 뜻을 받아들여 군사교관과 재정고문의 철수를 통보했으며 조선에서의 이권획득에

20 위와 같음, 361-362쪽.

21 위와 같음, 363-364쪽.

관한 모든 활동들을 중단했다.[22]

만민공동회의 성공을 계기로, 독립협회는 자신감을 갖고 보다 더 활발하게 활동하기 시작했다. 우선 1898년 8월에 윤치호와 이상재를 각각 독립협회의 회장과 부회장으로 선출하고, 10월 하순 이후 인민참정권운동에 박차를 가했다. 고종은 당시 개혁을 지향하던 내각의 건의를 받아들였다. 이에 놀란 수구파 관료들은 독립협회가 공화정을 실시하려고 하며 경우에 따라서는 '법국민변(法國民變)'과 같은 난을 일으킬 것이라고 고종에게 무고했다. 그들은 1789년의 프랑스혁명을 '법국민변'으로 부르고 있었다.[23] 놀란 고종은 이상재를 위시한 독립협회 간부 17명을 구금했다. 이처럼 중요한 시점에, 이승만은 지도력을 발휘했다. 구속된 사람들의 석방을 요구하면서 고종이 약속한 개혁의 실천을 요구하는 민중의 철야농성을 주도했다. 이러한 일련의 민중운동들에 대한 반응으로 고종은 11월 29일에 기존의 유명무실했던 중추원을 외양에 있어서 민중대의기관에 비슷한 방향으로 새롭게 개편했다. 이로써 이 중추원은 조선의 역사에서 처음 시도된 '원초적 국회'로 평가되는데, 고종은 이승만을 포함해 독립협회 회원 17명을 중추원의 의관 50명 가운데 포함시켰다. 이제 그는 비록 종구품(從九品)이라는 가장 낮은 품계였으나 관직을 얻은 것이다.[24]

제 2 절 감옥에서의 서양정치학 독학과 정치학 저술들

감옥에서의 서구학문 연구와 기독교 수용. 고종이 이승만을 의관에 임명했을 때는 그것으로써 그의 비판활동을 완화시킬 수 있다고 계산

22 유영익, 『젊은날의 이승만』, 10쪽.
23 손세일, 『이승만과 김구』 제1부 제1권, 404쪽.
24 유영익, 『젊은날의 이승만』, 10-12쪽.

했었을 것이다. 그러나 윤치호의 표현으로 그는 '급진적'인 방향으로 흘러갔으며, 주변사람들의 표현으로는 '열혈애국청년'으로 바뀌어 갔다. 그의 과감한 행동은 1898년 12월 16일에 열린 제1차 중추원회의에서 다시 나타났다. 일본에 망명하고 있던 급진개혁가 박영효를 국내로 불러들여 정부의 대신으로 임명해야 한다는 데 앞장을 선 것이다. 박영효를 '역적'으로 단정하고 '독사와 전갈'처럼 여기던 고종은 대노했다. 고종은 12월 25일에 독립협회와 만민공동회를 해산시키고 1899년 1월 2일에 이승만의 중추원의관직을 박탈했다.[25]

이승만은 굽히지 않았다. 오히려 더 대담하게 행동했다. 그는 우리가 제6장의 제1절과 제8장의 제1절에서 보았던 박영효중심의 고종양위운동에 가담해, 격문을 만들어 장안에 뿌린 것이다. 그 결과, 1899년 1월 9일에 체포되어 한성감옥에 수금됐다. 주한미국공사 알렌을 비롯한 미국인들은 대한제국의 외부 및 법부를 통해 그의 석방운동을 폈다. 그러나 그는 "외국공사의 도움으로 석방되는 것은 독립정신에 어긋난다"는 당당한 자세로 그 운동에 냉담하게 대응했다. 그 대신에, 그는 상동교회의 전덕기 목사와 주시경 등 자신의 동지들이 비밀리에 넣어준 무기 등을 지닌 채 1월 30일에 탈옥을 시도했다. 그러나 곧바로 체포됐으며, 따라서 더욱 중범으로 여겨져 혹독한 고문을 받았는데[26] 그 신체적 영향은 1930년대까지 계속됐다고 한다. 그는 결국 사형을 받을 것으로 추측됐다. 한때는 처형됐다는 소문이 나돌아 그의 아버지가 시신을 찾겠다고 옥리들에게 덤벼들기도 했다.

그러나 7월 11일에 내려진 평리원의 판결에서, 김옥균을 암살한 공로로 출세를 거듭해 평리원 재판장의 자리에 오른 홍종우(洪鍾宇)는 태(笞) 1백 대에 종신징역을 선고했다. 미국공사와 유력한 미국선교사들의 끈질긴 청원을 받은 고종이, 이승만이 왕족의 후예임도 고려해, 홍

25 위와 같음, 12-13쪽.

26 위와 같음, 17쪽.

종우에게 목숨만은 구해 주라고 지시를 내렸던 것 같다. 이 선고는 7월 27일에 고종의 재가로 확정됐다. 그를 사실상 죽게 만들거나 불구자로 만들 수 있었던 태형은 아버지가 뇌물을 쓴 덕분에 행해지지 않았다.[27]

이승만의 옥중생활과 관련해 중요한 일로 적어도 다음의 세 가지를 지적할 수 있다.[28] 첫째, 그가 감옥에서 서구문물에 대한 본격적이면서 체계적인 학습을 수행했다는 사실이다. 그를 자주 찾아온 아펜젤러 교장을 비롯한 미국인 교사들과 선교사들이 넘겨준 국제정세에 관한 미국의 단행본들과 『전망(*The Outlook*)』과 같은 정기간행물들을 꾸준히 읽음으로써 서구적 정치관을 세워 나갔던 것이다. 『전망』은 인문학 및 사회과학 분야의 유익한 교과서였다. 영국의 세계적 대문호 셰익스피어 그리고 프랑스의 세계적 화가 밀레(Jean F. Millet)에 관한 글들, 개신교에 관한 글들, 영국의 의회정치에 관한 글들, 미국의 농촌부흥운동에 관한 글들, 천대받던 흑인이 피눈물나는 노력으로써 미국사회에서 성공한 사례에 관한 글들, 그리고 중국에서의 반외세운동에 관한 글들이 이 시기에 게재됐다.[29]

여기에 더해, 그는 『전망』의 편집인 라이먼 애보트(Lyman Abbot) 목사가 전개한 '유신론적(有神論的) 진화론(theistic evolutionism)'을 수용했다. 애보트는 남북전쟁 때 노예해방을 적극적으로 지지했던 자유주의자로서 1888년에 목사가 됐다. 그는 뛰어난 설교자로 여러 대학들을 순회하며 강연하는 가운데 많은 학생들에게 영향을 주었다. 특히 1892

27 위와 같음, 19-20쪽.

28 옥중생활시기의 이승만에 대한 분석으로 대표적인 것은 다음이다. Chong-sik Lee, *Syngman Rhee : The Prison Years of a Young Radical* (Seoul : Yonsei University Press, 2001). 이 책의 국역본은 다음이다. 이정식 지음·권기붕(權奇鵬) 옮김, 『초대 대통령 이승만의 청년시절』(서울: 동아일보사, 2002). 이 책을 포함해 이승만에 관한 최근 연구서들에 대한 종합서평으로 다음이 있다. 김학준, 「최근 활발해진 이승만 연구: 대한민국 건국 이전의 이승만에 관한 저서들」, 『한국정치학회보』 36집 2호(2002년 여름), 449-455쪽.

29 이정식, 『이승만의 구한말 개혁운동』, 112-117쪽.

년에 출판한 『기독교의 진화(*The Evolution of Christianity*)』를 통해 진화론적 사고를 기독교에 접목하는 데 크게 이바지했다.[30] 이승만의 사상형성에 영향을 준 그의 '기독교적 진화론(Christian evolutionism)'을 아래에서 자세히 설명하기로 한다.

애보트는 우선 기독교와 성경에 대해 자신의 독특한 해석들을 제시했다. 그는 예수가 십자가에 못 박혀 죽었다는 것과 죽음으로부터 부활했다는 것은 받아들였다. 그러나 창세기에 기록된 실낙원(失樂園)에 대한 얘기는 '아름다운 우화'라고 규정했으며, 동정녀의 잉태라든가 다섯 개의 빵과 두 마리의 물고기로 5,000명을 먹였다는 이른바 '오병이어(五餠二魚)'의 얘기는 믿지 않았다. 그는 또 내세에서 하느님의 왕국을 세울 것을 역설하는 전통적 기독교의 가르침과는 달리 현세에서 하느님의 왕국을 세울 것을 역설했다. 그리고 현세에서 하느님의 왕국을 세우는 과정이 인간에게 진정한 진화라는 이론을 제시했다. 그에게 "이 땅 위에 하느님의 왕국을 세운다는 것은 자기희생에 기초한 협동사회(a cooperative society based on self-sacrifice)를 건설하는 것"이었다. 쉽게 말해, 기독교의 목표는 현세에서 인간의 복지를 실현하는 것이며 그 방법은 인간 개개인의 인격의 형성이고 그 과정은 진화이며 그 힘의 비밀은 하느님이었다. 애보트의 이러한 견해는 전통적 기독교로부터 이단으로 배척됐다.[31]

진화에 관한 애보트의 이러한 견해는 다윈의 진화론이나 스펜서의 진화론으로부터 분명히 구별되는 것이었다. 그는 '생존경쟁'과 '자연도태'를 말하지 않았으며 오히려 '상부상조'를 강조했다. 이것과 관련해 그는 '근신하게 살 것'과 '경건하게 살 것'을 요구했다. '근신하게 산다'는 것은 '언제나 생명을 물질보다 귀중히 여기고 의롭게 살며, 언

30 위와 같음. 또 최연식, 「개혁적 사회진화론의 수용과 청년기 이승만의 독립정신」, 『한국정치외교사논총』 제31집 2호(2010년 2월), 153쪽.

31 이정식, 『이승만의 구한말 개혁운동』, 112-117쪽.

제나 이웃들에게 큰 봉사를 하며 사는 것'이다. '경건하게 산다'는 것은 '보다 나은 공공질서와 사회질서와 산업질서 및 정치질서를 이룩할 수 있다는 소망을 갖고 사는 것'이다.[32]

이승만이 애보트의 이러한 신학사상에 어떻게 반응했는지는 알 수 없다. 그러나 그는 "현세에 하느님의 왕국을 세우자"는 애보트의 주장에 공명할 수 있었을 것이다. 특히 애보트가 설교하는 가운데 '근신·의로움·경건·소망'을 강조하는 것으로부터 공감을 가졌을 것이다. 그러한 단어들은 이승만이 어려서부터 몸에 익힌 전통유학의 중심적 단어들이었기 때문이다. 어떻든 이승만은 감옥에서 서양의 학문을 익히는 가운데 기독교를 받아들였다 그리고 기독교로써 새로운 나라를 세워야 한다는 믿음을 지녔다.[33]

둘째, 서구식 이념과 체제에 따라 대한제국을 개혁하려던 젊은 혁명가들과 감옥에서 만나 동지애를 쌓았다는 사실이다. 거기에는 우리가 제8장에서 이미 보았듯, 안국선이 포함됐다. 또한, 뒷날 그의 오랜 정치적 동지였으면서도 1952년 이후에는 반대자가 되는 신흥우와 그리고 역시 오랜 정치적 동지였으나 하와이에서의 독립운동을 계기로 정치적 적수가 되는 박용만(朴容萬)도 포함됐다. 6년 가까이 감옥에 갇혔던 동안 그는 우리가 제6장 제1절에서 보았던 일심혁명회 간부들의 처형도 목격했고 수많은 애국자들의 희생도 목격했으며 갖가지 부정부패의 사례들도 목격했다. 이러한 일들은 대한제국의 정부와 지배층에 대한 그의 반감을 더욱 거세게 만들어 주었다.

셋째, 지적 활동을 계속했다는 사실이다. 중국인이 쓴 『청일전쟁의

32 위와 같음, 117쪽.

33 위와 같음, 119-120쪽. 이승만과 기독교와의 관계에 대해서는 서정민 교수의 「구한말 이승만의 활동과 기독교(1875-1904)」, 한국기독교교사연구소 편, 『한국기독교사 연구』 18(1988년 2월), 4-23쪽에서 설명됐다. 이 글은 그의 『교회와 민족을 사랑한 사람들』(서울: 기독교문사, 1990)에 포함됐다.

본말』을 번역하기도 했고, 『제국신문』에 자신의 본명을 감춘 채 가명으로 논설을 기고하기도 했으며, 옥중도서관을 세워 스스로도 공부하고 다른 수인들을 가르치기도 했다.[34] 이러한 일들이 가능했던 것은 행형정책(行刑政策)이 어느 정도 개혁된 데다가, 1901년에 부임한 감옥서장 겸 간수장 김영선(金英善)의 특별배려가 뒤따랐기 때문이었다. 김영선은 이승만에게 호감을 지녔던 친미적 개명관료 한규설로부터 간곡한 부탁을 받았던 것 같다. 한규설은 1898년 11월에 중추원이 구성되고 이승만이 중추원의 의관으로 임명됐을 때 중추원의 의장이어서 이승만의 애국정신을 잘 알았던 것이다.[35] 다른 한편으로, 고종의 엄비(嚴妃)가 이승만을 비롯한 개혁운동가들의 애국심을 인정해 김영선을 통해 호의를 베풀었다는 설명도 있으나[36] 자료로는 확인되지 않았다. 어떻든 김영선은 이승만을 보살피는 가운데 이승만에게 감화되며 이승만이 마침내 출옥하게 됐을 때 기뻐서 눈물을 흘린다.

감옥에서 특별배려를 받았다고 해도, 우리는 이승만이 대단한 정신력의 소유자였으며 신념의 인간이었음을 확인하게 된다. 그에게 자유민주주의사상을 심어준 미국인들 가운데 대표적인 사람인 선교의사 애비슨은 뒷날 "이승만은 가장 혹독한 시련과 뼈에 사무치는 고통, 그리고 심지어 죽음의 위협까지도 극복하면서 꾸준히 자신의 이상에 충실했다"고 회고했다. 이승만이 주도적 역할을 수행한 가운데 대한민국이 세워진 것을 보면서, 그는 "이승만이야말로 과거에도 위대했고 지금도 위대한 인물이다. 그는 코리아가 배출한 세계적 위인들 가운데 하나다."라고 격찬한다.[37]

『독립정신』에 나타난 정치적 신조. 수인생활이 다섯 해가 지나 여섯

● ● ● ● ●

34 Oliver, *Syngman Rhee*, pp. 48-68.

35 유영익, 『젊은날의 이승만』, 42-43쪽.

36 이원순 편저, 『인간 이승만』, 70쪽.

37 유영익, 『젊은날의 이승만』, 50쪽에 인용됐다.

째 해를 바라보는 시점에서 한반도를 사이에 놓고 러시아와 일본 사이에 전쟁이 일어났다. 이 소식에 접한 이승만은 2월 19일부터 6월 29일까지 4개월 10일에 걸쳐 옥중기를 집필했다. 그는 이것을 국한문으로 썼다. 장차 출판이 되는 경우 일반 백성들이 큰 어려움 없이 읽게 하겠다는 그의 계몽주의적 고려가 엿보인다. 1909년 1월에 비로소 미국에서 『독립정신』으로 출판되는 이 책은[38] 집필하던 때 29세 청년이던 이승만의 정치적 신조와 국내외 정치상황에 대한 인식을 잘 보여 준다.

첫째, 이 책은 대한제국이 멸망의 지경에 직면했음을 경고했다. 대한제국의 상황을 "풍랑이 도도하며 풍우가 대작하여 돛대가 부러지고 닻줄이 끊어져서 허다한 생명이 사생존망의 시각에 달려" 있는 상태에 비유하면서, "내 나라를 다 남의 손에 넣기에 이른지라"라며 개탄했다.[39]

둘째, 그러면 대한제국은 어찌하여 망국의 위기에 처했던가? 이승만은 우선 국내정치에 만연한 관리들의 무능과 부정부패 현상을 비판했다. 그의 비판은 이 책의 곳곳에서 보이는데, 한 가지만 예시하면 다음과 같다.

●●●●●

38 이 책의 초판 연도에 대해 두 개의 설명이 있다. 하나는 『독립정신』(서울 : 정동출판사, 1993년 복간본)에 실린 이승만의 「제2차 서문」이 말하는 1909년 1월이다. "1909년 1월에 필경 미주에서 처음 출세하니"라는 표현이 보인다. 그런데 손세일은 "1910년 하와이에서 처음 출판"됐다고 주장한다. 손세일, 『이승만과 김구』(서울 : 일조각, 1970), 26쪽. 다른 한편으로 이한우는 1910년에 로스앤젤레스의 대동신서관에서 처음 출판됐다고 주장한다. 이한우, 「거대한 생애, 이승만 90년」, 『조선일보』 1995년 1월 12일, 11쪽. 유영익의 『이승만의 삶과 꿈』, 34쪽도 "1910년 3월에 미국 로스앤젤레스에서 국판으로 출판됐다"라고 썼다. 이 책은 해방 직후인 1946년에 서울의 활문사에서 복간됐다.

오늘날의 한국어로 풀어쓴 책은 다음이다. 김충남(金忠男) 김효선(金孝善) 풀어씀, 『독립정신 : 조선민족이여 깨어나라!』(서울 : 동서문화사, 2010). 이 책을 요약하고 해설한 책으로 다음을 지적할 수 있다. 김충남, 『이승만의 「독립정신」 : 구한말 동북아정세와 대한제국의 최후』(서울 : 일곡문화재단, 2010).

39 인용된 부분은 정동출판사의 1993년도 복간본, 각각 19쪽과 40쪽에 있다.

지난날 권력을 누렸던 자들을 보라. […] 그들은 민심을 거역하고 러시아 공사관에 의지하여 천하에 두려울 것이 없는 것처럼 행세했다. 그들은 돈을 마구 찍어내어 백성들의 살림을 파탄지경에 빠뜨렸고, 외국 상사(商社)들에게도 큰 손해를 입혔다. 그들은 여러 차례 경고를 받았지만 자기들의 권리라고 주장하며 이것을 무시했다. 그들은 불법으로 돈을 만들고 유통시켜 부당이득을 취했고, 농민들을 착취하고, 나아가 잔인하고 야만적인 형벌로 그들을 괴롭혔다.

그들은 또한 한 사람의 범죄에 대해 일가친척까지 처벌하는 연좌제를 되살리려고 온갖 수단을 동원했다. 사람을 잡아다가 죄가 있는지 없는지 재판도 하지 않고 4-5년간 감옥에 가두고, 불에 달군 인두로 살을 지지는 등, 온갖 방법으로 고문을 가하여 녹초로 만들거나 죽이기도 했다. 어떤 사람들은 징역형을 선고받은 지 한 달 정도 지나 갑자기 사형을 당하기도 했다. 죄가 없는 사람을 증거를 조작하여 처벌하기도 했고, 온갖 고문으로 허위자백하게 만들었다.[40]

이승만의 비판은 계속됐다. "부패하고 악랄한 관리들은 겉으로는 체통과 예절을 내세웠다"고 비웃으면서, "그들은 먼 옛날의 전례(前例)를 찾거나 임금에게 상소를 올리기에 분주했을 뿐만 아니라, 고루한 형식에 얽매이기에 바빠 나라와 백성을 위해 일을 할 겨를도 없다"고 비판했다. 그 결과로 "백성들은 불의와 배고픔으로 울부짖고 있다"고 이승만은 진단했다.[41]

이승만의 비판은 벼슬아치들의 위세부리기와 탐학에 이르러 더욱 통렬해졌다. 그는 이어 다음과 같이 공격했다:

위망(危亡)이 시각에 있으되 [벼슬아치들은] 종로 삼거리로 풍류 치며 돌아다닐 제 좌우에 벽제소리는 전보다 더 하며 관찰사와 군수로 간 자들은 민요

40 이 부분은 이승만 지음·김충남 김효선 풀어씀, 『독립정신』, 31쪽으로부터 인용했다.

41 위와 같음, 31쪽.

(民擾)만 내지 않고 먹으면 가장 지혜로운 영광이라 하며 고혈을 빨아 여지가 없이 하여 심지어 남의 딸을 빼앗아간다는 말까지 있으며, 기생과 풍류로 진탕히 놀기와 도임(到任) 행차에 호강을 다하고 기타 모든 폐단이 한량이 없으되 가장 탐학하는 관원은 표품(標品)에 우등을 얻고 그를 칭송하는 송덕비가 원근에 즐비하다. […] 혹 재산과 전장을 빼앗기고 살 수 없어 악에 받쳐 정부에 호소할진대 설원하기는 고사하고 도리어 풍화소관(風化所關)이라 하여 중률(重律)로 다스리며 홀로 죽고 상하는 자는 여간 무시하고 볼 데 없는 하등잔민(下等殘民)들 뿐이요. […]42

이승만은 "어진 관리는 오히려 인정을 받지 못하고 백성을 너무 위한다고 파면을 당하기도 한다"고 개탄하면서, "도적이라도 이름이 알려지고 재물이 많은 큰 도적은 처벌을 받지 않으며, 오히려 부패한 관리들과 결탁하여 온갖 못된 짓을 하고 있다"고 비난했다. 그는 이어 "부패한 관리나 도적할 것 없이 온 세상과 백성을 착취하는 대상으로 삼고 있으나 아무도 항거하지 못한다"는 말로써 분노를 표시했다.

이승만은 정부와 국민의 의타심을 비판했다. 그의 표현으로, "우리로 말하면 자주할 생각은 못하고 의뢰하다가 해를 당한 것이라. […] 이것을 깨달을진대 이후에 또 남에게 의뢰하는 것이 또한 장차 어떻게 위태할는지 깊이 깨달아야 한다." 그리하여 그는 다음과 같이 경고했다: "관원이나 백성이나 국권을 보호하는 일에 대하여 조금이라도 남을 의뢰하든지 혹 남의 힘을 빌려 일을 하고자 하는 자는 곧 나라를 마지막 팔고 천만고(千萬古)에 대역(大逆)이라. 부디 조심, 부디 경계할지어다."43 이처럼 자주독립심은 결여된 대신에 의타심이 커서 위기의식을 덜 느꼈기에, 세계대세에 맞게끔 개혁을 실현시키는 데 실패했다고 비판했다.

이승만은 이어 서세동점의 세계대세에 제대로 대응하지 못한 사실

42 정동출판사의 1993년도 복간본, 28쪽.

43 위와 같음, 229쪽.

을 지적했다. 서세동점에 대해 "동양 각국도 진즉 그 형편을 깨닫고 서로 방비하였던들 [서양이] 감히 다른 욕심을 부리지 못하였을 터인데 한국과 청국 양국은 아주 모르고 앉아 점점 뻗어 들어오는 화근을 방비하지 아니한즉 그 형세가 심히 위태한지라"는[44] 지적이 그 한 보기다. 국제정치에 대한 무지를 탄식하는 구절은 거기서 끝나지 않았다. "우리나라 정부에서는 이런 위급한 형편에 처한 줄을 짐작한 이들이 혹 있었던지 모르거니와 전국 백성은 아무런 줄 모르고 꿈속에서 지낸지라."라는[45] 표현이 또 하나의 보기다. 이승만은 조선정부가 세계정세의 변화를 제대로 읽지 못해, 이미 노쇠한 청만 믿고 살다가 실패를 보았다는 점도 지적했다.

셋째, 이 책은 '독립주의'를 제창했다. 그리고 그 구체적 방안으로, (1) 세계와 통상할 것, (2) 새 법으로써 몸과 집안과 나라를 보전하는 근본을 삼을 것, (3) 외교를 잘할 것, (4) 국권을 중히 여길 것, (5) 의리를 중히 여길 것, (6) 자유와 권리를 중히 여길 것 등을 강조했다. 그리고 마지막으로 기독교를 받아들일 것을 역설했다. "이 교로써 근본을 삼지 않고는 세계와 상통하여도 참 이익을 얻지 못할 것"이라고 지적한 뒤, "우리는 마땅히 이 교로써 만사에 근원을 삼아 각각 나의 몸을 잊어버리고 남을 위하여 일하는 자 되어야 나라를 일심(一心)으로 받들어 영미 각국과 동등이 되게 한다"고 주장한 것이다.[46]

『독립정신』에 나타난 서양정치학의 지식. 『독립정신』에는 이승만의 서양정치학에 대한 지식이 나타났다. 첫째, 「세 가지 정치제도의 구별」이라는 부분에서 전제체제와 입헌군주체제 및 민주체제를 설명했다. 그에 따르면, "전제라 하는 것은 인군이 홀로 마음대로 하신다는 뜻이라 대한과 청국과 러시아가 다 이 정치를 쓰는 나라들이다." 이 체제는

44 위와 같음, 145-146쪽.
45 위와 같음, 153쪽.
46 위와 같음, 247-283쪽.

성제명왕(聖帝明王)과 충신의사가 대대로 생기던 옛 시절에는 적합했지만 세상이 변한 오늘날에는 적합하지 않다고 그는 보았다. 이어, "헌법정치라 하는 것은 인군이 우[上]에 계셔 만사를 통할하시며 신하 다 받들어 섬기기는 별로 전제정치와 다름이 없으되 다만 권리의 방한(防閑: 한계라는 뜻)이 있어 상하 의원을 설시(設施)하고 백성이 투표하여 명망 있는 사람을 천거하여 의회원이 되어 백성의 권리를 대표하여 크게 관계되는 일을 의론하여 결처(決處)하게 한다." 그는 이 제도를 실시하는 나라일수록 "내란이 없으며 인군이 편안하사 민간에 유람하기를 거리끼지 않으니 지금 세대에 가장 합당히 여긴다"고 평가했다. 마지막으로, 미국의 대통령제를 중심으로 민주정치를 설명했다. 그리고 "이것이 제일 선미(善美)한 제도이다."라고 결론지었다.[47]

둘째, 「미국 백성의 권리 구별」이라는 부분에서 삼권분립의 원칙에 대해 설명했다. 이승만에 따르면, "미국의 정치제도를 대강 의론컨대 상하의회원이 있어 전국을 대표하나니, 정부를 입법·행정·사법 세 가지에 구별하여 권리를 나누워 맡게 하되 입법권은 법을 맡기만 하여 피차에 두 가지 권리를 차지하지 못하게 하느니, 이는 평균히 분배하여 서로 엇갈려 폐단이 생기지 않도록 함이라."[48] 그는 이어 모든 권력은 국민으로부터 나온다는 주권재민론을 설명하고, 나라의 중요한 일들은 국민의 투표에 의해 결정된다는 사실을 덧붙였다. 그는 또 법은 모든 사람들에게 평등하게 적용된다는 사실도 적시했다. 동시에 미국 국민들이 누리는 헌법상의 권리를 언론·출판의 자유와 양심·신상의 자유 및 기업의 자유 등을 중심으로 상세히 설명했으며, 신체의 자유를 사법부가 어떻게 보호하고 있는가에 대해서도 상세히 설명했다.

이어 이승만은 미국이 독립전쟁을 통해 영국의 식민통치로부터 독립하는 과정, 그리고 그때 미국인민들이 추구했던 정치적 대의를 설명

47 위와 같음, 75-79쪽.

48 위와 같음, 79쪽.

했다. 독립선언서에 대해서도 자세하게 설명했다. 여기서 그는 자유민주주의의 기본이념을 자세히 설명하는 가운데 천부인권설을 지지했다. 같은 맥락에서, 미국의 남북전쟁을 설명하면서, 그는 프랑스혁명에 대해서도 설명했다. 그는 프랑스혁명이 미국의 독립전쟁에 이념적으로 영향받아 일어났다고 파악하고, 프랑스가 "마침내 미국제도를 모본(模本)하여 민주국이 되어 지금 세계에 강대한 나라가 되었다"고 평가했다.[49]

셋째, 「각국과 상통하는 관계」와 「독립과 중립의 관계」라는 부분에서 나라와 나라 사이의 국제관계에 따른 국가의 성격을 다섯 가지로 나눴다. 독립국·연방국·속국·식민지·영세중립국 등이 그것들이다.

"독립국이라 하는 것은 내치와 외교를 내가 자주하여 남이 간여하지 못하나니 아무리 작은 나라이라도 능히 제 일만 잘 하여 갈진대 강한 나라가 감히 넘겨다보지 못하여 피차에 평등으로 대접하나니 이는 다 일체로 상등되는 나라이오." 그리고 "연방이라 하는 것은 혹 두 나라이나 여러 나라가 연합하여 내치는 각각 따로 하되 국권은 혹 한 황제나 군주에게 속하여 타국과 전쟁하거나 교섭하는 일을 대신 주관하나니 이는 그 실상을 말할진대 독립국이나 다름이 없오." 한편 "속국이라 하는 것은 나라 명색이 있기도 하고 아주 이름도 없이 한 고을처럼 되어 영원히 남의 나라에 속하여 관할총독을 보내어 다스리기도 하나니 통히 말할진대 이름은 있으나 없으나 불과 상전 나라에 속하여 외교내치를 제가 주장하지 못한다."

마지막으로, "영세중립국이라 하는 것은 각 대국의 인허를 얻어 중간에 서서 한편으로 치우치지 아니한다 함이니, 여러 강국 틈에 있어 자주독립권을 잃지 아니하되 다만 어느 나라와 연합하여 도와주거나 어느 나라와 싸워서 싫어하지 못하고 항상 제 토지와 국권만 지켜 남

49 위와 같음, 85-104쪽.

의 시비에 들지 않으며 항상 각국과 평균히 교제하여 남의 침노를 받지 않고 영구히 태평함을 보전하되 만일 이웃 나라들이 서로 싸워 군사가 내 지방에 침노하게 될 때에는 내가 능히 내 힘으로 막아 그 침범함을 받지 아니하여야 중립국의 권리를 잃지 아니하니 이것이 영세중립국이라."50

그런데 여기서 주목되는 것은 이승만이 영세중립국을 비판적으로 보았다는 사실이다. 우리는 제5장 제3절에서 유길준이 「중립론」을 통해 조선의 중립화를 제의했음을 보았다. 그러나 이승만의 생각은 달랐다. 그는 "[영세중립국은] 속국이나 보호국보다는 대단히 나아서 항상 태평히 부지함은 얻으나 자유활동하는 힘은 없어서 남과 다투어 부강을 겨루어 보지는 못하나니 어찌 당당한 내 나라를 가지고 남의 방한을 받으리오."라고 주장한 것이다. 그의 주장은 보다 더 구체적으로 다음과 같이 이어졌다:

> 5, 6년 전에 우리나라에서는 어떤 대신이 일본에 가서 대한을 중립국 만들기로 비밀리 주선하다가 되지 못할 줄을 알고 돌아왔다 하니 그 주의는 무엇에 있었던지 모르거니와 그런 유(類)도 형편이 위태함을 짐작한 모양이라, 진실로 위태함을 염려할진대 마땅히 직분을 다하여 죽기로써 독립의 기초를 공고케 하기를 힘쓰는 것이 옳을지니 이는 독립의 이름까지 없어진 후에라도 영원히 꺾이지 아니할 중심이거늘 하물며 우리나라는 세계에 반포한 자주독립국이라, 각국과 우등 공사를 바꾸어 교제하며 타국이 우리 내정에 대하여 무리히 간여치 못하나니 비록 주권 잡은 이들이 사사관계를 위하여 속으로 외국인을 의지하고 보호를 얻는 고로 외국의 능멸함을 종종 받으나 실상 드러나게는 못하는 것이오.51

그리하여 그는 "중립의 명목에도 여러 가지 구별과 등분(等分)이 있

50 위와 같음, 41-47쪽.
51 위와 같음, 47-48쪽.

다하나 결단코 이런 생각은 두지 말고 당당한 독립권리를 영영히 세울 마음을 굳게 심맹(心盟)할 것"이라고 강조했다.

이승만이 이 책을 쓰던 때, 대한제국정부의 일부 관리들은 풍전등화의 상황에 처한 대한제국을 어느 강대국의 보호 아래 둘 것을 구상했다. 이승만은 그 발상을 통렬히 비난했다. "보호국이라 함은 내치와 외교를 스스로 해결할 수 없어 위기에 직면하게 되었을 때 한 나라 또는 몇 나라들이 협의하여 그 나라의 내치와 외교를 대신하여 다른 나라의 침범을 막아서 국권을 보호하게 된다"고 정의한 뒤, "이러한 나라는 이름은 남아 있을지 모르나 사실은 속국 또는 식민지와 다를 바 없다"고 단언했다. 그는 이어 "자기 나라를 다른 나라의 속국으로 전락시켜 온갖 멸시와 고통을 받으며 오로지 목숨만 부지하는 것을 다행으로 여기는 자들에게는 보호국처럼 좋은 것이 없을 것이다."라고 비웃고, "다른 나라로부터 보호를 받는 것을 다행으로 아는 사람은 사람다운 사람이라 할 수 없다."라고 경고했다. 이 대목에서, 그는 다른 나라로부터 보호를 받고 살 바에는 "차라리 고향을 떠나 걸식하며 떠돌아다니다가 죽는 것이 나을 것이다."라고 썼다.[52] 그러한 정신에서 그는 뒷날 해외 망명의 길을 선택한다.

넷째, 주변열강의 국내정치와 외교정책을 비교적 객관적으로 보았다. 그는 청이 세계정치의 변화는 무시한 채 자신만이 대국이며 세계의 중심이라는 낡은 관념에 완고하게 매달려 내부를 전혀 개혁하지 못해 썩어 들어가 결국 쇠망의 길을 걷게 됐다고 보았다. 러시아의 동북아시아에 대한 야심에 대해언급하면서, 그는 특히 부동항을 확보하는데 초점을 둔 남진정책을 직시했다.[53] 이 부분에서 그는 공로증(恐露症), 곧 러시아에 대한 공포증을 두드러지게 나타냈다.

일본의 근대화에 대해서는 당시 개화파 인사들과 시각을 같이했다.

52 김충남 김효선 풀어씀, 『독립정신』, 54-55쪽.

53 위와 같음, 132-134쪽 및 170-172쪽.

그것은 일본이 서구의 문물제도를 빨리 받아들여 개혁의 길을 걸음으로써 크게 발전했다는 인식이었다. 그는 개화된 일본에 대한 부러움을 부분적으로 나타냈는데, 이것은 그가 '생래적 반일주의자'가 아니었음을 단편적이나 보여 준다고 하겠다. 그렇다고 해서 그가 일본에 대해 호감만을 갖지는 않았다. 「일본인의 주의(主義)가 전과 같지 아니함」에서는 청과의 전쟁에 이어 러시아와의 전쟁에서도 승리한 일본이 오만함에 빠져 보다 더 강력한 침략의 길에 나설 것임을 암시했다.[54] 이러한 암시는, 석방된 뒤 일본의 점증하는 구체적 침략의도를 확인하고는 배일적 태도로써 명시적으로 나타나게 된다. 한편 미국의 국민주권에 입각한 민주정치와 대외정책, 특히 아시아에 대한 정책을 호의적으로 보았다.

전반적으로 보아, 『독립정신』에는 미국과 미국의 제도에 대한 이승만의 선호 또는 선망이 강하게 드러난다. 예컨대, 그는 미국의 정치체제가 세계의 모든 정치체제들 가운데 가장 좋은 것이라고 논평했으며, 미국의 정치제도와 국민의 권리를 어느 다른 나라의 정치제도와 그 국민의 권리보다 매우 자세히 설명했다. 이 점이 유길준의 시각 및 안국선의 시각과 크게 대조된다. 우리가 앞의 장들에서 이미 보았듯이 유길준과 안국선은 모두 영국의 입헌군주제를 가장 좋은 것으로 보았던 것이다. 이렇게 볼 때, 이승만이 자신의 망명지이면서 동시에 유학지로 미국을 선택하게 되는 것은 결코 우연한 일이 아니었다. 미국선교사가 세운 배재학당 입학, 미국선교사들과의 접촉, 미국식 민주제도의 우월성을 역설한 서재필의 가르침, 투옥기간 동안 미국선교사들의 도움 및 그들을 통한 기독교의 수용, 그리고 미국을 소개한 책들의 독서 등등은 그로 하여금 객관적 의미에서의 친미적 경향을 지니게 만들었던 것이다.

54 위와 같음, 212-239쪽.

이승만의 『옥중잡기』 이승만이 옥중에서 쓴 책으로 『독립정신』이 가장 중요하지만, 그것에 못잖게 중요한 글들이 그가 옥중에서 썼으나 출간되지 않았던 여러 종류의 논평들과 기록들이다. 그것들은 오랜 기간 공개되지 않은 채 이승만의 사저 이화장(梨花莊)에 소장되어 있었다. 마침내 유영익 교수가 이 글들을 발굴하고 번역한 뒤 자신의 해설을 붙여 『옥중잡기』라는 이름 아래 한 편의 긴 논문으로 발표했다.[55]

『옥중잡기』는 40종의 다양한 글들로 구성됐다. 국한문혼용의 글들도 있으며, 한문이나 영문으로 구성된 글들도 있다. 감옥에서 부모님을 그리워하고 투옥되기 1년 전에 태어난 아들을 걱정하는 개인적인 글들도 있다. 이 글들 가운데 그가 서양정치와 서양정치학을 어떻게 이해하고 있었던가를 보여 주는 글들에 한정해 살피기로 한다.

첫째, 이승만은 19세기에 세계적으로 명성을 떨쳤던 위인들의 이름들을 「세계의 유명인사록(Great names : The names of illustrious persons in the world)」이라는 제목 아래 1901년에 영문으로 기록했다. 여기에는 (1) 영국 외무장관 로즈베리 경(Earl of Archibald Philip Primrose Rosebery), (2) 영국 국왕 에드워드7세(King Edward Ⅶ), (3) 미국 육군장관으로 뒷날 대통령이 되는 태프트(William Howard Taft), (4) 미국 국무장관 헤이(John Hay), (5) 러시아 전쟁장관 쿠로파트킨(Aleksei Nikolaevich Kuropatkin), (6) 독일 군사전략가 몰트케(Helmuth von Moltke), (7) 터키 술탄 무라드5세, (8) 태국 국왕 출라롱콘(Chulalongkorn)과 그의 후계자인 왕자 바자라부드(Vajiravudh) 등이 포함됐다.

이 인사록에는 1900년을 전후한 시기의 일본정치가들도 많이 포함

55 유영익, 「우남 이승만의 『옥중잡기』 백미」, 『인문과학』(연세대학교 인문과학연구소) 제80집(1999년 4월), 15-69쪽. 유영익 교수의 이 논문은 유영익 교수 스스로의 수정과 가필을 거쳐 다음에 재수록됐다. 유영익 편, 『이승만 연구 : 독립운동과 대한민국 건국』(서울 : 연세대학교 출판부, 2000) ; 유영익, 『젊은날의 이승만 : 한성감옥생활(1899-1904)과 옥중잡기 연구 : 부, 국역 「옥중잡기」』(서울 : 연세대학교 출판부, 2002), 103-408쪽. 나는 마지막 책으로부터 인용하고자 한다.

됐다. 1901년 6월에 총리대신이 된 가쓰라 다로(桂太郎 : 계태랑)를 비롯해, 제1차 가쓰라 내각의 내상 우쓰미 다다카쓰(内海忠勝 : 내해충승), 농상무상 하라타 도스케(平田東助, 평전동조), 체신상 요시카와 아키마사(芳川顯正 : 방천현정), 법무상 기요우라 게이고(淸浦奎吾 : 청포규오) 등이 포함됐다. 또 야당이던 자유당의 지도자 이타가키 다이스케(板垣退助 : 판원퇴조)가 포함됐다. 유영익 교수는 "이 인명록은 이승만이 국제정치에 민감했으며, 나중에 그가 국제무대에서 직접 상대하게 되는 영국의 국무장관 헤이 그리고 대통령 태프트 등에 대해 이미 잘 알고 있었음을 증명한다"고 논평했다.[56]

더 추가할 것은 이승만이 이 인명록의 중간에 미국의 '대통령직 승계순위'에 대해 간략히 기록했다는 사실이다. 유영익 교수는 "이것은 그가 미국의 정치제도, 특히 대통령제가 어떻게 운영되고 있는지에 대해 세밀한 관심을 기울였다는 증좌로서 주목된다."라고 논평했다.[57]

이승만은 세계적인 정치가들뿐만 아니라 세계 각국의 인문지리적 현황에 대해서도 관심을 보였다. 유럽의 주요한 나라들은 물론이고 남미와 아프리카의 나라들에 이르기까지 각국의 인구를 기록했으며 경우에 따라서는 인문지리의 특징을 서술했다. 동시에 그는 미국과 일본의 세입과 세출에 대해서도 서술했다. 이러한 기록들은 그가 국제사회에 대해 남다른 관심을 지녔었음을 증명한다.

둘째, 이승만은 민주주의제도에 호감을 표시하고 대한제국이 민주주의제도에 입각해 민중을 위한 여러 기관들을 세울 것을 역설했다. 1900년에 집필한 한 한문논설은 (1)학교를 세워 학문을 일으킬 것, (2) 민회(民會)를 열어 토론을 장려할 것, (3) 신문사를 설립할 것, (4) 도서관을 세울 것 등을 제의했다. 이 네 가지 사업들 가운데 민간인이 정부의 도움을 받지 않고도 할 수 있는 사업은 도서관설립임을 명시했다.[58]

56 위와 같음, 129쪽.

57 위와 같음.

이승만은 특히 신문사의 설립에 큰 관심을 보였다. 집필한 날짜가 표시되지 않은 「청설대보관(請設大報館)」이라는 제목의 한문논설은 서울에 '대보관(大報館)'을 개설할 것을 요청했는데, 여기서 '대보관'은 '큰 신문사'를 의미한다. 이승만은 이 논설에서 대한제국이 당면한 위기를 '사람이 섶을 안고 불 속에 누운 것'보다 더 위험한 것으로 진단한 다음, 이 위기의 실체를 외교와 내치의 양면에서 구명하고 국난을 극복하기 위한 최선책은 큰 신문사의 개설이라고 주장한 것이다.[59] 이것은 그가 민주주의적 국가경영에 있어서 언론의 역할이 중요하다는 인식을 지녔었음을 보여 준다.

셋째, 이승만은 "정치의 급무는 외교에 있다"고 주장했다. 그가 쓴 한시에서 그는 "외로우면 나라가 위태롭다오"라고 쓰면서,[60] 대한제국이 국제사회에서 고립되지 않도록 '외교'를 잘 해야 한다고 역설한 것이다. 이승만의 이러한 주장과 관련해 주목되는 논설이 역시 옥중에서 집필한 「한인지승전차(韓人之乘電車)」다. 미국인이 경영하는 한성전차회사의 전차가 1903년 7월 10일에 한 조선인을 친 데 이어 손해배상을 둘러싸고 두 나라 정부당국 사이에 논쟁이 벌어지자 서울시민들은 흥분하고 조선인신문들은 미국을 비난하는 논설들을 게재했다. 이 소식을 전해 듣고 그는 "나만은 홀로 그렇게 생각하지 않는다"고 말하면서, 자신의 소신을 밝혔다.

이승만은 우선 대한제국의 문호개방정책은 열강에게 일방적으로 유리한 것이 아니고 우리나라에도 유익한 정책임을 역설했다. 그는 이어 우리나라가 외국과 통상하기로 약정하고도 그 약속을 제대로 지키지 않았기에 외모(外侮)와 내우(內憂)가 가중됐다고 개탄하면서, 앞으로 외세를 무조건 배척하지 말고 오히려 일본을 본받아 외국과의 수호와 통

58 위와 같음, 114-115쪽.
59 위와 같음, 115쪽.
60 위와 같음, 101쪽.

상에 힘쓸 것을 강조했다.

이러한 맥락에서, 이승만이 「청설대보관」에서 동학군의 봉기와 의병의 봉기를 똑같이 비난한 것에 주목하게 된다. 그는 1894년에 봉기한 동학군을 '동비(東匪)'라고 부르고, 을미사변을 계기로 봉기한 의병을 '의비(義匪)'라고 부름으로써 그들을 비적(匪賊)과 같은 것으로 보았다. 그는 그들이 1900년에 청국에서 외세에 대항해 일어났던 '권비(拳匪)'와 같은 존재라고 비난했던 것이다. 이러한 시각은 「한인지승전차」에서 되풀이됐다. 청국이 '권비'가 저지른 이른바 의화단사건(義和團事件)으로 말미암아 외국군대의 유린을 자초했음을 상기시키면서, 그는 대한제국이 과격한 배외주의의 길을 밟게 되면 서양열강으로부터 어떤 위해가 가해질지 알 수 없을 것이라고 경고했다.[61]

외교와 관련해, 그는 다음과 같은 두 개의 주제에 관심을 보였다. 우선 조선이 (1) 숙종 때인 1704년에 청과 맺었던 백두산 정계(定界)에 관한 합의, (2) 고종 때인 1886년에 다시 청과 함께 두만강 일대를 조사하면서 맺었던 정계에 관한 합의 등을 검토하면서 조선의 국경문제에 대해 남다른 식견을 보였다. 이것은 열강이 조선에 침략해 들어오는 상황에서 어떻게 하면 조선의 영토를 제대로 보존할 수 있을 것인가에 대해 고민했었음을 말해 준다.

그 다음으로, 그는 조선에 진출한 열강들 사이에서 체결된 조약들의 원문들을 필사하기도 하고 번역하기도 했다. 거기에는 (1) 러시아와 일본 사이에서 조선에 관한 '협치(協治)'를 둘러싸고 맺은 두 개의 별도의 조약, (2) 1902년에 영국과 일본 사이에 체결된 이른바 영일동맹조약, (3) 1902년에 서울에서 일본과 영국 사이에 대한제국에 관해 체결된 협약 등이 포함됐다.[62]

이승만이 외교에 못지않게 중시한 것이 교육이었다. 그는 특히 미

61 위와 같음, 116쪽.
62 위와 같음, 121-135쪽.

국의 교육사상과 교육제도에 깊은 관심을 갖고, 「미국흥학신법(美國興學新法: 미국의 교육진흥에 관한 새 제도)」이라는 글을 썼다. 1871년부터 1873년까지 미국의 수도 워싱턴에 주재했던 일본대리공사 모리 아리노리(森有禮: 삼유례)가 미국연방정부 교육부에서 입수한 「미국의 교육제도」를 중국 상해의 한 출판사가 1896년에 『문학흥국책(文學興國策)』이라는 책에 한역해 게재했었다. 이승만은 이 책을 그대로 필사했다. 이것은 그가 미국의 고등교육제도에 깊은 관심을 지녔었음을 보여 준다.

이 책은 우선 미국이 영국의 식민지로 머물렀던 시대인 1636년 이래 미국인들이 어떻게 자주적으로 각급 교육제도를 창설하고 운영했던가를 설명했다. 이 책은 이어 미국이 독립한 이후 연방정부와 주정부는 국민의 교육을 위해 어떤 정책들을 추진했던가를 자세히 설명했다. 이 글은 또 미국 육군사관학교의 별칭인 웨스트포인트(West Point)를 비롯해 하버드대학교와 예일대학교 및 콜럼비아대학교는 물론 마운트 홀리요크(Mount Holyoke) 및 바사(Vassar) 같은 여자대학들에 이르기까지 미국의 저명한 고등교육기관들을 광범위하게 소개했다. 또 사범학교들에 대해서는 물론 맹아와 농아를 위한 특수학교들에 대해서와 그리고 교회들이 운영하는 주일학교들에 대해서도 설명했다.

그는 매사추세츠공과대학(MIT)과 일리노이공과대학(IIT)도 적시했다. 그는 뒷날 대한민국 대통령으로 재임하던 때 인천에 인하공과대학을 세우면서 미국의 MIT나 IIT와 같은 세계적 공과대학으로 키우겠다고 다짐했는데, 이미 옥중에서 그렇게 다짐했는지도 모른다. 조선왕조 말기인 1904년에 조선에서 미국 하와이로 처음 이민을 떠난 사람들은 인천의 제물포에서 이민선을 탔다. 우리가 앞으로 보게 되듯, 이승만은 정치학박사학위를 받고 잠시 귀국한 뒤 곧바로 하와이로 가 거기서 독립운동을 시작했었다. 그래서 하와이의 동포들이 대통령이 된 그에게 보낸 돈을 종자돈으로 삼아 공과대학을 세워 1954년 4월에 개교시키

면서 그 이름을 인천의 '인'과 하와이의 '하'를 따서 인하공과대학으로 정했던 것이다.[63]

『문학흥국책』을 읽으면 자연히 미국의 정치제도에 대해서도 알게 된다. 이승만이 이 책을 필사하면서 미국의 민주주의적 정치제도와 교육제도에 대해 호감을 갖게 됐을 것이다. 또 미국의 대학으로 유학하겠다는 결심을 이때 굳혔을 것이다.[64]

교육에 대한 이승만의 그러한 생각과 흐름을 같이하는 그의 또 다른 글이 「입국이교화위본(立國以敎化爲本)」이다. "교화로써 나라를 세우는 근본으로 삼을 것"이라는 뜻의 이 글은 "인민은 나라의 큰 근본이다"라는 명제에서 출발했다. 이 글은 곧 "오늘날의 선비가 참으로 나라를 위한 계책을 세우려고 한다면 백성의 교화를 우선시해야 한다"고 제의하면서, "교화가 융성한 미국 같은 나라에는 반란·기만·사기 등의 폐단이 없다"고 지적했다.

이승만이 말한 '교화'란 '교육'보다 차원이 높은 종교적 및 도덕적 함의를 지닌 개념이다. 그는 '교화'에 대칭되는 말로 '정법(政法)'이란 말을 썼는데, 이것에 미뤄, 그가 형정(刑政)으로써가 아니라 덕치(德治)로써 나라를 다스릴 것을 권고한 유가의 전통적 가르침에 충실했음을 알게 된다. 그러나 주의해야 할 것은 그가 '교화'를 강조했을 때, 사실상 개신교를 통한 교육을 의미했다는 사실이다. 그는 「개신교 및 신학문 권장론」이라는 논설에서, 우선 기독교를 천주교와 희랍정교 및 개신교로 나누고 그것들 가운데 개신교를 가장 높게 평가했다. 구체적으로, 그는 "지금 개신교를 신봉하는 나라들이 끊임없이 날로 진보하는 것은 실로 그 이득에 힘입고 있다는 분명한 결과요 커다란 증좌이다."라고 씀으로써 개신교옹호론을 전개했다.[65] 우리가 제4절에서 보게 되

63 이주영, 『우남 이승만 그는 누구인가?』, 160-161쪽.
64 유영익, 『젊은날의 이승만』, 126쪽.
65 위와 같음, 119쪽.

듯, 그는 1948년 7월에 대한민국 초대 대통령으로 취임한 이후 개신교 친화적 태도를 보인다.

제3절 미국 대학교들에서의 정치학 수학

미국유학의 길. 이승만은 『독립정신』을 탈고한 때로부터 2개월이 채 지나지 않은 시점인 1904년 8월에 고종의 특사를 받아 5년 7개월 만에 석방됐다. 이 무렵 러일전쟁의 여파로 조정에서 권력상황의 변화가 일어남에 따라 독립협회관련자들 또는 개혁운동관련자들이 많이 특사로 석방됐는데 이승만도 거기에 포함됐던 것 같다.

『독립정신』의 「독립주의」 부분에서 이미 나타났듯, 그는 배재학당시절에 미국선교사들을 통해 기독교를 받아들였던 터였고, 종로에 자리잡은 황성기독교청년회와 긴밀한 관계를 유지했던 터였다. 그리하여 그는 석방으로부터 2개월이 지난 1904년 10월에 서울 상동교회(尙洞敎會)에 상동청년학원을 세웠다. 그는 교장 직을 맡았으며 목사 전덕기가 성경을 가르쳤고 주시경이 국문을 가르쳤다. 이화학당을 세운 미국감리교선교사 메리 스크랜턴(Marry Scranton)의 어머니가 영어를 가르쳤다. 다른 한편으로, 『제국신문』에 일본의 정책을 비판하는 논설들을 기고했다. 그의 투쟁경력과 이러한 활동들로써 그는 이미 이 시점에 대한제국의 지도적 지식인으로 자리를 잡았다.

그러나 이승만은 그러한 활동만으로 만족할 수 없었다. 마침 미국선교사들과 그의 동지들은 그에게 미국을 방문해 국제정치에 대한 안목을 넓힐 것을 권고했다. 특히 개화파지도자들, 그리고 민영환과 한규설 등을 비롯한 조정의 일부 대신들은 그를 미국으로 보내 미국이 조미수호통상조약에 따라 대한제국을 돕도록 호소하기로 결정했다. 이 권고와 결정을 받아들여 그는 유학생 자격의 여권을 발급받아 고종황제가

주미공사관에 보내는 '미국 대통령에 대한 독립지원 호소의 메시지'를 지닌 채 1904년 11월 4일에 제물포에서 기선 오하이오호를 타고 도미의 길에 올랐다.

이렇게 볼 때, 이승만은 사실상 고종의 밀사로 도미했던 것인데, 이 '밀사설'을 부인하는 사람들이 있었다. 1910년 8월의 망국 이후 미주에서 독립운동을 이끌던 세력들 가운데 쌍벽은 역시 이승만계열의 대한인동지회(大韓人同志會)와 안창호계열의 국민회(國民會)였다. 이승만과 안창호 모두 걸출한 애국적 독립운동가들이었다. 그러나 불행히도 그들 사이에서도 그러했지만 그들의 추종자들 사이에는 경쟁이 벌어졌으며, 그 과정에서 협조가 이뤄지기도 했으나 때로는 질시와 모함이 뒤따랐다. 안창호계열의 임창영(林昌榮)은 '밀사설'을 부인했다. 그러나 '밀사설'은 사실이었다.[33]

이승만은 호놀룰루와 샌프란시스코 및 로스앤젤레스를 경유하면서 현지의 동포들로부터 뜨거운 환영과 큰 기대를 받는 가운데 그들에게 독립정신을 강하게 심어 주었다. 그를 잘 아는 미국인선교사들로부터도 격려를 받았다. 몇몇 선교사들은 그에게 자신들이 학비와 생활비의 조달을 책임질 터이니 신학교를 졸업한 뒤 선교사가 되어 귀국할 것을 권유했다. 그러나 그는 처음 세웠던 목적에서 벗어날 수 없었다. 마침내 시카고와 피츠버그를 거쳐 1904년 12월 31일에 미국의 수도 워싱턴에 도착했다. 만 30세를 바라보는 시점이었다.

미국대통령을 상대로 한 독립운동. 이승만은 1905년 1월 1일에 한국공사관을 찾아가 '미국 대통령에 대한 독립지원 호소의 메시지'와 관

33 김인서(金麟瑞), 『망명노인 이승만박사를 변호함』(부산 : 독학협회출판사, 1963), 202쪽. 여기에 따르면, '도산(島山) 안창호(安昌浩)계의 임창영(林昌榮) 박사'가 밀사설을 '허위'라고 주장했다고 한다. 이 주장을 저자 김인서는 부인하고 있다. 김인서는 목사였다. 그의 아들이 한국일보사 주필이었으며 사장이었던 김창열(金昌悅)이었고, 그의 아들이 연세대학교 정치외교학과 교수 김성호(金聖昊) 박사다.

련해 도와 줄 것을 요청했다. 한국공사관의 반응은 계산적이거나 냉담했다. 관원들은 이미 일본의 눈치를 보는 것 같았다. 이것은 이승만으로 하여금 한인에 대한 깊은 불신감을 갖게 만든다.

다른 한편으로, 이승만은 1887년부터 1889년까지 조선주재미국공사로 일한 뒤 아칸소주에서 연방하원의원으로 선출된 딘스모어(Hugh A. Dinsmore)를 만나 협조를 요청했다. 딘스모어는 부지런히 움직였다. 그리하여 이승만은 1905년 2월 20일에 헤이(John Hay) 국무장관을 만나 대한제국의 독립이 지켜지도록 미국이 조미수호통상조약에 따라 개입해 줄 것을 요청할 수 있었다. 헤이는 긍정적으로 대답했다. 그러나 미국정부는 이미 대한제국의 독립을 비현실적인 것으로 파악했으며, 그리하여 전쟁장관 태프트(William Taft)를 일본에 보내 "일본은 미국의 세력권에 속한 필리핀을 침범하지 않으며 미국은 일본의 탁절(卓絕)한 이익이 걸린 대한제국의 문제에 간섭하지 않는다"는 취지의 대화록을 일본정부와 교환하기로 결정한 뒤였다. 그러므로 이승만이 1905년 8월 5일에 뉴욕주 오이스터 베이(Oyster Bay)의 한 호텔에서 여름휴가를 즐기던 시어도어 루스벨트(Theodore Roosevelt) 대통령을 잠시 만났을 때 그는 형식적이면서도 미온적인 짧은 대답밖에는 들을 수 없었다.[34] 실제로 루스벨트 대통령은 1905년 9월 5일에 미국 뉴햄프셔주 포츠머스로 러시아대표와 일본대표를 초청해 두 나라 사이의 강화조약을 맺게 했는데, 이 조약은 대한제국에 대한 일본의 지배를 뒷받침해 주었다.

루스벨트 대통령은 뛰어난 문필가로 방대한 양의 자서전을 남겼다.[35] 이 책의 제15장이 동북아시아 문제 그리고 러일전쟁 및 포츠머스조약 등을 다뤘다. 그런데 이 장에서 조선 또는 대한제국에 대해서

34 Allen, *Korea's Syngman Rhee*, p. 40.

35 Theodore Roosevelt, *An Autobiography* (New York : Macmillan, 1913). 이 자서전은 Elting Morison의 "New Introduction"과 함께 1985년에 뉴욕의 Da Capa Press에서 다시 출판됐다.

는 한 마디도 말하지 않았다. 루스벨트의 눈에 코리아는 보이지도 않았던 것이다. 이렇게 코리아의 국권을 침해한 조약을 성립시켰는데도, 그는 러시아와 일본 사이의 전쟁상태를 평화상태로 이끌었다는 이유로 1906년에 노벨평화상을 받았으니 우리 민족으로서는 더욱 한탄스러운 일이었다. 노벨평화상 심사위원들의 눈에도 코리아는 보이지 않았던 것이다.

루스벨트 대통령과의 면담이 좋은 열매를 맺지 못했다고 해도, 이 일은 이승만의 애국열정과 정치력의 한 단면을 보여 준다. 망국을 눈앞에 둔 후진적 약소국의 한 동양청년이 평범한 시민의 자격으로 처음 방문한 미국에서 연방하원의원과 국무장관 및 대통령을 상대로 이만한 외교를 수행했다는 것은 칭찬받기에 충분했다.

조지워싱턴대학교에서의 수학. 이처럼 미국정부를 상대로 독립을 호소하는 활동을 펴면서 이승만은 1905년 2월에 워싱턴에 있는 조지워싱턴대학교의 학부 2학년 2학기에 편입할 수 있었다. 비록 미국에서 고등학교 정규과정을 마치지는 않았으나 그 수준을 넘는 학문적 소양을 지녔음이 인정된 데다가 유력한 미국선교사들의 추천이 힘을 발휘했기 때문이었다. 그리하여 학비와 약간의 생활비를 포함한 장학금을 받기까지 했다. 이때부터 1907년 7월에 졸업할 때까지 2년 4개월 동안 그는 영어·수학·논리학·미국사·서양사·프랑스어·철학·천문학·사회학·고대어학 등을 수강했다. 그의 성적은 대부분은 B나 C였다. 영어의 경우는 D와 B를, 수학의 경우는 C와 D를 각각 받았다. 이러한 성적과 관련해, 전기작가 앨런(Richard Allen)은 이승만이 '심오한 사상가'가 될 자질을 보여 주지 못했다고 혹평했다.[36] 그러나 이때는 C가 80-89점으로 인정되고 있어서 그의 종합성적은 80점 이상이었음을 말해 준다.[37] 만 30세의 '노(老)학생'으로, 배재학당에서 배운 서양학문에 대한

36 Allen, *Korea's Syngman Rhee*, p. 41.

37 유영익, 『이승만의 삶과 꿈』, 48쪽.

초보적인 지식만으로, 게다가 장학금만으로는 모자란 생활비를 벌기 위해 부업을 가져야 했기에 몸이 쇠약해져 공부에 전념할 수 없었던 현실에서, 이 정도의 성적을 올렸다는 것은 대단한 성취였다.

이승만은 주로 교회를 무대로 하는 강연에도 나섰다. 생활비를 벌기 위한 것이 일차적인 목적으로, 주로 조선을 소개하는 강연을 통해 2달러 또는 3달러를 받았으며 많을 때는 30달러를 받았다. 그러나 그는 강연을 통해 조선에 대한 미국인들의 이해를 높이고자 했던 것도 사실이었다. 그의 강연은 대체로 성공적이었다. 이미 독립협회회원 때 보였던 연설능력이 미국에서도 발휘됐던 것이다.[38] 낯선 이국에서의 대학생활에 어느 정도 적응해 가던 때, 그는 조국의 운명에 관한 슬픈 소식에 접하게 됐다. 1905년 11월에 대한제국은 이른바 5조약을 통해 일제의 '보호를 받는 나라'로 전락했으며, 그를 도왔던 민영환은 이 조약의 체결에 항의하는 뜻에서 자살한 것이다. 개인적인 슬픔도 뒤따랐다. 서울에서 첫 번째 결혼을 통해 얻었던 아들 태산이 1905년 6월께 미국으로 와 있었는데, 여덟 살 안팎의 이 외아들이 1906년 2월 25일에 사망한 것이다. 이승만의 측근인사였던 이원순(李元淳)은 태산이 장티푸스를 앓다가 죽었다고 썼지만 그의 매장기록에는 그가 디프테리아로 사망했음을 보여 주었다.[39]

하버드대학교에서의 수학. 조지워싱턴대학교 졸업을 앞두고 이승만은 고뇌에 빠졌다. 귀국해서 자신의 공부를 바탕으로 애국계몽운동에 참가할 것인가, 아니면 서양의 선진학문을 더 공부할 것인가의 문제에 직면했던 것이다. 이 무렵에 고국의 아버지는 "너의 정치활동과 견해가 일본관헌을 노하게 했기 때문에 당분간 귀국을 하지 않는 것이 좋겠다"는 요지의 편지를 보내왔다. 다른 한편으로, 그를 때때로 도운 미국의 감리교선교부는 귀국을 종용했다. 조국으로 돌아가 기독교의 가

38 위와 같음, 50쪽.

39 이원순, 『인간 이승만』, 77쪽 및 유영익, 『이승만의 삶과 꿈』, 19쪽.

르침을 전파하는 전도사로 활약할 것을 기대했던 것이다.[40] 그의 최종적 선택은 대학원진학이었다. 그는 이제 막 시작한 서양의 선진학문에 대한 공부를 계속하고 싶었던 것이다. 동시에 그는 박사학위를 얻는 것이 앞으로 자신의 권위를 더욱 높이게 되리라고 판단했다. 이 점은 그가 졸업을 앞둔 시점인 1906년 12월부터 1907년 1월 사이에 하버드대학교에 보낸 편지들에서 엿보인다.

펜으로 쓴 한 장짜리 편지에서 이승만은 우선 위기에 처한 조국의 동포들은 자신이 하루라도 빨리 귀국하기를 기다리고 있다고 말했다. 그러면서 그는 그러나 조국에서 더 큰 지도자로 일할 수 있기 위해서는 박사학위가 필요한데, 조지워싱턴대학교에서는 2년 안에 박사학위를 주겠다고 약속하지만, '귀교와 같은 동부의 명문학교'에서 받고 싶다고 말한 뒤 귀교가 조지워싱턴대학교처럼 2년 안에 줄 것을 '보장(guarantee)' 할 수 있겠느냐고 물었다. 이 편지에도 '협상가'로서의 그의 한 면모가 엿보인다. 하버드대학교 대학원위원회는 이 편지를 받고 공식으로 회의를 열었다. 그리고 그에게 타자로 친 한 장짜리 답장을 보냈다. 우선 어느 학생에게도 학위와 관련해 '보장'해 줄 수 없고 또 그런 전례도 없다고 말한 뒤, 이 답장은 그렇게 제한된 기간 안에 꼭 우리 학교에서 학위를 받아야겠다면 석사학위과정을 염두에 두는 것이 어떻겠느냐고 권고했다. 이 편지들은 오늘날까지도 하버드대학교 고문서실에 소장되어 있다.[41]

이승만은 결국 매사추세츠주 케임브리지시에 자리 잡은 미국 최초

40 이한우, 『우남 이승만, 대한민국을 세우다』, 123쪽.

41 이승만이 1906년 12월 15일 및 1907년 1월 9일에 하버드대학교 대학원 원장 비서 조지 로빈슨(George W. Robinson)에게 보낸 편지들. 나는 이 편지들의 사본을 비롯해 이승만의 하버드시절을 말해 주는 몇 가지 자료들을 1993년 11월 그때 하버드대학교 대학원 정치학과의 염형곤(廉亨坤) 박사후보로부터 받았다. 이 자리를 빌려 고마움을 표시한다. 이러한 자료들에 대해서는 유영익, 『이승만의 삶과 꿈』, 54-60쪽에서도 잘 설명됐다.

의 대학교인 하버드대학교 대학원 '역사학, 정치학 및 경제학' 학과 석사과정에 받아들여져 1907년의 가을학기에 입학했다. 이때만 해도 학과가 오늘날처럼 세분화되지 않았다. 그래서 세 학문을 종합한 그 긴 이름의 학과에 입학하게 된 것이다. 그 세 학문 가운데 그가 전공한 분야는 정치학이었다. 그의 성적표를 검토하면, 1907년의 가을학기에 두 과목을, 1908년의 봄학기에 다섯 과목을 각각 수강했는데 일곱 과목 가운데 경제학 한 과목을 빼놓고는 미국헌법의 발달사, 유럽국가들의 팽창주의와 식민지정책, 미국정부론 등 정치사와 외교사를 포함한 정치학과목들이 압도적으로 많다. 성적은 A는 한 과목도 없이 B가 전부였다.

이제까지 이승만에 관한 책들은 그가 1908년의 봄 학기를 끝으로 하버드대학교에서 정치학석사학위를 받았다고 썼다. 그러나 그는 이때 정치학석사학위를 받지 못했다. 경제학 한 과목에서 D를 받았기 때문이었다. 그는 뒷날 프린스턴대학교 대학원 시절이던 1909년의 여름에 다시 하버드로 와서 여름학교를 이용해 미국사를 수강하고 B학점을 받음으로써 1910년 2월 23일에 열린 1909년의 가을학기 졸업식에서 정치학석사학위를 받게 된다.

그렇다고 해도 그것은 큰 성취였다. 우선 학업에만 몰두할 수 없었던 그의 특수한 환경이 고려돼야 할 것이다. 그는 여전히 미국사람들을 상대로, 특히 미국의 신문들을 상대로, 일본을 비난하고 조선을 옹호하는 발언을 계속했다. 그 한 보기가 하버드에 입학하기 직전인 1907년 7월 25일에 가졌던 지방신문 『모닝 스타』와의 회견이다. 그는 "일본이 지금 한국을 개혁하고 있으며 일본이 한국을 영원히 통치하기 바란다"고 연설한 한 미국언론인을 공박하면서, "한국사람은 개인적으로 결코 일본사람에게 뒤떨어지지 않는다. 열강은 일본의 감정을 상하게 하지 않음으로써 동북아시아에서 자신의 상업상 이익을 방해받지 않으려고 정의에 입각한 말은 한 마디도 하지 못하고 있다. 이러한 식의 적당주의적 평화는 오래 가지 않는다."라는 반론을 폈다. 그는 이어 "일본을 내버려둘 경우 서방의 친구가 되기보다는 적이 될 것이며, 따라서 일본의 억압 아래 놓인 한국을 독립시켜 줌으로써 일본에 대한 견제기능을 강화할 수 있을 것"이라고 권고했다. 그의 이 논리는 앞으로 일관되게 유지된다.[42]

이승만은 또 독립운동에 관심이 큰 교포들과 늘 연관을 맺으면서 교신하기도 하고 집회에 참석하기도 했다. 그 대표적인 집회가 1908년 1월에 박용만 등이 주동해 7월 11일부터 15일까지 콜로라도주 덴버시의 그레이스감리교회에서 열린 애국동지대표자대회였다. 이 대회에는 미국의 국내로부터뿐만 아니라 멀리 러시아의 블라디보스토크와 영국의 런던으로부터도 대표자들이 참석했으며, 이승만은 의장으로 선출됐다. 이 대회는 재외한인단체들의 통합, 양서의 한문번역을 전문으로 하는 출판사의 설립, 세계정세에 관한 서적들의 국내배포 등을 자신의 사업으로 설정했다. 대회를 끝내면서 그는 다음과 같은 취지의 연설을 했다:

> 현재 미국의 정치인들은 한국이 일본과 싸워도 성공하지 못할 것이며 따라서 한국의 희망은 영원히 사라진 것이라고 말한다. 그러나 이것은 피상적인 관찰에 지나지 않는다. 우리나라의 역사와 지리적 특징 및 민족적 특성을 연구해 본다면 한국은 일본보다 훨씬 뛰어난 데가 있다. 우리나라는 4,000년 이상 민족의 특성과 완전한 독립을 보존해 왔으며 결코 지구에서 말살되지 않을 것이다.[43]

이 무렵 그를 구설수에 올려 세운 일이 일어났다. 1908년 3월 23일에 캘리포니아주 샌프란스시코시 부근의 오클랜드에서 한인동포 장인

42 이한우, 「거대한 생애, 이승만 90년」, 『조선일보』 1995년 1월 27일, 11쪽.
43 위와 같음.

환(張仁煥) 의사가 일제의 앞잡이 스티븐스(Durham W. Stevens)를 사살한 것이다. 스티븐스가 미국의 변호사로 일제의 통감부에 의해 대한제국의 외교고문이 되면서 일제가 대한제국을 자신의 '보호국'으로 만든 것은 잘한 일이라고 연설하고 다니는 데 격분했기 때문이었다. 같은 곳에서 같은 시간에 전명운(田明雲) 의사 역시 저격했으나 불발로 미수에 그쳤다.[44]

두 의사가 곧 재판을 받게 되면서 동포들이 이승만에게 통역을 의뢰했을 때 그는 기독교인으로 살인재판의 통역을 바라지 않는다며 거절했다. 이한우 기자가 지적했듯, "미국인들의 사고방식을 이해하게 된 이승만은 암살사건이 한국에 대한 미국인들의 인식을 흐리게 하고 결국은 한국의 독립에 방해가 된다고 생각했던 것 같다. […] 이승만으로서는 자신이 생각하는 외교를 통한 국권회복에 암살은 그 명분이 어떠하건 도움이 되지 않는다고 생각했던 것이다."[45] 그러나 이것은 동포들의 비난을 불러일으켰다.

프린스턴대학교에서의 수학. 하버드대학교에서의 석사과정이 끝날 무렵 이승만은 다시 고민에 빠졌다. 귀국할 것인가 아니면 박사학위를 받을 때까지 공부를 계속할 것인가의 선택을 놓고 깊은 생각에 접어들었던 것이다. 이때에도 귀국을 만류하는 아버지의 편지, 그리고 박사학위를 받는 것이 장차의 일에 도움이 되리라는 판단이 겹쳐 박사과정진학을 결심했다. 그는 뉴욕시에 자리 잡은 명문대학교를 고려하기도 했으나 프린스턴대학교를 택하기에 이르렀다.

뉴저지주 프린스턴시에 자리 잡은 프린스턴대학교는 미국에서 네

44 장인환 의사와 전명운 의사의 의거에 관한 자료들로 다음이 있다. 윤병석 편집·해제, 『장인환 전명운의 샌프란시스코의거 자료집』(전2권, 서울: 국가보훈처, 2008); 장백일(張伯逸), 『의사 전명운』(서울: 집문당, 1997).

45 장인환·전명운 의사의 의거가 이승만의 생활에 미친 영향은 다음에서 설명됐다. 이원순, 『인간 이승만』, 116-117쪽 및 이주영, 『우남 이승만 그는 누구인가?』, 63-64쪽.

번째로 개교한 대학교로, 하버드대학교에 결코 못지않은 명문대학교였다. 그 무렵 총장은 우드로 윌슨(Woodrow Wilson)이었다. 매릴랜드주 볼티모어시에 자리 잡은 명문 존스홉킨스대학교에서 정치학박사학위를 받은 정치학교수였는데 『의회정부론』과 『국가론』이란 명저로 이름이 높았으며, 버지니아대학교 법과대학 출신의 변호사로서도 좋은 평판을 쌓았다.

이승만을 이 학교로 이끈 사람은 한국에서 만났던 프린스턴신학교 출신의 선교사 어네스트 홀(Ernest F. Hall) 목사였다. 뉴욕시에서 우연히 재회한 홀 목사는 자신이 잘 알고 있는 프린스턴대학교 대학원장 앤드류 웨스트(Andrew F. West) 교수에게 직접 추천해 입학허가를 받게 해 주었던 것이다. 프린스턴대학교는 이승만의 독립협회운동과 투옥경험, 기독교 신앙, 그리고 조국의 독립에 대한 열정을 높이 평가했으며 그에게 학비를 면제해 주었을 뿐만 아니라 무료로 캘빈 클럽(Calvin Club)이란 이름의 기숙사에서 생활할 수 있도록 배려해 주었다.[46]

이승만의 소속 학과는 하버드대학교 때와 마찬가지로 '역사학, 정치학 그리고 경제학의 학과(Department of History, Politics, and Economics)'였다. 그의 전공은 하버드 때와 마찬가지로 정치학이었다. 이 시절의 프린스턴대학교 교과목일람표를 보면, 정치학의 경우, 미국헌법의 역사와 헌정론을 비롯해, 미국정부론·국가론·통치기구론·의회론·외교론·국제법·유럽외교사·고대서양정치사상사·중세서양정치사상사·근대서양정치사상사 등이 주요한 과목들이다.[47] 이 대목에서 참고로 덧붙이면 오늘날까지도 미국 대학교의 정치학과에서는 헌법과 국제법

---

46 유영익, 『이승만의 삶과 꿈』, 56-58쪽.

47 *Princeton University Catalogue, 1908-1909* 및 *Princeton University Catalogue, 1909-1910*. 이 두 책에는 대학원생 명단이 알파벳순으로 나와 있는데 이승만(Syngman Rhee)의 이름 역시 보인다.

을 정규과목으로 가르친다.

그러면 이승만은 어떤 과목들을 수강했던가? 프린스턴대학교에 소장된 성적표에 따르면, 그는 1908년 가을학기에는 국제법과 외교론(Elliott 교수), 연방당 몰락 이전의 미국헌법사(McElroy 교수), 철학의 역사(Ormond 교수)를, 1909년 봄학기에는 역시 국제법과 외교론(Elliott 교수), 연방당 몰락 이후의 미국헌법사(McElroy 교수), 철학의 역사(Ormond 교수) 등 세 과목 수강했다. 1909년 가을학기에도 국제법(Elliott 교수)과 1789년부터 1850년까지의 미국사(McElroy 교수) 등 두 과목을 수강했다. 성적은 모든 과목에서 B였다. 이어 1910년 봄학기부터 박사학위논문 집필에 들어갔다.

프린스턴에서의 생활은 고생이 심했던 하버드에서의 생활에 비해 무척 행복했다. 이승만의 청년시절을 연구한 펜실베니아대학교 이정식(李庭植) 교수에 따르면, 이승만은 프린스턴시절에 대해 "나는 공부할 수 있는 기회를 가지고 아름다운 환경에서 즐거운 생활을 했을 뿐만 아니라 다행히도 여러 사람들과 친교를 맺을 수 있었는데, 그 친구들은 나의 그 이후의 생애에서도 참으로 귀중한 존재들이었다."라고 회고했다.[48] 그 친교 가운데 가장 중요했던 것은 윌슨 총장과의 친교였을 것이다. 이승만 스스로 "윌슨 총장과 그의 가족이 나에게 그렇게 친밀한 친구들이 되어 주었다. 나를 기쁘게 했던 것은 그들이 한국과 한국선교에 대해 보여 준 관심이었다. 그들은 나를 격려해 주었고 내가 준비하고 있던 사업에 대해 희망을 주었다."라고 회상했다.

이 회상은 조금도 과장이 아니었다. 이승만이 1908년 12월 15일에 강연회를 열 수 있도록 윌슨 총장은 추천장을 써주었는데, 여기서 우리는 윌슨이 이승만을 어떻게 생각하고 있었는지의 한 단면을 읽게 된다. 윌슨 총장은 우선 "이승만 군은 프린스턴대학교의 대학원 학생으

48 이정식 역주, 「청년 이승만 자서전」, 『신동아』 1979년 9월호, 458쪽.

로, 능력과 고결한 성품으로써 우리들에게 호감을 주었습니다."라고 말했다. 윌슨 총장은 이어 "그는 자기 나라인 코리아의 현 상황과 동양의 전반적인 정세에 대해 놀랄 만큼 정통합니다. 그리고 이와 같은 정세를 일반 청중에 대해서도 성공적으로 개진했습니다."라고 칭찬했다. 윌슨 총장은 마지막으로 "그는 애국심이 강한 청년으로 동포에 대해 열렬하고 유익한 일꾼입니다. 동양에서 연구하고 보존하지 않으면 지켜지기 어려운 우리 미국의 권익을 직접적으로 배우고 싶은 사람에 대해 나는 기꺼이 그를 추천합니다."라고 썼다.[49]

정치학박사학위의 수위. 이제 우리는 이승만의 정치학박사학위논문을 살펴보게 된다. 여기서 우리는 먼저 두 가지 사실에 대해 잠시 토론하는 것이 좋겠다. 첫째, 그가 받은 학위가 오늘날의 표현으로는 정치학박사라는 사실이다. 종전에는 그가 받은 학위인 Doctor of Philosophy (Ph.D.)를 철학박사로 직역해 그가 철학을 전공한 것으로 이해했었는데, 위에서 살폈듯, 그것은 사실이 아니다. 둘째, 그가 박사학위를 받은 날짜다. 이제까지 모든 자료들은 그가 윌슨 총장이 뉴저지주 지사로 출마하기 위해 프린스턴을 떠나기 직전 마지막으로 참석한 1910년 6월 14일의 졸업식에서 윌슨으로부터 직접 학위를 받은 것으로 증언했다. 웨스트 원장이 그에게 가운의 후드를 걸어 주며 진심으로 축하했다는 말까지 덧붙였다. 그리고 그는 1910년 9월 3일에 귀국한다. 다른 한편으로 윌슨은 1910년 11월에 실시된 뉴저지주 지사선거에 민주당후보로 당선됐다.

그런데 한 가지 이상스런 대목은 그의 학위논문이 책으로 출판됐을 때, 표지 다음 쪽에 "1911년 6월에 '역사학, 정치학 및 경제학 학과'에 의해 통과됐다(Approved by the Department of History, Politics, and Economics, June 1911)"라는 구절이 인쇄되어 있다는 사실이다. 이것은

49 Oliver, *Syngman Rhee*, pp. 110-111.

무엇을 의미하는가? 1911은 1910의 오식이었을까? 또는 1911년 6월에 출판이 동의됐다는 뜻이었을까? 나의 문의편지에 프린스턴대학교는 그 날짜가 출판이 동의된 날짜라고 대답했다.[50] 우리나라 최초의 정치학박사 학위논문인 이 논문은 1912년 1월에 같은 제목 아래 115쪽의 단행본으로 프린스턴대학교 출판부에서 출판됐다. 여기서는 이 단행본을 분석의 대상으로 삼기로 한다.

정치학박사학위논문의 내용. 이 책의 제목은 "Neutrality As Influenced by the United States"로, 「미국의 영향을 받은 중립」으로 번역된다. 서울대학교 법학전문대학원 정인섭(鄭印燮) 교수는 이 논문을 『이승만의 전시중립론: 미국의 영향을 받은 중립』이란 제목 아래 나남출판사에서 2000년에 역간했으며, 서울대학교 법학전문대학원 안경환(安京煥) 교수가 『헌법학연구』 제6권 제1호(2000), 410-412쪽에 서평을 발표했다.

이 논문의 머리말에서 이승만은 이 연구가 프린스턴대학교 학부장인 에드워드 엘리어트(Edward Elliott) 교수의 제의에 따라 수행됐다고 밝혔다. 이어 로버트 맥너트 맥켈로이(Robert McNutt McElroy) 교수와 알렉산더 토머스 올몬드(Alexander Thomas Ormond) 교수로부터도 지도를 받았다고 밝혔다. 마지막으로 대학원장 웨스트 교수에 대해 감사의 뜻을 표시했다.

이 책의 핵심주제는 'Neutrality', 곧 중립이다. 그런데 이 책이 말하는 중립은 흔히 말하는 영세중립이라든가 중립화와 같은 외교상의 또는 국제정치상의 중립보다는 상업상의 중립 또는 교역상의 중립에 역점을 두었다. 이 책의 표현으로는 'neutrality commerce', 곧 중립적 교역에 초점을 맞춘 것이다. 다시 말해, 중립적 교역이란 개념과 법률 및 관행이 국제적 상거래에서, 특히 해상무역에서, 언제 어떻게 성립됐으

50 나는 한때 1911년 6월을 박사학위논문이 통과된 시점으로 해석했다. 김학준, 「역대 대통령과 총리의 박사학위」, 『신동아』 1999년 6월, 387쪽. 그러나 그것은 잘못된 해석이었다.

며 발달해 왔는가를 구명하는 데 주요한 관심을 쏟았다.

이 책은 모두 여섯 개의 장으로 구성됐다. 제1장은 「서기 1776년까지의 중립의 역사(History of Neutrality Down to 1776 A.D.)」다. 1776년은 미국이 식민본국 영국을 상대로 독립전쟁을 일으킨 해이다. 따라서 제1장은 미국이 독립전쟁을 일으키기 이전까지의 시기에서 중립적 교역이 어떻게 이뤄졌던가를 살폈는데, 논의의 시대적 구분점을 그렇게 잡은 것은 이 책의 제목과 연결해 생각할 때 이미 중요한 의미를 암시한다. 거기에는 미국이 독립한 이후에야 미국에 의해 중립적 교역이 크게 발달했다는 이 책의 주요한 주장이 함축됐던 것이다.

제1장은 우선 "중립의 법(法)들의 역사는 고대에서는 어떠한 출전도 찾을 수 없다. 고대의 세계에서 정부에 관한 정치적이며 계서적인 이론들은 중립에 유사한 어떤 개념도 존재할 여지를 남겨 놓지 않았다."라는 구절로 시작했다. "16세기 중엽까지도 중립이라는 영어단어에, 뜻에서 정확히 상응하는 단어는 없었다." 그런데 신성로마제국과 교황청이 몰락한 반면에 '국민국가들(nationalist states)'이 일어나면서 국민국가들 사이의 관계를 규율할 수 있는 규칙들을 세워야 한다는 요망이 구체적으로 나타났으며, 그 결과 11세기와 12세기 사이에 지중해연안 국가들을 중심으로 몇몇 '해양법전들(the Maritime codes)'에 그 규칙들이 마련됐다.

이 무렵 마르코 폴로를 비롯한 이탈리아의 항해자들, 그리고 포르투갈의 항해자들은 '황금으로 가득 찬 동방'에 대한 환상적 얘기들을 쏟아놓음으로써 서양사람들의 동양에 대한 항해와 보물찾기 및 신세계 발견 의욕을 크게 자극했으며 그리하여 유럽의 해양강대국들을 '날카로운 갈등'으로 몰아넣었다. 여기서 중립적 교역에 관한 관심이 자라났다. 이러한 배경에서, '국제법의 아버지'로 불리는 홀랜드의 위고 그로티우스(Hugo Grotius)는 1625년에 출판한 자신의 『전쟁과 평화의 법』에서 'Medii'라는 라틴어를 썼는데 그것은 '중간의 사람들(middle men)'

을 의미했다. 그러나 이승만의 견해로, "그의 개념은 중립에 관한 오늘날의 관념에 비교할 때 모호하고 불완전했다." 그런데 다시 이승만의 견해로, 빈커쇼크(Bynkershock)가 1737년에 출판한 『공법의 문제들』에 이르러 중립의 개념과 관련해 중요한 진전이 이뤄졌다. 그는 '적국들(enemies)'과 '우방국들(friends)' 또는 '동맹국들(allies)' 이외에 '제3급의 국가들(a third class of states)'이 존재한다는 것을 인정하면서, 그 국가들을 라틴어로 'Non-hostes'로 표현했는데 영어로는 '적이 아닌 국가들(Non-enemies)'로 번역됐다.

이어 월프(Wolff)는 1749년에 출판한 『세계법』을 통해, 그리고 바텔(Vattel)은 1758년에 출판한 『국가들의 법』을 통해 중립의 개념을 발달시켰다. 바텔의 경우, 교전당사국들 사이의 이익을 위해서뿐만 아니라 중립국들의 이익을 위해서도 전쟁의 선언이 필요하다는 점을 말함으로써 '매우 중요한 원칙'을 제시했다고 이승만은 평가했다.

이 장은 중립에 관한 학문적 이론의 성장과정에 대해서만 관심을 두었던 것은 아니다. 유럽의 중요한 해상무역국가들이 중립에 관해 어떤 입장과 정책을 취했던가를 살폈다. 중세유럽에서 중립의 권리에 관해 맺어졌던 최초의 조약인 알레스(Arles)와 피사(Pisa) 사이의 1221년의 조약, 그리고 14세기 중엽에 바르셀로나에서 맺어진 해양에 관한 협정(the Consolato del Mare) 등을 살핀 뒤, 홀랜드의 관행 등을 차례로 살폈다. 이승만은 홀랜드가 교역의 중립을 옹호하는 데 앞장선 반면에 영국은 바르셀로나협정을 엄격히 지켜 교역의 중립을 옹호하지 않았다고 비교했다. 그리고 전시와 해상봉쇄의 경우 교역의 중립이 제한된 사례들을 설명했다.

제2장은 「1776년부터 1793년까지의 중립의 역사(History of Neutrality from 1776 to 1793)」다. 이 장은 미국이 식민지시절부터 교역의 중립을 옹호했으며 유럽열강의 경쟁으로부터 자유스러워지고자 했음을 상기시킨 뒤, 미국의 정치가들은 독립전쟁의 개시 때부터 "미국의 진정하

면서도 영원한 국가이익은 유럽열강의 간섭으로부터의 자유에 놓여 있다"는 확신 아래 "중립에 관한 가장 선진적이면서 확실한 원칙들을 설정했다"고 설명했다. 자유주의학파의 지도적 경제학자인 "아담 스미스(Adam Smith)의 시절 이전의 유럽의 낡은 상업적 교리는 힘의 문제였지 권리의 문제가 아니었다. 따라서 유럽열강은 자신들의 식민지들이 교역할 수 있는 권리를 전혀 인정하지 않았다"고 설명한 뒤, "반면에 미국은 언제나 상업의 자유를 위해 투쟁해 왔다"고 대조시켰다.

"독립전쟁 그 자체도 모국으로부터의 간섭 없이 아메리카대륙의 무진장한 자연자원들을 개발하려는 욕구에 의해 대체로 촉발됐다"고 주장하면서, 이 장은 중립적 교역이 유럽열강에 의해 어떻게 무시됐던가를 자세히 살핀 데 이어, 그러나 유럽열강들 사이에서도 미국의 자유주의적 견해에 기울어지는 나라들이 많이 나타나고 있었음을 설명했다. 이 경향은 1793년에 프랑스와 영국 사이에서 전쟁이 일어남에 따라 정지된다. 특히 영국은 중립적 교역을 사실상 부인하는 정책을 취했다. 그러나 조지 워싱턴 대통령은 국무회의를 통해 미국은 중립적 교역의 권리를 지녔음을 선언했으며, 이 결정에 따라 토머스 제퍼슨(Thomas Jefferson) 국무장관은 1793년 9월 7일에 그 선언을 좀 더 구체화한 지침을 발표했다.

제3장은 「1793년부터 1818년까지의 중립의 역사(History of Neutrality from 1793 to 1818)」다. 이승만에 따르면, "이 시기는 중립의 법의 역사에서 가장 어두운 장(章)을 형성한다." "두 개의 경쟁국가들, 곧 프랑스와 영국 사이의 사활을 건 투쟁 속에서 모든 중립적 이익들은 깨져 버린 것이다." 프랑스는 그래도 미국의 해석을 묵인하려는 입장을 보였으나 영국은 미국의 중립권을 위반했다. 나폴레옹이 패전하고 신성동맹이 맺어졌다. 신성동맹은 1815년에 오스트리아의 수도 빈(Wien)에서 열린 회의를 통해 러시아와 프로이센 및 오스트리아 사이에서 성립됐다. 이 동맹은 프랑스혁명 이전의 구체제(舊體制 : 앙샹 레짐)들을 '정통

성의 복원'이라는 명분 아래 부흥시키고 유지시키려는 데 목적을 두었다. 이 국가들은 세계의 혁명적 정부들을 모두 분쇄할 권리가 자신들에게 있다고 주장함으로써 개별적 국민국가들의 주권의 원칙을 부인했을 뿐만 아니라 국제법마저 부인했다고 이승만은 보았다.

제4장은 「1818년부터 1861년까지의 중립의 역사(History of Neutrality from 1818 to 1861)」다. 1815년에 유럽에서의 대전이 끝나면서 구체제 국가들이 신성동맹을 형성하자 영국은 여기에 맞서게 됐다. 영국은 1819년을 계기로 미국의 자유주의적 이념을 지지하는 입장을 공식적으로 표명했는데, 특히 중립에 관해 외무장관 조지 캐닝(George Canning)은 의회에서 미국의 '중립의 제도'를 찬양했다. 신성동맹과 영국 사이에 대결이 심각해지면서 영국정부는 미국정부가 자신과 공동보조를 취해 줄 것을 요청했다. 이때 미국은 중립을 선언했으니, 그것이 1823년 12월에 제임스 먼로 제5대 대통령이 국회에 보낸 교서를 통해 발표한 이른바 먼로 독트린이다. 그런데 1861년에 미국에서 남북전쟁이 일어나면서 미국의 중립정책은 새 국면을 맞이하게 된다.

제5장은 「1861년부터 1892년까지의 중립의 역사(History of Neutrality from 1861 to 1892)」다. 미국의 남부의 일곱 주들이 1861년 초에 '아메리카연합국'을 형성해 아메리카합중국으로부터의 독립을 선언한 뒤 같은 해 4월 12일에 남북전쟁이 일어나면서 아메리카합중국, 곧 미국은 제16대 대통령 링컨의 지도력 아래 '아메리카연합국'을 독립국으로 인정하지 않음은 물론 그 지역의 해안을 봉쇄함과 아울러 미국과 외교관계를 맺고 있는 유럽국가들에게 '아메리카연합국'을 승인하지 말 것과 교역하지 말 것을 동시에 요청했다. 여기서 미국의 남북 사이에, 그리고 유럽국가들과 '두 미국' 사이에, 교역을 둘러싼 갈등이 벌어졌다. 특히 영국과 프랑스를 비롯한 유럽의 주요한 국가들이 '아메리카연합국'을 교전의 한 당사자로 인정함으로써 남북전쟁에서 미국이 기대한 중립을 어겼다는 해석이 대두됐다. 이러한 여러 복잡한 상황은 남북전

쟁이 미국의 승리로 매듭지어진 1865년으로부터 5년이 지난 1870년을 고비로 그랜트 제18대 대통령의 행정부 때 적절히 해소됐다.

제6장은 「요약(Summary Review)」이다. 여기서 이승만은 "중립의 법들에 대한 미국의 영향은 깊었으며 아주 멀리까지 미쳤다"고 결론지으면서, 미국이 중립적 교역과 중립의 법들을 크게 '진전'시킨 것은 "말할 필요조차 없이 모든 인간에 대해 커다란 축복이었다"고 칭찬했다. 이어 "유럽의 해양열강들이 제기한 모든 반대에도 불구하고 미국은 자유주의적 견해들을 끈질기게 옹호함으로써 세계의 어느 다른 나라보다도 이러한 성취들을 향해 큰 영향을 미쳤다"는 문장으로 이 책을 끝맺었다.

본문에 이어 두 쪽 조금 넘게 참고문헌이 소개됐다. 참고된 책들 가운데는 프랑스어 원전들도 포함됐음에 미뤄, 그가 프랑스어를 해독했음을 확인하게 된다. 그러나 라틴어 원전의 책들은 모두 영역본을 사용했다.

그러면 이승만은 왜 이 주제를 선택했을까? 그가 교역상의 중립에 초점을 맞춰 미국이 발전시킨 중립의 문제를 다룬 것은 사실이지만, 그러나 미국은 교역상의 중립을 시발점으로 중립의 문제를 다루면서 외교상의 중립에 대해서도 심각하게 연구하고 그 분야를 발전시켰다는 사실을 우선 기억해야 할 것이다. 우리가 이미 살폈듯, 미국의 대외정책에서 한 이정표가 된 먼로 독트린이 그 대표적 보기다. 이렇게 볼 때, 그가 강대국들의 각축으로 말미암아 독립을 잃게 된 조국의 운명을 걱정하고 활로를 모색하는 가운데 중립을 연구의 대상으로 삼았을 개연성이 크다.

우리가 이 책의 제5장 제3절에서 유길준의 중립론을 분석하면서 보았듯, 구한말의 지식인들 사이에서는 중립이 독립을 지키는 한 가지 방책이 된다는 믿음이 퍼져 있었다. 그리고 우리가 이 장에서 보았듯, 이승만 스스로도 『독립정신』에서 비록 중립을 바람직하지 못한 대안으로 여기기는 했으나 이 문제에 대해 관심을 쏟았다. 따라서 이승만이 이 주제를 선택한 동기는 구국의 길을 외교와 국제정치에서 찾으려고 한 그의 독립노선과 연관되어 있다고 하겠다.[51]

제 4 절 독립운동과 『일본내막기』, 그리고 해방 이후의 정치활동에 나타난 서양정치학의 영향

『한국교회핍박』의 출판. 이승만은 조국이 국권을 상실한 경술국치로부터 1주일도 채 지나지 않은 1910년 9월 3일에 배편으로 귀국길에 올라 유럽과 중국을 거쳐 10월 초에 압록강을 넘어 기차편으로 10월 10일 저녁 서울에 도착했다. 만 35세 때의 일이었다. 이처럼 그가 미국에서 편안한 삶의 길을 택하지 않고 식민지조선으로 돌아왔다는 사실은 그의 애국심을 말해 준다. 그는 주로 서울의 YMCA 조선인총무와 학감(學監)으로서 동포들에게 기독교교리를 전도하고 청년들에게 세계정세와 국제법 및 영어 등을 가르치는 데 힘썼다.

그러나 1911년에 일제가 조선지도자들의 기를 꺾기 위해 '105인사건'을 일으켜 주로 기독교명사들을 비롯한 항일운동가들을 투옥하고 고문하는 현실을 목격한 뒤, 이승만은 다시 도미의 길에 올랐다. 1912년 3월 26일에, 그는 5월 1일부터 29일까지 미네소타주 미네애폴리스시에서 열리는 세계감리교총회에 조선대표로 참가하는 기회를 이용한 것이다. 그는 그 이후 일제의 패망 때까지 귀국하지 않고 미국에 머물며 독립운동을 이끌어간다. 특히 박용만의 초청을 받아 1913년 2월에 하와이에 도착한 이후 이곳을 거점으로 삼아 『태평양잡지』를 발행하고 한인중앙학원을 세워 교포들의 독립운동을 이끌어간다. 이 무렵 미국

51 Oliver, *Syngman Rhee*, p. 113.

에서 비로소 출판된 그의 『독립정신』이 교포들 사이에서 널리 읽히는 가운데 '조선민중의 정치적 성경'으로 불렸다.[52]

이 과정에서 이승만은 그의 정치적 신조를 말해 주는 중요한 책을 출판했다. 1913년 4월에 출판한 『한국교회핍박』이 그것이다. 한글로 쓴 이 책에서, 그는 일제의 한국 교회들과 교인들에 대한 탄압을 거세게 비판했다. 특히 '105인사건'이 일제에 의해 조작된 사건임을 폭로했다. 그것보다 중요하게 그는 일본정부의 교활한 허위선전을 날카롭게 비판했다. 러시아가 조선을 점령했더라면 교회들과 교인들을 모두 없앴을 것인데, 일본이 점령했기에 '보호'한다고 속인다는 사실을 폭로함과 아울러, 조선에 상주하는 서양의 선교사들이 일본의 조선통치에 침묵하거나 동조함으로써 일본의 이익에 봉사하고 있다고 공격했다. 그는 일본이 '세상권력'으로써 조선을 지배하려고 하지만 조선사람들의 정신을 빼앗을 수는 없으므로 결국 실패할 것이라고 예언했으며, 조선사람들이 기독교신앙을 버리지 않고 지킨다면 반드시 독립을 얻을 것이라는 믿음을 나타냈다.[53] 이 책은 그가 얼마나 강건한 항일운동가였으며 또한 얼마나 철저한 기독교도였는가를 보여 주었다.

외교선전론. 이승만이 미국을 거점으로 전개한 독립운동방략은 그의 학문적 관심의 연장(延長)이었다. 그는 미국의 여론을 움직여 종국적으로 미국정부를 움직이는 것이 조국광복의 지름길이라고 믿고, 일본의 식민지배를 규탄하며 조선의 독립을 호소하는 대외선전에 많은 노력을 기울였다. 그래서 그는 1919년 4월에 중국 상해에서 출범한 대한민국임시정부, 약칭 임정의 초대 대통령으로 선출된 뒤 약 6개월 정

● ● ● ● ●

52 이 시절에 전개한 이승만의 독립운동의 한 단면은 그를 추종했던 허정(許政)의 회고록에서 엿보인다. 허정, 『내일을 위한 증언: 허정회고록』(서울: 샘터사, 1979), 49-81쪽.

53 이 책은 하와이의 신한국보사(新韓國報社)에서 출판됐다. 이 책은 다음과 같이 복간됐다. 서정민(徐正敏) 편저, 『한국교회핍박: 건국대통령 이승만의 외침』(서울: 건국대통령이승만박사기념사업회, 2008).

도 상해에 체류했던 것을 빼놓고는 주로 미국의 수도 워싱턴에 '대한민국임시정부 구미위원부(歐美委員部)'를 열고 이 기구를 통해 활동했다.[54] 또 1920년에 자신의 은사인 윌슨 미국대통령의 주도 아래 세계평화기구로 국제연맹이 창설되자 국제연맹 본부가 위치한 제네바를 무대로 활동했다. 이 무렵이던 1933년 7월에 잠시 소련을 방문하고 홀대를 받았는데 이 일은 그의 평소의 반소감정을 더 강화시켰다.

이렇게 제네바를 자주 방문하던 과정에서 그는 오스트리아 빈 출신의 여성 프란체스카 도너(Francesca Donner)를 만나 만 59세이던 1934년 10월에 뉴욕시의 한 호텔에서 결혼식을 올렸다. 이 결혼은 그에게는 재혼이었다. 그는 1890년에 구습에 따라 16세 때 2년 정도 연상의 박승선과 결혼했던 것인데 아버지가 며느리를 못마땅하게 여김으로써 아버지와 아내 사이에 갈등이 깊어지자 사실상 이혼상태에 들어갔었다. 그녀는 재혼하지 않은 채 살다가 6·25전쟁 때 행방불명된 것으로 알려졌다. 이승만의 측근인사들 가운데 한 사람으로 그의 사생활에 대해서도 밝았던 이원순은 이승만이 이 소식을 듣고 안타까워했다고 회고했다.[55]

이승만의 외교선전노선은 무력항쟁을 부르짖은 이른바 무력파(武力派)에 의해 나약한 문치론(文治論)으로 비판됐다. 특히 그가 조선의 독립을 전제로 국제연맹이 조선을 일시적으로 일제에게서 해방시켜 위임통치해 줄 것을 청원한 사실은 무력파로 하여금 1925년 3월에 그를 임정의 대통령직으로부터 물러나게끔 탄핵하게 만든 한 요인이 됐다.

54 이승만과 임정의 관계에 대한 최근의 논문들로 다음을 지적할 수 있다. (1) 오영섭, 「이승만의 대한민국임시정부 통치구상」, 『한국민족운동사 연구』 61(2009년 12월), 69-97쪽 ; (2) 고정휴·김주용(金周容)·마쓰다 도시히코(松田利彦 : 송전이언)·서희경(徐希慶)·손과지(孫科志)·신용하·윤대원(尹大遠)·전상숙·정상우(鄭相宇)·정윤재·홍용표(洪鎔杓) 등, 『대한민국임시정부의 현대사적 성찰』(서울 : 나남, 2010), 제9장(「이승만의 대외인식과 임시정부 초기 독립외교」).

55 이원순, 『인간 이승만』, 63쪽.

그러나 그가 전적으로 외로운 존재가 된 것은 아니었다. 바로 그 시점에 국내에서 그의 배재학당동문이며 옥중동지였던 신흥우가 흥업구락부(興業俱樂部)를 발족시키고 그의 해외활동을 지원하기 시작한 것이다. 표면적으로는 산업진흥을 내세웠으나 내면적으로는 조선독립을 추구한 이 단체는 그 정체가 1938년에 일제경찰에 의해 발각되고 그 회원들은 투옥되지만, 그들은 이승만이 일제의 패망 직후 귀국했을 때 그에게 큰 힘이 된다.56

자신의 외교선전노선이 비판을 받았지만, 이승만은 굴복하지 않고 일관되게 이 노선에 서서 독립운동을 벌였다. 이러한 노력의 일환으로 그는 『일본내막기(日本內幕記)』를 1941년에 영문으로 출판해 일제가 가까운 장래에 미국을 상대로 전쟁을 도발할 것임을 경고하고 미국이 일제에 대해 유화정책을 계속할 것이 아니라 강력한 대결정책을 준비하고 실시해야 한다고 제의했다.57

『일본내막기』의 주제. 그러면 이 책의 내용을 구체적으로 살피기로 한다. 이 책은 서문과 15개 장 및 결론으로 구성됐다. 서문은 짧으나 이 책의 핵심적 주제가 잘 설명되어 있다. 우선 서문의 첫 문단(文段)을 인용하기로 하자:

> 나는 이 책을 세상에 내놓은 동기가 전쟁을 위해서가 아니라 평화를 위한 것임을 먼저 밝힌다. [⋯] 나는 가끔 오해를 받아 왔다. 나의 친구들은 동양문제를 이야기할 때, 때때로 "당신은 미국이 일본과 더불어 전쟁하게 될 것을

● ● ● ● ●

56 정병준, 『우남이승만 연구: 한국근대국가의 형성과 우파의 길』(서울: 역사비평사, 2005), 341-349쪽.

57 Syngman Rhee, *Japan Inside Out : The Challenge of Today* (New York : Fleming H. Revell Co., 1941). 이 책은 최덕신(崔德新) 옮김, 『일본의 이면』(서울: 우현사, 1954) 및 박(朴)마리아 옮김, 『일본내막기』(서울: 자유당선전부, 1954) 등의 역본이 있다. 최근의 역본으로는 이종익(李鍾益), 『일본군국주의실상』(서울: 나남, 1987)이 있다. 나는 이 역본에 의존했다.

바라는가" 하고 묻는다. 그러나 오히려 나는 때가 늦기 전에 미국이 일본을 견제함으로써 일본과의 전쟁을 피하기를 원하고 있다. 나는 이것을 이 책에서 이야기하고자 한다.[58]

이 문단에서 보이듯, 이 책은 일본이 미국을 상대로 전쟁을 걸어 올 것일 만큼 미국은 거기에 군사적으로 대비해야 전쟁을 피할 수 있을 것이라는 뜻을 기본으로 삼았다. 그리하여 이 책은 서문에서 일본이 미국을 상대로 전쟁을 일으킬 개연성이 매우 크다는 점을 다음과 같이 경고했다:

해군국(海軍國)으로서의 일본은 지금 태평양의 한 쪽에 강력한 위협을 주고 있다. […] 산불은 저절로 꺼지지 아니한다. 매일같이 다가온다. 수 년 전만 해도 여러분은 절박한 곤경에 대해 들릴 듯 말 듯한 속삭임을 들었을 뿐이다. 그만큼 멀리 있었던 것이다. 이것은 마치 화성이나 다른 유성에서의 일들처럼 생각됐다. 얼마 후에 여러분은 저쪽 먼 곳에서 올라가는 연기를 보았고 구름에 반사되는 커다란 불꽃을 보았다. 또 어떤 때는 심지어 불타는 나뭇가지들이 툭탁이는 소리까지 들었다. 그러나 이 불은 당신네들을 염려하게 만들기에는 너무 먼 곳에 있었다. 그러나 지금의 사태는 일변했다. 당신네들은 벌써 불기운으로 얼굴에 열이 오르기 시작했다. 그 열은 여러분을 괴롭힐 정도로 가까이 온 것이다.[59]

이 책에 따르면, 미국에 대한 일본침략의 위협은 눈앞에 닥쳐왔는데도 미국은 '무관심'하다. 미국은 "아직도 산불이 먼 곳에 있다고 생각하고 있으며", 한국인들과 만주인들과 중국인들에게 "자신들의 싸움을 하라고 하라. 그것은 우리의 일이 아니다"라고 말할 뿐이다. 그러나 그렇게 무관심하게 대처하다가는, "미국인 당신네들은 사업투자라든가

58 위와 같음, 19쪽.
59 위와 같음, 22-23쪽.

선교부, 대학, 병원 등 기타 당신들이 소유하고 있는 모든 것을 잃어버릴 것이다. 당신네들은 태평양에서의 군사훈련을 할 수 없을 것이다." 그렇기 때문에, 이 책은 미국을 향해 "당신네들은 지금 집에서 그리고 직장에서 나와야 한다"고 역설한다.

이 대목에서 우리가 중시해야 할 부분은 이 책이 일본의 멈출 줄 모르는 침략욕의 뿌리를 일본의 군국주의에서 찾고 있다는 점이다. 일본의 군국주의를 독일의 나치즘 및 이탈리아의 파시즘과 본질적으로 같은 선 위에 서 있는 전체주의로 파악하면서, 전체주의 국가들은 "그칠 줄 모르는 불가항력적인 전쟁이라는 수레를 움직이며 […] 문명과 인도에 폐허를 남기고 있다"고 본 것이다. 그리고 자유민주주의를 지키기 위해서는 이러한 전체주의에 굳건히 맞서 싸워야 한다고 주장했는데, 이러한 주장은 제15장 「민주주의 대 전체주의」에서도 제시됐다.

이후 15개 장을 일관하는 주장들은 서문에 나타난 이 주장들의 부연이다. 우선 제1장 「일본의 황도(皇道)와 전쟁심리」는 일본에서 황도가 성립된 과정과 황도의 이론적 구성을 자세히 분석하고, '신도적(神道的)인 신비주의'가 '극단적 애국심'으로 결합된 채 '특수한 전쟁심리'를 발전시켜 왔으며, 바로 그것이 해외에 대한 군사적 정복으로 이어져 왔다고 파악했다. 제2장은 「다나카 수기(田中手記 : 전중수기)」다. 군국주의 일본이 세계정복의 야욕을 구체적인 안(案)으로 만들어 놓은 한 보기가 "비밀리에 작성됐으나 일본 밖으로 몰래 새어나가 공개된 이 수기"라는 것이다. 이승만은 이 수기를 히틀러의 『나의 투쟁』에 비유하면서 이 수기에는 다음과 같은 구절이 포함됐다고 주장했다 :

> 동아시아의 여러 가지 어려움을 해결하기 위해 일본은 철혈정책을 취하지 않으면 안 된다. 세계를 정복하기 위해서 일본은 유럽과 아시아를 정복하지 않을 수 없으며, 그러기 위해서는 먼저 중국을 정복해야 한다. 장래에 우리가 만약 중국을 지배하고자 한다면, 제일차적 조치는 미국을 분쇄하는 것이다.

만약 우리가 중국정복에 성공한다면, 나머지 아시아국가들과 남양국가들은 우리를 두려워 항복할 것이다.[60]

그러면 다나카 수기란 무엇인가? 유감스럽게도 이 책은 이 수기에 대해 자세히 설명하지 않았다. 그러나 한 연구자에 따르면, "다나카 메모란덤이란 당시의 일본수상 다나카(田中義一: 전중의일)가 1927년에 있었던 이른바 동방회의[재중국일본외교관, 육해군성, 관동군, 참모본부, 군수뇌의 연석회의]의 결정을 토대로 중국침략의 방법과 순서를 구체적으로 기술한 상주문(上奏文)"이라고 한다. 공개적으로 출판된 히틀러의 『나의 투쟁』과는 달리 다나카 메모란덤은 극비문서로 작성됐고, 1931년에 일본이 만주를 침략하자 중국측에서 폭로한 것이지만 아직도 공식적으로는 확인되지 않고 있다."[61] 어떻든, 이 책은 이 문서의 실존을 전제로 일본의 세계제패계획에 대한 경각심을 일깨우면서, 미국인들에게 "양(兩) 대양에 해군을 빨리 배치하면 할수록 더 유리하다"고 강조했다. 이러한 맥락에서, 제4장 「중일전쟁의 시초」와 제10장 「일본인의 정복행(征服行)과 그 반향」이 쓰였고, 제11장 「미해군의 증강」이 제의됐다.

제3장은 「일본 그 정체를 폭로하다」이다. 이 장은 "1935년과 1936년은 전쟁을 위한 일본의 비밀 준비가 절정에 달한 시기"라고 주장하고, "일본은 그 군사적 준비를 완성한 다음에는 그가 쓰고 있던 가면을 벗어버리고, 과거의 페리 제독의 일본방문 당시와 같이 정중하고 온순하며 머리를 숙이는 민족이 아니라 이제는 전 세계가 존경하고 두려워해야 할 민족이 되었다는 것을 세계에 자랑했다."라고 지적했다. 1937년에 시작된 일본의 중국침략은 비밀리에 준비됐던 일본군사력의 공개적 노출이었으며, 그것은 머지않아 미국을 겨냥할 것이다. 그런데도 교

60 위와 같음, 54-55쪽.
61 손세일, 『이승만과 김구』, 99-100쪽.

활한 일본은 미국을 향해서는 가면을 쓴 채 "우리는 일본과 미국의 전쟁이 더없는 어리석은 일이라는 것을 잘 알고 있다. 미국인들은 일본이 바라는 바가 다만 미국과의 우호관계를 굳게 유지하려는 데 있다는 우리의 말을 믿어 주기 바란다."라는 거짓말을 한다고 폭로했다.

일본에 대한 이러한 경계심은 제12장 「일본의 선전은 저지되어야 한다」에서 되풀이됐으며, 미국이 일본의 감언이설에 더 이상 속아서는 안 된다는 경고는 제13장 「미국의 반전론자들」 및 제14장 「반전론자는 오열과 같다」에서 되풀이 됐다. 이 책은 곳곳에서 조선사람들이 국내에서 얼마나 뜨겁게 일제의 식민지배에 맞서 싸우고 있는가를 설명했다. 특히 1919년 3월 1일의 기미년독립운동을 자세히 소개하면서 그 뜻을 높이 기렸다.

그러면 이승만의 국제정치학적 지식과 안목을 보여 주는 이 책에서 우리는 그에게 특유한 어떤 정치정향(政治定向)을 발견하게 되는가? 첫째, 선악(善惡)의 구별과 우적(友敵)의 구별이 분명한 양분법이다. 여기저기에서 그가 사물을 선과 악으로 뚜렷하게 분별해 판단하고 있음을 보여 주는 부분들을 대하게 된다. 중간의 노선 또는 제3의 노선은 전혀 나타나지 않는다. 이것은 당시 일본군국주의의 악마적 성격에 비춰 당연했다. 둘째, 그러한 태도에 연장선 위에서 반전론자들 또는 평화옹호론자들 또는 온화주의자들을 적의 간첩으로 보았다. 셋째, 이것은 또 군사적 해결론으로 이어졌다. 넷째, 미국이 국제정치를 이끌어가야 한다는 굳은 믿음이다. 다섯째, 마르크스주의와 소련에 대한 불신, 그리고 중국에서의 공산주의운동의 전개에 대한 경계다. 여섯째, 물론 일본에 대한 철저한 불신과 증오다. 우리가 다음에서 보게 되듯, 이러한 정치정향은 해방 이후에도 그대로 나타난다.

이 책이 출판된 때로부터 몇 달 지나지 않아 1941년 12월에 일제는 미국 하와이의 진주만을 기습공격하면서 태평양전쟁을 일으켰다. 이승만의 통찰력이 입증된 셈이었다. 이에 따라 이 책은 3쇄를 기록할 정도로 많이 팔렸고 그는 워싱턴 일각에서 예언자라는 평을 받았다. 그리고 이때부터 미국은 '잊혀진 나라'였던 코리아에 관심을 두게 됐다. 이것에 약 6개월 앞선 1941년 6월 4일에, 대한민국임시정부 국무위원회 주석 김구 및 외무부장 조소앙(趙素昻)은 공동명의로 이승만을 임정주미외교위원장에 임명했었다.[62] 이로써 미국에서 임정과 재미교포단체들을 대표할 수 있게 된 이승만은 일제의 미국침공에 따라 코리아에 대해 관심이 발생하고 성장하는 흐름을 활용하면서, 미국정부를 상대로 임정을 승인해 달라는 교섭을 열성적으로 벌였다. 동시에 연합국들을 상대로 한국의 독립을 약속해 달라고 호소하는 활동을 다각적으로 벌였다. 임정승인교섭은 성사되지 않았다. 미국은 임정을 한인의 유일한 대표적 망명정부로 여기지 않았던 것이다. 그러나 그의 노력이 아주 헛된 것만은 아니었다. 미국의 주도 아래 연합국은 1943년의 카이로선언을 통해 코리아의 독립을 약속하게 된다.

그사이 이승만은 단파방송 「미국의 소리(VOA)」를 통해 국내의 동포들을 상대로 '저 포악무도한 왜적'이 멸망할 날이 멀지 않았음을 알리면서 용기를 갖고 일제에 맞서 싸우라고 격려했다. 그는 "미국정부로부터 우리 임시정부의 승인을 얻을 날이 가까워오며 승인을 얻는 대로 군비군물의 후원을 얻을 것"임을 강조하면서, 국내의 동포들은 "백배나 용기를 내어 우리 민족성을 세계에 한번 표시하기로 결심하자"고 호소했다. 1942년 6월부터 몇 주일동안 매일 반복해서 방송된 그의 '자유와 희망의 메시지'는 국내에서 그의 신화를 형성한다.[63]

일제패망 이후의 귀국과 반소반공노선의 제시.[64] 제2차 세계대전이

62 유영익, 『이승만의 삶과 꿈』, 190-192쪽.

63 정병준, 『우남이승만 연구』, 399-424쪽; 이한우, 『우남 이승만, 대한민국을 세우다』, 271-275쪽.

64 이 부분은 필자의 『해방공간의 주역들』(서울: 동아일보사, 1996), 「이승만」, 76-80쪽을 옮긴 것이다. 그리고 이 시기에 관해서는 Robert Oliver, *Syngman Rhee and American Involvement in Korea 1942-1960 : A Personal Narrative* (Seoul : Panmmun

끝나가는 시점에서 이승만은 소련의 '군사주의적 팽창주의'에 주목하게 됐다. 1945년 초 소련군이 동유럽을 석권하면서 이 지역국가들을 소련의 위성국들로 만들어 가는 것을 보고 그는 소련이 동아시아에서도, 예컨대 중국이나 한반도에서도, 똑같은 정책을 쓰리라고 예견한 것이다. 그는 특히 한반도의 38도선에서의 분할을 1945년 2월에 소련의 얄타에서 열린 전시연합국회담에서 미국이 소련에게 양보한 결과로 파악했다. 그래서 그는 미국정부를 상대로 미국이 절대로 소련에 대해 타협정책을 써서는 안 된다고 역설했다.

얄타회담에서는 한반도의 분할이 합의된 일도 없고 토론된 일도 없다. 이 회담에 임한 미국정부의 기본노선은 이른바 '얄타공식'으로, 2차대전 이후에 전개될 세계의 크고작은 문제들을 미국과 소련 사이의 '합의'에 따라 풀어 간다는 취지였다. 이 '얄타공식'에 반대되는 노선은 이른바 '리가(Riga)노선'으로, 소련은 믿을 수 없는 상대인 만큼 미국은 소련을 압박해 미국이 원하는 것들을 얻어내야 한다는 취지였다. 발틱의 세 나라들 가운데 하나인 라트비아의 수도 리가에 주재한 미국대사관에 근무하며 소련을 관찰하던 외교관들이 그러한 노선을 유지했다. 이 '리가노선'의 사람들에게, 도저히 설명되지 않는 한반도의 분할은 '얄타공식'을 추진한 대소협상파들이 소련에 넘어가 양보함으로써 실현된 것으로 읽혔던 것이다.

이승만의 반소언동(反蘇言動)은 곧바로 소련에 포착됐다. 그래서 소련은 북한으로 진공해 들어가던 시점에 그를 반동분자로 단정하고 경계하는 논평을 발표했다. 또 이 점 때문에 미국정부는 처음에는 이승만의 귀국을 허용하지 않았다. 소련과의 협상을 통해 한반도문제를 해결한다는 '얄타공식'을 여전히 지키던 미국정부로서는 철두철미한 반공주의자인 그가 귀국하면 미국의 대소(對蘇) 타협정책에 지장을 주는

Book Co., 1978)를 참조하는 것이 좋다. 다른 한편으로, 유영익, 『이승만의 삶과 꿈』, 제2부 「이승만의 꿈」은 이승만의 건국 이상을 매우 치밀하게 설명했다.

행동을 하리라고 계산했기 때문이다.

그러나 남한을 점령한 뒤 미국정부의 생각은 부분적으로 바뀌게 됐다. 남한이 좌익에 의해 장악됐으며 더구나 북한을 점령한 소련이 북한의 소비에트화(化)에 착수했다고 판단한 미국은 남한에 강력한 반공지도자가 나타나야 되겠다는 결론에 이르게 됐다. 그리하여 이승만의 귀국을 돕게 된 것이다. 그러나 미국정은 그를 임정의 초대 대통령으로서나 현직 구미외교위원장으로가 아니라 개인자격으로 돌아올 수 있게 했다.

이승만이 1945년 10월 16일에 귀국한 사실이 밝혀지면서 좌우익 모두가 그를 영수로 모시고자 했다. 남한의 많은 사람들은 "뭉치면 살고 헤어지면 죽는다"는 통합지향적 구호를 외치는 그의 카리스마적 지도력 아래 전국적 구심점이 형성될 것으로 기대했다. 그러나 이승만은 반공노선을 분명하게 밝혔다. 조선의 공산주의자들도 모두 소련공산당의 추종자인 것으로 여기고 이 세력을 그대로 두면 결국 소련의 한반도공산화정책에 이용될 뿐이라고 경계한 것이다. 이러한 그의 정세판단은 조선공산당을 비롯한 좌익세력을 멀리하게 만들었고 한국민주당, 약칭 한민당을 비롯한 우익세력과 손잡게 만들었으며 이러한 바탕위에서 그는 조선독립촉성중앙협의회를 발족시키기에 이르렀다.

대소유화정책 비판. 이렇게 볼 때, 1945년 12월 말에 발표된 「모스크바 의정서」를 계기로 1946년 1월부터 남한정계가 좌우익으로 명백히 나뉘자 이승만이 우익의 남조선대한국민대표민주의원에 참여한 것은 당연한 논리의 귀결이었다. 그는 이 기구의 의장으로서 「모스크바 의정서」에 포함된 신탁통치 조항에 대한 반대운동, 곧 반탁운동을 이끌며 「모스크바 의정서」를 지지하는 좌익세력의 집결체인 민주주의민족전선에 맞서 싸웠다.

이승만의 이 노선은 미국정부를 당황하게 만들었다. 미국의 트루먼(Harry S. Truman) 행정부는 소련과 합의한 「모스크바 의정서」에 따라 미소협조에 기초해 한반도에서 좌우합작과 남북협상을 성사시켜 남북을 통틀은 조선임시정부를 세우려는 계획이었기 때문이다. 실제로 미국은 이 목적을 위해 미소공동위원회를 열기도 하고 좌우합작운동을 뒷받침하기도 했다. 이승만은 미국의 이러한 정책을 맹렬히 공격했다. 소련의 '침략적 팽창주의'의 본질을 모르는 유화주의자들이 한반도정책을 오도하고 있으며 미국의 구상대로 일을 추진하다가는 결국 남한마저 소련에 의해 공산화될 것이라고 경고한 것이다. 그는 남한이 좌우익투쟁에 빠져 표류하고 있음에 반해 북한은 소련점령군의 소비에트화정책에 따라 이미 사실상의 단독정권도 세웠고 정규군도 만들어가는 현실을 상기시키기도 했다.

이러한 정세인식은 이승만으로 하여금 '남한단정론'을 공개적으로 펴게 만들었다. 1946년 6월 3일에 전라북도 정읍(井邑)에서의 발언을 통해 그는 북한의 북조선림시인민위원회에 맞설 수 있는 정부적 조직을 남한에서도 발족시켜야 한다고 제의한 것이다. 이 무렵 그는 조선독립촉성중앙협의회를 대한독립촉성국민회로 개편해 여기에 여러 '우익적' 정당들과 단체들을 끌어들이고 자신의 세력기반으로 삼았다.

이승만의 남한단독정부수립불가피론은 동경에 자리 잡은 태평양지역연합군최고사령관 겸 미극동군사령관 맥아더(Douglas MacArthur) 원수의 주목을 받았다. 그리하여 맥아더의 도움 아래 그는 1946년 12월 초에 미국으로 건너가 미국의 조야를 상대로 설득전을 폈다. 그의 설득전은 시의적절했다. 미국은 마침내 1947년 봄에 트루먼 독트린을 발표하면서 소련에 대한 종전의 유화정책을 버리고 소련의 팽창주의와 세계적화전략에 과감히 맞설 것임을 다짐했다. 이것은 한반도에서는 결국 「모스크바 의정서」를 포기하고 남한단독정부수립노선으로 전환할 것임을 예고한 것이나 다름이 없었다.

그리하여 이승만은 1947년 4월에 귀국한 뒤부터 본격적으로 단독정부수립운동에 들어갔다. 이 무렵 북한에서는 소련의 명령을 추종하는 북조선로동당중심의 단독정권이 이미 기능하고 있었으므로 이들과 협상해 조선임시정부를 세우는 일은 매우 어렵다는 인식이 남한에서 확산되고 있었다. 특히 남한에서 좌익세력이 벌인 갖가지 유혈투쟁들이 남한의 많은 사람들에게 염증을 느끼게 한 뒤여서 그의 단독정부수립운동은 폭넓은 호응을 받게 됐다. 그는 유엔으로부터도 후원을 얻게 됐다. 미국이 주도하던 유엔은 우여곡절 끝에 남한에서만이라도 유엔한국임시위원단(UNTCOK)의 참관 아래 1948년 5월 10일에 총선거를 실시하기로 결정한 것이다. 북한과 남한의 지하좌익은 물론 김구(金九)와 김규식(金奎植)을 비롯한 저명한 우익적 독립운동세력의 일부 지도자들도 5·10총선이 남북분단을 고정화시킨다는 이유로 거부했으나 이승만은 미군정의 뒷받침과 한민당을 비롯한 우익정당들의 적극적인 협력에 힘입어 그대로 추진할 수 있었다. 이 선거의 결과로 제헌국회가 구성됐다. 제헌국회는 이승만을 대한민국의 초대 국회의장으로 선출했다.

기독교입국론과 일민주의. 제헌국회는 헌법의 권력구조를 둘러싸고 논란을 벌였다. 한민당은 의회내각제를 제의했고, 이 제의가 거의 받아들여지는 것처럼 보였다. 그러나 이승만은 이 구조 아래서는 정부에 참여하지 않겠다고 선언했다. 그는 20대 청년으로 감옥생활을 하던 때부터 선호한 대통령제가 채택되기를 바랐던 것이다. 결국 제헌의회는 이승만의 강력한 의지를 좇아 대통령제를 채택했다. 대통령제는 1960년 8월부터 1961년 5월까지 9개월에 걸쳐 의원내각제를 채택했던 제2공화정의 시기를 제외하고는 대한민국 헌법의 권력구조에서 몇 차례의 변형을 거치면서 기둥을 형성한다.[65]

● ● ● ● ●

65 이 주제에 관한 나의 견해는 다음에서 설명됐다. "The Influence of the American Constitution on South Korean Constitutional Development Since 1948," in Hakjoon Kim, *Korea's Relations with Her Neighbors in a Changing World* (Seoul and Elizabeth, NJ. : Hollym International Corp., 1993), pp, 137-153.

대통령제헌법이 발효함에 따라 이승만은 제헌국회에서 7월 20일에 대한민국의 초대 대통령으로 선출됐다. 부통령에는 임정중심의 항일독립운동가 이시영(李始榮)이 선출됐으며, 이승만이 대통령으로 선출됨에 따라 공석이 된 국회의장에는 역시 임정중심의 항일독립운동가 신익희(申翼熙)가 선출됐다. 이승만은 곧 조각에 착수해 한민당을 사실상 버리다시피 하고 될 수 있는 대로 항일독립운동가이거나 무색투명한 명망가를 기용하고자 했다. 국무총리 겸 국방장관에 임정 광복군출신의 이범석(李範奭)을 그리고 대법원장에 항일변호사 출신의 김병로(金炳魯)를 임명해 국회의 동의를 얻은 것이 그 대표적인 보기들이다. 이러한 과정을 거쳐 1948년 8월 15일에 대한민국정부수립이 공표됐다. 이 정부는 1960년 4월혁명으로 붕괴될 때까지 제1공화정이라고 불렸다.[66]

제1공화정을 일관한 이승만의 정치사상은 어떻게 설명될 수 있을까? 첫째, 그는 자신의 평소의 신조이던 기독교입국론을 되풀이했다. 그는 1948년 7월 24일에 개최된 대통령 취임식에서 "여러 번 죽었던 이 몸이 하느님 은혜와 동포들의 애호로 지금까지 살아 있다가 오늘에 이와 같이 영광스러운 추대를 받았습니다."라는 말로 취임사를 시작하고, 곧 "하느님과 동포 앞에서 나의 직책을 다하기로 한층 더 결심하며 맹서합니다."라고 다짐했다. 이것은 그가 20대 젊은이로서 받아들였으며 평생에 걸쳐 유지한 기독교신앙의 부분적 노출이었다.[67] 그 이후의 여러 연설들에서도 그는 기독교적 분위기를 반영했다. 실제로 그는 대

66 대통령으로서의 이승만의 연설들은 다음에 포함됐다. 『대통령리승만박사담화집』(전3권). 이 책은 현재 제2권만이 서울대학교 도서관에 소장되어 있다. 이승만과 제1공화정에 대해 비판적인 최근의 학술서들 가운데 대표적인 사례로 다음을 지적할 수 있다. 서중석, 『이승만과 제1공화국: 해방에서 4월혁명까지』(서울: 역사비평사, 2007).

67 이승만대통령의 취임사 전문은 다음에 수록됐다. 『월간조선』 2000년 5월호, 176-179쪽.

통령 재임기간을 통해 기독교친화적 정책을 써서 대한민국에서 기독교가 크게 성장하도록 도왔다. 그리고 그 본질에서 자유주의적인 기독교는 대한민국사회의 자유화에 적잖게 이바지했다. 그렇다고 해서 그가 다른 종교들을 배척한 것은 아니었다. 1952년과 1954년에 각각 사찰보호에 관한 지시를 내렸으며 1954년과 1958년 사이에는 유교를 격려하는 담화를 발표했다. 그는 어려서 형성된 유학교육의 영향과 불교친화적 잠재의식에서 해방되지는 않았던 것이다.[68]

둘째, 이 기독교입국론과 표리관계를 이뤘던 것이 '민주주의입국론'이다. 그는 우선 취임사에서 우리나라는 '민주정부'을 지향해야 한다고 거듭 말하고, 그것을 "국회에서 정하는 법률을 민의대로 준행하는 것"으로 풀이하면서 국회는 "극렬한 쟁론을 벌이다가도 다수결의 원칙에 따라 최종 결정을 내려야 한다"고 덧붙였다. 그는 이어 1948년 8월 15일에 열린 「대한민국정부독립선포식」에서 「독립기념사」를 낭독하는 가운데 자신은 '민권과 개인자유를 보장하는 […] 민주정체'의 건설을 지향하겠다고 밝혔다. 우리나라의 현실에서 독재정치를 실시해야 한다고 주장하는 사람들도 있으나 그것은 절대로 안 된다고 말하면서, 대한민국은 자유민주주의의 노선을 지켜야 한다고 강조했다. 보다 구체적으로, 그는 "사상의 자유는 민주국가의 기본적 요소이므로 자유권을 사용해 남과 대치되는 의사들을 발표하는 사람들을 포용해야 할 것"이라고 부연했다.[69] 이 연설에서 주목되는 또 다른 대목은 "도시에서나 농촌에서 근로하며 고생하는 동포들의 생활정도를 개량하는 데 전력할 것"이라는 다짐이다. 그는 "노동을 우대하여 법률 앞에서는 다 동등(同等)으로 보호할 것"이라고 약속하면서 "경영주들은 노동자들을 이용만 하지 못할 것이요, 노동자는 자본가를 해롭게 못할 것"이라는

68 이주영, 『이승만과 그의 시대』(서울: 기파랑, 2011), 202-206쪽.

69 『동아일보』 1948년 8월 15일, 1쪽. 연설 전문은 다음에 수록됐다. 『월간조선』 2000년 4월호, 180-182쪽.

일종의 지침을 제시했다.

이승만의 '민주주의론'은 '일민주의론(一民主義論)'으로 구체화됐다. 그는 대통령에 취임한 직후부터 대한민국의 국시로 일민주의를 제창한 데 이어 1949년에 자신의 이름으로 출판된 『일민주의 개설』에서, "일민이라는 두 글자는 자신의 50년 운동의 출발이요 귀추라고 천명하고 일민주의를 신흥국가의 국시로 만들겠다"고 다짐했다.[70] 일민주의의 4대 정강은 (1) 문벌을 타파해서 반상의 구별을 없이 할 것, (2) 빈부를 동등하게 대우하고 자본가와 노동자가 협조해서 같이 이익을 보게 할 것, (3) 남녀동등을 실행할 것, 그리고 (4) 지방구별을 없게 할 것이었다.[71]

이러한 내용의 일민주의론은 이론적으로 충실히 정제되지 못했다는 지적을 받을 만했다. 또 그것들 가운데 대부분은 1894년의 갑오개혁 때 공식으로 채택된 것들이어서 새롭지는 않았다. 비록 그렇다고 해도, 35년의 일제강점과 3년의 미군점령을 끝낸 직후에 신생독립국가가 직면했던 시대적 상황에 비춰 진보적이었다. 그것들은 신생독립국으로서 반드시 해결해야 할 과제들을 담고 있었다. 특히 제3항은 평등을 지향하는 사회주의적 분위기마저 지녔다. 그러나 일민주의는 지도자 한 사람의 영도를 지나치게 강조한 탓으로 생명력을 유지하지 못한 채 사실상 소멸된다. 서중석(徐仲錫) 교수는 그것을 파시즘적 이론으로 비판했다.[72]

셋째, 이승만은 토지는 농민대중에게 귀속돼야 한다는 개혁적 사상에 따라 '좌익'으로 알려진 제헌국회의원 조봉암(曺奉岩)을 농림부장관

70 이승만, 『일민주의 개설』(서울 : 일민주의보급회, 1949), 7-8쪽. 서중석, 『이승만의 정치이데올로기』(서울 : 역사비평사, 2005, 초판 1쇄 ; 2006 초판 2쇄), 15쪽에서 다시 옮김.

71 위와 같음.

72 '일민주의'를 파시즘으로 해석하고 그것을 이론적으로 비판한 대표적 학자는 서중석 교수다. 서중석, 『이승만의 정치이데올로기』, 15-16쪽.

에 기용해 농지개혁을 추진했다. 저항이 뒤따랐으나, 국회에서의 협상을 거쳐 1950년 3월에 농지개혁법을 공포하기에 이르렀다. 이 시대를 깊이 연구한 이주영 교수는, 이로써 이승만은 역사적 과제들 가운데 하나로 여겨진 토지개혁을 성사시켰다고 평가했다.[73] 미흡함이 없지는 않았지만, 그것의 정치적 의미는 컸다. 우선 토지자본이 산업자본으로 전환될 수 있는 기틀이 마련됨으로써, 대한민국이 뒷날 산업화를 추진하는 데 밑거름이 됐다. 게다가 많은 농민들은 자신들의 토지를 갖게 됐다고 기뻐할 수 있었다. 특히 북한공산정권의 남침이 시작되기 3개월 전에 발효됐기에, 남침 직후 남한을 점령한 북한공산정권이 실시한 토지분배가 남한의 농민들을 휘어잡는 데 제동을 걸 수 있었다.[74]

반소반공과 친서방의 노선. 이승만은 확실히 대한민국정부수립의 걸출한 지도자였다. '병든 가지'를 쳐내지 않으면 나무 전체가 썩게 되듯 공산당이라는 '병든 가지'를 잘라내지 않으면 한반도 전체가 또는 남한마저 공산당과 소련에 먹히고 만다는 굳은 신념으로[75] 반공반소의 노선을 걸었기에 대내외적으로 매우 어려운 상황 속에서 대한민국은 세워질 수 있었다. 그의 굳건한 반공반소노선은 일부 정치인들과 일부 학자들로부터 '권력을 유지하기 위한 수단'이라는 비판을 받았다. 예컨대, 서중석 교수는 이승만이 '국시(國是)'로 표방한 '반공'이 '극우적이면서 극단적인 냉전이데올로기'였다고 평가하고, "이러한 반

73 이주영, 『이승만과 그의 시대』, 155-156쪽.

74 이승만의 농지개혁은 다음에서 자세히 분석됐다. 김일영(金一榮), 『건국과 부국 : 현대한국정치사 강의』(서울 : 생각의 나무, 2004), 106-116쪽. 김일영 교수는 이 책을 개정해 다음과 같이 출판했다. 김일영, 『건국과 부국 : 이승만·박정희시대의 재조명』(서울 : 기파랑, 2010). 농지개혁에 대한 설명은 역시 106-116쪽에 있다. 이 부분은 다음에서도 토론됐다. 이한우, 『우남 이승만, 대한민국을 세우다』, 390-397쪽.

75 허정, 「이승만」, 동아일보사 신동아편집실 편, 『한국근대인물백인선』(서울 : 동아일보사 출판국, 1970), 172쪽. 『신동아』 1970년 1월호 부록으로 출판된 이 책은 1979년에 원형 그대로 복간됐다.

공체제하에서 지배층은 친일파·친미파였고, 그러한 극우반공체제를 떠받쳐 준 지주는 미국과 일본이었다"고 비판했다. 그는 또 "극우반공체제에서는 극우세력, 그것도 권력의 정상에 추종하는 극우세력만이 자유로울 수 있었다. 야당은 극우반공이데올로기로 무장되어 있었음에 불구하고 탄압의 대상이 되었다"고 덧붙였다.[76]

그러한 비판이 전면적으로 부인될 수는 없지만, 미소대결과 남북대결이라는 냉전적 상황을 고려할 때 이 노선은 이해될 수 있었다. 그것은 1950년 6월 25일에 시작된 북한의 전면적 남침전쟁으로부터 대한민국을 수호하는 데 이바지했으며, 1953년 7월 27일에 휴전협정이 맺어진 뒤 한미상호방위조약을 미국으로부터 끌어내 대한민국의 안전을 확보하는 데도 이바지했다. 특히 이 노선은 친서방의 노선으로 연결돼, 대한민국이 서방세계의 일원으로 간주됨으로써 서방세계에서 고립되지 않도록 만들었다. 무엇보다도 이 노선은 친미노선으로 이어져 대한민국이 미국이 주도하는 해양문명권의 일원으로 편입돼 새로운 발전의 기틀이 마련되도록 만들었다.[77]

다른 한편으로 이승만은 반공반소에 치중한 나머지 공산당과 소련에 반대한다면 친일파라도 끌어안는다는 정책을 취해 친일파와 일제유산을 시원스럽게 제거하지 못했다. 이 사실은 서중석 교수를 비롯한 적잖은 학자들에게 자주 비판의 대상이 됐다.[78] 이러한 비판에 대해, 이주영 교수는 다음과 같이 그를 변호했다:

> 신생국을 이끌고 기아 할 대통령이 된 이승만이 볼 때, 국가의 성공적인 출범을 위해 국민을 단합시키는 일이 무엇보다 중요했다. 그 때문에 이승만은 소수의 극악한 경우를 제외하고는 대부분의 친일행위는 식민지백성으로

76 서중석, 『배반당한 한국민족주의』(서울: 성균관대학교 출판부, 2004), 66-67쪽.
77 이주영, 『이승만과 그의 시대』, 212쪽.
78 위와 같음, 제4장(「친일파의 존재양태와 구조적 성격」).

> 서는 어쩔 수 없었던 일로 관대하게 볼 수밖에 없었다.
>
> 더군다나 인재부족으로 허덕이는 건국 초기에 친일행위를 문제 삼게 되면 인재를 찾기가 더욱더 어려워지게 될 것이었다. 그래서 이승만은 지난날에 얽매여 앞날을 그르치기보다는 앞으로 할 일이 더 중요하다고 생각했다. 따라서 처벌대상을 가능한 한 줄이고 증거가 불충분할 경우에는 관대한 쪽으로 처리해야 한다고 주장했다. 그 문제는 나라 전체에 손해가 되지 않도록 신중하게 처리되어야 한다고 생각했다.[79]

이승만의 반공반소노선은 국내적으로만 추구된 것이 아니라 대외관계에서도 추구됐다. 소련과 동유럽의 공산국가들, 그리고 중화인민공화국 및 북베트남에 대해 반공정책으로 대응한 것은 대한민국의 탄생배경과 6·25전쟁의 발발배경 그리고 중공의 군사적 개입으로 말미암은 통일의 좌절을 고려할 때 충분히 긍정될 수 있다. 그러나 그는 그 선을 넘어서서 인도를 포함한 지도적인 비동맹국가들에 대해서도 비우호적인 정책이 아니라 적대적인 정책을 썼다. 20대 청년으로서의 감옥생활 때 이미 '중립국'에 대해 불신을 표시했던 그의 신조에 미뤄 이해될 수는 있다. 인도의 경우, "그와 네루 총리 사이에는 개인적인 증오감정이 흐르고 있었다."[80] 그것은 아마도 1950-1953년의 6·25전쟁 때 네루가 보여 준 '친중공적 중립정책'으로 말미암아 조성됐을 것이다. 그렇지만 이른바 비동맹권이 형성되고 비동맹권의 발언권이 커지기 시작한 1950년대의 변화하는 국제환경에 신축적으로 대처하지 못한 것이 그의 반소반공노선의 한계였다.

강대국들로부터의 독립을 부르짖었던 이승만은 미국에 대해서도 저항할 필요가 있는 경우에는 저항하는 용기를 보여 주었다. 휴전협정의 체결을 앞둔 시점에, 강대국이 추구해 온 휴전협정을 파탄시킬 수 있는 위험을 무릅쓰고 미국에 맞서서 반공포로들을 과감히 석방한 것은

79 이주영, 『우남 이승만 그는 누구인가?』, 128쪽.

80 이원순, 『인간 이승만』, 375쪽.

그가 아니면 할 수 없는 쾌거였다. 또 일본과 국교를 수립하라는 미국의 끈질긴 요구에 맞섰을 뿐만 아니라 일본의 거센 항의를 내다보면서도 평화선을 선포한 것 역시 그가 아니면 할 수 없는 용단이었다.

이러한 업적에 자신감을 가졌던 때문인지, 이승만은 독재자의 길로 기울어갔다. 자신의 정치도구로 자유당을 창당한 직후인 1952년 여름에는 임시수도 부산에서 이른바 정치파동을 통해 직선제개헌안을 통과시켜 대통령 재선에 성공했다. 계엄령을 선포하고 그 아래서 경찰력과 헌병병력 및 폭력집단들을 동원해 국가와 야당 및 반대자들을 협박함으로써 빚어진 이 정치파동은 분명히 비민주주의적인 행위였다. 다만, 그때는 전쟁이 계속되고 있었다는 데서, 그리고 대통령의 선출권을 국회로부터 국민에게 돌려준다는 데서, 어느 정도 합리화의 명분을 찾을 수는 있었다.

그러나 이승만은 거기서 한 걸음 더 나아갔다. 2년 뒤인 1954년에는 중임을 금지했던 헌법을 사사오입(四捨五入)의 방식으로 개정해 3선의 길을 열었다. 그리하여 그는 1956년에 대통령 3선에 성공했다. 1958년 5월에 실시될 제4대 국회의원선거를 앞두고는 야당 진보당을 탄압하기 위해 당수 조봉암과 그 간부들을 불법적인 방법으로 수사하고 고문한 끝에 조봉암을 사형대에 올려 세우기까지 했다. 1960년 3월 15일에 실시될 정부통령선거를 앞두고, 그 스스로는 실상을 정확히 파악하지 못했는지 몰라도, 그가 임명한 내무부장관 최인규(崔仁圭)는 자유당 강경파와의 교감 아래 조직적이면서 전국적인 부정선거를 저질렀다. 이러한 일들은 그가 평생에 걸쳐 옹호한 자유민주주의 이념과 체제를 자기 스스로 부인하는 것이었고 대한민국의 국기(國基) 자체를 심각하게 침해하는 것이었다. 국민은 1960년 4월혁명으로 그가 이끌던 자유당정권을 응징했으며, 그는 하와이로 망명했다가[81] 1965년에 호놀룰루시

81 이승만의 망명에 대해서는 그때 과도정부를 이끌었던 허정(許政) 수반의 회고록 『내일을 위한 증언』, 227-242쪽에서 읽을 수 있다.

에서 별세했다. 시신은 많은 국민들의 애도 속에 고국으로 돌아와 가족장으로 국립묘지에 안장됐다. 향년 만 90세였다.

뉴욕대학교 정치학박사로 명지대학교 법정대학 학장을 역임한 양자 이인수(李仁秀) 교수가 '건국대통령 이승만박사'의 기념사업을 사실상 이끌고 있다. 대한민국의 국무총리직을 역임한 정치지도자들뿐만 아니라 각계각층의 지도자들은 그 연장선 위에서 3선개헌과 3·15부정선거 위주로 각인된 그의 이미지를 개선시키려는 운동을 활발히 전개하고 있으며 국민들 사이에 공감을 확산시키고 있다.[82] 그 과정에서, 그의 대통령재임기간에 보통교육이 의무화됐으며 국민의 문자해득률이 높아져 뒷날 한국의 성장과 발전의 토대를 형성한 사실, 정부와 군에서 전문관료들이 성장한 사실, 원자력의 중요성을 인식해 원자력기술을 도입한 사실, 그리고 특히 1958년 이후 산업발전의 토대를 형성한 사실 등이 새롭게 평가됐다. 또 그가 망명한 직후 이뤄진 그의 재산에 대한 조사는 그가 부정축재한 일이 없음을 보여 주었다.[83]

이승만과 아데나워. 이승만은 전반적으로 보아 우리가 흔히 서독이라고 불렀던 독일연방공화국의 초대 총리 콘라드 아데나워(Konrad Adenauer)에 비견될 만했다. 이승만은 1875년생이었는데 아데나워는 1876년생이었고 이승만은 1965년에 별세했는데 아데나워는 1967년에 별세했다. 모두 90세를 넘게 살았다. 이승만이 일제의 조선강점에 맞서 일관되게 투쟁한 것과 마찬가지로 아데나워는 나치독일시대에 은둔하거나 지하에서 싸웠다. 이승만이 분단상황에서 대한민국을 세우고 12년에 걸쳐 집권한 것과 비슷하게 아데나워 역시 분단상황에서 독일연

82 그러한 재평가작업의 일환으로 안병훈(安秉勳) 전 조선일보사 편집국장이 설립한 출판사 기파랑은 2011년부터 인보길(印輔吉) 편집의 『이승만 다시 보기』와 이주영 저술의 『이승만과 그의 시대』를 펴냈다.

83 이승억, 「4·19직후 이승만·이기붕일가 재산조사기록: 특정재산조사위원회, 1960-1961, 특정재산조사관계철(관리번호 BA0214219)」, 『기록보존』(대전광역시: 행정자치부 정부기록보존소, 2000), 제13호, 221-236쪽.

방공화국을 세우고 14년에 걸쳐 집권했다. 국제냉전의 시대에 이승만이 반소친서방의 길을 걸었듯, 아데나워 역시 반소친서방의 길을 걸었다. 이승만이 북한의 공산정권을 인정하지 않았듯, 아데나워 역시 동독의 공산정권을 인정하지 않았다.

그러나 이승만이 반민주적 행위들을 때때로 저질렀음에 비해, 아데나워는 그러하지 않았다. 그래서 아데나워는 오늘날에도 '국로(國老)'로 독일국민들의 존경을 받는다. 서독과 동독 사이에는 전쟁이 없었다. 이에 비해, 대한민국은 북한공산정권의 전면남침으로 엄청난 희생을 감내해야 했고 그 이후에도 북한의 재침개연성을 걱정하면서 대비해야 했다. 이 상황이 아마도 두 지도자들 사이에 차이를 만들어 냈는지 모른다.

제10장

요약과 결론

제1절 기본적 사실들의 요약 및 논평

제2절 결론

이제까지 우리는 고조선 이래 조선왕조의 후기까지 조선에서 전개된 정치사상들과 정치이론들을 살폈으며, 구한말에 서양정치학이 수용되는 과정과 그리고 그렇게 수용된 서양정치학의 내용을 유길준과 안국선과 애국계몽운동가들 그리고 이승만 등을 통해 살펴보았다. 이 부분에서는 우선 우리가 살핀 것들을 요약하고 논평한 뒤, 이어서 결론을 제시하고자 한다.

제 1 절 기본적 사실들의 요약 및 논평

1 구한말에 서양정치학이 전래되고 수용되기 이전의 조선의 역사에서도 그 나름의 정치학이 엄연히 존재했다. 그것은 대체로 '치(治)의 학' 또는 '경국(經國)의 학' 또는 '이국(理國)의 학'이라는 표현으로 압축된 유학적=성리학적=주자학적 정치학이었다.

이 유학적=성리학적=주자학적 정치학의 출발점은 "군주는 하늘의 뜻을 받들어 하늘을 대신해 백성을 다스린다['치']"는 이른바 천명사상이었다. 이처럼 주권의 소재를 군주에게 귀일시키고 군주와 백성의 관계를 치자와 피치자의 관계로 이해했으며, 따라서 중심적 주제는 군주가 백성을 상대로 사랑으로써 시혜하며 보호하고 교도하며 길러 주어야 한다는 취지에서의 애민(愛民)과 보민(保民)과 목민(牧民) 및 양민(養民)이었다. 이처럼 '치'의 출발점을 군주에 두었기에, 그 시대에 개발된 이론들은 군주가 '성인(聖人)'이 돼야 정치를 바르게 할 수 있다는 '성인군주론' 또는 '내성외왕론'으로 귀결됐다. 이 점에서, 유학적 정치학은 플라톤의 '철인왕' 이론과 본질에서 다르지 않았다.

그렇다고 하여, 조선의 유학적=성리학적=주자학적 정치학이 절대군주론을 옹호하지는 않았다. 조선의 유학적 정치학은 삼국시대 이후 일관되게 제한군주론을 옹호했다. 신하들에 의해, 또는 귀족들에 의해, 그리고 궁극적으로는 공론에 의해, 군주의 권력이 제한돼야 한다는 뜻이었다. 조선왕조의 개국공신 정도전에 이르러서는 사실상 군주는 상징적인 존재로 군림하고 재상이 '치'를 담당해야 한다는 수준으로까지 발전했으며, 조선왕조의 중기에는 군주가 신하와 함께 정사(政事)를 이끌어야 한다는 '공치(共治)'의 이론이 전개됐고, 조선왕조의 후기에 이르러서는 신하가 군주를 선택할 수 있다는 신택군론(臣擇君論)이 일부 신하들 사이에 확산됐다. 동의반복(同意反復)이지만, 이 이론들도 중국의 유학경전들 가운데 어느 하나나 둘에 전거를 두었다.

제한군주론과 더불어 폭군방벌론 역시 정립되어 있었다. 이것은 맹자의 가르침에 바탕을 둔 것으로, 삼국시대 이래 조선의 역사에서 이 이론은 현실정치에 때때로 구현됐다. 제한군주론은 조선왕조의 초기에 왕권에 대한 신권우위론(臣權優位論)으로 나타났다. 신권우위론 역시 중국의 고전에 근거를 둔 정치이론이었다. 이 신권우위론에 맞서 왕권우위론(王權優位論)을 확립한 군주가 '호랑이 눈'으로써 사람들을 위압했던 3대 태종이었다. 그러나 그가 죽은 뒤 4대 세종의 치세에서 신권우위론이 다시 자리를 잡았다. 세종은 신하들을 슬기롭게 가려 뽑고 그들을 존중함으로써 그들로부터 '성군(聖君)'의 칭송을 받을 수 있었다.

그 이후, 제한군주론과 폭군방벌론 및 신택군론에 대한 반발은 조선왕조의 영조와 정조에 의해 제기됐다. 그들은 절대군주론이라는 새로운 군주론을 제기했던 것이다. 그러나 시대적 흐름은 마침내 주권재민론의 방향으로 나아갔다. 조선왕조 해체기의 첫 군주인 순조 때 정약용은, 비록 이웃 청나라의 혁명적 정치사상가 황종희에 비해 훨씬 늦었지만, 주권재민론의 싹을 보인 것이다.

제한군주론=신권우위론과 함께 제기됐던 유학적 정치이론이 고려시대에도 등장했지만 조선왕조의 초기에 더욱 두드러지게 제기된 공론정치론이었으며 중기에 등장한 붕당정치론이었다. 현대정치학의 개념으로는, 앞의 것은 정치소통론이고 뒤의 것은 정당정치론이었다. 그러나 그것들 역시 중국의 고전에 바탕을 둔 것이었다. 예컨대, 붕당정치론에서 '붕'과 '당'의 개념은 송나라의 성리학자들이 제기하고 개발한 것이었다. '붕'과 '당'을 형성할 때는 '소인'과 '군자'를 제대로 변별해야 한다는 뜻의 '소인군자변'도 중국의 유학자들이 개발한 개념이었다.

국제관계론 역시 유학적=성리학적=주자학적 정치학의 큰 테두리 안에서 성립됐다. 그것은 중국의 한족이 세운 나라를 중화라고 보고 그 주변의 나라들을 이적이라고 보는 화이론이었다. 고려왕조의 조정도 그러했지만 조선왕조의 조정은 더욱 이 화이론에 기초해 국제관계를 파악했다. 예컨대, 조선왕조의 이른바 사대교린론은 화이론의 산물이었다.

[2] 삼국시대 이래 조선의 정치사상들과 정치이론들을 돌이켜볼 때 공통적으로 떠오르는 것이 하나 있다. 이미 앞에서 나타났듯, 그것들은 전적으로 중국의 정치사상들과 정치이론들로부터 파생했거나 그것들을 답습했다는 사실이다. 유학적=성리학적=주자학적 정치학에서, 삼국시대·고려시대·조선시대를 가리지 않고, 유교의 경전들과 중국의

역사책들이 기본적인 전거였다. 그래서 우리가 추앙하는 전통적 성리학자들인 포은 정몽주·정암 조광조·퇴계 이황·율곡 이이는 말할 것도 없고 그 틀에서 어느 정도 벗어나고자 한 것으로 비쳐진 반계 유형원이나 성호 이익과 같은 실학자들조차 모두 중국유학의 주제어들을 자신들의 주제어들로 삼았다. 우암 송시열은 이미 그가 살던 시절에 무슨 연유로 '주자(朱子)'라고 불리며 존경을 받았던가? '주자'라는 말 그대로 중국의 성리학자 주희의 가르침들을 깊이 깨우치고 그것들에 충실했으며 그것들을 사수했기 때문이다. 송시열의 주제어들은 중국 유학들의 주제어들이었음은 말할 필요가 없다. 그는 그것들로부터 한 걸음이라도 벗어나지 않았으며 벗어날 생각을 전혀 하지 않았다.

퇴계는 고조선 이래 조선의 역사에서 최초로 '정치'라는 단어를 사용했는데, 이 단어 역시 전한시대의 중국문헌에 처음 등장했었던 단어였다. 우리에게 초등학교의 교육을 통해 익숙해졌으며 당연히 우리나라의 어휘인 것으로 믿었던 영조와 정조의 '탕평'이란 단어도 중국의 고전에서 빌려 온 것이었다. 빌려 왔을 뿐만 아니라, 그 단어가 중국의 고전에서 쓰인 단어였다는 사실을 군주 스스로 내세웠다.

이러한 것들은 무엇을 말하는가? 조선왕조에 이르기까지 우리 선현들과 정치지도자들의 사유체계는 중국의 유학적 고전에 바탕을 두고 있었다. 그것은 조금도 이상하지 않았다. 공자와 맹자로 대표되는 중국의 유학적 고전은 모든 시대와 장구한 세월을 견뎌낸 글자 그대로 고전이어서, 마치 서양의 지식인들이 희랍의 플라톤과 아리스토텔레스의 고전을 원용하는 것이 당연했듯, 조선의 지식인들이 거기에 의존했던 것 역시 당연했다. 그러나 조선왕조의 후기에 이르러서 집권세력은 유학=성리학=주자학에 대한 해석을 그 발상지인 중국에서보다 훨씬 더 교조적으로 경직화시켰다. 조선사회의 상황과 조선인의 성격을 고려하면서 그 틀로부터 벗어나 자유롭게 사유하는 것을 철저히 금압했다. 구체적으로 말해, 중국의 유학적 고전에서 조금이라도 벗어나는 발상을 제시하는 지식인들을 '사문난적'으로 처단했다. 그러했기에 조선의 국내외적 상황을 충분히 고려한 '조선적(朝鮮的)' 사상과 이론의 개발은 더디게 됐다.

3 중국의 경전들을 전거로 삼아 성립된 유학적=성리학적=주자학적 정치학은 전적으로 당위론의 정치학이었다. 그 정치학은 당위(當爲)를 강조했기에 이상주의적 정향을 지녔으며, 따라서 다양성과 복잡성으로 특징지어지는 인간들이 구성하고 유지하는 현실세계를 오로지 예(禮)와 덕(德)으로 교화(敎化)하는 것을 지향점으로 삼았다. 요약하건대, 그 정치학은 예치와 덕치를 기본으로 삼는 이른바 왕도(王道)의 정치학이었으며, 이러한 성격의 왕도의 정치학에서 힘에 근거하거나 권모를 활용하는 이른바 패도(覇道)의 정치는 비도덕적인 것이며 당연히 타기돼야 하고 배척돼야만 했다.

패도의 정치를 배척하고 왕도의 정치를 옹호한 것은 당연했다. 그것은 도덕적으로나 윤리적으로 옳으며 따라서 조금이라도 비판받을 일은 아니다. 이러한 전제 아래, 조선왕조개국의 주역이었으며 조선왕조의 3대 군주였던 태종의 정치사상을 다시 생각하게 된다. 그가 체계적인 정치이론이나 정치사상을 정립한 것은 없다. 그러나 그의 정치행위들은 다음에서 보듯 패도의 정치사상에 연결됐음을 보여 주었다.

태종의 아들 세종의 통치는 성군의 통치로 오늘날까지도 존숭을 받고 있다. 우리가 생각해야 할 것은 세종의 성군적 통치는 철저히 현실주의적 정치관에서 출발한 부왕 태종의 정치적 정지작업이 선행됐기에 가능했다는 사실이다. 태종은 무치(武治)의 시대가 문치(文治)의 시대로 대체돼야 할 시점에 이르렀음을 직시하고, 그 적임자로 학문을 사랑하면서 스스로 학문에 깊고 또 내유외강의 훌륭한 인품을 지닌 셋째 아들 충녕대군(忠寧大君)을 지목했다. 그리하여 "장자를 폐하고 어린 것을 세우는 것은 혼란을 취하는 길[廢長立幼 取亂之道: 폐장입유 취란지도]"이라는 유학적 정치학의 가르침을 배척하고, 장남 양녕대군(讓

寧大君)과 차남 효령대군(孝寧大君)을 물리치면서 그를 즉위시켰으니, 그가 세종이다. 그것뿐만이 아니었다. 태종은 왕권의 강화를 위해 우선 권력자들의 사병들을 해산시키고 병권을 군주 한 사람에게 집중시켰다. 무력의 독점적 집중이라는 상황을 형성해 놓은 뒤, 태종은 의금부(義禁府)를 창설해 쿠데타를 일으킬 만한 세력을 감시하고 통제함과 아울러 국왕에게 귀일된 병권으로써 왕권에 도전할 수 있는 세력을 제압했다. 그렇게 하고도, 태종은 왕위를 세종에게 넘기면서 상왕(上王)의 지위에 머문 채 병권만은 여전히 독점적으로 장악해 세종의 집권 초기를 강력히 뒷받침했다. 태종이 죽은 뒤, 세종은 부왕이 이룩한 병권의 국왕귀일에 따라 단독으로 병권을 행사할 수 있었고 그것은 세종이 성군이라는 평가를 듣게끔 만들어 준 위대한 치적의 물리적 기반이 됐다.

태종은 왕자이던 시절에 태조가 후비로서 이미 죽은 강비(康妃)의 둘째 아들 방석(芳碩)을 세자로 책봉하자 동복형제들과 공모해 제1차 왕자의 난을 일으켜, 방석과 그의 동복형(同腹兄) 방번(芳蕃)을 죽였으며 강비의 집안 그 자체를 사실상 해체시켰다. 그러고 나서 자신의 동복형 방과(芳果)를 제2대 군왕으로 즉위시켰다. 그가 정종(定宗)이다. 곧 자신의 동복형 방간(芳幹)이 제2차 왕자의 난을 일으키자 그는 이 난을 진압하고 제3대 군왕으로 즉위했다. 말하자면 태종은 자신의 즉위에 앞서 왕권에 도전할 만한 형제들을 제거했던 것이다.

태종은 고려왕조의 통폐였던 외척의 발호를 근절시킴으로써 왕권을 강화시켜 주기 위해, 왕조의 개창과 자신의 집권을 위해 자신과 함께 자신들의 목숨을 걸고 싸웠던 네 명의 처남들을 모두 무자비하게 죽였다. 자신의 정실로 왕후가 된 원경왕후(元敬王后)를 폐비시키지는 못했으나 무력화시켰다. 이로써 개경의 명망 있는 호족으로 일정한 세력을 확보하고 있었던 민씨일가를 사실상 폐가시켰다. 거기서 한 걸음 더 나아가, 세종의 장인 심온(沈溫)을 역적의 혐의로 투옥시켜 자결하게 하고 그 가족들을 노비들로 삼음으로써 그 집안을 폐가시켰다. 심온은 자신의 능력과 주변의 중망에 따라 영의정으로까지 진출한 유능한 관리였는데도 장차 하나의 정치세력을 형성할 수 있을 것이라는 태종의 경계심에 걸려들어 억울하게 처단된 것이었다.

이로써 세종은 친가의 종친들로부터는 물론이고 외가와 처가로부터 발생할 수 있는 간섭과 발호로부터 자유로울 수 있었다. 만일 태종의 이러한 비도덕적이지만 현실주의적인 사전작업이 없었더라면, 세종은 자신의 뜻을 제대로 펴기가 어려웠을 것이다. 뒤집어 말해, 유학적=성리학적=주자학적 정치학의 세계를 뛰어넘었거나 벗어난 비윤리적·비도덕적 패도의 정치학이 조선왕조 500년의 국기(國基)를 다지는 데 이바지한 셈이었다. 그것은 유학적 조선사회의 기본성격에 비춰, 대단히 역설적이었다.

이 대목에서 우리는 조선왕조의 중종 때 개혁파의 영수였던 조광조가 전개한 왕도적 군주론을 그와 거의 같은 시대에 이탈리아에서 살았던 정치사상가 니콜로 마키아벨리(Niccolo Machiavelli)의 패도적 군주론과 비교하게 된다. 마키아벨리는 1469년에 태어났고 조광조는 1482년에 태어났으니 마키아벨리가 13년 위였다. 그러나 죽기는 조광조가 먼저였다. 정쟁에서 패배한 그는 37세의 젊은 나이이던 1519년에 사사됐던 것이다. 그에 비해 마키아벨리는 58세이던 1527년에 죽었다. 마키아벨리의 이름을 인류의 지성사에 길이 남게 만든 것은 그가 1513년에 썼으나 죽은 뒤인 1532년에 출판된 『군주론』이었다.

조광조의 군주론은, 한 마디로 요약해, 군주는 덕으로써 나라를 통치해야 하며 군주가 덕으로써 나라를 통치할 때 나라는 태평해지고 민생은 윤택해진다는 것이었다. 그에게 통치의 목적은 이 땅 위에 성인의 도덕이 실현되는 사회를 만든다는 데 있었으며, 그러므로 그에게 군주는 성인의 도덕을 갖춘 사람이어야 했다. 이렇게 볼 때, 그의 군주론은 유가적 도덕주의와 이상주의의 기초 위에서 성립된 것이었다. 그리고 그는 자신이 옳다고 믿었던 정치적 이념과 가치를 지키기 위해 자신의 목숨을 바쳤다.

대조적으로, 마키아벨리에게 통치의 목적은 국가를 부강하게 만들어 국민을 침략과 빈곤으로부터 해방시킴으로써 행복하게 만든다는 데 있었다. 특히 그가 그렸던 군주의 상(像)은, 당시 사분오열된 상태에서 국민들은 여기저기로 용병이 되어 팔려 다니던 비참한 상태의 이탈리아를 하나의 국가로 통일시킬 철학과 능력을 가진 군주였다. 그러한 목표를 달성하려면, 군주가 성실·공평·정직과 같은 기독교적 덕으로만 갖춰서는 부족하다고 그는 믿었다. 군주는 지난날 역사에 나타났던 영웅들이 더 큰 덕을 수호하고 실현하기 위해 동원했던 교묘하고 교활한 지혜와 부도덕하고 사악한 수단들도 사용해야 한다고 그는 주장했다. 그러한 뜻에서, 그는 군주는 '여우의 교지와 사자의 용맹'을 겸비해야 한다고 주장했다. 바로 이러한 주장 때문에, 『군주론』은 출판된 때로부터 약 200년 가까이 천박한 권모술수의 책으로 매도됐다. 특히 그가 이 책에서 중세 교황체제의 허위와 부패를 비난했던 까닭에 천주교의 비난을 불러일으켰으며, 그 비난이 대중적 연극을 통해 널리 알려져 그는 나쁜 인물로 각인됐다.

마키아벨리의 주장은 정치에서 도덕은 필요가 없다는 도덕허무주의가 아니었다. 예컨대, 국민을 외부의 침략으로부터 막아 주기 위해서는 상대국가와의 협상에서 거짓말을 해도 좋다는 주장은 현실정치세계의 본질을 통찰한 데서 나온 것이었음을 보여 준다. 바로 그러했기에, 『군주론』은 18세기에 들어서면서 현실주의적 정치학의 토대를 쌓은 저술로 재평가됐다. 특히 그가 이탈리아의 여러 국가들에서 나타난 시민의 정신적 부패와 타락을 비판함과 아울러 시민의 덕성을 키우는 것을 강조한 것은 공화주의의 씨를 뿌린 것으로 높이 평가됐다. 학자들에 따라서는 그의 사상이 미국의 독립전쟁과 프랑스의 혁명운동에도 영향을 미쳤다고 본다. 그러한 사실들을 종합적으로 평가해, 독일에서 대학교육과 대학원교육을 마치고 거기서 가르치다가 미국으로 이주해 세계적 정치철학자로서 명성을 확립한 레오 스트라우스(Leo Strauss) 교수는 마키아벨리를 근대적 정치학의 출발점으로 지목한다.[1]

4 조선의 유학적=성리학적=주자학적 정치학에 변화가 일어난 때는 대체로 영정조시대였다. 북학파학자들은 우선 화이론에서 벗어났으며, 전통적인 반상계급론에 비록 전면적으로는 아니라고 해도 회의를 품었고 동시에 사농공상론에서 이탈하는 경향을 보였다. 박제가의 경우, 전통적인 농자천하지대본의 발상에서 벗어나 상업진흥론을 전개했다. 여기서 상기돼야 할 것은 그들의 변화의 근거지는 중국이었다는 사실이다. 청나라를 다녀오면서 새로운 현실에 접함으로써 얻은 깨달음이 그 변화의 촉매제였던 것이다. 단순화시켜 말한다면, 이 시대 조선학자들의 전거는 그 이전 시대와 마찬가지로 중국이었다.

비록 그렇다고 해도, 북학파학자들의 화이론적 사유체계와 농업중심적 발상으로부터의 이탈은 그 다음 대(代) 학자들과 관리들의 일부에 영향을 주었다. 우리가 다음 항에서 보게 되듯, 그들의 영향을 받은 세대가 조선을 '은둔의 왕국'으로부터 끌어내 개국의 길로 들어서게 만들었으며, 다음에서 보게 되듯, 그 토대 위에 서양정치학이 구한말에 전래되고 수용되게 됐다.

조선이 개항한 1876년에 20여 년 앞선 1840년대 후반과 1860년대의 시기에 비로소 서양의 정치이념과 정치제도 및 정치관행이 조선에 알려졌는데, 그것 역시 청(淸)의 저술들을 통해 조선에 들어왔다. 위원의

● ● ● ● ●

1 김영국, 『마키아벨리와 군주론』(서울: 서울대학교출판부, 2002). 마키아벨리에 관한 서구 정치학계의 긍정적 평가를 바탕으로 자신의 견해를 밝힌 한국 정치학계에서의 최초의 진지한 논의는 다음에서 읽을 수 있다. 김경원(金瓊元), 「자유에 대하여: 마키아벨리를 중심으로」, 『문학과 지성』 제9호(1972년 8월), 476-483쪽. 마키아벨리에 대한 한국정치학계의 최근 평가는 다음에서 읽을 수 있다. 안정석(安正碩), 「마키아벨리와 리비우스의 사이에서: 근대성의 정치철학」, 『한국정치학회보』 제43집 4호(2009년 겨울), 5-26쪽.

『해국도지』와 서계여의 『영환지략』 및 정관응의 『이언』, 그리고 마틴의 『만국공법』 한역판 등이 그 대표적인 저술들이다. 청에 사신으로 파견됐던 조선조정의 관리들이 들여온 이 책들은 모두 청이 아편전쟁에서 영국에게 패배한 뒤 서양을 알아야겠다는 취지에서 청의 지식인들의 손에서 나온 것들이었다.

이 저술들은 조선의 지식인사회에서 서양에 대해 눈을 뜨게 했으며 조선이 개항하고 개화해야 한다는 믿음을 일부 지식인들에게 심어 주었다. 그 대표적인 지식인이 우선 최한기였다. 퇴계 이후 처음으로 '정치'라는 단어를 사용한 그는 이미 1857년에 미국과 영국을 비롯한 서양의 정치체제들과 정치제도들을 설명하고 그것들을 비교한 『기학』과 『지구전요』를 저술한 것이다. 서양의 입헌민주주의에 대한 관심은 바로 이 책들을 통해 표시됐다. 이러한 배경에서, 최한기에 의해 우리나라에서 '비교정치학'이 시작됐다는 주장이 제기됐다. 그러나 불행히도 그의 책들은 그때 읽히지 않았으며 후대 개화사상가들에게 전수되지도 않았다.

사신들로서가 아니지만 사신들을 수행한 역관들에 의해서도 서양에 관한 청의 서적들은 조선에 전래됐다. 그 대표적 역관이 오경석이었다. 오경석은 당대의 거물급 관리였던 박규수와 연결되면서 1850년대에 두 사람 사이에서 개화사상이 형성되기 시작했고, 박규수의 사랑방에서 김옥균·박영효·박영교·서광범·어윤중·유길준을 비롯한 개화사상가들이 성장했다. 그들이 바로 개화당을 형성하면서 1884년에 갑신정변을 주도했음은 널리 알려진 사실이다. 그런데 그들 이전의 조선지식인들이 중국을 바라보면서 세계관을 형성했듯, 이 개화사상가들은 명치유신의 일본을 바라보면서 자신들의 세계관을 새롭게 정립했으며, 일본에 수입된 서양의 정치이론들을 배우고자 했다. 지식과 인식의 출처가 중국으로부터 일본으로 바뀐 것이다.

개화파에 대조적으로, 서양에 대해 경계심을 가진 지식인들은 한편으로는 동학을 창도했고 다른 한편으로는 척사위정운동을 전개했다. 1860년에 성립된 동학은 만인평등사상을 정립한 가운데 반상계급론과 남녀차별론 및 적서차별론 등 조선왕조의 봉건지배질서를 뒷받침한 유학적 사상들과 제도들을 반대하거나 그것들에 맞서 싸웠다. 동학의 정치사상과 정치이론에서 우리는 인류보편적이면서 동시에 '조선적'인 분위기를 느끼게 된다.

반대로 척사위정운동은 외세의 배격이라는 점에서 동학과 흐름을 같이 하면서도 유학적 사상들과 제도들을 고수하고자 했다. 그들의 애국심은 훌륭했으며 그들이 실제로 전개한 항일독립운동은 후세의 귀감이 되기에 충분하지만 진보적인 것은 되지 못했다. 여기서 자세히 토론할 주제는 아니기에 짧게 언급하면, 이 척사위정의 훌륭한 정신들 가운데 극단적인 배외주의의 측면을 따라서 걸어온 쪽이 해방 이후의 북한이었다.

[5] 서세동점의 흐름 속에서, 마침내 조선은 1876년에 일본을 상대로 개항했으며 1882년에 미국과 수교했다. 일본과의 수교에 뒤따른 시기에 이미 일본에 전래되고 수용된 서양의 정치이론들이 주로 일본을 방문한 조선조정의 사신들과 개화파지식인들에 의해 국내로 전파됐다. 정치체제에는 '군민공치'·'입군독재'·'귀족정치'·'공화정치' 등이 있다는 사실이 그들을 통해 이 시기에 알려졌다. 미국을 방문한 조선조정의 사신들로부터는 삼권분립의 원칙, 그리고 국가의 최고집권자인 대통령은 세습직이 아니라 선출직이라는 사실, 민(民)이 선출했으며 민을 대표하는 의회가 국가권련의 중추를 장악하고 있다는 사실 등이 알려졌다. '자유'라는 개념이 조선에 전래된 것도 이 시기였다.

1880년대 전반기와 중반기에, 이미 일본에서 채택되고 실시되던 서양의 정치이념들과 정치제도들 및 정치관행들에 관한 소개가 주로 『한성순보』와 『한성주보』를 통해 이뤄졌다. 주권·민주·입헌정치체제·의회·정당정치·세력균형·중립 등이 소개의 핵심적 내용이었다. 입헌정치체제와 의회에 대해서는 호의적이었으나 정당에 대해서는 상대적으로 부정적이었다. 『한성순보』와 『한성주보』는 미국과 영국을 비롯한 구미열강의 정치상황에 대해서도 소개하는 가운데 민권이 어떻게 보장되고 있는가에 초점을 맞췄다. 이 신문들은 경제학이라는 용어를 비롯해 서양의 학문들과 그 방면의 학자들도 소개했으며 제정러시아의 혁명운동에 대해서도 소개했다.

『한성순보』와 『한성주보』를 발행하던 외아문의 박문국은 1886년에 『만국정표』를 일본어로부터 번역해 출판했다. 이 책은 하나의 연감이다. 이 책은 그때 존립한 여섯 대륙의 51개 국가들을 하나하나 자세히 소개하면서 각국의 정치체제 역시 소개했다. 조선사회의 지식인들은 이 한 권의 책을 통해 세상에 대해 식견을 넓혔을 것이다. 2년 뒤, 박영효는 망명지 일본에서 고종에게 내정개혁에 관한 건백서를 올렸다. 이 건백서는 서양의 정치체제들과 정치제도들에 대해 언급하면서, 입헌군주제의 채택을 강력히 제의했다. 이 건백서는 '민(民)'이 혁명을 통해 정치체제를 바꿀 수 있다는 혁명적 발상도 제시했다.

[6] 서양의 정치이념들과 정치제도들 및 정치관행들에 관한 비교적 자세하면서도 체계적인 설명은 최초의 일본유학생이면서 최초의 미국유학생인 유길준이 1895년에 출판한 『서유견문』을 통해 이루어졌다. 그의 몇 편의 논문들, 예컨대, 「세계대세론」, 「국권」, 「중립론」 등도 그 방면에 이바지했다. 그것들 가운데 「중립론」은 우리나라 최초의 국제정치학 논문으로 평가된다.

구미열강의 정치체제들과 정치제도들을 자세히 설명한 『서유견문』은 우리나라 최초의 정치학 책으로 평가되며, 이 점에서 그는 우리나라 최초의 정치학자라고 불릴 수 있다. 이 점은 그의 미출간 원고 『정치학』에 의해 더욱 뒷받침된다. 『서유견문』과 『정치학』에는 플라톤과 아리스토텔레스로부터 시작된 국가와 정부에 관한 이론들, 중세의 정치이론들, 몽테스키외의 삼권분립론과 홉스의 사회계약설 및 루소의 주권재민론을 비롯한 근대의 민주주의 정치이론들, 의원내각제와 대통령제에 관한 이론들, 국민의 기본권에 관한 이론들, 그리고 국제정치 이론들이 소개되어 있다. 유럽의 정치사와 헌정사 역시 소개되어 있다. 그가 이러한 책들을 씀에 있어서는 대체로 일본에 이미 수용된 유럽학자들의 저술들로부터, 특히 독일 국가학 및 국법학 학자들의 저술들로부터 영향을 받았다. 그는 말하자면 독일의 국가학과 국법학을 일본을 통해 재수입했다고 할 것이다.

여기서 우리가 잊어서는 안 될 대목이 있다. 그것은 유길준은 박규수와 오경석에 의해 형성된 개화사상의 세례를 박규수의 사랑방에서 직접 받았다는 사실이다. 이것은 북학파의 정치사상이, 특히 박제가의 정치사상이 오경석에게 전수되고 오경석이 그것을 박규수와 함께 개발해 다음 세대에 전달했음을 의미한다. 이렇게 볼 때, 유길준의 정치학은 그 뿌리의 한 갈래가 북학파와 특히 박제가에 있었던 것이다.

7 1895년부터 조선정부는 관비로 조선의 젊은이들을 일본에 유학시켰는데, 이들은 1895년과 1896년 이태 동안 『친목회 회보』를 발간했다. 이 잡지는 서양정치사상을 소개하는 가운데 「국민론」과 「국가론」 및 「국회론」 등의 논설들을 통해 서양의 민주주의이론에 공명하는 자세를 보였다. 그러나 그 논설들이 깊이 있는 내용을 담지는 못했다. 비록 그렇다고 해도, 그 논설들은 서양의 정치이론들이 조선에 전파되는 데 일정하게 이바지했다. 여기서 꼭 기억돼야 할 것이 있다. 그것은 이 관비유학생제도에 따라 일본으로 유학했던 조선인들은 일본을 조선이 따라가야 할 모델로 삼거나 일본에 수용된 서양의 정치이론들을 아무런 비판 없이 수용해 조선사회에 전파했다는 사실이다.

1896년과 1898년 사이에, 독립협회운동가들 역시 서양의 정치이념들과 정치제도들 및 정치관행들에 대해 자세히 소개했다. 중요한 매체는 『독립신문』이었다. 이 점에서 서재필의 공로가 컸다. 이 시점이면 이미 영국의 홉스와 로크, 프랑스의 루소 등의 사회계약론, 그리고 거기에 기초한 민주주의이론과 시민사회론 등이 모두 조선의 지식인사회에 충분히 소개됐다. 인민을 대표하는 민회가 설립돼야 하며 그 민회를 통해 국왕의 전제권이 견제되고 제한되어야 한다는 이론 역시 반복적으로 소개됐다. 무엇보다도 정치학의 중요성이 반복적으로 강조됐다. 국가를 제대로 이끌어가려면 관리들은 정치학을 제대로 공부해야 한다는 논설들이 자주 게재됐다. 우리나라의 역사에서 정치학이라는 단어를 쓰면서 정치학의 중요성을 제일 먼저 강조한 문헌은 바로 『독립신문』이었다.

대체로 1890년대 중반과 1900년 사이에 '국가'라는 단어가 보편적으로 쓰였다. 그 이전에는 '국'이라든가 '방국'이라는 단어가 쓰였는데, 이 시기에 '국'과 '가'를 결합시킨 '국가'라는 단어가 정착됐다. 그사이에 간헐적으로 쓰였던 정부·국민·주권·민주·외교·의회·정당 등 오늘날 우리가 사용하는 단어들은 이미 이 시기에 보편화됐고 고정됐다.

[8] 흔히 애국계몽의 시기라고 불리는 1905년부터 1910년 사이의 시기에, 특히 정미7조약의 늑약으로 대한제국의 국권이 더욱 철저히 유린된 1907년까지의 시기에, 서양의 정치이념들과 정치제도들 및 정치관행들에 대한 소개는 그 이전의 시기에 비해 훨씬 활발했다. 남존여비사상에 붙들려 살았던 봉건적 조선사회에서 부녀자에게도 참정권을 주어야 한다는 서양사상가들의 이론도 이 시기에 소개됐다. 안국선은 남녀평등론을 앞세우며 부녀자들이 현실세계에 참여하도록 공개적으로 강연했다.

『황성신문』과 『대한매일신보』를 중심으로 활동했으며, 특히 『대한매일신보』를 무대로 삼았던 애국계몽운동가들이 중요한 역할을 수행했다. 이 시기의 대표적 저서들이 『헌정요의』와 『국가학』과 『국민수지』 및 『만국사기』 등으로, 이 책들은 나라가 망하게 된 원인을 전제군주제에서 찾으면서 전제군주제의 입헌군주제로의 변혁과 정당정치의 실시를 요구했다. 이 책들의 저본(底本)들은 대체로 일본사람들의 저술들이었으며 그 이론들은 일본의 입에도 맞는 것들이었다. 그 방면의 교육도, 시대의 흐름에 부응해 신설된 학교들에 의해 부분적으로 이뤄졌다.

그런데 주의해야 할 것은 이 시기에 이미 대한제국을 자신의 '보호국'으로 만든 일제는 자신에게 유리한 이론들을 전파시켰다는 사실이다. 헌법은 필요하지만 황제가 만들어 주는 헌법이 가장 좋다는 이른바 흠정헌법론이 그 대표적 사례다. 국민의 대표기관을 통해서나 국민 스스로의 힘을 통해서 헌법을 제정해야 한다는 주장이 제기되는 것을 일본은 억제하고 싶었던 것이다. 특히 일본식의 입헌군주제를 대한제국이 채택하기를 권장하기도 했으며, 거기서 한 걸음 더 나아가 군주제 자체를 폐지시킬 것을 권장했다. 군주제 자체를 폐지시키라는 것은 이미 국권의 거의 모든 부분을 박탈당한 대한제국에 대해 최후의 타격을 가하라는 것과 마찬가지였다.

그렇지만 특히 『대한매일신보』는 대한제국에 대한 일제의 침략의도를 정확히 파악하고 제국주의를 규탄함과 아울러 애국주의와 민족주의를 고취시켰다. 이 신문을 통해 대체로 1906년부터 1909년까지의 시기에 '제국주의'와 '민족주의'라는 용어들이 전파됐다. 이 신문의 대표적 논객이던 신채호는 조선역사의 대표적 구국인물들인 을지문덕과 최영 및 이순신의 전기를 차례로 쓰면서 대한제국을 국망의 위기에서 구제할 영웅의 출현에 대한 기대를 표시했다. 정치학의 관점에서, 이것은 우리나라에서 정치전기학의 싹이 보였음을 의미했다.

9 이 시기에 두각을 나타냈던 지식인이 일본의 전문학교에서 정치학을 전공한 안국선이었다. 그가 펴낸 『외교통의』와 『정치원론』 및 『연설법방』 등은 비록 그것들이 일본책들의 번역이기는 해도 그를 선구적 정치학자라고 부르기에 충분한 근거가 된다. 그의 풍자소설 『금수회의록』은 정치소설이기도 한데, 그는 『연설법방』과 더불어 이 소설을 통해 구한말의 정치현실과 일제의 대한제국침략을 간접적으로나마

비판했다.

안국선의 『정치원론』은 오늘날의 기준에서 볼 때 학부 1학년 학생을 상대로 한 정치학개론 교과서의 전반부 정도에 해당된다. 국가론·헌법론·정부론·의회론·정당론·국제관계론 등에서 기초적 이론들을 소개했다. 특히 독일의 블룬츨리 등이 개발한 유기체적 국가론을 소개했는데, 이것은 이 책의 저본이 거기에 의존했기 때문이었다. 안국선은 또 여러 논설들을 통해 마키아벨리를 소개했다.

10 이승만 역시 구한말에 서양정치학을 수용한 대표적 지식인이었다. 그는 우선 배재학당에서 서재필과 미국선교사들을 통해 미국의 자유주의사상을 배웠으며 서울의 감옥에서 미국선교사들이 차입시켜 준 미국의 책들을 통해 서양세계와 민주주의에 대한 안목을 넓혔다. 이것이 이승만을 그 이전의 또는 동년배의 정치학도들과 구별시키는 점이었다. 이승만은 중국을 통해서도 아니고 일본을 통해서도 아니라 직접 미국을 통해 서양의 정치사상들과 정치이론들을 배우고 받아들였던 것이다. 그것들에 근거해 저술한 그의 『독립정신』과 『옥중잡기』 및 『한국교회핍박』 등은 그가 서양의 자유민주주의 이념과 이론에 상당히 밝았음을 보여 준다.

이승만은 또 미국의 대학교에서 정치학을 전공하고 정치학석사학위와 정치학박사학위를 받은 최초의 한인이다. 그의 박사학위논문으로서 책으로 출판된 『미국의 영향을 받은 중립』은 국제법과 미국의 외교정책에 대한 그의 깊은 연구를 보여 주었다. 그는 그 이후 자유민주주의 사상과 이론에 입각해 전체주의적·군국주의적 일본에 대항해 투쟁했으며, 그 과정에서 『일본내막기』를 출판했다.

일제의 패망 이후, 이승만은 자유민주주의 사상과 이론에 입각해 공산주의에 대항해 투쟁하면서 대한민국을 세우는 데 앞장을 섰다. 특히 기독교입국론의 구현을 통해 결과적으로 자유주의사상의 전파를 도왔으며, 친미정책을 통해 결과적으로 대한민국을 해양문명권의 일원이 되도록 도왔다. 이것의 정치적 함의는 크다. 이주영 교수가 강조했듯, 대한민국은 대륙문명권이 아니라 해양문명권의 일원이 됨으로써 비록 우여곡절을 겪기는 했으나 마침내 절대빈곤과 강대국예속에서 벗어났을 뿐만 아니라 세계에서 호의적 주목을 받으면서, 때로는 존경까지 받으면서, 활기차게 전진하기에 이르렀다.[2]

11 이상에서 살폈듯, 서양의 자유민주주의정치사상은 1860년대 이후 1910년의 망국의 시점까지 조선의 지식인들 사이에 지속적으로 보급됐다. 플라톤과 아리스토텔레스는 물론 홉스·로크·루소·몽테스키외 등 민주주의이론가들의 이름들은 친숙해졌고, 주권재민론과 그것에 기초한 의회정치론과 정당정치론은 보편화됐으며, 군주를 폐하거나 심지어 죽여서라도 공화제를 실시해야 한다는 논설이 등장해도 놀랍지 않았다. 특히 조선사회는 1907년에 즉위한 순종을 일제의 괴뢰라고 보았기에, 그에 대한 존경심은 찾아보기 어려웠다.

그러했기 때문에, 그때로부터 약 60년이 지난 시점인 1919년 3월 1일에 일어난 한민족의 거국적 항일독립운동을 계기로 독립운동가들은 중국으로 망명해, 약 40일 뒤에 상해에서 왕정복고가 아닌 공화제 지향의 대한민국임시정부를 세웠다. 대한제국이 멸망한 때로부터 겨우 9년이 지난 시점인데도, 독립운동가들이 복벽운동을 꾀하지 않고 민국(民國)의 공화체제를 세웠던 배경에는 반세기가 넘는 긴 세월 동안 축적된 자유민주주의적·공화주의적 서양정치사상의 힘이 움직이고 있었던 것이다.

이렇게 볼 때 우리나라에 자유민주주의 또는 입헌주의·공화주의의 정치사상은 1945년 8월 15일 이후 미군정의 실시와 더불어 도입됐다는 설명은 역사적 사실에 부합되지 않는다. 자유민주주의적 사상과 이론의 뿌리는, 적어도 지식인사회에서는, 우리가 생각했던 것보다 훨씬

2 이주영, 『이승만과 그의 시대』(서울: 기파랑, 2011), 244쪽.

더 깊었던 것이다.

제 2 절 결론

그러면 유길준과 안국선 및 이승만 사이에는 어떤 공통점들과 어떤 차이점들이 있는가? 또 그것들은 어떤 의미를 지녔는가?

첫째, 이들은 모두 어려서부터 전통유학을 공부했으나 뒷날 외국의 교육기관을 통해서나 해외유학을 통해 서양학문을 받아들였다. 유길준은 일본과 미국에 유학했고 안국선은 일본에 유학했으며 이승만은 미국에 유학했다. 이들 가운데 공부의 수준으로는 유길준과 이승만이 앞서며, 특히 이승만이 가장 출중하다. 이승만의 방대한 문집은 그가 전통유학과 한학에서 얼마나 학문이 깊은가를 보여 주며, 또 그의 영어저술들은 그가 서양학문에서도 천착이 얼마나 도저한가를 말해 준다.

둘째, 이들 가운데 서양정치학을 제일 처음 수용한 사람은 유길준이다. 그러나 그는 독서를 통해 서양정치학에 접했던 것이지 대학의 정치학과에서 수학했던 것은 아니었다. 그에 비해 안국선은 3년제 전문학교의 정치학과를 졸업했다. 그러나 가장 본격적이며 체계적으로 공부한 사람은 이승만이다. 그는 미국의 대학교에서 학부과정을 마친 뒤, 대학원에서 정치학을 전공해 한인으로서는 처음으로 석사와 박사를 받았다.

셋째, 이들은 모두 구한말의 현실을 개혁함으로써 기울어져 가는 국운을 타개하려는 개혁주의적 애국심을 가졌다. 그렇기 때문에 이들은 구한말의 개혁운동들이나 변혁운동들 가운데 어느 하나나 그 이상(以上)에 연결됐다. 유길준은 갑신정변에 간접적으로, 갑오경장에 핵심적으로 연결됐다. 아관파천으로 일본에 망명한 뒤 그곳에서 일심혁명회의 조직에 주도적으로 참여했으며 본국에서의 정권교체를 기도했다. 안국선은 독립협회 또는 만민공동회 연장선 위에서의 '이상재사건'에 연결됐으며, 이승만은 독립협회와 만민공동회에 직접적으로 연결됐다. 그러므로 이들은 모두 유폐나 투옥 또는 해외망명의 경험을 가졌다. 안국선과 이승만은 한때 같은 감옥에서 옥살이를 했다. 이러한 경험에서 가장 두드러졌던 사람이 유길준과 이승만으로, 유길준은 유폐와 일본망명을 겪었고 이승만은 투옥과 미국망명을 겪었다. 투옥과 망명생활에서도 이승만이 가장 극적이며 길었고 앞섰다.

이렇게 볼 때, 우리나라의 정치학은 개혁주의적 운동가들 또는 혁명가들의 구국적 정열에서 출발했다는 명예로운 전통을 지녔다. 단지 학문적 호기심 또는 호학(好學)에서가 아니라 정치개혁과 구국의 방도를 서양정치학의 수용과 연구를 통해, 그리고 서양의 정치체제와 정치제도의 채택을 통해 찾겠다는 애국적 사명감에서 우리나라의 정치학은 비롯됐던 것이다. 그러나 1895년 이후에는 벼슬길에 오르는 수단으로 일본으로 건너가 정치학을 전공한 이들이 없지 않았음도 사실이다. 그들은 대체로 대한제국이 국권을 상실한 뒤 일제의 조선총독부에서 일했다.

넷째, 그러나 자신들의 구국적 정열에도 불구하고 대한제국이 국권을 빼앗겼을 때 이들이 보인 현실적 태도에는 차이가 드러났다. 유길준은 일제의 조선지배를 받아들이기를 명백히 거부했으나 항일독립운동의 길에 뛰어들지는 않았다. 반면에 안국선은 친일관료로 변신했다. 가장 대조적으로, 이승만은 항일독립운동의 길을 일관되게 걸었으며 그 지도자들 가운데서도 지도적인 정치가로 성장했다.

이러한 차이는 그들의 대일관(對日觀)의 차이에서 나왔다. 유길준은 일본을 조선이 모방해야 할 선진국이라는 취지에서 심정적으로 '친일적'이었으며 될 수 있는 대로 일본과의 협력을 유지시키는 것이 조선의 독립과 발전에 도움이 된다고 믿었다. 안국선은 사회진화론에 입각해 강자가 약자를 지배하는 것이 옳지는 않지만 불가피하다고 생각했다. 반면에 이승만은 일찍부터 일본의 침략성과 야만성을 간파하고 일본과는 끝까지 싸워야 한다고 판단했다.

여기서 토론돼야 할 대목은 사회진화론에 대한 세 사람의 견해차이다. 유길준은 사회진화론을 이해하면서도 '약육강식'의 현실을 인정하지 않았다. 반면에 안국선은 그것을 수용했으며 따라서 현실을 받아들였다. 이승만의 견해는 기독교적이었다. 그는 사회진화론을 읽었으면서도 기독교의 윤리관에 서서 그 현실을 받아들이지 않았을 뿐만 아니라 저항했다.

다섯째, 이들은 모두 자유민주주의의 이념과 제도에 공명했으며 거기에 맞게 조선왕조를 개혁 또는 변혁시켜야 한다고 믿었다. 그러나 모형에 있어서는 차이를 보였다. 유길준과 안국선은 영국식의 입헌군주제와 의원내각제를 선호했으며, 이승만은 미국식의 공화제와 대통령제를 선호했다. 대한민국정부의 수립을 앞두고 헌법의 제정이 토론되던 때 이승만이 대통령제를 내세워 관철시켰던 것은 이러한 배경에서 충분히 이해된다.

여섯째, 이들은 모두 전통유학에서 학문을 시작했으면서도 뒷날 모두 기독교를 수용했다. 이 점에서 가장 두드러졌던 이는 이승만이었다. 기독교에 대한 이해가 가장 깊었을 뿐만 아니라, 조국을 기독교적 이상에 맞게 건설하겠다는 기독교적 비전을 지녔다. 그러한 이상과 비전은 물론 자유민주주의의 이념 및 제도에 부합되는 것이었다.

일곱째, 이들은 모두 외교문제에 대해서도 깊은 관심을 보였다. 그러나 구체적으로 조선의 외교정책을 다룬 사람은 유길준과 이승만이었다. 이 두 사람 사이에는 '공로방아(恐露防俄)'의 공통점이 있었다. 그래서 유길준은 중립을 대안으로 제시했다. 그러나 이승만은 중립에 비판적이었으며 친미를 대안으로 제시했다. 이승만의 '공로방아'는 1917년의 볼셰비키혁명으로 소비에트 러시아가 수립된 이후 더욱 강화돼, 마르크시즘·레닌이즘과 소련에 대해 강력한 불신감과 경계심을 나타냈다. 그의 이러한 뿌리 깊은 친미반소의 신념은 해방정국에서 공산주의자들과의 타협을 위험스럽게 여기게 만들었으며 친미반소에 기초해 대한민국을 세우는 일에 앞장을 서게 만들었다.

여덟째, 이 세 사람 사이에 서양정치학을 중심으로 어떤 지적(知的) 상호작용이 있었던 것 같지는 않다. 예컨대, 후학(後學)인 안국선과 이승만이 유길준으로부터 직접적인 영향을 받았음을 보여 주는 자료를 아직 찾지 못했다. 안국선의 일본유학시기에 유길준의 일본망명이 있었으므로 두 사람이 거기서 만났을 개연성이 전혀 없지는 않았을 것이고, 또 안국선과 이승만은 한때 서울의 한 감옥에 함께 투옥됐으므로 두 사람 사이에 어떤 대화와 교감이 있었을 것이다. 그러나 그들 사이에서 서양정치학의 수용을 둘러싸고 영향을 주거나 받은 것 같지는 않다.

그러면 마지막으로 이들의 서양정치학수용이 후대에 미친 영향이 무엇이었나의 물음에 대해 생각하기로 한다. 이들의 서양정치학 수용은 당대의 지식인들에게 적잖은 영향을 미쳤다. 쉽게 말해, 서양정치학의 내용을 지식인사회에 보급한 것이다. 그러나 일제의 조선강점 35년 동안 이들이 수용한 서양정치학의 내용, 그 가운데서도 자유민주주의의 이념과 제도는 적어도 국내에서는 널리 전파되기 어려웠다. 그렇기에 그들의 서양정치학 수용 그 자체에 대한 연구와 토론이 1980년대 이후에야 비로소 시작됐던 것이다.[3]

여기서 우리는 일제의 조선강점기에 서양정치학을 공부한 정치학도

3 예컨대, 한반도의 중립화에 대해 깊이 연구한 재미 정치학자 황인관(黃仁寬) 교수의 경우도 1980년대 후반에 와서야 비로소 유길준의 중립론에 대해 언급했다. In K. Hwang, *One Korea via Permanent Neutrality : Peaceful Management of Korean Unification* (Cambridge, MA. : Schenkman Publishing Co., 1987). 방역본은 홍정표(洪停杓) 역, 『중립화통일론』(서울 : 신구문화사, 1988)이다. 유길준에 대한 언급은 74-80쪽에 있다.

들에 대해 연구할 필요를 느끼게 된다. 우선 자산(自山) 안확(安廓)을 생각하게 된다. 그는 일제강점의 초기에 동경의 일본대학 정치과에서 공부하고 돌아온 뒤 국학 분야에서 많은 학문적 업적을 쌓는 가운데 『조선문명사(朝鮮政治史)』를 출판했다.[4] 그에 이어 적잖은 학도들이 일본에서 정치학을 공부했다. 대표적인 학도들이 경응대학의 민병태(閔丙台)[5] 및 이병길(李炳吉),[6] 동경제국대학의 박용희(朴容喜)·김준연(金俊淵)[7]·이동화(李東華)[8]·신도성(愼道晟)[9]·김상협(金相浹)[10]·장철수(張澈

4 이 책은 서울의 안동출판사에서 출판됐다. 안확에 대한 연구는 국사학계와 국문학계에서는 깊이 있게 진행됐다. 이태진 권오성 최원식 공편, 『자산안확국학논저집』(서울: 여강출판사, 1994), 전6권; 최원식 정해렴 편역, 『안자산국학논선집』(서울: 현대실학사, 1996). 나는 안확의 『조선문명사』에 대한 서평을 『사회과학과 정책연구』 제8권 제3호(1987년 2월), 117-127쪽에 발표했다.

5 민병태의 대표적 저서는 『정치학』(서울: 보문각, 1958)이다. 그는 「현대정치학의 방법론적 고찰」이라는 학위논문으로써 1962년 8월에 서울대학교로부터 문학박사학위를 받았다. 이 논문은 같은 제목으로 1963년에 일조각에서 단행본으로 출판됐다. 그때 서울대학교가 수여하는 박사학위에 정치학박사는 포함되어 있지 않아서 정치학전공자는 문학박사학위·법학박사학위·철학박사학위 가운데 어느 하나를 받았다.

민병태와 그의 정치학에 대한 연구는 다음에서 보인다. 김홍우(金弘宇), 「민병태 『정치학』의 이해: 슈미트와 라스웰의 논리를 중심으로」, 『한국정치연구』 제7호(1997), 49-90쪽; 이정복 편, 『공삼 민병태 선생의 정치학』(서울: 인간사랑, 2008). 이 책은 다음으로 구성됐다. 제1부(「공삼 민병태 선생의 생애와 연구업적」) (1) 구범모, 「공삼 민병태 교수의 생애와 경응 학풍: 그 학풍의 시대적 배경을 중심으로」; (2) 이정복, 「공삼민병태 선생의 연구업적」 제2부(「공삼 민병태 선생의 학문세계」) (1) 배성동, 「민병태 교수의 강의」; (2) 김홍우, 「민병태 『정치학』의 이해: 슈미트와 라스키의 논의를 중심으로」; (3) 김세균, 「라스키(Harold J. Laski)의 정치이론」.

6 이병길 최옥수(崔玉秀) 공역, 『아리스토텔레스의 정치학』(서울: 박영사, 1961). 이병길 교수는 이화여자대학교 법정대학장을 역임했다.

7 김준연의 전기로 다음이 있다. 허도산(許道山), 『건국의 원훈 낭산(朗山) 김준연』(서울: 자유지성사, 1998).

8 이동화에 대해 나는 『이동화평전: 한 민주사회주의자의 생애』(서울: 민음사, 1987)에서 상세히 설명했다. 나는 이 책의 개정증보판을 준비하고 있다.

壽)11 · 김성용(金星鏞)12 · 윤천주(尹天柱),13 경도제국대학의 정인흥(鄭

9 신도성, 『민주정치의 기초이론』(서울: 대양출판사, 1952) ; _____, 『민주주의정치학』(서울: 대양출판사, 1953) ; ______, 『신고(新稿) 정치학』(서울: 현대문화사, 1956) ; ______, 『증보 정치학』(서울: 신아사, 1959).

10 김상협은 1963년에 『기독교민주주의: 사회민주주의: 교도민주주의』(서울: 지문각, 1963)를 출판했다. 1964년에 『모택동사상』(서울: 지문각, 1964)을 출판했으며, 이 책은 1967년에 같은 출판사에서 개정됐고 1975년에 일조각에서 개정증보판으로 다시 출판됐다. 그는 이른바 구제(舊制)에 의한 박사학위를 받지 않았으며, 1966년에 경희대학교에서 명예법학박사학위를 받았고 1971년에 연세대학교에서 명예법학밥사학위를 받았으며 1982년에 와세다대학에서 명예법학박사학위를 받았다.

김상협의 전기로는 다음이 있다. 남재김상협선생추모문집, 『당산나무의 큰 그늘이여』(서울: 나남, 1998) ; 남재 김상협선생 전기편찬위원회 엮음, 『남재 김상협: 그 생애/학문/사상』(서울: 한울, 2004). 그의 학문적 편력은 뒤의 책에서 자세히 설명됐다.

11 장철수는 일제의 외교관시험에 조선인으로서는 유일하게 합격해 일제 말기에 잠시 일본외무성에서 근무했으며, 이 경력이 인정돼 대한민국정부 수립 직후 외무부에서 초대 정무국장을 역임했다. 윤현배(尹顯蓓), 「잊을 수 없는 사람: 당대의 기재 '대(大) 장철수'」, 『신동아』 1967년 10월호, 331-335쪽.

12 김성용은 일제의 고등문관시험 행정과에 합격했으며 해방 이후 주로 대한민국 외무부에서 중화민국참사관과 제네바공사 및 말레이시아대사 등을 역임하면서 외교관으로 활동했다. 그 사이인 1956년에 미국 미시간대학교에서 정치학박사학위를 받았다. 김성용의 박사학위논문은 다음과 같이 책으로 출판됐다. Sung-Young Kim, *United States-Philippines Relations, 1946-56* (Washington, D.C.: Public Affairs Press, 1968). 그의 다른 저서는 다음이다. 김성용, 『제3세계와 비동맹운동』(서울: 고려서적주식회사, 1978).

13 윤천주, 『한국정치체계서설: 정치상황과 정치행태』(서울: 문운당, 1961). _____, 『한국정치체계서설: 정치상황과 정치참여』 개정증보판(서울: 문운당, 1962) ; _____, 『한국정치체계: 정치상황과 정치참여』(서울: 고려대학교 출판부, 1963) ; _____, 『한국정치체계: 정치상황과 정치참여』 증보판(서울: 서울대학교 출판부, 1978) ; _____, 『우리나라의 선거실태: 도시화와 투표행태』(서울: 서울대학교출판부, 1981 ; 증보판 1989).

윤천주 교수는 한국정치학계에 행태주의적 접근방법을 도입한 최초의 정치학자로 평가된다. 윤천주, 「행태과학적 정치학의 역할」, 『정치학: 한국정치학회보』 창간호(서울: 일조각, 1959), 108-129쪽. 그는 「한국의 정치상황과 정치참여: 정

仁興),[14] 구주제국대학의 한태수(韓太壽)[15] 및 백상건(白尙健),[16] 와세다 대학의 정경조(鄭慶朝),[17] 중앙대학의 이상조(李相助)[18]와 강주진(姜周鎭)[19] 및 양호민(梁好民)[20] 등으로, 이들은 해방 직후 한국에서 정치학

치행태접근법에 의한 한국정치 연구」라는 제목의 논문으로 1963년에 고려대학교에서 법학박사학위를 받았다.

14 정인흥, 『정치학』(서울 : 제일문화, 1954) ; _____, 『정치학원론』 제3전정판(서울 : 법문사, 1959 ; 1970 7쇄) ; _____, 『정치사상사』(서울 : 박영사. 1956) ; _____, 『서구정치사상사』(서울 : 박영사, 1972) ; 정인흥·유훈·박동서·윤재풍, 『행정학』(서울 : 박영사, 1973 ; 1979 개정증보 7쇄). 정인흥 교수의 학문세계에 대해서는, 김영민, 「한국 최초의 현대 행정학자 정인흥의 행정사상 : 선생의 국가와 관료제 이론을 중심으로」, 『한국행정학보』 제26권 제3호(1992년 가을), 991-1014쪽 및 김웅락(金雄洛), 「정인흥 교수의 학문활동과 한국 행정학에 미친 영향」, 위와 같음, 1015-1026쪽.

15 한태수, 『한국정당사』(서울 : 신태양사, 1961) ; ____, 『한국정치평론10년 : 1958-1968』(서울 : 금천(琴泉) 한태수박사화갑기념사업위원회, 1968).

16 백상건, 『정치학입문』(서울 : ?, 1954) ; _____, 『정치학원론』(서울 : 일조각, 1959 초판 ; 1965 개정판 ; 1998 개정6판) ; _____, 『정치학』(서울 : 박영사, 1968 초판 ; 1973 증보3판) ; _____, 『정치사상사』(서울 : 일조각, 1966 초판 1쇄 ; 1981 초판 2쇄) ; ______ 편저, 『민주주의적 정치철학』(서울 : 남지[南芝], 1995).

17 정경조의 경력은 그의 자서전에 자세히 소개됐다. 김선미 엮음, 『정경조 : 재미유공동포(有功同胞)의 반세기』(서울 : 범우사, 2004). 그의 대표적인 저서들은 다음이다. Kyung Cho Chung, *Korea Tomorrow : Land of the Morning Calm* (New York : Macmillan Co., 1956) ; _____, *Korea : The Third Republic* (New York : Macmillan Co., 1971).

18 이상조, 『신(新)정치학원론』(서울고시학회, 1961 초판 1쇄 ; 1962 초판 2쇄).

19 강주진의 호는 상운(尙雲)이다. 따라서 그의 저술들 가운데 저자가 강상운으로 표기된 경우들도 있다. 그는 중앙대학 법학부를 졸업했는데, 여기서 정치학을 전공했다. 그의 약력은 상운강주진박사화갑기념논문간행위원회 편, 『상운강주진박사 화갑기념논문집』(서울 : 상운강주진박사화갑기념논문집간행위원회, 1979), i-iv쪽에 소개됐다. 그의 출판목록은 이 책 vii -xix쪽에 수록됐다. 그의 초기의 저서로 강상운, 『현대정치학개론』(서울 : 문예서림, 1948) ; _____, 『신고(新稿) 정치학개론』(서울 : 교육사, 1954 초판 ; 1957 3판)이 있다.

20 양호민은 해방과 더불어 귀국해 서울대학교 문리대 정치학과에서 다시 정치학을 전공했다. 그는 한국정치학계에서 사회주의나 볼셰비즘 및 북한을 연구함에

을 새롭게 세우는 데 이바지했다. 일본에서 사학을 전공했으나 해방 이후 한국에서 정치학과 교수로 봉직했던 이가 이선근(李瑄根)이다. 그는 와세다대학 사학과를 졸업했으며, 서울대학교 문리대 정치학과 교수와 한국정치학회 초대 회장으로 활동했다. 그는 1945년에 『조선최근세사』(정음사)를 출판한 데 이어 1950년에 『조선최근정치사』(정음사)를 출판했다. 앞에서 거명된 모든 정치학자들 가운데 공삼(公三) 민병태 교수는 해방 이후 한국정치학의 태두로 꼽힌다.

다른 한편으로, 중국에서 정치학을 공부한 이들도 있었다. 예컨대, 김성숙(金星淑)은 북경국민대학에서,[21] 최요환(崔堯煥)은 상해의 동아동문서원(東亞同文書院 : 서원은 우리나라의 대학에 해당된다)에서,[22] 그리고 이종항(李鍾恒)은 만주국 건국대학 정치학과와 만주국 대동학원(大同學院)에서[23] 정치학을 공부했다. 역시 일제시대에 미국에서 정치학을 공부한 이들도 있었다. 대표적인 학도들이 정한경(鄭翰景 : Henry Chung)[24] · 박용만(朴容萬)[25] · 최봉윤(崔鳳潤)[26] · 윤치영(尹致暎)[27] 등이다.

있어 선구자의 역할을 수행했다. 양호민 교수의 약력과 저술목록은 다음에서 볼 수 있다. 민도(民道)양호민선생화갑기념논총편찬위원회 편, 『민도양호민선생화갑기념논총』(서울, 1979), 463-467쪽. 그의 대표적 저술은 다음이다. 양호민, 『북한의 이데올로기와 정치』(서울 : 고려대학교 아세아문제연구소), Ⅰ(1967) 및 Ⅱ(1972).

21 이 사실은 다음에서 토론됐다. 면담 이정식 · 편집해설 김학준 · 수정증보 김용호, 『혁명가들의 항일회상 : 김성숙 · 장건상 · 정화암 · 이강훈의 독립투쟁』(서울 : 민음사, 2006), 75쪽.

22 최요환, 『의회제도개요』(대구 : 영웅출판사, 1954) ; ______, 『의회제도론』(대구 : 영웅출판사, 1956) ; ______, 『의회정치론』(서울 : 동서문화사, 1959). 이 책의 개정판이 다음이다. 최요환 『현대의회정치론』 제5개정판(서울 : 박영사, 1965).

23 이종항의 경력은 우산(于山)이종항교수논문집간행위원회 편, 『우산이종항교수논문집』(대구광역시 : 우산이종항교수논문집간행위원회, 1999)에서 읽을 수 있다. 이종항 교수의 대표적 저서는 『정치학』(서울 : 문성당[文星堂], 1954 ; 『개정정치학개론』 제4쇄, 서울 : 박영사, 1984) 및 『한국정치사』(서울 : 박영사, 1963 ; 3판 1978)다.

24 정한경의 저서들 가운데 대표적인 것은 다음이다. Henry Chung, *Korea and the*

국내에서 정치학을 전공한 대표적인 학도로 연희전문학교의 이용희(李用熙)를 지적할 수 있다.[28] 이어 경성제국대학의 김성희(金成熺)[29]·

United States through War and Peace, 1943-1960 (Seoul : Yonsei University Press, 2000). 이 책은 정한경의 유고들을 발굴한 유영익 교수가 편집한 것이다. 이 책의 전문에서 유 교수는 정한경의 생애 그리고 그의 다른 저서들에 대해 논평했다. 이 책에 대한 서평으로 다음이 있다. 김학준, 「한반도 현대사에 대한 한 독립운동가의 시각」, 『한국정치학회보』 제34집 3호(2000년 가을), 331-336쪽.

25 박용만의 전기로 가장 최근의 것은 다음이다. 김도훈(金度勳), 『미대륙의 항일무장투쟁론자 박용만』(충청남도 천안시 : 한국독립운동사연구소, 2010). 박용만의 네브래스카대학교에서의 정치학 수학은 40-57쪽에 매우 간략하게 소개됐다.

26 최봉윤에 대해서 나는 다음과 같은 글을 썼다. 김학준, 「재미원로 회견기 : 정치학과 창설의 주역 최봉윤 교수」, 『대학신문』(서울대학교 대학신문사), 1984년 3월 5일. 나는 최 교수의 말을 그대로 믿고 썼던 것인데, 그와 함께 봉직했거나 그의 강의를 들었던 사람들은 그것이 사실과 많이 다르다고 말했다.

27 윤치영의 회고록으로 다음이 있다. 윤치영, 『윤치영의 20세기 : 동산회고록』,(서울 : 삼성출판사, 1991). 대한민국정부수립과 동시에 윤치영은 초대 내무장관으로 봉직했다. 그 이후 정계에서 활동하는 가운데 주로 건국대학교에서 국제정치론과 외교사 및 국제법을 강의했다.

28 이용희, 『국제정치원론』(서울 : 장왕사, 1956) ; ______, 『정치와 정치사상』(서울 : 일조각, 1958) ; ______, 『일반국제정치학』 상 (서울 : 박영사, 1962). 이용희 저·노재봉 편, 『한국민족주의』(서울 : 서문당, 1977). 이 책에는 이용희의 「정치명분으로서의 근대화 : 한국 케이스를 중심으로」(『신동아』 1965년 8월호)가 283-292쪽에 다시 수록됐다. 이용희 편, 『근세한국외교문서총목(總目) : 외국편』(서울 : 대한민국 국회도서관, 1966). 이 책은 1,268쪽에 이르는 방대한 양으로 구성됐다. 이 책에 대한 대표적 서평으로 다음이 있다. 신기석, 「구한국 외교사 연구에 큰 공헌」, 『신동아』 1967년 10월호, 377-381쪽. 이용희 교수는 「국제정치에 관한 이론적 및 역사적 연구」라는 학위논문으로써 1963년 2월에 서울대학교에서 법학박사학위를 받았다.

이용희의 호는 동주(東洲)다. 그는 이동주라는 이름 아래 많은 저술들을 출판했다. 특히 한국의 회화사에 독특한 견해를 가졌던 그는 이 방면에 여러 저서들을 출판했다.

29 김성희, 『정당론』(서울 : 박영사, 1957 초판 1쇄 ; 1976 6쇄) ; 김성희, 『정치사』(서울 : 박영사, 1956) ; ______, 『구미정치사』(서울 : 박영사, 1977 개정증보판 ; 1978 개정증보판). 김성희 교수는 「독일사회주의정당의 계보적인 정리과정에 관한 연구」라는 학위논문으로써 1963년 8월에 서울대학교에서 법학박사학위를

김경수(金敬洙)[30] · 서임수(徐壬壽)[31] · 김옥평(金玉坪)[32] 등을 지적할 수 있다. 이제까지 거명된 사람들 가운데 동주(東洲) 이용희 교수는 한국 정치학계에서 국제정치학의 태두로 꼽힌다.

정한경 · 박용만 · 김성숙 · 김준연 · 김성용의 경우를 빼놓고, 뒷날 한국에서 정치학교수로 활동하게 되는 이들에 대해 정치학사적 차원에서 연구가 시작돼야 할 것이다.그들은 어떤 교수들로부터 어떤 강의를 들었던가? 그리고 어떤 책들을 통해 어떤 이론들을 배웠으며 그리하여 어떤 내용의 정치학 세계를 형성했던가? 그들은 어떤 책들을 썼으며 후학들에게 무엇을 가르쳤던가? 이러한 의문들을 밝혀냄으로써, 우리나라에서 정치학이 수용되고 발전한 흐름을 제대로 파악하자는 뜻이다.

고산자(古山子) 김정호는 소년시절부터 "저 산은 어디서부터 일어나 여기에까지 뻗쳤고, 저 강은 어디서부터 흘러 여기에까지 이르렀는가?"라는 의문을 품고 조선의 산하들을 답사한 끝에 마침내 불후의 대작 『대동여지도』를 완성해 후손들에게 남겼다. 한국정치학계는 "우리의 정치학은 어디서부터 시작돼 여기에까지 와 있는가?"라는 의문을 품고 선대의 정치학자들과 동시대의 정치학자들의 정치학 세계를 파헤침으로써 한국정치학의 대동여지도를 완성하게 되기를 기대한다.

● ● ● ● ●

받았다. 이 논문의 독일어요약은 다음에서 읽을 수 있다. Kim, Sung Hi, "Die theoretische und programmaticsche Entwicklung der Sozialdemokratischen Partei Deutschlands,"『한국정치학회보』 제2집(1967), 219-226쪽.

30 김경수,『근대정치사』(서울 : 양문사, 1954) ; 레이몬드 게텔(Raymond G. Gettell), *Introduction to Political Science* (1933), 김경수 역,『정치학개론』(서울 : 장왕사, 1952). 앞의 책 개정판(1949)은 김경수 교수에 의해 1955년에 장왕사에서 다시 역간됐다. R. G. Gettell, *History of Political Thoughts*, 김경수 역,『정치사상사』 상(서울 : 장왕사, 1955).

31 서임수,『정치학개론』(서울 : 과학사, 1948). 이 책은 라스키의 *Introduction to Politics*의 초역이라고 스스로 밝혔다.

32 김옥평,『근대 각국 의회제도론』(서울 : 박문출판사, 1954 ; 증보판 1961).

이 원고가 인쇄단계에 들어선 시점인 2011년 8월 23-25일에 한국정치학회가 주최한 「2011년 한국정치세계학술대회」에서, 나는 이 제10장에 바탕을 두고 「한국정치학의 뿌리를 찾아서」라는 제목으로 기조연설을 했다. 나는 물론 이 기조연설문이 앞으로 출간될 『구한말의 서양정치학 수용 연구 : 유길준·안국선·이승만을 중심으로』의 결론부분이라는 사실을 밝혔다. 들어주신 분들 가운데 여러분이 이 책의 제목을 『한국정치학의 뿌리를 찾아서』로 고치는 것이 좋겠다는 의견을 제시해 주셨다. 나는 그 제시를 받아들이되, 이 책의 원래의 제목은 그대로 두고 『한국정치학의 뿌리를 찾아서』의 제1권으로 삼기로 했다. 나이와 앞으로의 집필계획을 고려할 때, 내가 그 후속의 작업을 할 수 있을 것 같지 않다. 혹시 이 책을 읽고, 후속의 작업을 맡아 줄 회원들이 나타난다면 큰 보람으로 여기고자 한다.

참고문헌

- 1차자료
- 2차자료 저서
- 2차자료 논문
- 서양어 원전
- 서양어 논문

1차자료

단재신채호전집편찬위원회 편, 『단재 신채호 전집』(전4권, 충청남도 천안시 : 한국독립운동사연구소, 2007).

민족문화추진위원회, 『[최한기의] 국역 인정』(서울 : 민족문화추진위원회, 1980).

민족문화추진위원회 편, 『국역 면암집』(전3권, 서울 : 민족문화추진위원회, 1978).

민족문화추진회 편·임정기 역, 『국역 완당전집』 1(서울 : 솔출판사, 1995).

민족문화추진회 편·신호열 편역, 『국역 완당전집』 2(서울 : 솔출판사, 1988).

민족문화추진회 편·신호열 편역, 『국역 완당전집』 3(서울 : 솔출판사, 1986).

민족문화추진회 편, 『국역 완당전집』 4(서울 : 솔출판사, 1996).

박석무 정해렴 역주, 『흠흠신서』(전3권, 서울 : 현대실학사, 1999).

박종채 씀·박희병 옮김, 『나의 아버지 박지원』(서울 : 돌베개, 1998 개정판 2005).

백암박은식선생전집편찬위원회 편, 『백암 박은식 전집』(전6권, 서울 : 동방미디어, 2002).

세종대왕기념사업회 고전국역편집위원회 편, 『영조실록』18(서울 : 세종대왕기념사업회, 1991).

신헌 지음·김종학 옮김, 『심행일기 : 조선이 기록한 강화도조약』(서울 : 푸른역사, 2010).

양정90년사편찬위원회(편), 『양정90년사』(서울 : 양정중고등학교, 1995).

유길준전서편찬위원회, 『유길준전서』(전5권, 서울: 일조각, 1971).
윤병석 편집·해제, 『장인환 전명운의 샌프란시스코의거 자료집』(전2권, 서울: 국가보훈처, 2008).
이승만, 『일민주의 개설』(서울: 일민주의보급회, 1949).
이승만 지음·이종익 옮김, 『일본군국주의실상』(서울: 나남, 1987).
이승만 지음·김충남 김효선 풀어씀, 『독립정신: 조선민족이여 깨어나라!』(서울: 동서문화사, 2010).
이익 지음·정해렴 편역, 『성호사설 정선(精選)』 상·중·하(서울: 현대실학사, 1998).
이태진 권오성 최원식 공편, 『자산안확국학논저집』(전6권, 서울: 여강출판사, 1994).
정약용 지음·민족문화추진위원회 편, 『목민심서』(1권 및 2권, 서울: 솔출판사, 1998).
정약용 지음·정해렴 역주, 『아방강역고』(서울: 현대실학사, 2001).
정진석 편저, 『독립신문·서재필 문헌해제』(서울: 나남출판, 1996).
한국학문헌연구소 편, 『김옥균전집』(서울: 아세아문화사, 1979).
한국학중앙연구원 편, 『영조어제 해제』(전11권, 경기도 성남시: 한국학중앙연구원, 2011).
한석태 역주, 『유길준의 「정치학」』(마산: 경남대학교 출판부, 1998).
허 정, 『내일을 위한 증언: 허정회고록』(서울: 샘터사, 1979).

2차자료 저서

강동엽, 『열하일기 연구』(서울: 일지사, 1988).
강범석, 『잃어버린 혁명: 갑신정변 연구』(서울: 솔출판사, 2006).
강명관, 『책벌레들 조선을 만들다』(서울: 푸른역사, 2007).
______, 『성호, 세상을 논하다』(서울: 자음과 모음, 2011).
강재언, 『조선의 서학사』(서울: 민음사, 1990).
______, 『조선근대사 연구』(동경: 일본평론사, 1970).

강주진, 『이조당쟁사 연구』(서울: 서울대학교출판부, 1983).

고정휴·김주용·마쓰다 토시히코·서희경·손과지·신용하·윤대원·전상숙·정상우·정윤재·홍용표 등, 『대한민국임시정부의 현대사적 성찰』(서울: 나남, 2010).

권오영, 『조선후기 유림의 사상과 활동』,(서울: 돌베개, 2003).

______, 『최한기의 학문과 사상 연구』(서울: 집문당, 1999).

규남실학사상연구회 편, 『규남 하백원의 실학사상 연구』(서울: 경인문화사, 2007).

금장태, 『조선전기의 유학사상』(서울: 서울대학교출판부, 1977).

______, 『한국실학사상 연구』(서울: 집문당, 1987).

______, 『조선 후기 유학과 서학: 교류와 갈등』(서울: 서울대학교출판부, 2004).

______, 『다산 정약용: 유학과 서학의 창조적 종합자』(경기도 파주시: 살림출판사, 2005).

______, 『실천적 이론가 정약용』(서울: 이끌리오, 2005).

김계수, 『한국정치학: 현황과 경향』(서울: 일조각, 1969).

김대식 편저, 『삼국유사: 그 다양한 스펙트럼』(서울: 대원사, 2007).

김도형, 『대한제국기의 정치사상 연구』(서울: 지식산업사, 1994).

김동석, 『부르조아의 인간상』(서울: 탐구당서점, 1949).

김만규, 『조선조의 정치사상 연구』(인천: 인하대학교 출판부, 1982).

______, 『한국의 정치사상』(서울: 현문사, 1999).

김명호, 『열하일기 연구』(서울: 창작과비평사, 1990).

______, 『초기 한미관계의 재조명: 셔먼호사건에서 신미양요까지』(서울: 역사비평사, 2005).

김문용, 『홍대용의 실학과 18세기 북학사상』(서울: 예문서원, 2005).

김병익, 『동물농장』(서울: 문예출판사, 1972; 재판 1999).

김봉렬, 『유길준 개화사상의 연구』(경상남도 마산시: 경남대학교 출판부, 1998).

김상협, 『모택동사상』(서울: 지문각, 1967).

김상홍 편저, 『다산의 꿈 목민심서』(서울: 새문사, 2007) 및 『다산학의 재조명』(서울, 단국대학교 출판부, 2009).

김성윤, 『조선후기 탕평정치 연구』(서울: 지식산업사, 1997).

김영구, 『잘 몰랐던 한일과거사문제 : 한일과거사에 대한 국제법적 조명』(서울 : 다솜출판사, 2010).
김영국, 『마키아벨리와 군주론』(서울 : 서울대학교출판부, 2002).
김용관, 『허균, 길에서 살며 사랑하다 죽다』(서울 : 도서출판 부글북스, 2009).
김용구, 『세계관충돌의 국제정치학 : 동양 예(禮)와 서양 공법』(서울 : 나남출판, 1997).
______, 『임오군란과 갑신정변』(인천광역시 : 원, 2004).
______, 『거문도와 블라디보스토크 : 19세기 한반도의 파행적 세계화과정』(서울 : 서강대학교 출판부, 2008).
김위현, 『동농 김가진전』(서울 : 학민사, 2009).
김인규, 『홍대용 : 조선시대 최고의 과학사상가』(서울 : 성균관대학교 출판부, 2008).
김인서, 『망명노인 이승만박사를 변호함』(부산 : 독학협회출판사, 1963).
김일영, 『건국과 부국 : 현대한국정치사 강의』(서울 : 생각의 나무, 2004).
______, 『건국과 부국 : 이승만·박정희시대의 재조명』(서울 : 기파랑, 2010).
김장흥, 『민족의 태양 : 우남이승만박사 평전』(서울 : 경찰도서출판협회, 1956).
김종복, 『발해정치외교사』(서울 : 일지사, 2009).
김창석, 『동아시아의 왕권과 교역 : 신라·발해와 정창원 보물』(서울 : 청년사, 1999).
김충열, 『증보 고려유학사』(서울 : 고려대학교 출판부, 1987).
김태준, 『홍대용 평전』(서울 : 민음사, 1987).
______, 『허학에서 실학으로』(동경 : 동경대학 출판회, 1988).
김학준, 『러시아혁명사』수정증보판(서울 : 문학과지성사, 1999).
______, 『서양인들이 관찰한 후기 조선』(서울 : 서강대학교 출판부, 2010).
______, 『해방공간의 주역들』(서울 : 동아일보사, 1996).
______, 『이동화평전 : 한 민주사회주의자의 생애』(서울 : 민음사, 1987).
김한식, 『실학의 정치사상』(서울 : 일지사, 1979).
김현숙, 『고구려의 영역지배방식 연구』(서울 : 도서출판 모시는 사람들, 2005).
김호동 역주, 『마르코 폴로의 동방견문록』(서울 : 사계절, 2000).
김효전, 『서양헌법이론의 초기 수용』(서울 : 철학과현실사, 1996).

동학농민전쟁기념사업회 편, 『동학농민혁명과 사회변동』(서울: 한길사, 1994).

민병태 김영국 공저, 『정치학 요강』(서울: 삼중당, 1962).

민족운동총서편찬위원회 편, 『종교·교육투쟁』(서울: 횃불사, 1980).

박광용, 『영조와 정조의 나라』(서울: 푸른역사, 1998).

박병선, 『병인년, 프랑스가 조선을 침노하다』(경기도 파주시: 태학사, 2008).

박석무, 『다산 정약용 유배지에서 만나다』(서울: 한길사, 2004).

______, 『박석무의 풀어쓰는 다산 이야기』(서울: 문학수첩, 2005).

박성순, 『박제가와 젊은 그들: 조선의 기남자, 역사의 구각에 맞서다』(서울: 고즈윈, 2006).

박은경, 『일제하 조선인관료 연구』(서울: 학민사, 1999).

박제가 지음·박정주 옮김, 『북학의』(서울: 서해문집, 2003).

박종홍, 『한국의 사상적 방향: 그 몇가지의 고찰』(서울: 박영사, 1968).

박찬승, 『한국근대정치사상사연구: 민족주의 우파의 실력양성운동론』(서울: 역사비평사, 1992).

박충석, 『한국정치사상사』 제2판(서울: 삼영사, 2010).

박충석·유근호, 『조선조의 정치사상』(서울: 평화출판사, 1988).

박현모, 『정치가 정조』(서울: 푸른역사, 2001년).

백민정, 『정약용의 철학: 주희와 마테오리치를 넘어 새로운 체계로』(서울: 이학사, 2007).

서영희, 『대한제국정치사 연구』(서울: 서울대학교출판부, 2003 ; 2005, 초판 3쇄).

서정락, 『대한민국 건국대통령 이승만』(서울: 단석연구원, 2009).

서정민, 『교회와 민족을 사랑한 사람들』(서울: 기독교문사, 1990).

______ 편저, 『한국교회핍박: 건국대통령 이승만의 외침』(서울: 건국대통령이승만박사기념사업회, 2008).

서정주, 『이승만박사 전기』(서울: 삼팔사, 1949).

서중석, 『이승만과 제1공화국: 해방에서 4월혁명까지』(서울: 역사비평사, 2007).

______, 『이승만의 정치이데올로기』(서울: 역사비평사, 2005, 초판 1쇄 ; 2006 초판 2쇄).

______, 『배반당한 한국민족주의』(서울: 성균관대학교 출판부, 2004).

손세일, 『이승만과 김구』(서울 : 일조각, 1970).
______, 『이승만과 김구』(서울 : 나남, 2008).
손호철, 『한국정치학의 새 구상』(서울 : 풀빛, 1991).
송건호, 『서재필과 이승만』(서울 : 정우사, 1980).
송병기, 『울릉도와 독도, 그 역사적 검증』(서울 : 역사공간, 2010).
송우혜, 『황태자의 동경인질살이』(서울 : 푸른역사, 2010).
송철용, 『종의 기원』(서울 : 동서문화사, 2009).
신동준, 『개화파 열전 : 김옥균에서 김가진까지』(서울 : 푸른역사, 2009).
신복룡, 『한국정치사』 제4판(서울 : 박영사, 2003).
______, 『한국정치사상사』(서울 : 지식산업사, 2011년 출간예정).
______, 『동학당 연구』(서울 : 탐구당, 초판 1973 ; 증보판 1979).
______, 『동학사상과 한국민족주의』(서울 : 평민사, 1978).
______, 『전봉준의 생애와 사상』(서울 : 양영각, 1982).
______, 『동학사상과 갑오농민혁명』(서울 : 평민사, 1985).
신봉승, 『조선선비의 거울, 문묘 18현』(서울 : 청아출판사, 2010).
신용하, 『독립협회연구 : 독립신문·독립협회·만민공동회의 사상과 운동』(서울 : 일조각, 1976).
______, 『조선후기 실학파의 사회사상 연구』(서울 : 지식산업사, 1987).
______, 『증보 신채호의 사회사상 연구』(서울 : 나남출판, 2004).
______, 『한국근현대사회와 국제환경 : 제국주의시대 열강의 동아시아정책과 한국민족』(서울 : 나남, 2008).
______, 『한국 개화사상과 개화운동의 지성사』(서울 : 지식산업사, 2010).
안국선, 『금수회의록·공진회(외)』(서울 : 범우사, 3판 3쇄, 2007).
안대회, 『정조의 비밀편지 : 국왕의 고뇌와 통치의 기술』(서울 : 문학동네, 2010).
양우정, 『이대통령투쟁사』(서울 : 연합신문사, 1949).
오문환, 『해월의 뜻과 사상 : 사람이 하늘이다』(서울 : 솔출판사, 1996).
오영교, 『조선후기 사회사 연구』(서울 : 혜안, 2005).
올리버, 로버트 지음·황정일 옮김, 『이승만 : 신화에 가린 인물』(서울 : 건국대학교 출판부, 2002).
와그너, 에드워드 지음·이훈상 옮김, 『전통 한국의 정치와 정책』(서울 : 신원문화사, 1993).
유근호, 『조선조 대외사상의 흐름 : 중화적 세계관의 형성과 붕괴』(서울 : 성신여자대학교 출판부, 2004).
유길준 지음·구인환 엮음, 『서유견문』(서울 : 신원문화사, 2005).
유동준, 『유길준전』(서울 : 일조각, 1987).
유미림, 『조선후기의 정치사상』(서울 : 지식산업사, 2002).
유봉학, 『연암일파 북학사상 연구』(서울 : 일지사, 1995).
유영렬, 『개화기의 윤치호 연구』(서울 : 한길사, 1985).
______, 『애국계몽운동 Ⅰ』(충청남도 천안시 : 한국독립운동사편찬위원회, 2007).
유영익, 『갑오경장 연구』(서울 : 일조각, 1990).
______, 『한국근현대사론』(서울 : 일조각, 1992).
______, 『이승만의 삶과 꿈 : 대통령이 되기까지』(서울 : 중앙일보사, 1996).
______, 『동학농민봉기와 갑오경장』(서울 : 일조각, 1998).
______, 『이승만 연구 : 독립운동과 대한민국건국』(서울 : 연세대학교 출판부, 2000).
______, 『젊은날의 이승만 : 한성감옥생활(1899-1904)과 옥중잡기 연구』(서울 : 연세대학교 출판부, 2002).
유현종, 『화서 이항로 : 불멸의 횃불』(서울 : 사단법인 화서학회, 2010).
유홍준, 『완당평전』1(「일세를 풍미하는 완당바람」)(서울 : 학고재, 2002) ; 2(「산은 높고 바다는 깊네」)(서울 : 학고재, 2002) ; 3(「자료·해제 편」)(서울 : 학고재, 2002).
윤명구, 『개화기 소설의 이해』(인천 : 인하대학교 출판부, 1986).
윤병희, 『유길준 연구』(서울 : 국학자료원, 1998).
윤사순 편, 『정약용』(서울 : 고려대학교 출판부, 1990).
윤이흠 외, 『단군』(서울 : 서울대학교출판부, 1994).
이가원, 『연암소설 연구』(소설 : 을유문화사, 1965).
이계희, 『정치학사』(서울 : 을유문화사, 1998).
이광래, 『한국의 서양사상 수용사』(서울 : 열린책들, 2003).
이광린, 『한국개화사 연구』(서울 : 일조각, 초판 1969 ; 개정증보판 1974).
______, 『한국개화사상사 연구』(서울 : 일조각, 1979).
______, 『한국사강좌』 Ⅴ(근대편), 수정증판(서울 : 일조각, 1984),

______, 『유길준』(서울 : 동아일보사, 1992).
이기동, 『비극의 군인들 : 일본육사출신의 역사』(서울 : 일조각, 1982).
이기백, 『한글판 한국사신론』(서울 : 일조각, 1999년 1판 1쇄 ; 2001년 1판 6쇄).
______, 『한국고대사론』 증보판(서울 : 일조각, 1995).
______, 『신라사상사 연구』(서울 : 일조각, 1986년 초판, 1994년 중판).
______, 『신라정치사회사 연구』(서울 : 일조각, 1974년 초판, 1994년 중판, 1999년 3판).
이기항·송창주, 『아! 이준열사 : 이준열사 순국100주년 해아밀사보고서』(서울 : 공옥출판사, 2007).
이만채 편·김시준 역, 『벽위편』(서울 : 한국자유교양추진회, 1985).
이만열, 『한국사 대계』 제2권(서울 : 삼진사, 1973).
이문원, 『한국의 교육사상가』(서울 : 문음사, 2002).
이병도, 『자료한국유학사초고』(서울 : 서울대학교 국사연구실, 1959).
______, 『고려시대의 연구』(서울 : 아세아문화사, 1980).
이상백, 『이조건국의 연구』(서울 :을유문화사, 1949).
이성제, 『고구려의 서방정책 연구』(서울 : 국학자료원, 2005).
이어령, 『이어령의 삼국유사 이야기』(서울 : 도서출판 서정시학, 2006).
이완재, 『한국근대 초기개화사상의 연구』(서울 : 한양대학교 출판부, 1998).
이원순, 『한국천주교회사 연구』(서울 : 한국교회사연구소, 1986).
이원순 편저, 『인간 이승만』(서울 : 신태양사, 1965 ; 복간본 중판 1995).
이은순, 『조선후기 당쟁사 연구』(서울 : 일조각, 1998).
이이화, 『허균의 생각 : 그 개혁과 저항의 이론』(서울 : 뿌리깊은나무, 1980 ; 개정판 여강출판사, 1991).
______, 『녹두장군 전봉준』(서울 : 중심, 2006).
______, 『역사를 쓰다 : 이이화 자서전』(서울 : 한겨레출판, 2011).
이정복 편, 『공삼 민병태 선생의 정치학』(서울 : 인간사랑, 2008).
이정식, 『구한말의 개혁·독립투사 서재필』(서울 : 서울대학교출판부, 2003).
이정식 지음·권기붕 옮김, 『초대 대통령 이승만의 청년시절』(서울 : 동아일보사, 2002).
______, 『이승만의 구한말 개혁운동 : 급진주의에서 기독교입국론으로』(대전광

역시: 배재대학교 출판부, 2005).
이주영, 『우남 이승만 그는 누구인가?』(서울: 배재학당총동창회, 2008).
______, 『이승만과 그의 시대』(서울: 기파랑, 2011).
이태진 편, 『조선시대 정치사의 재조명』(서울: 범조사, 1985).
이한우, 『거대한 생애, 이승만 90년』(서울: 조선일보사 출판국, 1995) 상·하.
______, 『우남 이승만, 대한민국을 세우다』(서울: 해냄출판사, 2008).
______, 『대한민국을 세운 독립운동가 이승만』(충청남도 천안시: 한국독립운동사연구소, 2010).
이호룡, 『아나키스트들의 민족해방운동』(충청남도 천안시: 한국독립운동사편찬위원회, 2008).
이호재, 『한국인의 국제정치관: 개항 후 100년의 외교논쟁과 반성』(서울: 법문사, 1994).
이희근, 『한국사 그 끝나지 않는 의문』(서울: 다우출판사, 2001).
______, 『주제로 보는 한국사』 제1권-제3권(서울: 고즈윈, 2005).
임종국 지음·반민족문제연구소 엮음, 『실록 친일파』(서울: 돌베개, 1991).
임창영 지음·유기홍 옮김, 『위대한 선각자 서재필박사 전기』(서울: 공병우글자판연구소, 1987).
장백일, 『의사 전명운』(서울: 집문당, 1997).
장승구, 『정약용과 실천의 철학: 다산 철학의 근대성 탐구』(서울: 서광사, 2001).
전복희, 『사회진화론과 국가사상: 구한말을 중심으로』(서울: 한울아카데미, 1996).
전봉덕, 『한국근대법사상사』(서울: 박영사, 1981).
정　민, 『다산선생 지식경영법』(서울: 김영사, 2006).
______, 『18세기 조선지식인의 발견: 조선후기지식패러다임의 변화와 문화변동』(서울: 휴머니스트, 2007).
정병준, 『우남이승만 연구: 한국근대국가의 형성과 우파의 길』(서울: 역사비평사, 2005).
정영희, 『개화기 종교계의 교육운동 연구』(서울: 혜안, 1999).
정옥자 편, 『정조시대의 사상과 문화』(서울: 돌베개, 1999).
______, 『조선후기문화운동사』(서울: 일조각, 1988).

______, 『정조의 문예사상과 규장각』(서울 : 효형출판, 2001).
정진석 정성철 김창원 공저, 『조선철학사』(평양 : 조선민주주의인민공화국 사회과학원 역사연구소, 1960).
정후수, 『추사김정희 논고』(서울 : 한성대학교 출판부, 2008).
조인성, 『태봉(泰封)의 궁예정권』(서울 : 푸른역사, 2007).
짜가이, G. D. 저 · 김병린 역, 『한국부르조아민족주의이데올로기 형성 : 실학에서 일제강점기까지』(모스크바 : 동방학연구소, 1983 ; 서울 : 인간사, 1990).
차성환, 『글로벌 시대 정약용 세계관의 가능성과 한계 : 주희에 대한 비판을 중심으로』(서울 : 집문당, 2002).
차주환, 『한국도교사 연구』(서울 : 서울대학교출판부, 1984).
천관우, 『근세조선사 연구』(서울 : 일조각, 1979).
최기영, 『서재필이 꿈꾼 나라』(서울 : 푸른역사, 2010).
______, 『애국계몽운동 Ⅱ-문화운동』(충청남도 천안시 : 한국독립운동사편찬위원회, 2009).
______, 『한국근대계몽사상 연구』(서울 : 일조각, 2003).
______, 『대한제국시기 신문연구』(서울 : 일조각, 1991).
최동희, 『동학의 사상과 운동』(서울 : 성균관대학교 출판부, 1980).
최문형, 『한국 근대의 세계사적 이해』(서울 : 지식산업사, 2010).
최상용 박홍규 공저, 『정치가 정도전』(서울 : 까치, 2007).
최영진 외, 『조선말 실학자 최한기의 철학과 사상』(서울 : 철학과현실사, 2000).
최종고, 『한국의 서양법수용사』(서울 : 박영사, 1982).
______, 『괴테와 다산, 통하다』(서울 : 추수밭, 2007).
______, 『우남 이승만 : 대한민국 건국대통령의 사상록』(서울 : 청아출판사, 2011).
최창규, 『근대한국정치사상사』(서울 : 일조각, 1972),
하라카와 스케히로(平川祐弘 : 평천우홍) 지음 · 노영희 옮김, 『마테오 리치 : 동서문명교류의 서사시』(서울 : 도서출판 동아시아, 2002).
한국정치학회 편, 『한국의 정치학 : 현황과 전망』(서울 : 법문사, 1997).
한국정치학회50년사편찬위원회 편, 『한국정치학회50년사, 1953년-2003년』(서울 : 한국정치학회, 2003).
한림대학교 한국학연구소 편, 『다시, 실학이란 무엇인가』(서울 : 푸른역사, 2007).

현대일본연구회 편, 『국권론과 민권론』(서울: 한길사, 1982).
한승인, 『독재자 이승만』(서울: 일월서각, 1984).
한영우, 『한국선비지성사: 한국인의 문화적 DNA』(서울: 지식산업사, 2010).
______, 『정도전사상의 연구』(서울: 서울대학교 한국문화연구소, 1973; 서울대학교출판부, 개정판 1983).
______, 『왕조의 설계자 정도전』(서울: 지식산업사, 1999).
______, 『조선 수성기 제갈량 양성지』(서울: 지식산업사, 2008).
______, 『실학의 선구자 이수광』(서울: 경세원, 2007).
한우근, 『동학란 기인에 관한 연구: 사회적 배경과 삼정의 문란을 중심으로』(서울: 서울대학교 한국문화연구소, 1971).
______, 『성호이익 연구: 인간 성호와 그의 정치사상』(서울: 서울대학교출판부, 1980).
______, 『한국개항기의 상업 연구』(서울: 일조각, 1970).
황준헌 저·조일문 역주, 『조선책략』(서울: 건국대학교 출판부, 1판 1쇄 1977; 2판 1쇄 2001).

2차자료 논문

강만길, 「유길준의 한반도 중립화론」, 『창작과비평』 1973년 겨울.
권영민, 「안국선의 생애와 작품세계」, 『관악어문 연구』 제2집(1977년 12월).
______, 「개화기 지식인의 환상: 천강 안국선의 경우」, 『문학과 지성』 통권 34호(1978년 겨울).
______, 「안국선의 예술과 지조: 상황과의 갈등 속에서 한 시대의 고아로」, 『월간 2000년』(1983년 5월).
금장태, 「혜강 최한기 철학의 근대적 성격」, 『제3회 국제학술회의논문집』(서울: 한국정신문화연구원, 1984).
김갑천, 「최익현의 경장론」, 김영국 편 『한국정치사상』(서울: 박영사, 1991).
김경원, 「자유에 대하여: 마키아벨리를 중심으로」, 『문학과 지성』 제9호(1972년 8월).

김계수, 「한국정치학에 미친 외국의 영향」, 『한국사회과학논집』 제8권 제7호 (1968년 7월).
______, 「한국정치학의 발전과정」, 태극출판사(편), 『대세계백과사전』, 제1권(정치)(서울 : 태극출판사, 1972).
______, 「한국정치학 — 과거 · 현재 · 전망」, 윤근식(편), 『현대정치의 정치경제학적 분석』(서울 : 법문사, 1980).
______, 「한국정치 50년과 한국의 정치학 연구」, 『한국정치학회보』 제29집 2호 (1995년 12월).
김두진, 「동아시아 화이론의 변용과 조일(朝日)의 만국공법 수용의 타자 인식」, 『한국정치학회보』 제44집 3호(2010년 가을).
김명하, 「퇴계 이황의 정치사상」, 이재석 편, 『한국정치사상사』(서울 : 집문당, 2002).
김병욱, 「퇴계 평화개념에 관한 검토」, 『국제정치논총』, 제43집 3호(2003년 9월).
김병하, 「유길준의 경제사상」, 『동양학』 제4집(1974). 이 논문은 그의 『한국경제경영사상사』(대구 : 계명대학교 출판부, 1989)에 포함되어 있다.
김석근, 「'단군신화'와 정치적 사유 : 한국정치사상의 시원을 찾아서」, 이재석 편, 『한국정치사상사』(서울 : 집문당, 2002).
______, 「삼국 및 남북국시대의 정치사상 : 토론을 위한 하나의 시론」, 이재석 편, 『한국정치사상사』.
______, 「'훈요십조'와 '시무 28조' : 고려 전기 정치사상에 관한 소묘」, 이재석 편, 『한국정치사상사』.
김석근 조진만, 「19세기 말 조선의 'franchise'(참정권) 개념에 대한 인식과 수용」, 『한국정치학회보』 제35집 2호(2001년 여름).
김성윤, 「탕평기 군주의 정치사상」, 한국국학진흥원 국학연구실 편, 『한국유학사상 대계』(경상북도 안동시 : 한국국학진흥원, 2007) 제6권(정치사상편).
김영국, 「한국에 있어서의 정치학의 발전」, 『한국정치학회보』 제11집(1977).
김영수, 「고려말 조선초기의 정치사상」, 이재석 편, 『한국정치사상사』.
______, 「대원군의 하야와 고종의 정치적 역할」, 김영국 편, 『한국정치사상』.
김영호, 「유길준의 개화사상」, 『창작과비평』, 1968년 가을.
김운태, 「한국정치학연구의 발전과 현황 : 정치사」, 『한국정치학회보』 제21집 2

호(1987년 12월).

______, 「한국정치연구의 회고와 전망」, 『한국정치학회보』 제34집 3호(2000년 가을).

김원모, 「견미 조선보빙사 수원 유길준 연구」, 『죽당이현희교수화갑기념 한국사학논총』(서울, 1997).

김익수, 「야은 길재」, 조준하 편, 『한국인물유학사』 제1권.

김인덕, 「시정 5년기념 공진회와 미술전시관에 대한 소고」, 『한국민족운동사 연구』 64(2010년 9월).

김정호, 「후기실학사상 국가발전론의 이론적 토대」, 『한국정치학회보』 제35집 2호(2001년 여름).

______, 「18세기 후반 동아시아 3국 기사상의 정치사상적 의의와 특성 비교 : 홍대용·대진·미우라 바이엔의 기사상을 중심으로」, 『한국정치학회보』 제36집 3호(2002년 가을).

______, 「근세 한·일 사회변혁론의 정치사상적 특성 : 박세당과 안도 쇼에키의 사상을 중심으로」, 『한국정치학회보』 제37집 2호(2003년 여름).

김춘식, 「왕권신수설과 천명사상의 비교연구」, 『한국정치학회보』 제30집 3호(1996년 가을).

김하룡, 「정치학」, 고려대학교 민족문화연구소(편), 『한국현대사 대계』 제2권(1976).

김학준, 「한국정치학의 과거와 현재 및 미래」, 『사회과학논문집』 제1집(1976).

______, 「해방3년사와 한국전쟁 연구동향」, 한길사 편, 『1950년대의 인식』(서울 : 한길사, 1981).

______, 「재미원로 회견기 : 정치학과 창설의 주역 최봉윤 교수」, 『대한신문』(서울대학교 대학신문사), 1984년 3월 5일.

______, 「안자산의 『조선문명사 : 조선정치사』서평」, 『사회과학과 정책연구』 제8권 제3호(1987년 2월).

______, 「우리나라 정치학 도입기의 지도적 정치학자 안국선의 주요 저서 소개」, 『한국정치학회보』 제21집 제2호(1987년 12월).

______, 「자료소개 : 한국정치에 관한 몇 가지 자료들」, 『한국과 국제정치』 제5권 제1호(1989년 봄).

______, 『해방공간의 주역들』(서울 : 동아일보사, 1996), 「이승만」.

______, 「한반도 현대사에 대한 한 독립운동가의 시각」, 『한국정치학회보』 제34집 3호(2000년 가을),
______, 「최근 활발해진 이승만 연구 : 대한민국 건국 이전의 이승만에 관한 저서들」, 『한국정치학회보』 36집 2호(2002년 여름).
______, 「1993년 이후 정치학 분야에 있어서의 한국학의 흐름들과 특징들」, 『한국정치연구』 제17집 제1호(2008년 2월).
김한식, 「행장을 통해 본 율곡의 사상체계」, 『한국정치학회보』 제30집 4호(1996년 겨울).
______, 「혜강 사상에 나타난 근대성논리의 구조」, 『한국정치학회보』 제34집 4호(2000년 겨울).
김현철, 「박영효의 『1888년 상소문』에 나타난 민권론의 연구」, 『한국정치학회보』 제33집 4호(1999년 겨울).
김홍우, 「정조조의 천주학 비판」, 김영국 편, 『한국정치사상』(서울 : 박영사, 1991).
______, 「민병태 『정치학』의 이해 : 슈미트와 라스웰의 논리를 중심으로」, 『한국정치연구』 제7호(1997).
김효전, 「한국 개화기의 국가학교육」, 『금랑김철수교수 정년기념논문집 : 한국헌법학의 현황과 과제』(서울 : 박영사, 1998).
______, 「안국선의 와세다[早稻田]시대」, 『동아법학』 제47호(2010년 5월).
김희일, 「1880년대 개화사상 연구 : 『서유견문』을 중심으로 하여」, 『력사과학』, 1965년 제6호 및 1966년 제1호.
남인국, 「고려시대 유가의 정치사상」, 한국국학진흥원 국학연구실 편, 『한국유학사상 대계』 제6권.
노대환, 「정조시대 서기 수용 논의와 서학정책」, 정옥자 편, 『정조시대의 사상과 문화』(서울 : 돌베개, 1999).
노중국, 「삼국 및 남북국 시대 유가정치사상」, 한국국학진흥원 국학연구실 편, 『한국유학사상 대계』 제6권.
류성렬, 「퇴계의 우민론에 관한 연구」, 『한국정치학회보』 제32집 1호(1998년 봄).
______, 「퇴계의 정치도의 실현과 성군의 역할」, 경북대학교 퇴계연구소 편, 『퇴계학연구논총』 제5권(1997).

몽테스키외 지음·하재홍 옮김, 『법의 정신』(서울: 동서문화사, 2007).

민준기, 「정치학: 절충 혼합의 이론과 뒤진 국내정치 연구」, 조요한·변형윤 등 공편, 『한국의 학파와 학풍』(서울: 우석출판사, 1982).

박기서, 「유길준과 복택유길의 정치사상 비교연구」, 1989년도 홍익대학교 정치학박사학위논문.

박병호, 「다산의 법사상」, 윤사순 편 『정약용』(서울: 고려대학교 출판부, 1990).

박종성, 「현대한국정치연구의 경향과 방법: 근대화의 정치발전, 정치변동론과 그 이후의 논의」, 『청주사범대학논문집』 제19집(1987년 4월).

박종홍, 「최한기의 경험주의」, 『아세아연구』 제8권 제4호(1965년 12월).

박창진, 「조선조 기묘사림의 정치적 위상에 관한 연구: 중종 10년(1515)에서 중종 14년(1519) 기묘사화 이전까지」, 『한국정치학회보』 제32집 2호(1998년 여름).

박충석, 「퇴계정치사상의 특질」, 경북대학교 퇴계연구소 편, 『퇴계학연구논총』 제5권(1997).

박현모, 「10년간의 위기: 정묘·병자호란기의 공론정치 비판」, 『한국정치학회보』 제37집 2호(2003년 여름).

______, 「조광조 신원운동을 통해 본 김인후의 정치사상」, 재단법인 하서학술재단 편, 『하서 김인후의 사상과 문학』 제4집(2010).

______, 「재판판결로 본 영조의 백성관 연구」, 『한국정치연구』 제20집 제1호(2011년 2월).

박홍규, 「조선건국주체의 경제사상」, 한국국학진흥원 국학연구실 편, 『한국유학사상 대계』 제7권(경제사상 편)(경상북도 안동시: 한국국학진흥원, 2007).

배병삼, 「다산 정약용의 정치사상」, 이재석 편, 『한국정치사상사』(서울: 집문당, 2002).

______, 「조선시대 정치적 리더십론: 수기치인과 무위이치론을 중심으로」, 『한국정치학회보』 제31집 4호(1997년 겨울).

______, 「율곡 이이의 정치사상」, 이재석 편, 『한국정치사상사』.

______, 「한국 정치학의 기원과 정체성 탐사」, 『한국정치학회보』 제37집 2호(2003년 여름).

______, 「국제정치사상가로서의 연암 박지원 연구」, 『한국정치외교사논총』 제

29집 2호(2008년 2월).

부남철, 「삼봉 정도전의 정치사상」, 이재석 편, 『한국정치사상사』.

______, 「정암 조광조와 사림의 도학정치사상」, 이재석 편, 『한국정치사상사』.

______, 「유교적 학자군주 정조의 종교정책」, 『한국정치학회보』 제37집 2호(2003년 여름).

서진교, 「대한제국기 고종의 황제권 강화책과 경위원」, 『한국근현대사연구』 제9집(1998).

손문호, 「유교국가주의와 그 대두과정」, 김영국 편, 『한국정치사상』(서울 : 박영사, 1991).

______, 「고려말 신흥사대부들의 유교국가주의」, 김영국 편, 『한국정치사상』.

______, 「조광조의 유교적 개혁주의」, 김영국 편, 『한국정치사상』.

송기호, 「발해의 역사와 사상」, 『한국사상 대계』 제2권(경기도 성남시 : 한국정신문화연구원, 1991).

서정민, 「구한말 이승만의 활동과 기독교(1875-1904)」, 한국기독교교사연구소 편, 『한국기독교사 연구』 18(1988년 2월).

설석규, 「조선 중기 사림파의 정치사상」, 한국국학진흥원 국학연구실 편, 『한국유학사상 대계』 제6권.

신명순, 「한국정치학에서의 비교정치연구Ⅱ」, 연세대학교 사회과학연구소, 『사회과학논집』 제19집(1988).

신복룡, 「한국의 지역감정의 역사적 배경 : 호남 phobia를 중심으로」, 한국정치학회 1996년도 하계학술대회 발표논문.

______, 「당쟁에 대한 새로운 이해」, 『한국정치사』 제4판(서울 : 박영사, 2003).

______, 「여말 선초 절의파의 고민 : 출사와 은둔의 기로」, 『한국정치외교사논총』 제32집 1호(2010년 8월).

신병주, 「조선 중기 북인의 정치사상」, 한국국학진흥원 국학연구실 편, 『한국유학사상대계』 제6권.

신용하, 「오경석의 개화사상과 개화활동」, 『역사학보』 제107집(1985).

______, 「김옥균의 개화사상」, 『동방학지』 46·47·48 합집(1985).

______, 「한국근대민족주의의 기원」, 인곡황성모박사화갑기념논문집간행위원회 편, 『사회구조와 사회사상』(서울 : 심설당, 1986).

______, 「구한말 한국민족주의와 사회진화론」, 『인문과학연구』 창간호(1995).

______, 「신민회의 독립군기지창건운동」, 조항래 편저, 『1900년대의 애국계몽운동 연구』.

신채호, 「조선역사상 1천년래 제일대사건」, 『조선사연구초』(1930), 단재신채호전집편찬위원회 편, 『단재 신채호 전집』 제2권(충청남도 천안시 : 한국독립운동사연구소, 2007).

심우섭, 「강수」, 조준하, 『한국인물유학사』 제1권.

정구복, 「문열공 김부식」, 조준하 편, 『한국인물유학사』 제1권.

안국선, 「레닌주의는 합리한가」, 『청년』 제5호(1921년 7-9월호).

안용준, 「안국선의 정치학에 관한 연구 : 『정치원론』을 중심으로」, 경남대학교 정치학석사학위논문, 1988.

안외순, 「혜강 최한기의 정치사상」, 이재석 편, 『한국정치사상사』.

______, 「유가적 군주정과 서구민주정에 대한 조선실학자의 인식 : 혜강 최한기를 중심으로」, 『한국정치학회보』 제35집 4호(2001년 겨울).

안회남, 「나의 어머님」, 『조광』 제6권 제6호(1940년 6월).

______, 「선고유사」, 『박문』(1940년 6월).

안정석, 「마키아벨리와 리비우스의 사이에서 : 근대성의 정치철학」, 『한국정치학회보』 제43집 4호(2009년 겨을).

양광석, 「왕인」, 조준하 편, 『한국인물유학사』 제1권(서울 : 한길사, 1996).

와그너, 에드워드 지음·이훈상 손숙경 옮김, 「중종 14년의 현량과 : 조선전기 정치사에서의 위상」, 『조선왕조사회의 성취와 귀속』(서울 : 일조각, 2007).

와그너, 에드워드 지음·송준호 옮김, 「정치사적 입장에서 본 조선시대 사화의 성격」, 『조선왕조 사회의 성취와 귀속』.

염정섭, 「조선 후기 실학의 농업사상」, 한국국학진흥원 국학연구실 편, 『한국유학사상 대계』 제7권(경제사상편).

오문환, 「동학의 정치사상」, 이재석 편, 『한국정치사상사』.

______, 「동학사상에서의 자율성과 공공성」, 『한국정치학회보』 제36집 2호(2002년 여름).

오영섭, 「이승만의 대한민국임시정부 통치구상」, 『한국민족운동사 연구』 61(2009년 12월).

유미림, 「'우산도=독도'설 입증을 위한 논고 : 박세당의 「울릉도」와 장헌상의 「울릉도 사적」을 중심으로」, 『한국정치외교사논총』 제29집 2호(2008년 2월).
유영렬, 「대한자강회의 애국계몽운동」, 조항래 편저, 『1900년대의 애국계몽운동 연구』(서울 : 아세아문화사, 1993).
유영익, 「갑오경장 이전의 유길준 : 1894년 친일개혁파로서의 등장 배경을 중심으로」, 『한림대 논문집』 제4집(1986).
______, 「『서유견문』과 유길준의 보수적 점진개혁론」, 『한국사 시민강좌』 제7집(1990).
______, 「우남 이승만의 『옥중잡기』백미」, 『인문과학』 제80집(1999년 4월).
______, 「이승만 : 건국과 집권에 성공한 외교독립운동가」, 『한국사 시민강좌』 47(2010).
윤명구, 「안국선 연구」, 서울대학교 문학석사학위논문, 1974.
윤병희, 「유길준의 입헌군주제도론 : 미정고(未定稿) 『정치학』을 중심으로」, 『동아연구』 제13집(1988년 2월).
______, 「대한제국 말기 유길준의 사상과 행동」, 1993년도 서강대학교 문학박사 학위논문.
______, 「일본망명시절 유길준의 쿠데타음모사건」, 『한국근현대사 연구』 제3집(1995).
이광린, 「미국 유학시절의 유길준」, 『신동아』 1968년 2월. 이 논문은 이광린, 『한국개화사 연구』 개정판(서울 : 일조각, 1974)에 실려 있다.
______, 「유길준의 개화사상 : 『서유견문』을 중심으로」, 『역사학보』 75·76합집, 1977. 이 논문은 이광린, 『한국개화사상 연구』(서울 : 일조각, 1979)에 실려 있다.
______, 「일본 망명시절의 유길준」, 『신동아』, 1986년 10월. 이 논문은 이광린, 『개화파와 개화사상 연구』(서울 : 일조각, 1989)에 실려 있다.
______, 「유길준의 영문서한」, 『동아연구』 제14집(1988). 이광린, 『개화파와 개화사상 연구』에 실려 있다.
______, 「서재필의 『독립신문』간행에 대하여」, 『진단학보』 39(1975년 4월).
______, 「헐버트의 한국관」, 『한국근현대사연구』 제9집(1998).
이기동, 「목은 이색」, 조준하 편, 『한국인물유학사』 제1권.

이동희, 「회재 이언적」, 조준하 편, 『한국인물유학사』 제1권.

이병휴, 「서장 : 유학의 수용과 정치사상으로의 전개」, 한국국학진흥원 국학연구실 편, 『한국유학사상 대계』 제6편(경상북도 안동시 : 한국국학진흥원, 2007).

이송희, 「대한제국말기 애국계몽학회 연구」, 1986년도 이화여자대학교 문학박사학위논문.

이영춘, 「우암 송시열의 정치사상」, 이재석 편, 『한국정치사상사』.

이용희, 「동인승의 행적 : 김옥균파개화당의 형성에 연하여(상)」, 『서울대학교 국제문제연구소 논문집』 제1권 제1호(1973년).

이우성, 「이조 유교정치와 산림의 존재」, 『한국의 역사상』(서울 : 창작과비평사, 1982).

______, 「최한기」, 동아일보사 『신동아』 편집실 편, 『한국근대인물 백인선』(서울 : 동아일보사, 『신동아』 1970년 1월호 부록).

이원영, 「개화파의 정치사상」, 이재석 편, 『한국정치사상사』.

______, 「문명사관과 문명사회론 : 유길준의 『서유견문』을 중심으로」, 『한국정치학회보』 30집 4호(1996년 겨울).

이재석, 「척사위정론자의 정치사상」, 이재석 편, 『한국정치사상사』.

이재선, 「안국선론 : 풍자의 작가」, 『금수회의록·공진회(외)』(서울 : 범우사, 3판 3쇄, 2007).

이정복, 「한국정치학의 변화와 발전방향」, 『한국정치연구』 8-9합병호(1999).

이정식, 「한국 현대 정치사 연구에 있어서의 문제점」, 『한국정치학회보』 제3집(1969).

이정식 역주, 「청년 이승만 자서전」, 『신동아』 1979년 9월호.

이치가와 마사아키(市川正明) 편, 「김형섭대좌 회고록」, 『일한외교사료』 제10권(동경 : 하라쇼보[原書房 : 원서방], 1981).

이태진, 「당쟁을 어떻게 볼 것인가」, 이태진 편, 『조선시대 정치사의 재조명』(서울 : 범조사, 1985).

______, 「서양 근대정치제도 수용의 역사적 성찰 : 개항에서 광무개혁까지」, 『진단학보』 84(1997).

이태훈, 「인물 DB구축을 통해 본 한국 초기 '사회과학' 수용주체의 구성과 성격」,

이화여자대학교 한국문화연구원 SSK '한국 사회과학' 연구사업단 편, 『근대 전환기 '한국 사회과학' 수용의 주체와 문제의식』(서울, 이화여자대학교 한국문화연구원, 2011).

이택휘, 「조선후기 정치사상 연구 : 이항로와 김평묵의 척사사상을 중심으로」, 서울대학교 정치학박사학위논문, 1983.

______, 「조선후기 척화논의의 전개와 그 의의」, 『한국정치외교사논총』 제4집(1987년 11월).

______, 「1890년대의 사상사적 흐름」, 『한국정치외교사논총』 제12집(1995년 3월).

이헌창, 「조선시대 공물제도와 경제정책이념」, 한국국학진흥원 국학연구실 편, 『한국유학사상 대계』 제7권(경제사상 편)(경상북도 안동시 : 한국국학진흥원, 2007).

______, 「총론 : 한국경제사와 유학사상」, 한국국학진흥원 국학연구실 편, 『한국유학사상 대계』 제7권.

이현종, 「대한협회의 조직과 활동에 관한 성격」, 조항래 편저, 『1900년대의 애국계몽운동 연구』.

이현출, 「사림정치기의 공론정치 전통과 현대적 함의」, 『한국정치학회보』 제36집 3호(2002년 가을).

이홍구, 「근대 한국정치학 백년 : 그 한계성의 극복을 위한 자성」, 『한국정치학회보』 제20집 제2호(1986년 12월).

이희주, 「조선초기의 공론정치 : 공론의 존재양식과 공론정치의 특수성을 중심으로」, 『한국정치학회보』 제44집 4호(2010년 겨울).

장인성, 「유길준에 있어서의 도덕과 정치 : 자기·타자 인식의 정치적 사유」, 한국정치학회 1997년 9월 월례발표회 발표논문.

______, 「토포스와 아이덴티티 : 개국기 한일 지식인의 국제정치적 사유」, 『국제정치논총』 제37집 3호(1998년 8월).

전봉덕, 「『서유견문』과 유길준의 법률사상」, 『학술원논문집 : 인문사회과학편』 제15집(1976).

전상숙, 「문헌 DB구축을 통해서 본 한국 초기 '사회과학'의 문제의식과 특성」, 이화여자대학교 한국문화연구원 SSK '한국 사회과학' 연구사업단 편, 『근대 전환기 '한국 사회과학' 수용의 주체와 문제의식』(서울 : 이화여자대학교 한국문화연구원, 2011).
전세영, 「퇴계의 군주론 연구」, 『한국정치학회보』 제37집 1호(2003년 봄).
정경환, 「동학의 평화론에 관한 연구」, 『한국정치외교사논총』 제31집 2호(2010년 2월).
정용화, 「조선에서의 입헌민주주의 관념의 수용 : 1880년대를 중심으로」, 『한국정치학회보』 제32집 2호(1998년 여름).
______, 「유길준의 정치사상 연구 : 전통에서 근대로의 복합적 이행」, 서울대학교 정치학박사학위논문, 1998년 2월.
______, 「유길준의 '양절'체제론 : 이중적 국제질서에서의 '방국의 권리'」, 『국제정치논총』 제37집 3호(1998년 8월).
______, 「다시 읽는 『서유견문』」, 『동아시아비평』 제3호(1998).
______, 「조선에서의 입헌민주주의 관념의 수용 : 1880년대를 중심으로」, 『한국정치학회보』 제32집 2호(1998년 여름).
______, 「유교와 인권(Ⅰ) : 유길준의 '인민의 권리'론」, 『한국정치학회보』 제33집 4호(1999년 겨울).
______, 「안과 밖의 정치학 : 19세기 후반 개화개혁론에서 국권·민권·군권의 관계」, 『한국정치학회보』 제34집 2호(2000년 여름).
정윤재, 「정약용의 자작적 인간관과 왕정개혁론 : 조선후기 정치권력의 공공성 문제와 관련하여」, 『한국정치학회보』 제33집 4호(1999년 겨울).
정호훈, 「붕당정치와 군주의 정치사상」, 『한국유학사상 대계』, 제6권.
______, 「17세기 실학의 형성과 그 정치사상」, 한림대학교 한국학연구소 편, 『다시, 실학이란 무엇인가』(서울 : 푸른역사, 2007).
정후수, 「추사는 불교를 어떻게 받아들였나」, 『백련불교논집』 제7집(1997).
조성을, 「실학파의 정치사상」, 한국국학진흥원 국학연구실 편, 『한국유학사상 대계』 제6권.
조준호, 「조선 후기 노론의 정치사상과 경세론」, 한국국학진흥원 국학연구실 편, 『한국유학사상 대계』 제6권.
조찬래, 「한국정치사 연구의 현황과 문제점」, 『한국정치 연구의 대상과 방법』(서울 : 한울, 1993).
주진오, 「19세기 후반 개화개혁론의 구조와 전개 : 독립협회를 중심으로」, 연세대학교 문학박사학위논문, 1995.

차장섭, 「조선전기 관학파의 정치사상」, 한국국학진흥원 국학연구실 편, 『한국유학사상 대계』 제6권.

천관우, 「반계 유형원 연구(상)-실학발생에서 본 이조사회의 일(一) 단면」, 『역사학보』 2(1952).

______, 「반계 유형원 연구(하)-실학발생에서 본 이조사회의 일 단면」, 『역사학보』 3(1953).

최근덕, 「설총」, 조준하 등, 『한국인물유학사』 제1권(서울 : 한길사, 1996).

______, 「익제 이제현」, 조준하 편, 『한국인물유학사』 제1권.

최기영, 「헌정연구회에 관한 일(一)고찰」, 조항래 편저, 『1900년대의 애국계몽운동 연구』(서울 : 아세아문화사, 1993).

______, 『한국근대계몽사상 연구』 제2부 제1장(「1900년대 전후 안종화의 역사인식」).

______, 『한국근대계몽사상 연구』 제2부 제2장(「안국선의 생애와 계몽사상」).

최연식, 「정암 조광조(1482-1519)의 도덕적 근본주의와 정치개혁」, 『한국정치학회보』 제37집 5호(2003년 겨울).

______, 「개혁적 사회진화론의 수용과 청년기 이승만의 독립정신」, 『한국정치외교사논총』 제31집 2호(2010년 2월).

최원식, 「『비율빈 전사』에 대하여 : 아시아의 연대 Ⅱ」, 『문학과 역사』 제1집(1987).

최이돈, 「조선 전기 사림파의 정치사상」, 한국국학진흥원 국학연구실(편), 『한국유학사상 대계』 제6권.

최종고, 「한국의 법률가상 20 : 안국선」, 『사법행정』(1983년 11월).

쓰키아시 다쓰히코(月脚達彦 : 월각달언), 「개화사상의 형성과 전개 : 유길준의 대외관을 중심으로」, 『조선사연구회 논문집』 28(1991) 및 「조선개화사상의 구조 : 유길준 『서유견문』의 문명론적 입헌군주제론」, 『조선학보』 159(1996).

하라다 다마키(原田環 : 원전환), 「조선의 근대화구상 : 유길준과 박영효의 독립구상」, 『사학연구』(히로시마사학회, 1979).

하영선, 「유길준의 문명개화론 : 전통과 근대의 복합화」, 한국정치학회 1997년 9월 월례발표회 발표논문.

한영우, 「눌재 양성지의 사회·정치사상」, 『역사교육』 17(1975).
______, 「'실학' 연구의 어제와 오늘」, 한림대학교 한국학연구소 편, 『다시, 실학이란 무엇인가』(서울: 푸른역사, 2007).
『한국정치학회보』, 제2집(1967)의 특집인
「한국정치학의 연구 및 교육 경향의 검토」
「비교정치학 20년의 반성」(구범모)
「한국정치 및 정치과정 연구 현황」(이정식)
「국제정치학의 연구 및 대학교육 경향」(손제석)
「한국행정학의 현황과 역할」(박동서)
『한국정치학회보』 제12집(1978)의 특집인
「건국 30년의 한국정치학」
「미국정치학의 특성과 한국 정치사상의 연구 상황」(서정갑)
「새 정치이론의 중심 과제」(이홍구)
「비교정치학의 연구 동향」(정희채)
「한국 비교정치 연구의 현재와 미래」(김행자)
「행정학 연구의 학문성 정립 문제」(백완기)
「한국 정치학자의 정책 연구」(강민)
「정치학의 발전적 과제에 대한 고찰」(안청시)
「한국에서의 국제정치학 연구」(박치영)
「한국 국제정치학의 정립을 위하여」(이상우)
「한국정치학의 연구 경향과 평가」(김운태)
「한국정치 연구의 경향과 평가」(한승조)
허동현, 「1881년 조사시찰단 연구」, 고려대학교 문학박사학위논문, 1994.
______, 「1880년대 개화파인사들의 사회진화론 수용양태 비교 연구: 유길준과 윤치호를 중심으로」, 『사총』 55(2002년 9월).
현광호, 「유길준의 동아시아 인식과 구상」, 성균관대학교 BK21 동아시아학융합사업단 편, 『근대 동아시아 지식인의 삶과 학문』(서울: 성균관대학교 출판부, 2009).
홍이섭, 「유길준의 자본주의 정신」, 『한국사의 방법』(서울: 탐구당, 1979).

서양어 원전

Allen, Richard C., *Korea's Syngman Rhee : An Unauthorized Portrait* (Rutland and Tokyo : Charles E. Tuttle Co., 1960).

Andrew, William G. (ed.), *International Handbook of Political Science* (Westport, CT. : Greenwood Press, 1982).

Buswell, Jr. Robert E., *Tracing Back the Radiance : Chinul's Korean Way of Zen* (Honolulu : University of Hawaii Press, 1991).

Buzo, Adrian and Tony Prince, trans. *Kyunyo-Jon : The Life, Times and Songs of a Tenth Century Korean Monk* (Sidney : Wild Peony Press, 1994).

Chung, Chai-sik, *A Korean Confucian Encounter with the Modern World : Yi Hang-no and the West* (Berkeley, CA. : University of California Press, 1995).

Chung, Henry, *Korea and the United States through War and Peace, 1943-1960* (Seoul : Yonsei University Press, 2000).

Deuchler, Martina, *The Confucian Transformation of Korea : A Study of Society and Ideology* (Cambridge, MA. : Council on East Asian Studies, Harvard University, 1992).

Duncan, John B., *The Origin of the Chosŏn Dynasty* (Seattle : University of Washington Press, 2000).

Gardnier, Kenneth H. J., *The Early History of Korea : The Historical Development of the Peninsula up to the Introduction of Buddhism in the Fourth Century C. E.* (Honolulu : The University of Hawaii Press, 1969).

Haboush, Jahyun Kim, *The Memoirs of Lady Hyegyŏng : the Autobiographical Writings of a Crown Princess of Eighteenth-Century Korea.* Translated and with an Introduction and Annotations by JaHyun Kim Haboush (Berkeley, CA. : The University of California Press, 1996).

______, *A Heritage of Kings : One Man's Monarchy in the Confucian World* (New York : Columbia University Press, 1988).

______, and Martina Deuchler eds., *Culture and the State in Late Chosŏn Korea* (Cambridge, MA. : Harvard-Hollym, 1999).

Haekyoungkung Hongssi, Han Joong Nok, Trans. Bruce K. *Grant and Kim Chin-man*

(New York : Larchwood, 1980).

Hatada, Takashi, *A History of Korea*, Trans. by Warren W, Smith, Jr., and Benjamin H. Hazard (Santa Barbara, CA. : ANC-Clio Press, 1969).

Howe, Irving, *Politics and the Novel* (New York : Horizon Press, 1957).

Hwang, In K., *The Korean Reform Movement of the 1880s : A Study of Transition in Inter-Asian Relations* (Cambridge, MA. : Schenkman Publishing Co., 1978).

Ilyŏn, Samkuk yusa. *Legends and History of the Three Kingdoms of Ancient Korea.* Translated by Tae-Hung Ha and Grafton K. Mintz (Seoul : Yonsei University Press, 1972).

Kalton, Michael C., *The Four-Seven Debate : An Annotated Translation of the Most Famous Controversy in Korean Neo-Confucian Thought* (Albany, NY. : State University of New York Press, 1994).

Kennan, George F., *The Marquis de Custine and His Russia in 1839* (Princeton, NJ. : Princeton University Press, 1971).

Kim, Hakjoon, *Unification Policies of South and North Korea : A Comparative Study*, 3rd. ed. (Seoul : Seoul National University Press, 1992).

______, *One Korea via Permanent Neutrality : Peaceful Management of Korean Unification* (Cambridge, MA. : Schenkman Publishing Co., 1987).

______, *The United States and Neutral Reunified Korea : Search for a New Basis of American Strategy* (Lanham, MD. : University Press of America, 1990).

Kim-Renard, Young-Key (ed.), *King Sejong the Great : the Light of Fifteenth Century Korea* (Washington, D.C. : George Washington University, International Circle of Korean Linguistics, 1992).

Lee, Chong-sik, *Syngman Rhee : The Prison Years of a Young Radical* (Seoul : Yonsei University Press, 2001).

Oliver, Robert, *Syngman Rhee : The Man Behind the Myth* (New York : Dodd and Mead, 1954).

Pai, Hyung Il, *Constructing "Korean" Origins : A Critical Review of Archaeology, Historiography, and Racial Myth in Korean State-Formation Theories* (Cambridge, MA. : Harvard University Press, 2000).

Palais, James B., *Politics and Policy in Traditional Korea* (Cambridge, MA. : Harvard University Press, 1975).

______, *Confucian Statecraft and Korean Institutions : Yu Hyŏngwon and the Late Chosŏn Dynasty* (Seattle : The University of Washington Press, 1996).

Park, Minje Byeng-sem, *Achives Royales des Joseon et Expedition des Francais en Corée.*

Rhee, Syngman, *Japan Inside Out : The Challenge of Today* (New York : Fleming H. Revell Co., 1941).

Roosevelt, *Theodore, An Autobiography* (New York : Macmillan, 1913).

Setton, Mark, *Chŏng Yakyong : Korea's Challenge to Orthodox Neo-Confucianism* (Albany, NY : State University of New York Press, 1997).

Seth, Michael J., *A Concise History of Korea : From the Neolithic Period through the Nineteenth Century* (Lanham · Boulder · New York · Toronto · Oxford : Rowman and Little-field Publishers, INC., 2006).

______, *Syngman Rhee and American Involvement in Korea 1942-1960 : A Personal Narrative* (Seoul : Panmmun Book Co., 1978).

Turnbull, Stephen, *Samurai Invasion : Japan's Korean War, 1592-98* (London : Cassell and Company, 2002).

Wells, Kenneth M., *New God, New Nation : Protestants and Self-Reconstruction Nationalism in Korea, 1896-1937* (Honolulu : The University of Hawaii Press, 1990).

Yi, Chung-hwan, *Yi Chung-hwan's T'aengniji : The Korean Classic for Choosing Settlements*. Translated with an Introduction by Inshil Choe Yoon (Sydney : University of Sydney East Asian Series Number 12, 1998).

Yi, T'oegye and Michael C, Kalton, *To Become a Sage : the Ten Diagrams on Sage Learning* (New York, NY. : Columbia University Press, 1989).

서양어 논문

Bae, Chinsoo, "Island Sovereignties of East Asia : A Comparative Colonial Legacy," in Chinsso Bae, Unto Vesa, Yucel Acer, Jimmieung Li, David Forrest, Kijoon

Hong and Pirjo Jukarainen, *Territorial Issues in Europe and East Asia : Colonialism, War Occupation, and Conflict Resolution* (Seoul : Northeast Asian History Foundation, 2009), pp. 12-13.

Chang, Dal-joong, "The Current Status of Political Science Research in Korea," 『국제정치논총』 제24집 제1호(1984).

Clark, Donald N., "Yun Ch'i-ho (1864-1945) : Portrait of Korean Intellectual in an Era of Transition," *Occasional Papers on Korea* (Seattle : University of Washington, 1975).

Kim, Hakjoon, "Current Research Trends in Political Science in South Korea," *Participation*, Vol, 26, No. 1 (Winter 2002).

______, ""A Devil Appears in a Different Dress" : Imperial Japan's Deceptive Propaganda for the Rationalization of Making Korea Its Colony."(2010년 11월 5일 워싱턴대학교 한국학연구소 주최 「일본의 조선식민지배에 관한 국제학술회의」에서 발표한 논문).

Hwang, In Kwan, "A Translation and Critical Commentary on Yu Kil-Chun's 'On Neutrality'," *Korean Studies*, Vol. 9 (1985).

Pak, M. N., with Wayne Patterson, "Russian Policy toward Korea before and during the Sino-Japanese War of 1894-95," *Journal of Korean Studies*, Vol. 5 (1984).

Palais, James B., "Obituaries : Edward W. Wagner (1924-2001)," *The Journal of Asian Studies*, Vol. 61, No. 3 (2002).

Wagner, Edward W, "The Recommendation Examination of 1519 : Its Place in Early Yi Dynasty Korea," 『조선학보』 제15호(1960년 4월).

The Life and Works of An Kuk-sŏn, a Pioneer of Political Science in the Great Han Empire*

Kim, Hakjoon

1. Introduction

It is commonly said that Western political science was first introduced to Korea by the Americans, who occupied South Korea immediately after the liberation of Korea from Japan. However, before that time there were two important scholars who introduced Western political science to Korea. They were Yu Kil-jun (1856-1914) and An Kuk-sŏn (1878-1926) during the late period of the Chosŏn dynasty.

Yu attended the Keio School in Tokyo, the predecessor of the present Keio University, in 1881-1883. Although he did not formally graduate from the Keio School, he did study Western political science which already had been introduced to Japan and wrote a manuscript on Western political science in Korean around 1896. The manuscript entitled Chŏngch'ihak (Political Science)

* Substantially revised from the writer's paper under the same title presented at the 17th conference for the Association for Korean Studies in Europe (AKSE) held at Praha, Czech on April 21-24, 1995. Thanks are due to the Dankook University for its generous travel grant. Thanks are due also to Professors Kim Yun-shik and Kwon Yŏng-min of Seoul National University, Professor Ch'oi Won-shik of Inha University, and Professor Shim Chi-yŏn of Kyungnam University for their providing this writer with valuable materials related to the subject. However, any errors and shortcomings are solely this writer's. This article was published in *Korea Journal*, 35: 4 (Winter, 1995), pp. 26-38.

was never published, likely because Yu did not complete it.[1]

An had a somewhat similar career. Twenty-two years junior to Yu by birth, An majored in political science at the Keio School and later at the Tokyo Specialty School around 1895-1899. He was the first Korean ever to formally graduate from a Political Science Department at a college. After his return to home, he published four books on Western political systems and diplomacy in 1906-1907, a couple of years before the forced annexation of Korea by Japan in 1910. In this sense, An may be called a pioneering political scientist or even "the first political scientist in Korean history."[2]

Yu has received much academic attention due to the many leading roles he played during the turbulent period of the late Chosŏn dynasty.[3] In contrast, despite An's pioneering role in the introduction of Western political science to Korea, his political science works never received any serious attention.[4] Only his novels have received continuous academic attention by literary critics.[5] What follows is an attempt to fill this vacuum by reviewing

1 In K. Hwang, *The Korean Reform Movement of the 1880s: A Study of Transition is Intra-Asian Relations* (Cambridge, MA.: Schenkman Publishing Co., 1978), pp. 97-113. For my analysis of Yu Kil-jun's *Chŏngch'ihak*, see Kim Hakjoon, "Some Materials on the Korean Politics" (in Korean), *Han'guk-kwa kukche-chŏngch'i* (Korea and International Politics) 5: 1 (Spring 1989), pp. 303-308.

2 The quoted part is Yi Kwang-rin's. Professor Yi is a leading historian dealing with the late Yi dynasty period. See Cho U-sŏk, "Reasearch Activity on the Root of Korea's Political Science" (in Korean), *Seoul Shinmun*, July 21, 1987.

3 For example, see Yu Tong-jun, *A Biography of Mr. Yu Kil-jun* (in Korean) (Seoul: Ilchogak Publishers, 1987).

4 My paper was the first on that analyzed An Kuk-sŏn's political science works. See Kim Hakjoon, "An Introduction of Major Works of An Kuk-sŏn, A Leading Political Scientist in the Introductory Period of Political Science in Korea" (in Korean), *Han'guk chŏngch'i hakhoebo* (The Korean Political Science Review) 21: 2 (December 1987), pp. 233-246. See also An Yong-jun, "A Study on An Kuk-sŏn's Political Science" (Unpub. M.A. Thesis, Masan: Kyungnam University, 1988).

5 For example, see Kwon Yŏng-min, "The Life and the Literary World of An Kuk-sŏn" (in Korean), *Kwanak ŏmun yŏnku*, no. 2 (December 1977), pp. 123-141 and Kwon Yŏng-min, "An Illusion of an Intellectual in the Enlightenment Period of Korea: In the Case of An Kuk-sŏn" (in Korean), *Munhak-kwa chisŏng* (Literature and Intellect),

his life and political science works.

2. An's Studies in Tokyo and Political Activities after His Return to Seoul

An was born in December, 1878 in the county of Ansŏng located in the southern part of Kyŏnggi-do province, and died in July, 1926 at Seoul. Information about his life is sparse. His short life of forty-eight years between the late period of the Chosŏn dynasty and the initial period of Japanese colonial rule as well as the absence of any personal memoirs contribute to the paucity of hard data about him.

An was born in 1878. Only two years had passed since the forced opening of the Hermit Kingdom by Japan's "gun-boat diplomacy" in the fifteenth year of King Kojong. Note also that Syngman Rhee was born in 1875, Kim Ku in 1876, Kim Ch'ang-suk in 1879 and Shin Ch'ae-ho in 1880. Furthermore, if one considers that An was the same age as An Ch'ang-ho, the independence movement leader, the era in which An belonged becomes clear. All of them would come to play very important historical roles as leading nationalists. For example, Syngman Rhee would become the first president of the Korean Provisional Government established in 1919, nine years after Korea's loss of independence to Japan and later, the first president of the Republic of Korea.

An Kuk-sŏn's uncle was An Kyŏng-su, an influential bureaucrat in the national police force who had also studied in Tokyo. With his uncle's help, An Kuk-sŏn, in 1895, at the age of seventeen, was selected to go to Tokyo to study political science under a Korean government scholarship.[6]

no. 34 (Winter 1978), pp. 1244-1250.

6 Yi Chae-sŏn, "On An Kuk-sŏn" (in Korean), in *Kŭmsu hoeuirok* (Proceedings of the Council of Birds and Beasts). *An Kuk-sŏn*, reprinted edition (Seoul: Pŏmusa, 1983), pp. 11-19. See also a very brief recollection of An Kuk-sŏn's son, An Hoe-nam, "Things My Late Father Left" (in Korean), *Pangmun* (a Korean monthly magazine published at

At first he was enrolled at Keio, majoring in political science and economics. Then, in September 1896 he was admitted to the Department of Political Science at the Tokyo Specialty School, a tree-year college.[7] His transcript shows that in the first year he studied six courses: economics, state theory, constitutions, history, economic history, and geography. In the second year, he studied: finance, comparative constitution, state and constitutions, civil law, modern history and constitutional history. In the third year, he studied: national budget, diplomatic history, contemporary history, public law, international trade, and international private law. His grade point average was B^+. In July 1899, he graduated from the Tokyo Specialty School, which later became the present Waseda University in 1902.

At that time, Japanese political science was under the strong influence of the so-called "state power" theory, which argued that power should be concentrated in the state rather than the people. Conversely so-called "people power" theory, which advocated that power should be concentrated in the people rather than the state, was weak.[8] Still Keio subscribed to the academic tradition of "people power" as maintained by Fukujawa Yukichi, the founder of Keio and an influential social thinker. How these two theories influenced An is not clear. But, as we shall see, his political activities and writings after his return to Korea generally showed his inclination towards the "people power" theory.

In 1900, at the age of twenty-two, An returned home. Unfortunately his uncle had been punished as a traitor to the king. Therefore, he was unable to go into the government service. Frustrated, he established contacts with opposition leaders who concentrated around the banned Tongnip Hyŏphoe (Independence Club). Founded in 1896, this organization had been extremely critical of King Kojong's policies and advised him to strengthen the nation's

Seoul), June 1940, pp. 2-4.

7 For a detailed analysis, see the "Korean Research Group for Contemporary Japan" (in Korean) (ed.), *The State Power Theory and the People Power Theory* (in Korean) (Seoul: Hankilsa, 1982).

8 Kwon Yŏng-min, *op. cit.*, p. 126.

ability to maintain its sovereignty and independence while encouraging economic, social, and cultural advancement. Their slogan had been national independence, cultural enlightenment, and economic and social reconstruction. At one time, they even advocated republicanism. King Kojong finally outlawed this organization in 1898.[9]

Soon An Kuk-sŏn was jailed in June 1902 at Seoul Prison. There is no record explaining why he was jailed, nor is any information available on An's court trial and prison life. However, An's son recalled that his father received the death penalty on charges of treason. Two different pictures taken at Seoul Prison show An with Syngman Rhee, who had been jailed since February 1899, and other leaders of the Independence Club.[10] The photographs imply that An had been involved in its anti-governmental activities. But, according to his son's recollection, King Kojong soon banished An to an island named Chindo in Chŏllanam-do province. Here he met a seventeen-year old girl whose maiden name was Yi and whom he later married.[11]

Around March 1904, An was released from exile and returned to Seoul. His comrades, including Syngman Rhee, were also released from Seoul Prison. Immediately An joined the YMCA in Seoul, accepting Christianity.[12] At this time the YMCA was a symbol of Western education and anti-Japanese spirit. Moreover, Christianity was seen as a spiritual tool to civilize undeveloped, and even "uncivilized" traditional societies like Korea. An in his early twenties was clearly anti-Japanese and reform-oriented.

9 Andrew C. Nahm, Introduction to Korean History and Culture (Elizabeth, N.J.: Hollym International Corp., 1993), p. 168.

10 Chŏn T'aek-pu, *Mr. Hung-wu Shin: A Human Being* (in Korean) (Seoul: Kitokkyosohoi, 1971), pp. 58-59; *Those Who Brightend the Nation and the Church through the Sangdong Church* (in Korea) (Seoul: the Sangdong Church of the Korean Methodist Church, 1988), p. 147. See also Ch'oi Won-shik, "On a History of the Philippine Independence War" (in Korean), *Munhak-kwa Yŏksa* (Literature and History), no. 1 (1987), pp. 347-348.

11 An Hoe-nam, *op. cit.*, p. 2.

12 Chŏn T'aek-pu, *op. cit.*

3. An's Works on Diplomacy, Economics, Speeches, and Public Administration

In May 1906 about two years after being released from prison, An published his translation of the Principles of Diplomacy written in Japanese by Shunichi Nagaoka, a Japanese diplomat and law scholar, and published by the Yuhigaku publishing company in 1901. An's translation was published by Posŏnggwan, a publishing company renowned for its anti-Japanese sentiment. Its Korean title was *Oegyo T'ongŭi*. Rather than being a book on theories of international politics, it is a small book that provides basic knowledge of the business of foreign affairs.

For example, in the chapter titled "Treaties and Diplomatic Documents," the booklet explains how to conclude and write them. In the chapter titled "Examples of Parliaments in Different Countries," the booklet explains the basic features and practices of congresses in Western countries with emphasis on their respective role in diplomatic affairs.

At that time, some Koreans believed that their inexperience with Western theories of foreign and diplomatic affairs as well as international law contributed to their failure in dealing with the major powers surrounding the Korean Peninsula. This was accompanied by the belief that it was necessary to learn Western theories in these new fields. An may also have embraced such an idea, in which case his translation may be regarded as a reflection of this larger trend.

An Kuk-sŏn's second translation, *A History of the Philippine Independence War*, appeared immediately through the same publishing company.[13] The author of the book was Mariano Ponce, a Philippine medical doctor and diplomat. He had fought for his country's freedom from the Spanish. Although the Philippines had become an independent country, the United States militarily defeated the Philippines and colonized it in 1899-1902. Dr. Ponce published the book in 1901 to mobilize international sympathy for his

13 Ch'oi Won-shik, *op. cit.*, pp. 344-358.

homeland's war against the United States.

An Kuk-sŏn translated the Japanese version of Ponce's work. He attempted to arouse the anti-imperialist, patriotic spirit of the Korean nation through Ponce's work. Clearly, the United States could be compared to Japan and the Philippines to Korea. An was successful and many Korean intellectuals were greatly moved by his translation. Later, the Japanese authorities would prohibit the sale of the book.

An Kuk-sŏn proved to be a prolific writer. When *Yaroe* (Night Thunder), a monthly magazine, was started in February 1907, he became a regular contributor. He contributed "Applied Economics" to the February issue, "The People Are Supreme" to the March issue, "The National Debt and Economy" to the April issue, "A Harvest Year and A Famine Year" to the May issue, and "A Commercial Association Is Necessary" to the June issue. Throughout these articles, An Kuk-sŏn attempted to educate people on the basic concepts of modern economic theories. Among them, the only political science paper was "The People Are Supreme." It clearly illuminates his advocacy of liberal democracy based on the "people power" theory.

In October 1907, An published *Yŏnsŏl Pŏppang* (Speech Technique) through the Tapinas publishing company. It is about two hundred pages long and was priced at about twenty cents at the time. The book cannot be classified as a work of political science. In all respects, it is nothing more than the title indicates, just as the author intended it to be — a book on speeches. It introduces the speeches of the famous Brutus and Antony in the old Roman period and the anecdotes of Demosthenes, a famous orator in the old Athenian period. However, stressing the particular oratory techniques of certain famous politicians, the book offers a political history of the West in language that not only reflects the author's culture but also his concerns about his own oratory technique.

Around that time, it seems that he published his translations of *Public Administration and Public Administrative Law*, both form the Japanese. However, these two books say nothing about the year of the place of their respective publication. Nor do either reveal the identities of their original authors. At any rate, An's translations were considered pioneering works in their respective fields.

4. An's *Chŏngch'i Wŏllon*

Then An, taking Ch'ŏngang (Sky and River) as his pen name, published a book titled *Chŏngch'i Wŏllon* (The Basic Principles of Politics), in October 1907 through the *Hwangsŏng shinmunsa*, the publisher of the *Hwangsŏng Shinmun* (Capital Gazette), one of the two leading daily newspapers. At that time, the newspaper campaigned for the establishment of a constitutional monarchy in Korea based on Western political theory. Therefore, An's *Chŏngch'i Wŏllon*. which demonstrated a deep interest in the British constitutional monarchy, was accepted by the newspaper.

An's *Chŏngch'i Wŏllon* was not the first book about Western political systems to appear in Korea. In 1905, two years before the publication of An's *Chŏngch'i Wŏllon*, *Hŏnjŏng Yoŭi* (The Essence of Constitutional Politics) was published by an anonymous writer. This booklet introduced the basic concepts of sovereignty of the people, written as well as unwritten constitutions, democratic governments and political parties, and recommended the constitutional monarchical system for Korea. Next year, Kungmin Suji (Knowledge People Should Have) was published by Kim U-shik, a local county superintendent. The content of this booklet was similar to that of *Hŏnjŏng Yoŭi*.[14] Notwithstanding these contributions, An's *Chŏngch'i Wŏllon* was more extensive and systematic. In this sense, his work merits a lengthy analysis.[15]

14 Che Ki-yŏng, "A Study on the Research Group for the Constitutional Politics in the Late Yi Dynasty" (in Korean), in *Collected Papers on the Modern Korean History in Commemoration of Professor Yun Pyŏng-sŏk's Sixtieth Birthday* (in Korean) (Seoul: Chishik sanŏpsa, 1995).

15 The only copy of this book is located at the library of the Academy of Korean Studies at Sŏngnam, Kyŏnggi-do province. The translated version of this book consists of two volumes. Each sold for sixty cents. As the inscription written on the front page of the

In the introduction, Mr. Cho Ch'ang-han, whom we know nothing about, wrote that An Kuk-sŏn studied the "new learning" that included politics, law and economics abroad in Japan for "a number of years" and returned home to his country. Then "one day a book appeared and that book was entitled *Chŏngch'i Wŏllon*." According to Cho, "such a book had never before appeared in our country." Therefore, "it just would not be right if we did not gain knowledge from such a person who has clearly studied for the good of the people." According to Cho, the book was enlightening in its statement that "the rise and fall, and the order and disorder of nations depend on politics." Furthermore, a country under a leader equipped with political ideology would prosper, while the country under a leader without ideology would degenerate.

Chŏngch'i Wŏllon consists of three parts. Part one addresses basic political science theory. Chapter one, "General Overview of Political Science," explains the meaning of politics and political science. He defines politics by saying that "Ordinarily, politics determines by law the relationship of the upper, i.e., the governing and the lower, i.e., the governed, wherein the upper has the authority to govern the lower and the lower has the responsibility to follow the upper." Here, he stresses that the relationship between the upper and lower is determined by law. For example, he writes that politics does not exist when the upper and lower relationship is supported only by morality, not by law, as in the family or a village comprised of a clan. Only when the upper and lower relationship is supported by law does politics exist. Because relationship is determined by law, it is viewed as the center of politics. An maintains that there are no such political relations between independent countries, elaborating that "it is not possible to combine the

book reads, it was a present given to a Mr. O Myŏng-gŭn who graduated as an honor student majoring in economics at Yangjŏng Ŭisuk, a boys' high school established at Seoul by a consort of King Kojong, in the fourth year of King Sunjong, the successor to King Kojong and the last king of the Yi dynasty. The book was published in the first year of King Sungjong's reign. It is, therefore, reasonable to conclude that giving this book to an honor student meant that it had already become well renowned as a valuable book.

many nations of the world into a single political society since there is no political relationship between any one independent country and another. As there is no common law, no single law nor a government to implement law among the many countries of the world to start with, a power cannot justify the upper and lower."

A proponent of the study of politics, An believed that political science could be considered a legitimate academic discipline. This was largely because An maintained that within political society, a pattern of principles common to all nations could be discerned. Beginning with the premise that "everyone is clearly willing to engage in competition with others to achieve his ambition," An claimed that "a person is absolutely needed to be in charge so that when competition becomes fierce he can check the possibility that one may resort to expropriating another person's property or even taking another's life. Likewise, the person in charge is one who manipulates to grasp sovereignty for himself by competing with others to acquire power and, therefore, every country experiences such politics to arrive at having a single leader." From this he concluded that "there is a pattern of principles of the political society."

The second chapter is the "Object of Politics." He defines the object of politics to be "protecting the happiness of the people and increasing the happiness of the people." Additionally, "to assure the happiness of the mass of people, limits have to be placed on the happiness of the individual among both the minority and the majority. That means, there are people that say the happiness of the minority must be limited for the sake of the majority." However, "a majority that does not include the minority is not a true majority." While claiming that "a view biased in favor of the happiness of the common masses is unreasonable," he concludes that "one must find his own happiness in a method that does not conflict with the happiness of the common masses."

The third chapter is entitled "The Origin of Politics." Using the theories of divine will, contract and psychology, he explains the origin of the state as the institution that achieves the object of politics. In this section, he refers to a number of scholars such as Bodin, Hobbes, Locke, Rousseau, Bluntschli, and Aristotle, etc. Rejecting all three of the above theories, An maintains that the origin of the state can be explained as stemming from the theory of social evolution.

More specifically, An refers to prehistoric times when people "resided and ate at certain locations" without law and without the state until a "violent war" erupted. During the war there emerged one person who was able to obtain victory over the enemy by "uniting the masses" so the people treated him as their "reader," thus, society became "divided into the commander and commanded" for the survival of all. This is said to be the rationale for "establishing a king to construct the state." Here, An locates the origin of the state in "human being's intrinsic character in favor of the collective, or group." While noting that this character is manifested in order to survive competition in life, An arrived at the conclusion that "conflict is one major cause of human being's intrinsic character in favor of the group."

At this juncture, we should examine An's acceptance of the theory of social evolution. Already in the 1880s and 1890s, the theory of social evolution had been introduced to Korea through Japan. Therefore, An's explanation of this theory through the *Chŏngch'i Wŏllon* was not new. However, An's acceptance of this theory had a significant impact on the development of his political thinking and activities. At that time, Korean advocates of this theory tended to regard Japan's aggression toward Korea as the inevitable product of the law of survival of the fittest, wherein the strong and civilized conquer the weak and uncivilized. Ultimately, however, advocates of this analysis, An included, expressed regret and even indignation at Japan's aggression.[16]

Chapter four is entitled "Sovereignty Theory." An concluded that "sovereignty is independent and supreme and is not subject to the limits of the law, although in the moral sense, must adhere to the law."

Chapter five is entitled "Differentiating Political Systems." In this chapter,

16 Kim To-hyŏng, *A Study on Political Thoughts in the Great Han Empire Period* (in Korean) (Seoul: Chishik sanŏpsa, 1995), pp. 31-68.

he introduces the works of Plato, Polybius and Montesquieu. From chapters six to eight, he provides detailed explanations of the characteristics and examples of the various kinds of political systems. After a severe critique of the "one person dictatorial political system," An discusses the political systems of England and America. Arguing that the British system is more responsible to the people, An states his preference for the constitutional monarchy system of England based on a parliamentary cabinet system over the democratic republic system of America with the strong presidency.

Next, An examines the mixed system of government as described by Aristotle and Polybius. Quoting Polybius, a mixed system in which the "three parties of the royal family, nobility and the ordinary people" would make up a "complimentary system that would mutually support one another" was the "best form of government." However, on the issue of which country should select which form of government, he asserted that the "customs and the conditions of the people of a nation" must be considered. Although a dictatorship was good for China, he argued, it was harmful to Russia and although the constitutional monarchy was good for England, it was harmful to Prussia. Although An did not use the modern political science term "political culture," it is clear that this concept was embodied in his thinking.

The second part addresses mainly elections, parliaments and political parties. Beginning with chapter nine entitled "General Overview of the Constitution" and in support of the constitutional monarchy form of government, An emphasizes the necessity of having "constitutional law that establishes the structure of government and determines standards of individual behavior." In regard to this, he elaborates that "the constitutions between the individual and the government, decrees the relationship between the divisions of government, limits the executive and is the codified law that guarantees peaceful existence between the governing and the governed; therefore, the constitution is a contract between the government and the people and enables the protection of freedom for the people."

He divides constitutional law into "expressed constitution" and "enacted constitution." The former means an unwritten constitutional law and the latter refers to a written constitution. In the conclusion, he emphasizes that the governing must obey the constitution. He also cautions that "if the governing do not have the morality to respect the constitution, the constitution will not be able to endure and if the constitution is easily changed or abolished, it will undergo various changes and abolitions in the future."

After discussing the needs and significance of the "Representative System" in chapter ten, chapter eleven entitled "Voting Rights" addresses the issue of the possibility of broadening voting rights and the possibility of limiting them. An maintained that "it was appropriate to gradually extend the limited voting rights granted to the people according to the progress achieved in educating them."

In chapters twelve through sixteen, An supports the direct election of representatives, provides detailed explanations of the formalities and procedures of parliamentary elections and compares the unicameral and bicameral systems wherein he expresses his support of the latter.

Chapter seventeen's "Political Parties" described An's belief that a "great deal of research was required of political parties as institutions of the constitutional system of government"; an issue on which he wrote at great length in this chapter. Offering the definition that "people having the same opinions on politics form a group and the political party sets the objectives of that group," the went on to define parties as 1) a group that comes together politically on one issue at one time, 2) a group brought together as the result of being one clan located in one region, 3) a government party, 4) a neutral party, 5) a social party, and 6) a bureaucratic party. Within the government, there is "ongoing struggle to change the monarchy system into a republic, and republic system into a monarchy." The neutralists who "have no set ideology, enter the central groups of each political party agreeing with their principles to accomplish their objectives." The social party endeavors to change the overall structure of society and are subdivided into "the socialist party, communist party and nihilist party." The bureaucratic party "struggles for success under the current political system. Even if the struggles is violent, there is no concern about it resulting in internal chaos for the government administration, because its objective is not embodied within an actual person but remains vague and therefore does not give rise to hate and wild indignation." Hence, An viewed the bureaucratic party as the "party of the most goodness." In the remainder of the chapter, An provides a detailed explanation of the British cabinet system, noting the two party system as the key to success of the cabinet system.

The third part concerns the mechanisms of government. An explains in the "Three Branches of Government," chapter eighteen, how government power is distributed among the legislative, executive, and judicial branches. In chapter nineteen, "The Relationship of the Executive and Legislature" and chapter twenty, "The Relationship of the Executive and Judicial," he explains the functions of and relationships between each branch of government and emphasizes the importance of checks and balances between them. Chapter twenty-one, "The Duty of Parliament," is an explanation of the formation of legislative principles and their limitations.

Chapters eighteen through twenty-one are discussions on the functional distribution of power, while chapter twenty-two, "Central Government" and twenty-three, "Local Government" discuss the regional distribution of power. Using country examples, in particular, England, An explains in detail how authority is divided and balanced between the central and local governments.

In chapter twenty-four entitled "Colonial Government," An analyzes the issues of vassal or colonial state politics by distinguishing between colonial problems and master nation problems. Colonial problems are those applying to a land wherein people live as "barbarians" since no rule nor system of state has been established. Conversely, master nation problems are those belonging to a country that established another country as its possession to master and control. An explains the history of colonialism in detail and briefly mentions the methods a country may use to effectively manage another. Speaking predominantly about the field of international political science, this chapter can be thought of as an entirely different subject area.

Ultimately, *Chŏngch'i Wŏllon* is a political science analysis written from the perspective of liberal democracy and constitutional republicanism. Clearly, An favored the principle of power vested in the people expressed through the three separate branches of government and emphasized the importance of parliamentary government and party politics.

Since An's book has no bibliography or footnotes, it is difficult to determine by whom An was influenced in this writing. However, it is reasonable to conclude from An's frequent references to Aristotle, Locke, Rousseau and Montesquie that his ideology was greatly influenced by these liberal democratic thinkers.

Yu Kil-jun's manuscript explains similar ideological beliefs. It is widely accepted that Yu, during his two years of study at Keio in 1881-1983, had been greatly influenced by Japan's constitutional monarchy and parliamentary system. When Yu's *Chŏngch'ihak* and An's *Chŏngch'i Wŏllon* are compared, their commonality is more impressive than their differences.[17] This does not imply that An was directly influenced by Yu. As already noted, Yu's *Chŏngch'ihak* was left in manuscript form for a long time, meaning that An never had the opportunity to read Yu's work.

5. An's Activities at the Great Han Association and Other Society

In November 1907, one month after An published his *Chŏngch'i Wŏllon* and *Yŏnsŏl Pŏppang*, some leading nationalist intellectuals in the late Great Han Empire period organized the *Taehan Hyŏphoe* (Great Han Association) at Seoul. It should be noted that at that time, Korea was under Japan's "Protection" by the forced treaty of 1905. The Taehan Hy phoe aspired to become a nation-wide organization engaged in promoting "a stronger Korea movement" for the ultimate recovery of Korea's full independence.

This society was led by Namgung Ŏk, the former publisher of the

17 For my analysis of Yu Kil-jun's *Chŏngch'ihak*, see Kim Hakjoon, "Some Materials," pp. 303-308.

Hwangsŏng shinmun and a renowned anti-Japanese nationalist. Under his strong leadership, the association campaigned for Korea's renewal, recommending political and social reform through the adoption of a Western-type political system with a constitution, parliament and political parties.

Against this backdrop, it is not surprising that An joined this organization. In 1908, An contributed four articles to its journal, *Taehan hyŏphoebo*. Repeating the arguments of *Chŏngch'i Wŏllon*, An wrote on politicians as well as political parties and evidently still favored the British constitutional monarchy.[18]

Around the same time, another social organization named Kiho Heunghakhoe (Kyŏnggi Province-Ch'ungch'ŏng Province Joint Society for the Promotion of Learning) was founded. An Kuk-sŏn joined this society, too, and contributed two articles to the organization. Entitled "Political Science" and "Ancient Political Science," both argued in favor of the British constitutional monarchy.[19]

It should be stressed here that underlying all the articles An contributed to the journals of these two organizations is his consistent position as an anti-Japanese nationalist intellectual. His advocacy of the British constitutional monarchy was not for the sake of the British system *per se*. Rather, his starting point was that for Korea to regain full independence from Japan, the adoption of a system patterned after the British one was a *must*. According to him, the British type constitutional monarchy would maintain the Korean kingship while also introducing "people power," the major source of national renewal.

An's anti-Japanese position was clearly evident in his first novel written during his membership of the aforementioned two societies. In February 1908, An published *Kŭmsu hoeŭirok* (Proceedings of the Council of Birds and Beasts) through the Hwangsŏngsŏjŏkchohap publishing company.[20] Reminding us of

18 See his "Political Parties," *Taehan hyŏphoebo*, no. 3 (June 1908); "A Typology of Commercial Company," *ibid.*, no. 4 (July 1908); and "Politicians," *ibid.*, no. 5 (August 1908).

19 See his "Political Science," *Kiho hŏnghakhoe wŏlbo*, no. 2 (August 1908) and "The Ancient Political Science," *ibid.*, no. 4 (November 1908).

George Orwell's *Animal Farm*, it is a political novel written in an allegorical style. The main teller of the story is "I." In a dream, "I" joins a "meeting of birds and beasts" the magpie, fox, frog, bee, crab, fly, tiger and mandarin duck. During the meeting, each animal presents its own speech in which humans are condemned.

The novel's political satire was directed to the political situation at the end of the Great Han Empire era. Throughout the novel, An severely criticizes both Japan's aggression toward Korea and the corruption of high-ranking officials of the Korean court who received bribery from Japan. Given this context, it is not surprising that in 1909 Japanese authorities forced the Korean court to prohibit the sale of the novel.

6. An as a "Pro-Japanese" Bureaucrat and an "Anti-Japanese" Writer

In July 1908, An Kuk-sŏn's life entered a new phase: he was recruited to the court of Great Han Empire. As previously mentioned, Great Han Empire was a "protectorate" of Japan under the forced five-item treaty of 1905 between Korea and Japan. In this regard, his integrity might have been questioned. Indeed, at that time, real anti-Japanese nationalists did not join the government service, although those who served the court were not necessarily pro-Japanese.

Immediately after he began his new career as a bureaucrat, he severed his relationship with the Taehan Hyŏphoe as well as the Kiho Hŏnghakhoe, and his contributions to the respective journals ceased. Albeit short, his governmental career proved to be lucky. He obtained various offices within the government such as official, departmental supervisor and other positions at the Financial Ministry.

In August 1910, Korea lost its independence to Japan through the forced

20 This book was reprinted in 1983 by the Pŏmusa publishing company at Seoul.

annexation treaty. The Japanese Governor-General ruled Korea as a colony. An, a former anti-Japanese nationalist, did not resist. Rather he accepted the position of a county superintendent at Ch'ŏngdo in Kyŏngsangbuk-do province. He retained this post until July 1913 and was labelled a "pro-Japanese collaborator."

It is not clear whether An resigned from that post voluntarily or involuntarily. At any rate, An soon became a lecturer at Taedong Specialty School, a Seoul junior college, and taught political science and economics. There is no further record of his teaching at this school.

In 1915, An published his second novel, *Kongjinhoe* (Competitive Exhibition), through the Sumungwan publishing company.[21] The title of the novel was the same as the name given to an exhibition held in commemoration of the fifth year of "the new politics carried out by the Japanese Governor-General adminstration." Its preface illuminates An's high appreciation of Japan's advanced science and technique. The book clearly show that An had lost his nationalist spirit and had accepted Japanese colonialism. Perhaps it was the logical conclusion of his earlier acceptance of the principle of survival of the fittest as advocated by social evolutionary theory.

Later, An started his own business, investing in gold mining and stocks. He proved to be an unsuccessful businessman and lost his entire fortune. Then, An began writing again. He contributed articles on politics and economics to some monthly magazines.[22] It is interesting to note his discussions on socialism and communism. According to him, both socialism and communism were result of the corruption and degeneration of capitalist society. An maintained that although the basic idea — establishment of social equality — of socialism and communism is similar, the difference lies in their

21 This nobel was reprinted in 1983 by the Pŏmusa publishing company at Seoul.

22 For example, see An Kuk-sŏn, "The Future of the Korean Peninsula from the Economic Perspective" (in Korean), *Ch'ŏngnyŏn* (Youth), no. 1 (March 1921), p. 11 and "Is Leninism Rational" (in Korean), *ibid.*, no. 5 (July-August 1921), p. 406. See also An Kuk-sŏn, "The World Economic Situation" (in Korean), *ibid.*, no. 27 (July-August 1923), p. 11.

methods. While socialism advocates societal change through peaceful means, communism advocates violent methods. Overall, An stressed that capitalism is more efficient in raising the standard of national wealth than either socialism or communism.

More importantly, An recovered his anti-Japanese sentiment. The magazines to which he contributed his articles were anti-Japanese, such as *Ch'ŏngnyŏn* (Youth), a publication of the YMCA. Throughout these articles, he openly criticized Japan's colonial policy towards Korea. An maintained that Japan's colonial policy completely disregarded Korea's situation and the welfare of the nation, and that its poverty and misfortune were the inevitable by-products of Japan's exploitation. Moreover, An proposed that the Korean economy and its industries be managed by Koreans themselves in the Korean way.[23]

At this point, An's writing was the only source of his income. According to his son's limited recollection, An spent much time fishing for his beloved son's meals. One night, An returned home with some pieces of pork. While drinking in the fields with one of his friends, An had had a couple of fishes he had caught. However, he earned some pieces of pork for his son! An's son recollected that "although I was a boy at the time, I will not forget that night forever."[24]

An's frustration caused his health to rapidly deteriorate. In 1926, physically exhausted at the age of forty-eight, he died in the midst of poverty, leaving his only son An Hoe-nam and one daughter. An's son later become a novelist. In 1948 when Korea was divided into North and South, he chose to reside in the North. Since then nothing has been heard of him.

7. Conclusion

In the preceding analysis, I have introduced An Kuk-sŏn's important

23 For example, see An Kuk-sŏn, "The Future of the Korean Peninsula," p. 13.

24 An Hoe-nam, *op. cit.*, p. 3.

works, in particular, his *Chŏngch'i Wŏllon*. The followings are a few thoughts in conclusion.

First, An Kuk-sŏn was a pioneering scholar of political science during the period when Western political science was first introduced to Korea. Both his educational background and an examination of where he actually taught political science have yet to be explored in detail. Undoubtedly, when these areas are studied, our knowledge about him will expand making more meaningful assessments possible. However, from what is already known about him and his works, it is appropriate to conclude that he was a pioneering political science scholar in Korea.

Second, his political thought as expressed in his work *Chŏngch'i Wŏllon* and other articles mentioned here is based on a belief in liberal democratic ideology and constitutional republicanism. In particular, he was highly inspired by the constitutional monarchy of England. An firmly believed in the principle that power was vested in the people. Of course, such thinking was not new to political thinkers living around the end of the Great Han Empire era. However, it would not be wrong to say that he was a pioneering thinker who believed in the appropriateness of liberal democracy.

Third, An kuk-sŏn emphasized that a nation's customs and the character of its people need to coincide with the political system in order for that political system to take root within the country. Perhaps An was influenced herein by the works of Aristotle and Montesquieu who stressed the same point and to whom he refers in his *Chŏngch'i Wŏllon* and, perhaps, he came to be influenced by them.

Fourth, not only did study An Kuk-sŏn political theory, he also showed an interest in the study of the technical aspect of politics. This is evident in *Chŏngch'i Wŏllon*, *Yŏnsŏl Pŏppang* and *Oegyo T'ongŭi*.

Fifth, An Kuk-sŏn started his career as a reform-oriented nationalist. However, one time it appears that he somewhat came to accept Japan's colonial rule of Korea severing his ties with nationalist publication and even taking a post as court superintendent during Japan's annexation of Korea. It has been suggested that perhaps his belief in social evolutionary theory enabled him to rationalize Japan's rule as the fulfillment of the principle of survival of the fittest. Yet in the final stages of his life, An regained his anti-Japanese sentiment and began to contribute articles which openly criticized Japan's colonial policy to Korea.

찾아보기

인명 찾아보기

【ㄴ】

【ㄷ】

【ㄹ】

【ㅁ】

【ㅂ】

【ㅅ】

【ㅇ】

【ㅊ】

【ㅋ】

【ㅌ】

【ㅍ】

【ㅎ】

사항 찾아보기

【ㄱ】

【ㄴ】

【ㅂ】

【ㅅ】

【ㅇ】

【ㅊ】

【서양어】

지은이 **김학준(金學俊)**

지은이는 1943년에 중국 심양(=봉천)에서 태어났다. 단국대학교 이사장, 인천대학교 총장, 동아일보사 사장 · 회장 등을 역임했으며, 현재 한국과학기술원(KAIST) 문화과학대학 김보정(金寶鼎)석좌교수로 「남북한의 정치, 1945-2010 : 비교정치학적 관점에서」(1학기) 및 「한국정치사상의 전개 : 고조선으로부터 현대까지」(2학기)를 담당하고 있다.

전공분야의 논문들로, 「마르크스의 '경제학 · 철학 원고' 논쟁」(『문학과 지성』 7 : 1, 1976년 봄), "The Post-War Reinterpretation of Marx in Soviet and East European Thoughts" (*Korean Journal of International Studies*, 7 : 4, 1976), 「트카초프의 정치사상 : 그것이 레닌이즘에 미친 영향을 중심으로」(『서울대학교 사회과학논문집』 5, 1980) 및 「맑스학(學)에서의 사람 : 생산하는 사람」(손보기(孫寶基) 외, 『도대체 사람이란 무엇일까』, 뿌리깊은나무, 1980) 등이 있다.

전공분야의 저서들로 『러시아혁명사』(문학과지성사, 초판 1979 ; 개정증보판 1999), 『마르크시즘의 이해』(정음사, 1984), 『소련 및 동유럽 공산주의자들의 삶과 이상』(동아일보사 출판부, 1997), 『동아시아 공산주의자들의 삶과 꿈』(동아일보사 출판부, 1998) 등이 있다.

최근의 저서들로 『북한의 역사』 전2권(서울대학교출판부, 2008), 『서양인들이 관찰한 후기 조선』(서강대학교 출판부, 2010), *The Domestic Politics of Korean Unification* (Seoul and Edison, NJ : Jimoondang, 2010) 등이 있다.